涡阳年鉴

GUOYANG YEARBOOK

2018

涡阳县人民政府 **主办**　　涡阳县地方志办公室 **编**

方志出版社
Publishing House of Local Records

图书在版编目（CIP）数据

涡阳年鉴. 2018/涡阳县地方志编纂委员会办公室编.--北京 ：方志出版社，2018.12

ISBN 978-7-5144-3667-9

Ⅰ. ①涡… Ⅱ. ①涡… Ⅲ. ①涡阳县－2018－年鉴
Ⅳ. ①Z525.44

中国版本图书馆CIP数据核字（2019）第034176号

涡阳年鉴（2018）

编　　者：涡阳县地方志编纂委员会办公室
责任编辑：顾　洁

出 版 人：冀祥德
出 版 者：方志出版社
地址　北京市朝阳区潘家园东里9号（国家方志馆4层）
邮编　100021
网址　http://www.fzph.org
发　　行：方志出版社发行中心
电话　（010）67110500
经　　销：各地新华书店
印　　刷：南京凯德印刷有限公司

开　　本：889×1194　1/16
印　　张：24.25
字　　数：776千字
版　　次：2018年12月第1版　2018年12月第1次印刷
印　　数：001~400册

ISBN 978-7-5144-3667-9　定价：300.00元

编　辑　说　明

一、《涡阳年鉴》于2012年创刊，是涡阳县人民政府主办，由县地方志办公室组织编纂，向国内外公开发行的大型资料性工具书和政府公报性资料汇编。

二、《涡阳年鉴》（2018）的时间节点为2017年1月1日至2017年12月31日，根据需要个别资料延伸至2018年度。领导名录记录人员为2017年12月31日在任。

三、《涡阳年鉴》采用分类编辑法，分为类目、分目、条目3个层次，部分分目下设次分目。分目、次分目一般设概况，简要记述一个行业、事业、单位的总体情况及单项工作和大事、要事。分目、副分目、条目的标题用不同字体区别，副分目标题加"·"，条目标题加【 】。

四、《涡阳年鉴》（2018）全面系统地记载了2017年涡阳县各行各业的基本情况和发展状况，设有特载、大事记、涡阳概况、党政社团、军事、法治、农业、工业、水务、商贸、服务业、旅游、规划、城市建设、环境保护、交通、信息业、财政、税务、审计、金融、综合管理、教育、科学、文化、广播电视、新闻出版、医疗卫生、体育、社会生活、辖区镇（街道、经开区）概况、统计资料、重要文件选编、附录等35个类目。

五、《涡阳年鉴》（2018）组织刊载了部分随文图片和专题彩页，真实形象地反映涡阳经济、政治、文化、社会及生态建设的新面貌、新成就。

六、卷首设有目录，卷末设有索引，书眉标示类目名称。全书资料信息可由目录、书眉、索引等检索渠道获得。

七、《涡阳年鉴》（2018）初稿资料由各部门、单位提供，经各部门、单位领导审核。县统计局提供全县综合性统计数据，各单位提供的数据与县统计局数据不一致的以县统计局的数据为准。

八、《涡阳年鉴》（2018）编纂出版得到了全县各单位、各部门领导同志和撰稿人员的鼎力支持，采用图片由潘子丰等重点提供，各镇（街道、经开区）、县直各有关单位也作出很大贡献，在此谨表示真诚谢意。

涡阳县地方志编纂委员会

《涡阳年鉴》（2018）供稿单位

（排名不分先后）

县委办、人大办、政办、政协办、监委、人武部、组织部、宣传部、政法委、督查中心、信访局、机关工委、党校、老干局、关工委、文明办、编办、发改委、农委、国土局、交通局、水务局、气象局、文体旅局、统计局、民宗局、民政局、档案局、党史办、政务服务中心、机关事务管理局、总工会、团县委、妇联、科协、工商联、残联、文联、供电公司、住建委、公安局、检察院、法院、司法局、审计局、市场监督管理局、安监局、果菜办、农经办、农机局、畜牧局、林业局、经信委、公路分局、海事处、邮政局、电信公司、联通公司、移动公司、规划局、公管局、城管执法局、房产局、住房公积金管理办、环保局、重点局、商务局、供销社、烟草专卖局、盐业公司、石油公司、财政局、国税局、地税局、武警中队、人民银行、金融办、工商银行、农业银行、农发行、建设银行、中国银行、农商行、邮政储蓄银行、湖商村镇银行、金阳建投公司、兴阳担保公司、中保财险、中保寿险、平安保险、华安证券、教育局、科技局、人防办、体育中心、广播电视台、卫计委、扶贫办、民生办、人社局、农调队、法制办、外事办（侨务）、新华书店、经开区、城关街道、城西街道、涡北街道、城东街道、义门镇、高炉镇、西阳镇、曹市镇、青疃镇、丹城镇、石弓镇、龙山镇、马店集镇、新兴镇、牌坊镇、店集镇、高公镇、标里镇、临湖镇、花沟镇、楚店镇、涡南镇、陈大镇、公吉寺镇等

《涡阳年鉴》编辑部

主　　编　杨　健

编　　辑　侯清超　程效明　张军安　李　涛　张见伟　张伟宏　蒋庆章　王善礼　王　诚

校　　稿　李　涛　张见伟　张伟宏　蒋庆章　王善礼　王　诚　谢志鑫

彩图策划　李　涛　潘子丰　杨　健

安徽省副省长张曙光到涡阳县调研

涡阳县融媒体中心成立

涡阳县县长熊国洪调研煤矿安全生产

涡阳县鸿路钢构公司

涡阳县义门镇产业园区

涡阳县省级经济开发区

涡阳县高炉家酒生产情景

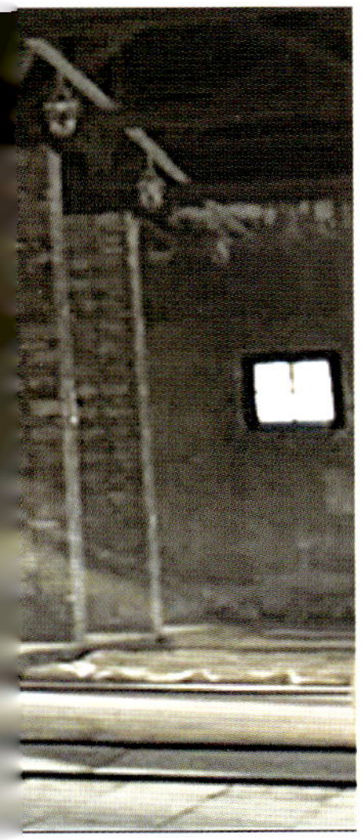

涡阳县中农批电商物流园

涡阳县东昇新能源生产场景

涡阳县2017年“三下乡”活动

涡阳县开发区拆迁动员大会

涡阳县农村道路畅通工程

涡阳县县城全貌

涡阳县西阳镇范鑫美丽乡村

涡阳县新城鸟瞰

涡阳县道源国家湿地公园通过验收

丰收中国走进涡阳

“涡阳大豆”获批国家地理标志产品

涡阳县泓森槐种植基地

涡阳县农业生产

涡阳县午收情景

涡阳县武家河畔天静宫

涡阳县北淝河

涡阳县西淝河

涡阳县 2017 年第一季度重大项目集中开工仪式

涡阳县 2017 年第二季度重大项目集中开工仪式

第十届中国中部投资贸易博览会和 2017 中国国际徽商大会涡阳县招商专场暨产业发展高峰论坛

涡阳县 2017 年第三季度重大项目集中开工暨中建材（泰山石膏）涡阳项目奠基仪式

徽商大会信和光能项目签约

涡阳深圳老乡招商恳谈会

深圳市涡阳商会

原安徽省委书记、安徽省军区第一政委黄璜到涡阳县新兴镇参观新四军第四师纪念馆

2017道祖圣诞拜祖大典暨老子与道教文化学术研讨会

涡阳县2017年“江淮普法行”启动仪式

涡阳县2017年希望工程“爱心成长圆梦·助力脱贫攻坚”爱心助学表彰大会

涡阳县庆祝党的十九大暨老年文化艺术节文艺展演

涡阳县2017年教育工作暨庆祝第33个教师节表彰大会

名家演唱会进乡村

涡阳县 12.4 宪法日文艺演出

县委书记胡明文看望慰问贫困户

涡阳县新兴红色小镇彭雪枫像

涡阳县第十七届人民代表大会第一次会议

涡阳县组织全体党员干部收听收看党的十九大开幕会

涡阳县监委挂牌

涡阳县举行公祭日活动

目　录

特　载

大事记

专　记

涡阳概览

中国共产党涡阳县委员会

涡阳县人民代表大会及其常务委员会

涡阳县人民政府

中国人民政治协商会议涡阳县委员会

群众团体

军 事

法 治

经济监督与管理

农　业

工　业

交通运输

信息业

城乡建设

环境保护

国内贸易

财政税务

金融　担保　保险

教育　科技

文体旅游与文物保护

卫生　计生

社　会

经济开发区

镇·街道概况

人员名录

附 录

索 引

特　　载

2017县委常委会向全委会的工作报告

（2017年12月28日）

胡明文

（县委书记）

2017年，是新一届县委班子履职的开局之年。一年来，在省委、省政府和市委、市政府的坚强领导下，我们深入学习贯彻习近平新时代中国特色社会主义思想和习近平总书记视察安徽重要讲话精神，紧紧围绕县十一次党代会确定的“1358”总体发展思路，以“深入践行五大发展理念，勇当皖北振兴排头兵”为工作总要求，一心一意谋发展，聚精会神抓党建，全力以赴促脱贫，统筹推进“五位一体”总体布局，协调推进“四个全面”战略布局，经济社会实现平稳健康较快发展，党的建设新的伟大工程取得明显成效，闯出了一条皖北农业大县、人口大县创新转型、跨越发展的新路。

一年来，我们始终坚决树牢“四个意识”，讲政治、重规矩、作表率，不断把全面从严治党逐步引向深入。县委常委会把抓好党建作为最大政绩，从严上要求、向实处着力，认真落实管党治党政治责任，切实做到敢管敢严、真管真严、长管长严。

一是坚持把迎接和学习宣传贯彻党的十九大精神作为工作主线，全力推动党的十九大精神落地生根。十九大召开前夕，我们组织深入学习传达贯彻习近平总书记“7·26”重要讲话精神，切实做到学思践悟、融会贯通。组织开展“砥砺奋进的五年”等重大主题宣传，扎实做好信访维稳安保各项工作，为十九大胜利召开营造良好环境。十九大闭幕后，县委坚持把学习宣传贯彻党的十九大精神作为首要政治任务，及时召开县委常委会、中心组理论学习（扩大）会学习贯彻，制定《中共涡阳县委关于全面落实中央＜决定＞精神扎实推进党的十九大精神学习宣传贯彻工作的意见》，深入开展大学习、大宣讲、大培训、大调研、大落实。认真学习贯彻习近平总书记在瞻仰中共一大会址时重要讲话精神，扎实开展“五个一”活动。组织收听收看全省学习宣传贯彻党的十九大精神视频会和中央、省委宣讲团赴皖、来亳宣讲报告会，举办市委宣讲团来涡宣讲报告会。县委中心组成员带头到联系点开展宣讲活动、开展调查研究，参观党史展览，重温入党誓词。组织“十九大精神在涡阳”“十九大精神进基层”等主题宣传和“百名理论骨干送党课”、理论宣讲“六进”活动，分三期对全县1080名县管干部集中轮训，在全县掀起学习宣传贯彻十九大精神的热潮。

二是坚持把党的政治建设摆在首位，坚决忠诚维护看齐习近平总书记这个全党拥护、人民爱戴、当之无愧的党的领袖。县委常委会坚决维护党中央权威和集中统一领导，把坚决忠诚维护看齐习近平总书记作为新时代中国最大的政治、最重要的政治纪律、最根本的政治规矩，坚决树牢“四个意识”，坚定做到“五个纯粹”。扎实推进“两学一做”学习教育常态化、制度化，精心组织开展“讲看齐、见行动”学习讨论和“讲政治、重规矩、作表率”专题教育、专题警示教育，深入学习贯彻习近平总书记关于政治文化、政治生活、政治生态的重要论述，以中纪委查处的“陈杨周”案件、省纪委查处的“杨程杨”案件和市纪委查处的“张华松、姜伟”案件以及我县查处的部分县管干部严重违纪违法案件为镜鉴，县级党员领导干部带头认真开展理论学习、现场教育、对照反思，撰写认识体会，坚持问题导向，以整风精神开好专题民主生活会，全县共查摆问题2312个。组织1600余人到市党风廉政教育中心接受现场警示教育，4000余人参观“挺纪在前—涡阳县2017年反腐倡廉警示教育流动展”。严明政治纪律和政治规矩，坚决贯彻“五个必须”要求，有效防止“七个有之”现象，切实加强对党章党规执行情况的监督检查，1-11月，全县纪检监察机关共立案查处违反政治纪律和组织纪律案件13件、处分13人。

三是坚持把省委巡视反馈问题整改作为全年党建工作主抓手，以不贰过的态度推进各项问题见底清零。聚焦存在问题，县委常委会以上率下作示范，逐项攻坚抓整改，5次县委巡视整改工作领导小组会议、23次县委常委会议专题听取巡视整改工作汇报，扎实推动省委巡视组反馈的38项整改任务、64个具体问题各项整改措施全面落实，建立健全132项相关规章制度。在县直机关事业单位、各镇（街道）经开区和全县各学校开展了“管党治党宽松软问题”专项治理，重点查摆整治机关单位党的领导弱化、党的建设缺失、全面从严治党不力3大类16个方面问题和学校方面存在的党的领导和思想政治建设、教师队伍管理、财经管理、组织人事管理、省委巡视反馈意见整改5大类14个方面问题，累计查摆各类问题856个、制定整改措施1147条、修订完善制度517个，全县党员干部的政治素质、纪律观念得到有力提升。严格落实中央关于建立巡察制度的重大决策，完成十一届县委第一轮、第二轮巡察工作任务。针对十届省委第八巡视组巡视利辛县反馈问题，根据市委统一部署，启动我县68项举一反三整改工作，进一步深化拓展整改范围，细化整改措施，强化整改力度。认真贯彻落实党中央深化国家监察体制改革重大部署，精心研究谋划，积极稳妥推进我县国家监察体制改革试点工作，依法选举产生县监察委员会，12月21日在全市率先完成挂牌。

四是坚持加强理论武装，牢牢掌握意识形态工作领导权和话语权。我们坚持以党的理论创新成果武装头脑，把坚定理想信念作为思想建设的首要任务，先后16次以县委常委会、县委中心组理论学习会议、县委常委读书会等形式，深入学习贯彻习近平新时代中国特色社会主义思想，坚定道路自信、理论自信、制度自信、文化自信。制定实施《涡阳县党委（党组）意识形态工作责任制考核办法》，将意识形态落实情况纳入领导班子综合评价、绩效考核。把意识形态工作纳入巡察内容，建立意识形态巡察专家库，对被巡察单位同步巡察意识形态责任制落实情况。着力加强网络舆情工作，拓展舆情收集渠道，提升舆情处置时效性，打造清朗网络新空间，“涡阳发布”入选全省县（区）政务微博第7名，“涡阳之窗”荣获全市一等奖，“清风涡阳”入选省纪委系统微信公众号第二名。积极培育和践行社会主义核心价值观，新入选中国好人3人、安徽好人4人、亳州好人15人。

五是坚持“20字”好干部标准和“五线四型”用人导向，着力建设高素质专业化干部队伍。抓好“三案”精准管理办法实施，突出政治标准，全面准确研判干部的德才表现，在全县上下树立注重实绩的鲜明导向。今年以来，县委共研究干部20批，涉及调整干部294人，其中提拔重用105人。严肃换届纪律，圆满完成县乡人大、政府和县政协换届工作，指导县工商联、县残联做好换届工作。选派46名政法系统和相关单位有潜力的干部到信访重点乡镇、重点村挂职，有效解决了基层矛盾纠纷化解力量不足问题。制定并出台《关于进一步加强人才工作的实施意见》，开展乐行城投高层次人才引进工作，建立企业优秀人才信息库，培训新型农民1250人。

六是坚持以提升组织力为重点，全面推进基层组织标准化建设。创新开展“两应”基层党组织创建，认真落实标准化建设“1+7”工作方案，扎实开展“对标巡诊”，投入1000余万元推进村级“五小”建设，实行党建“三个清单”，扎实推进软弱涣散基层党组织整顿，基层党组织标准化建设达标率56.6%。开展村干部“双超双配双治理”，化解超龄服役、超职数配备村级干部768人，配备退伍军人183人、全日制大专以上学历46人。出台《涡阳县脱贫攻坚“单位包村、个人包户”定点帮扶工作机制》，选优配强县镇村三级扶贫队伍。出台《关于严格规范党内组织生活制度的意见》，严格落实“三会一课”、党员活动日等制度，连续三年组织开展微型党课活动。加强党员教育管理，发展党员500余名，印制发放党费证52000本，推进“机关党员考绩”制度，成立647个“微信党支部”，实现党员教育管理全覆盖。对15个城市社区党组织实行网格化管理，2968名在职党员到所在社区报到。非公企业和社会组织组建率达78.4%、96.2%，派驻党建指导员96名，新组建党支部61个，党组织和经营管理层人员交叉任职达100%。

七是坚持把“两个责任”牢牢扛在肩上，切实加强党的作风建设和纪律建设。严格落实“两个责任”清单化管理、项目化推进措施，坚持每月一抽查、一通报，每季度一考核，对落实党风廉政建设责任制不力的13个单位、28名个人进行了责任追究。坚持用身边事教育身边人，扎实开展“每月一警示”教育活动，实现县镇村三级党组织警示教育全覆盖。坚持把纪律和规矩挺在前面，1-11月份，全县运用“四种形态”处理926人（次），其中第一、第二种形态占处理总数88.2%。严格执行中央八项规定精神及修订后的《实施细则》，认真贯彻落实习近平总书记关于进一步纠正“四风”、加强作风建设的重要指示精神，查处违反中央八项规定精神问题15个，处理26人，给予党政纪处分26人。坚持无禁区、全覆盖、零容忍，2017年全县纪检监察系统立案510人，其中科级干部47人，给予党政纪处分472人，开除党籍56人，移送司法机关14人。严肃查处发生在群众身边的不正之风和腐败问题601个，处理774人，同比增长44.4%，给予党政纪处分300人，同比增长24.2%。处置“村霸”和宗族恶势力问题线索9件。

一年来，我们深入践行五大发展理念，调结构、促转型、惠民生，推进经济社会发展迈出坚实步伐。县委常委会牢牢把握稳中求进工作总基调，以供给侧结构性改革为主线，深入实施五大发展行动计划，推动经济社会持续健康发展。

一是坚持创新第一动力，着力构建新型产业体系。我们加快经开区和产业集群专业镇建设发展，按照“龙头企业－产业链－产业集群－产业基地”的思路，努力将经开区和六个产业集群专业镇打造成推动新一轮创新发展的重要载体，承接产业转移的基础平台。围绕千亿工业、百亿产业目标，突出抓好战略性新兴产业集聚发展基地建设，加快推动传统产业转型升级，大力培育光机电、绿色装配式建筑、现代中药和绿色食品、循环经济科技等四大特色产业集群。申杰智能电子成功配套三星、苹果、华为，鸿路装配式建筑生产基地当年开工、当年建设、当年形成产值和税收，源和堂中药配方颗粒生产等项目建成投产，循环经济科技产业发展规划编制高质量完成。2017年全县战略性新兴产业、高新技术产业产值分别实现42亿元、54.3亿元，增速均达30%。围绕品牌农业、生态农业、特色农业，突出抓好现代农业提质增效，加快推进农业“接二连三”融合发展，全县规模养殖比重达82.6%，农业规模化经营面积达到107万亩，主要农作物机械化率91%以上，被农业部评为主要农作物全程机械化示范县。“涡阳大豆”获评国家地理标志产品。围绕个性化、多元化、高端化，突出抓好服务业水平持续提升，成功引进一下科技云计算、中农批电商物流等现代服务业项目，碧桂园凤凰酒店、绿城青牛广场、上海月星环球港、红星美凯龙爱琴海、金大地1912等一批标杆性城市综合体集中入驻，房地产开发平稳健康，城南新区人气商气更加集聚。坚持重点项目“四位一体”“六个一批”推进机制，78个省、市重点项目新增投资170亿元，占年度计划的190%，24个亿元以上工业项目开工建设，10个工业项目当年签约、当年建设、当年投产。

二是坚持统筹城乡协调，大力提升城乡一体化水平。我们坚持规划先行，完成“多规合一”编制和新一轮土地利用总体规划调整，完成城南新区宜居生活圈、城市特色空间、南外环水系、育英河景观设计等规划，划定城镇开发边界红线，形成以县城为核心、中心镇为支撑、美丽乡村为基础的城乡空间布局规划体系。开工大建设项目151个，建成69个，完成投资100亿元。完成整村搬迁25个、征迁面积110万平米，在建安置小区16个、建筑面积165万平米。新建改建城市道路15条、30公里，城南新区“十一纵八横三河”路网水系贯通。“五馆三中心”主体工程即将竣工，德园公园即将开园。老城改造有序推进，向阳大道提升和青年路、郝庄路管网改造工程加快实施。统筹推进美丽涡阳全域旅游计划，老城区历史文化街区、曹市辉山红色村落等六大全域旅游项目启动实施，10个美丽集镇、20个美丽乡村示范村通过省市验收。城管执法体制改革有序推进，城乡视频数据平台及智能交通建设全面建成，环卫保洁市场化运营成效显著，城区“十大整治百日行动”深入开展，依法治理占道报刊亭、电话亭、非法户外广告，受到广大群众点赞，连续三届获评全省文明县城。

三是坚持深化改革开放，不断释放转型发展活力。我们强化对重大改革、难点改革谋划和推动，认真落实“三察三单”制度，实现对重大改革常态化调度，共谋划184项重大改革事项，截至目前已完成166项。注重建章立制，出台实施了《在市场体系建设中建立公平竞争审查制度的实施意见》等96项制度性改革成果，逐步形成统一开放、竞争有序的现代市场体系。释放改革红利，网上办事大厅已办结110万余件，即时办结率99.99%。“两权”抵押贷款累计发放3.41亿元，居全省试点县第一。充分发挥政银企担合作、“532”“税融通”金融服务平台作用，实现8家企业在区域股权交易中心挂牌。开展“涡阳老乡，请您回家”活动，2550名外出务工人员返乡创业，带动1.2万人就业。持续深化农村综合改革，探索推进“资源变资产、资金变股金、农民变股东”改革试点，实施“互联网+现代农业”行动计划，推进省级物联网试点县建设，建成5个物联网示范基地。强化招商引资，把全面开放作为转型发展的必由之路，大力实施东向发展战略。加快构建对外开放大通道，推进亳蚌城际铁路、徐阜高速、亳涡蒙高速、国道G344线和3条省道前期工作，加快实施县城快速通道建设，扎实推进引淮济亳和涡河航道升级等重大项目建设。坚持借会招商、以商招商、靶向招商。1-11月份，实际利用内资362亿元，增长21.7%。新签约工业项目54个，总投资222.9亿元。引进省外亿元以上项目42个，居全市第一。

四是坚持不断增进民生福祉，着力完善公共服务体系。我们始终把人民对美好生活的向往作为奋斗目标，念好衣食住行、业教保医“八字经”。坚持尽力而为、量力而行，投入民生事业资金54.6亿元，增长12%，31项民生工程到位资金29.56亿元。优先发展教育事业，新改扩建幼儿园171所，完成92所农村学校“改薄”和50所“村小提升”工程，全面完成第二个学前教育三年行动计划，完善中小学教师补充机制，扎实推进教师无校籍管理改革，城乡义务教育发展更加均衡。有序推进医药卫生体制改革，扎实推进医联体和县域医共体建设，深化医疗、医保、医药“三医联动”，完善分级诊疗政策制度，完成基层医疗卫生机构标准化建设。加强农村道路畅通工程建设，完成农村道路畅通工程960公里。抓实抓好保障性安居工程建设。建成公租房1.2万余套。织密社会保障网，基本建立养老保险、医疗保险、社会救助全覆盖、可持续的社会保障体系。认真抓好就业这个最大民生，新增城镇就业人员1.95万人，转移农村劳动力1.88万人，城镇登记失业率低于4%。

一年来，我们努力打赢多项攻坚战，除隐患、优生态、促脱贫，努力抓好事关全局的大事要事。县委常委会坚持打基础、管长远，无畏攻坚的挑战，抓住攻坚的机遇，努力为建设涡阳高质量小康社会夯实基础。

一是始终高度重视社会大局稳定，深入推进多项遗留问题解决。我们坚持共建共治共享，加强和创新社会治理。切实把做好十九大维稳安保工作作为践行“四个意识”的重要检验、政治考验，坚持守土有责、担当尽责，实行最严格的包保责任制和责任追究制，维稳安保各项工作成效突出，受到了省市充分肯定。完成县级矛盾纠纷联合调处中心省级试点建设，实现信访问题“一站式”办理；坚持领导接访、带案下访，实施双“三位一体”的包保化解和重点信访问题“3+X”处置机制；按照“三到位、一处理”的要求，全面完成省市交办信访积案化解工作，实现信访形势和信访秩序“双好转”、信访增量和信访存量“双下降”。深入开展安全生产“百日除患铸安”大检查活动，全县未发生较大及以上安全生产事故。社会治安视频监控系统建设全面完成，“四无”镇村单位创建扎实推进，平安涡阳建设进一步加强，群众获得感幸福感安全感进一步提升。

我们坚持问题导向，全面摸底、理清思路，以制度机制建设为抓手，以“新官就是要理旧事”的信念，按照尊重历史、面对现实、依法依规的原则，着力解决因依法办事能力不强、工作机制不健全、主观和客观上的不规范等造成的土地出让、征迁安置、违建管理、工程建设、商业房地产等方面历史遗留问题。完善规委会、土委会、大建设等重大事项、重大项目决策机制，2016年以来完成26项综合规划和专项规划的编制工作，规划引领作用得到充分发挥，规划的约束作用得到持续加强。坚持重拳治违，着力遏增量、减存量，统一城乡拆违政策，充实城乡“两违”执法队伍，实现违法建设“零增长”，确保城乡建设依法有序开展。实行“阳光地产”，依法规范土地出让工作流程，规范土地收储，一批“以地生财”、“毛地”出让、留地安置、老城区小地块出让等遗留问题得到逐项解决。规范完善征迁安置政策，2010年至2014年9宗征迁产生的1324户安置补偿遗留问题全面解决。2015年以后的征迁安置平稳有序，在建的16个征迁安置项目全面满足2014年来51个拆迁村庄（片区）安置需要。严格工程建设领域监督管理，全面落实项目建设规划、设计、立项、招标、投资、建设、审计等“七分开”机制。2013年陈大镇畅通工程、2014年楚店镇集镇外立面改造、星园路建设BT项目、老子文化生态园、楚店镇垃圾发电项目等建设方面遗留难题逐个破解。强化房地产市场监管，河畔铭城、金桂山庄、北城世纪城、涡阳大自然国际城、天鹅湾、都市花园、万隆国际、紫光大厦、金色年华等9个房地产项目遗留问题处置工作稳步推进，由于“阳光地产”的实施，一批有实力有业绩的省内外知名开发企业参与涡阳城市建设中。完善房地产价格备案机制，落实“房子是用来住的，不是用来炒的”要求。当前，“按规矩办事、依规矩决策”已经成为涡阳推进工作的根本要求，规矩意识在各行各业中树起来了，涡阳发展正在正确的轨道上扬帆起航。

二是强力推进脱贫攻坚“十大工程”，坚决打赢年度脱贫攻坚战役。我们坚持以脱贫攻坚统揽经济社会发展全局，把脱贫攻坚作为重大政治任务和最大民生工程，深入贯彻落实中央和省、市脱贫攻坚部署，按照省委“六看六确保”和市委扶贫工作“七句话”要求，以“绣花”功夫推动脱贫攻坚十大工程。建立财政专项扶贫资金增长机制，编列县级扶贫专项资金2500万元，专项用于扶贫项目保障。全面落实配套资金和涉农资金整合，加快扶贫资金支出进度，足额落实县级配套资金6995.9万元，整合涉农资金48344.15万元，进一步提升了基层组织临时救助能力。深入开展“重精准、补短板、促攻坚”专项整改，精心组织开展建档立卡贫困户“核查月”“回头看”“再回头”和“两册一审”评议等活动，建立村内、镇内、县内互查工作机制，对全县2016年已脱贫户和未脱贫贫困户重新进行认定，确保贫困对象识别精准。推行“四带一自”为重点的产业扶贫模式，与温氏集团合作共建156个养猪小区，117兆瓦光伏扶贫电站并网发电，实现产业到村、项目到户全覆盖，全面消除了集体经济“空壳村”。深化教育扶贫、健康脱贫“351”“180”政策落细落实。金融扶贫实现评级授信“全覆盖”。举办精准扶贫业务培训班8期，培训镇村干部3155人。危房改造超额完成任务，8200户农村贫困家庭搬进新房。注重扶贫同扶志、扶智相结合，实施“贫困人员职业技能培训行动计划”，完成就业培训927人，组织开展贫困家庭人员汽车驾驶员培训161人，申报就业扶贫基地152家，安置贫困劳动者320人，全县开发辅助性岗位3866个，安置3823人。落实“春风行动”计划，帮助贫困户做好家庭基本生活用具的配置。按照“五净一规范”标准，开展“共建整洁庭院助力脱贫攻坚”专项活动，做好贫困户家庭环境整治。认真做好脱贫不脱政策和扶贫政策“进城”工作，对所有不符合建档立卡条件的农村低保、五保和城市低保家庭实行“关爱工程”，发放《关爱簿》，使其享受相关扶持政策，实现了扶贫政策全覆盖。狠抓扶贫领域“懒政怠政、不作为慢作为”专项整治，发现问题线索311个，已查处226个，处理470人，给予党政纪处分77人。今年，我们全面完成省下达的43个村出列，有望超额完成省下达的33048人脱贫任务。

三是全力抓好环保督察问题整改，努力建设生态美丽家园。我们坚决扛起生态文明建设政治责任，坚决落实环境保护“党政同责、一岗双责”。坚决抓好中央环保督察反馈问题整改，组织开展了“全民参与·环保风暴”行动，中央环保督察35个环境信访问题和省环保下沉督察16个问题全部办结销号。全力打赢蓝天保卫战，推进开展“蓝天行动”，实施油气回收、建筑工地、燃煤锅炉、餐饮油烟等10个专项整治行动。全力加快水污染防治，扎实开展畜禽养殖禁养区内规模养殖场清理、搬迁工作，对105处饮用水源地落实保护措施，河道网箱清理正在推进。强化土壤污染管控和修复，深入推进依法清理规范“六场一站”专项行动，县域内全面取缔黏土砖瓦窑场。我们大力培育“老子涡阳·生态福地”城市品牌，努力打造绿色发展生态县，编制完成全县生态文明建设、水污染防治等3个专项规划，建立环境保护网格化监管机制，全面推行三级“河长制”，启动推进“林长制”，生态保护制度体系不断完善。统筹推进黑臭水体和城区水系治理，完成界洪河等6条黑臭水体治理，城区水系实现互连互通。统筹推进采煤塌陷区治理和湿地公园建设，国家级道源湿地公园顺利通过国家林业局验收。坚持最严格的土地和水资源管理制度，完善秸秆禁烧和综合利用机制，大力发展循环经济，城乡人居环境得到持续改善，宜居宜业的绿色涡阳美丽新家园正在形成。

同志们，习近平总书记在十九大报告中指出，党政军民学，东西南北中，党是领导一切的。一年来，县委常委会坚持不断加强自身建设，努力打造让省委市委放心、让全县人民满意的坚强领导集体。县委常委会组成人员严格按照省委提出的“做忠诚看齐、履职担当、改革创新、团结奋进、亲民为民、清正廉洁‘六个模范’”的要求，带头树牢“四个意识”，严格遵守党章党规，坚决维护以习近平总书记为核心的党中央集中统一领导。带头加强理论武装，组织中心组理论学习14次、县委常委读书会18次，深入学习研讨习近平总书记系列重要讲话精神，深入研究全局性、战略性、前瞻性问题。带头严格执行县委工作规则和县委常委会议事规则，深入贯彻落实《中国共产党地方委员会工作条例》，全面落实民主集中制，履行加强和规范党内政治生活的领导责任，自觉接受监督并加强同级监督。带头弘扬优良作风，严格执行中央八项规定精神，认真研究落实细则，全面落实调查研究、驻村蹲点、新闻报道等制度，自觉遵守廉洁从政各项规定，始终保持共产党人的政治本色。一年来，各位常委没有辜负组织的重托、人民的信任，常委班子是战斗的集体、廉洁的集体、团结的集体、奋进的集体。一年来，我们切实加强民主政治建设，平安涡阳、法治涡阳建设、武装双拥工作进一步取得新成就。落实县委《关于加强人大工作和建设的意见》，支持人大及其常委会依法行使国家权力，保证宪法和法律法规有效实施，强化审议意见督办落实。落实市委《关于加强人民政协协商民主建设的实施意见》，注重发挥人民政协作为社会主义协商民主的重要渠道和专门协商机构作用，全面贯彻落实《中国共产党统一战线工作条例（试行）》和中央、省市统战工作会议精神。高度重视加强和改进党的群团工作，积极稳妥推进群团改革，桥梁纽带作用进一步发挥。党管武装不断加强，军事斗争动员准备深入推进，军政军民团结更加巩固。

在总结成绩的同时，面对新时代新征程新要求，我们也清醒认识到存在的问题和不足：发展不平衡不充分的问题尤为突出，发展质量和效益还不高，现代化产业体系培育任重道远；人才、资金等发展要素制约依然存在，发展环境仍需优化，深化改革工作还需持续用力；防范化解各类风险、生态环境保护、脱贫攻坚各项任务艰巨繁重，基础设施建设和基本公共服务还存在大量短板，群众在就业、教育、医疗、居住、养老等方面还面临不少难题，社会文明水平尚需提高；落实意识形态领域责任制、加强网络舆论环境引导、凝聚社会共识方面创新举措不足；全面从严治党责任需要进一步深化，少数部门和干部争先进位意识不强，懒政怠政、不作为慢作为、中梗阻现象依然存在，反腐败斗争形势依然严峻复杂。

以上是对县委常委会一年来工作的简要回顾和总结。一年来，全县各级党组织和广大党员干部认真贯彻中央和省委、市委、县委决策部署，围绕“深入践行五大发展理念，勇当皖北振兴排头兵”的总要求，勤奋勤勉，苦干实干；各位县委委员立足各自岗位，心系县委工作大局，锐意进取，认真履职，对县委常委会的工作给予了充分的信任和有力的支持。在此，我代表县委常委会，向在座的各位同志，向全县各级党组织和广大党员干部，表示衷心的感谢和崇高的敬意！

在县委十一届四次全会上的讲话

（2017年12月28日）

胡明文

在与会同志的共同努力下，这次全会开得很成功。全会听取了县委常委会工作报告，审议通过了县委“1+3”文件、两个区划方案和全会决议，圆满完成了各项议程，取得了显著成果。从政治层面看，进一步增强了与以习近平同志为核心的党中央保持高度一致的坚定自觉；从思想层面看，进一步深化了对十九大精神的理解和把握；从实践层面看，进一步明确了建设现代化五大发展美好涡阳的目标思路和重点任务；从作风层面看，进一步强化了狠抓落实的使命担当，激发了永不懈怠的精神状态和一往无前的奋斗姿态。2018年是大有希望的一年，是涡阳奋力突破的一年。全会通过的《决定》，全面贯彻落实党的十九大精神，确立了建设现代化五大发展美好涡阳的目标思路和政策举措，是新时代推进涡阳改革开放和现代化建设的统领性文件。全会通过的《意见》《实施办法》，全面对标中央政治局的高标准严要求，标定了坚决维护党中央集中统一领导、自觉践行中央八项规定精神的行为准绳和制度保障。全会通过的《五大发展行动计划（修订版）》，坚持以新发展理念统领发展全局，赋予县十一届二次全会确立的五大发展行动新的时代内涵，是当前和今后一个时期我县经济社会发展的总抓手。全县各级各部门要紧密结合实际，全面贯彻落实，确保全会确定的各项部署要求落地生根。

下面，我代表县委常委会，就贯彻落实党的十九大精神和省委十届六次全会、市委四届五次全会精神，讲五点意见。

一、深入领会和准确把握“新思想”，不断把学习宣传贯彻党的十九大精神引向深入

党的十九大是在全面建成小康社会决胜阶段、中国特色社会主义进入新时代的关键时期召开的一次十分重要的大会，是一次不忘初心、牢记使命、高举旗帜、团结奋进的大会，在我们党和国家发展进程中具有划时代、里程碑式的历史地位和重大意义。全面深入学习宣传贯彻党的十九大精神，事关党和国家工作全局，事关中国特色社会主义事业长远发展，事关最广大人民根本利益。

（一）持续在全县兴起学习宣传贯彻党的十九大精神热潮。党的十九大一个重大历史贡献，就是将习近平新时代中国特色社会主义思想确立为我们党必须长期坚持的指导思想，实现了党的指导思想的又一次与时俱进。坚决贯彻习近平新时代中国特色社会主义思想，坚决忠诚维护看齐习近平总书记这个党的领袖，重中之重就是要深入学习宣传贯彻党的十九大精神。认真学习宣传贯彻党的十九大精神，事关党和国家工作全局，事关中国特色社会主义事业长远发展，事关最广大人民根本利益。十九大胜利闭幕两个多月来，全县各级各部门认真贯彻中央及省委、市委部署要求，坚持“规定动作”和“自选动作”相结合，有力有序有效开展“五大一新”，在全县上下迅速兴起了热潮。学习宣传贯彻党的十九大精神是一个逐步深化的过程，是当前和今后一个时期的首要政治

任务，要在前期工作的基础上持续用力，通过持续抓好大学习、大宣讲、大培训、大调研、大落实，努力在涡阳树立新时代的新形象、展示新时代的新气象、实现新时代的新作为。

（二）突出拥戴习近平总书记在党中央和全党的核心地位。党的十八大以来，党和国家事业之所以能取得举世瞩目的历史性成就和影响深远的历史性变革，最重要、最根本的在于习近平总书记这个领袖和核心的举旗定向、领航掌舵。党的十八大以来的5年，是党和国家发展进程中极不平凡的5年。习近平总书记以非凡的政治智慧、顽强的意志品质、强烈的历史担当，团结带领全党全国各族人民推动党和国家事业全面开创新局面、发生历史性变革，赢得全党全军全国各族人民的衷心拥护和衷心爱戴，成为党中央的核心、全党的核心。十九届一中全会选举产生了以习近平同志为核心的中央领导集体，习近平总书记成为全党拥护、人民爱戴、当之无愧的党的领袖，这是历史、人民、时代、事业的必然选择，是党心所向、民心所向、军心所向、众望所归。我们党要更好肩负新时代的历史使命，把党的十九大绘就的蓝图变为美好现实，决胜全面建成小康社会、夺取新时代中国特色社会主义伟大胜利，更加需要习近平同志这个党的领袖和核心。我们要把坚定维护习近平总书记党的领袖和核心地位作为最重要的政治责任和政治纪律，牢固树立“四个意识”，不断增强忠诚核心、拥戴核心、跟随核心的思想自觉和行动自觉，坚决做到“五个纯粹”，在政治立场、政治方向、政治原则、政治道路上始终同以习近平同志为核心的党中央保持高度一致，坚定跟着党中央令旗走，确保党中央权威和集中统一领导，同心共筑中华民族伟大复兴中国梦。

（三）坚持用习近平新时代中国特色社会主义思想武装头脑、指导实践、推动工作。迈入新时代、开启新征程，迫切需要新的伟大思想来指引。我们要坚定自觉地用习近平新时代中国特色社会主义思想武装头脑、指导实践、推动工作，自觉做习近平新时代中国特色社会主义思想的坚定信仰者、忠实实践者、有力传播者。要坚持用这一伟大思想武装头脑。坚守马克思主义信仰，坚定理想信念，牢固树立“四个自信”，不断改造主观世界，提升政治觉悟和政治能力，筑牢同以习近平同志为核心的党中央保持高度一致的思想基础，始终做共产主义远大理想和中国特色社会主义共同理想的坚定信仰者和忠实实践者。要坚持用这一伟大思想指导实践。牢牢把握新时代的历史新起点、理论新建树、发展新目标、矛盾新变化，全面贯彻党的十九大确定的大政方针、发展战略、政策措施，紧密联系我县实际，对本地本部门的工作再审视、再谋划，完善工作思路和举措，形成推动发展的实招硬招，使各项事业发展更符合客观规律要求，更好地满足全县人民在经济、政治、文化、社会、生态等方面日益增长的需要，不断提高推进现代化五大发展美好涡阳建设的思维水平和实践能力。要坚持用这一伟大思想推动工作。准确把握其蕴含的科学思想方法和工作方法，在新的战略起点上谋划推动新的发展，在加快现代化五大发展美好涡阳建设的基础上，着力解决好发展不平衡不充分问题，抓重点、补短板、强弱项，不断增强工作的科学性、预见性、创造性，更好推动人的全面发展、社会全面进步，把强大思想武器转化为推动工作的实际成效，不断增强用党的科学理论推进现代化五大发展美好涡阳建设的强大力量，确保党的十九大精神在我县落到实处。

二、科学谋划涡阳跨越发展的“新蓝图”，坚定不移朝着决胜全面小康、建设现代化五大发展美好涡阳奋力前进

新时代确立新方位，新时代开启新征程。党的十九大作出“中国特色社会主义进入了新时代、我国社会主要矛盾已经转化为人民日益增长的美好生活需要和不平衡不充分的发展之间的矛盾”的重大政治论断，中央经济工作会议系统阐述了以新发展理念为主要内容的习近平新时代中国特色社会主义经济思想，提出了一系列新时代经济工作的方向性、原则性、根本性问题，作出了我国经济已由高速增长阶段转向高质量发展阶段的新论断。这对新时代涡阳经济社会发展提出了新的更高要求，我们必须紧扣十九大和中央经济工作会议提出的重大政治论断，全面把握发展大势，把涡阳发展摆在新时代的坐标体系中来定位。

联系涡阳实际看，要充分认识到，近年来涡阳各项工作取得了显著成绩，已经站上新的历史起

点，与全国全省全市一样，我县发展进入了新时代；要充分认识到，发展不足依然是我县的基本现状，经济社会发展面临着不平衡不充分的突出问题；要充分认识到，发展是解决涡阳一切问题的根本，必须坚持以新发展理念为指导，着力推动涡阳向高质量的发展迈进，产生更深刻、更广泛的历史性变革，更好地满足人民日益增长的美好生活需要。一要用辩证的思维看待变与不变。要看到虽然发展理念和发展方式变了，但发展作为第一要务没有变，要坚定不移贯彻新发展理念，推动经济发展质量变革、效率变革、动力变革。要看到满足人民群众美好生活需要的内涵和方式变了，但为人民谋幸福的根本宗旨和以人民为中心的“初心”没有变，要加大公共服务供给，切实保障改善民生，不断提升人民群众的获得感幸福感安全感。二要用发展的眼光分析优势和短板。要看到涡阳在区位、历史文化底蕴、产业转移、人力资源等方面的优势，在坚定信心的同时增强忧患意识，不断巩固和厚植这些发展优势，让“优势更优”“强者更强”。要瞄准大势，在互联网时代，已没有一线二线三线之分，大家又都一同站在新的起跑线上，拥抱新经济，展现新作为。要找准产业发展层次较低、城镇化水平不高、基础设施和管理服务相对滞后等方面的短板，突出抓重点、补短板、强弱项，将短板转变为新的发展优势。三要用全面的观点把握整体和局部。各级各部门要进一步提高政治站位，立足对标省内外最优最好最先进标准，做到“取法乎上”，博采众长，为我所用；要立足全县一盘棋，加强统筹协调和分类指导，在全县整体工作中谋划自身发展。要看清新时空，选好新站位，对准新坐标。

根据党的十九大关于决胜全面建成小康社会和分两步走在本世纪中叶建成富强民主文明和谐美丽的社会主义现代化强国的精神，贯彻省委十届六次全会和市委四届五次全会精神，我们做出了建设现代化五大发展美好涡阳的决定：

总体要求是：紧密团结在以习近平同志为核心的党中央周围，高举中国特色社会主义伟大旗帜，以习近平新时代中国特色社会主义思想为指导，全面贯彻落实党的十九大精神，深入贯彻落实习近平总书记视察安徽重要讲话精神，统筹推进“五位一体”总体布局，协调推进“四个全面”战略布局，坚持以新发展理念统领发展全局，坚持以供给侧结构性改革为主线，坚持以五大发展行动计划为总抓手，坚持以人民为中心的发展思想，坚持全面从严治党强化政治保证，坚定不移按照“1358”总体发展思路推进工作，决胜全面建成小康社会、在推进现代化五大发展美好涡阳建设中勇当皖北振兴排头兵。

奋斗目标是：按照党的十九大在全面建成小康社会的基础上，对第二个百年奋斗目标作出的“两个阶段”战略安排和省委、市委决策部署，结合县十一次党代会提出的奋斗目标，从现在到本世纪中叶，要在决胜全面小康的基础上，加快建设现代化五大发展美好涡阳，实现“三个同步”。即到2020年，与全国全省全市同步全面建成小康社会；到2035年，与全国全省全市同步基本实现社会主义现代化，基本建成现代化美好涡阳；到本世纪中叶，与全国全省全市同步实现社会主义现代化，全面建成现代化美好涡阳。

2018年，是贯彻落实党的十九大精神的开局之年，是改革开放40周年，是决胜全面建成小康社会、实施“十三五”规划承上启下关键之年，推动“三个同步”阶段性目标实现，关键要统筹当前和长远，抓住当前和今后一个时期工作的重点，进一步明晰涡阳未来发展要略：一要大力实施五大发展行动计划，以项目化的思维和工程化的举措，大力推进重点任务和重大工程，把美好蓝图逐步变为现实。二要着力打好三大攻坚战，突出抓重点、补短板、强弱项，特别是要坚决打好防范化解重大风险、精准脱贫、污染防治的攻坚战，坚定不移深化供给侧结构性改革，推动经济社会持续健康发展，使全面建成小康社会得到人民认可、经得起历史检验。三要着力落实“五大战略”，全面贯彻创新驱动发展、区域协调发展、工业强县、乡村振兴、可持续发展“五大战略”，厚植创新发展优势，破解协调发展难题，增强持续发展后劲。四要着力实施“民生工作突破年”，2018年是民生工作突破年，要在基础设施、基本公共服务方面形成突破，找出我县总量不优、均量不高的短板，确保达到全省平均水平。

三、全面贯彻推动实现高质量发展“新部署”，

不断满足人民日益增长的美好生活需要

党的十九大提出的"七大战略""八大任务"，部署了一系列新的重大任务和重大举措，中央和省委经济工作会议对当前和今后一个时期的经济工作进行了全面安排部署，全县上下必须深化理解、自觉行动、狠抓落实，推动涡阳现代化建设水平再上新台阶。

（一）准确把握高质量发展，深入学习贯彻习近平新时代中国特色社会主义经济思想。习近平新时代中国特色社会主义经济思想，是运用马克思主义基本原理对中国经济发展实践的科学概括，是党的十八大以来我国经济发展实践的理论结晶，是决胜全面建成小康社会、建设社会主义现代化强国的指路明灯，科学回答和解决了"经济形势应该怎么看、经济工作应该怎么干"的重大问题，为做好新时代经济工作提供了行动指南和根本遵循。学习贯彻习近平新时代中国特色社会主义经济思想，做好新时代经济工作，根本要求是推动实现高质量发展。一要把握科学内涵。高质量发展，就是能够很好满足人民日益增长的美好生活需要的发展，是体现新发展理念的发展，是创新成为第一动力、协调成为内生特点、绿色成为普遍形态、开放成为必由之路、共享成为根本目的的发展。二要树牢战略目标。推动高质量发展，就要建设现代化经济体系特别是产业体系，要牢牢把握高质量发展的要求，不断提高科技进步贡献率和全要素生产率，不断提高供给体系质量和效率，着力推动质量变革、效率变革、动力变革，加快建设实体经济、科技创新、现代金融、人力资源协同发展的产业体系，充分发挥市场配置资源的决定性作用，更好发挥政府作用。三要明确攻坚重点。习近平总书记强调，推动高质量发展，必须跨越非常规的经济发展现阶段特有的关口，跨越常规性的长期性的关口。跨越第一个关口，必须坚决打好防范化解重大风险、精准脱贫、污染防治三大攻坚战；跨越第二个关口，必须转变经济发展方式、优化经济结构、转换增长动力，尤其要净化市场环境，提升人力资本素质，不断推进治理体系和治理能力现代化。四要掌握基本方法。把握好实现长远目标和做好当前工作的关系，既要立足当前，推动即期增长，又要着眼长远，多做一些打基础、补短板的工作，图近功至恒远；既要勇于进取，奋发有为，又要脚踏实地，有序推进改革发展各项工作，积小胜为大胜。

（二）奋力跨越重点关口，坚决打好决胜全面建成小康社会三大攻坚战。全面建成小康社会已经进入决胜阶段，必须突出抓重点、补短板、强弱项，确保打赢三大攻坚战，使全面建成小康社会得到人民认可，经得起历史检验。县委决定，在县扶贫开发领导小组、县环境保护委员会的基础上，成立防范化解重大风险工作领导小组，由我和国洪同志担任组长，统筹做好全县地方政府债务风险和金融风险防范处置工作。各领导小组要围绕打好三大攻坚战，抓紧研究制定三年攻坚规划和年度战役计划，排出时间表、路线图，明确责任主体，集中优势兵力，一仗接着一仗打，确保3年取得突破性进展。

第一，坚决打好防范化解重大风险攻坚战。党的十九大把防范化解重大风险作为决胜全面建成小康社会三大攻坚战的首要战役。习近平总书记多次就防范化解金融风险作出重要论述，12月7日在中央政治局审议《关于地方政府隐性债务专题调研情况的汇报》时又发表重要讲话，深刻总结地方政府债务风险快速增长的原因，明确提出妥善处理地方政府债务问题的措施要求，是我们做好防范化解金融风险工作的基本遵循。一要稳妥处置政府债务风险。认真落实全省组织开展的"四清四实"专项整治。要坚决打好政府隐性债务清理战，把摸清底数作为处置化解的基础前提，深入开展大排查，尽快摸清政府资产负债情况，掌握真实风险底数，做到"底数清、结构分布清、原因症结清、具体责任清"。要坚决打好隐性债务存量稳妥处置战，做到"工作方案稳妥务实、处置预案周密详实、依法监督问责从严从实、深化改革和规范管理到位落实"，确保各项工作有计划、有力度、有秩序地加以推进，绝不能在处置风险过程当中引发新的风险。要坚决打好隐性债务增量严控战，规范政府举债行为，常态化加强全口径政府举债管理，加强对融资平台、产业投资基金、PPP项目、政府购买服务的动态监管，强化财政预算硬约束，从机制上源头上刹住违规举债。要严格实行政府举债终身问责制和债务问题倒查机制，做到守土有责、守土尽责，牢固树立正确政绩观、正确发展观，不搞急功近利，不搞透支未来，不走靠高负债拉动增长的路子，创造经得起实践、历史和人民群众检验的业绩。二要坚决防范化解金融风险。按照“谁审批、谁监管、谁主管、谁负责”及属地管理原则，压紧压实金融监管职责和风险处置责任，建立金融风险评估会商制度和联合处置机制，确保所有金融活动监管全覆盖、无死角。要开展非法违规金融活动打击行动，加强对非法集资案件重点领域、重点行业的风险排查，重点整治非法集资等严重干扰金融市场秩序行为，扎实开展清理整顿各类交易场所“回头看”活动，确保取得明显进展。要开展互联网金融专项整治行动，严厉打击互联网金融领域违法行为，严格互联网金融监管。要开展金融机构不良资产压降行动，支持银行业金融机构加大不良资产核销处置力度，加强银行机构异常经营行为和重点业务的监测评估，防止风险压力较大的银行出现流动性风险。支持小额贷款公司回收处置不良贷款，改进小额贷款公司监管服务。多管齐下、多措并举、标本兼治，坚决守住不发生系统性金融风险的底线。

第二，坚决打好脱贫攻坚战。当前，全县脱贫攻坚进入了系统发力、重点突破、集中攻坚的关键阶段，要聚焦精准，坚持“六看六确保”和“七句话”要求，保证现行标准下的脱贫质量，既不能降低标准，也不能吊高胃口，确保如期完成明年村出列、县摘帽各项艰巨任务。一要聚焦产业就业扶贫。大力实施贫困村“一村一品”产业推进行动，推广“四带一自”产业模式，引导新型经营主体与贫困村、贫困户建立紧密的利益联结机制，稳步推进电商扶贫、光伏扶贫，拓展产业扶贫全覆盖成效，激发贫困群众发展产业促增收。拓宽就业扶贫渠道，加快建设就业扶贫驿站、扶贫车间、就业扶贫基地，推动贫困群众就近就业、稳定增收。注重激发贫困群众内生动力，把扶贫与扶志、扶智结合起来，把救急纾困和内生脱贫结合起来，把发展短平快项目和培育特色产业结合起来，大力开展移风易俗等农村精神文明创建活动，变输血为造血，实现可持续稳固脱贫。二要聚焦加强基层基本公共服务功能建设。坚持以人为本、守住底线、突出重点、完善制度，加强贫困村学前教育，落实建档立卡贫困家庭学生资助和“雨露计划”，扎实推进农村危房改造，严格执行“351”“180”健康脱贫政策，认真落实社保兜底脱贫政策，确保到2020年如期实现城乡区域间基层基本公共服务大体均衡，基层基本公共服务主要领域指标接近或达到全国平均水平。全县各镇、村，县直各帮扶单位，各驻村扶贫工作队、第一书记等，都要履职尽责，全力以赴，共同把党组织交给的光荣任务完成好。要完善督查考核方式方法，全面推广自行、自吃、自住、自查“四自”模式，切实减轻基层迎检迎评负担。2018年是脱贫攻坚作风建设年，要深入开展扶贫领城腐败和作风问题专项治理，对弄虚作假、搞数字脱贫的，要严肃处理。各镇村基层干部工作十分辛苦，对战斗在脱贫攻坚火线上的各级干部，要努力为他们的工作生活排忧解难，激励他们为打赢脱贫攻坚战努力工作。

第三，坚决打好污染防治攻坚战。保护生态环境，不仅是经济问题、社会问题，也是政治问题。我们必须从讲政治的高度，持续抓好中央、省环保督察反馈问题整改，持续推动生态环境质量改善，让涡阳蓝天常见、空气常新、碧水长流。一要打赢蓝天保卫战。落实好中央和省、市大气污染防治新的行动计划，深入推进“散乱污”企业整治，抓好重点行业脱硫脱硝除尘设施的运行监管，大力调整能源结构，以市场化办法增加清洁电力供应。推进秸秆禁烧和综合利用，强化机动车污染防治，深入推进挥发性有机物和扬尘污染治理，进一步明显降低PM2.5浓度，明显改善大气环境质量，明显增强人民群众的蓝天幸福感。二要打好碧水攻坚战。要深入实施“水十条”，认真落实淮河流域综合治理工作部署，提升城乡治污设施处理能力和运行效率，加快消灭城市黑臭水体，为群众提供更多亲水环境。三要打好净土持久战。要全面实施“土十条”，以农用地和重点行业企业用地为重点，开展土壤污染状况详查，抓好污染土地的管控和安全利用，加大固体废弃物处理和农业面源污染防治力度，扎实开展畜禽养殖禁养区划定工作，完善最严格的耕地保护制度，保障农产品质量和人居环境安全。要开展国土绿化行动，强化湿地保护和修复，不断扩大造林规模，加快森林城市建设，持续推进林业增绿增效。四要持续抓好制度建设。全面落实河长制，全面启动林长制，深入推进“全民参与·环保风暴”行动，进一步压实工作责任，要深化环保机构检测监察执法垂直管理制度改革，深入开展领导干部自然资源资产离任审计，严格执行生态环境损害责任终身追究制，落实生态文明建设“党政同责，一岗双责”，树立绿色发展政绩观，以最有力的监督、最严格的制度守护好绿色涡阳美好家园。

（三）坚持推进创新驱动，加快构建现代化产业体系。创新是引领发展的第一动力，是建设现代化经济体系的战略支撑，要全力深化供给侧结构性改革，实施创新驱动发展战略，加快建设实体经济、科技创新、人力资源协同发展的创新型现代化产业体系，不断提升经济发展质量。要坚持工业立县不动摇。大力实施工业振兴纲要，结合党的十九大精神和中央、省委、全市经济工作会议精神进一步完善纲要，统筹推进“三重一创”建设，加快光机电、绿色装配式建筑、现代中药和绿色食品、循环经济科技4个战略性新兴产业集聚区建设，打好煤炭化工、食品加工、机械制造、轻工纺织和新型建材等传统产业转型升级系列组合拳，重塑涡阳工业发展新优势。打造高水平工业发展平台，一体化推进经开区和六个产业集群专业镇建设，聚焦园区配套、产业布局、招商引资、项目落地、为企服务精准发力，不断提升与发达地区的产业合作、园区共建水平，加强开发区人才队伍建设，全面提升开发区工作水平，力争经开区进入全省省级以上开发区考核30强。突出智慧经济，立足云计算数据中心等项目，超前谋划布局一批重量级未来产业，培育壮大新动能，推动数字经济和实体经济深度融合，力争在互联网、物联网、大数据、人工智能等领域成为皖北地区先行者。要持续深化改革不懈怠。全面落实承接中央和省、市八大领域改革任务，深入推进改革试点工作，努力形成涡阳改革经验，释放更多改革红利。着眼解决制约涡阳发展的突出问题，持续深化重点领域和关键环节改革，进一步完善大建设、投融资、项目推进、征地拆迁等工作体制机制，深化“放管服”改革，持续深化商事制度改革，推进“双随机、一公开”监管全覆盖和综合执法改革，以“互联网+政务服务”为抓手，充分发挥网上办事大厅、政企直通车平台作用，全面增强内生动力、激发市场活力。大力发展民营经济，构建“亲”“清”新型政商关系，激发和保护企业家精神，让企业家专注创业、安心创业、愉快创业。要推动全面开放不停步。实现高质量发展，开放是必由之路。要持续加大招商引资力度，突出招大引强，创新引进更多高端项目、创新人才、先进技术，持续开展“四送一服”双千工程，切实打通降成本优惠政策“最后一公里”，积极打造“四最”营商环境，不断掀起招商引资新高潮。加强水利、铁路、公路、水运、航空、管道、电网、信息、物流等基础设施网络建设，积极推进国道G344、亳涡蒙高速、亳蚌城际铁路涡阳段等重点项目建设，着力打造内陆开放新高地，推动形成全面开放新格局。

（四）坚持强化城乡统筹，大力实施乡村振兴战略。现阶段最大的发展不平衡是城乡发展不平衡，最大的发展不充分是农村发展不充分，必须把农业农村摆上优先发展位置，按照“产业兴旺、生态宜居、乡风文明、治理有效、生活富裕”的总要求，全面提升我县城乡环境和农业农村现代化水平。要全面加快城乡一体化进程，围绕建设50万人口宜居宜业现代化中等城市目标，以创建省级文明城市和省级园林城市为契机，大力实施城区绿化、亮化、美化改造提升工程。进一步优化县城和集镇发展方向、功能定位和空间形态，加快建设一批特色小镇，形成定位清晰、结构合理、功能互补、特色鲜明的城镇体系。要大力发展现代化农业，让乡村“强”起来。始终把解决好“三农”问题作为全党工作重中之重，深化农业供给侧结构性改革，坚持质量兴农、绿色兴农，促进农村一二三产业融合发展。优化农村产业结构，实施农产品加工业转型升级、龙头企业培育、农产品品牌创建等农业产业化工程，发展多种形式适度规模经营，加快构建现代农业产业体系、生产体系、经营体系。加快推进现代农业产业园建设，开展休闲农业和乡村旅游示范县、示范点创建，鼓励和支持农民就业创业，加快实现农业大县向农业强县跨越。要大力推进美丽乡村建设，让乡村“美”起来。持续深入推进美丽乡村和美丽集镇建设，大力推进美丽涡阳全域旅游计划，逐步打造一批体现徽风皖韵的“升级版”美丽乡村。深入推进农村垃圾、污水、厕所专项整治“三大革命”，稳步实施农村厕所改造，抓好陈年垃圾清理巩固提升，建立健全垃圾收集、转运、处理体系，加快推进乡镇政府驻地和中心村生活污水治理，加快构建“三大革命”长效机制，开展农村人居环境整治3年行动，打造农民幸福生活美好家园。要全面深化农村改革，让乡村“活”起来。深入贯彻习近平总书记小岗座谈会重要讲话精神，加强农村土地确权登记颁证成果应用，深入推进农村承包地“三权”分置改革，稳步推进集体产权制度改革，深化农村“三变”改革，以增强集体经济发展活力助力脱贫攻坚战。

（五）坚持全面依法治县，发展社会主义民主政治。十九大报告指出，“发展社会主义民主政治就是要体现人民意志、保障人民权益、激发人民创造活力，用制度保证人民当家做主”。我们要始终坚持党的领导、人民当家作主、依法治国有机统一，坚定不移走中国特色社会主义政治发展道路。要坚持扩大社会主义民主，支持保证人大依法行使职权，使人大及其常委会成为全面担负起宪法法律赋予的各项职责的工作机关，成为同人民群众保持密切联系的代表机关。要牢牢把握“有事好商量，众人的事情由众人商量着办”这个人民民主的真谛，加强人民政协工作，支持政协把协商民主贯穿政治协商、民主监督、参政议政全过程，着力增进共识、促进团结，更好地协调关系、建言献策、服务大局。要坚持推进法治涡阳建设，坚持用法治思维和法治方式深化改革、推动发展、化解矛盾，促进社会公平正义，维护社会和谐稳定，不断开创依法治县工作新局面。要加快法治政府建设，深化司法体制综合配套改革，加大全民普法力度，建设社会主义法治文化。各级党组织和党员干部要带头尊法学法守法用法，决不允许以言代法、用权压法、逐利违法、徇私枉法，着力建设更加崇法善治公正的法治涡阳。要坚持用好统一战线这个重要法宝，切实做好民族、宗教、外事、侨务、港澳、对台和党外知识分子、非公有制经济人士、新社会阶层人士工作，着力构建“亲”“清”新型政商关系，找到最大公约数，画出最大同心圆，共同致力于建设现代化美好涡阳。要坚持推进军民融合发展。不断加强党管武装和国防动员工作，把国防教育与思想政治教育、精神文明建设统筹推进，从真从实做好双拥共建，倾心维护军人军属合法权益，下力解决军转干部安置、随军家属就业、军人子女入学等涉军难题。

（六）坚持增强文化自信，推动文化繁荣兴盛。十九大报告指出，“文化自信是一个国家、一个民族发展中更基本、更深沉、更持久的力量”。涡阳县历史悠久，文化底蕴深厚，要切实增强推动文化繁荣兴盛的责任感，以坚定的文化自信打造道家品牌响亮、红色基因鲜明的文化强县。要牢牢掌握意识形态工作领导权。推动习近平新时代中国特色社会主义思想深入人心，引导人们确立高度的政治认同、思想认同、理论认同、情感认同。要高度重视传播手段建设和创新，推动传统媒体和新兴媒体融合发展，不断巩固壮大主流思想舆论。要严格落实意识形态工作责任制，旗帜鲜明支持正确思想言论，旗帜鲜明反对和抵制各种错误观点，尤其要依法依规加强网络空间治理，努力营造繁荣清朗的网络空间和文化环境。要持续加强社会主义精神文明建设。认真学习习近平总书记在会见全国精神文明建设表彰大会代表时的重要讲话精神，大力弘扬“红船”精神和红色文化，深入开展“中国好人”“安徽好人”“亳州好人”等评选活动，深化拓展文明城市、文明单位等群众性精神文明创建活动，把社会主义核心价值观融入社会发展各方面，在全社会进一步形成崇德向善、见贤思齐的浓厚氛围。要全面提高涡阳文化软实力。要完善公共文化服务体系，深化文化体制改革，深入推进文化惠民工程，抓好重大文化项目建设，扶持优秀文化产品创作，为人民群众过上美好生活提供丰富的精神食粮。要继续办好道祖圣诞拜祖大典暨老子与道教文化国际学术研讨会，加强内地与港澳台及海外地区文化交流融合，推进文化走出去。要加快开发道家经典文化、红色文化、涡河生态文化等旅游资源，加快文化与旅游、科技、金融相关产业融合发展，不断提升我县文化影响力和竞争力。

（七）坚持以人民为中心，提高人民群众获得感幸福感安全感。增进民生福祉是发展的根本目的。要把人民对美好生活的向往作为奋斗目标，解决好人民最关心最直接最现实的利益问题，在幼有所育、学有所教、劳有所得、病有所医、老有所养、住有所居、弱有所扶上不断取得新进展。要持续扩大优质公共服务供给。坚持教育优先发展，深化教育改革，扩大学前教育资源，深入推进义务教育城乡一体化和优质均衡发展，普及高中阶段教育，加强师德师风建设，办好人民满意的教育。大力推进“健康涡阳”建设，以医药卫生体制改革为重点，深化医疗、医保、医药“三医联动”，大力推进医共体、医联体建设，加快建设现代医疗卫生服务体系。抓好就业这个最大民生，坚持就业优先战略和积极就业政策，大力推动创新创业，促进高校毕业生等青年群体、农民工多渠道就业创业，使人人都有通过辛勤劳动实现自身发展的机会。要完善社会保障体系，全面实施全民参保计划，健全全省统一的城乡居民基本医疗保险制度，完善基本养老保险制度，统筹城乡社会救助体系，形成多层次可持续城乡一体的社会保障体系。要全力促进社会和谐稳定。完善党委领导、政府负责、社会协同、公众参与、法治保障的社会治理体制，推动社会治理重心下移、力量下沉，深化平安涡阳建设，完善社会纠纷多元化解机制，深入开展“铸安行动”，大力实施食品药品“智慧监管”工程，织密织牢公共安全网，加快形成共建共治共享的社会治理格局。

四、坚定不移对标党的建设“新要求”，始终不忘为全县人民谋幸福的初心和使命

党的十九大鲜明提出新时代党的建设总要求，对推进党的建设新的伟大工程作出顶层设计和战略部署，贯彻习近平总书记重要指示精神、落实新时代党的建设总要求，必须以半步不退的决心，善作善成的韧劲，把管党治党的螺丝拧得更紧，把全面从严治党的思路举措搞得更加科学，更加严密、更加有效。

（一）突出抓好政治建设，着力增强领导力。党的政治建设是党的根本性建设，决定党的建设方向和效果。全县各级党组织要把党的政治建设摆在首位，坚定执行党的政治路线，严格遵守政治纪律和政治规矩，时时处处事事旗帜鲜明讲政治。一要把坚决维护党中央权威和集中统一领导作为首要任务。党政军民学，东西南北中，党是领导一切的，党中央集中统一领导是党的领导的最高原则。要牢固树立“四个意识”，坚决维护党中央权威，坚决服从党中央集中统一领导，真正做到党中央提倡的坚决响应、党中央决定的坚决执行、党中央禁止的坚决不做。二要把严肃党内政治生活作为有力抓手。严格尊崇党章，严格执行准则，坚持和完善民主集中制，认真落实党的组织生活制度，用好批评和自我批评这个锐利武器，不断增强党内政治生活的政治性、时代性、原则性、战斗性。尤其要强化组织观念、程序观念，严格执行重大问题请示报告制度，决不允许各行其是、自作主张，决不允许阳奉阴违、先斩后奏，决不允许报喜不报忧、报功不报过。三要把纯洁党内政治文化作为重大课题。紧紧围绕“六破六立”，大力弘扬忠诚老实、公道正派、实事求是、清正廉洁等价值观，坚决防止和反对个人主义、分散主义、自由主义、本位主义、好人主义，坚决防止和反对宗派文化、圈子文化、码头文化，坚决反对搞两面派、做两面人，努力建设先进的、健康的、富有生机活力的党内政治文化。我们都是涡阳良好生态的建设者、参与者，也都是受益者。

（二）强化领导班子和干部队伍建设，着力增强凝聚力。新时代赋予新使命，新使命需要好干部。要始终坚持党管干部原则，坚持20字好干部标准，把各方面优秀人才汇聚到现代化五大发展美好涡阳建设中来。一要严格选人用人标准。坚持正确用人导向，突出政治标准，突出“六选六不选”，扎实推进干部“三案”精准管理，培养选拔牢固树立“四个意识”和“四个自信”、坚决维护党中央权威、全面贯彻执行党的理论和路线方针政策、忠诚干净担当的干部，培养选拔具有专业能力专业精神、适应新时代涡阳发展要求的干部。坚持鼓励优秀干部到“招商引资一线、文明创建一线、信访维稳一线、大建设一线、基层和脱贫攻坚一线”锻炼，大力培养“经济型、建设型、管理型、数字型”干部。二要严把选人用人程序。全面落实干部选拔任用工作条例，强化党组织的领导和把关作用，严把干部选拔程序关、资格条件关、用人纪律关，严格执行“凡提四必”。要坚持人岗相宜、以事择人，协调好岗位和干部这两个因素，使领导班子成员专业素养整体覆盖一个地方发展需要、一个单位核心业务。要严肃组织人事纪律，对说情打招呼、跑官买官、拉票贿选等行为保持“零容

忍”，坚决匡正选人用人风气。三要严明选人用人机制。加强对党员干部特别是领导干部日常监督管理，用好谈心谈话、提醒函询诫免等手段，多做咬耳扯袖、防偏纠偏工作。坚持严管和厚爱结合、激励和约束并重，完善干部考核评价机制，建立激励机制和容错纠错机制，旗帜鲜明为敢于担当、踏实做事、不谋私利的干部撑腰鼓劲，真正把广大干部的精气神引导到改革发展上来。

（三）深化基层党组织建设，着力增强组织力。十九大报告强调，加强基层组织建设，“要以提升组织力为重点”。党的力量来自组织，组织能使力量倍增，必须按照中央要求，着力增强党的组织优势、组织功能、组织力量。一要突出政治功能。政治功能是党组织第一位的功能。要着力增强党的意识、党员意识，切实加强基层党组织带头人队伍建设，持续整顿软弱涣散基层党组织，真正把基层党组织建设成为宣传党的主张、贯彻党的决定、领导基层治理、团结动员群众、推动改革发展的坚强战斗堡垒，当前要做好村“两委”换届的各项准备工作。要认真贯彻《中国共产党党务公开条例》，扩大党内基层民主，推进党务公开。要推进党的基层组织设置和活动方式创新，不断扩大基层党组织覆盖面，让党的旗帜在每一个基层阵地高高飘扬。二要突出支部作用。坚持把党支部建设作为最重要的基本建设，认真落实“三会一课”等基本组织生活制度，扎实开展好“党员活动日”，教育督促党支部担负好直接教育、管理、监督党员和组织、宣传、凝聚、服务群众的职责，引导广大党员发挥好先锋模范作用。三要突出服务大局。要扎实开展好基层党组织标准化建设，坚持改革发展推进到哪里，党的基层组织就跟进到哪里，努力把组织资源转化为推动发展优势、组织活力转化为推动发展活力。尤其要加大抓党建促脱贫攻坚力度，加强基层领导班子建设，选好配强一把手，发挥好第一书记和驻村工作队作用，确保中央和省、市脱贫攻坚各项政策掷地有声、落地见效。

（四）抓好理想信念宗旨教育，着力增强号召力。思想建党是党的基础性建设。坚持以科学理论引领、用科学理论武装，是我们党永葆先进性和纯洁性的根本保证。一要强化理想信念教育。组织党员干部深入学习领会习近平新时代中国特色社会主义思想，认真学习《习近平谈治国理政》第一卷和第二卷，进一步坚定理想信念，牢记党的宗旨，解决好世界观、人生观、价值观这个“总开关”问题，挺起共产党人的精神脊梁。二要强化主题教育。扎实推进“两学一做”学习教育常态化制度化，精心谋划和开展好“不忘初心，牢记使命”主题教育，组织部、宣传部要积极谋划，推动党员干部更加自觉地为实现新时代党的历史使命不懈奋斗。三要强化警示教育。巩固拓展“讲重作”专题警示教育成果，注重用身边事教育身边人，对查处的典型案件要及时通报曝光，对违纪干部所在党组织要通报案情、予以警示，真正让广大党员干部知敬畏、存戒惧、守底线。

（五）持之以恒正风肃纪，着力增强战斗力。腐败是我们党面临的最大威胁。当前，反腐败斗争形势依然严峻复杂，巩固压倒性态势、夺取压倒性胜利的决心必须坚如磐石。一要驰而不息改进作风。习近平总书记强调，“四风”问题具有顽固性反复性，纠正“四风”不能止步，作风建设永远在路上。形式主义、官僚主义同我们党的性质宗旨和优良作风格格不入，是我们党的大敌、人民的大敌。必须带头树立正确政绩观，始终做老实人、说老实话、干老实事，自觉反对形式主义、官僚主义。要聚焦突出问题，充分认识形式主义、官僚主义的多样性和变异性，摸清形式主义、官僚主义在不同时期、不同地区、不同部门的不同表现，既解决老问题，也察觉新问题；既解决显性问题，也解决隐性问题；既解决表层次问题，也解决深层次问题，抓出习惯，抓出长效。习近平总书记强调，不忘初心，牢记使命，职位越高越要忠于人民，全心全意为人民服务。只有敬畏法律、敬畏纪律，自觉管住自己，在廉洁自律上作出表率，才能担起肩上的重任。要明史知理，不能颠倒了公私、混淆了是非、模糊了义利、放纵了亲情，要带头树好廉洁自律的“风向标”，推动形成清正廉洁的党风。要勤于检视心灵、洗涤灵魂，校准价值坐标，坚守理想信念。增强政治定力、道德定力。构筑起不想腐的思想堤坝，清清白白做人、干干净净干事。要认真贯彻落实习近平总书记关于进一步纠正“四风”、加强作风建设的重要指示精神，巩固拓展贯彻中央八项规定精神成果，盯紧“四风”新变异新动向，尤其要重点解决形式主义、官僚主义问题，切实纠正一些领导干部高高在上、脱离群众、庸懒无为，一些基层干部不愿担事、冷硬横推、吃拿卡要等现象，坚决打赢作风建设持久战。二要重拳铁腕反腐肃贪。坚持无禁区、全覆盖、零容忍，坚持重遏制、强高压、长震慑，坚持受贿行贿一起查，重点查处政治腐败和经济腐败相互交织的案件，不收敛不收手、问题线索反映集中、群众反映强烈、现在重要岗位且可能还要提拔使用的领导干部，严厉整治群众身边的腐败问题，坚决铲除腐败这个最致命的污染源。在严惩腐败的同时，要综合运用监督执纪“四种形态”，特别要在用好第一种形态上下更大功夫，使红脸出汗成为常态。每个同志都要做好被函询谈话的准备，因为我们做的事在涡阳是前无古人的事，无例可循，是打基础利长远的潜绩。三要织密扎牢监督之网。持续加强巡察监督，坚定不移深化政治巡察，巩固省委巡视“回头看”反馈意见整改工作成果，推进本届县委巡察全覆盖，真正让每一轮巡察都成为政治看齐之巡、警醒教育之巡、整肃立规之巡。要把加强同级监督摆在更加突出的位置，让同级之间真正感受到监督就在身边、纪律就在眼前、红线就在脚下。要全面落实中央及省、市委部署，发挥好监察委员会作用，实现对所有行使公权力的公职人员监察全覆盖。

五、努力在新时代展现“新作为”，以永不懈怠的精神状态和一往无前的奋斗姿态狠抓落实

一分部署，九分落实。现在，目标任务已经明确，关键要以强大的前进定力、奋发的精神状态、百倍的工作干劲狠抓落实。要不断提高抓落实的本领。全县各级党组织和广大党员干部要牢记习近平总书记“不仅要有担当的宽肩膀，还要有成事的真本领”的谆谆教诲，全面增强学习本领、政治领导本领、改革创新本领、科学发展本领、依法执政本领、群众工作本领、狠抓落实本领、驾驭风险本领，切实把握工作主动权，做到既政治过硬、又本领高强。要勇于扛起抓落实的责任。2018 年是效能突破年，要有硬招实措，一方面是内部机制，另一方面要善于运用宣传媒介，引导群众监督。各级领导干部既要运筹帷幄当好“指挥员”，又要冲锋陷阵当好“战斗员”，对职责范围内的工作，全力以赴、尽心尽力、绝不怠慢；遇到困难和问题，迎难而上、设法解决、决不退缩；在紧急危难关头，敢于挺身、果断处置、绝不逃避，切实做到守土有责、守土负责、守土尽责。要科学谋划抓落实的举措。坚持一切从涡阳实际出发，始终如一地说实话、谋实事、出实招、求实效，注重联系实际、结合转化，注重统筹兼顾、弹好钢琴，注重典型引路、以点带面，注重发动群众、凝聚力量，以科学务实之法一板一眼地把各项工作做深做细做实。要紧紧盯住抓落实的成效。以“功成不必在我、成功必定有我”的境界，坚决防止和纠正各种好高骛远、急功近利的行为，一锤接着一锤敲，一任连着一任干，稳扎稳打，善作善成，把县委每一项决策部署都抓出真正实实在在的成绩，一步一个脚印把宏伟蓝图变成美好现实。年终岁末，各项任务都很繁重，前不久，我们转发了省委省政府关于做好“两节”期间工作的通知，大家要对照通知，结合各自实际抓好落实。

全县各级党组织和广大共产党员，要进一步增强忧患意识，居安思危，更加紧密地团结在以习近平同志为核心的党中央周围，高举中国特色社会主义伟大旗帜，深入践行习近平新时代中国特色社会主义思想，不忘初心，牢记使命，改革创新，奋勇前进，紧紧依靠全县广大人民，团结凝聚社会各界力量，以永不懈怠的精神状态和一往无前的奋斗姿态，不断开创涡阳新时代新气象新作为！

政府工作报告

——2017年12月18日在县十七届人大二次会议上

县人民政府县长　熊国洪

一、真抓实干，2017年成绩斐然

2017年，是本届政府开局之年。一年来，在市委、市政府和县委的坚强领导下，在县人大、县政协的监督支持下，县政府团结依靠全县人民，围绕县第十一次党代会确定的“1358”总体发展思路，深入实施五大发展行动计划，全力以赴谋发展，奋发有为创一流，交出了一份亮点多、分量重的成绩单，圆满完成了县十七届人大一次会议确定的各项目标任务，实现了新一届政府的良好开局。

（一）经济运行提速，产业结构进一步优化。

发展速度不断加快。全县地区生产总值279.4亿元，增长9.3%；固定资产投资219亿元，增长25%；规模工业增加值80亿元，增长10.5%；财政收入20.4亿元，增长13%；社会消费品零售总额128.3亿元，增长14%；城镇、农村居民人均可支配收入分别达到24324元和10889元，增长9%和10%。三次产业比由上年的18.9:42.1:39调整为15.1:44.2:40.7，一产下降3.8个百分点，二、三产分别上升2.1和1.7个百分点。主要经济指标增幅好于预期、高于上年、快于全市全省平均水平。前三季度，列入市考核的25项经济指标中，我县18项指标增幅位居三县一区前两位。

工业经济增势强劲。实现工业总产值310亿元，增长13.1%；工业化率37.2%，比上年提高1.9个百分点。光机电、绿色装配式建筑、现代中药和绿色食品、循环经济科技4个百亿元产业异军突起、初具规模，新增入驻亿元以上企业16家。战略性新兴产业、高新技术产业快速起跳，分别实现产值42亿元、54.3亿元，均增长30%，增幅高居全市第一。智能制造、数控机床、高端印刷、绿色新材料等一批新技术企业建成投产。民营经济发展被省委、省政府通报表彰。全年新增规上工业企业30家、高新技术企业4家。

农业结构调整成效显著。粮食总产142.6万吨，实现农产品加工产值160亿元，增长14%。市级以上产业化龙头企业、示范农民合作社、农业产业化联合体分别发展到123家、116家和25家，正宇面粉连续5年蝉联全国小麦粉加工企业“50强”。特色农产品基地蓬勃发展，山核桃、油牡丹等种植基地快速扩张，8大经果林面积4万亩，比上年新增2万亩。百亩以上土地流转面积52万亩。“涡阳大豆”获批国家地理标志产品。规模养殖比重82.6%。主要农作物机械化率91%以上，被农业部评为主要农作物全程机械化示范县。治理高标准农田26.7万亩，新增耕地3500亩，新建修复机井7650眼，新建加固涵闸6764座，疏浚大中沟42条。

现代服务业持续繁荣。新增限上商贸企业30家，总数达到213家；实现限上消费品零售额41.5亿元，增长17%。中农批综合市场一期建成运营，建筑面积47万平方米的上海月星环球港城市综合体即将开工建设，青牛广场、凤凰假日酒店、天河金街等项目进展顺利。电商产业蓬勃兴起，县级电商服务中心、物流配送中心和566个村级电商服务网点运营良好，实现368个行政村电商全

覆盖，线上交易额7.7亿元。金融业运行稳健，银企签约36.9亿元，金融机构贷款余额162亿元，增长32.2%；贷存比44.8%，比上年提高4.8个百分点。

（二）项目建设提效，发展后劲进一步夯实。

招商引资再创新高。成功举办国际徽商大会涡阳招商专场，在深圳、昆山、台州等地开展7次招商宣传推介活动。新签约项目101个，其中亿元以上工业项目45个，分别比上年增加40个和19个。引进省外亿元以上项目42个，位居全市第一。实际利用内资362亿元，增长21.7%。利用外商直接投资1.65亿美元，增长9.5%。外贸进出口总额1.23亿美元，增长12%。

重点项目再传捷报。实施重点项目202个，总投资512.6亿元，比上年增加224亿元。工业投资90亿元，增长23.7%，总量全市第一、增幅全市第二。78个省、市重点项目新增投资170亿元，占年度投资计划的190%。新开工亿元以上项目41个，30个亿元以上项目竣工。开展3次重大项目集中开工活动，开工项目44个，总投资220亿元，其中亿元以上工业项目24个。盛鸿科技、申杰电子、申鑫铸锭等10个工业项目当年开工、当年投产。

平台建设再度拓展。编制完成57平方公里的“一区六镇”产业发展规划，发展空间大大提升，承载能力进一步增强。县经开区实现工业产值70亿元，财政收入5.8亿元，分别增长70.7%和48.7%；在全省162个省级开发区综合实力评比中取得全市第1名、全省第37名的好成绩。西阳高新现代产业集群专业镇道路、管网、标准厂房等项目建设全面加速。循环经济科技产业集聚区和楚店、龙马、义门等产业集群专业镇基础设施建设全面启动。县经开区电力改造提升、发展要素中心、工业邻里中心、污水处理厂等项目建设全面加快。

深化改革再出实招。围绕破解制约涡阳发展的体制机制问题，新实施170多项改革任务，重点领域和关键环节改革取得新的突破。土地、规划、投融资、大建设、征迁安置等工作机制更加顺畅。“放管服”、商事制度、公共资源交易、行政管理执法、医疗卫生体制、教育体制等改革深入推进。户籍制度改革、供销社改革完成年度任务。国有林场改革工作受到省林业厅充分肯定。“营改增”“多证合一”“一照一码”全面实施，新增私营企业2050家、个体工商户1.1万户。农村承包土地经营权抵押累计发放贷款3.5亿元，居全省首批试点县第一位。乐行集团完成转型发展，成功募集7亿元企业债。投资29亿元的黑臭水体治理PPP项目建设进展顺利，并入选国家PPP项目库。扎实推进全国农民工返乡创业试点县建设，“涡阳老乡，请您回家”活动深入开展，2280名涡阳老乡返乡创业。

（三）统筹发展提质，城乡面貌进一步改观。

规划体系日臻完善。完成新一轮土地利用总体规划调整和“多规合一”编制，划定城镇开发边界红线。完成城南新区宜居生活圈、城市空间特色体系、10个省级镇政府驻地建成区、23个省市县三级美丽乡村以及城市道路、供水、污水处理、水系景观、口袋公园等多项规划。以县城为核心、中心镇为支撑、美丽乡村为基础的规划体系更加健全，城乡空间格局进一步优化。

城乡建设日新月异。城南新区建设全速推进，开工大建设项目151个，建成项目69个，完成投资100亿元。路网建设、基础配套、公益项目、城区活水等“六大工程”基本建成，新建改建城市道路15条、30公里，“五馆三中心”主体工程即将竣工，德园公园即将开园，“十一纵八横三河”路网水系贯通。征迁安置有序推进，完成整村搬迁25个、拆迁面积110万平方米，在建安置小区16个、建筑面积165万平方米。老城区改造提升统筹推进，完成棚户区改造5263套，历史文化街区保护提升项目正式启动。房地产市场健康发展，完成房地产投资54.3亿元，销售商品住宅面积120万平方米，分别增长25%和38%。美丽乡村建设纵深拓展，大力实施美丽乡村与特色旅游“双推进”示范工程，高炉镇单集中心村获评第五届全国文明村镇，10个镇驻地建成区整治、20个省级美丽乡村示范村通过省级验收，新兴红色小镇、义门千年古镇、曹市辉山红色村落特色彰显。

管理水平日益提升。精细化管理不断加强，路灯、绿化、城市家居等市政设施维护管理实现常态化，城乡视频数据平台及智能交通系统建成使用，城乡环卫保洁市场化运营取得明显成效。依法治理城区占道报刊亭电话亭、违规设置路名牌、户外广告受到广大人民群众点赞。市容市貌和城乡环境显著改观，连续三届被评为全省文明县城。“两违”管控始终保持高压态势，农民自建住房管理长效机制得到巩固。

（四）环境治理提档，生态保护成效进一步凸显。

人居生活环境明显改善。新增农村造林面积2.7万亩，建设森林长廊120公里。新增城市绿化面积100万平方米，道源国家湿地公园通过国家林业局验收。实施城市活水工程，完成界洪河、涡楚河等6条黑臭水体治理。实行县镇村三级“河长制”，“一河一策”有效落实。治理入河排污口71处，关闭搬迁禁养区畜禽养殖场39家，涡河、包河等河面养殖清理正在加快推进。105处饮用水源地保护措施到位，群众饮水安全得到保障。义门污水处理厂和城东污水处理厂二期投入使用。农村“三线三边”环境治理和垃圾污水厕所“三大革命”一体化推进，完成陈年垃圾清理并顺利通过省级验收，建设村级污水处理站44个，完成农村改厕2万户。秸秆禁烧实现“零火点”。

环保问题整治成效显著。“环保风暴”初战告捷，中央环保督察35个环境信访问题、省环保下沉督察16个问题，全部整改到位、见底清零。成品油市场专项整治首战首胜，完成加油站点地下油罐双层罐改造70家，取缔非法加油站点172处。“蓝天保卫战”大获全胜，清理“六场一站”544家，建筑工地、燃煤锅炉、餐饮油烟等“十大”专项整治行动取得丰硕战果。

生态保护机制不断完善。建立健全县环保委统一指挥、部门各负其责、上下齐抓共管的生态保护长效机制。县政府常务会议、县长办公会议23次研究环保工作问题整改和重点任务落实。全面建立县镇村三级环境监管网格，注重源头严防、过程严管、后果严惩，坚决落实涉及环保问题企业停产、车辆停运、工地停工、商贸停业“四停”措施。严格执行环保工作“一票否决”，强化督查问责，先后问责28人，其中正科级干部5人，副科级干部7人。

（五）民生投入提标，群众获得感进一步增强。

脱贫攻坚火力全开。财政投入资金14.25亿元，强力推进脱贫攻坚“十大工程”。实施产业扶贫项目7.61万个，惠及368个村和3万个贫困家庭。投资7.8亿元的117.48兆瓦光伏扶贫电站并网发电，368个行政村村均增加集体收入5万元，1.76万个贫困家庭户均增收3000元。投资1.2亿元与温氏集团合作共建156个养殖小区，覆盖78个贫困村6240户贫困家庭。累计发放贫困户扶贫小额贷款2.9亿元，超额完成省下达的1.9亿元任务。全力实施教育扶贫、健康扶贫、就业扶贫，资助建档立卡贫困家庭学生19109人，贫困人口报销医疗费用1.04亿元，提供贫困家庭就业岗位10486个。完成贫困家庭危房改造8223户，1.42万贫困人口喜迁新居。

社会事业全面发展。县财政投入54.6亿元用于民生事业，占全部财政支出88.4%，比上年增长12%。投入29.56亿元，全面完成31项民生工程。积极推进创业就业，新增城镇就业人员1.95万人，转移农村劳动力1.88万人，城镇登记失业率低于4%。城市低保标准提高10%，农村五保集中供养财政补助标准提高28%，农村五保分散供养财政补助标准、低保标准由3150元全部提高到4310元。完成农村道路畅通工程960公里，解决农村12万人安全饮水问题，农村生产生活条件进一步改善。城乡居民社会养老保险参保78万人，发放养老金5.92亿元。落实城乡居民医疗保险补偿资金8.87亿元、大病保险补偿资金4260万元。完成92所农村学校“改薄”、50所“村小提升”工程和第二个学前教育三年行动计划，城区45台标准化校车投入运营。人口计生服务水平不断提升。精神文明创建活动深入人心，城乡文明程度不断提高，县气象局被评为全国文明单位和全国、全省科普教育基地，22人分别当选“中国好人”“安徽好人”和“亳州好人”。科技文化体育事业蓬勃发展，申请发明专利341件，授权发明专利40件。新建群众健身场所91处，群众性体育活动取得新进展。成功举办2017道祖圣诞拜祖大典暨老子与道教文化国际学术研讨会。原创泗州戏《伯愈泣仗》荣获全省十大名剧称号。《涡阳年鉴》被评为全省年鉴编纂质量评比二等奖和年鉴专项奖。工会、共青团、妇联、科协、工商联、文联工作不断加强，老干部、关心下一代、机构编制、机关事务取得新进步。

社会治理不断创新。县级矛盾纠纷联合调处中心建成使用，实现信访工作“一站式”服务。扎实开展信访积案化解“百日攻坚”专项行动，建立双“三位一体”“3+X”问题化解机制，矛盾纠纷调解成功率98%，一批信访遗留问题得到有效解决。食品药品安全专项整治力度不断加大，重点行业、重点领域安全隐患排查整治进一步加强，安全生产形势平稳。“守护平安”系列行动扎实有效，社会治安视频监控系统实现城乡重点区域全覆盖。“七五”普法深入开展，社会信用体系建设深入推进，全民法治意识、守信意识进一步提高。建立县级突发预警事件信息发布中心，应急处置能力不断增强。气象、防震减灾工作再上新台阶，城关滨河社区、西阳郭寨社区被评为全国综合减灾示范社区。国防教育、国防动员、后备力量建设、人民防空、双拥工作和武装工作扎实开展。消防、海事、统计、调查、物价、档案、广电、公共资源交易、公积金管理、无线电管理工作成效明显。残疾人、红十字、民族宗教、外事侨务、慈善事业健康发展。

(六)政府效能提升，自身建设进一步加强。

深入推进“两学一做”学习教育常态化，“讲政治、重规矩、作表率”专题警示教育扎实开展，严格落实中央八项规定精神和省市县相关规定，政府系统党的建设全面加强。强化政府目标绩效管理，建立政府工作清单、问题清单制度和交办、督办、销号制度，累计完成任务清单1054项，整改“四个点”问题清单64个。认真办理回复人民网留言、省长留言和市县长热线事项22524件，办结率99%，满意率97%。简政放权取得新成效，取消行政许可事项6项，清理中介服务事项29项、下放39项。“互联网+政务服务”不断完善，网上办理事项105万件，OA办公系统、政府会议无纸化全面推行。强化审计监督，严格行政监察，推进政务公开。自觉接受县人大法律监督、县政协民主监督，办结人大代表议案建议97件、政协委员提案159件，办结率100%，满意率98%。

各位代表！一年来，我们办成了一些过去想办而没有办成的民生实事，补上了一些过去想补而没有补上的发展短板，解决了一些长期想解决而没有解决好的疑难问题，化解了一些长期想化解而没有化解掉的信访积案。发生的这些变化，取得的这些成绩，是县委总揽全局、坚强领导的结果，是县人大、县政协鼎力支持、强力监督的结果，是全县上下戮力同心、拼搏苦干的结果。在此，我代表县人民政府，向全县广大干部群众和离退休老同志，向全体人大代表、政协委员，向武警消防官兵和政法公安干警，向所有参与、关心、支持涡阳建设发展的社会各界朋友，致以崇高的敬意和衷心的感谢！

在肯定成绩的同时，我们也清醒地认识到，全县经济社会发展还面临着不少矛盾和困难，政府工作还存在着诸多问题和不足。主要表现在：经济总量不大、产业层次偏低的问题没有根本改变，发展方式仍然粗放，产业结构调整步伐还需进一步加快；工业“个小腿短”、农业“块大体弱”、服务业“发育不全”依然是基本县情，转型发展、跨越赶超任重道远；发展不平衡不充分的一些突出问题尚未有效解决，环境保护形势严峻，脱贫攻坚任务紧迫艰巨，群众关心的就学、就医、就业、住房、养老等方面还有不少难题；社会矛盾易发多发，安全生产形势不容乐观，维护稳定工作面临很多新情况新挑战。特别是少数部门和干部思想不解放、作风不扎实、执行力不强，庸政懒政怠政等顽疾还没有干净彻底地根除。对此，我们绝不回避，全力解决，不辜负全县人民的信任和重托！

二、锐意进取，2018年再谱新篇

2018年，是贯彻党的十九大精神的第一年，是实施“十三五”规划承上启下的重要一年，也是涡阳决胜全面建成小康社会的关键一年。与全国一样，当前涡阳发展进入了新时代，正拼搏在爬坡过坎、冲刺峰巅的征程中，奋进在加快发展、转型发展的跑道上。我们必须抢抓机遇、抢占先机，拉高标杆、跨越赶超，跑出涡阳速度、干出涡阳力度，谱写涡阳新篇章、再创涡阳新辉煌！

2018年政府工作的总体要求是：以习近平新时代中国特色社会主义思想为指导，全面贯彻党的十九大精神，深刻把握新时代的历史方位，紧扣社会主要矛盾变化，统筹推进“五位一体”总体布局，协调推进“四个全面”战略布局，围绕县第十一次党代会确定的“1358”总体发展思路，坚持稳中求进、进中求快、快中求优工作总基调，坚定不移把发展作为第一要务，坚持以人民为中心，坚持社会主义市场经济改革方向，坚持以新发展理念引领发展行动，坚持质量第一、效率优先，以供给侧结构性改革为主线，建设现代化经济体系，实现更高质量、更有效率、更加公平、更可持续的发展，奋力开创“在建设现代化五大发展美好涡阳中勇当皖北振兴排头兵”的新局面。

经济社会发展的主要预期目标是：地区生产总值增长9.1%左右，财政收入增长10%左右，固定资产投资增长15%左右，规模工业增加值增长10%左右，社会消费品零售总额增长12%左右，城镇常住居民人均可支配收入增长8%左右，农村常住居民人均可支配收入增长9%左右，城镇登记失业率控制在4.2%以内，节能减排、大气和水污染防治完成市控目标任务。

围绕实现上述目标，重点抓好六个方面的工作：

（一）聚焦聚力创新驱动，推进转型升级大跨越。按照做大总量、做优增量、做强存量、提升质量的思路，加大产业结构调整力度，推进产业转型升级，构建现代产业体系。

加速工业经济裂变。围绕千亿工业、百亿产业目标，依托四大产业集聚区，“无中生有”抓增量、“有中生优”抓技改、“优中创特”抓龙头，推动产业急速发展、集群发展。工业投资增长20%，新增规模工业企业30家，工业总产值突破400亿元。高起点、高标准建设“一区六镇”，打造产业集聚新高地。继续完善提升县经开区生产生活生态功能，进一步增强园区承载力。加快推进西阳、楚店、高炉、义门、龙山、马店产业集群专业镇和循环经济科技产业园起步区基础设施、标准化厂房建设。大力发展电子电气、智能手机、新材料、高端装备等新兴产业，加大风电、光伏、生物质、垃圾发电等新能源开发利用。全力支持投资36亿元的鸿路集团绿色装配式建筑生产基地建设，积极“上引下联”，延伸产业链条，尽快打造百亿绿色建筑产业园。新开工亿元以上工业项目不少于20个，云瑜电子、创维智能手机、中建材泰山石膏板材等10个亿元以上项目建成投产。战略性新兴产业产值增长25%，高新技术产业增加值增长15%。积极引入新技术、新业态、新模式改造提升传统产业，推动企业增品种、提品质、创品牌，让传统产业焕发蓬勃生机。工业技改投资增长15%。

加速现代服务业换挡。围绕个性化、多元化、高端化，拓展新领域，催生新业态，推进现代服务业换挡起跳。新增限上商贸企业30家，限上消费品零售额增长16.5%。加快建设现代城市商圈，积极推进中农批市场二期、国强家居建材市场二期建设，改造提升西城大市场。全力推进德运粮油、润和油脂、北京海翔涡阳大豆饮品项目和四季大通、粮田家健康食品产业园建设。重点打造向阳大道城市核心商圈，加速月星环球港、欧洲风情街、七彩世界城、大数据中心等项目建设。青牛广场、天河金街、凤凰假日酒店建成运营。激活农村消费市场，鼓励商贸服务企业向镇、村延伸。完善电商公共服务中心功能，支持企业“触电上网”，推广“一村一品一店”，开发符合网购需求的特色农产品，培育年销售收入超千万元电商企业3家，电商交易额超10亿元。推进涡河四级航道升级，启动涡河综合码头、保税仓、现代物流建设，构建覆盖城乡、辐射皖北的区域性仓储、冷链、配送物流体系。壮大对外贸易，新增进出口实绩企业5家，进出口总额增长15%。

加速市场活力释放。深入开展“四送一服”活动，抓好融资、用工、用地等要素对接，更高效、更精准服务企业发展。完善金融机构支持实体经济考核办法，构建银企对接长效机制，放大“政银担”“助保贷”“税融通”等金融产品效应。新增贷款50亿元。突出企业主体地位，鼓励企业加大科研投入，支持源和堂、盛鸿科技建立院士工作站。发展多层次资本市场，引导企业上市融资，助推徽酒集团、源和堂药业主板上市。实施人才强县战略，健全功能完善、运行有序、服务规范的人力资源市场体系，大力引进培养高层次创新型科技人才、新兴产业领军人才、高技能人才。加大职业技能培训力度，重点培养机械加工、数控机床、电子科技等领域产业工人，打造“技工大县”“工匠强县”，开展“涡阳工匠”评选表彰活动。深入推进大众创业、万众创新，助力外出务工人员、高校毕业生、下岗职工自主创业，新增私营企业2400家、个体工商户1.4万户。深化社会信用体系建设，建立金融债务风险应急处置机制，依法打击恶意逃废金融债务和各类非法金融活动，构建更加良好的金融生态环境。加强知识产权管理、运用和保护，新增发明专利授权50件。

（二）聚焦聚力项目建设，推进投资拉动大突破。坚持发展为要、项目为王，实施新一轮项目建设和招商引资大会战，为涡阳加速发展不断积聚新动能。

强力推进重大项目。全面开展“项目建设提速增效年”活动，实施重大项目267个，总投资514.9亿元，年度完成固定资产投资252亿元。加快建设信湖煤矿、化工产业园、静脉产业园、新型建材产业园等重大工业项目。全力推进亳涡蒙高速涡阳段、省道238和245、九龙大道和西环路两座跨涡河大桥等重大交通工程项目。强力推进涡河船闸改建、城区调蓄水库和地表水厂等重大水利工程项目。

强力推进招大引强。坚持把招商引资作为“一号工程”“一把手工程”，举全县之力招大引强、招新引优。强化借会招商、以商招商，突出工业招商，深化产业招商，实施精准招商，着力引进一批引领性、方向性、龙头型的大项目、好项目。全年实际利用内资增长15%，实际到位省外资金增长15%，利用外商直接投资增长10%。引进亿元以上工业项目30个，其中5亿元以上项目5个，10亿元以上项目不少于1个。加强签约项目对接沟通、落地项目跟踪帮扶、投产项目后续服务，提高项目开工率、投产率、达产率。签约项目当年开工率不低于80%。

强力推进要素保障。强化用地保障，完成城乡建设用地增减挂钩3000亩，耕地后备资源入库5000亩，补充耕地2000亩，工矿废弃地复垦3000亩。加大征地拆迁力度，完成征迁80万平方米，建成交付德顺、李马等6个安置小区。强化资金保障，实施PPP项目资金规模100亿元；优化政府融资担保资源，壮大县级融资担保平台能力；建立产业引导基金，撬动更多社会资本支持实体经济。强化服务保障，坚持“六个一批”“四位一体”项目推进机制，扭住规划选址、土地预审、项目审批等关键环节，畅通项目落地“绿色通道”，确保项目早开工、建设快推进。

（三）聚焦聚力统筹发展，推进城镇品质大跃升。坚持以“四创一建”为抓手，精心规划、精致建设、精细管理，实现新城展新姿、老城焕新颜、集镇出新貌。

打造有品位的精品城市。完善城区路网建设。贯通“主动脉”，完成向阳大道改造，实施九龙大道、西环路建设；打通“断头路”，改造提升集贤路、紫光大道；畅通“内循环”，延伸锦绣大道、龙山路、石弓山路。实施城区道路建设项目21条、全长86公里，计划投资21.8亿元。做美扮靓城区环境。全面推进道路、公园、广场绿化升级，完成主干道绿化示范工程、城市出入口和高速公路出入口绿化景观工程，新增绿化面积140万平方米，积极创建省级园林城市。加快推进城区11条水系治理，完成南外环水系、德园水系景观工程。增强城市功能。“五馆三中心”、经开区污水处理厂建成使用；加快体育公园、广电中心、口袋公园、停车场、无障碍设施等公用设施建设；规划建设公交换乘中心、停保场、首末站，积极推进城乡公交一体化。加快武集变、华都变等电力设施建设。有序实施老城区小街背巷路面硬化、绿化、亮化、雨污分流、供水管网改造等工程，逐步推进主干道沿街建筑物外立面改造提升；完成官路坑改造，让困扰周边群众生活多年的臭水坑变成景观湖。完成棚户区、老旧小区、“城中村”年度改造任务。坚持房子是用来住的，不是用来炒的定位，继续保持房地产市场健康发展。

打造有魅力的特色小镇。按照“挖掘文化名城底蕴、传播老子道家文化、提升人文涡阳形象”的思路，深度挖掘涡阳地域特色和文化内涵，传承老子文化、弘扬红色文化、凝练创新文化。编制全域旅游规划。开展涡阳“全域旅游开发推进年”活动，完成道源国家湿地公园、城西田园综合体、新兴红色小镇、义门千年古镇、曹市辉山红色村落、涡阳历史文化街区保护开发等六大全域旅游项目核心景区建设。积极申报省级特色小镇。完成10个镇政府驻地建成区整治，完善道路、绿化、管网、污水处理等基础设施。精选10个具有历史文化名人底蕴和文化古迹的村落，实施历史文化景点修复。推进范蠡西施文化园、龙山生态文化园等项目建设。规范提升农家餐饮、果蔬采摘、休闲垂钓等“农家乐”“渔家乐”项目，鼓励发展一批涡阳特色美食和餐饮品牌店，打造“百年老店”，使文化旅游产业成为涡阳发展新的增长极。

打造有内涵的文明家园。不断健全数字化“大城管”管理机制，加快构建城市综合管理执法体制，建成智慧城市指挥平台，推进城市管理智能化、监管模式网格化、文明创建常态化、城乡环卫一体化。下大气力解决交通拥堵、店外经营、广告乱设等问题。进一步规范物业公司管理，不断提升服务水平。深入推进“两治三改”三年专项行动，确保违法建设、违法用地“零增长”。深化精神文明建设，开展市民素质提升工程，强化文明新风培育，规范市民文明行为，立起城乡管理“涡阳规矩”，养成社会文明“涡阳习惯”，把涡阳打造成整洁美丽、和谐宜居的幸福家园。

（四）聚焦聚力乡村振兴，推进农业农村大发展。围绕“产业兴旺、生态宜居、乡风文明、治理有效、生活富裕”总要求，科学谋划乡村振兴发展思路，实现农业增产、农民增收、农村繁荣。

大力发展现代农业。深入推进农业供给侧结构性改革，构建现代农业产业体系、生产体系、经营体系。围绕品牌农业、生态农业、特色农业，加快农业“接二连三”融合发展。新培育农业产业化联合体8家，新增市级以上农业产业化龙头企业6家，农产品加工产值增长15%。发挥龙头企业带动作用，打造生产、加工、物流为一体的产业链，进一步打响涡阳“农”字品牌。新增“三品一标”产品15个、产地5个。加快规模集约经营步伐，新增家庭农场350家、农民专业合作社300家，新增流转土地5万亩。发展设施蔬菜、花卉林果、生态养殖等有机农业，新增蔬菜种植面积1.5万亩、经果林面积5000亩，新增造林面积2.4万亩，建设省市级标准化养殖示范场15个，推进正邦、大北农等现代农业项目建设。实施新增千亿斤粮食生产能力田间工程，启动北淝河治理工程，建设高标准农田28万亩。提升主要农作物耕种收一体化水平，稳步提升粮食生产能力。

加快美丽乡村建设。健全规划、建设、投入、管理、推进机制，完成8个省级中心村建设任务，加快16个省级、16个市县级中心村建设。实施农村人居环境三年整治行动，继续推进农村垃圾污水厕所整治“三大革命”，改造农村厕所2万户。加快基础设施和公共服务向农村延伸，有序推进农村危桥维修改造，实施农村饮水安全巩固提升工程，完成73个村农村电网改造。

深化农村综合改革。加快农村土地“三权分置”改革，有效盘活农村资产资源。推进农村集体产权制度改革试点，全面完成村集体资产清产核资任务。巩固农村集体土地确权颁证成果，规范畅通农村“两权”抵押贷款，完善确权颁证、配套服务、风险处置机制。推广土地托管、土地入股等经营形式，引导农民自愿以土地经营权入股，发展村级股份合作社。完善农村产权交易市场标准化建设，实现交易流转和服务监管规范化，促进资产变资源、资金变股金、农民变股东，让农民获得更多收益。

（五）聚焦聚力绿色发展，推进生态环境大变化。顺应人民群众日益增长的优美生态环境需要，加强生态环境保护，坚决守护青山绿水，让绿色成为涡阳的底色和特色。

积极改善生态环境。实施环境保护“五个一”专项行动，持续实施大气污染防治，加快水污染防治，强化土壤污染管控和修复。重拳整治重点企业废气排放、燃煤锅炉和黄标车，强力推进餐饮油烟污染控制和露天烧烤治理，全面强化工地、道路、堆场及裸露地面的扬尘污染管控。加强饮用水水源地保护，巩固完善“河长制”，全面推行县镇村三级“林长制”，加快黑臭水体治理。完成3个镇污水处理厂和城区中水回用、污泥处置等项目建设。启动土壤污染状况调查，抓好土壤污染防治方案编制，进一步改善环境质量。

构建绿色生产体系。严格执行国家环保、能耗、质量、安全等相关要求，坚决淘汰不达标的落后产能和工艺。加快高耗能行业节能技术改造，推进工业废物和生活垃圾资源化利用。全面推进工业、建筑、交通、公共机构和商贸流通等重点领域的节能降耗工作，推广使用节能产品。推广装配式建筑，推动建筑节能和绿色建筑发展。坚持经济生态化、生态产业化，实现经济发展和生态保护的良性互动。

建立日常监管机制。落实最严格的生态环境保护制度，完善网格化监管执法体系和信息化管理平台，提升环境执法监管水平。铁腕执法、铁面问责，以“零容忍”态度依法严惩各类环境违法违规行为，建设天蓝、地绿、水清的美丽涡阳。

（六）聚焦聚力民生事业，推进群众福祉大改善。坚持以人民为中心的发展思想，持续加大投入力度，增加公共服务供给，进一步提升全县群众的获得感和幸福感。

加快脱贫攻坚步伐。紧盯年度脱贫目标任务，坚持精准施策，严格落实“两评议两公示一比对一公告”精准识别程序，动态完善贫困户“四个清单”和帮扶措施，坚决杜绝“两该两不该”问题。全面落实“三保障一兜底一补充”和健康脱贫“351”“180”政策。以产业发展为支撑，加强各类资源要素整合，统筹用好项目资金，实现贫困村“扶贫驿站”全覆盖。大力实施就业扶贫，实现贫困户零就业家庭动态清零。健全防范返贫和脱贫成果巩固长效机制，做到脱贫不脱政策、脱贫不脱项目、脱贫不脱帮扶，绝不搞“数字脱贫”“虚假脱贫”，确保脱贫工作得到群众认可、经得起历史检验。

着力保障改善民生。完成省下达的年度民生工程任务。千方百计扩大就业，统筹抓好农村转移劳动力、城镇失业人员、退役军人、高校毕业生等群体的就业工作。发挥创业带动就业的倍增效应，多渠道开发就业岗位，新增城镇就业岗位8000人，确保城镇登记失业率控制在4%以内。不断完善社会保障体系，实施全民参保计划，社会保险法定人群应保尽保。加大棚户区改造力度，完成3320户改造安置任务，改造农村危房3000户。规范城乡低保和五保供养，提高临时救助水平，大力发展养老服务业。推进教育优质资源均衡发展，深化无校籍管理，加强师德师风和校长教师队伍建设。实施第三期学前教育行动计划，完成21所农村学校改薄，新建幼儿园6所、改建11所，加快城南新区1所高中、1所小学建设。规范发展民办教育，关注关爱特殊教育，大力发展职业教育，职教中心新校区建成使用。推进健康涡阳建设，完善医疗基础设施，加强医疗卫生队伍建设，提升基层医疗卫生服务能力。深化“三医联动”改革，完善分级诊疗政策制度，推进医共体、医联体建设，加快县中医院内科综合楼、县医院扩建项目建设，规范县镇卫生院和村卫生室管理。深化计生优质服务，提升人口发展质量。不断丰富公共文化产品，建立覆盖城乡的公共文化服务体系。做好老干部、关工委和老龄工作，发挥慈善和红十字会作用，维护特殊群体权益。

维护社会和谐稳定。深入开展“铸安行动”，完善安全生产常态化监管机制，加强重点行业、重点领域隐患排查整治，坚决遏制重特大事故发生。严防、严管、严控食品安全风险，积极创建省级食品药品安全城市。推进信访制度改革，规范信访秩序和网上信访业务办理，保障信访渠道畅通。完善双“三位一体”“3+X”大调解机制、信访预警机制，依法处置、有序化解信访积案。深化“平安涡阳”建设，完善立体化数字化治安防控体系和信息共享机制，防范和打击违法犯罪活动。做好清理拖欠农民工工资的工作，依法严惩恶意欠薪行为，维护劳动者的合法权益。加强网络安全管理，及时发现和打击网络违法犯罪活动。办好人民网留言、省长留言和市县长热线交办事项，回应群众关切，解决群众难题。重视加强国防后备力量建设，坚持军民融合发展，进一步推进“双拥”工作。切实抓好消防、气象、防震减灾、应急管理。支持工会、共青团、妇联、科协、文联、工商联、残联、海事、消防、无线电管理、公积金管理工作。统筹推进物价、统计、调查、保密、档案、人防、广电、地方志、机关事务、民族宗教、外事侨务等事业健康发展。

三、不忘初心，新时代干出新作为

各位代表！新时代赋予新使命，新征程孕育新希望。实现“在建设现代化五大发展美好涡阳中勇当皖北振兴排头兵”的宏伟目标，绝不是轻轻松松、敲锣打鼓就能实现的。我们必须不忘初心、牢记使命，夙夜在公、奋发有为，付出更为艰巨、更加艰苦的努力，全心全意谋发展之道、行务实之举、解社会之忧、办惠民之事。

（一）对党忠诚不忘初心。坚定用习近平新时代中国特色社会主义思想武装头脑、指导实践、推动工作，始终在政治上思想上行动上同以习近平同志为核心的党中央保持高度一致。全面贯彻党的基本理论、基本路线、基本方略，确保党的大政方针在涡阳落地生根、开花结果。扎实开展“不忘初心、牢记使命”主题教育，强化“四个意识”，增强“八种”本领，提高政治站位和政治觉悟，切实担负起对党忠诚的政治担当、推动发展的事业担当、为民造福的责任担当，始终保持永不懈怠的精神状态和一往无前的奋斗姿态。

（二）勤政为民不忘本色。牢固树立以人民为中心的发展思想，以人民忧乐为忧乐，以人民甘苦为甘苦，认真办好民生实事。集中力量抓好普惠性、基础性、兜底性民生建设，全力以赴解决好就业创业、教育医疗、住房养老等群众最直接最现实的利益问题。完善便民服务体系，充分发挥县长热线、政风行风热线、政企直通车等平台作用，不断提升服务群众、服务企业、服务项目的能力和水平。

（三）务实高效不忘担当。深化“放管服”改革，简政放权，打造审批最少、流程最优、效率最高、服务最好的政务环境。全面推行服务承诺制、首问负责制、限时办结制等制度，倡导马上就办、办就办好的工作作风。健全重点工作推进机制，全面实行清单化管理，确保事事有回音、件件有着落。强化行政效能问责，整肃庸政懒政怠政行为。重拳整治不担当、不负责、不敢碰硬，不作为、慢作为、乱作为和新官不理旧事等问题，确保政令畅通、落实到位。

（四）依法行政不忘规矩。强化法治思维，把依法行政贯穿政府工作始终，坚决做到法无授权不可为，法定职责必须为。认真执行重大行政决策公众参与、专家论证、风险评估、合法性审查、集体讨论决定以及终身责任追究等制度。坚决执行县委决策部署，自觉接受县人大法律监督、工作监督，主动接受县政协民主监督和监察监督、司法监督，广泛接受社会监督、舆论监督。认真办理人大代表议案、建议和政协委员提案。

（五）廉洁从政不忘纪律。始终把纪律规矩挺在前面，把全面从严治党要求体现在政府工作全过程。严格落实主体责任，认真履行“一岗双责”，坚定不移地推进政府系统党风廉政建设和反腐败工作。加强效能监察和审计监督，从严执行中央八项规定精神和省实施细则要求，严控“三公”经费。加强对工程建设、土地招拍挂、政府采购、民生资金等重点领域和关键环节的监管。严肃查处各类侵害公共资产、群众利益的违纪违法案件，以干部清正、政府清廉、政治清明赢得人民群众的信任、支持和拥护。

百舸争流，破浪者领航；千帆共竞，奋勇者当先。实现转型发展，我们重任在肩；跨越赶超，我们义无反顾。让我们在县委的坚强领导下，以更加宽广的视野谋划发展，以更加昂扬的斗志迎接挑战，以更加务实的作风砥砺前行，向着“在建设现代化五大发展美好涡阳中勇当皖北振兴排头兵”的目标，奋力谱写新时代更加精彩的绚丽篇章！

名词解释

1.“1358”总体发展思路——围绕全面建成小康社会这一总要求，全力推进创新开放新高地、产城融合示范区、绿色发展生态县“三大任务”，大力实施创新驱动、全面追赶、工业立县、城乡统筹、人文提升“五大战略”，奋力在创新发展、协调发展、绿色发展、开放发展、共享发展、推进新型城镇化、社会治理现代化、营造良好政治生态中闯出“八条新路”。

2. 五大发展行动计划——实施创新发展、协调发展、绿色发展、开放发展、共享发展行动计划。

3. 国家地理标志产品——是指产自特定地域，所具有的质量、声誉或其他特性本质上取决于该产地的自然因素和人文因素，经审核批准以地理名称进行命名的产品。

4.“一区六镇”——指涡阳县经济开发区和西阳、龙山、马店、高炉、义门、楚店6个产业集群专业镇。

5.“营改增”——营业税改增值税，简称营改增，是指以前缴纳营业税的应税项目改成缴纳增值税。

6.“多证合一”“一照一码”——商事主体的营业执照、组织机构代码证、税务登记证、刻章许可证、社保登记证、统计登记证、住房公积金缴存单位登记等，在商事登记部门“一表申请、一门受理、一次审核、信息互认、多证合一、档案共享”登记模式的基础上，只发放记载有统一社会信用代码的营业执照，不再发放商事主体的组织机构代码证、税务登记证、刻章许可证、社保登记证、统计登记证等，赋予营业执照具有以上证（照）的全部功能。

7. “五馆三中心”——规划馆、博物馆、城建档案馆、图书馆、科技馆、文化艺术中心、全民健身中心、要素发展中心。

8. “河长制”——即由各级党政主要负责人担任“河长”，负责组织领导相应河湖的管理和保护工作。

9. “三线三边”环境治理——“三线”即铁路沿线、公路沿线、江河沿线；“三边”即城市周边、省际周边、景区周边。

10. “六场一站”——砂石料场、煤场、废品收购场、石材场、洗车场、黏土砖窑场、预拌商品混凝土搅拌站。

11. 脱贫攻坚“十大工程”——产业脱贫工程，就业脱贫工程，易地扶贫搬迁工程，生态保护脱贫工程，智力扶贫工程，社保兜底脱贫工程，健康脱贫工程，基础设施建设扶贫工程，金融扶贫工程，社会扶贫工程。

12. 双“三位一体”“3+X”大调解机制——双“三位一体”即：“县分管领导＋属事单位＋稳控单位”和“镇、村干部、派出所”双重“三位一体”的包保责任；“3+X”大调解机制：县委副书记、政法委书记、政府分管副县长与信访事项牵头县领导、责任单位及相关单位专题会商解决信访事项。

13. “两学一做”学习教育——指的是“学党章党规、学系列讲话，做合格党员”学习教育。

14. “四个点”问题——即广大群众关心关注的热点问题、社会各界反映强烈的焦点问题、当前工作中亟待解决的重点问题、制约长远发展的难点问题。

15. “四送一服”活动——即送发展理念、送支持政策、送创新项目、送生产要素，服务实体经济发展。

16. “政银担”“助保贷”“税融通”——“政银担”即：政府支持的融资担保机构，包括政府、银行、担保机构三方合作，为小微企业解决融资难问题；“助保贷”即：由地方政府和银行共同筛选企业组成“中小微企业池”，由政府提供的风险补偿资金和企业缴纳的助保金共同组成“助保金池”作为风险缓释方式的信贷业务；“税融通”即：在抵押、质押、保证等担保方式的基础上，结合小企业的税收情况给予一定额度的信用敞口。

17. “六个一批”“四位一体”项目推进机制——“六个一批”即：洽谈一批、签约一批、拟建一批、开工一批、投产一批、达产一批；“四位一体”即：项目建设属地负责、领导包点、综合部门协调、业务部门服务四位一体。

18. “四创一建”——“四创”即：创新城市发展方式、创建城市特色风貌、创造城市优良环境、创优城市管理服务，“一建”即：建设绿色江淮美好家园。

19. “两治三改”——“两治”即：治理违法建设，治理违法用地；“三改”即：推进城镇棚户区改造，实施城中村改造，推进城市老旧小区综合整治、危房和非成套住房改造。

20. “三品一标”——“三品”即无公害农产品、绿色食品、有机食品；“一标”即农产品地理标志。

21. 农村土地“三权分置”改革——形成所有权、承包权、经营权三权分置、经营权流转的格局。

22. 农村“两权”抵押——通过抵押农村土地经营权和农民住房财产权来进行的贷款方式。

23. “五个一”专项行动——明确一个目标：打造生态文明建设安徽样板；严守一条红线：生态保护红线；开展治燃煤污染、治黑臭水体等十大整治工作；解决一批突出环境问题；建立一套保障系统。

24. “林长制”——建立省、市、县、乡、村五级林长制体系，构建责任明确、协调有序、监管严格、运行高效的林业生态保护发展新机制。

25. “两评议两公示一比对一公告”——“两评议”即：村民小组评议、村民代表评议；“两公示”即：村委会审查公示、乡镇人民政府审核公示；“一比对”即：将经公示无异议的贫困户进行数据比对；“一公告”即：县区人民政府审定公告。

26. 贫困户“四个清单”——扶贫对象和需求清单、脱贫时限清单、扶贫措施清单、脱贫责任清单。

27. “两该两不该”问题——贫困户“该进未进”（漏登）、“该出未出”（漏退），“不该进的进”（错登）、“不该出的出”（错退）等四种情形。

28. “三保障一兜底一补充”——“三保障”即：

提高基本医保、大病保险、医疗救助保障待遇水平；“一兜底”即：设定政府兜底保障线；“一补充”即：实行慢性病门诊补充医疗保障。

29.“351”“180”政策——“351”即：按照基本医保、大病保险、医疗救助政策补偿后，贫困人口在省内县域内、市级、省级医疗机构就诊的，个人年度自付封顶额分别为0.3万元、0.5万元和1万元。“180”即：贫困慢性病患者1个年度内门诊医药费用；经“三保障一兜底一补充”补偿后，剩余合规医药费用由补充医保再报销80%。

30.“扶贫驿站”——结合实际采取政府投资建设、帮扶单位捐建、企业自建等方式，既可以利用旧房屋、旧场地改建扩建，也可以征用土地新建，重点打造以就业扶贫车间、电商服务中心、公共就业服务中心3大板块为主的就业扶贫驿站。

31.“三医联动”——医保体制改革、卫生体制改革与药品流通体制改革联动。

32.“铸安行动”——在全省各地、各行业领域、各类企业和人员密集场所开展安全生产大检查。

33.“四个意识”——指政治意识、大局意识、核心意识、看齐意识。

34.“八种”本领——党的十九大报告指出，要全面增强学习本领、政治领导本领、改革创新本领、科学发展本领、依法执政本领、群众工作本领、狠抓落实本领、驾驭风险本领。

35.“一岗双责”——一个单位的领导干部应当对这个单位的业务工作和党风廉政建设负双重责任。

36.“三公”经费——指财政拨款支出安排的出国（境）费、车辆购置及运行费、公务接待费这三项经费。

大事记

1月

1日 涡阳县举行主题为“2017腾飞吧，涡阳”第三届迎新春全民健身跑活动。县委书记、县人大常委会主任胡明文，县委副书记、县长熊国洪及其他四大班子成员和县直单位干部职工、群众共2000人参加活动。

2016年12月31日开幕的政协涡阳县十届一次会议于2017年1月2日胜利闭幕。刘峰当选为县政协主席，赵太民、方侠、王登峰、赵晓蕾、盛亚民当选为县政协副主席，武霞等39人当选为县政协常委。

1—3日 涡阳县在涡阳大剧院召开第十七届人民代表大会。会议审议通过了《县人大常委会工作报告》《县政府工作报告》《2016年预算执行情况和2017年预算（草案）》《2016年国民经济和社会发展执行情况与2017年计划报告（草案）》《县人民法院工作报告》《县人民检察院工作报告》。刘传华当选为涡阳县第十七届人民代表大会常务委员会主任，刘红岩、李雷、燕坤、周俊杰当选为副主任，马晓东、马燕霖、王海洋等32人当选为委员。熊国洪当选为涡阳县人民政府县长，陈长安、黄恺、郑虹（女）、万洪超、牛光、苏志杰当选为副县长。雷晨当选为涡阳县人民法院院长。信清彬当选为涡阳县人民检察院检察长。马庆武、方成武、朱献营等111人当选为涡阳县出席亳州市第四届人民代表大会代表。

6日 涡阳县10个重大项目集中开工仪式在经开区鸿路集团绿色建筑生产基地举行。集中开工的10个项目，其中工业项目5个，分别为金刚线切片项目、涡阳智慧水务项目、涡阳绿色建筑生产基地项目、光机电集聚区起步区二期项目、涡阳电磁继电器生产项目；政府投资社会事业类项目5个，包括涡阳县李马安置小区、德和路、向阳路、人才公寓、双创中心建设项目。十大项目总投资63.3亿元，其中绿色建筑生产基地总投资16亿元，智慧水务项目总投资12.2亿元，投资都在10亿元以上。金刚线硅片切割和电磁继电器生产项目分别投资5亿元和3亿元，都具有较强拉动力和良好市场前景。

10日 县委书记胡明文到亳州市党风廉政教育中心，对涡阳县纪委执纪审查工作进行检查指导，并对一线执纪审查人员表示慰问。县委常委、县纪委书记韩龙陪同检查。

17日 县委书记胡明文召开县委常委会议第一次会议。会议传达学习了市“两会”精神；会议听取了县委组织部和县委办关于县委常委会2015年度民主生活会整改落实情况和2016年度民主生活会筹备情况的汇报、县委办关于《“两节”期间慰问困难群众、留守儿童、军分区及驻涡部队、重点优抚对象、敬老院、困难老党员、老干部、困难职工、一线职工活动方案的汇报》、县委组织部关于《全面试行乡镇党代会年会制的情况汇报》及关于《开展全县科级领导班子和科级领导干部2016年度考核工作情况的汇报》、县委统战部关于《工商联（总商会）2016—2017年换届工作的实施方案的汇报》等。

同日 涡阳县在广东省深圳市举行“涡阳·深圳老乡恳谈会”。县人大常委会主任刘传华，县委常委、常务副县长陈长安出席会议。县委常委、副县长杜世峰主持会议。深圳市人民政府原副秘书长盛斌，深圳市安徽商会、亳州商会的有关负责人、企业家代表，涡阳籍在深圳创业的知名人士应邀参会。

23日 涡阳县举行2017年老干部迎春茶话会。县委书记胡明文，县委副书记、县长熊国洪与老干部们欢聚一堂，共话发展。刘传华、刘峰、万瑞年、韩龙、刘梦汝、丰霄寒、杜世峰等县几大班子领导出席茶话会。

24日 县委常委会召开2016年度民主生活会，市委副书记、宣传部部长方晓利参加指导并讲话。市纪委、市委组织部有关负责同志出席会议。县委书记胡明文主持会议，县领导熊国洪、刘传华、刘峰、万瑞年、陈长安、韩龙、黄恺、刘梦汝、丰霄寒、丁博、张松龄、杜世峰、乔健参加民主生活会。

25日 涡阳县召开县委常委会议。胡明文、熊国洪、万瑞年、陈长安、韩龙、黄恺、刘梦汝、丰霄寒、丁博、张松龄、乔健出席会议。刘传华、刘峰、燕坤、苏志杰列席会议。会议听取了县扶贫办关于涡阳县脱贫攻坚责任追究办法的汇报；县人社局关于给予李锦均等433名公务员表彰的报告；县组织部关于开展2017年大走访大调研活动方案的汇报、关于开展2016年度书记抓基层党建述职评议考核工作的汇报、关于全县2017年领导干部春训工作方案的汇报；县委办关于全县经济工作会议方案的汇报，关于县委十一届三次全会议程的汇报；县纪委关于纪委有关案件情况的汇报。

2月

3日 县委书记胡明文主持召开中共涡阳县委十一届三次全体会议，县领导熊国洪、刘传华、刘峰、万瑞年、陈长安、韩龙、黄恺、刘梦汝、丰霄寒、丁博、张松龄、乔健、李雷、燕坤、牛光、苏志杰出席会议。会议表决通过了《关于给予高洪大开除党籍处分的决定》《关于批准吴晋等三同志辞去涡阳县十一届县委委员职务的决定》《关于涡阳县委十一届候选委员递补为委员的决定》《涡阳县脱贫攻坚责任追究办法》，以无记名投票的方式通过了56名出席十九大代表候选人推荐人选。

7日 县政府党组召开2016年度民主生活会。县委书记胡明文参加指导并讲话，县委副书记、县长熊国洪主持会议，县领导陈长安、黄恺、乔健、郑虹、张尔庆、牛光、苏志杰参加民主生活会，县委常委、组织部长、统战部部长刘梦汝，县纪委副书记崔华锋应邀参加会议。

8日 县委书记胡明文召开第3次县委常委会议。会议听取了关于2017年县委常委会工作要点的汇报，县人大常委会党组、县政府党组、县政协党组和法院党组、检察院党组工作的报告和县纪委十一届二次全会筹备情况的汇报。

10日 中共涡阳县第十一届纪律检查委员会第二次全体会议召开。出席会议的县纪委委员14人，列席149人。县委常委、县纪委书记韩龙主持会议。县委书记胡明文出席会议并讲话。会议指出，全县各级党组织要以高度的政治自觉，从严从实贯彻执行《关于新形势下党内政治生活的若干准则》和《中国共产党党内监督条例》。要把扶贫工作作为一项政治任务，紧盯扶贫领域突出问题，开展专项整治和督查。

13日 县委书记胡明文主持召开第4次县委常委会议。会议传达学习了全市经济工作督查调度会议精神；听取了关于省委巡视组巡视“回头看”反馈问题整改工作进展情况的汇报。

20日 涡阳县2016年度市管领导班子和领导干部综合考核会议召开。胡明文、熊国洪等20名市管干部接受民主测评和民主评议。市委常委、组织部部长、统战部部长秦凤玉出席会议并讲话，对涡阳县领导班子发展和党建工作取得的成绩给予肯定。秦凤玉指出，与会人员要深化思想认识，切实增强综合考核的政治责任感；把握政策要求，真正把市委政策要求落到实处；严格遵守考核纪律，明确考核内容，确保客观公正，实现党委、政府和人民群众满意的效果。

21日 县政协十届一次常委会议召开。县政协主席刘峰，副主席方侠、赵太民、王登峰、赵晓蕾、盛亚民参加会议。王登峰、赵太民、方侠分别宣读了县政协2017年度工作要点、关于加强委员自身建设和管理的暂行规定以及重点提案工作和关于县政协主席、副主席工作分工的通知。会议协商通过了有关方案和章程。

22日 县委书记胡明文主持召开第5次县委常委会议。会议听取了关于2016年度党建工作目标考评和经济社会发展目标考评情况、涡阳县“六五”普法工作总结及“七五”普法规划起草情况、涡阳县2017年申报全省统一考试录用公务员计划工作和事业单位公开招聘人员情况、《涡阳县2016年度党（工）委书记抓基层党建述职评议会议方案》、县工商联（总商会）换届工作筹备情况、《中共涡阳县委常委会2016年度民主生活会整改方案》、《县委文件和重大决策合法合规性审查办法》和省委巡视组巡视“回头看”反馈问题整改工作进展情况的汇报。

同日 涡阳县第十七届人民代表大会常务委员会召开第一次会议。县人大常委会主任刘传华，副主任刘红岩、李雷、燕坤、周俊杰及其他常委会组成人员37人参加会议。会议听取和审议了县人大常委会2017年工作要点（草案）。与会人员结合县十一次党代会确定的“1358”总体发展思路，结合贯彻县十七届人大一次会议精神，进行了热烈讨论。会议表决通过了常委会工作要点（草案）和有关人事事项。决定任命23名县人民政府组成部门主要负责人，依法保障了县级国家行政机关权力运行。会议还任命了6名人大常委会工作机构和办事机构负责人，5名人民法院审判员。刘传华为新任命人员颁发任命书。在领誓人的带领下，新任命人员向宪法宣誓。县人民政府县长熊国洪，县委常委、副县长黄恺，县委常委、组织部长、统战部长刘梦汝，县政府副县长、政办主任苏志杰列席会议。

23日，涡阳县召开新一届政府第一次全体扩大会议。县领导：熊国洪、陈长安、黄恺、周俊杰、郑虹、张尔庆、牛光、苏志杰、方侠、赵晓蕾、盛亚民出席会议。就如何推动2017年工作的落实，熊国洪要求，县政府班子成员和各乡镇、有关部门要迅速进入状态，理清工作目标任务，明确好“抓什么”，对照年度经济指标、时间进度逐项分析对比，在突出问题导向中求真务实，在强化有效举措中真抓实干，真正让我们的目标任务落地生根。县委常委、常务副县长陈长安主持会议，并解读了《2017年县政府工作报告主要目标任务分解表》。

24—26日 涡阳县领导干部春季培训班在河南省林州市红旗渠干部学院举行。胡明文、熊国洪、刘传华、刘峰、万瑞年、陈长安、韩龙、黄恺、刘梦汝、丰霄寒等县几套班子领导，县直有关部门、各镇（街道、经开区）主要负责同志共70余人参加了培训。

24—26日 涡阳县领导干部春季培训班在河南省林州市红旗渠干部学院完成。

同日 县委书记胡明文召开县委中心组理论学习（扩大）会议。会议听取了红旗渠干部学院特聘教师、安阳市委党校副教授陈晓萍所做的《红旗渠精神及其当代启示》专题讲座。熊国洪、刘传华、刘峰、万瑞年、陈长安、韩龙、黄恺、刘梦汝、丰霄寒等县几套班子领导，县直有关部门、各镇（街道）、经开区党（工）委负责同志共70余人参加会议。

28日 涡阳县工商业联合会第十次代表大会在县委党校第一报告厅举行。市工商联副主席郑勇，县领导熊国洪、万瑞年、刘梦汝、刘红岩、赵晓蕾出席会议。

3月

5日 市委书记汪一光到涡阳县调研扶贫工作，并走访慰问部分困难户。市政协副主席马露，县委书记胡明文，县委副书记、县长熊国洪，县委副书记万瑞年，县委常委、副县长黄恺，县委常委、县委办公室主任丰霄寒陪同调研座谈。

6日 涡阳县召开人大代表议案建议和政协提案交办会。县领导胡明文、熊国洪、刘传华、刘峰、万瑞年、陈长安、乔健、刘红岩、李雷、郑虹、苏志杰、方侠、赵晓蕾、盛亚民出席会议。县委书记胡明文在总结讲话中指出，办理议案建议和提案是促进涡阳奋力崛起的重要抓手，是加强党的建设的重要体现，是加强政府自身建设的重要手段，各级各部门要进一步统一思想，增强责任意识，绝不能有丝毫懈怠。

7日 涡阳县举办大型宗教文化纪念活动—老子庙会，以纪念中国道家学派创始人老子诞辰2588周年。据悉，从1998年起，涡阳县已成功举办数届老子庙会，每届老子庙会都吸引众多游客和海内外道教信徒前来观光拜谒，对推动老子文化的传承和地方经济发展，提升涡阳知名度起到了重要作用。

8日 省交通运输厅副厅长程跃辉到涡阳县调研农村道路畅通工程。县委书记胡明文，县委副书记、县长熊国洪，市交通运输局局长刘建等陪同调研。

同日 县委书记胡明文主持召开第6次县委常委会议。会议听取了关于调整涡阳县机关效能建设领导小组及工作机制，省委巡视组巡视“回头看”反馈问题整改工作，全县组织、宣传、统战、政法工作会议筹备，县委中心组理论学习会暨科级主要领导干部学习贯彻党的十八届六中全会精神专题培训班筹备和县纪委关于设立纪检监察协作区的汇报。

9日 全县经济工作会议暨2016年度综合考评表彰会议召开。胡明文、熊国洪、刘传华、万瑞年、陈长安、韩龙、黄恺、刘梦汝、丰霄寒、乔健等县几套班子领导出席会议。

同日 涡阳县召开全县党建暨组织、宣传、统战、政法工作会议。胡明文、熊国洪、刘传华、万瑞年、陈长安、韩龙、黄恺、刘梦汝、丰霄寒、丁博、乔健等县几套班子领导出席会议。

同日 县委中心组理论学习会暨乡科级主要领导干部学习贯彻党的十八届六中全会精神专题培训班开班。胡明文、熊国洪、刘传华、万瑞年、韩龙、黄恺、丰霄寒、丁博、乔健等县几大班子领导出席开班仪式。

15日 胡明文、熊国洪、刘传华、刘峰、万瑞年、韩龙、黄恺、刘梦汝、丰霄寒、张松龄等县几大班子领导带领各镇（街道）、县直有关单位负责人一行参加义务植树活动，为生态涡阳建设播下新绿。

20日 昆山安徽商会会长、昆山市春光石油经贸有限公司董事长吴家玉带领考察团一行到涡阳参观考察。县领导胡明文、熊国洪、刘峰、陈长安、杜世峰、刘红岩、牛光、苏志杰、赵晓蕾、盛亚民陪同调研座谈。

24日 县委全面深化改革领导小组会议召开。胡明文、熊国洪、刘峰、陈长安、韩龙、丰霄寒、丁博、杜世峰等县几大班子领导出席会议。县委书记胡明文主持会议并指出，各单位要在会后迅速召开党组会议，结合上级安排，自主谋划改革任务，制定本单位改革要点，经分管领导审核后，改革办汇编成改革任务清单；要围绕“五大发展理念、全面从严治党”的要求，全力抓好改革各项任务落实。

26日 2017道祖圣诞拜祖大典暨老子与道教文化学术研讨会在天静宫隆重开幕。中国道教协会会长李光富，安徽省委统战部副部长、省宗教局局长孙丽芳，市人大常委会副主任马昭华，副市长侯化，市政协副主席张国芳，县委书记胡明文，县政协主席刘峰，县委副书记万瑞年出席开幕式。

28日 原安徽省委书记、安徽省军区第一政委黄璜来到新兴镇参观新四军第四师纪念馆，追忆、缅怀革命先烈的丰功伟绩。县委书记胡明文，县委常委、组织部长、统战部长刘梦汝，县委常委、县委办公室主任丰霄寒陪同参观。

29日 市政协主席汤涌带领市政协及有关部门负责人一行到涡阳对秸秆综合利用工作情况进行调研。县委书记胡明文，县政协主席刘峰，县委常委、副县长乔健陪同调研。

4月

1日 县委书记胡明文主持召开县委中心组理论学习（扩大）会议暨县委常委（扩大）会议。会议传达学习了《中共中央关于印发〈中国共产党工作机关条例（试行）〉的通知》《中共安徽省委办公厅关于认真学习贯彻〈县以上党和国家机关党员领导干部民主生活会若干规定〉的通知》《中国共产党党委（党组）理论学习中心组学习规则》《中共中央办公厅国务院办公厅印发〈关于加强和改进少数民族流动人口服务管理工作的意见〉的通知》。会议听取了1—2月份经济运行、招商引资、安全生产、计划生育、信访稳定、环境保护、文明创建、扶贫攻坚的汇报，《涡阳县“排问题、除隐患，喜迎党的十九大”专项行动总体方案》的汇报；县经开区关于进一步加快涡阳经济开发区建设和发展的决定的汇报等。

8日 市委副书记、市长杜延安到涡阳调研经济社会发展和项目建设情况。市政府秘书长吴火权，县委书记胡明文，县委副书记、县长熊国洪，县委常委、常务副县长陈长安，县委常委、县委办公室主任丰霄寒，副县长牛光、苏志杰陪同调研。

9日 市县脱贫攻坚工作成效复核组到涡阳开展脱贫攻坚工作成效复核，并召开工作汇报会。县领导胡明文、黄恺、刘梦汝、丰霄寒，亳州市扶贫局局长陈昭敏参加汇报会。县委书记胡明文代表县委、县政府汇报脱贫攻坚工作。

11日 省高级人民法院党组书记、院长张坚一行到涡阳调研定点扶贫工作，并召开定点帮扶座谈会。省高院党组副书记、副院长石德和，市委副书记、宣传部长方晓利，县委书记胡明文，县委副书记、县长熊国洪，县委副书记、县委党校校长万瑞年，县委常委、副县长黄恺，县委常委、县委办公室主任丰霄寒，县委常委、政法委书记、公安局局长丁博等参加调研活动。

15日 县委书记胡明文主持召开全县文明委（扩大）会议。刘峰、万瑞年、韩龙、黄恺、郑虹、丰霄寒、丁博等县四大班子领导出席会议。会议听取了《涡阳县农村垃圾分类处理改革方案（试行）（讨论稿）》。

17日 县委书记胡明文召开全县农村垃圾分类处理动员电视电话会议。县委副书记万瑞年，县委常委、副县长黄恺，县委常委、副县长郑虹在涡阳县主会场出席会议。

19日 涡阳县举行干部能力素质提升大讲堂，重点围绕“加强依法行政、规范行政执法”进行专题培训。胡明文、刘峰、陈长安、黄恺、刘梦汝、郑虹、丁博、乔健等县几大班子领导参加培训。

25日 安徽省检察院党组书记、检察长薛江武一行到涡阳县人民检察院调研检察工作。县委书记胡明文陪同调研。

5月

1日 县委书记胡明文主持召开第10次县委常委会。会议听取了全市关于抓紧做好中央环保督察组交办群众信访投诉问题整改和边督边改信息报送工作紧急视频会议精神及下步工作的汇报；听取了关于先进劳动者、先进工作者和先进集体推荐人选情况的汇报；听取了《关于推进“两学一做”学习教育常态化制度化的实施方案》和《关于在推进“两学一做”学习教育常态化制度化中开展“讲政治、重规矩、作表率”专题教育的方案》的汇报。

同日 涡阳县召开全县推进“两学一做”学习教育常态化制度化工作会议。回顾总结2016年全县“两学一做”学习教育开展情况，安排部署全县“两学一做”学习教育常态化制度化以及“讲政治、重规矩、做表率”专题教育。

5日 涡阳县召开建档立卡贫困人口“再回头”工作部署动员会暨驻村工作队人员培训会。

9日 涡阳县组织开设“重精准、补短板、促攻坚”业务培训班。县委书记胡明文在动员讲话中要求，要深刻理解这次培训的重要意义，准确把握全县当前脱贫攻坚面临的形势，认清压力，加压奋进，进一步增强责任感、紧迫感，全力加快脱贫攻坚步伐。

13日 涡阳县召开全县午季秸秆禁烧和综合利用工作动员大会。

同日 涡阳县举行县委中心组“讲政治、重规矩、作表率”专题教育专题学习讨论会。县委书记胡明文指出，在推进“两学一做”学习教育常态化制度化中开展“讲政治、重规矩、作表率”专题教育，是安徽省结合实际提出的学习教育载体，我们要以强烈的政治责任感和使命担当，把专题教育抓实抓好抓到位。希望中心组成员要围绕重温习近平总书记视察安徽重要讲话精神，回顾总结一年来贯彻落实情况，开展专题学习研讨、交流学习心得体会。

14日 副省长张曙光带队到涡阳督导突出环境问题整改工作。市委书记汪一光，市委副书记、市长杜延安，市委常委、常务副市长刘辉，副市长曹振萍，县委书记胡明文，县委副书记、县长熊国洪，县委副书记陈长安，县委常委、副县长黄恺，副县长牛光陪同督导。

16日 省政协副主席童怀伟到涡阳督察突出环境问题整改工作。市政协主席汤涌，市委副书记、宣传部长方晓利，县政协主席刘峰，县委副书记陈长安陪同督察。在督察涡阳县海龙精密铸造有限公司排污问题时，童怀伟要求，针对厂区周围的围墙，高炉镇要在一周内将地面建筑拆除干净；要帮助企业把周边的废铁清理干净，清除后对土地及时复垦。

同日 “第十届中国中部投资贸易博览会和2017中国国际徽商大会涡阳县招商专场”项目集中签约仪式在合肥举行。15个重大合作项目落户涡阳县，投资总额达100亿元。

同日 中国中部投资贸易博览会和2017中国国际徽商大会涡阳招商专场暨产业发展高峰论坛在合肥举行。县委副书记、县长熊国洪，鸿路集团董事长、安徽钢结构协会主席商晓波等著名专家学者和徽商领军人物出席论坛并分别发表了精彩演讲。

20日 国家林业局湿地保护管理中心总工程师鲍达明带领国家湿地公园验收专家组一行到涡阳对道源国家湿地公园规划建设情况进行考察验收。省市林业部门有关负责人及县领导熊国洪、陈长安、黄恺、乔健陪同验收。

23日 县委书记胡明文主持召开第12次县委常委会，会议对1—4月份全县经济运行、移风易俗工作、党风廉政建设等工作进行研究部署。

31日 县委书记胡明文来到涡阳八中和城

关一小，亲切看望少年儿童，并通过他们向全县少年儿童致以节日的问候和美好祝愿。

6月

2日　市政协主席汤涌来涡阳调研秸秆禁烧工作，并看望慰问市政协选派的驻村帮扶干部。县委书记胡明文，县政协主席刘峰陪同调研。

3日　县委书记胡明文主持召开第13次县委常委会议。会议听取审议了县扶贫办关于脱贫攻坚工作情况的汇报；听取审议了县效能办关于《持续推进机关效能建设工作的意见（讨论稿）》《涡阳县机关效能责任追究办法（讨论稿）》《涡阳县2017年机关效能建设工作要点（讨论稿）》和《涡阳县机关效能建设十项制度（讨论稿）》起草情况的汇报；听取审议了县委组织部关于涡阳县纪念建党96周年系列活动实施方案和2017年度“七一”表彰方案起草情况的汇报；听取审议县纪委关于《涡阳县关于建立人事并处联动机制实施意见（讨论稿）》起草情况的汇报；听取审议了县委常委、常务副县长刘梦汝关于省委巡视组巡视“回头看”反馈问题整改工作进展情况的汇报。

7日　副市长曹振平带领市教育局等有关部门人员一行到涡阳对高考各项工作的开展及视频监控等工作进行巡视。

同日　县委副书记、县长熊国洪带队到县一中、五中南校、县四中等考点和考试指挥中心进行巡视。

同日　国家工商总局商标局批准“涡阳大豆”为国家地理标志产品称号。

8日　省食药监局党组书记、局长徐恒秋带队到涡阳调研指导扶贫工作。县委书记胡明文，副县长赵凯陪同调研并座谈。

13日　省脱贫攻坚督察组组长、淮北市扶贫办主任韩方勇一行到涡阳开展脱贫攻坚督察，县委书记胡明文出席工作访谈会。

同日　省政府副秘书长、省扶贫办主任江洪一行来到涡阳调研脱贫攻坚工作，市委书记汪一光，县委书记胡明文，县委常委、副县长黄恺陪同调研。

14日　市委副书记、市长杜延安来涡阳县调研夏收夏种和煤矿安全生产工作。市政府秘书长吴火权，县委书记胡明文陪同调研。

16日　涡阳县邀请省发改委综合处处长何春开展干部能力素质提升大讲堂“贯彻落实五大发展行动计划”专题讲座。胡明文、刘峰、陈长安等县领导参加讲座。

同日　第16个全国安全生产月“安全生产咨询日活动”在涡阳县文化广场开展。各行业主管单位在文化广场内通过悬挂标语横幅、设立宣传展板、咨询台、发放宣传资料并组织开展了文艺演出等多种形式，向群众集中宣传安全生产方针政策、法律法规。

21日　涡阳县在县体育广场举行2017年以“推进七五普法实施，深入践行五大发展理念、奋力走在皖北振兴前列”为主题的“江淮普法行”活动启动仪式。

22日　县委书记胡明文主持召开第14次县委常委会议。会议传达学习了《中共安徽省委办公厅　安徽省人民政府办公厅关于深刻汲取甘肃祁连山国家级自然保护区生态环境问题教训坚决扛起生态文明建设政治责任的通知》文件精神及1—5月份经济运行情况；会议听取了1—5月份工业经济、招商引资、安全生产、计划生育、信访稳定、环境保护、文明创建、脱贫攻坚和纪委典型案件；听取《涡阳县一体化推进农村垃圾污水厕所专项整治“三大革命”实施方案（讨论稿）》起草情况；听取关于推进全县先进基层党组织、优秀共产党员、优秀党务工作者和涡阳县2017年“七一”表彰大会方案情况；听取关于省委巡视组巡视“回头看”反馈问题整改工作进展情况。

26日　义门镇清真寺开展伊斯兰教传统节日开斋节活动，县领导陈长安、丰霄寒、刘红岩、方侠参加了活动。

27日　涡阳县举办脱贫攻坚业务强化培训班。胡明文、熊国洪、刘峰、韩龙、黄恺、刘梦汝、郑虹、丰霄寒、丁博、乔健、李强等县领导出席开班仪式。

30日　涡阳县召开全县“重精准、补短板、促攻坚”再动员暨农村垃圾污水厕所专项整治“三大革命”启动工作万人大会。胡明文、熊国洪等县四大班子领导出席会议，各乡镇、各县直单位共设立117个分会场收听收看会议实况。

同日 涡阳县举行庆祝中国共产党成立96周年暨表彰大会。会上对38个先进基层党组织、86名优秀共产党员、50名优秀党务工作者进行了表彰。

7月

1日 县委书记胡明文主持召开县委中心组专题研讨会,县委四大班子领导参加会议。

9日 县委书记胡明文主持召开第4次县委常委读书会,县委常委,县政协主席,县人大常委会代理主任参加会议。会上,刘梦汝同志领学了《主动适应、把握、引领经济发展新常态—关于促进经济持续健康发展》和习近平总书记在G20峰会发表关于世界经济形势的讲话等内容,与会成员围绕学习主题进行了讨论发言。

10日 县委书记胡明文主持召开全县"两学一做"学习教育常态化制度化推进会暨"讲政治、重规矩、作表率"专题警示教育动员会,县四大班子领导参加会议。

11日 县委中心组召开理论学习会议暨军事日国防教育报告会。国防大学国防经济研究中心教授、副主任、经济学博士刘群教授作了题为《大国博弈与"一带一路"战略》的专题报告。县四大班子领导参加了报告会。

12日 省政府发展研究中心主任、党组书记孙东海带领省发展研究中心有关人员一行到涡阳调研扶贫工作。县委书记胡明文,县委副书记、县长熊国洪等县领导陪同调研。

14日 县人大常委会对全县土地整治工作开展情况进行调研,县人大常委会代理主任刘红岩、县人大常委会副主任李雷等参加调研。调研组一行先后来到陈大镇于楼村,义门镇陶赵村、刘老庄等地,实地查看了解城乡建设用地增减挂项目、工矿废弃地复垦项目及高标准农田建设情况。

19日 市委副书记、市长杜延安到涡阳调研脱贫攻坚、项目推进、棚户区改造、招商引资以及黑臭水体治理工作。

同日 县委书记胡明文主持召开县委常委(扩大)会,县四大班子领导参加会议。胡明文要求要一步健全社会治安综合治理领导责任制,促进社会治安综合治理工作再上新台阶,不断提高老百姓的安全感和满意度。要继续重视党风廉政建设和反腐败工作,严肃查处扶贫领域存在的腐败问题,以实实在在的成效取信于民。要加强警示教育,把党内警示教育与"两学一做"学习教育结合起来研究制定学习方案,将惩处的威慑和纪律的威严不断转化为党员干部自律的动力。

24日 县委书记胡明文主持召开第16次县委常委(扩大)会议,县四大班子领导参加会议。胡明文要求,县两办要把1-6月份经济运行、招商、信访、环保等工作进行通报、亮相,进一步树立问题导向,对症施策,精准发力。要把"讲重作"专题教育作为党建工作的中心工作,抓住少数关键,结合信访百日攻坚、脱贫攻坚、三大革命等工作,以上率下,以身作则,不断净化优化政治生态,深入推进全面从严治党。要强化创新驱动,加快产业转型升级,创新创业人才培育,创新创业载体建设,创新县域社会事业,大力实施五大发展行动计划。

26日 涡阳县第三季度重大项目集中开工暨中建材(泰山石膏)涡阳项目奠基仪式在西阳产业集群专业镇起步区举行。

28日 县委书记胡明文主持召开第7次县委常委读书会,县委常委,县政协主席,县人大常委会代理主任参加会议。会上,县委副书记陈长安同志领学了《习近平总书记7月26—27日在省部级主要领导干部专题研讨班上的讲话》、《习近平总书记在7月24日中央政治局第42次集体学习会上的讲话》等内容,与会人员围绕学习主题进行了讨论发言。

29日 县委书记胡明文主持召开县委中心组"讲政治、重规矩、做表率"专题警示教育学习讨论会,县四大班子领导参加会议。

同日 涡阳县组织收听收看中央第四环境保护督察组督查安徽问题反馈会,县委书记胡明文,县委副书记、县长熊国洪等县四大班子领导在县分会场参加反馈会。

同日 县委书记胡明文主持召开全面推行河长制工作领导小组(扩大)会议,标志着涡阳县河长制工作全面推开。

8月

1日 省人大副主任花建慧带队到涡阳开展脱贫攻坚专题调研。市人大常委会主任王玉玺、副主任巩中，县委书记胡明文，县委常委、副县长黄恺，县人大常委会代理主任刘红岩陪同调研。通过现场查看、调阅资料、座谈走访、听取汇报，花建慧对涡阳县脱贫攻坚工作在领导重视、措施得力、成效明显，政府公信力，群众幸福感、满意度、获得感等方面得到快速提升给予了肯定。

2日 省统计局局长钱晓康到涡阳调研县域经济发展情况。市政府秘书长吴火权，县委书记胡明文，县委常委、常务副县长刘梦汝，副县长牛光陪同调研。

10日 省司法厅厅长时侠联到涡阳县调研基层司法行政工作。市委常委、政法委书记、公安局长刘海石，县委书记胡明文，县委常委、政法委书记、公安局长丁博陪同调研。

11日 县委书记胡明文主持召开第9次县委常委读书会，县委常委，县政协主席，县人大常委会代理主任参加会议。会上，刘梦汝同志领学《中共中央政治局7月24日召开会议，分析研究当前经济形势和经济工作》新闻稿；县委副书记陈长安领学人民日报社论《学习贯彻习近平总书记“7·26”重要讲话精神》（共八论）。与会成员围绕学习主题进行讨论发言。

17日 县委书记胡明文主持召开县委常委会，县四大班子领导参加会议。胡明文指出，全县扶贫工作取得了明显成效，下一步要围绕精准施策精准帮扶精准脱贫，确保扶贫工作实现“一收入两不愁三保障”。胡明文要求，要进一步加强党员干部理想信念建设。

18日 省政府送政策进企进园宣讲大会在涡阳县举行。省宣传督查组组长、省科技厅副厅长罗平，市科技局局长李锋，县委书记胡明文等出席会议。会上，省宣传督查组成员围绕近期省政府出台的“促进经济平稳健康发展”“支持‘三重一创’建设”“支持科技创新”“支持制造强省”等一系列“高金含量”政策进行了解读宣讲，思路清晰、内容充实、讲解透彻，对涡阳县加快推进工业转型升级具有深刻的指导性、实用性、启发性。

同日 县委书记胡明文主持召开第10次县委常委读书会，县委常委，县政协主席，县人大常委会代理主任参加会议。会上，韩龙同志传达学习《习近平关于巡视工作的重要论述》、中共中央办公厅关于认真学习贯彻新修改的《中国共产党巡视工作条例》的通知（厅字〔2017〕24号）和中共中央办公厅关于印发《被巡视党组织配合中央巡视工作规定》的通知（厅字〔2017〕27号）文件。与会成员围绕学习主题进行了讨论发言。

20日 2017中国·亳州老庄思想与协调发展学术论坛的专家学到涡阳县天静宫参观。县政协主席刘峰，县委常委、宣传部长、总工会主席郑虹陪同参观调研。调研组听取了工作人员关于老子思想、老子出生地等问题的介绍，并观看了一系列文物古迹。

22日 省双拥办副主任宋仁贵带领省双拥模范县考评组到涡阳县检查考评。

23日 涡阳县召开县委中心组专题研讨会，围绕“重规矩，我们怎么做”进行专题研讨。县委书记胡明文主持会议，县委副书记、县长熊国洪，县委副书记陈长安等县领导参加会议。

24日 县委书记胡明文主持召开第18次县委常委（扩大）会议。会议传达学习了《关于完善包保机制加强定点帮扶工作的实施意见》的通知精神，听取了1—7月份经济运行、工业经济、招商引资等工作汇报。县委副书记、县长熊国洪，县委副书记陈长安参加会议。

28日 县委书记胡明文主持召开第19次县委常委会议，县四大班子领导参加会议。胡明文要求，要认真制定治安辅助力量有关管理办法。胡明文指出，依法治理民族事务促进民族团结的实施意见是民族工作的大政方针，政策性强、法律性强。要结合学习贯彻有关文件精神，根据涡阳县民族工作实际情况拿出具体可操作性的实施方案，确保把民族工作按照法制化、规范化实施。

30日 涡阳县第十七届人民代表大会常务委员会召开第五次会议。县人大常委会代理主任刘红岩，副主任李雷、周俊杰及其他常委会组成人员31人参加会议。县委常委、县政府常务副县长刘梦汝，县人民法院院长雷晨，县人民检察院检察长信清彬等同志列席会议。会议听取了县人民政府关于2016年县级决算的报告、关于涡阳县2016年度县级预算执行和其他财政收支的审计工作报告、关于2017年国民经济和社会发展计划上半年执行情况及下半年工作意见的报告、关于2017年预算上半年执行情况及下半年工作意见的报告，结合县人大财经委员会关于2016年县级决算草案审查结果的报告，审查批准2016年县级决算；会议还对上述报告进行了满意度测评，并作出相关决议和审议意见。会议听取县人大常委会调研组关于镇（街道）人大工作和建设情况的调研报告，审议关于2017年地方政府债务限额（草案）的议案并表决通过该事项。会议听取和审议县人民政府关于国防动员工作情况的报告、关于全县农村土地整治工作情况的报告以及县人民法院关于执行工作情况的报告，以电子表决方式分别对以上报告作了满意度测评。会议还审议并表决通过有关人事任免案。刘红岩为新任职人员颁发任命书，被任命人员向宪法进行了宣誓。

同日 中国社科院政治学研究所政治理论研究室主任、“政治发展与民主建设”项目组首席专家周少来带领社科院专家一行到涡阳县调研，县委书记胡明文，县委副书记陈长安陪同会见。周少来对涡阳县基层政治生活和民主建设的好经验、好做法给予肯定和鼓励，感谢涡阳县为项目组课题研究提供的帮助。他表示，项目组会认真梳理县域基层工作中所遇的问题，为研讨和撰写好课题提供充分的资料储备。

31日 市委副书记、宣传部长方晓利到涡阳县参加指导涡阳县委常委会“讲重作”警示教育专题民主生活会。县委书记胡明文主持会议。

9月

1日 国家统计局安徽调查总队总队长夏荣坡带队到涡阳县调研，县委副书记、县长熊国洪，县委常委、常务副县长刘梦汝陪同调研。

5日 县委书记胡明文主持召开县委常委读书会，县委常委、县政协主席、县人大常委会代理主任等县领导参加会议。会上学习了《习近平关于社会主义政治建设论述摘编》。与会成员围绕学习主题进行讨论发言。

8日 涡阳县召开教育工作暨第33个教师节表彰大会。县领导胡明文、熊国洪、刘峰、郑虹等县领导出席会议。会议对高考成果单位、优秀教师代表、优秀教育工作者代表、德育工作者代表、乡村教育代表进行了表彰。

同日 涡阳县召开秋季秸秆禁烧动员会议，县委书记胡明文主持会议并讲话。县委副书记、县长熊国洪，县政协主席刘峰，县委副书记陈长安等县领导参加会议。

同日 涡阳县召开十一届县委巡察工作动员会暨全县“管党治党宽松软”专项治理推进会议。县委书记胡明文指出，要把握党的领导这一政治高度，围绕党的建设这一政治要求，聚焦全面从严治党这一政治定位，切实增强巡察工作的针对性和实效性。县委副书记、县长熊国洪主持会议，县政协主席刘峰，县委副书记陈长安等县领导参加会议。

11日 全市“讲重作”专题警示教育第四督导组组长、市委宣传部副部长修薇带队对涡阳县开展工作督导。县委副书记陈长安出席会议，县委常委、纪委书记韩龙等县领导陪同督导。督导组先后到县人民法院、城关街道滨河社区等地，通过实地察看、查阅资料、座谈交流等方式，详细了解涡阳县“讲重作”专题警示教育开展情况。

同日 县委书记胡明文主持召开县委常委会第21次会议，县委副书记、县长熊国洪，县委副书记陈长安等县领导参加会议。会议听取审议了县环保局关于全县《贯彻落实〈中共安徽省委、安徽省人民政府关于深入贯彻习近平总书记视察安徽重要讲话精神进一步加强环境保护工作的实施意见〉的工作方案》和中央环境保护督察涉及涡阳县问题整改工作有关事项的汇报，以及县纪委关于“村霸”和宗族恶势力专项整治工作方案的汇报；听取审议了县委组织部关于《涡阳县脱贫攻坚“单位包村、个人包户”定点帮扶工作机制》的汇报；听取审议了县委办关于《中共涡阳县委“讲重作”专题警示教育民主生活会整改方案》的汇报。

12日 全县第17个全民国防教育日活动暨

欢送新兵入伍大会在县体育广场举行，副县长赵凯、县人武部政委汤向阳出席活动。

22日 国家发改委稽察办特派员王蛸然一行到涡阳县对2016—2017年全国新增千亿斤粮食田间工程项目实施情况开展专项稽察。

同日 省十九大维稳安保第六督察组到涡阳督查，县委书记胡明文，县委副书记陈长安，县委常委、政法委书记、公安局局长丁博，副县长赵凯等县领导参加汇报会。

25日 省美丽乡村建设验收组到涡阳对2016年乡镇政府驻地建成区整治工作进行检查验收。市委副秘书长、办公室主任靳家海，县委副书记、县长熊国洪，县委副书记陈长安陪同。

27日 省合作交流办副主任鲍来祥一行到涡阳考察重点项目建设情况，县委副书记、县长熊国洪，副县长牛光等陪同考察。鲍来祥一行先后到鸿路钢构生产基地、新城达服饰、绿原建材成等企业，实地查看涡阳县重点项目建设情况。

28日 县委书记胡明文主持召开第22次县委常委会议。会议听取了1—8月份经济运行、工业经济、招商引资等工作汇报。

30日 涡阳县烈士纪念日向人民英雄敬献花篮仪式在县烈士陵园举行。县委副书记、县长熊国洪带领刘峰、韩龙、刘梦汝等县领导与社会各界代表共同出席仪式。

10月

11日 全县“讲政治、重规矩、作表率”专题警示教育总结会暨县委中心组“作表率，我们怎么办”专题研讨会召开。县委书记胡明文出席会议并讲话，县委副书记、县长熊国洪主持会议，县政协主席刘峰，县委副书记、县委党校校长陈长安等县领导出席会议。

同日 涡阳县召开县委中心组理论学习（扩大）会议，会议邀请了新华社中国经济信息社舆情监测中心副主任柴恭泉作《网络意识形态安全》专题讲座。县委副书记、县长熊国洪，县政协主席刘峰，县委副书记、县委党校校长陈长安等县领导出席会议。

16日 副市长侯化带队到涡阳就十九大期间安保工作进行督查调研，并召开座谈会。县委书记胡明文，县委副书记、县长熊国洪，县委副书记、县委党校校长陈长安，副县长赵凯等县领导出席会议。

17日 涡阳县举行2017年“扶贫日”表彰暨扶贫项目认领活动，县委书记胡明文，县委副书记、县长熊国洪等县领导出席活动。

同日 市委副书记、市长杜延安到涡阳县调研维稳安保、环保问题整改、秋收秋种等工作。

18日 涡阳县组织收听收看党的十九大开幕式直播，县委书记胡明文，县委副书记、县长熊国洪等县领导在主会场收听收看开幕式实况。全县广大干部职工在各分会场收听收看开幕式实况。

24日 省民政厅厅长叶露中到涡阳县调研民政工作。县委书记胡明文，县委常委、副县长黄恺，副县长牛光等县领导陪同调研。叶露中一行深入调研了陈大镇第二养老服务中心、陈大镇民政办、县工业园区光机电集聚区，对涡阳县近年来经济社会发展取得的成绩给予充分肯定。

同日 县委书记胡明文主持召开县委常委会议，会议听取审议有关事项，并研究贯彻落实意见。胡明文指出，实施林业产业扶贫工程是市委、市政府做出的一项重大决策，是实现贫困户持续增收、稳定脱贫的一项重大举措，要切实把林业产业扶贫作为一项硬任务，把好事办好，结合考核标准制定验收方案和惩罚措施，把扶持政策落实好。

27日 涡阳县第十七届人民代表大会常务委员会召开第六次会议。县人大常委会代理主任刘红岩，副主任李雷、燕坤、周俊杰及其他常委会组成人员参加会议。会议听取了县人民政府关于2017年预算调整方案草案及报告，结合县人大财经委员会审查结果报告，表决通过关于批准2017年县本级预算调整方案的决议（草案）。听取和审议县人民政府关于全县消防工作情况的报告、县人大常委会执法检查组关于检查《中华人民共和国教育法》实施情况的报告，对有关报告进行满意度测评并作出审议意见。会议还听取了县人民政府关于县十七届人大一次会议代表议案建议办理情况的报告、县人大常委会视察组关于视察有关代表议案建议办理情况的报告。听取并审议通过关于设立涡阳县第十七届人民代表大会常务委员会代表资格审查委员会及组成人员名单的议案。会议还审议并表决通过人事任免案，县委常委、组织部长、县委办主任、统战部长丰霄寒就有关人事事项作了说明。刘红岩为新任职人员颁发任命书，被任命人员向宪法进行了宣誓。

28日 全县第16届中学生田径运动会在县第一中学举办。来自全县各中学的42支代表队、490名运动员参加运动会。副县长苏志杰出席开幕式。

30日 县委书记胡明文主持召开县委中心组理论学习（扩大）会议，学习传达贯彻党的十九大精神，县委副书记、县长熊国洪，县政协主席刘峰，县委副书记、县委党校校长陈长安等县领导参加会议。

11月

9日 省委宣讲团成员、省委宣传部部务会成员、省委讲师团团长洪永平一行到涡阳县公吉寺镇程大村，为程大村两委、老党员、老干部代表作十九大精神专题宣讲。县委常委、宣传部长、县总工会主席郑虹陪同。

同日 涡阳县组织召开党的十九大精神宣讲报告会。县委书记胡明文，县委常委、宣传部长、县总工会主席郑虹，县委常委、组织部长、县委办公室主任、统战部部长丰霄寒等县领导出席会议。报告会上，省委宣讲团成员、省委宣传部部务会成员、省委讲师团团长洪永平站在政治和全局的高度，深刻论述了十九大的重大意义，从“五年来的历史成就和历史性变革、习近平新时代中国特色社会主义思想、中国特色社会主义进入新时代、新时代中国特色社会主义的新部署、新时代中国特色社会主义党的建设新要求”五个方面，为全体人员作了一场全面系统生动的十九大精神宣讲报告。

11日 县委书记胡明文先后到城关街道滨河社区和经开区五里湾社区，宣讲党的十九大精神。胡明文指出，要充分认识学习贯彻党的十九大精神重要意义，坚持读原著、学原文、悟原理，做到学深悟透。要坚持用党的十九大精神指引社区各项工作，积极打造社区党建品牌。要切实增强为民服务意识，提升社区物业管理水平。要狠抓社区班子队伍建设，加大社区干部业务和技能培训力度，打造过硬的社区干部队伍。

14日 涡阳县召开十一届涡阳县委第二轮巡察工作动员部署会议。县委常委、县纪委书记、县委巡察工作领导小组组长韩龙出席会议并讲话。韩龙要求，被巡察单位要把配合开展好巡察工作与全面从严治党结合起来，把接受巡察的过程作为寻找差距、改进工作的过程，真正把县委的巡察成果转化为促进工作的助推动力。

16日 省环保督查组到涡阳督查环境保护工作，县委副书记、县长熊国洪等陪同督查。在督查汇报会上，熊国洪代表县委、县政府作了工作汇报。督查组指出，涡阳县高度重视环境保护工作，认真贯彻落实中央和省、市决策部署，及时梳理整改存在的环境问题，取得明显成效。

19日 涡阳县组织召开党的十九大精神宣讲报告会，市委十九大精神宣讲团成员、市委政法委副书记、市维护稳定工作领导小组办公室主任张磊到涡阳作宣讲。

同日 县委书记胡明文带领县几大班子集体参观党史图片展，回顾党的历史，重温入党誓词。

同日 涡阳县召开党的十九大维稳安保工作总结大会暨全县综治和平安创建会议，县委书记胡明文，县委副书记、县长熊国洪，县政协主席刘峰，县委副书记、县委党校校长陈长安等县领导参加会议。

24日 省政府发展研究中心主任、党组书记孙东海带领省发展研究中心有关人员到涡阳县调研扶贫工作开展情况。县委书记胡明文，县委常委、常务副县长刘梦汝，县委常委、副县长黄恺等陪同调研。孙东海一行先后来到城东街道黄庄行政村、龙山镇段营行政村进行扶贫调研。

25日 县委书记胡明文主持召开第26次县委常委会议，县委副书记、县长熊国洪，县委副书记、县委党校校长陈长安等县领导出席会议，县政协主席刘峰、县人大代理主任刘红岩等县领导列席会议。

12月

12月27日至12月1日 涡阳县举办全县领导干部学习贯彻党的十九大精神第一期集中轮训班。

2日 涡阳县举行2017年涡阳县“宣传志愿服务条例·践行志愿服务理念”12·5国际志愿者日系列活动启动仪式。市文明办副主任张洪海，县委常委、宣传部长、县总工会主席郑虹参加活动。

8日 县政协召开十届三次常委会，听取有关报告起草情况的介绍，并协商通过有关事项。县政协主席刘峰，县政协副主席赵太民、赵晓蕾等参加会议。县委常委、副县长马勇应邀列席会议。

9日 县基督教三自爱国运动委员会举行第三届第一次代表会议。县委常委、组织部长、县委办公室主任、统战部部长丰霄寒出席会议。

同日 浙江省中医药管理局副局长吴建锡带领国家级评审专家组一行到涡阳就“创建全国基层中医药工作先进单位”开展现场评审。省中医药管理局、市卫计委等有关单位负责人陪同评审。县委副书记、县长熊国洪，县委常委、常务副县长刘梦汝等出席评审汇报会。

同日 省林业厅副厅长齐新一行到涡阳开展国有林场改革省级评估验收工作，副市长应国君，县委常委、副县长黄恺参加座谈会。

15日 共青团涡阳县十五届第三次全委(扩大)会议召开，县委副书记、县委党校校长陈长安，县人大常委会副主任燕坤，县政协副主席方侠等出席会议。

同日 县政协召开十届四次常委会，县人大党组书记、县政协主席刘峰，县委常委、组织部长、县委办公室主任、统战部部长丰霄寒，县政协副主席赵太民、方侠、王登峰、赵晓蕾、盛亚民等出席会议。

17日 中国人民政治协商会议第十届涡阳县委员会第二次会议开幕。县委书记胡明文，县委副书记、县长熊国洪，县人大党组书记刘峰，县委副书记、县委党校校长陈长安，县政协副主席赵太民、方侠、王登峰、赵晓蕾、盛亚民、蒋玲玲等出席会议。县四大班子其他成员、县政协原正副主席、原秘书长、县人大原主任、县公检法主要负责人、县直各单位负责人，驻涡省、市政协委员，大型骨干企业主要负责人，县政协机关退休干部列席会议。206名县政协委员参加会议。

同日 涡阳县第十七届人民代表大会第二次会议召开预备会议。县委书记胡明文，县委副书记、县长熊国洪，县人大党组书记刘峰，县委副书记、县委党校校长陈长安等县四大班子领导出席会议。会议以举手表决的方式通过了涡阳县第十七届人民代表大会第二次会议主席团和秘书长名单（草案)、会议议程（草案)。

同日 涡阳县第十七届人民代表大会第二次会议主席团举行第一次会议。县委书记胡明文主持会议。大会以举手表决的形式，推选主席团常务主席；表决会议日程草案和执行主席分组名单草案；决定大会副秘书长人选；表决议案和建议、批评、意见处理办法草案，决定代表提出议案的截止时间；会议还提出大会选举办法草案，决定提交各代表团讨论。

18日 涡阳县第十七届人民代表大会第二次会议开幕，县委书记胡明文，县委副书记、县长熊国洪，县人大党组书记刘峰，县委副书记、县委党校校长陈长安等出席会议。县人民政府副县长，县政协、县纪委领导成员，县人民法院院长、人民检察院检察长，担任过原县人大常委会主任、原县政协主席、原县人大常委会常务副主任的领导同志和349名人大代表出席会议。县委副书记、县长熊国洪作《政府工作报告》。

19日 政协涡阳县十届二次会议闭幕，县委书记胡明文，县委副书记、县长熊国洪，县人大党组书记刘峰，县委副书记、县委党校校长陈长安，县政协副主席赵太民、方侠、王登峰、赵晓蕾、盛亚民、蒋玲玲等出席闭幕式。县四大班子其他成员、县政协原正副主席、原秘书长、县人大原主任、县公检法主要负责人、县直各单位负责人，驻涡省、市政协委员，大型骨干企业主要负责人，县政协机关退休干部，198名县政协委员出席闭幕式。

同日 涡阳县第十七届人民代表大会第二次会议举行第二次全体代表会议，县委书记胡明文，县委副书记、县长熊国洪，县人大党组书记刘峰，县委副书记、县委党校校长陈长安等出席会议。县人民政府副县长，县政协、县纪委领导成员，县人民法院院长、人民检察院检察长，担任过原县人大常委会主任、原县政协主席、原县人大常委会常务副主任的领导同志和350名县人大代表出席会议。

同日 副省长张曙光在省政府副秘书长赵振华的陪同下，到涡阳调研指导工作。市委常委、副市长李军，县委书记胡明文，县委副书记、县长熊国洪等县领导陪同调研。张曙光一行先后调研了西阳高新现代产业集群专业镇建设、城东莓香湾旅游扶贫项目、县城城南新区规划建设、向阳路改造提升项目、五馆三中心项目、绿城青牛广场项目、鸿路绿色装配式建筑生产基地、新诚达时装、光机电聚集区及申杰电子项目。

20日 涡阳县十七届人大二次会议闭幕，县委书记胡明文，县委副书记、县长熊国洪，县人大党组书记刘峰，县委副书记、县委党校校长陈长安等出席会议。县人民政府副县长，县政协、县纪委领导成员，县人民法院院长、人民检察院检察长，担任过原县人大常委会主任、原县政协主席、原县人大常委会常务副主任的领导同志和353名人大代表出席会议。县委书记胡明文在闭幕会作重要讲话，会议选举产生了县人大常委会主任、委员及县监察委员会主任。刘峰当选县人大常委会主任，韩龙当选县监察委员会主任。大会表决通过了《关于县人民政府工作报告的决议》（草案）；《关于涡阳县2017年国民经济和社会发展计划执行情况及2018年国民经济和社会发展计划草案报告的决议（草案）》；《关于涡阳县2017年财政预算执行情况及2018年财政预算决议（草案）》；《关于涡阳县人大常委会工作报告的决议（草案）》；《关于涡阳县人民法院工作报告的决议（草案）》；《关于涡阳县人民检察院工作报告的决议（草案）》。

21日 涡阳县举行“涡阳县监察委员会”揭牌仪式，涡阳县监察委员会正式挂牌成立，全县党风廉政建设和反腐败工作将翻开新的篇章。县委书记胡明文，县委常委、纪委书记、监察委主任韩龙共同为县监察委员会揭牌。

22日 涡阳县召开县委常委会议，县委书记胡明文主持会议，县委副书记、县长熊国洪，县委副书记、县委党校校长陈长安等县领导出席会议，县人大常委会主任刘峰等列席会议。

25日 省落实综治法治领导责任制情况专项督查组组长、省政协社会和法制委员会副主任刘志祥带领督查组成员一行，到涡阳督查综治法治领导责任制落实情况。副市长侯化主持汇报会。县委副书记、县委党校校长陈长安，县委常委、政法委书记、公安局长丁博，县政府副县长赵凯，县政协副主席方侠等县领导出席汇报会。

26日 县残疾人联合会第七次代表大会召开。县人大常委会主任刘峰，县委副书记、县委党校校长陈长安，县政府副县长赵凯，县政协副主席方侠等出席大会。大会听取和审议县残疾人联合会第六届主席团工作报告；提出《中国残疾人联合会章程》修改意见；选举产生涡阳县残疾人联合会第七届主席团委员和出席亳州市残联代表大会代表。聘请县残疾人联合会第七届主席团名誉主席、副主席，选举产生县残联第七届主席团主席、副主席，推举产生县残联第七届执行理事会理事长、副理事长、理事。推举产生各专门协会主席、副主席、秘书长。

27日 涡阳县召开县委常委会议，县委书记胡明文主持会议，县委副书记、县长熊国洪，县委副书记、县委党校校长陈长安等县领导出席会议，县人大常委会主任刘峰等列席会议。

28日 中国共产党涡阳县第十一届委员会第四次会议召开。县委书记胡明文，县委副书记、县长熊国洪，县人大常委会主任刘峰，县委副书记、县委党校校长陈长安，县委委员、县委候补委员出席会议。不是县委委员、候补委员的县人大、县政府、县政协负责同志，县人武部政委，县法院院长、县检察院检察长，县人大各工委、政协各专委主要负责同志，县纪委常委、县监察委委员，县直单位（包括中央、省、市驻涡单位）党组（党委）主要负责同志，各镇（街道、经开区）党（工）委主要负责同志出席会议。全会认真学习贯彻党的十九大精神，听取和讨论了胡明文受县委常委会委托作的工作报告，表决通过《中共涡阳县委关于深入贯彻落实党的十九大精神 决胜全面建成小康社会在推进现代化五大发展美好涡阳建设中勇当皖北振兴排头兵的决定》、《中共涡阳县委关于贯彻落实〈中共中央政治局关于加强和维护党中央集中统一领导的若干规定〉的实施意见》、《关于贯彻落实中央八项规定精神深入推进作风建设的实施细则》、《涡阳县五大发展行动计划（修订版）》、《城西街道和城东街道撤并调整及涡北街道更名有关工作方案》。

专　记

学习贯彻党的十九大精神

按照中央和省委、市委部署，坚定不移讲看齐，坚持用习近平新时代中国特色社会主义思想武装头脑，全面落实中央《决定》和省、市、县委有关文件精神，扎实推进党的十九大精神学习宣传贯彻工作。一是切实抓好大学习。十九大闭幕后，涡阳县委把学习宣传贯彻党的十九大精神作为首要政治任务，及时召开县委常委会、中心组理论学习（扩大）会学习贯彻党的十九大精神。制定下发《中共涡阳县委关于全面落实中央＜决定＞精神扎实推进党的十九大精神学习宣传贯彻工作的意见》《中共涡阳县委组织部关于印发全县宣传贯彻党的十九大精神大学习工作方案的通知》等文件和在涡阳先锋网开设“不忘初心、牢记使命”学习讨论专栏，开展多形式、分层次、全覆盖的十九大精神大学习，县四大班子领导分别以普通党员身份带头参加所在支部的学习，以上率下做出榜样。下发《中共涡阳县委关于认真学习贯彻习近平总书记在瞻仰中共一大会址时的重要讲话精神的通知》，扎实开展“五个一”活动。下发《中共涡阳县委关于认真学习〈习近平谈治国理政〉第二卷的通知》，将《习近平谈治国理政》第二卷作为党的十九大精神宣讲、轮训的重要内容，作为“两学一做”学习教育常态化制度化的重要内容，县委理论中心组成员率先对《习近平谈治国理政》第二卷开展自学。二是集中组织大宣讲。制定下发《县委理论学习中心组成员带头宣讲十九大精神活动方案》，县委中心组成员带头到联系点开展宣讲活动。组织收听收看全省学习宣传贯彻党的十九大精神视频会和中央、省委宣讲团赴皖、来亳宣讲报告会，举办市委宣讲团来涡宣讲报告会。组织“十九大精神在涡阳”“十九大精神进基层”等主题宣传和“百名理论骨干送党课”、理论宣讲“六进”活动，组建县委党的十九大精神宣讲团分赴各镇、街道、经开区和县直单位进行集中宣讲。利用报纸、电视、广播、微信、微博及论坛等宣传阵地，开辟“学习十九大”专栏，深入阐释解读十九大精神，广泛开展宣传教育。三是全面实施大培训。制定下发《关于做好全县各级干部学习贯彻党的十九大精神集中轮训工作的通知》。从2017年11月10日至2018年6月上旬，对全县科级以上干部，公务员和事业单位全体工作人员，村（居、社区）“两委”成员，非公企业和社会组织党组织书记集中开展十九大精神轮训。全县科级干部学习贯彻党的十九大精神集中轮训班第一期于2017年11月27日开班，县委书记胡明文出席开班式并做动员报告，至12月1日圆满完成了各项培训任务。12月21日到30日完成了第二、第三期科级干部轮训工作，三期共培训科级干部1068人次。2018年1月12日举办了涡阳县离退休干部学习贯彻党的十九大精神集中培训班，全县离退休干部代表、党支部负责人150余人参加了培训。加强在线教育培训，加强安徽组织干部学院“学习贯彻党的十九大精神”专栏课程学习，2017年度，在线学员2358人，学分制申报、审核、通过比例均为100%。四是深入开展大调研。制定下发《涡阳县大调研工作方案》，围绕深入基层开展十九大精神宣讲、扶贫领域、基层组织建设、深入推进扫黑除恶专项斗争四个方面，深入基层开展调查研究。县委书记胡明文以上率下，带头开展调研，2017年以来，共调研105次、66天。五是有效推进大落实。通过涡阳电视台、《涡阳》报统一开设专题专栏，组织开展“新时代新气象新作为”大型主题采访活动，深入宣传全县各级各部门贯彻落实十九大精神各项工作中好的做法和典型事例，进一步凝聚共识，激发活力。将党的十九大精神学习情况纳入2017年度党建考核，并从2017年12月12日起对全县全面落实中央《决定》精神扎实推进党的十九大精神学习宣传贯彻工作情况进行督查，以监督考核确保党的十九大精神在涡阳落地开花结果。2017年12月28日，涡阳县委十一届四次全会通过《中共涡阳县委关于深入贯彻落实党的十九大精神决胜全面建成小康社会在推进现代化五大发展美好涡阳建设中勇当皖北振兴排头兵的决定》，进一步部署安排全县贯彻落实十九大精神工作。

（县委办供稿）

涡阳县成功申报“涡阳大豆”地理标志证明商标

涡阳大豆种植历史悠久，至今已有三千年历史。

涡阳县是南北气候过渡带，属暖温带半湿润季风气候区。其主要特征是气候温和，雨量适中，雨热同步，光照充足，无霜期较长，光、热资源比较丰富且昼夜温差较大。气温、光照、降雨的变化特征和涡阳大豆的生长特性相契合。涡阳大豆产区土壤由早期河流淤积而成，为砂礓黑土，富含钾、钼成分，耕性良好，保水保肥能力强，非常适宜豆科种植生长。

优越的自然气候条件和固有的土质造就了“涡阳大豆”的特有品质，成为豆类农产品深加工的良好原材料，特别适合加工豆芽、豆浆等豆制品。加工的豆浆口感香甜，泡制的豆芽脆嫩爽口，具有营养丰富，健脾宽中，润燥消水，清热解毒、益气的功效，倍受加工企业和广大消费者的青睐。

涡阳县委、县政府高度重视涡阳大豆产业发展，依托亳州市农业科学研究院（原涡阳县农业科学研究所）筹建涡阳县优质大豆产业协会，组织申报“涡阳大豆”地理标志证明商标。2017年7月完成申报、审核、公示等程序，成功获得“涡阳大豆”地理标志证明商标证书。

涡阳县以亳州市农业科学研究院为主的科研单位，积极抓好科研与生产的有机结合，延伸产学研推链条，在大力开发自主品种的同时，进一步加强对高蛋白大豆新品种的引进和改良工作，自主培育出皖豆12、皖豆14、涡豆5号、涡豆6号大豆品种，筛选出适宜本地种植的高蛋白大豆品种8个。制订《涡阳县高蛋白大豆栽培技术规程》，改变过去传统的种植习惯的方式，普及推广适时早播、宽行播种，大力提倡增施大豆配方肥等绿色增效种植技术，为实现丰产丰收打下基础。

“涡阳大豆”地理商标的成功申报，进一步提高涡阳大豆的知名度和市场竞争力，加快了涡阳大豆产业健康快速发展。2017年，结合实施专用品牌粮食项目建设，依托大豆农产品加工龙头企业--安徽爱家食品有限公司，在马店集镇魏庄村建立高蛋白大豆科技示范基地1000亩，同时以马店集镇、龙山镇、青町镇、石弓镇、丹城镇为中心建立优质大豆专用品牌粮食生产基地5万亩。计划利用三年时间在全县建立“涡阳大豆”专用品牌粮食生产基地100万亩以上，并着力打造“涡阳大豆”专用品牌原生态基地。

（县农委供稿）

2017中国国际徽商大会涡阳县招商专场暨产业发展高峰论坛

5月16日，“第十届中国中部投资贸易博览会和2017中国国际徽商大会涡阳县招商专场暨产业发展高峰论坛”在合肥市隆重举行。活动以“践行五大发展，把握转型机遇，实现涡阳崛起”为主题，与会嘉宾聚焦“积极承接高新技术产业转移，全力打造涡阳开放开发新高地”，就推进绿色装备式建筑产业、循环经济产业、发展现代中药产业和大力实施“互联网+”发展战略等问题开展了研讨。

专场活动现场，全体与会客商参观了涡阳经济发展展板、观看了涡阳县城市形象宣传片。来自省内外的客商和嘉宾共300余人参加了高峰论坛。

涡阳县委副书记、县长熊国洪，鸿路集团董事长、安徽钢结构协会主席商晓波，华清集团董事长、中国表面处理（电镀）园区产业联盟副主席、安徽表面处理工程技术研究中心主任、安徽表面处理工程协会会长刘万青，中科院博士、安徽丰润生物公司董事长陈勇，一下科技董事长韩坤等著名专家学者和徽商领军人物出席论坛并分别发表了《积极承接高新技术产业转移，全力打造涡阳开放开发新高地》《绿色装备式建筑产业现状和发展前景》《精心打造涡阳循环经济产业园的方法路径》《如何大力发展现代中药产业》《大力实施“互联网+”发展战略，不断推动涡阳“双创”工作迈上新台阶》等精彩演讲。

活动中，涡阳县推介了主导产业、多式联运中心及现代物流、双创中心“创客”服务、空港产业园、农业产业化、特色小镇等重点招商项目。签约了《中国建材集团泰山公司——新型建材项目》《安徽鸿路钢构（集团）有限公司——高新（阳港）产业园》《江苏申轩智能电子科技有限公司——CNC（数控机床）加工项目》《炫一下（北京）科技有限公司——涡阳云计算中心项目》等15个重大合作项目，投资总额达100亿元。

“十三五”时期，涡阳县将按照“五位一体”总体布局和“四个全面”战略布局，按照县第十一次党代会确定的“1358”发展思路，紧紧围绕全面建成小康社会总要求，全力推进创新开放新高地、产城融合示范区、绿色发展生态县“三大任务”，大力实施创新驱动、全面追赶、工业立县、城乡统筹、人文提升五大战略。奋力在创新发展、协调发展、绿色发展、开放发展、共享发展、推进新型城镇化、社会治理现代化、营造良好政治生态中闯出“八条新路”，勇当皖北振兴排头兵。

近年来，涡阳县积极承接高新技术产业转移，利用“一带一路建设，承接长三角、珠三角、京津冀产业转移”的区位优势，以“东中西产业梯度转移”为契机，抓住经济发达地区产业整合机遇，着力引进一批投资强度大、市场前景好、产业关联度高的项目。积极与合肥高新区开展合作共建，组织参与区域重大经贸活动，形成全方位、多层次、宽领域的开放格局。围绕新理念，培育新动能，把握新常态，找准新路径，推动工业集群化、规模化发展，推进“一区六镇”（省级经济开发区和西阳、龙山、马店、高炉、义门、楚店6个产业集群专业镇）运行机制进一步健全完善，围绕四大产业集聚区，加大精准招商力度，促进产业配套，延伸产业链条，承接产业转移，实现引进一个项目、带动一个产业、建成一个基地，走出具有涡阳特色的新型工业化之路，推动新技术、新模式、新业态、新产业快速发展。加大对落户企业的帮扶力度，以优质的“一站式”服务赢得企业信任，让投资者主动扩资、增资、引资，实现“引进一个、建好一片、带来一批”的良性循环。进一步完善招商引资优惠政策，强化项目开工、建设、达产、税收等节点履约管控，坚决兑现合同约定的各类事项，不断营造“亲商、安商、便商、利商”的投资环境。鲜明的产业特色、良好的投资条件和发展环境，进一步提振了涡阳在县域经济发展中勇当皖北振兴排头兵的昂扬精神风貌。

（县招商局供稿）

涡阳道源国家湿地公园通过国家验收

2018年初，国家林业局正式公布2017年国家湿地公园验收结果，位于涡阳县的安徽道源国家湿地公园正式通过验收。

道源国家湿地公园位于涡阳县县城西北部涡河与武家河交汇处，规划总面积849.12公顷，湿地面积360.47公顷。该湿地公园湿地类型丰富，包括河流湿地、湖泊湿地、沼泽湿地、人工湿地等。其中，最主要的湿地类型为采煤塌陷地发育形成的近自然的湖泊湿地，以及涡河、武家河等河流湿地。

道源湿地公园具有较高的科研价值和水文价值，生物多样性丰富。目前，公园内维管植物83科211属266种；野生鱼类资源5目11科34种；哺乳类动物5目8科14种；爬行动物3目3科5种；两栖动物1目3科7种；鸟类16目39科119种，其中，国家二级以上保护鸟类16种。

道源湿地公园与老子文化景区相互交融，形成道源湿地公园得天独厚的一大特色。另外，湿地公园分为湿地保育区、恢复重建区、宣教展示区、合理利用区和管理服务区，实行分区管理。

据了解，道源国家湿地公园通过验收后，涡阳县将探索湿地开发与保护的有效方式，依托省级文保单位、AAAA级景区天静宫，进一步完善保护设施，加大保护力度，促进人与自然和谐发展。

涡阳县行政区划调整

按照省民政厅《关于同意涡阳县部分行政区划调整的函》（皖民地函〔2017〕279号）、《市转发省民政厅关于同意涡阳县部分行政区划调整的函》(民地函〔2017〕17 号)文件精神,有序地开展了涡阳县单集林场和高炉镇行政区划调整工作。

2017 年 11 月下旬,按照县委、县政府的安排,民政局组织专人会同城西街道、城东街道和涡北街道有关人员开展了街道撤并调整及更名的相关工作,并征求了组织部、政法委、人社局、财政局等相关单位的意见,制定了《涡阳县城西街道和城东街道撤并调整实施方案》《涡阳县涡北街道更名为天静宫街道的实施方案》,并通过了县委、县政府的会议研究,后续区划调整工作正在按方案实施。

为加强行政区域界线管理,维护边界地区社会稳定,从 2017 年 8 月 21 日至 9 月 21 日,县民政局和蒙城县民政局根据国务院《行政区域界线管理条例》规定和亳州市民政局《关于做好第三轮行政区域界线联合检查工作的通知》(民地〔2014〕66 号)精神,对两县行政区域界线和界桩进行了联合检查。涡阳蒙城边界线由南向北从涡阳、蒙城、利辛三县交会点界桩起,到濉溪、涡阳、蒙城三县交会点界桩止,全长 52.2 公里,共设计 4 颗界桩,实地埋设界桩 4 颗,涉及双方 8 个镇。通过本次联检,两县认真总结经验,建立了行政区域界线管理长效机制,平安边界建设工作取得显著成效。

根据国务院《关于行政区划管理的规定》(国发〔1985〕8 号)、《中共安徽省委、安徽省人民政府关于印发〈安徽省国有林场改革实施方案〉的通知》(皖发〔2016〕13 号)等有关文件精神,民政局在充分调研和广泛征求意见的基础上,拟定〈涡阳县单集林场和高炉镇行政区划调整实施方案〉,2016 年 12 月份,经过县政府常务会议、县委常委会、县委全委会研究通过。

2017 年 1 月份,市政府常务会议研究同意调整方案。6 月份省民政厅研究同意。7 月份,按照省民政厅《关于同意涡阳县部分行政区划调整的函》(皖民地函〔2017〕279 号)、《市转发省民政厅关于同意涡阳县部分行政区划调整的函》(民地函〔2017〕17 号)、《涡阳县单集林场和高炉镇行政区划调整交接实施方案》(涡政办秘〔2017〕106 号)文件精神,有序地开展了涡阳县单集林场和高炉镇行政区划调整工作。调整内容如下:

一是撤销涡阳县单集林场。成立涡阳县国有林场,正科级事业单位,编制 24 人。办公地址设在现涡阳县单集林场场部,现有国有林地 9922 亩由新成立的涡阳县国有林场管理使用。

二是将涡阳县单集林场现辖的单集居委会和天齐、晁湖、五爱、柴楼四个村委会并入高炉镇管辖。涡阳县国有林场设置为县林业局直属二级事业单位。新设立的高炉镇辖 2 个居委会、13 个行政村,国土面积 125.8 平方公里,耕地面积 11.8 万亩,人口 7.5 万人,镇政府驻高炉集。

(县民政局供稿)

脱贫攻坚工作

涡阳地处淮河平原,是省级扶贫开发重点县,辖 20 个镇、4 个街道和 1 个省级经济开发区,面积 2107 平方公里,总人口 168 万人。

改革开放以来,涡阳县与全国全省各地一样,经历了以农村经济增长消除普遍贫困、以区域瞄准助推开发式扶贫、以整村推进深化细化扶贫工作等阶段,涡阳县大力推行家庭联产承包责任制为代表的农村改革,解放了农村生产力,以农民增收为标志的“三农”工作与其他方面工作一样发生了质的飞跃,特别是以消除贫困为目的的扶贫开发工作开展以来,涡阳县逐年落实各项扶贫开发举措,农村基础设施和基本公共服务不断完善,从改革开放之初的普遍贫困到 2014 年底贫困发生率降为 6.3%,涡阳农村的贫困问题得到大大缓解。

党的十八大以来,以习近平同志为核心的党中央把脱贫攻坚摆到治国理政突出位置,提出了脱贫攻坚工作的一系列重要论述,特别是精准扶贫精准脱贫方略的确立,为做好新时期扶贫工作指明了方向。

2014 年 5 月开展扶贫开发建档立卡工作以来,涡阳县按照中央、省、市“对贫困户和贫困村进行精准识别,了解贫困状况,分析致贫原因,摸清帮扶需求,明确帮扶主体,落实帮扶措施,开展考核问效,实施动态管理”的总体要求,根据建档立卡的方法和步骤，确定了78个贫困村、116043人的贫困人口，并进一步细化了扶贫政策，实现了扶贫工作由“大水漫灌”向“精准滴灌”的转变。

2015年11月27日，中央扶贫开发工作会议吹响了脱贫攻坚战的冲锋号，《中共中央国务院关于打赢脱贫攻坚战的决定》进一步明确了“一收入、两不愁、三保障”的工作目标，回答了“扶持谁、谁来扶、怎么扶”的问题。涡阳县坚持以脱贫攻坚统揽全县经济社会发展全局，层层压实责任，认真落实扶贫对象精准、项目安排精准、资金使用精准、措施到户精准、因村派人精准、脱贫成效精准“六个精准”和大力发展生产脱贫一批、发展教育脱贫一批、社会保障兜底一批等“五个一批”的工作要求，努力推进各项任务扎实开展，2015年实现脱贫22232人。

2016年4月，习近平总书记在安徽考察时指出“要强化目标责任，坚持精准扶贫，认真落实每一个项目、每一项措施，全力做好脱贫攻坚工作，以行动兑现对人民的承诺”，省委提出“六看六确保”要求（一看扶贫对象准不准，确保目标数据要实；二看项目安排准不准，确保“五个一批”帮扶举措要实；三看资金使用准不准，确保保障举措要实；四看措施到户准不准，确保政策落地要实；五看因村派人准不准，确保责任到位要实；六看脱贫成效准不准，确保质量进度要实），市委提出“满足扶贫工作一切需要、火力全开、适当宽裕、分级负责、多方协同、工作到户、责任到人”七句话要求，围绕贯彻落实习近平总书记重要指示和省、市工作部署，进一步压实责任，完善脱贫攻坚政策体系，全面实施脱贫攻坚“十大工程”，2016年实现16186人脱贫，10个贫困村出列。

脱贫攻坚任务，越到后来难度越大，进入2017年，脱贫攻坚进入了啃硬骨头、攻坚拔寨的冲刺期。涡阳县深入贯彻习近平脱贫攻坚重要战略思想，认真学习领会党的十九大关于坚决打赢脱贫攻坚战和做到脱真贫、真脱贫的部署要求，按照省委省政府提出的“坚决贯彻精准扶贫精准脱贫基本方略、确保如期完成脱贫攻坚任务”的总体目标，在市委市政府的领导下，县委县政府带领广大干群，以“重精准、补短板、促攻坚”专项行动为抓手，坚持扶贫、扶志、扶智三位一体，突出“造血”和“输血”两手并重，在精准二字上下足“绣花”功夫。涡阳县严格按照省《关于建立扶贫对象退出机制的实施意见》规定的贫困户和贫困村退出程序，坚持实事求是，不搞层层加码，严格对照“一收入、两不愁、三保障”标准，不仅看出了多少钱、派了多少人、给了多少支持，而且看措施、细算账、保实效，预计将实现43个村出列，33472人脱贫，贫困发生率降为1.8%，全面完成2017年省下达目标任务，向着全面小康坚定前行。

（县扶贫办供稿）

涡阳概览

涡阳县概览

【历史沿革】据《禹贡》记载：约公元前21世纪，大禹治水成功，分天下为九州。涡阳县境属豫州，与徐州毗邻。商朝，约公元前16世纪，县境为商南亳之畿辅。公元前11世纪，周武王灭商，县境属陈、胡两国。春秋时期，县境分属楚、陈、宋国。涡河北部县境属宋国相县，南部属陈国夷邑，陈是个小诸侯国，国下无县。公元前约571年，老子降诞于宋国相县厉乡曲仁里（今县境涡北）。公元前479年，楚灵王伐徐国，途中在县境楚店建行宫，又在乾溪旁建章华台。战国时，楚国强盛，陈、宋被楚灭，县境被占掠属楚地。秦始皇二十六年（前221年），统一中国，全国建置三十六郡。县境分属谯（今亳州）、铚（今临涣）、相（今淮北）三县。后楚国相县荒芜，原陈国地设铚、城父两县。《清一统志》载，城父县东南方置下城父聚，位于蒙城县西北80华里，清改为雉河集，今涡阳县城附近，皆属泗水郡，县境亦属之。秦二世元年（前209年）七月，陈胜、吴广起义于蕲（今宿州），其中攻占部分县境。后陈胜为秦将章邯所败，于下城父聚为御者庄贾所杀。汉沿秦制，县境跨泗水、汝南两郡，属豫州。西汉初，泗水郡更名为沛郡，邻37县，县境分属苦、铚、城父、山桑、扶阳（旧福宁镇）和汝阴（今县南部属汝南郡）等县。东汉初，城父、山桑改属汝南郡。县境在汝南郡与沛郡交接处。三国时代，县境属魏国。魏置谯郡，下辖沛、汝南郡。晋武帝（司马炎）泰始二年（266年），复置汝阴郡，时县境属谯、汝阴两郡。同属豫州。公元307年至312年，豫州陷于五胡，惟谯（含县境）仍属西晋。东晋、十六国时代，公元322年，晋退守寿春，县境被后赵石勒所占。公元354年，县境为前燕占。公元370年，前秦灭前燕，县境属之。东晋太元八年（383年），晋军在肥水（即著名淝水之战）大破前秦苻坚军，攻克豫州大部，县境复归东晋，在山桑县境侨置蒙县，为谯郡治。南北朝时代，县境屡遭兵燹。南朝宋文帝元嘉二十七年（450年），北魏太武帝率兵南掠，占豫州、淮西等地。自此，淮河以北隶属北魏。北魏黄兴元年（467年），山桑改名涡阳县（南兖州马头郡治所，今蒙城县北）。涡阳得名即自北魏始。《魏书·地形志》：北魏景明（500～503年）设涡阳郡，为原山桑地，属谯州，孝昌中废，后县境数易其主。北魏孝昌三年（527年），县境属梁，梁改涡阳为西徐州。东魏孝静帝武定六年（548年）时，改西徐州为涡阳县。次年建置涡州，属南谯郡（今县城东北部90里），后又置涡阳县。北魏时，由于连年战乱，县境一度曾划归三郡。即临涣郡领：铚、丹城（今县丹城集）、解城（白撣，今龙山集北），以铚为郡治。蒙郡领：蒙（今蒙关店）、勇山（今龙山），以蒙为郡治。又置颍州于汝阴郡，以汝阴、弋阳为郡治。隋文帝开皇元年（581年），县境丹城并入临涣；十六年（596年），改涡阳县为淝水县；十八年（公元598），将浚仪复为城父县，属谯郡。隋炀帝大业七年（611年）废州，淝水又复汉时山桑名，归属谯郡，涡阳县境分属城父、山桑、临涣、汝阴等县。唐太宗贞观十七年（643年），废谯州，县境属河南道亳州，跨谯、汝阴两郡，分属城父、山桑、临涣、永城、真源（今县义门镇）等县。玄宗天宝元年（742年），山桑县更名为蒙城县。宪宗元和九年（814年），从亳州割临涣归宿州。北宋，真宗大中祥符七年（1014年），唐时真源县改三真。县境三真、谯、城父、蒙城等七县属亳州，隶淮南路。宋神宗熙宁五年（1070年），分归淮南东路。宋南渡后，县境属金。绍兴十一年（1141年）南宋与金达成和议，以淮水中流为疆。

金将蒙城改隶寿州。此时，县境分属亳、颍、宿、寿四州，统隶于南京路，至金哀宗天兴年间又归于宋。元朝统一中国，世祖至元二年（1265年），撤宿州、颍州两州所领四县，归并于州，并城父入谯县，酇入永城，后又复置，仍属亳州。此后州县之制紊乱。至元八年（1271年）从汴梁路分置归德府，下辖亳、宿两州。至元三十年（1293年），分置汝宁府，辖颍州。蒙城属安丰路寿春府。以上三府均由“河南江北行中书省”统辖。涡阳县境分隶亳、颍、蒙、宿。明洪武初，废城父县并亳，亳州降为县，沿元制，仍由归德府统辖。洪武四年（1371年）二月，从归德府划出宿州；三月，从汝宁府划出颍州，与蒙城县同属凤阳府，直隶南京。明孝宗弘治九年（1496年）十月，亳县又升为州，在县境义门设巡检司。清顺治二年（1645年）四月，县境属“江南承宣布正使司”。顺治十八年（1661年），分置“江南左布政使司”，领安徽、隶江宁。康熙六年（1667年），更置为“安徽布政使司”。雍正二年（1724年），蒙城县改属亳州。十三年（1735年），升颍州为府，亳州、蒙城属颍州府，宿州属凤阳府，县境分属凤阳、颍州两府。至乾隆二十五年（1760年），“安徽布政使司”驻安庆。次年，改设安徽省，省城设安庆，县境属之。清咸丰二年（1852年），颍、宿两州一带饥民遍野，民愤激昂，更兼太平军北伐节节胜利。十月，捻党首领张乐行率众在蒙、亳之间雉河集“山西会馆”（今涡阳县城）会盟抗清武装起义，民众纷起，声势煊赫，杀官吏，占城池，捻军转战豫、皖、苏等数省，屡次重创清军，沉重打击了清王朝的统治。同治二年（1863年），捻军领袖张乐行殉难。雉河集界皖豫之间，人稀地广，距州县皆百里之外，为蒙、亳、宿、阜居心之地，清政府难以兼顾。清同治三年（1864年）元月，为防止再次爆发农民起义，安徽巡抚唐训方，布政司英翰上奏以“雉河集为蒙、亳接壤之区，距城较远，以致强寇叠起，屡抚屡叛，非添设州县，教养兼施，不足以资弹压而移风化，今拟于雉河集添设县城一座。”后唐训方去职，乔松年任安徽巡抚。不久，同治帝准安徽巡抚乔松年、两江总督曾国藩、亲王僧格林沁奏请，于是从亳州东部划出13保96圩，从阜阳北部划出4集25圩，从蒙城西部划出15保45圩，从宿州南部划出19保46圩，设立新县。以原雉河集为县治，循北魏之“涡阳”钦定县名，赐名“涡阳县”，属颍州府。民国元年（1912年），废颍州府，县隶属安徽省。民国三年（1914年）六月，省下设道级行政机构，涡阳县属淮四道（道驿驻凤阳）。民国二十一年（1932年）废道，在颍州设置安徽省第七行政督察专员公署，辖涡阳县。民国二十九年（1940年），第七行署改称安徽省第三行政督察专员公署，后改属阜阳专署，辖涡阳县。抗日战争时期，1939年9月，中国共产党领导的新四军游击六支队进驻涡北新兴集，创建豫皖苏边区抗日民主根据地。1940年元月，成立涡北抗敌联合会（涡北民主政府）和涡北县委。1944年秋，建涡永县，属豫皖苏边区解放区党委和皖北特委领导。1945年2月，改涡永县为雪涡县。1947年，在县境东建宿蒙县；7月，在县境西设涡亳县；11月，在县境南立涡阳县。上述四县隶属中国共产党领导的豫皖苏边区解放区皖北专员公署第三公署。1948年5月20日，涡阳全境解放。1949年3月，撤销雪涡县、涡亳县、涡阳县、宿蒙县，恢复原涡阳县，隶属阜阳专员公署。1952年，安徽省人民政府建立后，阜阳专员公署驻阜阳县城，辖涡阳县。1971年，废专员公署，设阜阳地区革命委员会。1979年2月，阜阳地区革命委员会改为阜阳地区行政专员公署。1996年7月，撤销阜阳地区行政专员公署，改设阜阳市，仍辖涡阳县。2000年6月20日，成立地级亳州市，撤销原县级亳州市，辖涡阳县、蒙城县、利辛县和谯城区。

（县志办供稿）

【位置交通】涡阳县位于北纬33°20′～33°47′，东经115°53′～116°33′。南界利辛县、阜阳市太和县，北靠河南省永城市、淮北市濉溪县，东壤蒙城县，西邻亳州市谯城区。总面积2107平方公里。涡阳县地处豫皖苏鲁要冲。济祁高速，县境全长46.5公里，途经涡阳县8个镇(场)，设收费站2处，分别是涡阳北（龙山）、涡阳东（西阳）收费站，其中西阳出口按照四进六出十车道设计建设，西距县城14公里，10分钟车程；服务区一对，为涡阳石弓服务区。省道S307线明光至亳州公路涡阳段，东自蒙城县向西北方向入县境门户西阳镇，西至水陆要塞义门镇，全长45.3公里；省道S202线萧县至淮滨公路涡阳段，从东北濉溪县入石弓镇，经龙山镇至楚店镇，全长58.5公里；两条省道交汇于县城，分别连接合徐、商阜、宁洛、济祁高速，通达豫、皖、苏、鲁、鄂等公路运输干道。涡河自西北向东南斜贯，境内长54公里，四季通航，可通江达海。涡阳至合肥市259公里，至郑州市339公里，至徐州市147公里，至阜阳市84公里，至蚌埠市136公里，至淮北市86公里。青阜线铁路北入青疃镇，南出涡南镇，全长50公里，涡阳火车站位于县城东郊。涡阳站已成为周边地区客运、物资集结地和中转站。县境铁路分别连接京沪高铁和京九铁路。

（县交通运输局供稿）

【行政区划】涡阳县位于淮北平原中部，地处亳州市中心地带，与豫、鲁、苏三省毗邻，国土面积2109.89平方公里，县城规划区面积50平方公里，建成面积32.4平方公里。2017年底，全县下辖20个镇，4个街道，1个经济开发区，383个村（居）委，其中48个社区。2017年6月份，经省政府批准，将林场5个村（居）委会划为高炉镇管辖。

（县民政局供稿）

【气候特征】2017年平均气温16.6℃，较历年平均偏高1.5℃；年极端最高气温38.8℃，出现在7月27日，年极端最低气温-4.9℃，出现在12月17日；年平均最高气温21.4℃，年平均最低气温12.7℃；年降水量1049.1毫米，较历年平均值偏多197.7毫米，年一日最大降水量81.3毫米，出现在10月1日；年极大风速15.8米/秒，出现在4月19日，年最多风向为SE；年最小相对湿度14%；年内最大积雪深度5厘米；年最大冻土深度7厘米；年日照时数2254.9小时，较历年平均偏多238.7小时，年日照百分率51；2017年气温1月、4月、5月、7月分别偏高2.4℃、2.1℃、2.3℃、2.3℃；降水1月、9月、10月分别偏多102%、199%、258%，3月、11月、12月分别偏少80%、87%、97%。9月24日至10月12日，涡阳县出现连续阴雨天气，导致农田被淹。据县民政部门调查统计：截至10月13日，全县秋季受灾面积约18709.5公顷，成灾面积11130.8公顷，绝收2914.4公顷，受灾人口约105931人，据初步统计损失3459万元。2017年气温明显偏高，为1956年有完整气象记录以来年平均气温最高值，日照时数偏多，降水偏多；年内降水时间和空间分布不均，3月、11月、12月降水偏少，1月、9月、10月降水偏多，其中9月下旬至10月中旬出现连续阴雨天气，同时日照明显偏少，连续阴雨寡照天气对农业生产造成不利影响。

（县气象局供稿）

【地形地貌】涡阳县地处淮北平原腹地，境内有涡河、西淝水、北淝河、包河四大水系，流域面积计2100平方公里。县境内地势平缓，呈不规则的四边形。地势西北高，东南低，地面高程平均海拔26.5—33.5米，地面自然坡降为1/9000，自西北向南微倾。县境地貌分为两种类型：涡河北自然区有龙山、东山、西山、石弓山、郭独山、齐山、辉山，占地总面积6.22平方公里；其次为河间平原，是县境最主要的地貌类型，南片在涡河与西淝河之间，北片在涡河与包河之间。

（县国土局供稿）

【人口构成】2017年，全县共有公安户籍人口1681880人，333464户。分城乡看，城镇人口326013人，乡村人口1355867人。分性别看，男性886940人，女性794940人。分年龄看，0至17岁466145人，18至34岁437737人，35至59岁555952人，60岁及以上222046人。从人口变动情况看，全年出生33493人，其中男性17359人，女性16134人。全年死亡21492人，其中男性12610人，女性8882人。

（县统计局供稿）

【民族宗教】境内有29个少数民族，人口约1.5万人，其中回族约有1.3万人，回族主要聚集在义门、城关、牌坊等地。有四个民族村，23个少数民族自然村。全县有佛教、道教、伊斯兰教、天主教、基督教等五大宗教，共有开放的宗教活动场所68处，其中道教宫观1处、天主教堂1处，伊斯兰清真寺2处、基督教场所64处，信教群众约4万余人，宗教团体1个。

（县民宗局供稿）

【自然资源】土地资源。全县国土面积2109.89平方千米，土地利用类型以耕地为主，土地利用率98%以上。耕地面积154321.4公顷，其中，水浇地172.09公顷、旱地154257.41公顷；园地面积46.36公顷；林地面积2553.40公顷；建设用地面积33633.42公顷，其中居民点及工矿用地28416.11公顷、交通运输用地9143.02公顷、水域及水利设施用地15910.04公顷；未利用地2585.29公顷。

（县国土局供稿）

矿产资源。境内已探明一定储量的矿种有10种：煤、油气、金属矿产，非金属矿产中有水泥用灰岩、饰面用灰岩、建筑石料用灰岩、河砂、陶瓷土、砖瓦用粘土;水气矿产中有矿泉水等。燃料矿产煤是本县优势矿产,占全省的八分之一,资源前景较为广阔。含煤面积431平方公里,保有资源储量23.03亿吨。煤种以肥煤为主,其次为焦煤、瘦煤,个别煤层为气煤。县境内山石资源丰富,主要矿种是水泥用灰岩和建筑石料用灰岩。山石矿产地分7处,资源储量293万立方米,占全市储量的85.4%。煤炭能源:涡阳县现有煤炭勘查项目17个,煤炭矿产地13个,累计查明资源储量236495.3万吨。分别为耿楼地区煤矿17976.3万吨、大段家井田9858.9万吨、花沟西井田15000万吨、花沟井田32415.9万吨、杨潘楼井田1474.6万吨、小徐广楼井田26976.3万吨、青疃东井田15600万吨、涡阳县蒙关勘查区预测11500万吨、单集勘查区16600万吨、涡阳县张楼勘查区预测19700万吨、涡北煤矿13967万吨、刘店煤矿37662万吨。非金属矿:建筑石料用灰岩矿保有储量209.82万立方米。水汽矿产:矿泉水累计允许开采资源量为1200立方米/日。

(县国土局供稿)

水资源。涡阳县地处北亚热带和暖温带的过渡地带,属于半湿润大陆性季风气候,多年平均降雨量为809.8毫米。由于受季风气候的影响,降水时空分布不均,年内和年际间变化很大,降雨多集中于7～9月份,约占全年平均降雨量的53%。水资源总量为6.45亿立方米,其中地表水总量为3.72亿立方米,地下水总量为3.64亿立方米。按人均占有水资源量比较,涡阳县人均占有水量不足500立方米,不到全省人均水资源占有量的四分之一,属水资源比较缺乏地区。2009年涡河治理完成后,涡河沿线新建17座沟口涵闸,改变涡河流域"有水无防"的历史。通过加强河道疏浚工程、涵闸拦蓄工程建设和水资源管理工作,水资源无序开发利用的状况得到有效改善,涡阳县雨洪水资源利用率有了大幅度的提高。

(县水务局供稿)

生物资源。涡阳县属于暖温带大陆性季风气候,适宜暖温带各种植物生长。种植面积较大的有小麦、玉米、大豆、大麦、蔬菜、中药材、绿豆、甘薯、芝麻、花生、棉花、西瓜、甜瓜、草莓等。水生植物有兹菰、杂草、蒲草、香蒲、芡果、鸡头、菱角、莲藕、水葫芦等。生猪品种以国外引入良种为主,优质外二元、三元杂交猪占总群体98%以上,地方品种有皖北黑猪。

家禽品种　肉鸡品种主要有艾维茵、艾拨益加、大肉杂、三黄等。草鸡和当地土鸡因品质好,价格不断上扬等特点,近年来养殖量和养殖比例都有所提高。亳州温氏禽业公司新增青脚麻鸡、矮脚黄鸡、乌骨鸡和天露黑鸡广西土鸡2号等特色品种。规模场养殖蛋鸡以罗曼褐为主,也有少量海赛克斯白。鸭的品种主要是高邮麻鸭,鹅的品种主要是皖西白鹅。

肉羊品种　涡阳县一直有相当规模的肉羊养殖量,也是优质地方品种黄淮白山羊的原产地和主产区。肉羊品种改良工作卓有成效,饲养有波尔肉羊和波尔杂交肉羊、杜泊肉羊、萨能肉羊。安欣牧业大规模舍饲湖羊现存栏近5万只。肉牛品种有西杂、夏杂和利杂几种优质杂交牛。涡南镇新增了几个养殖青海黑牛的养殖牛场。

(县农委供稿)

【人文资源】涡阳贤哲辈出,文化底蕴深厚,是春秋时期伟大的哲学家、思想家老子的诞生地、道家思想文化的发源地。历史文化名人老子、尹喜、张良、嵇康、陈抟、张乐行等,在这里创造不朽的历史文化。当代风云人物刘少奇、彭雪枫、张爱萍、张震等,曾在此留下革命事迹。

(县文体旅局供稿)

【旅游资源】涡阳县位于淮北平原腹地,交通便利,文化底蕴深厚。道家学派创始人、道教鼻祖老子在此降诞,商圣范蠡在此隐居,贤者嵇康醉吟于石弓山脊,尹喜、张良、陈抟等也先后在这里参悟玄理奥旨,留下了遍及全境的名胜古迹。刘少奇、彭雪枫、张震、张爱萍等老一辈革命家先后在这里南征北战,谱写了辉煌壮丽的革命诗篇。涡阳历史悠久,文化灿烂。1996年被批准为省级历史文化名城,2001年被授予"全省文化先进县"。现有省级文物保护单位10处、市级文物保护单位10处,县级文物83处,包括古遗址、古建筑、古墓葬等。在可移动文物普查工作中,共发现、录入及上报珍贵文物近千件。此外，涡阳非物质文化遗产较为丰富，《老子传说》被国务院批准为国家级非物质文化遗产保护项目，《棒鼓舞》《捻军歌谣》《高炉酒传统酿造技艺》等被批准为省级非遗保护项目，其他市、县级非遗保护项目23个。

（县文体旅局供稿）

中国共产党
涡阳县委员会

综　述

【概况】2017年，涡阳县委深入学习贯彻习近平新时代中国特色社会主义思想和习近平总书记视察安徽重要讲话精神，紧紧围绕县十一次党代会确定的“1358”总体发展思路，以“深入践行五大发展理念，勇当皖北振兴排头兵”为工作总要求，一心一意谋发展，聚精会神抓党建，全力以赴促脱贫，经济社会实现平稳健康较快发展，党的建设新的伟大工程取得明显成效。全县实现地区生产总值276.9亿元，增长9.3%；财政收入20.9亿元，增长15.7%；固定资产投资218.8亿元，增长24.8%；规模工业增加值79.86亿元，增长10.9%；社会消费品零售总额126.1亿元，增长12%；城镇居民和农村居民人均可支配收入分别达到24257元、10850元，分别比上年同期增长8.7%、9.6%。

重要会议

【县委十一届三次全体会议】2017年2月3日下午，县委十一届三次全体会议在四楼常委会议室召开，会议由县委书记胡明文主持，十一届县委委员、县委候补委员以及不是县委委员、候补委员的县人大、县政府、县政协负责同志出席会议。会上，县委常委、组织部长、统战部长刘梦汝通报了出席十九大代表候选人推荐人选；县委常委、副县长黄恺宣读了《涡阳县脱贫攻坚责任追究办法（草案）》。会议举手表决通过了《关于给予高洪大开除党籍处分的决定》《关于批准吴晋等三同志辞去涡阳县十一届县委委员职务的决定》《关于涡阳县委十一届候选委员递补为委员的决定》《涡阳县脱贫攻坚责任追究办法》；以无记名投票的方式通过了56名出席十九大代表候选人推荐人选。

【县委十一届四次全体会议】2017年12月28日下午，县委十一届四次全会在县行政中心11楼会议室召开，会议由县委书记胡明文主持，十一届县委委员、县委候补委员以及不是县委委员、候补委员的县人大、县政府、县政协负责同志，县人武部政委，县法院院长、县检察院检察长，县人大各工委、政协各专委主要负责同志，县纪委常委、县监察委委员，县直单位（包括中央、省、市驻涡单位）党组（党委）主要负责同志，各镇（街道、经开区）党（工）委主要负责同志出席会议。全会认真学习贯彻党的十九大精神，听取和讨论了胡明文受县委常委会委托作的工作报告，表决通过《中共涡阳县委关于深入贯彻落实党的十九大精神　决胜全面建成小康社会在推进现代化五大发展美好涡阳建设中勇当皖北振兴排头兵的决定》《中共涡阳县委关于贯彻落实〈中共中央政治局关于加强和维护党中央集中统一领导的若干规定〉的实施意见》《关于贯彻落实中央八项规定精神深入推进作风建设的实施细则》《涡阳县五大发展行动计划（修订版）》《城西街道和城东街道撤并调整及涡北街道更名有关工作方案》。熊国洪受县委常委会委托，就提交全会审议的文件起草工作向全会作了说明。

【县委常委会议】2017年，共召开31次县委常委会议，研究了全面试行乡镇党代会年会制、涡阳县脱贫攻坚责任追究办法、省委巡视组巡视“回头看”反馈问题整改落实情况、涡阳县一体化推进农村垃圾污水厕所专项整治“三大革命”实施方案、涡阳县深化监察体制改革试点、城西街道和城东街道撤并调整暨涡北街道更名方案等200个议题。

【“讲重作”会议】2017年7月10日，全县“两学一做”学习教育常态化制度化推进会暨“讲政治、重规矩、作表率”专题警示教育动员会在行政中心11楼会议室召开，县委书记胡明文出席会议并作重要讲话。会议由县委副书记、县长熊国洪主持。

10月11日，全县“讲政治、重规矩、作表率”专题警示教育总结会议暨县委中心组“作表率，我们怎么办”专题研讨会议在县委党校第一报告厅召开。县委副书记、县长熊国洪主持会议。县四

组织党员干部到市党风廉政教育基地接受警示教育

大班子全体成员；县法院院长，县检察院检察长；县委党的建设工作领导小组成员，县委“两学一做”学习教育协调小组成员及办公室负责同志；各镇（街道、经开区）党（工）委主要负责同志、纪委书记、组织委员、宣传委员；县纪委常委，县直各单位党组（党委）主要负责同志，县委各巡察组组长，县纪委各派驻纪检组组长等约240人参加了会议。会议全面总结了全县“讲重作”专题警示教育开展情况和主要成效，交流经验做法，对进一步巩固和拓展专题警示教育成果作出部署。县委中心组相关成员联系思想工作实际，对照“四讲四有”标准，围绕“作表率，我们怎么办”进行了专题研讨。

【县扶贫开发领导小组会议】2017年，共召开12次县扶贫开发领导小组会议，研究了19个脱贫攻坚议题，县委书记、县扶贫开发领导小组组长胡明文主持会议，县领导熊国洪、陈长安、韩龙、黄恺、刘梦汝、郑虹、丰霄寒、牛光、苏志杰、赵凯、盛亚民出席会议，各镇(街道)、经开区党工委主要负责人参加会议。

重要决策

【“一区六镇”建设】2017年，县委、县政府印发《关于加快涡阳经济开发区和产业集群专业镇建设发展的决定》。《决定》对加快涡阳经济开发区和产业集群专业镇建设发展的发展思路、主要目标、基本原则、重点任务、体制机制和保障措施作出明确要求，提出努力将开发区和西阳、义门、高炉、楚店、龙山、马店集六个产业集群专业镇打造成推动涡阳县新一轮创新发展的重要载体，承接产业转移集聚的基础平台，对外开放开发的形象窗口。

【学系列讲话】2017年，认真贯彻中央和省、市委决策部署，县委印发《深入学习贯彻习近平总书记系列重要讲话精神若干规定》的通知。《通知》要求，各级党委(党组)要牢固树立“四个意识”特别是核心意识、看齐意识，把学习贯彻习近平总书记系列重要讲话精神摆上首要位置，精心安排部署，认真组织实施，切实把习近平总书记系列重要讲话精神贯彻到经济社会发展和党的建设全过程、各方面。全县上下要按照《规定》要求，推动学习贯彻习近平总书记系列重要讲话精神向广度和深度拓展，深入践行五大发展理念、勇当皖北振兴排头兵，确保全县各项事业沿着党中央确定的正确方向前进，确保习近平总书记系列重要讲话精神在涡阳落地生根、开花结果。

【法治政府建设】2017年，为深入推进依法治县、依法行政，加快建设法治政府，县委、县政府印发《贯彻〈法治政府建设实施纲要(2015—2020年)〉实施方案》。按照《纲要》确立的基本原则和衡量标准，到2020年，基本建成职能科学、权责法定、执法严明、公开公正、廉洁高效、守法诚信的法治政府，法治政府建设达到全市先进水平。

【县委“1+3”文件】2017年，县委深入学习贯彻党的十九大精神、省委十届六次全会和市委四届五次全会精神，贯彻落实中央和省委经济工作会议精神，县委十一届四次全会审议通过县委“1+3”文件。即：“1”是《关于深入贯彻落实党的十九大精神决胜全面建成小康社会在推进现代化五大发展美好涡阳建设中勇当皖北振兴排头兵的决定》，“3”是《关于贯彻落实〈中共中央政治局关于加强和维护党中央集中统一领导的若干规定〉的实施意见》《关于贯彻落实中央八项规定精神深入推进作风建设的实施细则》和《涡阳县五大发展行动计划(修订版)》。《决定》全面贯彻落实党的十九大精神，确立了建设现代化五大发展美好涡阳的目标思路和政策举措，是新时代推进涡阳改革开放和现代化建设的统领性文件。《意见》《实施细则》全面对标中央政治局的高标准严要求，标定了坚决维护党中央集中统一领导、自觉践行中央八项规定精神的行为准绳和制度保障。《计划（修订版））,坚持以新发展理念统领发展全局，赋予县十一届二次全会确立的五大发展行动新的时代内涵，是当前和今后一个时期涡阳县经济社会发展的总抓手。

重大活动

【2017 道祖圣诞拜祖大典暨老子与道教文化学术研讨会】2017 年 3 月 26 日至 27 日，2017 道祖圣诞拜祖大典暨老子与道教文化学术研讨会在涡阳成功举行。期间分别举行了 2017 道祖圣诞拜祖大典暨道教文化学术研讨会开幕式、2017 道祖圣诞拜祖大典、“老子与道教文化”学术研讨会、天静和韵•祈福音乐会。中国道教协会会长李光富、新加坡道教协会会长李至旺，香港道教联合会、澳门道教协会、新加坡道教协会等 116 位道教界人士，35 位中外道文化专家学者、相关省市县领导及社会各界共计 1000 余人参加了活动。

【第十届中国中部投资贸易博览会和 2017 中国国际徽商大会涡阳县招商专场活动】2017 年 5 月 16 日至 17 日，2017 中博会和徽商大会涡阳县招商专场暨产业发展高峰论坛活动在合肥成功举办。活动以“践行五大发展、把握转型机遇、实现涡阳崛起”为主题，邀请了 142 家省内外知名企业、行业协会共 293 名嘉宾参加活动。活动内容分为产业发展高峰论坛、经济社会发展及产业扶持政策介绍、重点招商项目推介和项目签约仪式等。签约仪式现场共签约项目 15 个，总投资逾 100 亿，涵盖新能源、新型材料、智能电气、现代物流、循环农业、精密加工、精细化工、云计算等多个高新技术领域，成果丰硕。

【“管党治党宽松软问题”专项治理】2017 年 8 月下旬，县委针对全县各级党组织存在的党的领导弱化、党的建设缺失、全面从严治党不力等突出问题，在县直机关、乡镇、学校开展了为期 2 个月的“管党治党宽松软问题”专项治理。专项治理共覆盖全县 92 个机关事业单位党组(党委)、25 个镇、街道、经开区党(工) 委、248 所学校党委(总支、支部)。截至 2017 年 10 月 28 日，各级党组织共查摆各类问题 856 个、制定整改措施 1147 条、修订完善制度 517 个，“管党治党宽松软问题”得到初步解决，全面从严治党取得阶段性成效。

【省委巡视涡阳“回头看”反馈意见整改工作】2017 年，县委把巡视整改工作作为加强基层党建的重要抓手，有机结合“两学一做”学习教育和“讲重作”专题(警示) 教育、县委巡察、“管党治党宽松软问题”专项治理和省委巡视利辛县反馈问题整改举一反三等工作，深入巩固扩大省委巡视“回头看”整改工作成果。先后召开 5 次县委巡视整改工作领导小组会议，23 次县委常委会议专题听取巡视整改工作汇报，高位推动省委巡视组反馈的 38 项整改任务、64 个具体问题各项整改措施全面落实。改进工作作风治理懒政怠政、基层组织软弱涣散、干部人事管理、土地市场管理、工程建设领域、违规享受城乡低保、农村危房改造、违规发放计划生育信息费、财经纪律执行和档案资料不规范等 10 个专项整治，完成阶段性整治任务。省委巡视组移交的 118 件问题线索全部办结。先后形成《2016 年中央巡视组巡视“回头看”反馈意见整改》《2016 省委巡视组巡视涡阳“回头看”反馈问题整改县级层面制度建设清单》和《中央巡视组和省委巡视组巡视“回头看”反馈意见整改县级层面 2017 年制度建设清单》，有针对性地建立了 132 项长效机制。

【“涡阳县监察委员会”揭牌】2017 年 12 月 21 日，“涡阳县监察委员会”揭牌仪式在县行政中心南门庄重举行，涡阳县监察委员会正式挂牌成立。县委书记胡明文、县委常委、纪委书记、监察委主任韩龙共同为县监察委员会揭牌，县人大常委会主任、县委常委、县纪委、监察委全体成员参加活动。

县委办公室工作

【概况】2017年,县委办认真学习贯彻习近平新时代中国特色社会主义思想和党的十九大精神,深入贯彻落实习近平总书记视察中办时提出的“五个坚持”要求,围绕中心、服务大局,聚焦县委工作部署,旗帜鲜明讲政治,一着不让抓落实,在参谋服务、综合协调、督促检查、效能建设、后勤保障、队伍建设等扎实工作,取得良好成效,为县委、县政府各项工作有序、高效、创新推进作出了积极贡献。

【常委办工作】2017年,县委常委办公室坚持以“出思想、出精品”为目标,力求准确把握领导意图、体现上级要求、符合涡阳实际,当好参谋和助手。认真做好中央环保督察反馈问题整改、国务院脱贫攻坚省际互查和市际互查、省委巡视“回头看”反馈问题整改、全省推进五大发展视频调度会、省级领导来涡调研、县委十一届四次全会、县人大政协两会、县委常委会、县政府常务会等重要会议报告、讲话、文件起草工作,对重要会议安排部署的工作任务,认真抓好责任落实,及时起草、印制分解文件,明确牵头领导、责任单位和完成时限。严格会议管理,对县委、县政府召开的会议,坚持能合并召开的坚决合并召开,进一步减少会议数量、缩短会议时间、增强会议实效。完善全县性大中型会议管理制度,细化管理流程,规范工作程序,推进办会工作水平提升。

【调研工作】2017年,县委办认真学习十九大精神、中央重要文件、重要会议精神和习近平总书记系列重要讲话精神;学习省委、市委、县委重要文件和县委重要会议精神。邀请中国社科院一行来涡对曹市镇农村土地确权及农村土地经营权抵押贷款试点、陈大镇农村土地流转、基层党风廉政建设、红色文化和道家文化旅游、移风易俗、新农村建设、新型城镇化项目建设、社会综合治理工作和乡镇政府相关情况等开展为期一周的调研,以涡阳县作为典型案例撰写论文11篇,已有多篇以专报形式分别报中共中央办公厅、国务院办公厅。

【信息工作】2017年,县委办围绕发展大局,坚持务实创新,树牢“勇争第一”目标,规范信息工作机制,提高信息编报水平,注重到发展一线搜集、注重在信息工作网络中获取、注重及时上报各方面情况,全年共采集各类基层信息20000余条,从中择优整理编辑上报省、市信息近1600条,其中被《安徽信息》采用30篇,被《亳州信息》采用110篇,位居省市前列;上报涡阳县党政负责同志《每周工作动态》52期;编发党政班子《每日工作动态》247期;编发《涡阳信息》47期;编发《每日信息》244期;编发《舆情专报》55期;编报涉涡重要即时舆情信息18条,充分发挥了宣传涡阳、推介涡阳信息主渠道作用。

【机要和保密工作】2017年,县委办牢固树立“保密就是保安全、保稳定、保发展”的指导思想,认真谋划部署,强化宣传教育,加强保密管理,开展保密检查,强化日常监管,加强县域网站信息公开的日常监管工作,严防涉密信息通过网络进行发布,确保“上网不涉密、涉密不上网”,主动为全县经济建设和社会发展提供保密安全服务保障,圆满完成年度工作任务,年内无失泄密事件发生。

【法律法规】2017年,成立县委办法律法规室,组织协调县委规范性文件的解释、清理。参与法治涡阳建设的相关协调工作,整理归档县委规范性文件备案材料、制作备案报告、制定说明,及时向市委报备文件16件。2月14日,出台《关于做好党内规范性文件备案工作的通知》,对各镇党委、街道党工委,县直各部门规范性文件备案工作作了专门部署。制定《县委文件和重大决策合法合规性审查办法》,建立健全工作机制,界定审查范围,规范审查流程,确保实现县委规范性文件合法合规性审查全覆盖。全年对党委文件合法合规性审查文稿20件,前置审核文稿20件。

【机关效能建设】2017年,县效能办持续深化“三个公开”,扎实推进涡阳县机关效能建设工作。不断完善机关效能制度建设。牵头起草并出台了《中共涡阳县委办公室涡阳县人民政府办公室关于持续推进机关效能建设工作的意见》《涡阳县机关效能责任追究办法》《涡阳县2017年机关效能建设工作要点》《涡阳县机关效能建设十项制度》和《涡阳县2017年镇(街道)、经开区、县直单位效能考核办法》。抓好机关效能作风督查。印发效能督查查处通报7期，通报批评53人次及相关单位，责令相关单位写出书面检查18次，效能告诫处理27人次。强化会风会纪督查。印发会议督查通报9期，对违反会议纪律相关单位通报批评83次，对违反会议纪律相关个人通报批评163人次，责令相关负责人写出书面检查61人次。认真受理效能投诉。共受理来信来电及转办反映的突出问题35件，其中群众来电投诉31件，市效能办转办4件，全部办结。

【巡改办工作】2017年，县委办牵头抓总，严格落实党委主体责任和纪委监督责任，扎实开展省委巡视“回头看”反馈意见整改，一着不让抓好后续整改，坚定不移把巡视整改工作及全面从严治党引向深入，形成《中央巡视组和省委巡视组巡视“回头看”反馈意见整改县级层面2017年制度建设清单》，有针对性地建立了132项长效机制。38项整改任务已完成35项，剩余3项任务取得阶段性成效。移交问题线索118件，经核查重复32件，案件涉及领导干部87人(其中一件涉及2人)，已全部办结。

【党建办工作】2017年，县委党建办不断完善工作考核机制，修订完善2017年度经济社会发展和党建工作考核体系，着力在工作导向上体现践行五大发展理念、体现党的建设总要求。进一步健全县委、县政府相关领导牵头抓总、分管领导具体负责、牵头单位推进实施的经济社会发展和党建工作责任体系，建立问题、任务、责任“三个清单”制度，健全工作落实督查通报和考核问责机制，推动全县经济社会发展和党建工作各项任务落地见效。

（县委办供稿）

监察委员会工作

【概况】2016年11月7日，中共中央办公厅印发《关于在北京市、山西省、浙江省开展国家监察体制改革试点方案》，标志着国家监察体制改革试点工作正式启动。2017年10月23日，中央办公厅印发《关于在全国各地推开国家监察体制改革试点方案的通知》；11月4日，全国人大常委会就推开改革试点工作作出决定；11月11日，中央在山西省太原市召开全国推开国家监察体制改革试点工作动员部署；11月20日、22日，省、市分别召开推开国家监察体制改革试点工作电视电话会议，部署开展这项工作。

11月24日，涡阳县委成立涡阳县深化监察体制改革试点工作小组，县委书记胡明文担任组长，试点工作小组办公室设在县纪委，县委常委、县纪委书记韩龙兼任办公室主任。办公室下设组织人事组、业务工作组、宣传与行政事务组3个专门工作组，人员由相关部门负责同志担任。同时，制定了《涡阳县深化国家监察体制改革试点工作实施方案》和相关配套方案。12月10日，县委常委会审议通过《涡阳县监察体制改革试点机构调整设置方案》。县检察院划转反贪、反渎、预防三部门共计22个政法编制。涡阳县监察委员会与涡阳县纪委合署办公，在机构、职数、编制“三个不增加”的前提下，县纪委、县监察委员会共同设立15个内设机构，分别是办公室、组织部、宣传部、党风政风监督室、信访室、案件监督管理室、第一至第七纪检监察室、案件审理室、纪检监察干部监督室。其中增设了第五纪检监察室、第六纪检监察室、第七纪检监察室3个内设机构。12月7日，转隶及调入人员共计21人全部到位。

【主要职能】2017年，县监委主要职能：维护宪法和法律法规权威；依法监察公职人员行使权力情况；调查职务违法和职务犯罪，开展廉政建设和反腐败工作；采取谈话、讯问、询问、查询、冻结、调取、查封、扣押、搜查、勘验检查、鉴定、留置等12

项调查措施，实现对涡阳县所有行使公权力的公职人员监察全覆盖。

【重要会议】2017 年 12 月 20 日下午，涡阳县第十七届人民代表大会第二次会议上，县委常委、县纪委书记韩龙满票当选为涡阳县首任监察委员会主任。12 月 21 日，根据韩龙同志提名，涡阳县第十七届人大常委会第十次会议任命了两名县监委副主任（张凯、崔华锋），四名县监委委员（李春华、陶宇、王伟、张铭）。

【重大事项】2017 年，12 月 21 日涡阳县第十七届人大常委会第十次会议结束后，当天上午 9:58 分在行政中心大门前举行涡阳县监察委员会挂牌仪式。县委书记胡明文，县委常委、县纪委书记、县监委主任韩龙共同为涡阳县监察委员会揭牌。

【爱国教育】2017 年 12 月 11 日至 13 日，县纪委监委开展“明职责、补短板、强素质、促融合”培训。期间，组织全体人员赴龙山烈士陵园，缅怀革命先烈，重温入党誓词，接受爱国主义教育。

（县监察委供稿）

纪　委

【概况】中共涡阳县纪律检查委员会和涡阳县监察委员会于 2017 年 12 月合署办公，履行维护党的章程和其他党内法规，检查党的路线、方针、政策和决议的执行情况，协助党的委员会推进全面从严治党、加强党风建设和组织协调反腐败工作以及维护宪法和法律法规权威；依法监察公职人员行使公权力情况，调查职务违法和职务犯罪；开展廉政建设和反腐败工作两种职能。

2017 年，县纪委深入学习贯彻党的十九大精神和习近平总书记系列重要讲话精神，坚持以习近平新时代中国特色社会主义思想为指导，树牢“四个意识”，自觉尊崇党章，忠实履行职责，推动全面从严治党不断向纵深发展，为建设现代化五大发展美好涡阳勇当皖北振兴排头兵提供了坚强保障。

【“两个责任”】2017 年，县纪委充实修订 13 个个性化的党风廉政建设责任书，县、镇、村三级签订，层层传导压力。全面落实“两个责任”清单化管理项目化推进措施，进一步规范党委（党组）及其第一责任人和领导班子其他成员责任清单共计 34 个方面 88 项内容。各单位和责任人对照月任务责任清单逐条逐项进行履责，并全程纪实。针对“两个责任”落实过程中存在的重点、难点问题，分批分组有针对性地对 25 个镇（街道、经开区）和 100 多个县直单位开展培训，实现全覆盖。对“两个责任”每月一抽查，每季度一考核一通报一报告，抽查和考核结果及扣分事项及时反馈各单位主要负责人。2017 年共实施党内问责 23 起，处理 57 人；对季度主体责任检查情况下发通报 4 期，对 26 家次工作开展落后的单位进行了通报，对 21 家单位主要负责人进行了约谈；严格落实“一案双查”，对落实党风廉政建设责任制不力的 13 个单位、28 名个人进行了责任追究，以问责促尽责。

【党风政风】2017 年，县纪委认真贯彻落实习近平关于进一步纠正“四风”、加强作风建设重要批示要求，协助县委制定《涡阳县关于贯彻落实中央八项规定精神深入推进作风建设的实施细则》，督促全县各级党组织严格执行领导班子及其成员作风建设有关规定。把落实中央八项规定精神情况纳入述责述廉和巡察监督的重要内容，抓住“关键少数”，做到以上率下。盯紧重要时段，密切关注动向，对各类大型商场、酒店、娱乐场所等开展检查 30 余次。2017 年共查处违反中央八项规定精神问题 16 起，处理 27 人，全部给予党政纪处分。开展违规使用公车、违规接待、违规使用办公用房和年终突击花钱“3+1”专项整治，处理违反公务接待单位 13 家。扎实做好政风行风热线工作，上线单位 53 家 114 轮次，接听电话 571 个，均及时办结。新推政风行风热线—县长有约特别直播节目。

【监督执纪“四种形态”】2017 年，县纪委加大教育特别是警示教育力度，利用“清风涡阳”微信平台，在全县开展党章党规党纪在线测试活动 3 次，近两万名次党员参加了知识测试。利用身边的人和事，县镇村每月开展一次警示教育活动。开展“挺纪在前”反腐倡廉警示教育流动展，在县委党校集中展出，到25个镇(街道、经开区)开展流动展教育。在全县党员干部中开展“讲重作”专题警示教育，组织1600余人次到市党风廉政教育中心接受现场警示教育。出台《县管党员干部问题线索谈话函询工作暂行办法》，规范谈话函询内容、程序和方式。2017年全县纪检监察机关运用监督执纪“四种形态”处理926人次，其中按第一、第二种形态处理816人次，占处理总数的88.2%。认真落实谈话函询通报制度和民主生活会上作出说明的规定。严把选人用人政治关、廉洁关。强化责任担当，严把履行选人用人把关职责。2017年对668人次进行了廉政审核把关，并提出了廉政把关意见。

【执纪审查】2017年，全县纪检监察系统共受理信访举报842件次，立案510件，其中乡科级干部47人，给予党政纪处分472人，移送司法机关处理14人。强化扶贫领域监督执纪问责。省市纪委分别督办涉及涡阳县的各10起扶贫领域信访件全部办结，处理57人。市交办涡阳县扶贫领域“懒政怠政，不作为慢作为”38件问题线索全部办结，处理153人。对2014年度至2016年度扶贫专项资金审计发现问题整改情况、扶贫资金管理使用情况、建档立卡危房改造贫困户、健康脱贫政策落实等开展集中巡察督察检查，查处扶贫领域问题线索354个，处理102人，其中给予党政纪处分60人。坚决惩治群众身边的腐败。查处群众身边的不正之风和腐败问题666个，处理841人，给予党政纪处分367人。率先启动“村霸”和宗族恶势力专项整治，处置“村霸”和宗族恶势力问题线索9件。对中央及省环保督察移交问题线索从严从快查处，问责46人。对社会和群众反映强烈的在编不在岗、“吃空饷”及违规经商办企业问题开展专项整治，处理在编不在岗、“吃空饷”29人，“一案双查”5人，对党员干部干部违规经商办企业立案11人，给予党纪处分9人，移送相关单位131人，全部处理到位。

【体制机制改革】2017年，成立县委巡察“一办四组”(1个巡察办、4个巡查组)，机构编制全部到位。制定《中共涡阳十一届县委巡察全覆盖工作方案》、《涡阳县2017年度巡察工作实施方案》，建立巡察人员库，完善巡察纪律、作风建设、干部管理、业务流程、成果运用等系列制度。巡察机构设立以来，共对11家单位开展巡察，发现一批问题线索，及时反馈，并开展交办督办。推进监察体制改革试点工作。按照中央、省委、市委和县委确定的时间表、路线图，迅速成立改革试点工作小组，县委坚定扛起主体责任，县委书记当好“施工队长”。县纪委切实负起专责，协助县委牵头抓总，加强与相关部门的协调配合，全面完成人员转隶、机构设置、业务培训，并率先在亳州市“三县一区”(涡阳县、蒙城县、利辛县和谯城区)挂牌。改革以后，县纪委监委机关内设监督执纪部门编制数占内设机构编制总数的80%。扎实推进派驻全覆盖。出台《关于加强县纪委监委派驻机构建设的意见》《关于全面落实县纪委监委向县一级党和国家机关派驻纪检监察机构的方案》，严格按照上级部署，采取单独和综合派驻两种形式，设置7个综合派驻纪检监察组(县纪委监委驻县委办公室纪检监察组、县纪委监委驻县政府办公室纪检监察组、县纪委监委驻县教育局纪检监察组、县纪委监委驻县住建委纪检监察组、县纪委监委驻县交通局纪检监察组、县纪委监委驻县财政局纪检监察组、县纪委监委驻县卫计委纪检监察组，每组编制4个)和3个单独派驻纪检监察组(县纪委监委驻县公安局纪检监察组、县纪委监委驻县法院纪检监察组、县纪委监委驻县检察院纪检监察组)，实现对县一级党和国家机关派驻监督全覆盖。

【纪检监察干部队伍建设】2017年，县纪委选派3名优秀干部到贫困村挂职。严格执行《关于加强纪检监察干部“八小时以外”活动监督管理实施意见(试行)》，建立《纪检监察干部廉政档案》。主动对标省纪委《关于对利辛县等22个县(市、区)纪委巡视通报》《关于对阜阳市、蚌埠市和20个县(市、区)纪委巡视通报》，抓好自身整改。设立纪检监察协作区，加强对乡镇纪委的领导和支持。认真贯彻《中国共产党纪律检查机关监督执纪工作规则(试行)》及我省实施办法，把规则要求转化为担当行动。

【重要会议】2017年2月10日，中国共产党涡阳县第十一届纪律检查委员会第二次全体会议在县行政中心举行。出席会议的县纪委委员14人，列席149人。县委书记胡明文出席全会并讲话。县委常委，县人大常委会、县政府、县政协领导班子成员出席了会议。县委常委、县纪委书记韩龙主持会议。会议学习了十八届中央纪委七次全会、省纪委十届二次全会和市纪委四届二次全会精神，审议通过了韩龙同志代表县纪委常委会所作的《坚持标本兼治，强化专责监督，不断推进全面从严治党向纵深发展》的工作报告，认真评议了部分县直单位党组和乡镇党委主要负责人述责述廉。

4月5日，涡阳县召开县政府第一次廉政工作会议。县领导熊国洪、陈长安、韩龙、黄恺、郑虹、杜世峰、乔健、牛光、苏志杰出席会议。县委常委、常务副县长陈长安主持会议。

4月28日，县委常委、县纪委书记韩龙主持召开县委第三次反腐败协调小组会议。县公安局、县检察院、县法院、县委组织部等反腐败协调小组成员单位有关负责人参加会议。

7月3日，涡阳县纪委组织收听收看中央纪委扶贫领域监督执纪问责电视电话会议，县纪委监察局机关领导班子成员，机关各室部中心负责人，各派出纪检监察组负责人，公、检、法派驻纪检组负责人在分会场参加了会议。

【重要活动】2017年4月26日，“挺纪在前”涡阳县2017年反腐倡廉流动警示教育活动在县委党校启动。此次流动警示教育以违反“六大纪律”、中央八项规定精神、法律法规和中国共产党问责条例案件为重点，通过2016年以来亳州市特别是涡阳县纪检监察机关查处的违纪违法典型案例，以展板观摩、现场解说、观看警示教育片、发放配套警示教育读本形式进行。党校设为固定场所，县直单位及各街道党员干部参加；各镇以流动教育形式进行。

4月19日，涡阳县“政风行风热线”“关注民生、扶贫攻坚”专题直播节目走进曹市镇淝河居委会。县扶贫办、县民政局、县残联等7家单位做客直播现场，就扶贫领域群众关心的问题接受主持人和听众提问，为群众解难答疑。

开展“挺纪在前——廉政警示教育流动展”

6月，县委常委、县纪委书记韩龙带领县纪委监察局领导班子成员带头在全县纪检监察系统开展纪检干部“廉洁家访”活动。

6月，涡阳县纪委利用“清风涡阳”微信公众号在全县党员干部中每季度开展党章党规党纪在线知识测试活动。

6月23日，市委常委、市纪委书记杨长俊先后来到公吉寺镇西刘村、城西街道赵瓦房村看望慰问市纪委干部所在驻村扶贫工作队并对扶贫工作进行调研。县委常委、县纪委书记韩龙陪同。

8月，涡阳县纪委结合“讲重作”专题警示教育，组织全县各级党员干部1600余人到市党风廉政教育中心接受警示教育。

8月17日至19日，省委常委、省纪委书记刘惠到亳州市调研党风廉政建设和反腐败工作等，期间来到涡阳经开区、涡阳县地税局、涡阳县西阳镇范蠡村调研基层廉政文化建设，特别是基层党风廉政建设和反腐败工作等情况。

9月29日，全省纪检监察系统表彰大会召开，传达学习全国纪检监察系统表彰大会主要精神，对40个全省纪检监察系统先进集体和40名全省纪检监察系统先进工作者进行了表彰。涡阳县纪委党风政风监督室获“全省纪检监察系统先进集体”称号。（县纪委办供稿）

组织工作

【概况】2017年，县委组织部以推进“两学一做”

学习教育常态化制度化为主线，以开展“讲政治、重规矩、作表率”专题教育和“迎接党的十九大、做合格组工干部”主题实践活动为重点，以建设高素质的领导班子、干部队伍和推进基层党组织标准化建设为抓手，以提升组织工作群众满意度为目标，求真务实，开拓创新，全面提升组织工作水平，为“深入践行五大发展理念，勇当皖北振兴排头兵”提供坚强组织保证。

【党的十九大精神宣传贯彻工作】2017年，县委组织部把学习贯彻党的十九大精神作为首要政治任务，迅速组织部机关全体成员进行学习，重点学习了坚定不移全面从严治党，不断提高党的执政能力和领导水平内容，并对学习贯彻十九大报告提出明确要求。依托每周一部机关周工作例会以及每两周一次的“组工讲堂”，将集中学习、个人自学与“三会一课”结合起来，把学习党的十九大精神与当前重点工作联系起来，进一步理清各项工作思路，提前谋划“不忘初心、牢记使命”主题教育相关准备工作。坚持“高”质量，深入开展学习讨论。县委多次召开会议，学习贯彻省委、市委关于“讲重作”专题教育的精神和要求。县委常委会以上率下，带头示范。全县各级党组织积极向县委看齐，扎实开展“三个专题研讨”。突出“准”对标，全面落实学习习总书记视察安徽重要讲话精神整改行动。全县各级党组织认真开展“三个一”活动，1704个基层党支部分别召开专题组织生活会，对标总书记视察安徽重要讲话精神梳理排查出各类问题563个，并针对查摆存在的问题制定具体

县委常委、组织部长丰霄寒（右二）宣讲十九大精神

整改方案，逐一进行对标整改。立足“实”效果，认真开展正反典型宣传教育。广泛开展正反典型宣传教育和红色教育，在全县范围内开展了“挺纪在前——涡阳县2017年反腐倡廉警示教育流动展”活动，4000余名党员干部接受了警示教育，编印配套警示教育读本3000册发放到各单位。按照“严”标准，着力开好专题民主生活会。全县各党委（党组）按照“集中谈、认真找、当面提、深对照、真批评”的要求，坚持以整风精神开好专题民主生活会，县委常委会民主生活会带头动真碰硬，互相提出批评意见，达到了醒脑治病效果。各支部按要求认真召开了专题组织生活会。强化“制”约束，全面提升学习教育长效。县委严格执行《县委坚持民主集中制实行集体领导和个人分工负责相结合制度实施办法》，制定了《涡阳县关于建立村霸和宗族恶势力整治联动机制的实施意见（暂行）》等制度性文件，发挥制度治本功能，坚决做到用制度管人管事管权。

【干部队伍管理】2017年，涡阳县完成乡镇人大、政府换届选举工作，县委成立20个乡镇人大、政府换届考察指导组，分别由20名县“四大班子”党员负责同志担任组长，从镇人大代表选举、“三类人员”择优比选、换届全额定向推荐与考察，到新一届人大一次会议召开，全程参与、指导，一套班子、一问到底，任务到人、责任明确，为县乡人大换届选举工作的健康、顺利进行提供了坚强有力的组织保障。20个镇圆满完成新一届乡镇人大、政府领导班子换届选举，新一届乡镇人大、政府领导班子结构进一步优化。坚持标准，严把干部选用程序关，坚持选派一批年轻干部到招商引资一线、文明创建一线、信访维稳一线、大建设一线、基层和脱贫攻坚一线等“五线”挂职锻炼，按照“五线分类管理、做事档案全程记实、有进有退动态调整”的原则，建立“五线”干部信息库。编制涡阳县干部选拔任用标准化操作手册，下发各单位参照执行。坚持做到“三个提前”，即班子配备提前谋划，干部档案提前审查，廉洁自律提前把关。对“三类人员”档案进行审核，排除不符合条件人员，对于档案初审通过人员，派专人到省进行学历验证，并征求计生、纪检、综治部门意见。2017年，县委共

研究干部21批303人，提拔重用108人。严格管理，完善干部日常监管，开展因私出国(境)管理情况摸底排查工作，严格社团兼职管理审批。加大对干部个人有关事项报告表的抽查核实力度。严格执行预防干部“带病提拔”制度，切实落实好《涡阳县科级干部负面清单征集办法(试行)》，加强与执纪执法部门的联络沟通。基本建立负面清单管理台帐。完成了93个单位、112名领导干部的“做事档案”相关材料的汇总和归档工作，发挥“做事档案”工作对改进干部作风的推动作用。突出重点，提升干部教育培训工作水平，全年举办主体班16期，调学新任科级干部、股级干部等共计2248人。举办涡阳县干部能力素质提升大讲堂，促进党员干部专业化能力提升。利用清华大学远程教育等平台积极谋划招投标合同管理、扶贫攻坚等专题培训，累计培训5480人次。强化干部教育在线学习督学促学，全县2382名参学学员2017年度在线学习省计划通过率达100%，人均学分54.39分;申报比例为40.73%。

【基层组织建设】2017年，涡阳县全面推进基层党组织标准化建设，以“党组织对群众有求必应、群众对党组织一呼百应”为主要目标，全力创建“一呼百应、有求必应”基层党组织。狠抓78个贫困村党组织标准化建设，发挥党建促脱贫作用。全县已达标1298个，达标率56.6%。开展“双超双配双治理”，通过治理文化及能力水平低下的村干部，治理参与宗族势力和黑恶势力，村干部超龄干部劝退、违法违纪人员处理、末位淘汰等措施，裁减768名不适宜担任村干部的人员。针对村干部缺编情况，提出村干部“双配”目标，从致富能手、外出务工经商人员、退伍军人、高校毕业生等群体中选拔优秀人才充实村“两委”班子。即每村配备一名优秀退伍军人(士官优先、党员优先)、一名全日制大学专科以上毕业生。配备183名退伍军人(士官47名)，全日制大学专科及以上毕业生46名，村党组织书记全部配齐。规范党员发展程序，严把发展党员“入口关”，落实全程记实制度，按照上级党组织规定的指导数发展党员，控制党员数量，提高党员质量，优化党员队伍结构，确保发展党员程序规范，公开透明，质量过硬。全年全县共发展党员450人。严格党费收缴制度，建立健全基层党组织党费收缴工作定期公示制度，规定党总支(支部)每季度首月10日前通过党员大会、党务公开栏等形式向党员公示上一季度党费收缴情况，并报上级党组织备案。开展走访慰问活动，在“七一”前后走访慰问困难党员、群众1400余人。十九大召开前夕，把中组部下拨党费及时发放到建国前老党员、农村生活困难党员和城市下岗失业人员党员手中，并对一部分经费困难党支部补助了活动经费。

【抓党建促脱贫工作】2017年，涡阳县完善“双包”制度，健全帮扶网格，出台《涡阳县脱贫攻坚“单位包村、个人包户”定点帮扶工作机制》，全县共有帮扶责任人14411人，共包保贫困户42650户、116094人。形成了“领导联系、单位包村、个人包户、工作队驻村”的脱贫攻坚工作网络。做好市级入户核查问题整改落实，针对市级互查向涡阳县反馈的1785条问题，成立由组织部、督查中心工作人员参与的23个复核小组，进村入户开展市级互查问题复核工作。开展“微心愿”征集活动，通过上门走访，与贫困户交流、聊天，对收集的贫困户在生产、生活和学习中的微心愿，进行梳理和汇总，按照轻重缓急进行分类，建立微心愿台帐。全县已有13228名帮扶责任人征集贫困户“微心愿”38029条，兑现“微心愿”30423个。开展“村干部、驻村扶贫工作队员”在职不在岗问题整治工作，明确驻村扶贫工作队、扶贫专干、帮扶责任人的职责，严格执行《安徽省选派帮扶干部管理办法》文件精神，通过手机平台签到、电话查岗、明察暗访等方式，加强对选派干部在村工作情况、请销假情况的督查力度，及时通报督查结果，并将结果纳入年度考核的重要依据。

【人才工作】2017年，涡阳县出台《关于进一步加强人才工作促进人才集聚的实施意见》，在人才引进、待遇标准、政策扶持、载体建设、人才资源开发、人才体制机制等方面制定更加优惠、务实的政策，为各类人才创新创业营造优越的环境。出台涡阳县“双创”英才计划实施方案。实施“双创”英才计划。为推进涡阳县“大众创业、万众创新”，全面改善创业创新环境，优化产业结构，增强产业竞争优势提供支持。加强人才公寓服务与管理，制定了《涡阳县人才公寓建设方案》等配套政策，加速人才集聚，让引进人才留得住、本地人才干得好，立足于为涡阳县人才提供过渡性住房这一宗旨，筹集了304套人才公寓房源。截至年底，已公开分配285户符合条件的人才入住。

（县委组织部供稿）

宣传工作

【概况】县委宣传部机关内设8个科室：办公室、干部室、理论室、外宣室、网宣室、新闻室、讲师组、“扫黄打非”领导小组办公室。正科级5个，副科级2个。人员编制数16个。

2017年，县委宣传部以学习好、贯彻好、落实好党的十九大精神宣传为指导思想，学习习近平系列讲话精神，树立“四个意识”、增强“四个自信”。在县委的坚强领导下，全县宣传思想工作在把握规律中开拓创新，在转变作风中狠抓落实，理论武装、新闻宣传、舆论引导、价值引领、老子文化、文明创建、文化惠民、书香涡阳、移风易俗、扫黄打非、环保风暴等各项工作呈现健康有序、蓬勃发展的良好态势。全县宣传工作导向正确，基调鲜明，跟进有力，服务高效，为加快涡阳发展提供了强大的精神动力和舆论支持。以加强党的作风和廉政建设，全面贯彻落实中央、省委、市委关于意识形态工作决策部署，切实履行意识形态工作主体责任。牢牢把握意识形态工作的领导权主动权。全面讲好涡阳故事、传播涡阳好声音、树立涡阳好形象。着力为涡阳县经济社会发展凝心聚力、加油鼓劲，为建设五大发展美好涡阳勇当皖北振兴排头兵做出积极贡献。

【理论宣传】2017年，县委宣传部出台意识形态工作责任清单、问题清单，出台文件，抓好落实。加强理论学习，广泛宣传报道，掀起学习热潮，为党的十九大胜利召开积极营造良好氛围。制订《中共涡阳县委中心组2017年学习计划》，做好县委中心组理论学习服务工作。加大宣讲力度，开展“送理论进基层”宣讲活动，全面完成扶贫宣讲和十九大精神进基层宣讲工作任务。加强理论研究，举办老子与道教文化学术研讨会；积极做好《亳州社会科学》投稿工作。2017年，涡阳县理论武装得到新加强，把学习宣传贯彻十九大精神和习近平总书记系列重要讲话精神作为理论武装工作的重中之重，深入推进“两学一做”学习教育常态化、制度化，制订《中共涡阳县委理论学习中心组2017年度理论学习计划》和《2017年县委常委深入学习习近平总书记系列重要讲话精神行事历》相关文件制度，全年县委中心组集中学习14次；创新学习方式，举办县委常委读书会集中学习11次；在政务微信“涡阳之窗”开辟《学习之路》栏目90期，重点推出十九大精神、习近平新时代中国特色社会主义思想、习近平系列重要讲话等理论文章；《涡阳》编辑部编发多期理论文章，专门刊发了习总书记7·26讲话精神及“八论”、十九大系列评论等文章，促进了理论成果的宣传普及。加强党委（党组）中心组学习督导，扎实推进学习型党组织建设。深入开展理论进基层活动。全年开展理论宣讲300多场次，其中，十九大精神宣讲100多场次，习近平总书记系列重要讲话精神和扶贫宣讲200多场次。

【新闻宣传】2017年，县委宣传部严格落实意识形态工作责任制，开展党委“党组”意识形态工作责任制落实情况督查，加强新闻舆论引导，开展“深入践行五大发展理念，勇当皖北振兴排头兵”，以优异成绩迎接党的十九大大型主题集中采访活动。党的十九大召开后，加强领导，成立组织，运用报纸、广播电视、网络等各种媒体全面深入开展宣传十九大精神，开展十九大精神“六进”活动；及时开展十九大精神全县巡回宣讲，组织文艺小分队进农村、进社区开展十九大宣传文艺演出活动。

【思想政治工作】2017年，县委宣传部加强思想政治课题研究，深入做好思想政治工作，精心开展“两学一做”和“讲重作”思想政治教育活动。组织开展全县党员教育“创建基层示范党校、党员干部讲党课、优秀共产党员典型宣传”三项活动。县委常委、宣传部长郑虹对宣传系统离退休老干部、老年书画家协会、广播电视台、民间自媒体等进行调研。召开全县宣传干部座谈会、研老专家座谈会，分别就“坚定文化自信、推动新时代涡阳社会主义文化建设”“传承老子道家文化与践行社会主义核心价值观”等议题进行研讨，听取意见建议，加强政治引领，并深入天静宫、道源国家湿地公园等地进行调研，形成调研报告。

【学习方式创新】2017 年，县委宣传部创新县委常委读书会，全年共开展县委常委读书会集中学习 11 次。2017 年年初，全县领导干部春季培训班在河南省林州市举办，参训学员实地感受红旗渠精神；宣传部机关党员干部赴林州研学，赴曹市辉山缅怀革命先烈，接受爱国主义和革命传统教育。拓展学习阵地，在政务微信《涡阳之窗》开辟《学习之路》栏目，《涡阳》报编发多期理论文章，特别是专门刊发了习总书记 7·26 讲话精神及“八论”、十九大系列评论等文章，促进了理论成果的宣传普及。

【县委中心组学习】2017 年，县委宣传部制订《县委理论学习中心组年度理论学习计划》和《县委常委深入学习习近平总书记系列重要讲话精神行事历》，全年县委中心组集中学习 14 次。完善党委(党组)中心组理论学习制度，推动中心组学习制度化、规范化，学习型党组织建设取得积极成效。

【理论进基层活动】2017 年，县委宣传部组建涡阳县理论政策宣讲团，并对其成员进行培训。全年开展理论宣讲 300 多场次，其中，十九大精神宣讲 100 多场次，习近平总书记系列重要讲话精神和扶贫宣讲 200 多场次。

【主题宣传】2017 年，县委宣传部充分发挥县内全媒体优势，围绕党的十九大等重大主题，精心策划并实施了“砥砺奋进的五年”“喜迎党的十九大，讴歌涡阳崛起新成就”“十九大精神在涡阳”主题宣传；围绕全县发展大局，扎实做好脱贫攻坚、招商引资、项目建设、环境保护、安全生产、文明创建、民生工程等中心工作宣传以及“两学一做”学习教育、徽商大会涡阳专场、老子朝圣大典及国际道教学术研讨会、全市移风易俗推进现场会等重大活动的宣传。

【对外宣传】2017 年，涡阳县在中央、省市级以上各类新闻媒体刊播正面宣传新闻稿件 1000 多篇(条)，其中省级以上媒体 200 多篇(条)。涡阳 4 次上央视新闻，与央视新媒体《1 号线上》建立合作关系，连续推出《大美中国·瞰秋—安徽涡阳》《大美中国·品冬—安徽涡阳》微视频，并在央视一套播出。制作了《崛起—中国涡阳》专题片。

【网上宣传】2017 年，涡阳县弘扬主旋律，传递正能量，制定出台了《涡阳县新闻外宣奖励办法(施行)》的通知，充分发挥两只“百人队伍”作用，做大做强网上正面宣传，扩大主流舆论影响力。在全市率先成立互联网协会，率先开展十九大精神进网络宣讲，《涡阳之窗》微信蝉联全市一等奖，《涡阳发布》微博后来者居上获全市二等奖，网评工作获一等奖。

【舆情管控】2017 年，涡阳县制定出台《关于加强网上舆情处置工作的通知》《关于进一步做好新闻发布工作的意见》等文件，明确责任主体，规范工作流程，提升了舆情监测、分析研判和处置应对能力。舆情处置实行“两条腿”走路，即：发现舆情一方面网宣办与涉事单位进行对接处置，另一方面县委分管同志协调涉事单位分管县领导共同商讨应对处置措施，确保处置得当，稳妥无后患。“曹市老人是否该吃低保”“芍香路打人”“儿媳打婆婆”等舆情处置得到市委宣传部肯定。全年举办新闻发布会 12 次。对全县新闻通讯员、舆情信息员、网评员、理论宣讲员、新闻发言人、文艺工作者进行为期 3 天的集中培训，组织人员赴北京业务培训，全面提升从业人员素质。

【核心价值观培育与践行】2017 年，涡阳县坚持以价值引领风尚，着眼于社会文明程度和人的文明素质提高，深化群众性精神文明创建活动，除陋习、树新风，把社会主义核心价值观转化为人们的实践养成和价值追求，厚植道德根基，构筑精神家园。以绘制文化墙、制作喷绘等形式广泛设置核心价值观公益广告，进行潜移默化浸透；结合国庆、建党、建军、清明等节日，开展爱国主义教育、革命传统教育和理想信念教育；深入推进“诚信涡阳”建设，通过媒体对贷款失信“老赖”进行曝光；通过开展系列主题实践行活动，把社会主义核心价值观落细落小落实，转化为人们的情感认同和行为习惯。

【精神文明创建】2017年，涡阳县以“创文明县城，做文明公民”为主题，广泛开展文明交通、文明餐桌、文明旅游创建和文明村镇、文明单位、文明社区、文明家庭等创建评比活动，全县涌现省级文明单位10家，市级文明单位17家；倡导学雷锋志愿服务活动，招募建立志愿者服务队伍。全县注册志愿服务队伍24380人，志愿服务活动常态化、制度化。以中国特色社会主义理论、中国梦、道家文化、红色文化等为重点，做好价值引领和优秀传统文化的弘扬传承，用中华传统美德深植厚培社会公德、职业道德、家族美德、个人品德。深入开展书香涡阳建设和国学经典“六进”活动，全年开展道德讲堂活动300多场次；建立好人推报制度，解决好人住房保障，实施好人信贷，推荐好人参政议政，全县有中国好人33名；推进农村清洁工程、垃圾分类处理、“春风行动”暨“五净一规范”工作，设立“文明创建曝光台”，全面清理县城区内违法户外广告、报刊书报亭等。在2016—2017年度全市农村清洁工程评比中，涡阳县位居第二；全市“五净一规范”县区互查中，涡阳县获得4次第1名，一次第2名。

移风易俗文艺演出

【移风易俗】2017年，涡阳县制定出台《涡阳县关于推动移风易俗，树立文明乡风的实施意见》，印发《关于文明节俭操办红白事的通知》等多个配套文件，县镇村组均成立了相应组织。打造了城关街道滨河社区、城东街道黄庄、西阳镇范蠡村等一批移风易俗示范点，赢得了全市推进移风易俗现场会在涡阳召开，接待全国各地莅涡考察学习20多次。

【文化惠民工程】2017年，涡阳县坚持以文化提升实力，牢固树立“抓文化就是抓发展、惠民生”理念，大力发展文化事业和文化产业。深入挖掘区域文化内涵，打造区域文化品牌，让城市承载文化，让文化熏陶城市，文化软实力不断提升。深入贯彻落实中央《关于加快构建现代公共文化服务体系的意见》，坚持公共文化服务设施免费开放，建好管好用好公共文体设施，不断提升公共文化服务水平；成功举办2017圣诞拜祖大典和道教学术研讨会；持续开展“红红火火过大年”系列活动和文化惠民消费季活动，不断丰富群众精神文化生活；大力推进文化阵地建设，“五馆三中心”（涡阳县规划展览馆、城建档案馆、图书馆、博物馆、科技馆和要素发展中心、全民健身中心、文化艺术中心）即将竣工；整合农村资源，推动中心村农民文化乐园、乡镇综合文化服务中心试点建设；加快广电传媒中心和广播电视台发射塔建设，推进广播电视村村通向户户通升级；推行县域公共图书服务一体化。

【文化旅游产业】2017年，涡阳县制定《涡阳县“十三五”时期文化改革发展纲要》，深入开展文化市场专项整治和“扫黄打非”行动，以规范化管理促进文化市场繁荣，全县现有各类剧团、综艺团体112家，全市9家省级百佳民营剧团，涡阳占4家，城关学区中心校被评为“全省扫黄打非进基层示范点”，道源国家湿地公园通过国家验收，制定《关于促进文化和旅游融合发展的实施意见》，实施全域旅游战略，积极谋划文化旅游产业项目，启动老城历史街区保护开发示范工程建设。

【繁荣文艺创作】2017年，涡阳县深入贯彻十九大和习近平总书记文艺工作座谈会重要讲话精神，坚持以人民为中心的创作导向，广泛动员、密切联系文艺工作者深入开展主题实践活动，推出一批反映火热生活，体现时代发展的精品力作。涡阳青年泗州戏剧团被授予“安徽省十大名团”称号，该团创编的大型泗州戏《伯俞泣杖》获“安徽省十大名剧”称号。多次举办主题鲜明、格调高雅的书画、摄影精品展，结合十九大精神、脱贫攻坚、移风易俗等内容创作了多个群众喜闻乐见、寓教于乐的文艺节目，拍摄制作了多个传播正能量、反映“大美涡阳”的微视频、微电影。

（县委宣传部供稿）

统战工作

【宗教事务管理】2017年，县委统战部培训296人次民族宗教工作4支队伍，其中组织举办2期为期一月的基督教传道员培训班，提高了教职人员队伍整体素质。组织召开全县基督教活动场所负责人培训会议，学习培训全国宗教工作会议精神、宣传讲解新修订《宗教事务条例》、十八届“六中”全会精神和十九大精神。组织召开全县民族宗教工作联络员会议，传达学习《关于依法治理民族事务促进民族团结的意见》和全国宗教工作会议精神。积极协助开展2017道祖圣诞拜祖大典暨老子与道教文化学术研讨会。3月26日，大典在涡阳天静宫内集会广场隆重开幕，省市分管领导和中国道教协会会长李光富以及海内外道教文化领域的专家学者、社会各界人士共1500余人参加活动。依法取缔“中国真理教会”和藏传佛教等非法宗教聚会5起，遣散信教群众100余人，对组织人员进行训诫警告。为提高教职人员队伍整体素质，组织举办为期一月的基督教传道员培训班。宗教局在县委党校举办中青年干部民族宗教政策培训班，传达贯彻全国全省宗教工作会议精神和《关于依法治理民族事务促进民族团结的意见》。做好天主教“圣母月”的管控工作，确保平稳顺利。协助安徽省伊协在义门清真寺举行以宣传社会主义核心价值观为主题的“2017年卧尔兹巡回演讲暨解经系列丛书赠书活动”。省伊协会长穆可发、市民委（宗教局）主任（局长）金少坤亲临活动现场指导，回族群众100多人参加，达到较好的宣传教育效果。在全县宗教界开展“宗教政策法规宣传月”活动和“全省创建宗教界培育和践行社会主义核心价值观示范点”活动，按照“四进四有”要求积极推进社会主义核心价值观进宗教场所工作，全县68处场所都悬挂了社会主义核心价值观宣传牌。做好民族宗教领域风险防控工作，确保和谐稳定。落实2017年少数民族发展资金207万元，建设28座300平米的香菇种植棚。该项目可使4个民族村每年增加收入40万元，平均每村10万元。组织全县宗教团体、宗教活动场所开展宗教“慈善周”活动，全年共募集善款4万余元，全部用于扶贫、济困、助残、助学。认真做好“开斋节”走访慰问工作，促进民族团结。做好“民族团结宣传月”活动，期间共悬挂民族团结宣传横幅20条，发放民族团结宣传册300多份，利用涡阳县广播电视台、大型电子屏幕等媒体进行宣传，促进了民族团结。推进县基督教三自爱国会换届，确保换届工作圆满完成。依法管理宗教事务，依法取缔“中国真理教会”、藏传佛教等非法宗教活动5起，有效遏制了非法宗教在涡阳县的活动，维护社会稳定。

【经济领域统战】2017年，县委统战部完成工商联换届工作。县委常委会两次专题听取了县工商联换届工作的汇报，研究召开县工商联第十次代表大会。经过多方努力，县工商联第十次代表大会的换届工作圆满完成，选举产生新一届县工商联主席（会长）1人、副主席4人、副会长7人、常委15人、执委47人。6月份，召开县工商联第十次一次主席会和常委（扩大）会。充分发挥“亳州政企直通车涡阳县规下企业”微信平台作用。县工商联通过调研走访、座谈会及微信群等各种途径大力宣传“亳州市政企直通车”微信公众号，并积极引导企业利用该平台参与和政府的互动沟通，及时反映企业发展中遇到的困难。针对企业反应的问题，县工商联主动协调有关单位给予及时答复。涡阳县已有200多家企业关注“亳州市政企直通车”公众号，反映的30多条问题均得到及时

涡阳县工商业联合会第十次代表大会召开

回复。县工商联协同县金融办组织八家银行与近50家企业进行“银企对接”，帮助企业现场解决融资问题，受到企业的欢迎和认可。积极加强与基层商会的联系。县工商联走访调研商（协）会和企业，了解商（协）会自身建设中的问题以及企业在发展中遇到的困难，及时指导商协会规范化建设，主动协调县直有关单位帮助解决企业困难。召开商（协）会座谈会，听取9家商（协）会的工作汇报，对商（协）会规范化建设及加强基层党支部建设等工作提出明确要求和具体指导。组织开展“百企帮百村”脱贫攻坚行动。县工商联牵头开展“百企帮百村”脱贫攻坚活动，成立高规格的县“百企帮百村”脱贫攻坚行动领导小组，制定实施方案，明确县直各相关单位职责，建立工作推进机制，及时召开全县“百企帮百村”脱贫攻坚动员会，每季度召开一次调度会。已有48家企业与全县78个贫困村“一对一或多对一”结对帮扶，助力贫困村和贫困户早日实现脱贫目标。8月，参与在扶贫活动日，50多家企业认领“百企帮百村”项目231个，认领项目资金800余万元，扶贫捐款金额562万元；参与全县“爱心成长圆梦、助力脱贫攻坚”希望工程捐助活动，全县工商企业家爱心捐款近400万元，涌现一批先进典型，收到良好的社会效果。加强基层商会建设。县工商联党组狠抓基层党建不放松，经县直机关工委批准，成立中共涡阳县金博商会党支部，这是涡阳县各商（协）会组织中第1个单独建立的党支部，标志着涡阳县商（协）会进入规范健康发展的新阶段；在县工商联的精心指导下，深圳市涡阳商会顺利成立，涡阳县肉类协会、建材装饰商会顺利完成筹备工作，获得民政局批准成立；针对涡阳县商协会成立后管理不规范的问题，县工商联参照安徽省“四好”商会建设标准，对9家商（协）会负责人进行了培训指导，组织开展“四好”商会创造活动，表彰一批先进商会，以点带面推动工作。争创全省“五好”工商联，获全省“五好”工商联称号。

【十九大精神宣讲】2017年，县委统战部对党外代表人士进行十九大精神宣讲，统战部牵头组织，全县党外代表人士200人参加了涡阳县党外代表人士党的十九大精神宣讲报告会，邀请省委党校汪清福教授作了十九大精神专题报告，收到良好的宣传教育效果，切实把全县党外人士的思想统一到党的十九大精神上来，把力量凝聚到实现党的十九大确定的各项任务上来。

（县统战部供稿）

政法工作

【概况】根据市委、市政府《关于印发涡阳县党政机构改革方案》（亳发〔2001〕23号），设置中共涡阳县委政法委员会（社会治安综合治理委员会办公室与其合署办公），是领导和协调政法工作的县委工作部门，报组织部批准（组干函〔2016〕5号））人员交流轮岗后，内设机构有办公室、综治业务指导室、综合室、信访接待室、政治部、执法监督室。

【社会治安综合治理】2017年，涡阳县甩掉全省综治重点管理县帽子，2017年度综治考评全市第一名，荣获亳州市“2017年度社会治安综合治理工作先进县”称号。加大矛盾纠纷排查化解力度，实行矛盾纠纷“一月一排查一调度一评比一通报”制度，完善“大调解”格局，共排查矛盾纠纷1911件，调处1848件，调处率96.7%。夯实平安建设基础，持续开展平安乡镇、平安村、平安单位、平安行业等十二项平安创建活动，持续推进51家综治委成员单位与乡镇携手创平安活动，全县组建群防群治队伍2万人。强化舆情引导工作。上半年、下半年各举办一场“平安涡阳”建设新闻发布会，举办“法治涡阳、平安涡阳”演出活动12场次，政法舆论生态呈现可喜变化。推进城区交通秩序治理，坚决避免城区客运三轮车反弹势头，依法查扣非法客运电动三轮车960辆，并全部进行机动车鉴定。开展校园及周边综合治理，清理整治各类摊点629处，处罚取缔285起，引导分流114起；办理涉及校园周边环境治理案件31起，治安拘留17人。

推进县综治维稳信访工作中心建设，中心于3月建成运行，首批进驻单位29家，设置进城人员管理服务中心、联合接访中心、法律援助中心、社会救助中心等工作平台。健全完善矛盾纠纷多元化解机制，以基层人民法庭为支撑点，整合司法所、派出所、综治维稳中心等部门职能，打造多元共治的工作局面，吸收各行业部门优秀力量，聘请特邀调解员537名，建立调解组织27个。2017年共委派、委托调解案件4313件，其中调解成功2049件。创新综治工作考评体系，将综治工作（平安建设）纳入“涡阳县五大发展行动计划”，纳入党建工作目标管理与考核范围。

【社会稳定工作】2017年，县委政法委加强人民防线教育，开展国家安全宣传活动24场，宣传教育群众3万余人。强化特殊人群摸排管控，实行特殊人群网格化管理，共摸排社区矫正人员130人，刑满释放人员72人，重性精神病人428人，艾滋病人161人、高风险吸毒人员73人，邪教人员397人，逐一都落实了严格的管控措施。开展涉恐专项行动，对14家市县级反恐重点防范单位进行安全检查，下发整改通知书2份；检查网吧56家、旅馆124家，处罚不落实实名登记网吧旅馆15家、治安拘留5人；强化寄递物流管理，对120多个快递点进行检查，对未落实3个100%制度的网点进行整改，严防涉枪涉爆物品寄递行为。开展反邪专项行动。破获高公2·14“呼喊派”案，抓获犯罪嫌疑人3人；破获“8·22”牌坊“全能神”案件，抓获犯罪嫌疑人5人，行政拘留4人。

县委办、县政办印发《认真学习贯彻<党政主要负责人履行推进法治建设第一责任职责规定>》。实施风险评估事项62项，实施61件，其中1件不予实施（出租车营运证规范管理）；调解案件13126件，报备规范性文件16件，审查修改重大决策、文件或议题253件、重大合同协议22件、取消行政许可6项、清理中介服务事项29项、下放权限39项。

【执法监督】2017年，县委政法委共评查案件100件，法院40件（民事案件25件，刑事案件12件，行政裁判文书3件）；检察院30件（逮捕案件13件，审查起诉案件16件，控告申诉案件1件）；公安局30件。

（县政法委供稿）

全面深化改革

【概况】2017年，县委改革办牵头起草了《2017年涡阳县改革工作要点》，下发《关于进一步完善改革工作机制的通知》，进一步健全由县委深改组牵头抓总、县分管领导具体负责、牵头单位推进实施的改革工作责任体系，继续推行“两单一表一账一通报”工作机制，严格落实“三察三单”制度，推进改革工作落地见效。全年计划推进八大领域184项专项改革，已完成167项，推进实施17项，编发《涡阳改革信息》12期，其中，《确权抵押　助土生金——涡阳县农村“两权”抵押贷款典型案例》获亳州市全面深化改革“十佳”案例，《涡阳县纪检监察协作区工作纪实》《涡阳领跑“两权”抵押贷款试点改革》分别在亳州改革信息、新华社安徽领导专报刊载。

（县委改革办供稿）

巡察工作

【概况】2017年7月19日，按照省委、市委的部署要求，涡阳县成立了县委巡察办（编制3人），设立4个巡察组（每组编制2人），在县维稳中心大楼3楼临时办公。制定《中共涡阳十一届县委巡察全覆盖工作方案》，本届县委任期内完成对69

家县直单位、24个镇(街道)、1个经开区、7所学校、2家医院、2家国有企业，共计105个单位党组织领导班子及其成员(不含处级成员)的巡察全覆盖。

【首轮巡察】2017年5月3日至6月7日，按照县委安排，县纪委组成巡察组对县住建委开展了常规巡察。2017年9月12日，县委启动了十一届首轮巡察，巡察了县公管局和县广播电视台两家单位党组，10月23日结束进驻。10月25日，县委巡察工作领导小组听取并审定了对县住建委、县公管局、县广播电视台3家单位党组巡察情况报告。10月27日，县委书记胡明文主持召开县委“五人小组”会议，听取了巡察组对3家单位党组开展巡察的情况报告。

【二轮巡察】2017年11月21日至22日，县委启动第二轮巡察工作，4个巡察组分别在县农机局、县残联、县城管执法局、县妇联、县市场监督管理局、团县委、县重点局、县总工会召开巡察工作动员会，县委常委、县纪委书记、县委巡察工作领导小组组长韩龙出席了巡察县城管执法局、县市场监督管理局、县农机局、县重点局动员会，对巡察工作提出要求。第二轮巡察从11月21日开始到2018年1月22日结束。巡察采取“一托二”的方式，即每个巡察组巡察两个单位。第一巡察组巡察县农机局、残联；第二巡察组巡察县城管执法局、妇联；第三巡察组巡察县市场监督管理局、共青团；第四巡察组巡察县重点局、总工会。

（县委巡视办供稿）

县直机关工委工作

【概况】县直机关工委现有6人，书记1人、副书记2人。内设办公室、组宣室。其主要职责是：负责县直机关党组织建设、党员教育管理、纪检、武装、群团等工作。

【中共十九大精神学习宣传】2017年，县机关工委牢固树立抓党建主业意识，确立书记抓党建第一责任、班子成员分工抓机关党建的责任机制，紧盯“四个点”问题，按照“四化三可”要求，全年召开两次县直机关党建工作督查调度会议，一次组织开展机关党建标准化建设专项督查，四次迎接市委组织部党组织标准化建设对标巡诊。层层传导压力，不断压实党建责任。精心开展“讲重作”专题教育，扎实做好学习宣传贯彻中共十九大精神，举办机关党组织书记培训班3期，培训848人，发放《党的十九大报告辅导百问》《党的十九大报告(单行本)》《党章》等5类图书近2万册。

【党建标准化建设】2017年，县机关工委先后在县委组织部、县教育局、县交通局等单位分类召开基层党组织标准化建设培训推进会，对标巡诊，以党组织不同的类别分类推进标准化建设，收到较好的效果。县直机关党员教育管理更加严格，组织关系接转程序规范，基层党组织换届更加自觉，不按规定交纳党费的问题基本得到解决。

全年县直工委批准成立党委2个，撤销党组织3个，6个直属党组织按期完成换届。接转党员组织关系407个，发展党员80名，下拨基层党组织党费223410元。举办1期入党积极分子培训班。慰问生活困难党员133名，发放慰问金113000元，并形成长效机制。开展庆祝建党96年系列活动。表彰先进基层党组织、优秀党员、优秀党务工作者。赠送《七月风》120份，发放《县直机关基层党组织工作台账》1000份。下发修改《机关党建工作使用指南》，编印《机关党支部工作手册》等，基层党建工作得到规范和加强。

【机关党建工作创新】2017年，县机关工委有序推进“党员考绩”，印制《共产党员考绩卡》1.5万本，把“党员考绩”纳入党建年终考核内容。推广“微型党课”，先后在县审计局、检察院、公安局、地税局、四中等单位开展“微型党课”活动。选派2名选手参加了全市第四届微型党课精品课程比赛，获优秀奖。下发了《关于在“两学一做”学习教育常态化制度化中开展“微型党课”活动的通知》文件，力推“微型党课”向一线支部延伸。

县直机关工委召开基层党组织标准化建设推进会议

【服务中心工作】2017 年，县机关工委坚持围绕中心、服务大局，圆满完成县直机关推荐出席党的十九大代表工作。严格党内组织生活，落实“三会一课”记实报告，采取“找交销查考”的方式，以检查党员领导干部参加双重组织生活为重点，依据对标巡诊约谈机关党组织书记 22 人次。在广泛征求意见基础上，梳理县直机关党建工作“三个清单”，列出机关党建 4 个方面 12 个突出问题，并逐一落到实处。

（县直机关工委供稿）

老干部工作

【概况】涡阳县老干部局隶属县委组织部，是县委服务管理老干部的工作机构，下辖局综合办公室、关工委办公室、老年大学办公室和老干部活动中心，在编行政人员 6 人、事业人员 6 人。先后获得安徽省第二届旗袍行走艺术节“最佳风采奖”，安徽省第三届旗袍模特大赛亳州赛区海选第一名，安徽省第三届旗袍模特大赛季军，阜阳市及太和县第二届太极拳比赛一等奖、三等奖和道德风尚奖，涡阳县第二届五禽戏大赛暨武术展演二等奖和优秀组织奖，老年大学党支部获“全市基层先进党组织”称号。2017 年年底，全县有离休干部 273 人，其中，抗日战争时期参加革命的离休干部 7 人，副处级及以上离休干部 35 人，副处级及以上退休干部 47 人。

【离退休干部学习教育活动】2017 年，县委老干部结合推动“两学一做”学习教育常态化制度化，组织离退休干部深入学习中共十九大和十八届六中全会精神，深入学习贯彻习近平总书记系列重要讲话，切实增强“四个意识”特别是核心意识、看齐意识，自觉严肃党内政治生活，积极发挥在党内监督中的作用。并组织老干部进行“两学一做”学习教育应知应会知识问答。

【十九大报告精神宣传贯彻】及时组织离退休老干部聆听十九大报告，并召开学习座谈会，全文学习十九大精神。11 月 9—10 日组织离退休干部参加中央、省市十九大精神宣讲团报告会，畅谈交流学习体会，增发《十九大党章学习讲座》、《十九大党章修正案学习问答》、《党的十九大报告学习辅导百问》、《党的十九大报告辅导读本》等学习资料，组织县级离退休干部和离退休党支部书记在县委党校进行十九大精神集中培训，邀请省委党校汪兴福教授等授课。

【退休干部政治待遇】2017 年，县委老干部抓好离退休干部政治学习、阅读文件、参加重要会议和重大活动、通报情况、走访慰问等制度的落实，让老干部志切实感受到党和政府的关怀。春节期间，走访慰问享受处级待遇离休干部和担任实职处级退休干部 90 余人。看望长期住院治疗的老干部 36 人次；慰问基层特困老干部及遗孀 13 人次；慰问帮助工作的老干部 16 人；3 月 11—12 日赴上海慰问异地安置离休干部姜仪生。督促各单位春节期间期全面走访慰问本单位老干部。走访慰问了抗日战争时期参加革命工作的老干部。“七一”前组织离退休干部开展了庆“七一”活动，表彰奖励了市先进基层党组织老年大学党支部。

【离退休干部党组织建设】2017 年，县委老干部落实离退休干部工作部门党建工作责任，按照“三会一课”制度，定期每月组织开展一次“党员活动日”活动，结合四就近工作，使老干部就近参加学习、就近参加活动，保证离退休干部党员都能正常参加组织生活，推进了离退休干部为主体的党组织建设。

老年艺术文化节活动

【文艺活动】2017年，县委老干部组织老干部“庆五一”文体比赛，举办老干部大型书画展、成果展，组织老干部积极参加全市“图说发展，定格幸福”活动和省老干局组织的喜迎十九大书画展活动；联合组织部、宣传部开展“喜迎十九大·畅谈发展新变化”老干部征文活动，征文活动共收到文稿72件，其中：一等奖1件、二等奖2件、三等奖4件、优秀奖10件。

【老干部生活待遇】2017年，县委老干部开展走访慰问活动，在春节来临之际配合县四大班子领导对年事较高、身体有病、生活有困难的老党员、老干部及离退休县级老干部遗属进行了入户走访慰问，并对全县91名副县级以上离退休老干部和14名遗属发放慰问金。引导利用社区资源做好离退休干部服务工作，积极引导“四就近”（就近学习、就近活动、就近得到关心照顾、就近发挥作用）服务工作机制，为离退休老干部提供条件，增强服务功能，拓宽服务内容，改进服务方法，逐渐形成科学规范、运行有序的“四就近”服务模式。在“五必访”（重大节日必访、老干部生病住院必访、家中有事必访、有思想情绪必访、生活有困难必访）的基础上，实行工作人员分片包干联系制度，机关全体干部要经常性与老干部联系，及时了解掌握老干部的思想和生活情况，及时为老干部排忧解难，诚心帮助老干部解决困难，落实有关政策待遇。联系老干部每两月必须走访一次。联系老干部要做到“五必问”、“五必知”“五必访”。开展“三五”长效机制，进一步加强了与老干部的日常沟通和联系，对生活困难和生病住院的老同志进行看望和走访慰问126次，对老干部提出的实际问题，尽最大努力帮助协调解决和落实。组织开展离退休老干部开展学习考察活动，4月28日，组织全县副县级以上离退休老干部到台儿庄抗日纪念馆参观，开展了“不忘历史·发挥正能量”为主题的学习考察活动。组织开展健康保健知识讲座活动，全年开展以关爱老干部的身体健康、普及老年人健康保健知识为主要内容的“老年保健知识讲座”活动。4月，组织老干部进行一年一次的体检。

【精准扶贫】2017年，县委老干部按照县精准扶贫工作领导小组办公室的要求，认真做好精准扶贫行动“大走访回头看”入户活动，与精准扶贫户签订责任书，发放连心卡。党员干部实行一对一走访询问，详细了解帮扶对象的基本情况、困难和诉求，制定帮扶措施，给危房改造贫困户张小岐、张纯认、李学英配置了6000余元家居用品，为贫困户捐赠款物4000余元。

（老干部局供稿）

关心下一代工作

【组织建设】2017年，县关工委根据人员变动情况，对5镇、10个社区、28个行政村、8所中小学的关工委成员及个成员单位的领导小组成员进行了及时调整补充，进一步充实关心下一代工作领导力量，健全了横向到边、纵向到底的工作体系。

【“三爱”主题教育活动】2017年，县关工委紧紧围绕培育和践行社会主义核心价值观，积极探索开展青少年党史国史教育的新思路、新内容、新方法，把核心价值观宣传教育融入“爱学习、爱劳动、爱祖国”主题教育活动，发挥学校、家庭、社区（村）“三位一体”教育格局作用，紧密结合青少年和工作实际，注重针对性、可操作性和实效性。

【“两史两情”教育】2017年，县关工委在抓好“学党史、颂党恩、跟党走”、“爱学习、爱劳动、爱祖国”等主题教育的基础上，广泛开展“中华魂—辉煌与梦想”等丰富多彩的教育实践活动，建好用好校外辅导站、儿童活动中心等教育阵地，组织老干部讲好党史国史故事，讲好革命前辈的红色家风故事，推动党史国史教育融入学校教育、家庭教育、社会教育，引导青少年永远听党的话、跟党走。

【青少年普法教育】2017年，县关工委开展“关爱明天，普法先行”青少年普法教育活动，发挥学校教育的主阵地、主渠道作用，加强学校法制教育，有效预防和减少青少年违法犯罪，保护青少年合法权益，促进青少年健康成长。

【帮扶关爱服务】2017年，县关工委加大对留守儿童等特殊青少年群体的关爱帮扶力度，各级关工委广泛动员社会各界开展捐资助学、助困、助残、助医等活动，为青少年提供更直接、更实际的关爱。加强对失学、失亲、失业、失管、失足等青少年的关爱、教育、管理和服务，努力改善留守儿童、外来务工子女、服刑人员未成年子女等特殊群体的成长环境，确保青少年各种权益得到保障。

（县关工委办公室供稿）

老年大学

【概况】涡阳县老年大学，隶属于县老干局管理的老年教育工作机构。学校现有办公室、教研室、图书室、会议室各类教室5个，总面积一千五百平方米。学校开设21个专业班(时政、法律、国学、老子文化、音乐、二胡、黄梅戏、豫剧、形体舞、健身舞、交谊舞、太极拳、书法、绘画、保健、电脑、剪纸、摄影、盘鼓秧歌、旗袍文化)。2017年春季开设18专业，秋季新增3个(摄影、盘鼓秧歌、旗袍文化)。学员739名(其中:春季学员367名，秋季学员372名)；聘请教师21人(其中保健教师由县中医院医教科分别指派相关科室资深医生担任)。

【活动开展】2017年3月3日，涡阳县老年大学组织书法、绘画、剪纸作品展开展；4月23日，在法治广场举行了一场丰富多彩的春季校外活动；4月28日省老干局原副局长(正厅级巡视员)邱茂叶一行到老年大学调研；5月14日，涡阳县老年大学旗袍文化代表队参加了安徽省第二届旗袍行走艺术节，获“最佳风采奖”；6月12日老年大学党支部召开了“两学一做”学习教育汇报会；6月，老年大学校刊第二期成功发行近2000册。本期校刊发表了学员论文、文章、书法艺术作品等一百多篇，成为学员学习交流展示才华的园地和平台；6月30日，召开了各班班长、党小组长及教师联席会议；9月23日，涡阳县老年大学旗袍文化代表队参加安徽省第三届旗袍模特大赛亳州赛区海选；10月9日，老年大学举行了“弘扬脱贫主旋律，喜迎十九大——知我涡阳、爱我涡阳、兴我涡阳演讲会”；10月25日，在老子文化广场成功举办”涡阳县老年大学祝贺党的十九大圆满成功“的大型文艺展演；10月29日，老年大学太极班学员代表队参加涡阳县第二届五禽戏大赛暨武术展演；11月19日，应邀到阜阳太和参加阜阳市及太和县第二届太极拳比赛；11月25日，老年大学党支部全体党员在烈士陵园开展了”缅怀先烈，不忘初心，重温誓词、牢记使命“的学习教育活动；12月18日，涡阳县老年大学举行首次乒乓球比赛，共决出男、女单打前三名和优秀奖；12月19日，参加安徽省第三届旗袍模特大赛；12月12日，老年大学校委会、老年大学党支部开展“扶贫路上有个咱”爱心捐款活动，在不到一个星期的时间内捐款一万一千余元；12月，老年大学开展送温暖、送文化下乡活动，先后到县光荣院、县福利院、城西敬老院、陈大敬老院等4个单位和一个卧床8年的病人家中，送去了老年大学师生捐款，为他们表演了文艺节目，送去了老年大学的爱心。

（县老年大学供稿）

机构编制

【概况】涡阳县机构编制委员会办公室内设综合室、机构编制监督检查室。领导职数1正1副，核定行政编制6名。县事业单位登记管理局为编办二级机构，副科级建制，核定事业编制3名。

【机构编制管理与创新】2017年，县编办加强乡镇扶贫工作力量，将各计生站更名为扶贫工作站。逐步推进生产经营类事业单位改革工作，将国土局所属地产开发公司撤销，将市政公司和自来水厂改为企业。完成巡察体制和纪检派驻机构改革工作。在涡阳县委成立县委巡察工作领导小组，领导小组下设巡察工作办公室，设在县纪律检查委员会机关，为其日常办事机构，下设4个巡查组，增加2个综合派驻纪检组和3个单独派驻纪检组。推行涡阳县基层医疗卫生机构编制周转池工作，建立乡镇卫生院编制周转池制度。完成监察体制改革工作，撤销监察局，设立监察委员会，同时将检察院反贪、反渎、预防职务犯罪等职责划入监察委。

【机构编制监督检查】2017年，县编办严格按照《机构编制监督检查工作暂行规定》要求，坚持监督检查与加强管理相结合，对全县行政机构、事业单位职能配置、机构设置、编制配备、领导职数配备等机构编制事项执行情况进行了定期不定期监督检查，对发现的问题及时进行纠正。6月下旬，编办在有关单位配合下，对照县编委《关于设立镇街道安全生产和环境保护办公室的通知》文件要求，对全县基层安全生产和环境保护办公室挂牌运作情况进行督查，对督查中发现的问题以通报的形式印发给各相关单位，明确提出整改要求，确保督查实效。

【清单制度体系建设】2017年，县编办印发《涡阳县人民政府办公室关于开展权力清单等5个清单动态调整和行政许可标准化建设工作的通知》（涡政办秘〔2017〕81号），依托网上清单运行项目库，根据法律法规的立改废释和行政审批制度改革、机构、职能调整及权力事项运行等情况，在清单运行库中按规定程序调整完善了清单事项，印发了2017年版本清单目录，顺利完成2017年度权力清单等动态调整工作。

【事业单位登记管理】2017年，县编办根据《事业单位登记管理暂行条例》（国务院令第411号）和上级主管部门要求，编办深入推进事业单位"三证合一"工作，严格按照《关于实施全县事业单位法人统一社会信用代码制度改革"三证合一"有关事项的通知》工作要求，严把质量关，对不符合要求的事业单位，不予办证；对资料不齐全的事业单位，一律退回补齐资料。简化办证换证工作程序，规范操作流程，做到严格审查到位，协调督办到位，完成本年度全县事业单位登记管理工作。

（县编办供稿）

精神文明建设

【概况】涡阳县文明办是涡阳县精神文明建设指导委员会的办事机构，是全县精神文明建设的主管部门，内设综合股（办公室）、创建股、未成年人思想道德建设股、宣传网络工作站，核定事业编制10名，现有人员8人。

【城区文明创建】2017年，涡阳县获"第四届安徽省文明县城""第三届安徽省未成年人思想道德建设工作先进县（区）"称号。县文明办协调各涉创单位，围绕城区环境治理，坚持集中整治与长效管理相结合，巩固文明县城创建成果。先后集中开展了市容市貌治理专项行动、"环境卫生"专项治理行动、交通秩序治理专项行动等专项行动，健全督查整改长效机制。出台《涡阳县2017年城区文明创建工作考核办法（试行）》，建立月考核、定期督查、常态巡查、发现问题现场交办、短信微信平台即时通报、限期整改销号等制度，实现城区创建工作常态化。2017年度城区文明创建工作评比中，涡阳县位居全市第二名。

【农村清洁工程】2017年，县文明办出台《涡阳县农村清洁工程考核奖惩办法（试行）》、《省道307沿线文明创建考核奖惩办法》，坚持实施月考评制度，每月组织第三方力量，对全县各镇（街道）、经开区进行全真模拟测评，通过以查促干方式落实常态化保洁机制。积极探索实施城乡环卫一体化PPP模式。创新管理手段，全县23个农村乡镇陆续成立镇村管理执法队伍。初步实现集镇、集市管理有人问、有人抓的管理局面。在2016—2017年度全市农村清洁工程评比中，涡阳县位居全市第二名。

【移风易俗工作】2017年，涡阳县成立了以县委副书记为组长、各文明委成员单位为成员的移风易俗工作领导小组，统筹推进全县移风易俗工作。县文明委印发《关于文明节俭操办红白事的通知》，健全组织，明确责任，建立机制。按照定人员、定范围、定任务、定责任"四定"原则，建立"县、镇、村、组"四级网格包保制度。县礼仪理事协会向全县发出《红白事操办倡议书》，倡导喜事新办、丧事简办、小事不办，结婚、生子、丧事简办酒席，其它事项不办酒席。通过多样化、全领域宣传，使全社会对节俭操办红白事广泛认可、深度认同。发挥党员先锋模范带头作用，在全县各试点单位与党员干部签订《党员文明节俭操办红白事承诺书》。抓好贫困户移风易俗。各村(居)主要负责人和村(居)包组干部对辖区贫困户操办红白事进行监督管理，杜绝政府为贫困户"输血"，贫困户因随礼"放血"现象的发生，确保贫困户的资金用在脱贫致富上。建立红白事报备监管机制。建立"事主→红白理事会成员→理事会→移风易俗指导办公室"的四级红白事报备工作流程，确保监管实效。强化县、镇两级督查机制，开通电话、微信公众号两种举报通道；把节俭操办红白事纳入到全县"五星级文明户"、文明创建年度考核、文明村镇评选和脱贫攻坚工作等4项工作考评；规定村包组干部、村书记和主任、镇包村干部等4类人员是直接责任人。创新思路，因地制宜，在镇村设立移风易俗服务中心，设立红白理事会，对群众操办红白事进行监管。全市移风易俗工作现场会在涡阳县召开。安徽日报、亳州晚报、省市电视台、新华网、人民网、中安在线等媒体对涡阳县开展移风易俗做法和成效进行了报道。宿州市、萧县、埇桥区、太和县、谯城区、蒙城县等先后到涡阳县观摩学习。

【群众性精神文明建设】强化好人推报机制，深入挖掘身边好人线索，2017年度，县文明办推报"中国好人"3名、"安徽好人"5名、"亳州好人"16名；全县共成功推报"中国好人"33名、"安徽好人"23名、"亳州好人"73名；强化好人引领示范作用，打造好人宣传阵地，实施好人信贷、给好人政治荣誉，在全县掀起学好人、做好人的浓厚氛围。持之以恒开展志愿服务活动，全县志愿者注册人数达到185825人；常态化开展关爱自然、关爱他人、关爱社会等"三关爱"志愿服务活动，组织开展"庆祝12.5国际志愿者日"活动，持续开展脱贫攻坚、文明交通、法制宣传等志愿服务活动；2017年度，全县1名个人获安徽省"月评十佳"志愿服务优秀典型(个人)、3名个人获"感动药都"志愿服务优秀典型(个人)、6个集体获"感动药都"志愿服务优秀典型(集体)。开展文明单位"六个一"(一堂、一牌、一桌、一队、一传播、一帮扶)达标活动，加强文明单位的动态管理，保证文明单位的创建质量和水平；2017年度，全县1个单位蝉联全国文明单位、10个单位获评安徽省文明单位、20个单位获评亳州市文明单位。广泛开展"我们的节日"主题文化活动。弘扬中华优秀传统文化，在春节、元宵节、清明节、端午节、中秋节等传统节日期间，组织开展群众性文化活动11场次，参与群众达3万人次。持续开展道德讲堂活动。全县25个镇(街道)和经开区以及省市级文明单位均设立了道德讲堂，每月开展讲堂活动；2017年度，全县开展道德讲堂活动600多场次，受教育群众达2万人。持续推进社会主义核心价值观教育实践活动。联合县城管执法局、建投公司在城区广泛设置社会主义核心价值观公益广告，对市民产生潜移默化的影响；积极开展五星级文明户、文明村镇、文明家庭、美德少年、道德模范等评比活动。

【农村垃圾分类】2017年，涡阳县制定《关于印发〈涡阳县农村垃圾分类处理改革方案(试行)〉的通知》。经过认真准备，全县于5月16日开展农村垃圾分类试运行，6月1日在全县全面开展。建立有害垃圾"户分类、村回收、镇转运、县集中处理"的有害垃圾收运机制。县财政投入750余万元用于有害垃圾集中存放场、中转站、回收点和无害垃圾卫生填埋点的建设；投入回收资金520余万元，回收处理有害垃圾400余吨，其中转运至滁州市无害化处理305.46吨。着手实施垃圾分类处理信息化工作，至2017年底，已安装信息化设备16个，前期数据录入也在紧张进行中，整个工作推进有序。

【陈年垃圾清理】2017年，涡阳县出台《涡阳县一体化推进农村垃圾污水厕所专项整治“三大革命”实施方案》、《关于进一步推进农村陈年垃圾清理工作的通知》，明确清理标准，制定全县“积存垃圾存量和位置图”，坚持挂图作战、对图销号、台账管理，对陈年垃圾地毯式、拉网式彻底清理。截至2017年9月，出动人力66500人次，出动机械化车辆19400次，清理生活垃圾8030吨，清理建筑垃圾3772吨，清理废弃秸秆1066吨，清理店外经营1872家，拆除私搭乱建9000余平方，规范广告设置1532处。9月份，全县陈年垃圾清理工作顺利通过省住建厅组织的市县互查。

【春风行动暨贫困户家庭“五净一规范”】2017年，涡阳县制定《涡阳县“春风行动”工作实施方案》，对未脱贫的非危房改造户修建进户道路、院内道路、房间内外刷白、铺设室内水泥地等硬件建设，协同县住建委统一实施改厕工作。县住建委、文明办联合组成23个督查组，分成6个片区对全县镇村进行督查；县文明办组织第三方4次对全县贫困村、贫困户环境进行督查。坚持督查必有反馈，反馈必有整改，将督查问题反馈给各乡镇，责成整改落实到位。2017年，市美丽办组织5次贫困户家庭“五净一规范”（院内净、卧室净、厨房净、厕所净、个人卫生净和院内摆放规范）县区互查，涡阳县获得4次第1名，1次第2名。

（县文明办供稿）

机关事务管理

【概况】涡阳县机关事务管理局根据亳编〔2009〕12号文件精神设立，为县政府直属事业单位，财政全额供给，正科级建制。设有办公室、接待室、综合保障室、公务用车管理服务中心、保卫科（公安局配备人员）5个股室。核定编制7名，实有在编人员4名。主要负责县委、县政府重要活动的安排及接待服务工作；县公车管理平台车辆的编制、配备、管理、运行、更新、处置工作；县直机关单位办公用房的综合管理；公共机构能耗统计、编制公共机构节能规划，本级公共机构节能监督管理，指导和监督下级公共机构节能工作；行政中心各会议室的综合管理及会务工作；行政中心等办公区安全保卫、绿化、卫生等后勤保障和综合管理工作，保障各办公区正常办公秩序等。

【公务接待】2017年，县机关事务管理局坚持因地制宜、勤俭节约、方便务实的原则，严格贯彻中央八项规定精神，较好地履行了接待部门的职能作用。完成全县党政机关领导干部赴河南红旗渠红色教育培训、2017道教圣诞拜祖大典暨老子与道教文化学术研讨会、第十届中国中部投资贸易博览会和2017中国国际徽商大会涡阳县招商专场暨产业发展高峰论坛（合肥）、涡阳县赴宁波招商洽谈会、淮北师范大学500余名师生来涡进行省扶贫第三方调查、中央扶贫办省际检查组来涡检查等大型接待任务。据统计，本年度公务接待共487批次、9750人次，为涡阳县扩大对外交流、推动经济社会协调发展做出应有贡献。

【公车管理】2017年，县机关事务管理局认真总结经验，借鉴外地先进做法，不断总结提高，加强平台司勤人员管理，优化资源配置，强化绩效考核，加强司勤人员安全文明意识，确保公车平台高效有序运转，为全县机关正常公务活动提供优质、便捷、安全的用车保障，实现年度无重大安全事故目标。按照县车改领导小组研究意见，全面完成公车改革封存停驶车辆的处置工作，2017年9月，公车改革后处置流拍的23部车辆（1部无法过户作报废处理）及平台保留的9部到龄车辆、不能行驶车辆1部，共计33部车辆统一分组打捆公开拍卖，全部拍出，完成了公车改革剩余车辆的拍卖任务，避免国有资产流失。

【办公用房管理】2017年，县机关事务管理局在2016年度开展县直办公用房摸底核查的基础上，按照单位的编制人数、工作性质和实际需要，对全县办公用房进行科学合理调剂使用。先后调整县科协、老子生态园管委会、编办、文联、扶贫办、工商联、项目办、信访局、司法局、行政服务中心、县委巡查组、县监察委、老子文化办、大建办、统战部等多家单位办公用房。将再就业中心大楼、维稳中心大楼、紫光阁3处集中办公区分别移交给人社局、重点局、政法委、司法局法律援助中心、扶贫办等单位使用。同时按照县委、县政府安排，开展县直单位办公用房遗留问题专项清理工作，外资大楼、紫光阁等多处办公用房收回。

【公共机构节能管理】2017年，县机关事务管理局严格按照省市要求，对全县238家公共机构上报的能源资源消费统计数据做到仔细审核，严格把关，确保数据真实、准确。开展各种培训，指导节能工作，积极做好以“节能有我，绿色共享”为主题的2017公共机构节能宣传周活动。推进涡阳二中、五中“节约型公共机构示范单位”创建工作。

【综合保障】2017年，县机关事务管理局完善机关人防、物防、技防三位一体的防控体系，坚持开展日常巡查，消除各类安全隐患。做好党的“十九大”期间上访疏导工作，多次劝导并有效制止缠访、闹访情况，年度共疏导集访人员共计1220余人，维护机关正常办公秩序。在行政中心停车场、自行车棚扩建之际，制定了《关于进一步规范行政中心办公区域交通秩序的通告》和《行政中心办公区域管理制度》，实行高清电子门禁管理，划分禁停区域，强化管理措施，保证行车停车秩序良好。全年共保障大小会议710余场次。水电维修方面，保障行政中心、档案局、维稳中心大楼、新党校、紫光阁等办公区的各种设备的有序运转，共检修水电等故障4200余次。督促外包公司严格执行园林管养、卫生清洁标准。按照县委、县政府安排，完成消防队周转房搬迁工作。

（县机关事务管理局供稿）

督查工作

【概况】县委县政府督查中心于2011年初筹建，2012年1月经县编委会批准成立。督查中心是正科级全额财政拨款事业单位，内设股室7个，核定事业编制21名，其中领导职数1正2副，内设领导职数7名。

【年度督查】2017年，县督查中心共制发提请单19件、交办通知书408件、督办通知书142件、《督查专报》16期、《督查通报》57期。共办理各类批示件13813件，其中省长热线5件、市长热线10768件、县长热线2036件、市领导批转件61件、县领导批转件72件、人民网网友给省市县委书记留言759件、人民网网友给省市长留言77件，涡阳舆情35件。

【督查督办】2017年，县督查中心在决策督查方面，围绕县委县政府中心工作，对省委书记李锦斌莅亳调研及在皖北调研座谈会上的讲话精神、李国英省长关于亳州工作讲话精神、省“两会”期间省领导参加亳州代表团审议讲话精神、省委综合考核反馈问题清单、市委常委会2016年及2017年工作要点、2017年市政府工作报告涉及涡阳事项、市领导第一、二季度经济工作督查调度会讲话任务分解、市长工作例会涉及涡阳工作、政府工作问题清单，第1-25次县委常委会议定事项等重点工作进行了交办督办，较好地完成了县委县政府安排的各项督查任务。在专项督查方面，对党的十九大精神学习宣传贯彻落实情况、市扶贫领域“懒政怠政、不作为慢作为”发现问题、大建设重点项目、机关效能建设、午季秋季秸秆禁烧、土地综合整治项目、窑厂拆除、林业生产、电子商务进农村、危改贫困户生活用具配置、村级组织活动场所项目建设、“单位包村、干部包户”、驻村扶贫工作队履职尽责、“六场一站”清理、农村垃圾污水厕所“三大革命”专项整治、美丽集镇建设、征兵、民办学校办学行为整治和非法办学机构清理整顿等专项工作进行了督查，推动了相关工作的落实。在项目建设督查方面，对消防训练基地、公交停保场、新城李马等安置小区、南外环水系、向阳路改造工程等2017年政府投资类项目组织效能督查19次，会同县大建办开展督查4次，制发效能督查通报1期、督查专报3期。

【目标管理考核】2017年，县督查中心严格按照《中共涡阳县委 涡阳县人民政府关于印发涡阳县2017年度党建工作和经济社会发展目标管理与考核奖惩办法的通知》要求进行考评打分。其中在党建工作考核中，主要考核各单位完成县委县政府安排的交办督办、领导签批件、网友留言等重点工作的情况。在经济社会发展考核中，主要考核县直单位完成县委县政府安排的交办督办、领导签批件、政府工作问题清单、人大议案建议及政协提案、网友留言等工作情况；主要考核乡镇完成县委县政府安排的交办督办、领导签批件、网友留言等工作情况。

【人大议案政协提案交办督办】2017年，县督查中心完成94件人大议案建议、159件政协提案的交办督办工作，办结率100%，满意度98%。

（县督查中心供稿）

信　访

【概况】中共涡阳县委、涡阳县人民政府信访局共设4个股（室）和1个二级机构：综合室、督查复核室、办信室、来访接待室，县热线办公室。2017年，全县进京涉访社会面清理10人（其中三跨三分离1人、重访1人），比上年同期下降68.75%；进京访77批82人次，同比批次下降45%、人次下降53.1%，其中认定越级访45批49人次，同比批次下降54.1%、人次下降61.7%。赴省集访5批28人次，同比批次上升66.7%、人次上升86.7%。全国信访信息系统录入1465件，信访工作机构及时受理率100%；有权处理信访事项的行政单位及时受理率99.88%。按期办结率100%。群众满意率：对信访工作部门群众满意率99.23%；对责任单位群众满意率99.89%。群众参评率：96.82%。网上信访占比79.1%，领导信箱占比19.3%，手机、微信信访占比13.1%。

【信访稳定】2017年，涡阳县深入贯彻落实习近平总书记关于信访工作的重要指示和中央、省、市决策部署，始终把信访工作作为了解民情、集中民智、维护民利、凝聚民心的一项重要任务，紧紧围绕省委“一个全国最低，四个稳中有升、四个稳中有降”目标要求，以“排问题，除隐患、喜迎十九大、服务十九大、贯彻十九大为主线”，强化责任，创新机制，狠抓落实，全县信访形势持续稳定向好，没有发生极端上访恶性事件和大规模群体性事件。2017被评为年全省信访工作责任目标考核管理优秀单位。

【领导与信访】2017年，涡阳县坚持党政同责、一岗双责，严格执行《安徽省信访工作责任制实施细则》，县委常委扩大会每月固定议题研究信访工作，强化首接首办责任，确保有访必接、接访必办、办必有果。充分发挥信访工作联席会议牵头抓总作用，扎实做好县、镇两级开门接访、重点约访、带案下访、上门回访工作。县党政领导重点约访44次47批131人，开门接访219次1367批4038人次，其中县党政主要领导接访24次356批867人次。

【机制创新】2017年，涡阳县高度重视典型经验做法、创新举措、工作研究等工作，积极总结提高，先后在省级以上媒体发表文章17篇（人民网安徽频道2篇、中安在线2篇、安徽日报3篇、安徽法制报3篇、省信访局网站1篇、安徽信息6篇）。建立“3+3”包案化解机制，落实“县分管领导包案协调、属事单位负责解决、乡镇负责稳控”+“镇包村干部、村干部、派出所包片民警协同化解”的双“三位一体”包案化解责任，按照县党政班子成员分工和包联乡镇情况，对国家省市交办和涡阳县排查的信访积案全部落实“四包”责任。建立“3+X”会商化解机制。对重点信访事项，实行县委副书记、政法委书记、政府分管副县长3人牵头，会同信访事项相关包案负责同志、责任单位及相关单位参与的“3+X”专题会商化解，严格按照“三到位一处理”要求，推动问题妥善解决。对疑难复杂问题，由县党政主要负责人亲自调度解决，对群众不息访的信访事项，落实“四个再次”，推动包案化解小组落实“四见面、两查看”，有效化解一批信访重点事项和疑难问题。建立“3+N”听证评议机制。对通过双“三位一体”包案化解和“3+X”会商化解后仍未息访的，实行“3+N”听证评议化解，由县信联办牵头，信访群众和信访办理单位当面陈述，邀请评议员、听证员律师及信访涉事相关单位负责人、群众代表等参与信访听证或评议。充分发挥群众的主体作用，坚持群众工作群众做，群众诉求群众评，既依法依规处理，又用情用法疏导，切实维护群众合法权益。评议6件信访案件。

【案件化解】2017年，涡阳县围绕“事要解决、怨要纾解”目标，积极开展化解信访积案专项工程，综合运用法律、政策、经济、行政等手段和教育、调解、疏导等办法，一批“骨头案”“钉子案”得到有效化解，国家省市交办的104件信访积案化解率100%。

【督查督办】2017年，涡阳县实行“月考核通报”制度，建立常态化的信访事项办理巡查、评查和信访督查、约谈、责任追究机制，成立由纪检和相关部门组成的联合督查组，实行“敏感时期巡查、重点案件评查、重大问题一案双查”，对因信访工作不力的2个乡镇主要负责人和一名分管负责人给以免职组织处理。

【源头治理】2017年，涡阳县打造网上信访主渠道，完善“信、访、网、电”多元化的群众诉求表达平台，强化初信初访办理，夯实基层基础、守住基层防线。建强县统筹、镇为主工作平台，完成县级矛盾纠纷联合调处中心省级试点建设，积极打造规范化为民服务平台，同步在平台设立法律援助、社会救助、进城人员管理和联合接访中心，实行敞开式联合接访，一站式一体化调处。加强镇村综治维稳信访中心（站）规范化建设，全面开展“一乡镇一团队、一村（社区）一顾问”法律服务工作，严格督促执行预防性排查化解、信息预警等制度，努力减少信访上行。搭建信访大数据信息平台，把热线办调整为县信访局二级机构，实行“热线+信访”模式，让群众反映的大小事都能进入快车道，有对应的快速处理平台，扩大掌控全县不稳定因素范围，更好的服务群众、为民解忧。开展“四重”问题专项整治，成立由县政协主席和县委副书记任组长的2个信访工作指导组，专班跟进“四重”问题重点乡镇，成立以分管副县长为组长的3个专案组，跟踪化解企业改制、环境保护、房地产领域等群体信访事项，一批“四重”问题得到有效解决。启动进京访专项治理“百日攻坚行动”，落实进京访治理履职保证金制度，强化驻京工作力量，加强源头排查化解和重点人员就地稳控，对活跃群体和人员采取滚动摸排，做到未动先知、即动即知。开展“四无”镇、村、单位创建活动，组织开展“无刑事案件、无信访案件、无安全生产事故、无负面舆情”的“四无”创建活动，压实创建责任，形成创建合力。启动村霸和宗族恶势力专项整治，处置问题线索9件。加强干部队伍建设，树立正确用人导向，在信访维稳一线培养锻炼、选拔使用干部，全年提拔重用信访干部6名。建立三级挂职信访专职干部机制。上半年，对石弓镇等3个重点乡镇派驻信访工作专职副书记，取得较好成效。下半年，从政法系统和相关单位选派19名年富力强的同志到乡镇任专职副镇长、23名干部到不稳定村任信访专员，选派1名镇党委委员到县信访局挂职副局长，充实了县、镇、村信访工作力量，提高基层处访能力。

【法治信访建设】2017年，涡阳县打造阳光信访品牌，在县电视台创办《阳光信访》栏目，录制播放一批典型案件，让群众评判是非曲直，以阳光信访强化责任信访、推动法治信访。推行律师参与信访工作，建立律师顾问和公职律师制度，印发《涡阳县律师参与案件化解实施办法》，依法规范分类处理信访投诉请求，涡阳县通过其他行政程序分类处理信访诉求案例5件并形成了案件汇编，依法分类工作均在信访信息系统中进行了规范化录入。

（县信访局供稿）

档　案

【概况】县档案局1984年10月成立，县档案馆1958年2月成立，属一个机构两块牌子，内设4个股：人事秘书股、业务指导股、内部管理股和资料编研股。有正式人员8人，其中：具有大学本科学历5人，大学专科学历2人，中专学历1人；具有档案馆员（中级）职称4人。

【档案硬件建设】直至2017年年底，县档案馆占地9亩，建筑面积为6888平方米，其中：库房面积为2700平方米，有8个库房内配有密集架共1700立方米；业务技术用房面积为1400平方米；对外开放用房面积为1400平方米；办公用房面积为600平方米；附属用房面积为788平方米。大楼内安装有安全防范和库房温湿度监控系统12台去湿机、12台加湿机和12台消毒素机分设到6个密集架库房。为更好、有效地开展工作，添置了8台电脑、1台复印机、2台打印复印一体机，另安装了档案管理软件单机版1套。

【馆藏档案资源】直至2017年年底，县档案馆保管着全县84个全宗127个立档单位的档案、资料42350卷（件、册）。在文书档案方面，接收的年限为1949年至1978年，只有县委办公室接收至2007年、县政府办公室接收至1995年、县人事局接收至1992年、县劳动局接收至1983年。档案内容主要分为：党群系统全宗档案；“文革”时期县革委会全宗档案；政府系统全宗档案；县直企事业单位全宗档案；各区、镇（场）全宗档案；临时机构全宗档案。计20337卷。在人事档案方面，内容包括县教育局1960年前后精减下放教师档案；县委组织部和县教育局非在职干部档案；县人事局退职干部档案。计1167卷。在纪检监察档案方面，内容包括县纪委、县监察局和县人事局对党员干部和行政干部所犯错误的处理及案件查处结果档案。计2598卷。在房产土地证档案方面，内容包括1950年土地人口房产陈报书、土地房产所有证存根档案。计2687卷。在人口普查档案方面，内容包括县人口普查办公室在1954年、1964年、1982年第一、二、三次全国人口普查下作中形成的档案。计287卷。在“下放知青”档案方面，内容包括县“知青”办公室1968年至1978年“知青”下放存根、部分“知青”个人档案和“知青”内外迁移档案。计2687卷。在农税清册和地契档案方面，内容包括县财政局和财税局在建国初期组织征收的农户农业税清册及地契档案。计3466卷。在革命历史档案方面，内容包括中共雪涡县委1946年至1949年形成的档案。计19卷。在历史档案方面，清朝同治十一年（1872年）圣旨两轴。在科技档案方面，撤销单位县区划办移交进管的图纸223张。在声像档案方面，照片6本360张，录像带2盒。在电子档案方面，革命历史档案光盘1张。在书画档案方面，县老年书画联谊会捐赠的书画作品252幅。在图书、资料方面，计6518册。2017年还接收破产企业运输公司共3092卷册，袜厂623卷册档案。

【档案资源利用与服务】2017年，县档案局简化工作流程，网上办事181件，共接待查阅利用者678人次，提供利用档案、资料1056卷（件），复印6382张，为退休入社保、解决矛盾纠纷等起到参考和凭证作用。

【档案业务指导】2017年，县档案局派出业务骨干到标里财政所、新兴财政所、丹城财政所、高公财政所、牌坊财政所、永恒律师事务所、天静律师事务所、皖杰律师事务所、乐行律师事务所、褚汉华律师事务所、黄淮海律师事务所、法院、招商局、城管执法局、扶贫办等20多家单位进行业务指导，其中5家财政所档案管理达省一级，3家律师事务所达省二家，3家律师事务所达省一级，共整理档案二万余卷（件），编研资料八万余字。同时设立三个扶贫档案示范点，分别是城东镇田小庙村、陈大镇黄庄村、楚店镇李寨村。

（县档案局供稿）

党史研究

【概况】1981年11月21日，经县委常委研究决定，成立中共涡阳县党史资料征集小组。1986年11月5日，涡阳县党史资料征集小组改为中共涡阳县委党史工作委员会，下设办公室。

【史料征集】继续征集1949年以来至1978年间党史资料，反应县委重大决策部署、重要事件的文件、会议纪要、报告及开展的重要工作，充实了涡阳县党史二卷资料，认真完成市党史研究室安排的涡阳县党史二卷专题报送工作。如《涡阳的农业、手工业、资本主义工商业三大改造运动》《建国初期涡阳禁毒工作》《合作社的典型事例》等

【党史编纂】基本完成了涡阳党史二卷（1949—1978年）基础资料。

【党史宣传】2017年，县党史办开展了内容丰富、形式多样的党史宣传教育活动，积极配合县委办公室开展了十九大精神的宣传贯彻，党史办提供资料制作了《党的光辉历程》展览图片，整个展览分中共党史、涡北根据地创建、中共涡阳历届县委工作情况、十八大以来取得成就四部分。

【党史交流】2017年，县党史办共接待北京市、萧县、蒙城、内蒙古通辽市等地党史部门来涡考察事宜，扩大了对外地党史业务部门的交流。

【脱贫攻坚】2017年，县党史办按照县委县政府统一安排，做好扶贫攻坚工作，深入村户开展调研，走访慰问贫困户，制订帮扶计划，帮助制订致富脱贫计划，为村里争取各项扶贫措施落实到位，完成县安排的本单位帮扶慰问工作。

（县党史办供稿）

党　　校

【概况】2017年，涡阳县委党校强化“党校姓党”的工作理念，认真贯彻落实《中国共产党党校工作条例》和《中共中央关于加强和改进新形势下党校工作的意见》，坚持教学、科研、咨政一体化发展，围绕县委、县政府的中心工作，切实发挥好干部培训主渠道和决策咨政思想库作用，为涡阳县经济社会发展提供更加坚强有力的人才保证和智力支持。

【培训工作】2017年，县委党校在主体班培训方面，全年共举办主体班期13班次，培训1153人次。其中，上半年举办春季主体班8期，培训718人。分别为科级干部任职培训班60人、事业单位管理人员进修班60人、中青年干部培训班60人、女干部进修班50人、股级干部进修班60人、科级干部进修班60人、村（社区）支部书记进修班2期368人；下半年举办秋季主体班5期，培训435人。分别为村（社区）主任进修班195人，大学生村官培训班60人，科级干部进修班60人，股级干部进修班60人，党务工作者进修班60人。在专题班培训方面，举办全县扶贫业务培训班10期培训4300余人。干部能力素质大讲堂4期培训1650人。举办十九大专题培训班3期、培训1085人。利用卫星接收器远程同步进行清华大学专题培训班3期、培训学员180人。全县专业技术人员公需科目培训已举办5期、培训2300余人。

【党性教育】2017年，县委党校在课程设置上，突出理论教育和党性教育主课地位，确保“两大教育”总课时量不低于70%，其中党性教育课不低于总课时20%。紧紧抓住理论教育这个根本，开设《解读习近平中国特色社会主义思想》《新常态下，中国“互联网+”在行动》《新党章解读》《全面准确把握新时代新思想新征程》《全面推进依法治国

建设社会主义法治国家》《讲道德、有品行 做合格共产党员》《把握历史变革 开展伟大斗争》等教学专题。在现场教学和异地教学上，加强红色党性教育，组织学员赴金寨、泾县、山东枣庄实地接受党性锻炼，积极参加县纪委开展的廉政警示教育。

【教学管理】2017年，县委党校创新学员对课堂教学效果测评手段，在全市党校系统率先创建“涡阳县委党校掌上平台”APP，开设“课程中心、我的评分、我的点赞、我的学习”4个板块。不仅方便学员对教师授课效果、班级管理水平进行及时反馈，也有利于学员之间及时沟通，学员学习的积极性也有所提高。通过APP各项指标进行大数据记录分析，及时掌握课堂教学和班级管理情况，教师和班主任在授课和跟班管理上压力倍增，出现了争先恐后的局面，教学质量得到明显提升，主体班教师授课质量测评平均分达97.79分。教师武云参加市委党校教学比赛，取得第一名的成绩。

【科研工作】2017年，县委党校完善科研管理制度，健全科研考核激励机制，调动和激发全校教职工的科研热情。全体教师利用暑期进行6个专题的实地调研并撰写相关报告，《提升党校党性教育效果的研究 --- 以安徽为例》《塌陷域耕地现状—以皖西北耕地现状为例》《涡阳县中心城区道路交通拥堵和城市停车难问题的调研报告》《涡阳县农村移风易俗调查报告》《关于涡阳县红色文化资源开发和利用的调查报告》均已成稿。《培育和打造道源圣地省级特色小镇研究》专题已获市级课题立项，其他调研报告和论文也在陆续发表中。

（县委党校供稿）

涡阳县人民代表大会及其常务委员会

综　述

【概况】2017年共召开人民代表大会2次，人大常委会会议11次，主任会议13次，听取和审议“一府两院”工作报告17项，作出决议、决定16项，任免国家机关工作人员61人次。县十七届人大一次会议代表提出的3件议案和91件建议，都得到及时处理和答复，实现了代表满意、群众受益。2017年年初，县人大常委会委员数37人，刘传华因工作调动，袁中华因工作性质原因，崔华锋、贾瑞杰因工作职务变动辞去了委员职务，县人大常委会委员数34名。县十七届人大二次会议选举刘峰、赵云超、宋崇民、岳祥金、李真、罗龙为涡阳县人民代表大会常务委员会委员，年底县人大常委会委员数39名。其中，人大常委会主任刘峰，副主任刘红岩、李雷、燕坤、周俊杰。人大常委会委员分别是：纪本良、马燕霖、蔡扬、汪澄、李永进、张雷、刘文华、马晓东、蒋建英、孟凡臣、张亚民、袁淑华、王海洋、耿利华、李锐、李展、孙伟亮、李向前、宋丽、张玮、张继红、武效强、赵冲、俞鲲、袁红侠、贾惜东、柴阳阳、唐雅琦、程翔、赵云超、宋崇民、岳祥金、李真、罗龙。人大办公室8人，办公室主任周俊杰兼任，办公室副主任李锦钧，主任科员李强，副主任科员张健、刘焕、陈焕，科员朱景波、纪璐璐。教科文卫工委主任李永进。农业农村工委主任蔡扬。内务司法工委主任张雷，工作人员王少煌。城建环资工委主任马燕霖。财政经济工委主任纪本良、副主任侯言武。人事选举工委主任汪澄。

重要会议

【人民代表大会】2017年1月1日至3日，在涡阳剧院召开了县十七届人民代表大会一次会议，大会听取和审议县长熊国洪代表县人民政府所作的《政府工作报告》，审查《县2016年国民经济和社会发展计划执行情况与2017年计划（草案）报告》，批准了涡阳县2017年国民经济和社会发展计划，审查《县2016年财政预算执行情况和2017年财政预算（草案）报告》，批准涡阳县2017年县级财政预算，听取和审议县人大常委会副主任刘传华受县人大常委会委托所作的《县人大常委会工作报告》，听取和审议县人民法院院长候选人雷晨所作的《县人民法院工作报告》，听取和审议县人民检察院检察长信清彬所作的《县人民检察院工作报告》，大会决定批准上述几个报告。大会依法选举刘传华为涡阳县人民代表大会常务委员会主任，选举刘红岩、李雷、燕坤、周俊杰为副主任，马晓东、马燕霖、王海洋、孙伟亮、纪本良、刘文华、李永进、李向前、李展、李锐、汪澄、宋丽、张亚民、张玮、张继红、张雷、武效强、孟凡臣、赵冲、俞鲲、袁中华、袁红侠、袁淑华、耿利华、贾惜东、贾瑞杰、柴阳阳、唐雅琪、崔华锋、蒋建英、程翔、蔡扬为县人大常委会委员。选举熊国洪为涡阳县人民政府县长，选举陈长安、黄恺、郑虹、万洪超、牛光、苏志杰为涡阳县人民政府副县长（杜世峰、乔健、冯浩、张尔庆为挂职副县长）。选举雷晨为涡阳县人民法院院长，选举信清彬为涡阳县人民检察院检察长。选举刘红岩为涡阳县第十七届人民代表大会法制委员会主任委员，张振中、张雷、袁中华、栗广飞、唐雅琪、蔡扬为法制委员会委员。选举李雷为涡阳县第十七届人民代表大会财政经济委员会主任委员，马晓东、刘敏、纪本良、张文辉、赵冲、程翔为财政经济委员会委员。选举涡阳县出席亳州市第四届人大代表111名（其中，市下派21名）。

12月17日至20日，在涡阳剧院召开了县十七届人民代表大会二次会议，大会听取和审议县长熊国洪代表县人民政府所作的《政府工作报告》，审查《县2017年国民经济和社会发展计划执行情况与2018年计划（草案）报告》，批准了涡阳县2018年国民经济和社会发展计划，审查了《县2017年财政预算执行情况和2018年财政预算（草案）报告》，批准涡阳县2018年县级财政预算，听取和审议县人大常委会代理主任刘红岩受县人大常委会委托所作的《县人大常委会工作报告》，听取和审议县人民法院院长雷晨所作的《县人民法院工作报告》，听取和审议县人民检察院检察长信清彬所作的《县人民检察院工作报告》,大会决定批准上述几个报告。大会依法选举刘峰为涡阳县人民代表大会常务委员会主任,选举赵云超、宋崇民、岳祥金、李真、罗龙为县人大常委会委员。选举韩龙为涡阳县监察委员会主任。

【人大常委会】2017年2月22日,涡阳县第十七届人民代表大会常务委员会召开第一次会议。县人大常委会主任刘传华,副主任刘红岩、李雷、燕坤、周俊杰及其他常委会组成人员37人参加会议。刘传华主持会议。县人民政府县长熊国洪,县委常委、副县长黄恺,县委常委、组织部长、统战部长刘梦汝,县政府副县长苏志杰列席会议。会议听取审议并以举手表决的方式,通过涡阳县人民代表大会常务委员会2017年工作要点(草案)。会议审议了有关人事任免议案,县委常委、组织部长、统战部长刘梦汝、县政府副县长苏志杰、县法院院长雷晨分别宣读了有关人事提请文件,会议以无记名投票的方式表决通过了有关人事事项。刘传华向新任命人员颁发任命书。县人民检察院检察长信清彬同新任命人员集体向宪法宣誓。

熊国洪首先向县人大常委会对县政府工作一直以来的支持表示感谢,对新任命人员表示祝贺,对县政府组成部门负责同志提出要求:一要致力发展,按照县委“1358”总体发展战略,在服务全县加快发展进程中,切实把各项工作落实好;二要履职尽责,要恪守供职报告中的承诺,认真履行各自岗位职责;三要依法行政,始终坚持“法定职责必须为、法无授权不可为”的理念,主动接受县人大常委会的监督;四要执政为民,要牢记权力是人民赋予的,自觉做到情为民所系、权为民所用、利为民所谋;五要清正廉洁,认真履行党风廉政主体责任,坚持“一岗双责”,管好亲属、班子,带好队伍。熊国洪最后勉励大家,要从我做起、团结一致、勤奋工作,按照县委的决策部署,在县人大及其常委会的监督下,恪守供职报告承诺,为涡阳加快发展、勇当皖北振兴排头兵作出应有贡献。

刘传华对新任命人员提出要求:要强化政治意识,坚定不移地讲看齐、重担当、作表率;要强化法治意识,自觉接受人大的法律监督和工作监督;要强化责任意识,紧紧围绕县委、县政府的决策部署,带头崇尚实干、狠抓落实,努力为涡阳“全面建成小康社会、勇当皖北振兴排头兵”做出新的更大贡献;要强化廉政意识,在守纪律、讲规矩、重名节中切实做到廉洁自律。

县人民法院院长雷晨,县人民检察院检察长信清彬,县人大常委会有关工作机构和办事机构负责同志列席会议。

4月25日,涡阳县第十七届人民代表大会常务委员会召开第二次会议。县人大常委会副主任刘红岩、李雷、燕坤、周俊杰及其他常委会组成人员29人参加会议。李雷主持会议。县委常委、组织部长、统战部长刘梦汝列席会议。会议听取审议了有关人事事项,刘梦汝宣读县委组织部有关文件,会议以无记名投票的方式,表决通过了有关人事事项。会议决定刘红岩为涡阳县第十七届人民代表大会常务委员会代理主任。县委常委、县政府副县长乔健,县人民法院院长雷晨,县人民检察院检察长信清彬,县人大常委会有关工作机构和办事机构负责同志列席会议。

4月27日,涡阳县第十七届人民代表大会常务委员会召开第三次会议。县人大常委会代理主任刘红岩,副主任燕坤、周俊杰及其他常委会组成人员28人参加会议。刘红岩主持会议。县人民政府县长熊国洪列席会议。会议听取和审议县人大常委会关于检查《安徽省城镇供水条例》实施情况的报告、关于老年人权益保障情况的调研报告和《涡阳县人大常委会议事规则》、《涡阳县人大常委会任免地方国家机关工作人员办法》修改草案,对以上报告作出审议意见,并以举手表决的方式通过上述事项。会议听取县人民政府关于脱贫攻坚工作情况的报告,对报告进行审议并作满意度测评。会议还听取县人民政府关于提请审议将涡阳县向阳大道道路改造工程等7个项目政府购买服务资金纳入县本级财政年度预算的议案,分别作出了决议,以电子表决的方式通过相关决议。会议还表决通过有关人事任免案,县人民政府副县长苏志杰及县委组织部负责同志列席会议并对有关的人事作说明和报告。刘红岩为新当选的县人民政府副县长刘梦汝、赵凯、李强颁发了任命书,新任命人员向宪法进行宣誓。熊国洪发表讲话,他首先向县人大常委会长期对县政府工作

涡阳县人大召开乡镇人大主席会议

的监督与支持表示感谢，对新任命人员表示祝贺并提出要求。他表示，对会议作出的有关审议意见和涉及民生保障等事项，县政府将制定措施，认真办理，希望县人大常委会一如既往监督并支持政府工作。县人民法院院长雷晨，县人民检察院检察长信清彬，县直有关部门负责同志和部分县人大代表及乡镇人大主席，县人大常委会有关工作机构和办事机构负责同志列席会议。

6月27日，涡阳县第十七届人民代表大会常务委员会召开第四次会议。县人大常委会代理主任刘红岩，副主任李雷、燕坤、周俊杰及其他常委会组成人员34人参加会议。刘红岩主持会议。会议听取和审议县人大常委会调研组关于涡阳经济开发区经济运行情况的调研报告、县人大常委会视察组关于视察全县公共文化设施建设情况的报告，对以上报告分别作出审议意见草案，并以举手表决的方式通过上述草案。会议听取县人民法院关于执行工作情况的报告以及县人大常委会内司工委有关调研报告，对法院执行工作报告进行了审议并作满意度测评。会议还审议并表决通过了有关人事事项。县人民政府副县长牛光，县人民法院院长雷晨，县人民检察院检察长信清彬，县直有关部门负责同志和部分市县人大代表及乡镇人大主席，县人大常委会有关工作机构和办事机构负责同志列席会议。

8月30日，涡阳县第十七届人民代表大会常务委员会召开第五次会议。县人大常委会代理主任刘红岩，副主任李雷、周俊杰及其他常委会组成人员31人参加会议。刘红岩主持会议。会议听取县人民政府关于2016年县级决算的报告、关于涡阳县2016年度县级预算执行和其他财政收支的审计工作报告、关于2017年国民经济和社会发展计划上半年执行情况及下半年工作意见的报告、关于2017年预算上半年执行情况及下半年工作意见的报告，结合县人大财经委员会关于2016年县级决算草案审查结果的报告，审查批准了2016年县级决算；会议还对上述报告进行满意度测评，并作出相关决议和审议意见。会议还听取县人大常委会调研组关于镇（街道）人大工作和建设情况的调研报告，审议关于2017年地方政府债务限额（草案）的议案并表决通过了该事项。会议听取和审议了县人民政府关于国防动员工作情况的报告、关于全县农村土地整治工作情况的报告以及县人民法院关于执行工作情况的报告，以电子表决方式分别对以上报告作了满意度测评。会议还审议并表决通过了有关人事任免案。刘红岩为新任职人员颁发了任命书，被任命人员向宪法进行宣誓。县委常委、县政府常务副县长刘梦汝，县人民法院院长雷晨，县人民检察院检察长信清彬，县直有关部门负责同志和部分县人大代表及乡镇人大主席，县人大常委会有关工作机构和办事机构负责同志列席会议。

10月27日，涡阳县第十七届人民代表大会常务委员会召开第六次会议。县人大常委会代理主任刘红岩，副主任李雷、燕坤、周俊杰及其他常委会组成人员31人参加会议。刘红岩主持会议。会前，常委会进行集中学习，周俊杰领学党的十九大报告有关“健全人民当家作主制度体系、发展社会主义民主政治”等部分内容。会议听取县人民政府关于2017年预算调整方案草案及报告，结合县人大财经委员会审查结果报告，表决通过关于批准2017年县本级预算调整方案的决议（草案）。会议分别听取和审议了县人民政府关于全县消防工作情况的报告、县人大常委会执法检查组关于检查《中华人民共和国教育法》实施情况的报告，对有关报告进行了满意度测评并作出审议意见。会议还听取县人民政府关于县十七届人大一次会议代表议案建议办理情况的报告、县人大常委会视察组关于视察有关代表议案建议办理情况的报告。会议听取并审议通过关于设立涡阳县第十七届人民代表大会常务委员会代表资格审查委员会及组成人员名单的议案。会议还审议并表决通过人事任免案，县委常委、组织部长、县委办主任、统战部长丰霄寒就有关人事事项作说明。刘红岩为新任职人员颁发了任命书，被任命人员向宪法进行宣誓。县政府副县长赵凯表示，感谢县人大常委会一直以来对县政府工作的监督和支持，会后将按照常委会审议意见和县政府主要负责同志安排，对政府有关工作特别是消防安全等隐患进行落实和整改，确保人民群众生命财产安全。县人民法院院长雷晨，县人民检察、县直有关部门负责同志和部分县人大代表及乡镇人大主席，县人大常委会有关工作机构和办事机构负责同志列席会议。

11 月 27 日，涡阳县第十七届人民代表大会常务委员会召开第七次会议。县人大常委会代理主任刘红岩，副主任燕坤、周俊杰及其他常委会组成人员 30 人参加会议。刘红岩主持会议。会议分别听取和审议关于召开涡阳县第十七届人民代表大会第二次会议时间、地点与建议议程的报告（草案），关于补选县十七届人大代表的实施方案（草案），并以举手表决的方式通过上述草案。会议还听取、审议并表决通过关于接受部分县十七届人大代表辞呈的事项。县委常委、县政府常务副县长刘梦汝、县人民检察院检察长信清彬，县人民法院及县人大常委会有关工作机构和办事机构负责同志列席会议。

12 月 4 日，涡阳县第十七届人民代表大会常务委员会召开第八次会议。县人大常委会代理主任刘红岩，副主任李雷、燕坤、周俊杰及其他常委会组成人员 31 人参加会议。刘红岩主持会议。会议审议关于召开涡阳县第十七届人民代表大会第二次会议时间的议案（草案）、听取和审议关于县十七届人大代表补选工作情况的汇报，会议以举手表决的方式通过上述事项。县委常委、县政府常务副县长刘梦汝，县人民法院、县人民检察院及县人大常委会有关工作机构和办事机构负责同志列席会议。

12 月 14 日，涡阳县第十七届人民代表大会常务委员会召开第九次会议。县人大常委会代理主任刘红岩，副主任李雷、燕坤、周俊杰及其他常委会组成人员 29 人参加会议。县人大常委会党组书记刘峰列席会议，刘红岩主持会议。会议听取和审议县十七届人大一次会议代表议案建议办理情况的报告、县十七届人大常委会代表资格审查委员会关于补选代表的代表资格审查报告、县十七届人民代表大会第二次会议筹备工作情况的报告、涡阳县第十七届人民代表大会第二次会议选举办法（草案），涡阳县第十七届人民代表大会第二次会议代表议案和建议、批评意见的提出和处理办法（草案），以举手表决的方式，通过上述报告。会议听取涡阳县人民代表大会常务委员会工作报告（审议稿），同意将报告提交县十七届人大二次会议审议。会议还听取和审议并表决通过接受有关市四届人大代表辞呈的事项、补选涡阳县出席亳州市第四届人民代表大会代表以及县人大常委会委员辞呈、县政府提请的有关人事事项。县委常委、县政府常务副县长刘梦汝，县人民法院院长雷晨、县人民检察院检察长信清彬，县人大常委会有关工作机构和办事机构负责同志列席会议。

12 月 21 日，涡阳县第十七届人民代表大会常务委员会召开第十次会议。县人大常委会主任刘峰，副主任刘红岩、李雷、燕坤、周俊杰及其他常委会组成人员 34 人参加会议，刘峰主持会议。县委常委、纪委书记、监察委员会主任韩龙，县委常委、县政府常务副县长刘梦汝列席会议。会议听取和审议县监察委员会有关人事的提请事项，县委组织部负责同志宣读了县委提名文件并作候选人情况介绍，韩龙作了提请任职报告。会议以无记名投票表决的方式通过了对县监察委员会副主任、委员等人事提请的任命。刘峰向新任命人员颁发了任命书。会议举行宪法宣誓仪式，新任命的县监察委员会副主任面对国徽，在领誓人的带领下，向宪法庄严宣誓。刘峰对新任命人员提出要求，要强化政治意识，增强大局观念、践行党的宗旨、砥砺使命担当；要强化责任意识，勤于履责、勇于担责、敢于负责；要强化法治意识，依法用权、秉公用权、严以用权；要强化人大意识，自觉接受人大的法律监督和工作监督；要强化廉政意识，严格自律、以身作则、慎独慎微。县人民法院院长雷晨、县人民检察院检察长信清彬，县人大常委会有关工作机构和办事机构负责同志列席会议。

12月28日，涡阳县第十七届人民代表大会常务委员会召开第十一次会议。县人大常委会主任刘峰，副主任燕坤、周俊杰及其他常委会组成人员32人参加会议。刘峰主持会议。会议听取和审议《涡阳县人大常委会补选亳州市第四届人民代表大会代表选举办法（草案）》，以举手表决的方式通过该草案。会议还结合听取县委有关提名文件，审议《关于补选吕剑为涡阳县出席亳州市第四届人民代表大会代表的议案》，以电子表决的方式通过了相关人事事项。县委常委、纪委书记、监察委员会主任韩龙，县委常委、县政府副县长马勇，县人民检察院检察长信清彬、县人民法院及县人大常委会有关工作机构和办事机构负责同志列席会议。

重要活动

【重大事项讨论决定】2017年，县人大常委会作出《关于批准本年度地方政府债务限额的决议》，要求政府要严格资金用途管理，履行偿债责任，有效防范财政风险。出台《关于完善审计查出问题整改情况向县人大常委会报告机制的意见》。

【执法检查】2017年，县人大常委会先后开展《安徽省城镇供水条例》《中华人民共和国教育法》执法检查，分别作出审议意见，交给政府办理，取得明显效果。

【财政监督】2017年，县人大常委会听取和审议县政府关于2017年国民经济和社会发展计划上半年执行情况及下半年工作意见的报告，听取和审议县政府关于2016年县级决算报告、预算执行和其他财政收支的审计报告，2017年预算上半年执行情况及下半年工作意见的报告，批准2016年县级决算。审查和批准了2017年县本级预算调整的方案。

【议案建议督办】2017年，县十七届人大一次会议代表提出的3件议案和91件建议，都得到及时处理和答复。

【代表工作】2017年，县人大常委会认真做好闭会期间的代表活动开展，加强对代表小组的工作指导，通过县人大网站、电视台和微博微信等公众平台，及时公布常委会重要活动信息，广泛宣传和推介优秀代表事迹典型，坚持重大事项、活动向代表征求意见，全年共邀请市、县人大代表列席会议和参加活动160余人次。（县人大办公室供稿）

涡阳县人民政府

综　　述

【概况】2017 年，是县十七届政府开局之年，县政府完成了县十七届人大一次会议确定的各项目标任务，全县实现地区生产总值 276.9 亿元，增长 9.3%；财政收入 20.9 亿元，增长 15.7%；固定资产投资 218.8 亿元，增长 24.8%；规模工业增加值 79.86 亿元，增长 10.9%；社会消费品零售总额 126.1 亿元，增长 12%；城镇居民和农村居民人均可支配收入分别达到 24257 元和 10850 元，分别增长 8.7%、9.6%，实现了新一届政府的良好开局。

【工业经济】2017 年，涡阳县实现工业总产值 310 亿元，增长 13.1%；工业化率 37.2%，比上年提高 1.9 个百分点。光机电、绿色装配式建筑、现代中药和绿色食品、循环经济科技 4 个百亿元产业异军突起、初具规模，新增入驻亿元以上企业 16 家。战略性新兴产业、高新技术产业快速起跳，分别实现产值 42 亿元、54.3 亿元，均增长 30%，增幅高居全市第一。智能制造、数控机床、高端印刷、绿色新材料等一批新技术企业建成投产。民营经济发展被省委、省政府通报表彰。全年新增规上工业企业 30 家、高新技术企业 4 家。

【"三农"工作】2017 年，涡阳县粮食总产 142.6 万吨，实现农产品加工产值 160 亿元，增长 14%。市级以上产业化龙头企业、示范农民合作社、农业产业化联合体分别发展到 123 家、116 家和 25 家，正宇面粉连续 5 年蝉联全国小麦粉加工企业"50 强"。特色农产品基地蓬勃发展，山核桃、油牡丹等种植基地快速扩张，8 大经果林面积 4 万亩，比上年新增 2 万亩。百亩以上土地流转面积 52 万亩。"涡阳大豆"获批国家地理标志产品。规模养殖比重 82.6%。主要农作物机械化率 91% 以上，被农业部评为主要农作物全程机械化示范县。治理高标准农田 26.7 万亩，新增耕地 3500 亩，新建修复机井 7650 眼，新建加固涵闸 6764 座，疏浚大中沟 42 条。

【第三产业】2017 年，涡阳县新增限上商贸企业 30 家，总数达到 213 家；实现限上消费品零售额 41.5 亿元，增长 17%。中农批综合市场一期建成运营，建筑面积 47 万平方米的上海月星环球港城市综合体即将开工建设，青牛广场、凤凰假日酒店、天河金街等项目进展顺利。电商产业蓬勃兴起，县级电商服务中心、物流配送中心和 566 个村级电商服务网点运营良好，实现 368 个行政村电商全覆盖，线上交易额 7.7 亿元。金融业运行稳健，银企签约 36.9 亿元，金融机构贷款余额 162 亿元，增长 32.2%；贷存比 44.8%，比上年提高 4.8 个百分点。

【经开区建设】2017 年，涡阳县编制完成 57 平方公里的"一区六镇"产业发展规划，发展空间大大提升，承载能力增强。县经开区实现工业产值 70 亿元，财政收入 5.8 亿元，分别增长 70.7% 和 48.7%；在全省 162 个省级开发区综合实力评比中取得全市第 1 名、全省第 37 名的好成绩。西阳高新现代产业集群专业镇道路、管网、标准厂房等项目建设全面加速。循环经济科技产业集聚区和楚店、龙马、义门等产业集群专业镇基础设施建设全面启动。县经开区电力改造提升、发展要素中心、工业邻里中心、污水处理厂等项目建设全面加快。

【项目建设】2017 年，涡阳县实施重点项目 202 个，总投资 512.6 亿元，比上年增加 224 亿元。工业投资 90 亿元，增长 23.7%，总量全市第一、增幅全市第二。78 个省、市重点项目新增投资 170 亿元，占年度投资计划的 190%。新开工亿元以上项目 41 个，30 个亿元以上项目竣工。开展 3 次重大项目集中开工活动，开工项目 44 个，总投资 220 亿元，其中亿元以上工业项目 24 个。盛鸿科技、申杰电子、申鑫铸锭等 10 个工业项目当年开工、当年投产。

【深化改革】2017 年，涡阳县围绕破解制约涡阳发展的体制机制问题，新实施 170 多项改革任务，重点领域和关键环节改革取得新的突破。土地、规划、投融资、大建设、征迁安置等工作机制更加顺畅。"放管服"、商事制度、公共资源交易、行政管理执法、医疗卫生体制、教育体制等改革深入推进。户籍制度改革、供销社改革完成年度任务。国有林场改革工作受到省林业厅充分肯定。“营改增”“多证合一”“一照一码”全面实施，新增私营企业2050家、个体工商户1.1万户。农村承包土地经营权抵押累计发放贷款3.5亿元，居全省首批试点县第一位。乐行集团完成转型发展，成功募集7亿元企业债。投资29亿元的黑臭水体治理PPP项目建设进展顺利，并入选国家PPP项目库。扎实推进全国农民工返乡创业试点县建设，“涡阳老乡，请您回家”活动深入开展，2280名涡阳老乡返乡创业。

【城乡建设】2017年，涡阳县城南新区建设全速推进，开工大建设项目151个，建成项目69个，完成投资100亿元。路网建设、基础配套、公益项目、城区活水等“六大工程”基本建成，新建改建城市道路15条、30公里，“五馆三中心”主体工程即将竣工，德园公园即将开园，“十一纵八横三河”路网水系贯通。征迁安置有序推进，完成整村搬迁25个、拆迁面积110万平方米，在建安置小区16个、建筑面积165万平方米。老城区改造提升统筹推进，完成棚户区改造5263套，历史文化街区保护提升项目正式启动。房地产市场健康发展，完成房地产投资54.3亿元，销售商品住宅面积120万平方米，分别增长25%和38%。美丽乡村建设纵深拓展，大力实施美丽乡村与特色旅游“双推进”示范工程，高炉镇单集中心村获评第五届全国文明村镇，10个镇驻地建成区整治、20个省级美丽乡村示范村通过省级验收，新兴红色小镇、义门千年古镇、曹市辉山红色村落特色彰显。

【环境保护】2017年，涡阳县中央环保督察35个环境信访问题、省环保下沉督察16个问题，全部整改到位。成品油市场专项整治首战首胜，完成加油站点地下油罐双层罐改造70家，取缔非法加油站点172处。“蓝天保卫战”大获全胜，清理“六场一站”544家，建筑工地、燃煤锅炉、餐饮油烟等“十大”专项整治行动取得成绩。

【脱贫攻坚】2017年，涡阳县财政投入资金14.25亿元，推进脱贫攻坚“十大工程”。实施产业扶贫项目7.61万个，惠及368个村和3万个贫困家庭。投资7.8亿元的117.48兆瓦光伏扶贫电站并网发电，368个行政村村均增加集体收入5万元，1.76万个贫困家庭户均增收3000元。投资1.2亿元与温氏集团合作共建156个养殖小区，覆盖78个贫困村6240户贫困家庭。累计发放贫困户扶贫小额贷款2.9亿元，超额完成省下达的1.9亿元任务。全力实施教育扶贫、健康扶贫、就业扶贫，资助建档立卡贫困家庭学生19109人，贫困人口报销医疗费用1.04亿元，提供贫困家庭就业岗位10486个。完成贫困家庭危房改造8223户，1.42万贫困人口喜迁新居。

【民生工程】2017年，涡阳县财政投入54.6亿元用于民生事业，占全部财政支出88.4%，比上年增长12%。投入29.56亿元，全面完成31项民生工程。推进创业就业，新增城镇就业人员1.95万人，转移农村劳动力1.88万人，城镇登记失业率低于4%。城市低保标准提高10%，农村五保集中供养财政补助标准提高28%，农村五保分散供养财政补助标准、低保标准由3150元全部提高到4310元。完成农村道路畅通工程960千米，解决农村12万人安全饮水问题，农村生产生活条件进一步改善。城乡居民社会养老保险参保78万人，发放养老金5.92亿元。落实城乡居民医疗保险补偿资金8.87亿元、大病保险补偿资金4260万元。完成92所农村学校“改薄”、50所“村小提升”工程和第二个学前教育三年行动计划，城区45辆标准化校车投入运营。

【政府自身建设】2017年，涡阳县深入推进“两学一做”学习教育常态化，“讲政治、重规矩、作表率”专题警示教育扎实开展，严格落实中央八项规定精神和省市县相关规定，政府系统党的建设全面加强。强化政府目标绩效管理，建立政府工作清单、问题清单制度和交办、督办、销号制度，累计完成任务清单1054项，整改“四个点”问题清单64个。认真办理回复人民网留言、省长留言和市县长热线事项22524件，办结率99%，满意率97%。简政放权取得新成效，取消行政许可事项6项，清理中介服务事项29项、下放39项。“互联网＋政务服务”不断完善，网上办理事项105万件，OA办公系统、政府会议无纸化全面推行。强化审计监督，严格行政监察，推进政务公开。自觉接受县人大法律监督、县政协民主监督，办结人大代表议案建议97件、政协委员提案159件，办结率100%，满意率98%。

重要会议

【政府全体会】2017年2月23日，涡阳县召开新一届政府第一次全体扩大会议，县委常委、常务副县长陈长安主持会议，并解读了《2017年县政府工作报告主要目标任务分解表》，县委副书记、县长熊国洪就如何推动2017年工作进行工作部署。

【政府常务会】2017年1月15日，县长熊国洪主持召开县政府第1次常务会议，会议研究涡阳县深化农村改革综合性实施方案、涡阳县“七五”普法规划等3个文件、关于进一步加强涡阳县社会信用体系建设的实施意见等事宜。

1月25日，县长熊国洪主持召开县政府第2次常务会议，会议研究关于华星房地产公司遗留问题情况的汇报、财政预算外资金追加等事宜。

2月5日，县长熊国洪主持召开县政府第3次常务会议，会议研究关于涡阳县推进PPP项目工作情况的汇报、政府工作议事规则和工作推进机制的汇报等事宜。

2月20日，县长熊国洪主持召开县政府第4次常务会议，会议研究2016年经济社会发展目标考评结果汇报、关于涡阳县2017年事业单位公开招聘人员情况的汇报、关于涡阳县2017年申报全省统一考试录用公务员计划工作有关情况的汇报、关于表彰县十六届人大代表议案建议办理工作先进单位和先进个人情况的汇报等事宜。

3月16日，县长熊国洪主持召开县政府第5次常务会议，会议研究关于进一步加快涡阳经济开发区建设和发展的决定、涡阳县全民健身实施计划（2016—2020年）、关于对我县老城区保护、湿地公园、义门特色小镇建设、新兴老区红色文化建设四个项目建设咨询公司采取单一来源采购情况汇报、涡阳县贫困人口慢性病特殊医疗保障实施方案等事项。

4月10日，县长熊国洪主持召开县政府第6次常务会议，会议研究审议涡阳县土壤污染防治工作方案、涡阳县高新（阳港）现代产业园范围内西阳镇花行等7个自然村集体土地及房屋征收补偿安置实施方案、涡阳县援助错那县工作方案、全县招商引资大会方案等事宜。

4月21日，县长熊国洪主持召开县政府第7次常务会议，会议研究扶贫小额贷款入股光伏公司实施方案、涡阳县评选推荐先进劳动者、先进集体工作方案、2017年县直单位和经开区岗位责任目标起草情况的汇报等事宜。

5月2日，县长熊国洪主持召开县政府第8次常务会议，会议研究2017年涡阳县文化旅游年总体活动方案、涡阳县城关街道新城安置小区及道路建设房屋征收补偿方案、PPP项目建设工作等事宜。

5月11日，县长熊国洪主持召开县政府第9次常务会议，会议研究涡阳县2017年夏季秸秆禁烧实施方案、2017年义务教育招生工作方案、2017年涡阳县农村土地综合整治工作方案等事宜。

5月18日，县长熊国洪主持召开县政府第10次常务会议，会议研究涡阳县国有林场改革职工安置方案、迎道源国家湿地公园验收工作汇报、环保工作情况汇报等事宜。

5月31日，县长熊国洪主持召开县政府第11次常务会议，会议研究涡阳县电子商务发展战略规划和促进电子商务加快发展扶持政策、涡阳县预防青少年儿童溺水工作联席会议制度和实施方案、涡阳县专利资助和奖励资金管理办法等事宜。

6月12日，县长熊国洪主持召开县政府第12次常务会议，会议研究涡阳县城市建成区范围内危房收储实施暂行办法、关于顺河路拆迁处置遗留问题的汇报、城关街道小街小巷环卫作业市场化运作实施方案等事宜。

7月3日，县长熊国洪主持召开县政府第13次常务会议，会议研究关于进一步加强和改进卫生与健康工作实施意见相关情况的汇报、2017年全面推进依法治县工作要点相关情况的汇报、关于五里湾和七里朱安置小区三所学校室内装饰工程变更情况的说明、涡阳县统筹整合财政涉农资金支持脱贫攻坚实施办法和涡阳县财政扶贫资金管理办法等事宜。

7月17日，县长熊国洪主持召开县政府第14次常务会议，会议研究关于完善法律援助制度有关情况的汇报、涡阳县“十三五”时期文化改革发展规划纲要、关于涡阳县公开招募村级扶贫信息录入员有关情况的汇报、涡阳县城镇居民医疗保险与新型农村合作医疗合并实施方案等事宜。

8月9日，县长熊国洪主持召开县政府第15次常务会议，会议研究涡阳县道路交通安全隐患整治工作方案、关于补充涡阳县专职治安辅助人员有关情况的汇报、涡阳县农机专业合作社机库棚（农机大院）建设项目实施方案、涡阳县在职村干部参加城镇职工基本养老保险、医疗保险实施办法等事宜。

9月1日，县长熊国洪主持召开县政府第16次常务会议，会议研究十大整治百日行动实施方案、涡阳县深入推进城市执法体制改革改进管理工作实施方案、涡阳县深化教育体制改革的实施意见等事宜。

9月4日，县长熊国洪主持召开县政府第17次常务会议，会议研究涡阳县社会联动机制工作方案、关于贯彻《法治政府建设实施纲要（2015-2020年）》实施方案、关于推行法律顾问制度和公职律师公司律师制度实施方案、关于涡阳县综合防灾减灾规划（2016-2020年）等事宜。

9月17日，县长熊国洪主持召开县政府第18次常务会议，会议研究关于加快构建现代公共文化服务体系的实施方案、涡阳县“两治三改”三年专项行动实施方案、涡阳县林业产业扶贫工程实施工程等事宜。

9月30日，县长熊国洪主持召开县政府第19次常务会议，会议研究2017年PPP项目、涡阳县大力发展以农作物秸秆资源利用为基础的现代环保产业实施方案、涡阳县突发粮食事件应急预案、涡阳县经济发展顾问聘请方案、涡阳县“一乡镇一团队、一村（社区）一顾问”法律服务工作实施方案等事宜。

10月16日，县长熊国洪主持召开县政府第20次常务会议，会议研究涡阳县农村集体土地所有权确权登记发证实施方案、关于征收县急救中心家属区南侧国有土地上房屋的公告等事宜。

11月6日，县长熊国洪主持召开县政府第21次常务会议，会议研究关于改革社会组织管理制度促进社会组织健康有序发展的实施意见、涡阳县河道水污染综合整治“百日会战”工作方案、关于制定和实施老年人照顾服务项目实施意见、涡阳县司法所建设规范提升工程实施方案、涡阳县重大动物疫情突发事件应急预案等事宜。

11月17日，县长熊国洪主持召开县政府第22次常务会议，会议研究关于进一步把社会主义核心价值观融入法治建设的实施意见、关于给予宋丰等六位同志三等功事宜、表彰十九大维稳安保先进集体和先进个人方案、涡阳县化解不良贷款专项工作实施方案等事宜。

11月27日，县长熊国洪主持召开县政府第23次常务会议，会议研究涡河、武家河、包河涡阳境内网箱网具住家船拆除工作方案、研究涡阳县2017年度经济社会发展情况目标考核办法、涡阳县加快推进“互联网+政务服务”工作实施方案、加强全县村民小组自治能力建设试点工作等事宜。

12月7日，县长熊国洪主持召开县政府第24次常务会议，听取研究相关事宜。

12月10日，县长熊国洪主持召开县政府第25次常务会议，会议研究涡阳县五大发展行动计划（修订版）、2017年政府工作报告（审议稿）、2017年国民经济社会发展计划执行情况和国民经济社会发展计划（草案）报告、2017年预算执行情况和2018年预算（草案）报告等事宜。

12月11日，县长熊国洪主持召开县政府第26次常务会议，会议研究关于深化供销合作社综合改革的实施意见、涡阳县重大行政决策公众参与程序规定和涡阳县政务公开实施细则、关于贯彻落实省市打造内陆开放新高地的实施方案、涡阳县艾滋病遏制与防治“十三五”行动计划等事宜。

12月16日，县长熊国洪主持召开县政府第27次常务会议，会议研究涡阳县“十三五”信息化发展规划、涡阳县重大决策风险评估办法等事宜。

12月22日，县长熊国洪主持召开县政府第

28 次常务会议，会议研究涡阳县城西街道和城东街道撤并调整实施方案、涡北街道更名事宜、涡阳县加快推进医疗卫生与养老服务相结合实施方案、涡阳县 PPP 项目实施方案有关情况的报告、涡阳县自来水厂工作方案等事宜。

县政府办公室工作

【公文处理】2017 年，县政办全面实行公文 OA 系统运转，规范文书档案归档，扎实开展文电保密工作。全年共接收运转上级来文 1500 余件，接收运转镇（街道、经开区）、部门文件 1000 余件，发文 400 余件，无差错。

【以文辅政】2017 年，县政办以提高公文写作能力和办文服务水平为工作目标。在撰写文稿上，按时按质完成领导交办的各类文字材料撰写、审核任务，力求在准确基础上求创新，在规范基础上求特色，在掌握基本素材基础上求突破，在领会领导意图基础上求拓展。对传阅文件严格传办程序，做到不漏传、不错传、不失传，保证公文正常传办。

【应急管理】2017 年，县政办完善应急值守机构建设，形成以县政府应急办为枢纽，以镇（街道、经开区）、县直各单位值班室为节点，层层相连、上下畅通、快捷高效的值班网络，为应对各类突发事件奠定坚实基础。完善应急值守制度建设，中共十九大期间，县政府办公室组织县应急办、督查室、效能办等单位对全县 25 个镇（街道、经开区）及有关单位值班情况进行连续不断的电话和夜间实地检查，将检查情况报告县政府主要负责人，并进行 3 次全县通报，保证中共十九大期间全县社会大局的安定稳定。加强信息报送工作，在保证突发事件信息报送时效前提下，不断提升信息报送工作质量，十九大期间扎实开展突发事件日报告、零报告工作。全年共向市政府报送突发事件信息 42 条。依托气象灾害预警信息平台及应急值守平台建立预警信息发布系统，全年共发布预警信息 69 次，各类服务信息 1100 余项。排查地质灾害隐患点 5 处，2 处为煤矿塌陷区（涡北煤矿、袁店二矿塌陷区），均已完成居民搬迁，以上 5 处隐患点已全部纳入监控范围，防止发生次生灾害。

【信息调研室】2017 年，涡阳县人民政府办公室下发《关于进一步加强政务信息工作报送的通知》，强化约稿、奖惩、压力传导等工作机制，切实发挥政务信息为领导科学决策提供参谋助手的职能。全年共整理上报信息 990 余条，其中被省采用 18 条，被市采用 120 余条，采用条数和总分数位居全市第一名，在全省直报点钟名列前茅，县政办被评为全省政务信息工作先进集体，杨文正被评为全省政务信息工作先进个人。（县政办供稿）

民族宗教

【项目建设】2017 年，县民宗局完成 2016 年度少数民族发展资金项目，其中赵屯民族村 60KW 光伏电站建设，并联网发电。为该民族村每年增加集体收入约 6 万元，改变了该村无集体收入的历史。落实 2017 年少数民族发展资金 207 万元，其中省级少数民族发展资金 147 万元，市级少数民族发展资金 60 万元。建设 28 座 300 平米的香菇种植棚，购置菌棒 196000 个，香菇种植架 1792 组，及辅助设施。该项目可使 4 个民族村每年增加收入 40 万元，平均每村 10 万元。

【民族团结宣传月活动】2017 年，县民宗局广泛开

省伊协在义门清真寺举行卧尔兹讲经赠书活动

展民族政策和法制宣传。在“民族团结进步宣传月”期间，共悬挂民族团结宣传横幅20条，发放民族团结宣传册300多份。并利用广播电视台、各大型电子屏幕等媒体进行宣传。县委办公室、县政府办公室下发《学习贯彻中共中央办公厅 国务院办公厅＜关于依法治理民族事务 促进民族团结的意见＞的意见》，并于9月以县两办名义下发。

【宗教工作】2017年，县民宗局组织召开全县民族宗教工作联络员会议。在县委党校举办中青年干部民族宗教政策培训班，传达学习中办厅 国办厅《关于依法治理民族事务促进民族团结的意见》和全国宗教工作会议精神。组织举办2期为期一月的基督教传道员培训班，全年培训民族宗教工作4支队伍296人次。协助安徽省伊协在义门清真寺举行“2017年卧尔兹巡回演讲暨解经系列丛书赠书活动”，市民委（宗教局）主任（局长）金少坤，省伊协会长穆可发，涡阳县人民政府副县长赵凯，县委统战部、县民宗局、义门镇党委政府负责人，省伊协宣讲团的5位阿訇及百余位义门回族群众参加活动。

【三自爱国会换届】2017年12月9日上午，涡阳县基督教三自爱国会第三届一次代表会议在孙楼教堂顺利召开，来自全县各基督教场所的117名代表参加会议。会议通过县基督教三自爱国会第二届委员会工作报告，选举产生了第三届委员会、常务委员、主席、副主席、秘书长、副秘书长。县委常委、组织部长、统战部长、县委办主任丰霄寒参加会议并发表重要讲话。（县宗教局供稿）

涡阳县基督教三自爱国运动委员会第三届第一次代表会议

招商引资

【概况】县招商局是参照公务员法管理的县政府直属事业单位，正科级建制，财政全额供给，主管全县招商引资工作；内设办公室、综合信息室、项目服务室、协作联络室4个机构；编制数14名，其中局长1名，副局长2名，股级领导职数4名。

【签约项目】2017年，涡阳县共签约招商引资项目102个，总投资320.5亿元。农业类项目34个，工业项目61个，服务业类项目7个。其中，工业项目总投资246亿元，亿元以上工业项目42个，总投资238.14亿元，24个工业项目实现当年签约、当年开工。

【实际利用省外资金】2017年，涡阳县全年新建省外亿元以上项目目标任务为 20个，1-12月份，完成新建省外亿元以上项目38个，总投资203.3亿元，任务完成率为190%；累计在省外资金项目系统库中入库项目98个，全年实际到位省外资金目标任务为95亿元，1—12月份省合作交流办核定累计到位资金107.7亿元，任务完成率为103.4%，三县一区居第二位。

【实际利用市外内资】2017年涡阳县实际利用市外内资全年目标任务为340亿元，1—12月，全县实际利用内资344亿元，增幅15.7%，任务完成率为101.2%。

【实际利用外商直接投资】2017年涡阳县实际利用外商直接投资全年目标任务为16665万美元，实际利用外资16665万美元（直接采用市商务局数据），增幅8%，总量和增幅分别居三县一区全市第二位、第三位，任务完成率为100%。

【外出招商】2017年，县领导累计外出招商391人次，拜访企业336家；县直单位主要负责人外出招商192批次，拜访企业276家；乡镇党政主要负责同志外出招商265批次，拜访企业298家；共拜访涡阳籍在外人士346人次。

【招商服务】2017年涡阳县强化服务意识，把项目协调、服务工作作为改善投资环境和树立招商引资工作新形象的一项重要工作来抓，变管理招商为服务招商；积极转变招商方式，坚持主动出击，加大对各领域重点招商线索搜集，变“等、靠、要”为“自、主、找”招商；围绕涡阳县主导产业，实行产业招商、配套招商、短板招商，变“普遍招商”为重点领域招商和精准招商；注重平时工作过程实绩，淡化年终“一次性”评测考核，变“评时”考核排名为跟踪督查“平时”实战成效；减少相关会议数量，杜绝“关门学习”和“闭门造车”，实施“走出去”战略，变在家“开会”为在外“开路”招商。

【优化招商工作机制】2017年涡阳县出台《关于进一步规范招商引资工作流程的通知》《涡阳县大项目招商引资导则》等政策文件。在招商流程上，整合各部门资源力量，加强信息采集，由县招商局统一汇总，分类组织考察识别，最终由县招商引资工作领导小组集体审定，提高项目的签约率。在项目服务上，根据全县产业发展定位，定期对项目信息的真实性、可行性进行研究。并筛选出一批重大项目，围绕项目服务和要素保障，按照“特事特办”“急事急办”“难事现场办”的方法实行“一站式”服务，提高项目的落地率。在推进落实上，建立谋划一批、洽谈一批、签约一批、开工一批、建成一批、筹备一批等“六个一批”项目库，定期更新、掌握项目进展情况，推进项目投产建设，提高项目的成功率。

【强化招商工作重点】2017年围绕涡阳县产业规划，突出培育发展国家和省、市支持的重点产业；围绕重点产业，突出联系国内500强、行业龙头100强等重点企业；围绕重点企业，突出引进重大规模企业上下游关联的重要项目；围绕重要项目，突出深入考察国内优势产业、战新产业所在的重点区域；围绕重点区域，突出搜寻利用各大企业高管和项目负责人的重要人脉，从而织密从产业到企业、到项目、到区域、到管理团队的目标对象“关系网”。2017年，涡阳县持续深化与合肥高新区、河北霸州、江苏昆山战略合作，连续两年举办徽商大会·涡阳县招商专场活动，先后在深圳、台州、合肥、昆山、温州等地举办招商推介会，有效推动鸿路集团、中建材集团、炫一下科技、光大集团等一批全国知名企业、上市公司的重大项目落户涡阳，涵盖新能源、新型材料、智能电气、循环农业、精密加工、精细化工、多式港口联运、电商物流、云计算等多个领域。

【招商要素集成】2017年涡阳县坚持将软环境做硬，做到一次性告知、一条龙服务，打造为企业方便、快捷高效的投资营商环境。以信息化建设为落脚点，通过手机APP畅通政企对接渠道，通过“轻轻一点”，高效“解决问题”，加快推动项目的洽谈、签约、落地、建设和投产；以优惠政策兑现为切入点，强化项目开工、建设、达产、税收等节点履约管控，坚决兑现合同约定的各类事项；以优化投资环境为发力点，严厉打击破坏经济发展的行为，不断营造“亲商、安商、便商、利商”的投资环境。坚持将硬环境做实，加快基础设施配套，全力保障园区建设发展中土地、资金、技术、人才、载体、服务等要素资源配置，确保园区落户项目用地优先、使用资金优先、技术引进优先、人才保障优先、载体入驻优先、服务倾斜优先。推进“一区六镇”基础设施大建设步伐，加快推进发展要素中心、企业邻里中心等配套设施建设，有序补齐城南新区、经开区及6个产业集群专业镇基础设施建设短板，按照“高起点规划、高标准建设、高效能管理、高水平服务”的要求，重点打造涡阳高新（阳港）现代产业园，不断完善健全配套服务设施，为入园企业提供皖北一流的发展承载平台。（招商局供稿）

信息工作

【概况】2016年10月8日，涡阳县人民政府信息化办公室更名为涡阳县信息局，副科级事业单位，在编工作人员7人。

市信息局、监察局到涡阳县检查网上办事大厅工作

【网上办事大厅】2017年，涡阳县网上办事大厅工作初步实现让“数据跑路”代替“群众跑腿”，方便群众办事创业、企业办事的基本目标。各类办理事项共1570项，其中支持在线申办1474项，支持在线预约109项。2017年，全县共受理网上办事项134万件，正常办结115万件。让群众足不出村、足不出户就能把所需事情办好，极大方便了群众。

【“我家亳州”APP宣传】2017年，县信息局加大“我家亳州”APP宣传工作力度，全年共计新增下载使用人数7万余人。

【电子政务】2017年，县信息局全面启用OA办公系统电子签章和文件传输，确保系统应用的安全性、合法性和严肃性。县乡两级、县直单位之间不涉密、非敏感公文通过网上流转、办理，系统运行稳定，传输安全快捷，保障政令通畅，提高了行政效能。无纸化办会系统应用，县政府常务会、县长办公会运用无纸化办会系统，提高办会效率。政务外网建设，完善电子政务外网架构，规划布局，加强电子政务外网日常监控，规范运行机制，开展电子政务外网建设、管理、维护等工作。

【政府网站建设】2017年，县信息局完成全县政府网站集约化统一技术平台软硬件升级工作。政府网站集约化主站和各子站运行良好，全年无网络安全事故。政府网站信息发布及时有效，县政府网站发布本地要闻信息933条，部门动态信息936条，镇(街道办事处、经开区管委会)动态信息592条，被市政府网站采用信息685条。热线办理高效便民，12345市长热线(除来电、来信)全年共计1813条，按时回复1791条，按时回复率98%，群众满意率100%。

(县信息局供稿)

行政服务中心

【概况】涡阳县政务服务中心(政务公开办)是正科级行政单位，隶属于涡阳县政府办公室，行政编制5人，设主任、副主任各一名。现有公务员6名，其中副主任一名，副科级干部一名，副主任科员一名，科员3名，副主任贾松负责全面工作。工作职责主要是负责全县政务公开组织协调、指导推进、监督考核工作。

【政府信息公开】2017年，全县政府信息公开48433条，较2016年增长186%，完成县岗位责任目标任务的142,16% ，其中县政府(办公室)信息公开11787条，较2016年增长448 %，镇(街道)信息公开 14730条，较2016年增长 201 %，县直单位信息公开 19807条，较2016年增长150 %，受理并及时回复依申请公开 12件。

【政务公开宣传培训】2017年，结合省、市测评标准和新增栏目的要求，印发《2017年涡阳县政府信息公开目录规范(修订版)》(分县政府办公室、乡镇、县直单位3个类型)。为信息发布员收集、编辑、发布信息提供参考。采取以会代训、集中分期轮训等方式，加强对信息发布员业务培训和实战化操作。全年举办培训28期，培训信息发布员588人次，分管政务公开负责人和信息发布员公开理念和水平不断提升。

【监督检查】2017年，县政务公开办承担县政府(办公室)信息公开任务，每天坚持收集、编辑、审核、发布政府信息，督促县直涉及重点领域单位上报信息，对公开的每一条信息从标题、内容到选择栏目、发布程序等方面进行检查，力争发布的信息符合栏目要求。加强对乡镇、县直单位政府信息公开情况监测检查，每月上报市政务公开办20个单位监测情况及其报告。对市政务公开办及第三方测评反馈问题和整改意见，都能认真的及时交办、督办、整改落实。2017年以县政府办公室印发通报13期，召开乡镇、县直分管负责人或信息发布员调度会议6次，对连续落后的单位交县督查中心督办。利用县信息员群、电话通知、现场指导等方式，加强对信息发布人员督导100余次。

【公开办理工作】2017年，涡阳县受理公民依申请公开事项12件，其中网上申请公开4件、邮寄件8件，对于本部门掌握的信息，及时与申请人取得联系，迅速给予回复。对申请人提交的申请事项，非本部门掌握、需要有关乡镇或部门回复的，及时进行转办，并加强指导、跟踪督办，在规定时限内提前回复，赢得申请人的理解和赞同。全年全县办理的申请公开事项没有收费，没有因政府信息公开申请行政复议和提起诉讼的情况。

【基层政务公开示范点建设】2017年，县政务服务中心根据《亳州市人民政府办公室关于印发亳州市推进基层政务公开标准化规范化试点工作实施方案的通知》精神，结合涡阳县实际，印发《涡阳县人民政府办公室关于印发＜涡阳县推进基层政务公开标准化规范化试点工作实施方案＞的通知》，召开各试点单位分管负责人调度会议2次，要求按照任务分工和时间节点有序推动试点工作。指导城西街道、县交通局、县供电公司等单位创建政务公开示范点，发挥示范带动作用。

（县行政服务中心供稿）

地方志

【概况】2017年，涡阳县地志办克服人员少、年龄老化、资金紧张等困难，完成《涡阳年鉴（2017）》《涡阳年鉴（2014—2015）》3年年鉴编纂出版工作，完成《华环烟草志（1917-2017）》百年烟草志指导编纂出版工作，完成《涡阳大事记（2017）》编录及合订本印刷工作，完成省市年鉴志书资料报送工作，做好扶贫攻坚工作，助力涡阳大豆成功申报国家地理标志产品称号。地志办连续两年获得全市地方志系统先进单位，《涡阳年鉴（2016）》获第三届全省年鉴综合评比二等奖和出版印刷奖。

【年鉴编纂】2017年，县地方志办与北京方志出版社合作，编纂出版《涡阳年鉴（2017）》，全彩四色。经过近两年的努力，编纂出版《涡阳年鉴（2014—2015）》合订本。

【企业志编纂指导】2017年，县地方志办单位安排专人参与《华圆烟草志》编纂工作，多次组织专家听取编纂工作进展情况汇报，提出修改意见。8月，在合肥组织召开省内专家参加的评审会，10月，正式出版成书，成为全国首部烟草志书。

【大事记编录】2017年，县地方志办编录出版了《涡阳大事记（2017）》合订本。全年编发12期涡阳大事记，每期大事记在次月5日前编录好，分送给县委、人大、政府、政协四套班子领导及各部门、各乡镇（街道）、经开区。为了保证大事记编录质量和效果，确定专人负责此项工作，保持工作的延续性。完善信息共享机制，与县委办、县政办、县广播电视台、涡阳之窗建立信息共享机制，拓宽了信息来源渠道，保证信息资料全面、及时、准确。严格审核把关，地方志办公室负责信息搜集、整理和编录工作，然后交由县委办、县政办进行审核把关，以保证《涡阳大事记》编录质量。

【省市年鉴资料报送】2017年，县地方志办完成安徽年鉴、安徽省志、亳州年鉴《涡阳篇》文字图片组稿和报送工作，在组稿过程中，地志办严格按照年鉴编纂工作的总体安排和流程，以统一体例、统一标准、统一质量的要求，精心收集资料，认真整理撰写，反复推敲打磨，层层把关审核，保证供稿质量。

【脱贫攻坚】2017年，县地方志办包的贫困村青疃镇刘村人口多、距离远，在涡阳的最东北、与淮北市濉溪县交界，从县城开车要一个多小时才能到达。全村1015户，4454人，78户贫困户，是涡阳县2017年贫困村计划出列村，扶贫任务艰巨繁重。地志办积极克服困难，按照县委统一安排，定期到所包扶贫点调查摸底，帮助理清扶贫思路，制定扶贫开发规划和实施措施。按时走访贫困户，了解致贫原因，力所能及的做一些工作，如给贫困户送去电视、桌椅、橱柜、米、油、衣服等生活用品，帮助解决一些实际困难。走村串户宣传扶贫政策，让贫困户了解自己应该享受的政策。帮助贫困户落实“五净一规范”要求，帮助贫困户改善生活条件和居住环境。每次国家、省、市检查，地志办都与村两委成员一道认真准备，周密安排，通过不懈努力，已经达到脱贫条件。

【助力“涡阳大豆”成功申报】2017年，县地方志办协助农委、市场局做好涡阳大豆地理标志产品称号申报工作，同县农委、市场局等单位一起研究申报程序和条件，帮助查找相关资料。10月，国家工商总局商标局正式批准“涡阳大豆”为国家地理标志产品称号。

（地方志办供稿）

公共资源交易监督管理

【概况】2017年，公共资源交易监督管理局坚持以公共资源交易全程电子化、服务标准化、监管智能化为目标，不断完善公共资源交易监管体制和服务机制，加快电子化交易平台建设，努力打造公开公平阳光交易平台，涡阳公共资源交易工作取得显著成效。2017年度全县各类公共资源交易总额102.13亿元（含合肥平台交易）。县公共资源交易平台共完成招标采购类项目615个，预算金额30.18亿元，中标金额26.55亿元，节资金额3.63亿元，节资率12.03%。在合肥公共资源交易平台共完成20个项目，交易总额55.16亿元；国土交易项目19宗，成交价为20.42亿元。

【制度建设】2017年，县公管局联合县监察局共同印发《涡阳县公共资源交易市场信访投诉处理办法（试行）》，规范涡阳县公共资源交易市场秩序，确保信访投诉渠道畅通，办理及时，同时有效避免

熊国洪县长（前右二）到光明小区、李马安置小区进行标后监管。

恶意投诉对正常招投标工作的干扰；县政府办公室出台《关于进一步加强涡阳县公共资源交易管理的通知》，要求涡阳县所有交易文件必须经县政府分管领导签批或会审后方可发布，确保文件的编制规范。同时文件还明确标后监管的相关职责，成立标后监管办公室设在县公管局，公管局联合各行业主管部门采取随机抽查和综合检查的方式开展标后督查。

【徽采商城应用】2017年，按照县政府要求，县公管局和合肥公共资源交易中心签订启动徽采商城的协议，9月份完成本地供应商的征集工作，10月份邀请合肥专家到涡阳县开展培训工作，正式开启徽采商城应用。商城的启动提高采购效率，降低采购成本，为政府各部门提高更加便利的服务。2017年年底，徽采商城共完成交易71项，交易总额100余万元。

【市县一体化平台建设】2017年，县公管局牵头拟定《涡阳县整合建立统一的公共资源交易平台方案》，方案明确整合范围、工作目标和责任单位；涡阳县工程建设项目招投标、土地使用权和矿业权出让、国有产权交易和政府采购等四大板块项目全部进入交易中心交易，基本实现统一的制度规则、统一的平台交易、统一的服务标准、统一的信息公开、统一的评标专家、统一的信用管理，以及异地互联互通的公共资源交易运行机制。

【电子招标】2017年，县公管局全流程电子招投标顺利推进，全面启用亳州市公共资源交易电子系统，所有进场交易项目全部进入系统流转；已经实

现网上报名、网上投标，开标现场解密电子投标文件，电子唱标，电子辅助评标，基本实现全流程电子招投标；共有近800个项目在市县一体化电子交易平台进行交易。

【推行亳州市招标文件范本】2017年，全面推行亳州市招标文件范本，县公管局配合市公管局拟订各类公共资源交易文件共38个范本，6月份开始试运行。运行以来，县公管局全面推行交易文件范本，进场交易项目有对应范本的，原则上必须使用范本。

【监管工作】2017年，公管局对进场交易项目严格把关，对资料不全，招标方式不符合法律规定的项目一律不予受理；在招标文件的制作上，全面启用市局38个电子交易范本，固化专项条款不能更改，杜绝可能出现的量身订做或者“萝卜招标”，不给相关主体以可以寻租利用的空间。充分利用现有的交易场所，在开标大厅、评标室及其他所有公共场合都安装了高清摄像头，对场内交易活动全方位无死角的监控；评标室的监控装置与市局联通，市局可以同步监控到涡阳县的开评标情况；局监督股对专家抽取、开标评标、中标公示、保证金退回等环节做到全程审核监督。及时受理举报投诉，全年公管局共受理投诉23起，其中投诉不属实的13起，投诉属实的10起，累计不予退还投标保证金125.2万元，计不良记录十余次。对不按评标要求认真履职的评标专家6人做日常考核扣分并网上通报处理。涡阳县标后监管办公室于5月成立，办公室设在县公管局。成立后制订标后监管的各项制度，明确各个组成部门的职责，建立沟通联系机制，每周组成标后督查组对政府投资项目和各界关注的热点项目进行现场督查。公管局共会同县住建委、督查中心等部门开展标后督查16次，督查项目59 个(次)，单独或联合下发督查通报16次，督促业主对中标企业约谈26次，处理7次，处理金额243.5万元，记不良记录15次，促进政府投资项目的顺利推进。

（县公管局供稿）

中国人民政治协商会议
涡阳县委员会

综　述

【概况】中国人民政治协商会议涡阳县委员会（简称县政协）是中共涡阳县委领导的，由无党派人士、人民团体、少数民族代表和各界爱国人士参加的爱国统一战线组织，是实现中国共产党领导的多党合作和政治协商的重要机构，是发扬社会主义民主的重要形式。1980年9月，召开政协涡阳县委员会第一次会议，正式宣告中国人民政治协商会议涡阳县委员会的成立，从此揭开了涡阳县政协工作的新篇章。

涡阳县政协1980年建立，已历经九届，并于2017年1月2日在县委党校选举产生第十届政协常委会。县政协以马克思列宁主义、毛泽东思想、邓小平理论、“三个代表”重要思想、科学发展观和新时代中国特色社会主义思想为指导，在中共涡阳县委的正确领导下和县政府的大力支持下，涡阳政协紧紧把握团结和民主两大主题，切实履行政治协商、民主监督、参政议政职能，认真履行政协章程，充分发挥协调关系、汇聚力量、建言献策、服务大局作用，发扬与时俱进、开拓创新的精神，紧紧围绕县委、县政府的中心工作，突出重点，注重实效，运用灵活多样的形式和工作方法，在促进县经济和社会发展中作出应有的贡献。

【全委会任务及会议制度】全体会议是政协最高层次的协商形式。涡阳县政协委员会的全体会议由涡阳政协委员会常务委员会召集并主持，每届第一次全体会议由预备会议选举产生的主席团主持。全体会议每年举行一次，常务委员会认为必要时可随时召集举行。一般与涡阳县人民代表大会同期召开。全体会议必须有2/3以上的委员出席，始得举行。

全体会议的主要任务有：选举政协涡阳县委员会的主席、副主席和常务委员，决定常务委员会组成人员的增加或变更；协商讨论涡阳政治、经济、文化和社会生活中的重大问题，提出建议和批评；听取和审议常务委员会工作报告、提案工作情况的报告和其他报告；听取并讨论政府工作报告、涡阳计划和预算报告、县人民法院工作报告、县人民检察院工作报告以及其他重要报告，提出意见和建议。

【常委会职责及会议制度】常务委员会会议是县政协全体会议闭会期间履行政治协商、民主监督、参政议政职能的主要形式。常委委员会会议召集并主持中国人民政治协商会议涡阳县委员会的会务，在涡阳县政协委员会全体会议闭会期间，处理涡阳县政协委员会的工作。

常务委员会会议由涡阳县政协委员会主席主持，也可由主席委托的副主席主持，一般每季度举行一次，必要时可临时举行，必须有全体组成人员的2/3以上出席方能举行。

常务委员会会议主要日程安排有：开幕会、闭幕会、大会发言会、听取报告或情况介绍会、专题分组讨论和小组讨论会等。主要任务有：审议涡阳县政协委员会及常务委员会会务和工作中的重大事项；协商讨论涡阳县国计民生的重要问题，听取县委、县政府及有关部门的负责人对有关重要问题的报告或说明；审议提交涡阳县政协委员会全体会议的文件；审议重要的建议案、提案、视察报告、调研报告和其他报告；研究政协工作中的重要事务等；协商决定下届涡阳县政协委员会的委员名额和委员人选及界别设置；协商决定本届涡阳县政协委员会增加或者变更委员名额和人选等。

会议的议案或其他需要表决的事项，须经常务委员全体组成人员半数通过方能生效。

重要会议

【县政协十届一次会议】2016年12月31日开幕的政协涡阳县十届一次会议于2017年1月2日在县委党校闭幕。刘峰当选为县政协主席，方侠、赵太民、王登峰、赵晓蕾、盛亚民等当选为县政协副主席，武霞等39人当选为县政协常委。

【县政协十届二次会议】政协涡阳县十届二次会议于2017年12月16日至12月19日在县委党校召开。会议听取并审议政协涡阳县十届常委会工作报告，政协涡阳县十届常委会关于十届一次会议以来提案工作情况报告和本次大会提案审查情况报告。审议通过了《县政协十届二次会议政治决议》《县政协十届二次会议关于常委会工作报告的决议》《县政协十届二次会议关于提案审查情况报告的决议》。

【政协常委会会议】2017 年 2 月 21 日，涡阳县政协主席刘峰主持召开十届一次常委会议。会上，宣读了县政协主席、副书记、副主席分工文件，协商通过《县政协 2017 年度工作要点》《涡阳县政协关于加强委员建设的管理规定(征求意见稿)》和县政协十届一次会议重点提案。

5 月 26 日，涡阳县政协召开十届二次常委会议暨多措并举提高秸秆综合利用水平专题协商会议。会议主要议程：宣读县政协专题调研报告，参会委员围绕秸秆综合利用作专题发言，审议通过《县政协常委会“多措并举提高秸秆综合利用”的建议案》，协商通过《政协涡阳县委员会“政协委员进社区”活动的实施意见》。县政府主要负责同志通报县当前秸秆综合利用情况和下步工作部署。刘峰作总结讲话。

12 月 8 日，县政协在行政中心三楼中间会议召开县政协十届三次常委会议。会议审议通过《关于召开中国人民政治协商会议涡阳县第十届委员会第五次会议的决定（草案）》；政协涡阳县第十届委员会第二次会议议程、日程、大会秘书长、副秘书长及提案审查委员会名单（草案）；《中国人民政治协商会议涡阳县第十届委员会常委会工作报告（草案）》；《中国人民政治协商会议涡阳县第十届委员会常委会关于十届一次会议以来提案工作情况的报告（草案）》。会议听取并讨论了《县政府工作报告（草案）》，通过有关人事任免事项。

12 月 15 日上午，涡阳县政协在县行政中心六楼中间会议室召开县政协十届四次常委会议，会上，组织部负责同志宣读刘峰同志任免文件，通过刘峰同志辞呈。

重要活动

【委员进社区活动】2017 年 5 月 31 日，县政协在城关街道道源社区召开政协委员进社区启动仪式，以道源、向阳两个社区作为试点全面铺开政协委员进社区活动，县政协主席刘峰、方侠出席启动仪式。 7 月 28 日，县政协在行政中心 11 楼会议室召开“县政协委员进社区”活动动员大会，全面启动委员进社区工作。

【食品安全工作对口协商活动】2017 年 8 月 1 日，县政协组织部分政协委员、食安委成员单位及有关单位的主要负责同志，结合《食品安全法》贯彻落实情况，对全县食品安全监管工作进行专题对口协商。与会人员深入生猪养殖场、蔬菜种植合作社、餐饮行业厨房、食品加工企业等实地调研，召开座谈会，参会委员们就涡阳县食品安全情况发言。县市场监督局的负责同志通报了全县近一个时期的食品安全监管情况。

【文化旅游建设对口协商活动】2017 年 8 月 4 日，县政协召开在行政中心三楼会议室“依托道家文化资源 助推涡阳文化旅游发展”专题协商会议。会上，16 名省、市、县政协委员围绕涡阳县道教文化研究和旅游资源的利用的现状和存在问题发言。刘峰肯定协商活动取得的成果并作总结讲话。

【树立文明新风对口协商活动】2017 年 9 月 13 日，涡阳政协召开“推进移风易俗、树立文明新风”对口协商会议。会议听取了县政协《以移风易俗为抓手，着力推进文明新风建设》的调研报告，参会委员与有关单位现场提问解答。县委有关领导作重要讲话。

【爱心助学活动】2017 年 9 月 27 日，县政协牵头召开 2017 年希望工程“爱心成长圆梦·助力脱贫攻坚”爱心助学表彰大会。会上，通报涡阳县 2017 年希望工程“爱心成长圆梦·助力脱贫攻坚”爱心助学工作情况；宣读爱心助学表彰文件；爱心企业、爱心单位和爱心个人代表分别作发言。县政协主席刘峰、县委副书记陈长安出席会议并讲话，县委常委、宣传部长郑虹主持会议，县政协副主席方侠出席会议。

【科学发展专题协商活动】2017 年 11 月 15 日，

县政协召开“优化经济发展环境，助推涡阳科学发展”对口协商会议。县长熊国洪、政协主席刘峰出席会议并讲话。会上，听取调研组所作的《优化经济发展环境，助推涡阳科学发展》调研报告，参会委员涡阳县在优化经济发展环境取得的成绩、存在的问题、意见建议等几方面作专题发言。

提案工作

【县政协十届一次会议提案办理】县政协十届一次会议期间，共收到委员提案167件，社情民意21件，经提案审查委员会审查通过，立案159件，不予立案8件。提案所反映的问题比较集中，特别是对民生、城建、交通、教育、文化、环保等方面的工作高度关注。提案审查委员会在立案的159件提案中，预选出12件推荐为重点提案，提交主席、副主席、专委会负责人征求意见。接到意见反馈后，政协主席办公会议于2月6日研究通过，确定《加强食品安全监管，让群众吃得放心》等5件提案为县政协2017年度重点提案，并明确了领衔督办的主席、副主席。3月份，完成提案交办工作。至6月底，159件提案全部得到回复，承办单位与委员见面(或电话沟通）率100%，委员满意率98%。7月11日至12日，县政办、县政协办、县督查中心联合对县住建委、经开区、文旅局等9个单位进行提案办理工作“回头看”。对提案办理情况给予现场点评，对发现的问题进行现场剖析、现场指导，办理落实工作成效明显，提案办理创新做法的信息在人民网作为原创发布。创新工作机制，发挥重点提案的带动作用和示范效应，努力营造民主、平等、真诚的协商讨论氛围，促成良性交流互动，增强提案办理实效。

调研视察

【考察调研宣城市双桥中农批发市场】2017年3月8日至3月9日，县政协主席刘峰带队到宣城市考察双桥中农批农副市场、联邦物流等项目。考察组对宣城市现代服务业园区管委会新旧农产品大市场拆迁和建设的经验进行学习考察。双方就市场建设和运营及当地政府的政策、服务支持进行深入座谈。涡阳县中农批项目总经理余智陪同考察。

【经企届别组视察活动】2017年3月17日，涡阳县政协经企届开展了以“促进中小企业转型升级”为主题的界别组活动，县政协主席刘峰参加活动。视察组先后实地查看了县自来水厂、安徽国特农业食品有限公司、安徽盛丰鞋业、县移动公司等企业，详细了解企业科技体系建设和工作开展情况，并召开座谈会。会上，委员们围绕“大众创业、万众创新”踊跃发言，就加强企业 文化建设、人才培养、建立并完善创新奖励机制，激发企业员工创新活力等方面提出意见建议。

【考察调研永城市秸秆综合利用和禁烧】2017年5月4日，涡阳县政协主席刘峰，副主席王登峰带领部分政协委员赴永城市考察秸秆综合利用和禁烧工作。考察团一行先后到永城市芒山镇沼气站、顺和镇秸秆青贮站、中国移动永城分公司“蓝天卫士”项目所在地、市公安局110指挥中心等地参观考察并召开座谈会。

【考察调研灵璧县文化旅游产业】7月27日，涡阳县政协文史委组织委员来到灵璧县考察文化旅游产业，考察组先后参观了钟馗文化园、奇石文化园、现代农业博览园。灵璧县政协负责人详细介绍了灵璧的文化旅游建设。

【考察学习城市园林绿化和新区规模建设管理】2017年10月27日至29日，涡阳县政协副主席王登峰、盛亚民带领部分政协常委、委员先后到阜阳市颍上县、临泉县学习考察城市园林绿化规划建设和城市新区规划建设管理工作。考察组一行先后到在建和新建的市民中心、皖北经济职业技术学校、临庐产业园南园安置区、阜临河中心广场、工业污水处理厂、封神演义魔幻之都等重大城市建设项目进行了实地考察观摩，现场察看并详细了解了临泉在城市建设中的经验和做法。

（县政协办供稿）

群众团体

总工会

【概况】2017年，县总工会内设维权部、经济工作部、组宣部、办公室。县总工会按照服务大局有重点，服务职工有实效，强化自身有提升的工作要求，解放思想，创新思路，改进作风，真抓实干，推动了工会工作创新发展。一年来，召开党组会议11次，作出决议、决定10项，党组中心组论理学习（扩大）12次，基层工会主席培训会4次。

【组织建设】2017年，县总工会按照“组织起来，切实维权”的方针，把工会组建和扩大会员覆盖面作为关口工作，探索党工共建机制，以非公企业、两新组织为建会重点，积极开展工会组建和农民工入会集中行动。规范工会组建工作，基层建会线下要有“三文一册”（单位建会申请、总工会批复、建会选举结果的报告、会员花名册），线上要网上办理。到年底，全县工会组织759家，会员71056人。市级“示范工会建设”2家。

【干部队伍建设】2017年，县总工会加强工会干部队伍建设，加大对基层工会干部培训力度，3次邀请市总工会副主席、法学教授张中智担任主讲，举办全县基层工会干部春季培训班、专项职工工资集体协商培训、党的十九大精神培训，此外还积极开展异地教学培训。加大工会信息化建设力度，适应互联网快速发展的新形势，按照省总数据库建设要求，工会组建、大病救助、金秋助学、劳模“三金”发放等一律搬到网上办理，7万名工会会员一律进入省市数据库平台管理；工会系统微信、QQ工作群、公众号、“职工驿站”APP等新兴媒体已逐步覆盖全县基层工会组织和广大职工。

【宣传教育】2017年，县总工会开展工会宣传教育，加强职工书屋建设，县总工会制定《涡阳工会职工书屋建设（2017—2021）五年规划》，2017年建设县级“职工书屋”8家。围绕市委、市政府确定的“文化旅游建设年”和县委县政府确定的“推动移风易俗 树文明新风 家庭家风建设年”等活动，抓好重大节日、重要时间节点职工文体活动。组织30余对职工参加全市第三届青年职工集体婚礼；培训81名职工志愿者担任老子朝拜大典礼仪，展示职工积极向上的风采风貌；“五一”期间，联合有关单位举办职工象棋、乒乓球、“掼蛋”扑克牌、钓鱼比赛等丰富多彩的文体活动。

【先进争创】2017年，县总工会围绕中心，服务大局，开展职工劳动竞赛、技术创新活动，弘扬劳模精神、劳工匠精神。2017年共有20家基层工会组织2768名职工开展了劳动竞赛考核和参赛活动；总工会与酒厂、公路分局、供电公司和县医院等单位联合开展技能大赛。参与推荐评选出涡阳县5名省劳动模范和1名省先进工作者，并于“五一”前受到省委省政府表彰；“五一”期间，县总工会联系媒体制作播放了《劳模风采录》，对刘震、黄杰伟、巩向海、穆影、王金强、何强6名省市级劳模先进事迹进行专题宣传报道；“五一”前总工会参与全县2017年先进劳动者、先进工作者和先进集体推荐评选。上报县委常委会议和政府常务会议进行研究、审定、公示，评选出的100名先进个人和10家先进集体进行表彰；做好全国劳模和省部级劳模“三金”、体检费及高龄补贴发放工作。县总工会于“两节”期间，对6名全国劳模发放慰问金142600元，21名省部级劳模发放慰问金179200元；年初及时组织开展全国、省部级劳模体检活动，对涡阳县6名全国劳模体发放体检费6000元，8名省部级劳模发放体检费4800元；经调查摸底确定12名符合发放高龄补贴劳模对象，共计发放补助金15600元。

【安全生产宣传】动员基层工会组织职工参加省“安康杯”竞赛活动，全县共有203家单位、1509个班组的20119名职工参赛。监督和督促企业落实安全生产主体责任，全县共有劳动保护监督检查员118名，组织部分单位劳动保护监督检查员参加考核。开展职业病防治宣传，4月28日，县总工会在文化广场设立展台，开展《中华人民共和国职业病防治法》等法律法规宣传。

慰问老职工

【困难帮扶】2017年，县总工会擦亮“四季送”品牌，2017年“两节”送温暖，对1568名困难职工、农民工发放慰问金744820元；开展“春季要约”行动，全县已签工资集体协商合同221份，覆盖职工37158人，其中企业单独签订156份，签订区域性33份，行业性32份，共覆盖企业673家。开展“夏送清凉”活动，县总工会陪同县四大班子领导分别慰问了供电公司、环卫处、海特燃气、交警大队、发展要素中心、自来水厂、鸿路钢构等单位的一线职工和企业，共慰问职工4557人，发放“送清凉”慰问物资价值 16.7092万元。困难职工大病救助130名，发放帮扶救助金约40余万元；金秋助学101人，发放救助款34.2万元。落实市委、市总有关城市低保户“不愁穿”问题工作要求，动员全县职工、企业捐款30万元，为1357户、1847人捐衣。

【职工活动场所建设】2017年，涡阳县职工文体设施逐步完善，近80%的社区小区、90%的企业都有职工活动设施，文化广场，体育广场，滨河、紫光、两河、西关等几大公园都设置了职工活动设施，每年职工活动设施投入都在100万元左右。

【丰富职工业余生活】2017年，涡阳县开展丰富多彩的职工文体活动，在春节期间开展全县职工象棋比赛；3月，举办职工户外徒步行活动；5月17日，举办首届涡阳县520相亲大会，报名人数400人；6月19日，举办迎端午职工广场舞比赛；6月21日，与团委、体委联合举办涡阳县“全民健身公益行”义演专场活动；10月16日，举办涡阳县首届青年职工集体婚礼活动。（县总工会供稿）

共青团

【概况】2017年，团县委为参照公务员法管理单位，设立综合联络与组宣部、青少年服务与权益维护部，同时设立创新创业项目组、“青年之友”项目组2个重点工作项目组。

坚持党建带团建，紧扣发展大局，主动应对共青团面临的新挑战，切实履行组织青年、引导青年、服务青年、维护青少年合法权益四项基本职能，积极拓展服务领域，强化自身建设，创新持续开展“青”字号系列品牌活动，引导广大团员青年为“深入践行五大发展理念、勇当皖北振兴排头兵”贡献力量，不断开创全县共青团事业新局面。

【团组织建设】2017年，团县委坚持党建带团建，以“一团一品”创建活动为抓手，推动思想教育、志愿服务、美好乡村建设、基层团建、就业创业、青年电商等十类重点团建品牌建设。深入学习贯彻落实团中央、团省委、团市委共青团改革方案精神，深入领会学习方案指导思想、基本原则、主要目标、改革措施等前期工作，涡阳共青团改革方案已经县委常委会通过。以创建学习型服务型团组织为主线，多形式、多渠道、多层次组织轮训各级团干部、少先队辅导员200余人次。推进网上共青团工程，依托青年之声、微邦APP平台、青年之家、团干部联系青年等团属平台，积极推动共青团工作的网络化，实现线上线下发动青年、聚集青年。建立各级网络团组织110余个，覆盖团员青年6000余人。积极开展“智慧团建”工作，目前共建立五级团组织39个，六级团组织455个，七级团组织353个，初步建立组织架构。

【共青团服务中心工作】2017年，团县委充分发挥团组织的纽带和后备军作用，在日常的工作中把党政所需与青年所求有机结合起来，积极参与党政中心工作。坚持思想建团，教育青年、引导青年深入学习贯彻习近平总书记系列重要讲话精神，积极培育和践行社会主义核心价值观，牢筑正确理想信念；坚持实践兴团，积极投身全县经济建设主战场，不断助力经济社会建设取得新业绩；坚持服务立团，全面参与社会管理和创新，推动全面建成小康社会，全面组织参与学雷锋、秸秆禁烧、爱心送考、道祖圣诞拜祖大典暨老子与道教文化学术研讨会、“12·5”志愿者日、迎新春全民健身跑等志愿服务工作。

【青年就业创业】2017年，团县委建立完善“团银合作”工作模式，推荐45名青年获得380万元青年创业小额贷款；推荐40名青年申请青年创业贷款贴息资金494200元。主动适应“互联网+”发展新趋势。联合县商务局推进农村青年电商项目，目前淘实惠县级运营中心已建立，入驻涡阳村级网点230个，惠及5000余人。组织20余名青年企业家参加市青年企业家协会大会。组织12人参加全市青工技能大赛，取得优异成绩。

【争创工作】2017年，涡阳全县共获得市级表彰青年文明号集体8家，青年文明号标兵集体2家，青年文明号先进工作者1人。选树市级青年岗位能手9名。组织推报13名创业青年参加“亳州市创业之星”、“亳州市农村青年致富带头人”遴选活动，3名获得市级表彰。选树并推报“向上向善好青年”、五四红旗团委团支部、优秀共青团干部及团员、优秀少先队员等各类先进青少年典型200余人，为全县团员青年树立学有可比、追有所赶的榜样。

【青年志愿者行动】2017年，团县委注重发挥青年志愿者作用，全面组织参与学雷锋、秸秆禁烧、爱心送考、道祖圣诞拜祖大典暨老子与道教文化学术研讨会、迎新春全民健身跑等志愿服务活动38次。选树一批青年志愿服务优秀个人、优秀组织和优秀项目。围绕文明创建工作，开展“青春志愿行、温暖回家路”“共植青年林、建设新家园”“学雷锋全民参与志愿服务”“小手拉大手”垃圾分类回收宣传引导教育、倡导移风易俗新风尚等活动26次。多形式为爱心人士与困难青少年搭建公开透明“零距离”的结对帮扶平台，春节、六一期间，共有30余名贫困中小学生获得爱心救助款物2.1万元。开展“让爱传递·跳蚤市场爱心义卖”、关爱留守儿童慈善晚会等活动，帮助贫困留守儿童21名。全力投身脱贫攻坚，发动团代表、青联委员、创业青年参与扶贫帮扶工作。

【少年儿童工作】2017年，团县委持续关注少年儿童思想健康，以中国梦和社会主义核心价值体系引导青少年积极融入重大节日和纪念活动中，进一步坚定跟党走的理想信念。持续开展青少年关爱工作，畅通青少年维权渠道，推进青少年维权岗及青少年综合服务平台建设，帮助青少年健康成长。

【希望工程】2017年，团县委整合各方资源、凝聚多方力量，通过多种渠道搭建爱心企业、行政事业单位、爱心人士等结对资助平台，共同携手参与。筹集爱心资金共计3837717.98元，累计资助贫困青少年学生1479人。

【青少年思想素质教育】2017年，团县委以建党建团日和六一等重要节点，开展“学党史、知党情、跟党走”、“学团章、唱团歌、戴团徽、举团旗”、18岁成人仪式、“缅怀革命先烈·弘扬传统文化”、“网上祭英烈”、纪念“五四”、庆祝“六一”、“我是光荣少先队员——厉害了 我的中队”主题队日等教育活动41次。通过开展学雷锋全民志愿服务、“青春喜迎十九大·不忘初心跟党走”、“践行社会主义核心价值观、争做向上向善好青年”、“国学经典进少先队课”、“小手拉大手”家庭国学经典知识网络竞赛答题、“放飞新时代青春梦·十九大精神走进青年”等主题实践活动49次。深入推进“两学一做”学习教育常态化制度化，在团系统开展“学习总书记讲话、做合格共青团员”系列主题活动19次。

【青少年合法权益维护】2017年，团县委开展青少年维权岗、"三远离一倡导"(远离邪教、远离毒品、远离赌博和健康上网)、"青少年法治宣传月"、安全自护、"珍爱生命、预防溺水"、"安全生产月"等活动,为青少年健康成长营造有利环境。启动"晴暖童心"项目,与合肥师范学院结对帮扶4所留守儿童学校,计1100余人。

【青少年活动阵地建设】2017年,团县委依托原有亲青家园、团建阵地等基础,建立镇级青少年综合服务平台25家,创建省级示范平台1个,市级示范平台10个,开展各类服务青少年的项目及活动110余次,覆盖广大青少年16000余人。制订青少年综合服务平台服务项目清单,统一设计工作台帐,通过QQ、微博、微信、青年之声微博等新媒体渠道,广泛招募社会青年志愿者,开展心理咨询辅导、疾病预防、健康养生、法律咨询、法律援助、青少年维权、青年就业创业、扶持政策宣讲、就业岗位推介、安全知识宣讲、交流培训、婚恋交友、文化讲座等不同主题活动,更好的服务广大青少年和农民群众,凝聚青年力量。

【团代会工作】2017年12月15日,共青团涡阳县第十五届三次全委(扩大)会议召开。会上,团县委书记李真代表团县委常委会向全委会作《青春建功新时代·不忘初心跟党走》的工作报告,会上审议通过《共青团涡阳县十五届三次全委会关于团县委委员卸职增补确认案》(草案)。

(团县委供稿)

妇　联

【概况】2017年,县妇女联合会认真开展"两学一做"学习教育,积极实施巾帼建功行动、巾帼维权行动、巾帼文明行动、巾帼关爱行动、创建美丽家园行动,不断加强自身建设,狠抓脱贫攻坚工作,各项工作取得显著成效。全面贯彻落实习近平总书记在党的十九大报告中关于群团组织的讲话精神,发挥妇联联系群众的桥梁和纽带作用,组织动员广大妇女群众坚定不移跟党走,围绕县委"两学一做"学习教育常态化制度化工作要求,团结带领全县妇女在建设美好涡阳中发挥"半边天"作用。

【创业平台建设】2017年,县妇联打造"木兰"扶贫驿站,助力脱贫攻坚。结合省市妇女专项资金项目点和小饰品加工就业基地,在全县78贫困村建立"木兰扶贫驿站",打造"木兰"品牌,培养"木兰"能人,带动更多妇女创业就业,实现创业一人、带动一片,就业一人,脱贫一户的目标。安徽添瑞工艺品科技开发有限公司"木兰扶贫驿站"在全县15个乡镇建立"木兰扶贫驿站"点,带动贫困就业家庭700余人。继续推进妇女创业扶持小额担保贷款,成功推荐28户妇女创业贷款280万元。结合"春风行动",加大宣传力度 县妇联抓住春节期间大量外出务工人员返乡的有利时机,联合团县委、县爱心者协会、城关街道新城社区等单位,在县火车站开展为返乡人员"送温暖 送服务"为主题的活动。针对春运旅客的普遍性需求和老幼病残孕等重点旅客群体特点,通过开展秩序维护,行李搬运、赠送公交车线路图、顺风车、发放一封家书和返乡创业政策汇编等宣传品。利用微信政务平台广泛宣传,县妇联通过网络、短信等方式在全县范围内进行宣传,持续宣传一封家书、企业招工用工信息、促进返乡农民工创业就业各项政策,宣传农民工返乡创业就业先进典型。张兰兰大学毕业回乡创办雨露苗木花卉种植专业合作社、蔡淑梅创办莓香湾农业旅游有限公司、刘蕊创办涡阳县义门镇刘蕊农作物种植专业合作社、尹娟创办涡阳县新博生物质颗粒有限公司、刘静创办涡阳县义门镇刘静家庭农场等,带领父老乡亲共同走上致富之路。举办返乡农民工就业技能知识培训,根据返乡农民工培训就业的愿望,有针对性的开展培训,同时根据企业用工需要,先后在城西街道、龙山镇、石弓镇、牌坊镇等乡镇开展返乡农民工就业技能知识培训21场,参与培训返乡妇女300多人。开展定向就业培训,确保返乡农民工培训后及时就业。

【妇女维权】2017年,县妇联联合县司法局走进西阳中心校开展综治宣传月暨法治进校园报告会。在时代广场举办涡阳县综治集中宣传月启动活动。联合司法局、县财政局开展“徒步普法行”行，为当地群众开展法律进乡村活动。参与涡阳县“江淮普法行”活动启动仪式，县妇联组织巾帼律师志愿团律师等单位相关专业人员参加，通过设置法治宣传展板、发放法治宣传资料及现场解答咨。在全县范围内推荐亳州市“平安家庭“20户、和县级“平安家庭”80户、“好军嫂”4名。做好信访接待工作，全年接待来信来访36件，办结率98%。坚持诉前调解在“妇女之家”进行，充分发挥妇联系统人民调解员、人民陪审员、巾帼维权志愿者、12338维权热线等作用。目前，全县共有镇村调解员2160人，特邀调解员308人，联合法院调解56起矛盾纠纷，化解基层矛盾156起，为200个家庭提供了婚姻咨询调解服务，更好地维护了妇女儿童合法权益。

【巾帼文明行动】2017年，县妇联表彰宣传先进典型，在“三八”节纪念活动会议上，会议表彰了52户“最美家庭”、115名“三八”红旗手和13个“三八”红旗集体，在县电视台《涡阳新闻》开设“最美家庭”和“巾帼风采录”宣传报道，以典型示范引领涡阳女性甘于奉献、传承美德，弘扬文明。依托“妇女之家”开展“木兰讲堂”家庭教育等系列活动25场，同时各镇（街道、经开区）妇联也经常开展读书、听书、“亲子悦读”等有奖读书活动，引领妇女积极践行低碳生活。

【贫困妇女儿童关爱】2017年，县妇联开展春节走访和送温暖活动，慰问特困妇女儿童人数89人，共计资金32758.46元，使特困妇女儿童度过了一个祥和幸福的春节。在老子文化广场开展“关爱女性、关爱健康”大型义诊活动。“三八”期间，县妇联联合县妇幼保健院开展“关爱女性、关爱健康”大型义诊活动，针对农村特困妇女免费妇科病检查，对广大妇女群众进行义诊活动，共发100多张检查卡。“六一”节期间，涡阳县委、人大、政府、政协四大班子领导分别到县五小、三小、城关中心校、东风幼儿园和儿童福利院看望慰问少年儿童，并为他们送去慰问金、玩具、生活慰问品，向他们送去节日的祝福。

【队伍建设】2017年，县妇联加强队伍建设，县妇联对全县镇妇联组织区域化改革工作进行调研摸底，制定村“妇代会”改建妇联和镇妇联组织区域化工作的流程和日程安排，按照时间要求，涡阳县村、镇已完成“会改联”镇妇联组织区域化改革工作。创规范化“妇女之家”阵地建设。为切实发挥“妇女之家”主阵地作用，县妇联对全县村级“妇女之家”进行调研，全县已申报市级25个、县级20个“妇女之家”示范点，每月进行调度，各项目点对照示范点各项工作逐步落实。加强“两新”组织建设，取得新成效。县妇联以服务“两新”组织妇女为主线，不断延伸工作触角，增强“两新”组织中妇女组织的凝聚力、影响力和战斗力。

【脱贫攻坚】2017年，县妇联联系扶贫点高炉镇五爱村贫困户12户，每月走访一次，帮助落实相关政策，共落实省市巾帼创业扶贫项目7个。实施“春蕾计划”十元捐活动，县妇联针对建档立卡100名贫困女学生，积极开展募集捐款工作，募集捐资助学款3.6万元，争取省、市妇联救助贫困助学资金2.4万元，100名贫困女生已纳入全县捐资助学范围，进行统一发放给贫困女学生。首批资助20人，共计发放32000元；两癌救助，2017年县妇联已申报60人，省妇联审核通过60人，市妇联已拨付12万元，发放给建档立卡的12户两癌对象，每人将发放1万元救助；困难妇女儿童救助，帮扶建档立卡贫困妇女、大病救助贫困妇女20户，资金4万元；小额担保贷款，继续推进妇女创业扶持小额担保贷款，成功推荐20户妇女创业贷款200万元，为10名妇女创业担保贷款贴息，贴息金额78633元，极大地增加妇女的经济收入，促进贫困村的经济发展和社会进步。

（县妇联供稿）

科　协

【概况】2017年，县科协行政编制3人，设主席1人，副主席1人，现实有工作人员8人，退休8人，隶属党群口，正科级单位。

【“三下乡”活动】2017年元月下旬，先科县会同宣传部、文体旅局、科技局、卫生局等单位，到义门镇举行全县科技、卫生、文化“三下乡”活动，给农民朋友送上丰富的科技大餐，为农业增产、农民增收和新农村建设助力。活动期间县科协赠送科普图800册、科普挂图1000多份。

【青少年科创大赛】3月，县科协组织全县中小学校参加亳州市第七届青少年科技创新大赛，涡阳县共有20所学校、100多名中小学生和12名教师参加。5月有6个单位参加全省青少年创新大赛，涡阳获省一等奖1个、二等奖3个、三等奖6个。

【科技活动周】2017年科技活动周的启动仪式在县文化广场举行，县农委、水务局、环保局、安监局、县医院、疾控中心等16个县直单位参加活动，现场为农民义诊并解答他们咨询的问题，发放疾控方面的宣传画、小彩页及农业科普知识图书5000余份。

【科普惠民乡村行】2017年5月23日，县科协会同省科协在城西办事处开展“科技助力精准扶贫工程”系列活动——“科普惠民乡村行”，举行大型健康科普知识讲座、面向留守老人和贫困农民免费义诊科普大篷车巡展、 向留守儿童免费赠送科学实验包 、科学实验、电商讲座等活动，受益群众、学生、企业职工共计2600余人。

【科普示范村建设】2017年上半年，城西街道赵瓦房村被省科协评为全省科普示范村，奖金6万元，用于建设村室、科普画廊、科普图书、提升办公自动化设备等。

【全国科普日活动】2017年9月县科协在老子文化广场举行“全国科普日”启动仪式，县全民科学素质成员单位及部分企业参加了启动仪式。活动现场，县医院中医院专家现场为群众义诊并解答他们咨询的问题。科协向群众发放健康知识方面的宣传画、小彩页、科普知识图书2000余份。

【脱贫攻坚】2017年，县科协立足科普工作实际，认真实施结对帮扶工作，制定一对一精准扶贫方案，加强与帮扶对象的联系，谋划打基础、管长远的办法，制定行之有效的措施，并定期前往帮扶村实地调研，持续跟踪各贫困户的脱贫走向，详细了解扶贫基本情况、产业状况、人均收入、贫困户和贫困人口等情况，并对困难党员、困难群众、残疾贫困户家庭进行了慰问，着力在精准脱贫上下实功、出实招、见实效。涡北李楼村共有贫困户62户168人，县科协帮扶贫困14户，其中2016年已脱贫4户，2017年符合脱贫条件的4户。

【科技馆展教工程】2017年，县科协按照县“五馆三中心”建设的总体布局，2017年布展工作同时进行。3月，组织专门人员到滁州、池州、马鞍山、金寨、合肥等市、县考察科技馆建设及展教工程有关事宜。7—9月，安徽省科技馆名誉馆长闫光亚(前任科技馆长)一行4人，3次到涡阳县参加县委政府有关领导主持召开的协调会，就省内外科技馆建设情况、科技馆展品设计及布展等阶段工作流程进行了沟通，并对涡阳县科技馆建设、展品设计及布展工作提出意见及建议，7月，省科技馆协助形成展教大纲，后经省科技馆和县领导沟通，10—11月，面向全国进行展品展项征集，共有24家企业参与，申报展品展项1600余项。涡阳县科技馆建筑面积6000平方米，布展面积近5000平方米，布展投入达3000万元余元，建筑及布展面积是目前省内县(区)级第一，国内县级前列，填补了亳州市科技馆的空白。 (县科协供稿)

文　联

【概况】根据涡阳县委办公室2002年88号文件，涡阳文联编制数3人，现实有人员8人(2017年11月10日后，为7人)，其中领导班子成员2人，非领导人员4人。文联内设二级机构为综合室。

2017年，涡阳县文联积极团结引导广大文艺工作者认真贯彻落实习总书记在全国文艺工作座谈会上的重要讲话精神，通过组织重点作家、艺术家深入一线体验生活，举办笔会、研讨会等形式，引领文艺家自觉投身火热的生活,激发文艺家的创作热情;通过举办各种展览、演出、比赛,推动精品的创作。策划组织重大题材文艺创作,不断推出具有社会影响的精品力作;鼓励基层文艺精品创作。扶持社区文艺社团,全面开展基层文化活动,鼓励民间文艺创作,提炼出有生活气息的社区文艺精品;加大文艺精品创作经费投入,完善文艺精品奖励机制。开展文艺评论和文艺评奖活动,推荐作家、艺术家力争国家级、省级的专业文艺奖项,激励文艺工作者的文艺创造;为艺术家提供更多便利,提倡他们走出去开阔视野、交流切磋、提高技艺。请艺术名家来涡阳县开展讲学和交流活动,有针对性的指点和提高。

【群众性文艺活动】2017年,县文联参与红红火火过大年主题系列活动,组织并参与“2017首届书画迎春展”,精选书画作品110幅,1月22日至2月18日,在文化馆“老子文化艺苑”展出,丰富活跃了节日文化氛围;3月10日,支持书法家协会深入企业(供电公司)举办“书法艺术系列讲座”活动,为企业发展提供文化支持;完成首届“涡阳文艺奖”奖金、证书的颁发,共计颁发161项证书,135500元奖金,极大地激发了广大文艺工作者和文艺爱好者的创作热情;参与全市“三下乡”活动启动仪式,组织涡阳县著名书法家为广大市民和农民义务书写和赠送春联近6500余幅;指导、支持高炉家·徽酒集团举办“晒一晒工作之余最美的身影,比一比谁是最美摄影人”主题的职工手机摄影大赛,在3月2日《涡阳周刊》帮助宣传;5月28日,与文体旅局联合主办“端午节纪念爱国诗人屈原诗歌朗诵会”,200余人参加了朗诵会,大家用诗歌的形式来传承中华民族的传统文化;6月20日,为庆祝建党96周年,纪念香港回归20周年,庆祝建军90周年,举办涡阳县书画小品展,共展出书画小品76幅,其中书法48幅,中国画28幅。

【大淮河·涡水情主题创作活动】2017年,县文联以“大淮河·涡水情”为创作重点,推出一批反映时代呼声、展现人民奋斗、振奋民族精神、陶冶高尚情操,为人民群众喜闻乐见,有温度、有筋骨、接地气的文艺精品。戏剧曲艺家协会主席、涡阳县青年泗洲剧团团长张守先领衔创作的反映扶贫攻坚题材泗州戏小戏《桃花村》,入选安徽省文化厅2017年度“优秀剧目孵化计划项目”,由省财政扶持资金10万元;原创大型泗州戏《韩伯愈》,被列为2017年度安徽省委宣传部“文化强省专项资金扶持剧目”,20万元专项扶持资金已经下拨到位;戏剧曲艺家协会常务理事丁延果,曾被誉为“皖北赵本山”,亲自创作、表演安徽琴书MV《秸秆禁烧要牢记》,广泛传播大街小巷、田间地头;民间网媒《涡阳热线》负责人、省作家协会会员史秀杰等积极创作“涡阳微电影”《爱,在禁烧前线》,该剧反应禁烧干部舍小家顾大家的高尚情怀,各网媒争相转载,产生积极的社会影响;摄影家协会会员参与夏收、禁烧、夏种图片宣传报道,足迹遍布涡阳全境,拍摄发布作品500余幅次,分别制作《亳州晚报·涡阳周刊》专版《又是一个丰收年》《秸秆禁烧 保护环境》《收获与希望》,网媒分别发布专题《涡河两岸好“风光”——2017涡阳夏收纪实》《涡阳农忙麦收季,风景像大片!》《大美江淮,好一派丰收的场景,金色的画卷,多少梦想在这里》《让党旗在麦浪中飘扬,让党徽在一线工作中闪光》《致敬!涡阳夏收期间最可爱的人》《涡阳很殷实,涡阳很美丽》《震撼了——我的涡阳!》等,传播迅速广泛;民间文艺机构“涡阳小调”创作移风易俗主题的音乐快板MV《移风易俗树新风》积极向上、通俗易懂、朗朗上口,在众多网媒传播;书法创作呈现空前的繁荣,学术交流频繁。其中市书协副主席、县书协副主席、涡阳书画院院长马震笔耕不辍,脱颖而出,创作行书对联入选2017年中国书法家协会举办的“全国第八届楹联展”,成为涡阳书法艺术领域又一个领军人物;亳州市三花——桐花、芍花、牡丹花,名扬天下。在亳州市文体局主办、《亳州晚报》和亳州市“道乡说道”论坛承办的“花满道乡”咏花七绝诗大赛中,涡阳县作家协会诗词学会温时锋、门锋获得三等奖,李玉华获得优秀奖;7月9日,编发微信专题和《涡阳报》专版,摄影报道天静宫2017年度全国道文化夏令营开营仪式。编发微信专题和《涡阳报》专版,对涡阳县档案馆馆藏的豫皖苏边区文件、中共豫皖苏边区三地委、华中八地委和雪涡(亳)县委、县政府关于公安反匪反霸、军事、征购等工作文件及各区干部登记表、革命战士牺牲证明书存根等革命历史文物进行深度挖掘，对广大党员干部和群众开展革命历史教育。

【助力主旋律文艺创作】2017年，县文联响应市文联、司法局等部门的号召，与县司法局联合举办“摄影师看社区矫正”活动，1月19日至23日，摄影家协会组织35人次参加社区矫正系列活动的记录拍摄工作，拍摄作品300余幅，并及时报道宣传和投稿参赛；与县文体旅局等单位联合举办2017涡阳“蓝天卫士”微摄影大赛；为精准扶贫造势，深入贫困村，走进贫困户，开展扶贫工作专题调查、采风，制作专题《公吉寺程大村精准扶贫纪实》，及时在《亳州晚报·涡阳周刊》编发摄影专版；与纪检委合作，动员各相关文艺家协会，完成“药都清风杯”全市廉政文艺精品剧目汇演活动节目征集工作，征集上报的演出小品、琴书、戏曲等节目，已经进入紧张排练阶段；积极参加安徽省摄影家协会组织的“大淮河”采风活动，带动涡阳深入推进“大淮河 涡水情”深入基层采风创作活动；在市纪检委、市文联统一安排下，启动亳州市廉政戏曲展演活动，动员全市文艺工作者积极投入创作活动中。历时近半年时间，县基层文艺工作者创作出戏曲《两件毛衣》、琴书《把关》、小品《礼包送》、对口琴书《顶住歪风腰不弯》、音乐群口快板《反腐倡廉》、《反腐倡廉谱新篇》，于9月29日赴亳州市参演参赛，参加创作和演出人员30余人；9月16日下午，涡阳县中老年舞协为喜迎党的十九大胜利召开暨欢庆中老年舞协成立20周年，在老子文化广场举办大型公益文体演出活动。文联积极帮助该协会开展宣传工作，在《安徽老年报》《涡阳报》专题宣传；9月3日上午，与涡阳县文体旅游局等单位联合举办大美亳州小康涡阳喜迎党的十九大暨亳州市三县一区优秀剪纸作品联展在涡阳县老子文化艺苑开幕。亳州剪纸及涡阳剪纸，久负盛名。本次展出的三县一区96件优秀剪纸作品，多以历史人物、喜庆吉祥、五谷丰登、年年有余等民间故事为体裁，表现“大美亳州，小康涡阳”。

【讴歌崛起涡阳新成就活动】2017年，县文联组织开展“讴歌崛起涡阳新成就 欢庆党的十九大胜利召开”系列活动，举办涡阳县迎接十九大书画摄影精品展，本次展览由中共涡阳县委宣传部主办，由县文学艺术界联合会、县文化体育旅游局承办，由县书法家协会、县美术家协会、县摄影家协会、县书画院、县文化馆协办；组织“美丽涡阳”写生展，本次展览由涡阳县文联主办，涡阳县美术家协会、涡阳县书画院承办，涡阳县文化馆协办。高永杰多年从事媒体宣传工作，主动挖掘涡阳县在社会、经济建设中涌现出来的好人好事，积极传递涡阳正能量，唱响道乡主旋律。在各大媒体分别发表人物专访《芳华灿烂满眼春》《道乡女儿杨春秋》《一个草根舞者的大舞台》等报纸专版报告文学作品，并广泛转载各大网络媒体；与赵晓蕾合作的《一个草根舞者的大舞台》获得“全国党刊好新闻”二等奖；《4000个孩子一个家》获得全省新闻三等奖；创作并在主流媒体发表讴歌时代，颂扬涡阳巨变的抒情诗多篇，其中继《厉害了，我的涡》之后，又创作《我从涡阳来》，深情为父老乡亲定制一份家乡名片，以精简凝练的诗句，饱满洋溢的热情，展示出涡阳县近年来发生欣欣向荣的巨变；李伟的中国画《养生五禽戏》获得第三届中国(亳州)国际健身气功博览会书画展一等奖，创作出皖北风物系列作品，充分展示出皖北特有的风情。近期，又用中国山水画的笔触，描摹并帮助人们发现涡河两岸远胜清秀山色的沉静宽厚大美，阐发老子故里涡阳的道之美；刘亚同志，书协、美协会员，以山水画见长，多件作品参加市、县主题活动的交流展览，该同志被涡阳深厚的道家文化底蕴吸引，围绕道家文化主题，精心研究文艺创作理论，并付诸实际行动，不畏酷暑，对涡阳县人文历史遗迹和显现性的文化成果进行收集和实地写生，已逐步进入整理和创作阶段；刘玉霞同志，作协会员，文笔隽永，创作了多篇记述家乡美、心灵美的散文，其中创作的散文《蝉鸣，载着诗意记住乡愁》在多家报刊发表和转载，并广泛传播网络媒体。

(县文联供稿)

残　联

【概况】涡阳县残疾人联合会于1990年成立，为副科级建制，1996年升为正科级单位，2002年与民政局分开，2010年成立党组。残联承担主要工作有：残疾证换发，残疾人教育、就业、康复、扶贫、信访、维权、文化、体育、辅助器具配备、无障碍设施等，除此之外还承办县委、县政府交办的其他工作。

【残疾人康复】涡阳县有3个残疾人康复机构，分别为：涡阳县人民医院脑瘫康复部、涡阳县特教学校和涡阳县梦圆残疾人综合服务部，为听力、智障、孤独症、脑瘫、肢体残疾儿童提供专业康复训练服务。2017年，残联负责的民生工程为：残疾人康复工程，包括贫困精神残疾人药费补助和残疾儿童抢救性康复两项工作。全年贫困精神残疾人药费补贴目标任务为1600人，4月中旬，已打卡发放药费补贴160万元；残疾儿童抢救性康复目标任务为110人，5月，已转介康复机构进行康复。2017年度民生工作综合评比获得全市第一名。

【残疾人扶贫慰问】2017年春节期间，县残联组织开展走访慰问困难残疾人活动，残联工作人员深入到扶贫帮扶户及困难残疾人家庭，了解情况、体察残情，倾听残疾人心声，了解残疾人需求，认真听取他们对残联工作的意见和建议，春节前夕，县残联为全县残疾人发放春节慰问金共计9.2万元，面粉1吨。

【助残惠残】2017年，县残联开展各项残疾人扶贫救助工作，协调民政部门将符合条件的残疾人全部纳入最低生活保障；与人社局、农合局配合将城乡重度残疾人都纳入了基本养老保险、医疗保险；配合教育局做好残疾学生和特困残疾人家庭子女资助工作；为9名贫困残疾人大学生申请人均1500元的助学资金，为11名残疾儿童申请人均3000元的学前教育助学资金；实施残疾人康复“关爱工程”，全面摸排2017年度未享受贫困精神残疾人药费补助的城乡低保、五保、建档立卡贫困家庭精神（或多重含精神）类残疾人，并给符合条件的1449人发放了精神残疾人药费补助144.9万元以开展“全国助残日”等活动为契机，宣传残疾人政策，组织残疾人文艺汇演、体育比赛、运动员选拔、读书演讲比赛等活动。

【残疾人社会保障】2017年，县残联配合民政部门将符合条件的残疾人家庭全部纳入城乡低保；配合人社和卫生部门认真落实贫困重度残疾人参加新型农村社会养老保险和新型农村合作医疗保险个人缴费部分的政府代缴政策；配合县房产局将住房困难的城乡低残疾人家庭优先纳入基本住房保障和住房救助补贴范围。

【残疾人权益维护】2017年，县残联研究解决残疾人权益保障中的突出问题，加强残疾人法律援助、信访维权等工作。共接待残疾人来信来访300多人次，调解维护残疾人合法权益案件30件。接待残疾人法律咨询20人次，办理上级交办信访件10件，为其中贫困残疾人办理法律援助案件8件，残疾人合法权益得到有效维护。

【残疾人教育培训】2017年，县残联开展“万人就业工程”，对个体创业残疾人、超比例安排残疾人就业的企业、阳光大棚给予资金补助，全年已落实”万人就业项目”120户 ，阳光大棚28户，企业超比例安置残疾人50多人；五批共75人到亳州

残联换届

市中药科技学校参加了职业技能培训;60名残疾人在涡阳县锁成华按摩培训学校参加盲人按摩培训;380名残疾人参加了实用技术培训,20名残疾人参加了脱盲培训。

【残疾人组织建设】2017年,县残联为全县镇、村(社区)配备了残疾人420名专职委员;盲人协会、肢残人协会根据协会章程定期开展活动,定期联络同类别的残疾人,反映他们的呼声和需求,定期向县残联汇报工作和解决问题;残联定期组织业务培训,系统学习残联业务知识,强化管理,优化服务,通过下乡进村入户办证,深入一线"送政策、送服务、送温暖",举办残疾人职业技能培训班等措施优化提升残疾人服务水平。

【残联换届】2017年,县残联组织县、镇两级残联换届工作,根据《中国残疾人联合会章程》和省、市、县残联换届工作实施方案,涡阳县乡镇残联于11月底全部完成换届工作,县残联第七次代表大会暨县残联第七届主席团第一次会议于12月26日举行,大会听取、审议并通过了县残联第六届主席团工作报告,选举产生县残联七届主席团委员25名和出席亳州市残联第四次代表大会代表36名。

【残疾人系统信息化建设】2017年,县残联组织开展了残疾人基本服务状况和需求信息数据动态更新工作。涡阳县选派工作人员参加了省市数据动态更新工作业务培训,认真学习数据动态更新工作的各项规定。对辖区内26个镇(街道)经开区残联理事长、残疾人协理员、村(社区)经办人共420余人进行数据动态更新业务培训。总调查人员30551名残疾人,进行入户登记、审核、录入,圆满完成涡阳县的残疾人数据动态更新工作。对扶贫户中疑似残疾人开展集中办证。县残联与县卫计委联合组织专家组,多次下乡,进村入户给他们评残办证,确保残疾人凭证享受政策,截至12月,已办理残疾人证7838件。

(县残联供稿)

工商联

【概况】涡阳县工商联行政编制3个,在编人员3人,设主席(会长)1名,由县人大常委会副主任兼任,工商联党组由1名书记和2名党组成员组成,党组书记由统战部常务副部长兼任,县工商联现有非专职(非公经济人士)副主席(副会长)9名。

【换届工作】2017年,县工商联按照县委部署,在市工商联的指导下,2月27日、28日,召开了涡阳县工商业联合会第十次会议,选取产生工商联主席、副主席、会长、副会长、常委、支委等,顺利圆满完成工商联换届工作。

【会员发展】2017年,涡阳县新成立行业协会1个,发展会员120名,县工商联共有基层商会35个,会员1694个。

【调研座谈】2017年,县工商联走访调研5家商(协)会和18家企业,了解商(协)会自身建设中的问题以及企业在发展中遇到的困难,及时指导商协会规范化建设,主动协调县直有关单位帮助解决企业困难。

【服务平台建设】2017年,县工商联搭建服务平台,做好维权服务,牵头建立"亳州政企直通车涡阳县规下企业"微信平台,通过组织宣传,涡阳县已有147个小微企业在线。企业提出的困难和问题,通过平台提交办理,协调督促相关部门解决落实,提高了办事效率,民营企业发展环境得到优化。

【脱贫攻坚】2017年,县工商联牵头开展"百企帮百村"精准扶贫活动,组织100家中小企业,采取产业扶贫、就业扶贫、公益扶贫等措施,对全县78个贫困村精准扶贫全覆盖。在县"扶贫日"认领仪式上,10家企业代表举牌认领扶贫项目。此次认领活动中共认领项目231个,认领项目资金800

余万元，扶贫捐款金额562万元。2017年节日期间，有50多家会员企业筹款（物）20万余元，进行帮扶送温暖，慰问困难群众。

（县工商联供稿）

红十字会

【概况】涡阳县红十字会1988年8月成立。2011年5月，县编委批准列入群团机关管理，机构单独设置。2017年，有工作人员2名，其中：大学本科学历1人，中专学历1人。

【应急救护培训】2017年，县红十字会把应急救护列为培训项目，继续在全县范围内广泛开展应急救护宣传教育与培训活动，全年培训百余人次，救护员培训23人，接受应急救护宣传教育500余人，发放应急救护宣传手册近千份。坚持把创新应急管理作为长效机制，探索部门联动开展急救知识推广和普及工作。

【人道救助】2017年元旦、春节期间，县红十字会开展“红十字博爱送万家”活动，发放物资达2.6万元，受益贫困家庭200多户。通过国家红基会“小天使基金”“天使阳光基金”帮助涡阳县8名贫困白血病患儿和1名贫困先天性心脏病患儿获得救助资金。

【无偿献血宣传】2017年，县红十字会牵头成立了涡阳县无偿献血志愿者协会，目前无偿献血志愿者已达60余人，利用“5.8”世界红十字日、“6.14”世界无偿献血日等特殊日子开展无偿献血宣传、动员活动，有力地推动社会主义核心价值观教育，弘扬社会正能量。

【造血干细胞捐献】县红十字会进行造血干细胞捐献动员160多人，成功实现捐献3人。

【人体器官捐献】宣传动员2名遗体捐献者，其中1名已于2015年4月去世，红十字会按照其生前遗愿，第一时间与安徽省医科大学附属医院联系，对其实施遗体和眼角膜捐献手术。该志愿者成为涡阳县首位遗体和眼角膜捐献者，实现遗体和眼角膜捐献的零突破，为安徽省的两例重症眼疾患者带来光明。

（县红十字会供稿）

军　事

人民武装部

【概况】涡阳县人民武装部是中国人民解放军在涡阳县行政区域设立的军队一级组织，1950年11月成立，隶属阜阳军分区，2000年6月改属亳州军分区，是涡阳县地方党委的军事部兼政府的兵役机关，受亳州军分区和涡阳县委、县政府双重领导。现辖23个基层武装部。主要负责涡阳县人武部机关、全县专武干部、民兵的军事训练和政治教育，兵役征集，组织实施兵员动员，带领民兵参战、支援前线、保卫后方和协助地方完成其他非军事行动等任务。2017年，人武部在军分区党委和县委、县政府的坚强领导下，认真学习习主席关于新形势下国防和军队建设重要论述和十九大精神，以“强军目标”为指导，紧紧围绕实现“三个确保”时代课题，瞄准军分区党委提出的“三个一流”目标，按照部党委确立的“强班子带队伍、打基础夯根基、抓重点促全面、谋发展创一流”的工作思路，抓学习、促工作、求发展，年度工作稳步推进，人武部全面建设保持了稳步推进的良好态势。县人武部被省军区评为“军事训练先进单位”和“先进团党委”。

【民兵整组】2017年，县人武部为做好基干民兵编组工作，人武部及时将民兵整组形势任务、指示要求、落实措施向县委县政府主要领导作了汇报，主动争取地方党政领导关注支持。成立民兵整组工作领导小组，制定了《民兵组织整顿工作实施方案》和《分片包干督导计划》，下发整组工作通知，保证对整组工作的强有力领导，保障整组工作的顺利开展。组织全县专武部长和民兵营连长集训，对整组业务知识和民兵工作管理系统的操作使用进行了相关培训，重点突出相关文件和民兵整组、兵役登记等文件和常识的学习。按照民兵整组“四个阶段”、“二十项内容”的要求统一规范整组程序和方法步骤。制定民兵整组检查督导计划和分片包干计划，分南片、北片和沿线3块区域，分别由3位部领导挂钩帮带，落实责任制。整组工作期间，每个单位我们检查督导均在3次以上。3—5月，先后4次到基层单位检查指导，两次下发检查情况通报，指出存在问题，明确整改内容、措施、要求和时限等，确保问题得到整改。

【情报信息员队伍建设】2017年，县人武部根据省军区关于缩减情报信息员队伍的文件精神，涡阳县结合个人平时工作实绩，兼顾行业系统和区域平衡，积极向相关行业拓展，综合考察后调整了18名年龄偏大、业务素质薄弱、侦搜意识不强的信息员。1月18日至20日，利用3天时间组织全县情报信息员的集训，有效的解决信息员不会报、不会搜集信息的问题。全年共收到上报信息42316条，为军地双方及时提供有效信息16条。

【军事斗争准备】2017年，县人武部坚持从战备常态化抓起，严格日常作战值班、重大节日值班和值班分队落实。着眼任务实际，及时修订完善18个战备方案计划和应急行动预案，形成上下衔接、实在管用的方案体系。召开作战准备检讨推进会，全面查找分析战备工作、军事训练、国防动员和后备力量建设等4个方面21项短板弱项，研究制定针对性措施办法。组织对区内政治、经济、军事、交通、民生5类13个重要目标和兵要地志情况进行战场勘察，建立影像资料档案，掌握了第一手详实数据。建成机关网络教室、3G移动视频和对讲调度系统，引接国防动员指挥控制信息平台，并加装密码设备，提升了战备信息化水平。

【首长机关训练】2017年，县人武部把“练官”活动与党委班子岗位练兵结合起来抓，并向专武干部、民兵营连长和国动委系统拓展延伸，全年落实首长机关训练62天、430小时（不含体能训练）；重点突出指挥技能训练、专业技能训练、作战指挥训练等课目，2名主官和团以下干部分别参加省军区、军分区年度军事训练考核，在本分区范围内成绩均名列前茅。

【民兵训练】2017年，县人武部坚持把应战应急队伍作为训练重点，在抓好基地统训的同时，认真贯彻省军区首长指示要求，以《军事训练与考核大

进行队列训练

纲》《师以下部队练官标准》《关于加强省军区部队实战化训练的意见》为依据，按照“真难严实”要求，积极探索实地、实情、实案训练新路子，完成民兵训练任务。

【专武干部训练】2017 年，县人武部围绕“精理论、懂业务、通技能、会组训、能指挥”要求，采取集中培训与以会代训相结合的方式，注重抓好常态化训练，专武干部能力素质和业务水平得到新提高。在分区组织的全市专武干部集训考核中，获得综合排名第一。

【征兵工作】2017 年，县人武部针对“当兵冷、征兵难”的现状，及时组织征兵形势调研分析，科学制定《征兵准备实施方案》和《征兵宣传计划》。在涡阳剧院组织“心系国防”大型文艺晚会，制作征兵宣传片，在老子文化广场、体育广场等人流密集区循环播放 50 天，多措并举浓厚宣传氛围。召开县征兵领导小组会议、全县征兵工作会议和征兵工作业务会议等。严密组织征兵体检，在体检站实行军事化管理、挂牌上岗、封闭式编号体检，省军区先后对涡阳县征兵体检进行检查督导，给予高度评价。严格标准条件，严格全程调控，严格“五个关注”，即关注“双合格”人数、高学历青年征集比例、小龄青年报名应征、适龄青年入伍态度和困难家庭子女参军入伍。坚持集体定兵，严格审查把关。坚持“四优先”、“三不定”。聘请人大代表、政协委员、应征青年家长担任廉洁征兵监督员参加定兵会，对征兵工作进行全程监督，确保廉洁征兵。联合县委、县政府出台《关于加强新形势下征兵工作的意见》，将义务兵优待金标准由每年 8000 元，按照人均收入逐年提高，联合县政府、县纪委下发了征兵工作奖惩情况通报，对征兵工作推进不力的单位和个人进行了责任追究。与初定新兵逐人鉴定了《承诺书》，统一组织应征青年及家长集体谈心，集中组织入伍青年“伍前”教育。

【安全管理】2017 年，县人武部突出依法从严治军，从 4 月上旬开始，区分“筹划部署”、“组织实施”、“整改提高”、“验收总结”四个阶段，展开全军安全大检查活动，紧紧围绕 8 个方面 70 个具体问题，坚持问题导向、精准发力、压实责任、一抓到底的原则，共发现 8 类 52 个具体问题，并针对性的进行了整改，确保问题归零。按照省军区、军分区统一部署，为持续抓好安全稳定工作，坚决打赢政治之年、大事之年、改革之年安全稳定攻坚战，在前期安全大检查的基础上，区分直前准备、动员部署、组织实施、攻坚整改、验收总结 5 个阶段，集中开展“百日安全活动”，通过活动展开，进一步规范了秩序，打牢部队安全基础，为年底安全收官奠定了坚实的基础。

【思想政治建设】2017 年，县人武部始终坚持党对军队绝对领导，时刻确保后备力量建设发展的正确方向。第一时间原原本本抓好省军区、军分区两级党委扩大会议精神和最新指示要求的学习贯彻，确保上级各项命令指示不折不扣坚决落实。对照省军区党委“双一”总体目标，定期对照总结单位建设发展实际，切实把经验教训总结好、短板问题找清楚、目标任务搞明确、思路举措定扎实，为继续争创“全面建设标兵单位”理清思路夯实基础。党的十九大召开后，人武部第一时间组织全体人员收看大会直播实况，跟进学习辅导宣讲，引导干部职工紧密联系发展形势，深入理解习近平强军思想的基本内涵和实践要求，正确看待强军思想与个人理想的辩证关系，不断强化强军信念、端正价值追求。每天早上利用点名时间，组织全体人员原原本本抄写党的十九大报告和新《党章》，让大家掌握党的十九大报告中的新思想、新观点、新内涵、新要求。我们把学习党章党规、学习贯彻党的十九大报告精神和习主席系列重要讲话精神作为首要政治任务，采取纳入中心组理论学习集中部署、利用交接班会议常学常新、开展党组织生活互学互评、营造内部政治氛围持续熏陶等形式，与扎实开展“维护核心、听从指挥”主题教育。

【征兵宣传】2017年，县人武部针对改革落地的新形势新要求，及时组织征兵形势调研分析，科学制定《关于认真做好2017年度兵役登记工作的通知》《征兵准备实施方案》和《征兵宣传计划》。开好征兵情况汇报会、征兵工作推进会、征兵“五率”座谈会和全县征兵工作会议。开展征兵宣传工作，充分利用电视、“村村通”广播、报刊、网络等媒介，制作征兵宣传片、手机集团彩铃，开通专武干部征兵微信群，在涡阳剧院组织“军民共筑强大国防梦”大型文艺晚会，高考结束当天开展征兵宣传进校园活动，在各高级中学设置征兵报名咨询点，积极动员应届毕业生报名应征。

【双拥共建】2017年，全县驻涡部队和民兵预备役人员，扎根涡阳，积极投身“践行五大发展理念，勇当皖北振兴排头兵”创建活动。主动参与秸秆禁烧、抢险救灾、应急维稳等行动，持续开展“八一助学圆梦”活动。军地协作先后化解涉军矛盾纠纷3起，有力维护军人军属合法权益。先后在中央七套、《中国国防报》、《国防教育》、《中国双拥》等媒体刊发新闻报道60余篇，集中反映了涡阳县武装工作建设成就。

（县人武部供稿）

武警涡阳中队

【概况】2017年，武警涡阳中队在上级党委和县委、县政府正确领导下，中队始终以习近平系列讲话精神为指导，以贯彻落实党的十九大精神为抓手，紧紧围绕支队年初党委扩大会议确立的“奋勇当先，奋进争先”的建队目标，围绕着“强素质、提质量、求稳定、创先进”的整体思路，大力开展“维护核心、听从指挥”主题教育活动，狠抓部队精细化建设，经常性工作开展扎实有效，内部关系进一步密切，后勤保障能力逐步增强，中队整体建设质量再上新台阶，高标准实现“两个确保”目标。中队被总队评为正规化执勤先进单位、基层建设先进中队，1人获三等功，1人被总队评为优秀基层干部，2人获支队嘉奖，中队一班被支队评为“先进班级”。

【组织建设】2017年，武警涡阳中队加强支部建设，一年来，支部班子两次进行调整，针对班子成员新和书记任职短、能力不强的实际，把加强班子合力、提升工作能力作为头等大事来抓。结合“两学一做”学习教育常态化制度化，有针对性制定个人学习计划，坚持理论学习与实践并行，不断提高发现问题、分析问题和解决问题的能力。把住部队建设的方向，始终注重领会上级党委意图，把握工作大局，制订中队按纲建队计划，确立中队争创先进的奋斗目标。同时，结合每季度按纲建队考核，认真研究分析中队每个季度按纲建队短板弱项，努力抓好问题的整改。抓住中队管理的龙头，持续深入推进“两学一做”学习教育常态化制度化发展，结合《纠治官兵身边的“微腐败”和不正之风专项整治活动》，让党员带头把素质强起来、把工作干起来、把作风硬起来，不断释放立身为旗、先锋模范的正能量。纯正部队建设的风气，坚持依制度办事，一年来，中队先后研究推荐改转士官4人，研究确定预备党员4人，推荐考学对象1人，推荐1人参加总部集训、4人参加总队集训，每月开展一次双争评比，坚持公平公开公正，严格按照制度操作，以纯净的政治风气赢得官兵信服。

【思想政治建设】2017年，武警涡阳中队认真抓好创新理论武装，紧紧围绕“维护核心、听从指挥”主题教育这条主线，组织全体官兵深入学习十九大精神、习近平系列重要讲话精神和新党章党规等理论知识。坚持通过看《武警十大忠诚卫士颁奖典礼》《不忘初心继续前行》《强军》《将改革进行到底》等纪录片，在潜移默化中深化教育效果。细致抓好经常性思想教育，严格落实周二教育日制度，抓好课堂教育。开展系列配合活动，年初组织开展“新年度工作怎么干、精细化管理怎么办”大讨论活动，开展“不忘初心跟党走”重温入党誓词主题党员日活动，开展“忆党史军史、话使命担当”读报学习活动，开展“真情助廉寄语”活动，参加支队“庆八一”篮球比赛。结合老兵面临退伍的实际，组织向哨位告别仪式等。“8.1”阅兵期间，组织官兵观看阅兵直播及相关报道，提升官兵使命感、自豪感、责任感。在重大节假日期间，组织官兵开展你比我猜、你追我赶、你唱我评等健康有意义的文体活动。加大对图书阅览室的使用和管理，及时更新书籍，联系县新华书店、涡阳县图书馆，开展送好书到警营活动，共赠送图书500多套，大大方便官兵学习。充分发挥“三个半小时”活动载体作用，加强时事政治教育。积极开展“第三届寻找身边最美强军典型”活动，用身边典型教育人、引导人，提振“精气神”、汇聚“正能量”。

【执勤战备】2017年，武警涡阳中队搞好执勤教育，定期组织执勤案例分析，观看执勤警示教育片，引导官兵牢固树立居安思危的忧患意识，确保目标“万无一失”。认真开展“学方案、研方案、练方案”活动，扎实开展“战备月”活动。加大执勤检查力度，及时发现和纠正执勤中存在的问题，坚持每月评选执勤先进个人，收到较好的效果。结合中队勤务质量不高、哨兵心理素质差、应急力量反应不够迅速等实际，突出抓好以“四哨”动作、反袭击为主的基础训练。注重抓好领班员队伍建设，定期对领班员进行培训，提升管勤能力。同时，中队结合防袭击工作形势，狠抓应急力量、哨兵反袭击动作训练，每日对三人应急小组进行拉动，提高快确保反能力。及时与看守所组织联合方案演练，提升联合处置能力。协助看守所完成了监区的“三化”建设，推进值班室信息化升级改造和监门哨改建工作。

【军事训练】2017年，武警涡阳中队抓实基础训练，狠抓干部骨干训练，提高组训能力，扎实开展防逃制逃、营区反袭击等专勤、专哨训练，大力培育官兵勇上一线、敢打必胜的战斗精神，不断提升官兵情况处置能力。深入发动，掀起练兵热潮，官兵体能技能基础进一步牢固，在支队勤训轮换中获得第二名的成绩。强化专勤专训，官兵执勤技能进一步提升。抓好零散训练时间，采取班组、分队训练正课时间练，单兵科目、器械科目零散时间练的方法，确保训练不漏一人，全员训练，取得效果明显。

（武警中队供稿）

人民防空

【概况】根据2006年《安徽省人民政府、安徽省军区关于将肥东等42个县(市)列为省级人民防空重点城市的通知》，涡阳县按照国家三类人民防空重点城市防护标准进行人民防空建设并开展人民防空工作。2007年12月，经亳州市编委批复同意设立涡阳县人民防空办公室，与涡阳县政府办公室一个机构两块牌子；同年，涡阳县编委下发《关于设立涡阳县人民防空办公室的通知》，标志着涡阳县人防机构正式设立。2011年9月，涡阳县政府办公室批复同意涡阳县住房和城乡建设委员会加挂涡阳县人民防空办公室牌子，涡阳县人防办与涡阳县住建委合署办公，涡阳县住建委主任兼任涡阳县人防办主任。

2017年，涡阳县人防办认真贯彻落实《中华人民共和国人民防空法》，围绕有效履行“战时防空、平时服务、应急支援”的目标，各项工作都有较大提升。城区防空警报音响覆盖率达到98%以上，警报发放控制实现自动化。

【警报通信建设与管理】2017年，县人防办加强警报维护管理工作，强化管理人员教育培训，注重落实管理制度，开展对警报设施和操作控制系统检查维护，及时排除故障，确保警报控制体系始终处于良好战备状态。在9月18日全省统一警报试鸣日，成功组织了放空警报试鸣活动。

【工程建设与管理】2017年，县人防办将人防工程建设项目审批纳入市政府建设项目网上审批系统。

涡阳县人防办（地震局）始终把人防工程建设质量作为人防工程建设的重要内容，采取严把设计资质关，加强人防工程质量监督，加强人防工程建设跟踪监管，严把验收关，坚持和完善防护（化）设备合同备案制度，对人防工程质量实施有效监管。

【人防宣传教育】2017年，县人防办印制人防、地震科普宣传资料5500册，制作宣传展板15块，在5·12防灾减灾日和9·18防空警报试鸣日两个时段，组织人民防空和防震减灾科普宣传活动。在涡阳县电视台通过专版、专访等形式进行宣传，在老子文化广场、涡阳县住建委门口进行宣传，推进防震减灾科普示范基地选址、建设工作。

（县住建委供稿）

法　治

法治政府建设

【依法行政】2017年，涡阳县出台中共涡阳县委、涡阳县人民政府关于印发《贯彻〈法治政府建设实施纲要（2015—2020年）〉实施方案》的通知，明确涡阳县到2020年法治政府建设的主要任务和具体措施。坚持权责法定，建立并运行2017年县级政府权责清单、镇（街道）权责清单、县级行政权力中介服务清单、县乡两级公共服务清单规范行政决策。出台《涡阳县重大行政执法决定法制审核规定》和《涡阳县推行重大执法决定法制审核制度试点工作实施方案》，明确审核流程，督促各单位建立审核目录清单，按照目录清单进行审核，推进行政执法规范化。规范行政执法行为，督促执法单位健全行政处罚裁量基准动态调整机制，及时对处罚裁量基准进行调整。开展规范性文件清理工作，对以县政府、县政府办名义制发的规范性文件进行清理，并在县政府门户网站公布。积极组织开展行政执法案卷评查，对国土、环境保护、市场监管、农业、卫生等5家行政执法单位进行案卷评查，督促相关单位完善执法案卷，规范执法行为。

【行政决策】2017年，涡阳县出台《中共涡阳县委办公室、涡阳县人民政府办公室关于印发〈关于推行法律顾问制度和公职律师公司制度的实施方案〉的通知》，要求县级各党政机关普遍设立法律顾问、公职律师，乡镇党委、政府、街道党工委、办事处和经开区可以根据需要配备专职或兼职人员履行法律顾问职责。全县级以上行政机关普遍设立了法律顾问或公职律师。法律顾问工作机制健全，法律顾问在制定重大行政决策、推进依法行政中的作用得到充分发挥。

【行政权力监督】2017年县政府重大决策出台前通过各种形式公开征求意见，重大政策出台后及时通过政府信息公开网站公布。凡涉及社会面广、与人民群众利益密切相关的重要事项，通过召开座谈会、听证会、论证会、网络调查、向社会公示等形式广泛听取意见，并进行社会稳定、环境、经济等方面的风险评估。出台《涡阳县人民政府关于印发〈涡阳县人民政府重大决策风险评估办法〉的通知》，对县政府应当进行风险评估的重大事项、评估的方式、程序，评估报告应包括的内容，对重大决策承办单位失职的追责进行了详细规定。自觉接受司法监督，县级本级政府及各行政机关积极出庭应诉，尊重并执行法院裁判。

（县政府法制办供稿）

公　安

【概况】2017年，涡阳县公安局内设机构50个：指挥中心；4个室（政工、宣教、纪检、警务保障）；12个大队（督察、国保、出入境、网安、情报、刑侦、交管、特（巡）警、经侦、治安、禁毒、法制）；看守所、拘留所以及城关等31个派出所。

2017年，涡阳县公安局牢牢把握稳中求进总基调，以中共十九大安保为首要任务，围绕“深入践行五大发展理念、奋力走在皖北振兴前列”总体部署，以公安改革为动力，以建设平安涡阳、法治涡阳、过硬队伍为载体，开展“守护平安”系列行动、“排问题、除隐患，喜迎党的十九大”、“守护平安—百日攻坚”等专项行动。

【公安队伍建设】2017年，县公安局坚持强化素质教育，不断提升全县公安队伍整体能力和水平。开展“排查廉洁风险、整治突出问题、查究违法违纪、树立清风正气”专项治理工作。紧紧围绕重大警务部署活动和中心工作，运用多种督察方式，强力推进各项警务工作有效落实。深入开展岗位争先活动，营造了崇尚荣誉、奋力争先的生动局面，为全县公安工作注入了正能量。2个单位立集体三等功，1名民警立个人二等功，13名民警立个人三等功，60个单位和个人被嘉奖；327人次被市局命名为月度“两星一兵”，15人命名为月度“服务先锋”，36人命名为月度“十佳辅警”。

【教育培训】2017年，县公安局加强民警教育培训工作，组织开展民警执法规范化培训、警务实战技能分类达标考核，努力提升理论水平和业务能力，提升民警综合素质。2017年度全市公安机关执法规范化建设绩效考核第一。在全市公安特警2017年实战技能比武活动中，取得实战技能比武总团体第一名和运动后手枪快速射击团体第一名的优异成绩。

【应急指挥】2017年，县公安局积极向县政府请示建立全县社会应急联动工作机制，成立社会联动领导小组，以110指挥中心为依托，成立社会应急联动指挥中心，承担全县突发事件应急指挥和处置工作，有效应对突发性公共事件，切实保障人民群众的生命安全。2017年，110指挥中心共接入电话30余万次，处置有效警情6万余起。

【科技强警】2017年，县公安局加强刑事科学技术建设，全年利用刑事技术串并案件148起，直接破案40余起，抓获犯罪嫌疑人22名。积极推动智能化交通视频系统建设和视频巡查工作，发挥视频监控系统作用，提升视频巡查服务公安实战能力，通过视频巡查发现案件线索384个。

【犯罪打击】2017年，县公安局针对全县社会治安形势和违法犯罪活动规律特点，集中优势警力，深入推进“守护平安”系列行动及各专项行动，严密防范、严厉打击各类违法犯罪活动，共破获各类刑事案件905起，共查处治安案件6549起。其中，打掉涉恶团伙8个，12起现行命案全部破获，破获命案积案2起，抓获命案逃犯2人，协外抓获命案逃犯2人；打掉电诈及跨区域盗抢骗系列侵财犯罪团伙10个，起诉四类侵财犯罪嫌疑人172人，挽回经济损失100余万元；破获涉毒刑事案件32起，查处吸毒人员103人次，强制隔离戒毒15人，铲除罂粟7983株；破获各类经济犯罪案件30起，挽回经济损失700余万元；抓获各类在逃人员446名。

【防范管理】2017年，县公安局坚持打防结合，在全县范围内推行“1+2”社区警务模式和“1+1”农村警务模式，择优选配辅警辅助社区民警和包（驻）村民警开展工作，全县共有包村民警218名，驻村民警147名，社区民警24名，共配备辅警423名。民警共下村5524人次，走访218个行政村，进行普法宣传1700余次，为群众发放办理身份证423张，为老弱病残上门送证189次，采集流动人口信息212条，收集各类社情民意信息5000余条；反馈有效信息326条，参与调处各类矛盾纠纷231起，成功将52起可能引发的群体性事件化解在萌芽状态；开展交通、消防等安全宣传622次，排查发现安全隐患50余处。按照“处置要早、调解优先、调防结合、定纷止争”要求，全县警民联调室共受理各类矛盾纠纷126起，调处成功120起，成功率95.2%；成功调解纠纷涉及金额120万元；防止民转刑3起，防止上访事件6起。

【公共安全管理】2017年，县公安局以防事故、保安全为核心，不断强化道路交通、消防、大型活动、危爆物品安全管理，常态化开展安全隐患拉网式排查整治，推动公共安全管理工作深入扎实开展，安全管理形势总体平稳。以实施城市“畅通工程”和创建“平安交通”为抓手，强化源头管控、综合治理，以加强安全隐患排查为主线，全面开展道路交通安全隐患排查治理，道路交通事故起数、受伤人数、财产损失、死亡人数与2016年相比，分别下降27%、26%、61%、19%。认真组织开展消防安全大检查，全县未发生人员伤亡火灾，与2016年相比，4项指标均呈下降趋势，火灾形势平稳。加强民爆、危化物品管理，严格落实枪支安全管理制度，查缴各类枪支64支、弩13支、子弹922发、气枪子弹19783发、黑火药15.25公斤、雷管9枚、手榴弹5枚、六0炮弹2枚、管制刀具4把。

【监所管理】2017年，县公安局加大安全隐患排查整改力度，看守所连续18年安全无事故，二级看守所达标验收。拘留所积极组织开展“创、做、建”活动，被省公安厅评为“全省先进拘留所”，并立集体“三等功”。

【出入境管理】2017年，全县共受理各类因私出入境证件申请18875人次，比2016年净增1908人，增长11%；办理“三非”案件15起，拘留审查13人，限制活动范围5人，行政拘留1人，罚款2人；遣送“非法入境”人员13人。

【户籍管理】2017年，县公安局加大户籍制度改革力度，全面落实户口迁移政策，全力解决无户口人员登记户口问题，着力强化农村转移人口市民化、异地办理身份证、流动人口居住证办理工作。规范户籍业务管理，加强窗口单位作风建设，推进公安行政管理服务事项网上办理。全年共登记流动人口10625人，办理居住证33215；受理居民身份证142746人，发放49367人，办理临时身份证17345人；办理边境证31人。据统计，2017年末涡阳县总户数333464户；总人口1681880人，其中男886940人，女794940人；出生33493人，其中男17359人，女16134人；死亡21492人，其中男12610人，女8882人。总人口中城镇人口326013人，乡村人口1355867人；城镇化率19%。

（县公安局供稿）

消　防

【概况】涡阳县消防大队位于涡阳县世纪大道（原华都大道）与天静宫路（原西二环路）交叉口，辖涡阳中队、涡北中队两个中队，2017年，有现役官兵24人，其中二期士官2人，四期士官2人，大中队干部7人，合同制消防员21人，文员9人，派出所指导办1人。有行政车辆3辆，抢险救援车2辆，消防宣传车1辆，普通水罐消防车6辆，20米举高喷射消防车1辆，32米登高平台消防车1辆，21吨重型水罐消防车1辆，水面救援船只1艘，储备有3吨泡沫。

大队消防站（产权证名称为武警涡阳县消防大队特勤培训基地合建站，大队与涡阳中队营区）2017年8月初投入使用，占地5.33公顷，总用地面积53902.02平方米，建设执勤楼、培训中心、周转楼、附楼四栋建筑物，附属配套设施有心理训练设施、篮球场、训练塔、足球场等，总建筑面积16368.37平方米。其中执勤楼建筑4层，建筑面积4478.11平方米，培训中心楼建筑5层，建筑面积7172.87平方米，训练塔一座，高10层，周转楼与附楼为县委县政府交流干部使用。建筑采用全钢构装配式建筑，正在完善立项、不动产权证、人防、防雷设计审核、环评、建设项目选址意见书、建设用地规划许可证、建设工程规划许可证、建设工程施工许可证等建设手续。

涡北中队于2015年初投入正常执勤（在县编办事业单位法人注册名称为：涡阳县政府专职消防队），占地面积13375平方米（约20.06亩），建筑面积3890平方米，设有多功能办公楼、食堂、餐厅、活动室、车库等基础设施和训练场地。2017年按照单编政府专职消防队管理模式运行。

【辖区概况】2017年，全县确立140家重点单位，其中火灾高危单位24家，娱乐场所20家，易燃易爆场所19家，县公安局确定31个派出所管辖的重点单位962家。旺角社区、巨人社区微型消防站配有小型消防车。除城关等4个街道和经开区外，其余21个镇（场）全部建立了乡镇政府专职消防队，2017年更新了14辆农用消防车，各乡镇政府专职消防队共有36辆农用消防车。高炉镇为全国重点镇，徽酒集团（原安徽双轮酒业有限责任公司）位于该镇，高炉镇政府专项消防队和徽酒集团企业专职消防队以政企合一，两队资源整合的模式，升级改造为一级政府专职队，高炉镇政府专职队配有2辆水罐车、7名队员，徽酒集团企业专职消防队配有1辆泡沫水罐车、1辆水罐车、15名队员。城区有高层建筑156栋，其中高层公共建筑9栋，地下建筑2处，最高建筑层数34层，高度99.1米，高层建筑全部实施楼长制和消防经理人制度。

【消防队伍建设】2017年，涡阳大队狠抓队伍正规化建设、精细化管理，突出思想政治工作的引领作用，涡阳、涡北两个中队按照公安部消防局、省消防总队、市消防支队部署，相继开展“提振精气神、实干走前列”专题教育、“维护核心、听从指挥”主题教育和两学一做学习教育活动常态化制度化及“讲政治、重规矩、作表率”专题警示教育工作，每月一次开展集中学习，官兵撰写心得体会120篇，

观看警示教育展览

深入新兴镇新四军纪念馆现场讲授党课1次，参观烈士陵园并举行宣誓活动1次，开展“喜迎十九大、书画进警营”活动1次，提高官兵的凝聚力、向心力，有效提振官兵的精气神。强化队伍灭火救援能力，修订完善140家重点单位数字化预案，开展重点单位实战演练82家，参与县天然气泄漏应急处置演练活动，争取资金210多万元，更新14辆、3吨农用消防车配发乡镇，添置城市主战消防车和50余万元的装备器材。两个中队干部和骨干把参加总队、支队集训的训练成果带回中队，实现传帮带，积极指导21支乡镇政府专职队、徽酒集团企业专职队业务并开展联勤联训，提高新形势下部队面对复杂条件灾害事故的综合应急处置能力。

【消防特勤培训基地合建站建设】2017年，县财政投入7000余万元新建涡阳消防特勤培训基地合建站，于2017年8月初完成搬迁。两个中队的高空训练设施和培训基地（涡阳中队营区）10层楼训练塔建设完成，涡北中队营区绿化、库室改造投入170余万元，建设了塑胶跑道和5人制足球场，部队营房建设和基础配套设施建设取得新发展。

【消防监督】2017年，涡阳大队狠抓执法规范化建设，发挥消防委平台作用，当好党委政府参谋，推动党委政府等四套班子落实消防安全责任制。县政府领导带头落实消防安全责任制，县政府召开全县消防工作会议1次，消防委成员联席会4次，县领导12次带队检查消防安全工作，部署开展夏季消防检查暨党的十九大消防安保、高层建筑消防安全综合治理、电气火灾防控、消防安全社区创建等消防专项行动。各级各部门协调推进行业监管职能，消防大队积极协调卫计、民政、商务等部门9次开展联合检查，对29处文物古建筑、70余处宗教活动场所、35家医疗卫生机构、42家养老机构等全部排查一遍。公安机关各警种多警联勤形成一盘棋。各警种联合执法检查4次，约谈易燃易爆场所17家、重大火灾隐患单位5家，对140家消防部门管辖的重点单位、962家派出所管辖的重点单位实行重点监管，推进户籍化管理和四个能力建设，全年共检查单位1892家（次），发现整改火灾隐患2351处，下发责令改正通知书 953份，行政处罚31家，三停19家，罚款70余万元，临时查封26家。 2017年，大队共受理建设工程消防设计备案11起（抽中），竣工验收消防备案6起（抽中），消防设计审核33起，消防验收20起，开业前消防安全检查12起。

【消防宣传】2017年，涡阳大队开展140家重点单位消防培训2批次，全部修订数字化预案，开展实战演练82家，开展119消防宣传月、全民消防我代言等大型集中宣传活动5次，举办学生参观消防站5批次，发放宣传资料22000余份；在城区主干路和进城主路口设立大型消防公益宣传牌7处；组织派出所民警培训4次，组织社会单位、行业系统消防培训22场次，对25个消防委成员单位负责人、25个镇（街道、经开区）分管负责人和300多个村（社区）的负责人、40多家医疗卫生机构负责人、40多家养老机构负责人和26个乡镇民政办负责人、150多家液化气经营场所负责人、70多家易燃易爆场所负责人、18家物业公司负责人等全部培训一遍，微博、微信推送消防知识5000人次，群众消防安全意识不断提高。

【灭火救援】2017年，涡阳大队共接到报警1301起，其中火灾969起，抢险救援和社会救助332起，全县未发生人员伤亡火灾，同比2016年，火灾发生起数、财产损失数、人员死亡数、受伤数等4项指标均呈下降趋势，火灾形势平稳。大队共出具火灾事故调查认定26份，其中一般火灾事故认定书8份，火灾事故简易调查认定书18份。

【大事记】2017年2月，涡阳县召开第一季度安委会、消防委联席会和道路交通联席会；2017年3月，县政办下发《关于开展消防安全工作大检查的通知》、《关于开展冷库消防安全排查的紧急通知》、《关于开展电气火灾防控专项整治工作的通知》等三个文件；4月，召开全县消防工作会议；4月，县委书记胡明文、县长熊国洪专题听取消防工作汇报；6月，县政府出台《涡阳县人民政府办公室关于印发全县夏季消防检查暨党的十九大消防安保工作方案的通知》；2017年8月，武警涡阳县消防大队搬迁至消防特勤培训基地合建站，9月举行搬迁入驻仪式；8月，大队召开上半年“讲重作”专题警示教育专题民主生活会；9月，县人大常委会专题调研检查消防工作；9月，县长熊国洪专门听取大队新班子工作汇报；10月，胡明文书记检查调研城关街道十九大消防安保工作，听取汇报；11月，县政府出台《涡阳县人民政府办公室关于印发涡阳县今冬明春火灾防控工作方案的通知》；11月，全县119消防宣传月暨集中宣传活动在旺角广场、阜阳商厦涡阳商城、文化广场启动。

（消防大队供稿）

检　察

【概况】涡阳县人民检察院位于县城紫光大道，现有干警95人，内设机构21个，包括办公室、政治处、干部人事科、宣传教育科、法警队、侦查监督科、公诉科、反贪污贿赂局、反渎职侵权局、民事行政检察科、控告申诉检察科、职务犯罪预防科、检察技术科、监察科、监所检察科、法律政策研究室、计划行政财务装备科、案件管理办公室、城关检察室、高炉检察室、义门检察室。2017年度涡阳县人民检察院先后荣获第九届全国文明接待室、全省检察宣传先进单位、安徽省文明单位等称号。

【职务犯罪侦查】2017年，县检察院共立案侦查贪污贿赂犯罪案件23件26人，渎职侵权犯罪案件5件6人。突出查办有影响有震动的要案，立案查处正处级干部1人，科级干部6人，20万元以上大案16件；根据市检察院指定管辖和交办，运用侦查一体化机制，集中力量查办了亳州市人民医院窝串案，其中原亳州市林业局局长翟某某，在担任亳州市人民医院院长期间涉嫌受贿600多万元一案，为涡阳县人民检察院建院以来侦结数额最大的自办案件；立案侦查涉嫌滥用职权造成国家财产损失7000多万元的涡阳县兴阳担保公司原经理李某。查办在医疗系统、征地拆迁、惠农扶贫等民生领域职务犯罪嫌疑人29人，查办行贿犯罪16人；立案查处亳州市人民医院25人涉嫌贿赂犯罪等一批有影响的窝案串案。

【职务犯罪预防】2017年，县检察院提供行贿犯罪档案查询139次；继续深化预防“六进”，先后为党校、行政执法机关开展预防专题讲座10余次；开展卫生计生系统预防职务犯罪专项活动，活动期间为医疗系统开展“严肃行业纪律、预防职务犯罪”授课活动，受教育人数300余人，督促有关违法人员积极退赃50多万元；联合中国邮政涡阳分公司开启“预防职务犯罪邮路”专项活动，利用邮递员走千家、进万户的优势，构建立体化的预防职务犯罪防线。

【刑事诉讼监督】2017年，县检察院立足检察职能，始终把做好检察环节综合治理工作作为服务大局的重要举措来抓，积极作为，能动司法，共批准逮捕各类刑事犯罪案件279件343人，提起公诉570件668人；坚决纠正有案不立、有罪不究、

预防职务犯罪邮路启动仪式

以罚代刑等问题，监督公安机关立案15件，纠正漏捕7人，纠正漏诉9人，提起抗诉9人，提请抗诉1人。

【民事行政监督】2017年，县检察院加大对审判机关、行政机关依法履职的法律监督，全年共办理民事行政生效裁判监督案件14件，提出再审检察建议6件，提请抗诉6件；对审判人员审判程序违法提出检察建议3件；办理民事行政执行监督案件3件，督促行政机关依法履职13件，采纳13件；办理了安徽省非试点地区首例行政公益诉讼案件。

【刑事执行活动监督】2017年，县检察院对看守所开展安全防范检察监督，发现安全隐患3处，及时建议看守所纠正，确保监管场所的安全稳定；积极维护在押人员合法权益，开展羁押必要性审查案件27件，建议变更强制措施25人，均得到采纳；加大对社区矫正人员的监督力度，建议司法行政机关收监执行6人；加强对判实刑未交付执行罪犯监督，建议人民法院暂予监外执行9人，全部予以采纳。

【涉检信访化解】2017年，县检察院坚持以群众路线统揽信访工作，接待来访597件次，受理来信148件次，办结并及时上报信访案件20件，保持了涡阳县人民检察院连续多年涉检赴省进京访"零"的记录；加大依法纠错、赔偿等案件的办理力度，审查化解信访纠纷6件，办理刑事申诉案件7件，国家赔偿案件1件。

（县检察院供稿）

法　院

【概况】涡阳县人民法院位于涡阳县城紫光大道中段。现有在编干警154人，内设机构21个，包括办公室、政治处、研究室、财装室、立案庭、立案二庭、刑事审判一庭、刑事审判二庭、民事审判一庭、民事审判二庭、民事审判三庭、行政庭、土地城建法庭、审判监督庭、执行局、司法警察大队、技术室、纪检组（监察室）、诉讼调解中心、审判管理办公室、工会等，下辖涡北、工业园区、楚店、龙山、花沟、义门、高炉、牌坊8个派出法庭。2017年，涡阳县人民法院围绕涡阳县社会经济发展大局，牢牢把握司法为民、公正司法主线，忠实履职尽责，全面加强自身建设，充分发挥审判工作职能，不断创新司法管理，全面开展司法公开，有效增强司法权威，积极服务于全县人民，为打击刑事犯罪、促进地方经济发展做出了突出的贡献。

【刑事审判】2017年，县检察院始终把维护社会稳定，增强群众安全感和满意度，作为刑事审判首要任务。2017年，涡阳县人民法院共受理刑事案件749件，审结719件，结案率为96%。推进量刑规范化改革，统一法律适用标准，规范裁量权，准确裁量刑罚，对于常见23种罪名量刑划定精密量刑区间。严厉打击故意伤害、聚众斗殴、寻衅滋事等扰乱社会公共秩序暴力犯罪，为人民群众营造安全稳定的生产、生活环境，共判处涉及暴力犯罪的案犯89人。从严惩处多发性的赌博犯罪，审理案件24件，判处罪犯28人，监禁刑适用率达90%以上。严厉打击制售假冒伪劣产品、侵犯知识产权的犯罪，保障人民群众健康权。严格依法惩处危险驾驶犯罪，坚决遏止醉酒驾驶、校车超载等严重危害公共安全的犯罪行为，判处刑罚182人。严惩妨害公务的犯罪，对于构成妨害公务犯罪的，一律适用监禁刑，支持行政执法部门依法履行职务。严惩贪污受贿、渎职犯罪，对涉及扶贫领域的贪污危房改造补助款及其他扶贫资金的，从重判处，为扶贫攻坚提供可靠的司法保障，共审结贪污贿赂和职务犯罪17件27人。积极开展未成年犯罪预防帮教工作，组织干警到未成年罪犯管教所、未成年被告人家中进行回访帮教，组织7名具有心理咨询师资格的法官对未成年被告人开展心理疏导，帮助未成年罪犯早日回归社会。

【民商事审判】2017年，县检察院依法妥善调处民商事纠纷，保障民生，促进社会公平正义。对于涉及消费、教育、医疗、住房等民生权益的案件，实行优先立案、优先审理、优先执行。共审结民事案件8452件。加强"三农"案件审判，审结拖欠农民工工资等涉农案件305件。严格落实最高人民法院发布的民间借贷司法解释，保护法定区间范围内的借贷利息，打击高利借贷行为，防范因民间借贷产生的风险，保障经济秩序正常运转。依法支持中小微企业正当投资和融资需求。倡导诚实守信，依法经营的理念，维护正常金融秩序，化解了潜在的金融风险。妥善处理涉众型房地产纠纷，对业主与开发商之间因房屋买卖产生的群体性纠纷，予以及时调处，防止群体性事件产生。积极清理“僵尸企业”，受理两起破产案件，如所受理的债权人赵某某申请债务人安徽大自然房地产置业有限公司破产重整案件，已进入申报债权程序。推动环境资源审判，发挥审判司法引领作用，为涡阳县生态环境质量不断改善及生态文明建设提供强有力的司法保障。妥善审理涉土地流转的民商事案件，鼓励创新农村土地流转形式，保障农村土地经营权、抵押权等各项改革试点顺利进行。依法审理农村土地承包经营权、宅基地纠纷，促进农村土地三权分置。慎重审理与农村集体产权制度改革相关的案件，加强对农村集体产权的保护，促进农业发展、农民富裕、农村繁荣。

【行政审判】2017年，县检察院依法化解行政争议，推动行政争议的实质性解决，共审结行政案件174件。加强与行政机关沟通联络，推动落实行政机关负责人出庭制度。积极探索公益案件审理，推动相关行政部门依法履职。协调行政机关妥善化解涉及环保风暴案件，淘汰落后产能企业。向行政机关提出司法建议，为增强程序意识，规范行政执法行为，发挥了积极作用。坚持监督和支持并重原则，依法支持行政机关工作，维护行政机关的执法权威，如县建委、县房产局对利明开发有限公司、安徽一居置业有限公司的行政处罚案，及时作出准予强制执行裁定，不仅对行政执法行为给予法律上的支持，同时对违法行为予以严厉制裁。

【案件执行】2017年，县检察院建设执行联动机制，形成执行合力，破解执行难题。2017年共受理执行案件1975件，执结1739件，执结标的额56711万余元。充分发挥惩戒作用，出台《关于加快推进失信被执行人信用监督、警示和惩戒机制建设的实施意见》。对拒不执行判决裁定的，坚决依法打击，多措并举，最大限度的实现当事人的合法权益，切实维护法律尊严，为基本解决执行难打下坚实基础。狠抓执行机制改革创新，持续强化执行队伍建设，派出法警队进驻执行局，大力开展专项执行活动，初步构建了党委领导、人大监督、政法委牵头、政府部门配合、社会参与、法院主办、综合施策的执行工作格局。法院执行局积极同县相关单位进行协作，将失信被执行人通过县门户网站、微信进行公示，进一步施压、震慑失信被执行人，促其履行法律义务。在各种平台共发布“老赖”名单17期，共计227人，50余名失信被执行人，主动履行了法律义务。在强化执行力度的同时，积极利用各种新闻媒介对典型执行案例进行曝光、报道，扩大执行战果，形成执行高压态势，坚决遏制规避执行拖延执行的行为。

【矛盾纠纷化解】2017年，县检察院推进矛盾纠纷多元化解体系建设，全年法院共委派、委托调解案件4313件，其中调解成功2049件。加强区域性和行业性、专业性调解组织建设，形成多种类型、不同层次、全面覆盖的人民调解组织网络体系。发挥律师等第三方在化解矛盾纠纷中的重要作用，引导群众依法反映诉求，维护权益，完善诉讼与非诉讼化解纠纷的有效衔接，深入推进矛盾纠纷多元化解机制改革。

【信访化解】2017年，县检察院办理涉法涉诉信访案件，坚持开门接访、定期接访，特别注重院领

市中院在涡阳县法院召开矛盾纠纷多元化解工作调度会

导带班接访，畅通信访渠道。2017年院领导处理信访案件128件，接待来访人373人次，立案审查11件，导入诉讼6件，化解125件。通过会商、调度、通报、考核、约谈等工作机制，补齐法院信访工作短板，加强薄弱环节，推动信访案件依法、快速化解。

【司法改革】2017年，县检察院深入推进司法责任制改革，制定出台《涡阳县人民法院审判委员会工作规则（试行）》，改革完善审判委员会工作制度；《涡阳县人民法院专业法官会议规则（试行）》，建立专业法官会议制度；《涡阳县人民法院组建审判团队、建立专业法官会议的通知》，组建民事团队12个，刑事团队2个，行政团队2个，入额院领导编入审判团队，带头办理重大复杂疑难案件。健全司法职业保障制度，制定落实《人民法院落实〈保护司法人员依法履行法定职责规定〉的实施办法》的具体规定，强化司法人员履职保障，为司法人员解决后顾之忧。推进以审判为中心的刑事诉讼制度改革，落实罪刑法定、证据裁判、非法证据排除、疑罪从无刑事诉讼原则，充分发挥庭审的决定作用。

【司法公开】2017年，县检察院坚持以公开促公正，以透明保廉洁，增强主动公开、主动接受监督意识，把司法公开作为破解司法难题，提升司法公信力，提高审判质效，促进法治社会建设的重要举措，打造审判流程公开、执行信息公开、裁判文书公开、庭审网上直播四大平台，实现庭审同步录音录像，让司法权力在阳光下运行。全院裁判文书上网篇数15062篇，上网率达110%，庭审录音录像100%。

【队伍建设】2017年，县检察院制定《关于推进"两学一做"学习教育常态化制度化的实施方案》，结合发生在身边的反面典型，组织全体干警到市党风廉政教育中心接受党风廉政教育，坚持严字当头，严格执行"五个严禁"、防止干预过问案件"两个规定"等制度，强化对审判权运行的常态化监督。强化纪律审查，认真开展监督执纪问责。针对法院系统违反政治纪律、组织人事纪律、廉洁纪律、办案纪律等共性问题的整改情况，以及群众反映强烈的司法不正之风、解决"六难三案"问题的情况，通过利用随案发放廉政监督卡，回访案件当事人，主动接受当事人监督，把纪律监督渗透到具体的审判和执行过程之中。全年来，共下发《督查通报》12期，廉洁司法成效显著。认真办理省委巡视组和纪检监察机关批转案件，2017年共办结上报案件25件。

（县法院供稿）

司法行政

【概况】涡阳县司法局于1981年5月设立，内设8个机构分别为办公室、政工法规股、法制宣传教育股、基层工作管理股、律师管理股、公证管理股、法律援助中心、社区矫正大队。全县25个司法所为司法局下派单位，副科级建制。一个公证处。2017年，涡阳县司法局按照"围绕中心、服务大局"的工作思路，紧紧围绕县委、县政府的中心工作，坚持以维护社会稳定和谐、保障和改善民生为抓手，以夯实基层基础建设为重点，切实发挥司法行政职能作用，为全县经济社会发展提供优质高效的法律服务和坚定的法治保障。

【法治宣传教育】2017年，县司法局牵头高规格启动"江淮普法行"和"12.4"国家宪法日系列法治宣传教育活动，开展宪法宣誓、现场签名、模拟法庭庭审、法律咨询、法治文艺演出等活动；加大法治文化建设，涡阳法治文化广场被评为省级、市级法治文化示范点；深入开展法治创建活动，三里黄社区等6个社区获得市级民主法治示范社区，马寨村等13个村获得市级民主法治示范村；创新普法形式，在"涡阳普法"微信公众号基础上与县广播电视台联合开设了"涡阳普法"电视专栏，2017年播出10期；投资建设了涡阳县法治大讲堂，为对全县国家工作人员和广大群众进行法律宣讲提供了平台；深入推进"谁执法谁普法"落实和以案释法工作，全县各单位利用纪念日和各类节点广泛开展普法和以案释法工作，征集以案释法案例

50余例；以普法重点对象为抓手，全面提升法治宣传教育工作；组织开展“公民旁听庭审”“徒步普法行”和各类主题普法活动，2017年共开展公民旁听庭审160场次，徒步普法22场次，巡回宣讲100场次，向社区、乡村赠送书籍5000余册，各类法治报告会400场次，“法律六进”活动600场次，宣传条幅200幅，共展出宣传展板400余块，发放法律手册、宣传资料20余万份，现场解答法律咨询2000人次，受教育人数达10万人。

【基层基础建设】2017年，县司法局开展司法所建设规范提升年活动，全部完成司法所形象标识建设任务。认真开展司法所业务规范化活动，形成全县统一、门类齐全的基层司法行政业务规范和标准体系。新购置了5组档案柜75个，档案盒及配套档案标签各3000个，发放到各司法所。组织开展司法所业务全员培训班，修订考核方案、落实奖惩措施，做到考核成绩与评先创优挂钩、与工作经费挂钩，开展季度考核，推进巡查常态化，适时开展回头看，确保实效。积极做好省级、市级示范司法所复核迎查工作。涡南、西阳、城东、高炉、龙山、涡北司法所顺利通过省级、市级示范司法所复核验收。

【人民调解】2017年，县司法局落实人民调解员分级培训和人民调解委员会、调解员表彰工作。举办调解员培训班，开展卷宗观摩活动。开展矛盾纠纷集中排查化解活动。加强人民调解信息化应用，完成人民调解案件录入。推进人民调解化解矛盾研判预警机制建设。积极开展“排问题、化纠纷、除隐患，喜迎十九大”活动。2017年全县共办理人民调解案件1.3万件，调解成功率99%。组织开展了26场人民调解典型事迹巡回宣讲业务培训暨多元化纠纷化解经验交流活动，对2000多名调解员进行全员培训。2017年，涡南司法所所长刘绩胜荣获司法部“全国模范人民调解员”荣誉称号，高炉镇1名调解员获得省综治办、公安厅、司法厅“警民联调”优秀调解员称号。

【安置帮教】2017年，县司法局利用刑释人员信息管理系统，实现刑释人员衔接管理工作网络化；积极组织开展黄丝带帮教行动，共组织各类“黄丝带”帮教活动20余场，为帮教对象提供法律咨询300余人次，提供法律援助70余件，开展进监帮教3次，为服刑人员解决实际困难26件，取得了良好的社会效果。发挥远程帮教探视系统便民服务，2017年申请469人次，成功探视284人次。截至2017年底，全县帮教期内刑释人员1490人，2017年新入教261人，重点对象9人，无脱管、无漏管、无重新犯罪。

【社区矫正】制定出台《社区矫正辅助人员管理办法》《社区矫正经费使用暂行办法》《进一步加强社区矫正工作衔接配合管理的意见》《关于组织社会力量参与社区矫正工作实施意见》。社区矫正中心迁入新址后进行提档升级，软硬件建设进一步加强，充分利用社区矫正中心平台做好对新入矫社区服刑人员统一宣告和训诫教育，全面推行社区服务菜单式管理，实行社区服务“双向选择”，建立了手机定位和电子腕带相结合的监管模式，对新入矫和重点管理人员120人实施电子腕带监管，其余均纳入手机定位监管。开展“抓落实、促规范、保平安”专项活动，全面履行社区矫正监管、矫治、帮扶职责，最大限度减少脱管、漏管和重新违法犯罪。全县累计接收社区服刑人员 5159人（2017年新接收 697人），累计解除社区服刑人员4411人。全年无脱管、漏管，无重大群体性事件、较大影响的严重刑事案件和影响社区矫正安全稳定重大事项。

【法律服务】2017年，县司法局开展律师党建活动，发挥党员示范岗、依法诚信规范执业示范岗引领作用；强化律师执业监管，提升律师执业水平；强化律所主任、合伙人的监管责任，规范提升律所工作；加强律师队伍教育培训，提升律师队伍的综合素质；引导律师开展公益法律服务，组织律师成立中小企业和非公企业法律服务团，开展法律体检、遵法护苗律师进校园等专项法律服务；围绕促进社会稳定，调整充实信访、涉法涉诉等专项法律服务组工作力量，完善律师参与涉法涉诉信访案件化解、陪同领导接访等工作制度化、常态化。2017年，律师共办理诉讼案件4481件，其中刑事辩护代理241件，民事经济1247件，行政29件，办理非诉案件37件。办理法律援助案件2927件。律师参与陪同县领导涉法信访接待值班100余次，接待法律咨询1865次，其中涉及拆迁安置65件，农民工权益95件。

加强基层法律服务队伍建设，保持队伍相对稳定和进出畅通。开展基层法律服务工作者职业道德和执业纪律集中教育，组织基层法律服务工作者积极参与公共法律服务体系建设，推动基层法律服务工作者积极参与化解社会矛盾纠纷及维护社会稳定工作和担任农村法律顾问。2017年，32名基层法律服务工作者共办理诉讼案件568件，参与调解纠纷485件，办理法律援助案件92件。

【法律援助】2017年，县司法局完善法律援助制度，出台了《关于完善法律援助制度的实施意见》，扩大法律援助服务范围，降低法律援助门槛，做到应援尽援。加大刑事案件和重点群体法律援助工作力度，组织实施好法律援助民生工程，开展案件质量评查、旁听庭审、回访活动，强化案件质量监督管理。2017年共办理各类法援案件2209件。其中，刑事案件650件，占比29.4%，超省、市要求46个百分点，社会律师办理1852件，占比83%，超省、市要求35个百分点。解答咨询2132余件，挽回避免经济损失140万余元，为农民工讨薪110万余元。办理涉法涉诉信访案件23起，参与群体性案件、突发性案件处理13次，开展大型法律义务咨询12场次。

【公证工作】2017年10月，县编委批复设立涡阳县公证处，为股级经费自理公益二类事业单位，编制5名，领导职数2名；加强公证机构内部管理，提高公证质量，严防错证假证，拓展公证新业务。参与县政府组织的城市规划违章建筑监督工作及涡北拆迁，义门、陈大码头拆迁，参与不动产相关部门组织的公租房、安置房抽号活动。全年办理各类公证事项4682件，比去年递增35%。办理法援公证15件，公益免费18件，接待来处咨询群众3500余人次，协助外地公证机构核实公证事项10件，全年办证量及公证业务收入在全省县域公证处取得第二名，全市公证处取得第一。

【公共法律服务体系建设】2017年，县司法局组建涡阳县公共法律服务中心，依托司法所建成镇（街道）公共法律服务工作站25个。依托村（社区）服务中心建成公共法律服务工作室383个。把“12348”法律咨询服务热线升级为“公共法律服务热线”，开发集法律咨询、法律援助、人民调解、法治地图、普法宣传等多个模块功能在内的涡阳县掌上共公共法律服务平台。启动实施“一乡镇一团队，一村（社区）一法律顾问”法律服务工作，全县135名律师、公证员、法律工作者与383个行政村、社区、居委会签订了法律顾问协议，并对接完毕。全县383个村（居、社区）都建立了公共法律服务微信群，进一步扩大法律服务、法治宣传的覆盖面，初步形成覆盖城乡、功能完备、便捷高效的全县公共法律服务网。

（司法局供稿）

经济监督与管理

发展改革管理

【概况】2017年，发改委内设机构调整为办公室、物价办公室、综合室、投资室、产业室、地区室、环资室7个科室。委属价格监督检查分局、价格认证中心两个二级机构。

【区域经济发展规划与实施】2017年，涡阳县完成并实施《涡阳县热电联产（供热）规划》、涡阳县循环经济科技产业园规划》《城乡燃气发展利用规划》和《涡阳县信用信息体系建设规划》。编制完成“多规合一”及城南新区宜居生活圈、城市空间特色等专项规划，完成南外环水系、育英河景观规划设计，划定城镇开发边界红线，以县城为核心、中心镇为支撑、美丽乡村为基础的城乡规划体系日益健全。

【“融入”和“承接”工作】2017年，涡阳县创新招商观念和思路，采取“先筑巢再引凤”，结合“亳州老乡，请您回家”，打好亲情牌、家乡牌，引导在外本土企业家回乡创业。加强签约项目对接沟通、落地项目帮扶服务，切实提升项目开工率、竣工率，深化与合肥高新区、河北霸州、江苏昆山等地战略合作，在泉州开展招商推介活动，在台州与异地商会开展老乡恳谈会，在合肥成功举办2016、2017两届中国国际徽商大会·涡阳县招商推介暨项目签约大会。重点围绕现代中药和绿色食品、光机电、绿色装配式生态建筑、循环经济科技园4个产业集聚区，壮大产业规模，形成集群优势。截至年末，涡阳县在谈项目317个，签约项目61个，落地项目25个；实际利用内资300亿元，增长17.5%；实际利用外商直接投资完成1.54亿美元，增长10%。完成外贸进出口总额1.1亿美元，增长10%；新增外贸进出口企业4家，外贸进出口企业累计达到26家。

【改革与开发】2017年，涡阳县全面深化改革，出台《关于推进价格机制改革的实施意见》《商品住房价格备案联席会议制度的通知》等多项制度性改革成果。推进公车改革工作，启动事业单位公车改革工作，加强公务用车监督管理，规范涡阳县公务用车标识化工作。对保留公务车辆统一实施了标识喷涂。保留公务用车88辆（含行政执法车辆13辆），85辆实物保障车和196辆执法执勤保留车辆全部实施喷涂。做好社会信用体系建设。编制《涡阳县社会信用体系建设规划纲要（2017-2020年）》，印发《涡阳县县级公共信用信息目录》，组织涡阳县相关的28家单位进行信息数据报送。推进电力直接交易试点，电力直供电企业用户已达21家。释放改革活力。网上办事大厅累计办结101.8万件，即时办结率99.0%。实施“互联网+现代农业”行动计划，建成城西、西阳两个农业“四情”监测物联网示范点。“两权”抵押贷款试点改革领跑全省，累计发放贷款3.32亿元。发挥政银企担合作等服务平台作用，实现“4321”在保余额7.61亿元，累计发放金融扶贫小额贷款2.75亿元。开放平台加速构建。遵循产业发展需求，一体化推进经开区和6个产业集群专业镇建设，打造区域合作和产业承载平台。“一区六镇”（1个省级经济开发区、6个专业集群专业镇）已建成标准化厂房37万平方米，在建17万平方米，入驻企业28家；依托高速道口，西阳产业集群专业镇高新（阳港）产业园区全面启动建设，发展要素中心、企业邻里中心、污水处理厂等产业配套项目建设加快，道路、管网、绿化、通讯等设施日趋完善，园区承载能力明显提升。

【全社会固定资产投资调控】2017年，涡阳县规模以上固定资产投资完成218.8亿元，总量居全市第二位，同比增长24.8%，较上年同期提高2.5个百分点，增幅居全市第二位，高于全市平均水平2.8个百分点；工业投资完成98.5亿元，总量居全市第1位，同比增长35.4%，增速居全市第二位，增幅较去年同期提高15.4个百分点；房地产开发投资完成56.1亿元，总量居全市第二位，同比增长29.2%，增速居全市第二位，增幅较上年同期提高6.9个百分点。

【重大建设项目安排与管理】2017年，涡阳县调整项目推进领导小组，开展项目建设“百日会战”活动，建立政企直通车微信平台，采用短信通知，微信平台发布等方式加强项目调度。当年成功申报列入省市重点项目78个，全年，涡阳县列入市重点项目合计78个，其中续建项目29个，新开工项目49个，项目总投资311亿元，年度计划投资89亿元。1-12月共上报完成投资171.49亿元，占年度计划的191.37%，超序时进度91.37个百分点；续建项目29个，有26个项目主体竣工(亿元以上21个)，开工项目63个(计划内49个、新增8个，转化6个)，开工率为128.57%，有20个项目主体竣工(亿元以上14个)。

【经济结构调整】2017年，涡阳县实现规模工业总产值267亿元，增长19.7%；规上工业增加值69亿元，增长9.6%；工业产品销售率99.6%；规上工业企业实现税收4.28亿元，增长19%；工业用电量6.3亿千瓦时，下降10.5%；战略性新兴产业实现产值23.2亿元，高新技术企业实现产值26.5亿元，分别增长45%、9.5%。新增规模工业企业67家，新增个体工商户7074户，新增中小企业1903家；实现农业总产值89.55亿元，增长4.1%。夏粮播种面积12.64万公顷，总产94.69万吨，下降1.35%。畜牧渔业生产总体稳定，肉类总产量6.85万吨，增长1.8%；水产品产量1.39万吨，增长1.08%，农产品加工业产值140亿元，增长22%，新增农民专业合作社550家，新增家庭农场450家；新增限额以上商贸流通企业30家，实现社会消费品零售总额112.6亿元，增长12.8%，房地产投资42.6亿元，增长20%；金融机构各项存款余额311亿元，增长20.7%；各金融机构贷款余额123亿元，增长28.5%。

【价格运行】2017年，涡阳县深入落实省委《关于推进价格机制改革的实施意见》，适应引领经济发展新常态，牢固树立新发展理念，坚持稳中求进工作总基调，坚持以供给侧结构性改革为主线，主动作为、勇于担当，开拓创新，深化价格改革，用好价格杠杆，完善价格调控，创新价格监管，优化价格服务，提升工作能力，为建设现代化五大发展美好涡阳、勇当皖北振兴排头兵，营造良好的价格环境。

【价格调控】2017年，涡阳县严格执行商品房价格备案制度，对全县在售的商品房销售价格实行了销售价格备案联席会议制度，进一步稳定市场预期，保障合理需求，强化市场监管，促进涡阳县房地产市场健康平稳发展，遏制商品房价格过快上涨势头。在商品住宅销售价格备案中，对初次备案和备案价格上涨幅度较大的楼盘，价格认证中心对成本和售价进行合理性认定、评估，确保商品住宅备案价格在市场合理的范围之内。全年已对县城15个开发项目24批(次)9835套商品住房进行了价格备案。

【价格改革】2017年，涡阳县面对皖北农业用水习惯与皖南不同的情况，坚持因地制宜、综合施策，为确保涡阳县农业水价综合改革工作稳步推进，由县发改委牵头于12月29日，以县政府名义印发《涡阳县推进农业水价综合改革实施方案》，并成立了领导小组，明确了相关单位的任务分工。

【价格政策管理】2017年，涡阳县制定涡阳第一中学、第二中学学生公寓住宿费、犇鑫学校等8所民办学校学费收费标准及佳佳乐等22所民办幼儿园收费标准备案工作，并要求严格执行教育收费制度和收费公示制度。加强药品和医疗服务价格监管。认真贯彻落实涡阳县公立医院取消医用耗材加成调整部分医疗服务价格工作，县发改委会同县卫计委制定涡阳县农村(城市)家庭医生签约医疗服务价格收费标准。全面落实天然气价格联动机制，及时调整非居民天然气销售价格。为贯彻落实《涡阳县人民政府关于公布涡阳县县级涉企收费清单的通知》等有关要求，在《涡阳县县级涉企收费清单》(2016年10月)的基础上，根据有关法律法规和政策变动情况，并做到与省、市调整事项保持一致，县发改委会同县财政局、县法制办、县编办对涡阳县县级涉企收费清单进行了调整更新，并于2017年10月公布实行。调整更新后的涡阳县县级涉企收费清单共涉及16个部门，比调整更新前的18个减少2个部门；所含项目总数为40项，比调整更新前的55项减少15项。强化对涉企收费的事中事后监管，真心实意为企业减负服务，切实做到“涉企收费进清单，清单以外无收费”，着力打造公平高效、充满活力的企业经营环境，确保减轻企业负担相关工作取得实效，促进县域企业健康发展。

【价格监督检查】2017年，涡阳县在大力开展价格法律法规宣传的同时，分别开展了民生商品价格监测及医疗服务价格、商品房明码标价、中介服务收费、涉农涉企收费等专项检查。承办人民网网友留言办理单12件、承办亳州市“12345”市长热线交办件87件、涡阳县政府网在线咨询18件、“12358”价格监管平台网络举报件6件、“12358”电话举报件16件、县长热线交办件2件。做好节假日及日常市场价格宣传和检查，同时加强“12358”价格举报专线咨询投诉的受理和查处工作，受理并解答释疑咨询113件。检查收费单位76家，走访企业43家，罚没款收缴财政140余万元，实现企业减负268万元，规范整改金额518万元。

【公平竞争审查】2017年，涡阳县推进县公平竞争审查工作的开展，根据《国务院关于在市场体系建设中建立公平竞争审查制度的意见》和《安徽省人民政府关于在市场体系建设中建立公平竞争审查制度的实施意见》《亳州市人民政府关于在市场体系建设中建立公平竞争审查制度的通知》精神，及时牵头出台《涡阳县人民政府关于在市场体系建设中建立公平竞争审查制度的实施意见》，建立由县发改委牵头的涡阳县公平竞争审查工作部门联席会议制度，联席会议办公室设在县发改委价格监督检查分局。价格监督检查分局配备3人专门从事公平竞争审查工作。有序清理存量文件494件，增量文件审查8件。

【价格基础工作】2017年，涡阳县出台《涡阳县中介服务收费管理办法》，更有效地规范中介机构服务收费行为，优化经济社会发展环境；开展全县34家2016年度行政事业性收费单位网上年审工作，年审率达到100%，年审收费金额1.84亿元，与上年同比减少659.83万元，减少率3.46%。受理并回复电子政务、“12345”市长热线27件、政务公开重点领域信息发布156条。

【价格认证工作】2017年，涡阳县全新定位工作性质和工作方向，全力推进价格认定机构建设，促进价格认定机构转型升级；全面推广应用综合性业务平台，在新时代新征程中找准价格认定工作新定位、实现新作为，作出新贡献。全年共完成各类价格认定案件317卷，比上年同期上升25%。

（县发改委供稿）

国土资源管理

【概况】2003年，土地管理局与地矿局合并成立县国土资源局，为主管全县土地和矿产资源规划、管理保护和合理利用及测绘行政管理工作的政府工作部门。有7个内设机构、8个直属事业单位、25个派出机构（其中10个中心所、14个国土所、1个经开区分局），现有干部职工201人。

【耕地保护】2017年，涡阳县《涡阳县土地利用总体规划调整完善方案》获批。调整后规划建设用地总规模3.44万公顷，较原规划目标3.43万公顷增加69.97公顷，建设用地布局得到优化，数量有所增加，形成以经开区和六镇园区为重点的用地布局。调整完善方案基本满足到2020年涡阳县重大项目用地、土地整治等项目需求。永久基本农田划定工作顺利通过省、市验收。全县划定基本农田5327块、13.35万公顷；签订县、镇、村三级目标责任书398份；按标准规格设立镇级基本农田标志牌24个，村级基本农田标志牌374个。

【土地整治】2017年，涡阳县城乡建设用地增减挂钩组卷测绘上报201.73公顷，实施86.67公顷，正在实施80公顷；实施工矿废弃地83.33公顷；新增耕地169.07公顷；2016年度1.78万公顷高标准农田建设项目已全部完成并通过市级验收，2017年度9300公顷高标准农田建设项目已完成工程量的75%。

【建设用地管理】2017年，涡阳县完成土地供应90宗，总规模522.06公顷，实现土地供应成交价款49.57亿元，年度土地供应计划和房地产和工业用地供应工作部署得到较好落实，民生工程、基础设施等项目建设用地需求得到有力保障；国土部门协同县经开区实施项目监管，通过严格固定资产投资、亩均税收的出让合同约定，以及落实批后监管工作，狠抓低效用地清理盘活工作，土地节约集约利用水平明显提升。上报各类项目用地37个批次769.29公顷，批回28个批(次)54.20万公顷[含2016年上报，2017年获批准的11个批(次)194.73公顷]，全年结余工矿废弃地指标333.33公顷。

【土地市场管理】收储存量土地59.13公顷，供应土地90宗522.06公顷，其中出让方式供地59宗300.57公顷，划拨方式供地31宗221.49公顷。土地出让成交价款49.57亿元，入库土地出让金35.95亿元。

【土地执法监察】2017年，涡阳县共立案查处各类违法用地76起，面积17.16公顷，其中耕地3.87公顷，及时制止消除违法状态17起，立案查处59起，罚款96.53万元，没收违法建筑物2.02万平方米，拆除违法建设7.53万平方米，党政纪处罚4人，移交公安机关1起。完成了土地督察南京局2017年例行督察全覆盖交办问题实地核查工作。通过立案查处、组卷报批、组织拆除、复耕复绿等方式对上年度卫片图斑进行了整改，整改后违法用地比率为0.6%，全市最低。

【矿产资源储量管理】2017年，涡阳县煤炭能源：现有煤炭勘查项目17个，煤炭矿产地13个，累计查明资源储量23.65亿吨。分别为耿楼地区煤矿1.80亿吨、大段家井田9858.9万吨、花沟西井田1.5亿吨、花沟井田3.24亿吨、杨潘楼井田1474.6万吨、小徐广楼井田2.70亿吨、青疃东井田1.56亿吨、涡阳县蒙关勘查区预测1.15亿吨、单集勘查区1.66亿吨、涡阳县张楼勘查区预测1.97亿吨、涡北煤矿1.40亿吨、刘店煤矿3.77亿吨。非金属矿：建筑石料用灰岩矿保有储量209.82万立方米。水汽矿产：矿泉水累计允许开采资源量为1200立方米/日。

【矿产资源整合】2017年，涡阳县通过全县资源整合，对龙山、石弓山的山石资源进行公开出让，龙山原45个采石场整合为4个采矿权，收取出让金163万元。龙山4个采矿权已经到期并已关停封闭；石弓山原86个采石场整合为1个采矿权，收取出让金980万元，9月到期关闭。

【地质灾害防治】2017年，涡阳县共有地质灾害隐患点5处，分别是涡北街道办事处的涡北煤矿采煤地面塌陷、龙山镇龙山采石坑崩塌、石弓镇耿楼窑厂取土坑崩塌、曹市镇袁店二矿井采煤地面塌陷、义门镇胜利居委会涡河崩塌。对5处地质灾害隐患点，分别制定了应急预案，建立了汛期值班制度，安排了专人24小时值班。

【地质环境保护】2017年，涡阳县开展龙山建筑石料用灰岩矿治理工程。工程治理面积21.46公顷，项目于2016年5月3日动工，2017年6月竣工。东山建筑石料灰岩矿地质环境治理治理情况面积19.75公顷，2016年12月2日动工，2017年8月底完工。龙山矿和东山矿治理内容主要有削坡清坡、修岸建塘、拆除平整、填土复垦和植树造林等。其中龙山矿经过治理，增加耕地6.67公顷，林地6.67公顷，养殖水面6.67公顷。东山矿经过治理增加耕地1.48公顷，果园0.75公顷，养殖水面2.09公顷，林地0.75公顷。 (县国土局供稿)

国有资产管理

【概况】涡阳县国有资产监督管理办公室，主要职责为负责行政、事业单位和县属国有企业国有资产综合管理工作。

【完善国有资产管理体制】2017年，涡阳县明确责任构建管理网络，实行国资专管员制度。建立健全资产管理目标责任制，在全县各行政事业单位至少任命1名国资专管员，明确工作职责，全面实行资产专管员制度。提高信息系统使用效率，实行资产管理网上申报制度。全面推进行政事业单位资产管理信息化工作，资产的使用、处置、收益上缴，全部实行实行资产管理网上申报审批制。严格执行资产管理规定，实行资产处置审批制度。严格履行审批手续，未经批准不得进入处置程序；须经具备资质的中介机构评估，评估结果要经财政部门备案或核准；资产处置遵循公开、公正、公平的原则，全部通过拍卖的竞价方式公开处置。国有资产处置收入全部上缴财政，按照政府非税收入管理的规定，实行“收支两条线”管理。

【行政事业单位资产报表统计工作】2017年，涡阳县共统计行政事业单位独立核算机构数258家，上年涡阳县资产总计账面数25.32亿元，固定资产账面数14.99亿元，全年资产共增加2.77亿元，减少349.63万元。

【公车改革中执法执勤车辆处置工作】2017年，涡阳县公车改革以来，共计封存车辆267辆(一般公务用车108辆，执法执勤车辆159辆)，其中应报废处置的96辆。经过评估，3次拍卖，共拍出车辆171辆，拍卖资金283.59万元，报废车辆处置资金1.92万元。全面完成公车改革封存车辆的处置工作。（财政局供稿）

审计管理

【概况】涡阳县审计局内设办公室、综合法规股、财政预算审计股、行政事业审计股、农业与社会保障审计股、经贸金融与外资审计股、县经济责任审计局7个股室，下设两个二级机构，分别为固定资产投资审计中心和农村经济审计所，现有编制数38个，实有人数33人。

2017年，县审计局依法对财政预算执行审计、财务收支、经济责任和专项审计等34个项目进行审计和审计调查，对227个政府投资项目进行竣工结算审计，对38个政府投资2000万元以上项目58个标段进行跟踪审计，对121个政府投资项目进行预算审计。查出违纪违规金额175.98万元，管理不规范资金11.47亿元，收缴财政资金和追缴税款17.04万元，核减政府投资金额4.16亿元（其中预算审计核减金额5555.61万元，跟踪审计核减金额2.68亿元，竣工结算审计核减金额9238.44万元）。

【政策跟踪审计】2017年，涡阳县审计局完成4个季度惠民生、调结构、稳增长、促改革、防风险政策措施落实情况跟踪审计，共提出审计建议8条。

【财政预算执行审计】2017年8月，涡阳县审计局完成对本级财政预算执行情况的审计并受政府委托向县人大常委会作了专题报告。按照县人大常委会审议意见和县政府的要求，审计局针对审计发现的主要问题，建立审计发现问题整改责任清单，督促相关单位逐项整改到位。为提高财政预算执行审计工作质量，防范审计风险，县审计局还对市场监督管理局、水务局、商务局、民政局及卫计委2016年度预算执行情况进行必要的延伸和追溯；对西阳卫生院、丹城卫生院、城关中心学校、公交公司等单位2016年度的财务收支情况进行了审计。2017年会同财政部门共完成债务卷宗审核1650卷，置换560卷，置换债务资金9.7亿元，已偿还、审计核减、审核核减金额共计7.46亿元。

【政府投资项目审计】2017年，涡阳县审计局在工程价款结(决)算审计方面，对231个政府投资20万元以上建设项目价款结(决)算审计。项目合同金额13.53亿元，送审金额12.51亿元，审定金额11.58亿元，核减金额9253.46万元，核减率7.40%。提出审计建议340条。在跟踪审计方面，对33个政府投资建设项目58个标段进行了全过程跟踪审计。合同金额52.18亿元，申报进度款16.08亿元，审计核定进度款13.39亿元，核减进度款2.68亿元，核减率16.69%。在预算审计方面，对121个政府投资建设项目进行了预算审核。送审预算金额11.01亿元，审计认定金额10.45亿元，核减金额5555.61万元，核减率5.05%。

【经济责任审计】2017年度,涡阳县在县直单位负责人审计方面,共完成18个县直单位负责人任期经济责任审计。审计查出违纪违规金额16.65万元,管理不规范资金4914.57元,收缴财政资金和追缴税款17.04万元。在村级负责人审计方面,县纪委、县委组织部、县审计局联合派出审计组对各镇、经开区138个村居负责人任期经济责任履行情况进行了审计,审计重点调查危房改造、五包低保、农机补贴等专项资金。

【专项资金审计】2017年,涡阳县审计局在关于保障性安居工程跟踪审计方面,对县2016年度保障性安居工程进行了跟踪审计。审计共查出违规金额49万元,管理不规范资金1.59亿元,提出审计建议4条。关于公立医院债务审计甄别工作,审计组分别对县医院、中医院两家医院进行了债务审计甄别。审计甄别认定县人民医院、县中医院债务余额1.23亿元(其中,县人民医院债务余额为4375.81万元,县中医院债务余额为7927.69万元),审计甄别掉债务总额为1.31亿元。此项审计为县公立医院的债务化解及综合改革的深入推进提供依据。关于新型农村合作医疗基金专项审计,县审计局积极对县2014年至2016年度新型农村合作医疗基金的筹集、管理、使用情况进行了专项审计,并对城东卫生院、西阳卫生院进行了延伸审计。针对审计发现主要问题,县审计局依法作出处理决定。关于扶贫政策落实跟踪审计,在市审计局的统一组织下,县审计局派出审计组赴利辛县开展扶贫政策落实跟踪审计工作,审计效果良好,审计结果得到市审计局的肯定。关于国土综合整治资金审计,对2015-2016年国土综合整治资金开展了审计,审计组抽查龙山、石弓、公吉寺3个乡镇会计资料,审计发现被审计单位对国土综合整治资金未进行单独核算等问题,进行了跟踪督促整改,发挥资金使用效益。关于西藏错那县援审工作,援审组在工作中,能够较好地尊重藏族同胞的工作和生活习惯,切实做到依法依规审计,出色地完成了县政府安排的工作任务。此次援审工作,一定程度上缓解当地审计力量不足的矛盾,通过工作交流,也达到相互促进提高的目的。

扶贫

【扶贫工作】2017年,涡阳县审计局刘振东同志到高公慕营村担任扶贫工作队员,扎根基层,服务贫困户。有23名同志对接帮扶65名贫困户,帮扶人员克服审计任务繁重等种种困难,多次深入包点联系村西阳镇王桥村开展帮扶工作,积极捐款捐物,走访座谈,与精准扶贫对象面对面交谈,倾听群众心声,共谋发展致富道路,全年顺利完成脱贫村出列任务。

(县审计局供稿)

统　计

【第三次全国农业普查】2017年,涡阳县按照国家和省、市关于第三次农业普查的要求,以依法普查、科学普查、精确普查为标准,多措并举,全面部署。涡阳县农业普查领导小组下设办公室,办公室分为4个业务工作组,分包25个镇、街道、经开区。开展“两区划分”和“两员配备”。全县按照《全国第三次农业普查方案》要求划分普查区383个,普查小区2615个,实现了小区全覆盖,全县共选配普查指导员430名、普查员2758名、PDA数据处理人员895名。开展农业普查试点、“普查两员”培训工作。涡阳县第三次农业普查综合试点工作在楚店镇十二里董村进行,县普查办和乡镇业务骨干80余人参加试点。及时在涡阳县委党校举办全县普查指导员培训工作,培训分二期进行,586人的乡镇业务骨干和指导员参加培训。调查摸底,收集资料。在摸底工作开展前期,县政府召开了乡镇普查领导小组组长会议。在摸底期间，涡阳县农业普查办公室人员深入到村、组、户进行走访，现场询问、实地察看，详细了解调查农户的家庭结构、农业生产、收入状况等信息，摸索调查方法、技巧，规范普查行为。完成正式登记上报。全县完成农业生产经营户27多万户和0.4万户规模经营户、农业经营单位户PDA数据录入上报工作。做好后期数据处理工作。召开乡镇农业普查数据核实培训会议，根据市农业普查办公室工作部署，乡镇限期完成对反馈数据异常清单进行核实修正。六是全过程进行业务指导、督查，保障普查数据质量。农业普查办公室4个业务组对包保乡镇进行全程跟踪、质量抽查、通报整改，直至验收结束。2017年，涡阳县第三次农业普查工作任务已经完成，达到宣传全面、普查规范、入户认真、数据质量高、反映涡阳县农村发展实际的目的，通过省市检查验收。

【统计基础工作】2017年，涡阳县规范统计基础，对乡镇经济信息服务站进行定期、不定期检查和抽查。以提高统计数据质量为抓手，全局组织人员对乡镇信息统计站机构设置、人员配备、制度建设、服务能力、设立台帐、档案盒管理、企业和项目准入制度等方面进行检查，督促、指导，规范化了统计基础工作。加强统计培训，全年对“四上”及重点服务业企业统计人员进行两次全面培训，提高统计数据质量。出台规范性文件，2017年县政府出台《涡阳县统计工作规范》文件，要求各镇（街道）、经开区、各部门重视统计工作，规范辖区内企业依法依规做好统计工作。出台《涡阳县人民政府办公室关于进一步加强统计工作的通知》文件，加强镇（街道）、经开区和部门统计工作，规范企业和单位统计工作。

【统计服务】2017年，涡阳县统计局按照省、市统计局部署，做好经济运行考核，开展各类考核资料的收集、整理、审核和上报工作，全面、真实、准确反映涡阳县经济社会发展实际。强化时效性，及时准确反馈信息。加强与省、市局专业对接、沟通信息，分析涡阳县在“三县一区”及全省的经济形势和经济发展形势、面临的机遇挑战，为县委、县政府全方位了解情况、科学决策提供依据。强化优质服务，大力开发统计信息资源。每月编辑涡阳县在全省、省二类县、省三类县、皖北22县区、全市三县一区中主要经济指标的统计月报，强化统计预警预测功能，紧密跟踪、准确反映当地经济运行特点和趋势，为县委、县政府和相关部门提供决策服务。完善机制。建立每月一次的全县经济运行调度机制，对各项重点经济发展指标进行警示、监测。全方位搞好服务，开展“四上企业”申报，指导企业完成手续上报，完成战略性新兴产业企业的申报工作；对人均GDP、单位GDP能耗、第三产业贡献率、居民可支配收入、研发经费占GDP比重等重要指标进行监测、分析，为涡阳县经济发展把脉问诊。全年编写全县经济运行情况综合分析12篇，专题分析15篇，分析全县经济运行走势，并提出意见和建议，为县委、县政府决策服务。

【统计法治建设】2017年，涡阳县委、县政府学习《中共中央办公厅、国务院办公厅印发〈关于深化统计管理体制改革提高统计数据真实性的实施意见〉的通知》并印发文件。在第24次县委常委（扩大）会议上，传达学习《中共中央办公厅、国务院办公厅关于印发〈统计违纪违法责任人处分处理建议办法〉的通知》文件精神。统计局全体干部职工收看全国《统计违法违纪行为处分规定》视频会议，学习中央、省、市有关统计法律法规文件精神，召开专题学习会、讨论会、组织测试。开展社会治安综合治理和平安创建工作，打击邪教、维护国家安全。对统计局全体干部职工进行统计法律、法规知识培训，提高执法队伍的法律意识。“12·4”全国法制宣传日在文化广场开展《中华人民共和国宪法》《中华人民共和国统计法》《中华人民共和国统计法实施条例》宣传。依法开展统计执法检查工作，对统计违法单位依法进行处理。

（县统计局供稿）

市场监督管理

【概况】2017年，涡阳县市场监督管理局工作人员编制279人，其中行政编制230人，事业编制49人。内设机构14个：办公室，人事教育股，财务装备股，政策法规股，食品综合协调股，食品安全监管股，化妆品保健品安全监管股，药品医疗器械监管股，消费者权益保护股，企业监督管理股，商标广告监督管理股，质量与认证监管股，标准计量股，特种设备安全监察股；直属行政机构3个：行政审批局，市场规范管理局，综合执法局；派出机构17个：向阳路市场监督管理所，东城市场监督管理所，经开区分局，西阳市场监督管理所，龙山市场监督管理所，高炉市场监督管理所，新兴市场监督管理所，标里市场监督管理所，义门市场监督管理所，青疃市场监督管理所，楚店市场监督管理所，牌坊市场监督管理所，高公市场监督管理所、丹城市场监督管理所、曹市市场监督管理所、石弓市场监督管理所、临湖市场监督管理所；直属事业单位3个：涡阳县市场监督检验所，涡阳县市场监管稽查大队，涡阳县消费者保护委员会。

【队伍建设】2017年，涡阳县市场监督管理局坚持推进“两学一做”常态化、制度化，不断深化活动成果。强化制度保障，树立依法行政意识。着眼精细化管理，对值班、车辆、考勤等11项内部管理和基本工作制度进行全面梳理、修订和完善，增强制度约束力，制定执法处罚程序规定和统一的执法文书，推进执法办案流程网络化、程序规范化、文书格式化和档案标准化。加强政务公开，树立公仆意识，按要求更新门户网站、微信、微博公众号，对政务信息、政策法规进行全方位公开，主动接受社会监督。开展食品、药品、特种设备、商标广告等法律法规及业务知识的集中培训与学习。完善目标管理考核办法，充分调动全系统职工的工作积极性与主管能动性。建立了机关股室单位与基层监管所联系指导机制，充分发挥业务职能作用，帮助基层单位加强市场监管，积极发掘案源，在执法办案、市场监管方面取得佳绩，并通过落实考核奖惩办法加强跟踪管理。将党风廉政建设和反腐败工作纳入季度综合考评重要内容，作为绩效考核、评优评先、干部推荐选拔任用的重要依据。

【企业登记管理】2017年，涡阳县新发展各类企业1.24万家，其中私营企业2315家，农民专业合作社680家，个体工商户9437户。办理名称预先核准828件；变更登记312件、备案登记94件；为社会提供档案查询服务680余人(次)，电话咨询服务达2280余人(次)。积极推进网上办事大厅业务，梳理入驻网上办事大厅的办事项目，推进办事项电子化、模块化，让群众一目了然，便于操作。精简办事流程，降低准入门槛，放宽登记条件，方便市场主体，提高注册登记效率。

【商事改革】2017年，涡阳县市场监督管理局全面落实营业执照、税务登记证和组织机构代码证的“五证合一”改革，实施“一照一码”新登记模式。积极探索登记便利化措施，进一步提高审批效能，全部审批事项实行网上办理。新的企业登记时改为一次申请，由现在的市场监督管理部门核发一个加载统一社会信用代码的营业执照。一表申请，一照一码，一网互联，一照通用。企业办理营业执照的时限由原来的9个工作日压缩为5个工作日。全年办理1.36万件。

【食品药品监管】2017年，涡阳县市场监督管理局按照行政管理体制的改革要求，从事前审批转到事中、事后的监管，充分利用营业执照颁发信息，建立起重点企业的监管档案，做到一企一档。对5200余家企业建立监管档案，重点是食品企业、药品生产销售企业等。加大监管力度，形成全过程监管制度，保证监管工作规范有效。依法对食品、药品生产经营者进行监管，严格执行权力清单和责任清单制度，认真做好“两法衔接”工作。对涉

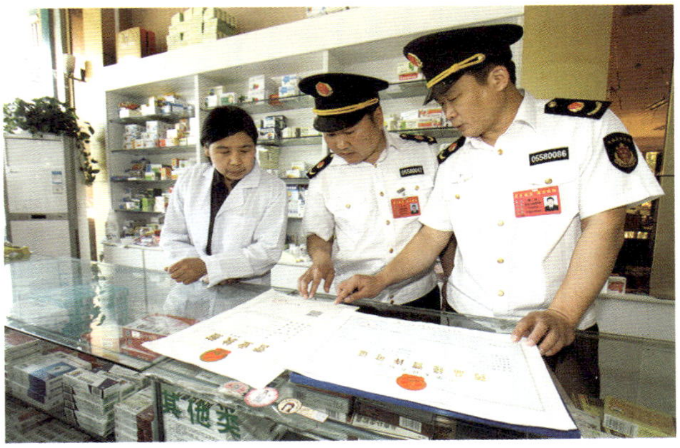

加大监管力度 净化药械市场

嫌违法犯罪的食品、药品生产经营者依法进行追究，对危害人民群众食品药品安全的不法分子起到震慑作用。

【专项整治工作】2017年，涡阳县开展元旦、春节期间食品安全专项整治工作、春节学校食堂食品安全检查、包装饮用水生产企业专项整治、代用茶生产加工企业专项整治、重点食品重点区域专项整治、小餐饮示范店创建和餐饮服务环节“明厨亮灶”、校园及周边环境食品安全专项整治等工作。开展药品生产企业、药品零售企业、个体诊所、学校卫生室和养老机构药品安全以及隐形眼镜、避孕套、计生药械、疫苗等专项监督检查和药品医疗器械飞行检查，对药械批发、连锁、零售企业认证后每季度进行跟踪检查等各种专项整治工作。全年出动执法人员1462人(次)，共检查各类食品生产经营者3964户(次)，抽检各类食品322批(次)，其中不合格28组，立案查处食品违法案件38起，结案38起。检查批发市场、集贸市场等各类市场128个次。检查保健食品经营户123户，取缔无照经营3户。检查医疗机构，药品、医疗器械经营单位，饮片生产企业共228家，责令整改24家，立案8起，结案8起。

【消费者权益保护】2017年，涡阳县整合“12315”、“12365”、“12331”消费维权热线平台，健全消费者投诉举报受理网络，完善消费纠纷集中受理。认真受理和及时处理消费者投诉举报咨询，切实提高“12315”电话接线率、投诉调节成功率、诉求办结率、转办案件处理率。全年，全县“12315”消费维权机构受理消费者咨询、申诉及举报380件。其中咨询件220；申诉举报件160件，调解成功150件，调解成功率93.8%。消费维权案件4件，为消费者挽回经济损失28万元。重点开展了“3·15”消费者维权日纪念宣传活动。接受群众咨询850余人(次)，发放宣传材料5000份；展出假食品、假饮料、假酒、假皮鞋、假日化用品十余种；在垃圾处理场集中销毁假冒伪劣商品10吨。

【农资市场监管】2017年，涡阳县开展春夏秋季红盾护农专项行动，打击假冒伪劣农资，重点查处销售掺杂使假以次充好有效含量不足等假冒伪劣农资的违法行为和虚假标志标志不清虚假宣传等违法行为。查处商品交易市场违法违章案件64起，涉案金额41万元，其中查处农资案件42起，成品油案件9起，涉案金额7.8万元，罚款5.2万元，为农民挽回损失4.3万元。

【广告监督管理】2017年，涡阳县以贯彻落实《商标法》和新《广告法》为契机，以打击侵犯知识产权和制售假冒伪劣商品为重点，加强对食品、药品、保健品和医疗医疗器械、涉农农资、房地产、招生等类型广告的监测、检查，依法严厉打击商标侵权、虚假违法广告等违法行为。加强食品药品医疗器械等广告内容监测，与广告发布单位签订《依法发布广告责任书》和《守法发布广告承诺书》。加强广告专项检查暨专项整治行动。开展天静宫景区广告专项检查、虚假违法农资广告内容专项行动、涉嫌非法集资广告专项整治活动、“三线三边”户外商业广告内容专项整治、招生广告专项整治、违背社会良好风尚和不良影响广告专项行动。全年共出动执法人员1620余人(次)，出动执法车辆420余台(次)，监测各类广告共5550余条(次)。

【商标监督管理】2017年，涡阳县以打击商标侵权为重点开展商标监管工作，先后组织开展保护“迪士尼”、古井年份原浆注册商标专用权等专项行动，全年办结商标侵权案件42件。开展商标发展指导，在业已建立的17个基层市场所(分局)商标品牌指导站，以所为单位开展企业(个体户)商标注册及规范使用、维权等指导帮扶工作，2017年基层所商标品牌指导站共帮扶指导企业进行商标注册申请75余件。6月7日，国家工商总局商标局向涡阳优质大豆产业协会发放“涡阳大豆”地理标志证明商标注册证，是全市首家被核准的地理标志证明商标;2017年市场局还积极申报“涡阳坛闷蒜”“涡阳槐花”地理标志证明商标，目前国家工商总局商标局正式受理涡阳大蒜发展中心“涡阳坛闷蒜”地理标志证明商标申请材料和涡阳林业产业协会“涡阳槐花”地理标志证明商标申请材料，正在审核中。积极培育推荐中国驰名、省著名、市知名商标。全年涡阳县经安徽省商标评审委员会初步认定的安徽省著名商标7件。

【合同监督管理】2017年,涡阳县严厉打击合同违法行为,整治合同“霸王条款”,规范合同格式条款备案、动产抵押登记、拍卖活动监管工作,培育推荐守重单位,建立企业信用制度,积极推广合同示范文本。落实帮农”十项制度“,推进“订单农业”发展。加强对涉农企业的合同监管,提高企业和农民的诚信意识。惩治合同霸王条款,打击合同违法行为,全年共深入企业142家(次),监督检查各类合同2283份,金额2.10亿元;印发合同法规宣传材料2000份,举办合同法规培训班4期,参训人员150余人(次)。受理格式条款合同备案15件,已备案15件,调解商品房合同买卖纠纷21件。受理拍卖企业备案16次,现场监拍16次,拍卖成交额6208.89万元;办理动产抵押登记92件,抵押物价值8.16亿元,被担保主债权4.97亿元。认真做好“重合同守信用”企业公示工作,推荐上报国家级“守重”单位2家、省级“守重”单位18家、市级“守重”单位22家,县级“守重”单位30家。

【特种设备安全检查】2017年,涡阳县开展粉尘作业使用场所安全专项检查和锅炉、电梯、起重器械、压力容器等特种设备安全专项整治,组织开展重要节假日、“两会”等特殊时段特种设备安全检查,督促企业落实特种设备安全主体责任,开展隐患排查治理,严防事故发生。共检查特种设备使用单位142家,发现隐患48处,下达指令32份。开展气瓶充装单位,锅炉电梯起重机械,压力容器压力管道,气瓶等特种设备安全隐患排查工作,在企业自查的基础上,组织人员对“三落实,两有证,一检验,一预案”等制度执行情况进行认真督查,责成存在安全隐患的单位签订整改承诺书,督促其限期整改,消除安全隐患。定期召开特种设备安全监察工作例会,解决工作中存在的突出问题。对安全监察人员进行业务培训,加强监察队伍建设,提高技术保障水平。组织监管人员50余次参加国家局和县局组织的特种设备安全监察人员培训。严格执法,以设备检验和无证查处为抓手,对恶意严重违法行为和存在安全隐患,逾期不改的单位给予严肃查处。

【质量标准计量】2017年,涡阳县开展元旦、春节期间县级定量包装商品计量专项监督抽查,完成酒类5组、面粉5组、干货5组、肉制品5组,抽查合格率100%;帮助涡阳县三好食品有限公司、涡阳县新兴镇胖姐油辣椒加工厂、涡阳县文章果树种植专业合作社、安徽道源堂中药饮片有限公司、涡阳县天云食品有限公司、涡阳县梁乐食品有限公司、安徽省涡润食品有限公司、涡阳县朱峰食品有限公司、涡阳县农家女兔业专业合作社、安徽省神能电池科技有限公司申办和新增了条码,帮助张传生小磨麻油厂、涡阳县亚新中药材购销有限公司、涡阳县光盛中药材购销有限公司续展了条码。禾景现代设施农业标准化示范区通过了省级验收;培育并申报通过了1家AAAA级诚信计量示范单位,两家AAA级诚信计量示范单位,两家AA级诚信计量示范单位,5家A级诚信计量示范单位。完成了1家AAA级测量管理体系认证。

(市场监督管理局供稿)

安全生产监督管理

【概况】2017年,涡阳县根据中共亳州市委办公室、亳州市人民政府办公室《关于涡阳县人民政府机构改革方案的通知》精神,设置涡阳县安全生产监督管理局。县安全生产监督管理局是主管全县安全生产工作的县政府工作部门,设办公室、监督管理股、综合协调股、职业健康监管股4个职能股(室)。

【指标落实与事故防范工作】2017年,涡阳县发生各类生产安全事故29起、死亡22人、伤21人、经济损失12.9万元,按可比口径统计,除死亡人数同比上升4.8%外,其余3项同比下降32.6%、60.4%和16.8%。其中,道路交通事故27起、死亡20人、伤21人、直接经济损失12.9万元;

10月26日,袁店二井煤矿(曹市镇)发生一起事故,死亡1人;11月25日,涡阳县第八中学发生一起坠落事故,死亡1人。其他行业无事故。无较大以上安全事故发生,全县安全生产形势总体稳定。安全生产各类指标控制在省市下达目标和亿元 GDP 的范围之内。

【责任落实情况】2017 年，涡阳县委、县政府主要负责人亲自带队检查安全生产工作，各位副县长都能按照各自分工负责带队检查安全生产工作，及时贯彻落实国务院和省、市政府安全生产各项工作。县委常委会议题，每月按时听取全县上个月份安全生产工作汇报，研究部署当月安全生产重大难题；县政府县长办公会，每月调度省市挂牌重大安全隐患整改进度，对隐患所涉及的行业部门和属地管理政府给予现场交办工作；县委组织部每次人事职务晋升、奖励惩处都报县安监局，建立安全生产绩效与履职评定挂钩，并落实“一票否决”制度；县政府召开 4 次安委会全体成员（扩大）暨烟花爆竹“打非”工作会议，层层签订安全生产目标责任书和烟花爆竹“打非”责任书；县委、县政府主要负责人、分管负责人分别在中共“十九大”期间和其他重要节假日、重点时段对安全生产工作进行安排部署和检查指导，落实“一岗双责”；层层签订安全生产责任状，分解落实安全生产工作目标和控制指标；认真开展“排问题、除隐患，喜迎党的十九大”工作；全面深入开展安全生产“百日除患铸安”大检查工作；制定《涡阳县政府安委会成员单位安全生产责任清单》《涡阳县安全生产监管对象基础信息数据库》和《涡阳县安全风险查找手册》，突出建立健全涡阳县安全生产监管工作长效机制；督促企业严格落实企业主体责任；制定印发《涡阳县 2017 年安全生产工作要点》，从聚焦《意见》落实，积极推进安全生产领域改革等六大方面 23 小项指导全县安全生产工作开展；发布实施《涡阳县安全生产“十三五”规划》，统筹推进“五位一体”总体布局，为全县“十三王”时期经济社会发展贡献力量；健全安全生产责任制，加强安全生产综合监管。

【执法监督管理】2017 年，涡阳县制定《关于进一步加强安全生产综合监管工作的通知》，配套《安徽省安全生产条例》实施；制定《涡阳县烟花爆竹零售经营点布点规划（2016-2020）》和《涡阳县职业病危害防治规划》；依法开展安全生产执法检查，根据国务院、省、市工作安排，制定下发《关于集中开展安全生产“百日除患铸安”大检查的通知》和《关于开展全县冬季安全生产大检查的通知》，在全县所有行业和领域集中开展安全生产大检查和安全隐患排查整治活动，共组织督查组 67 次，督查 382 人（次），督查检查各类生产经营单位 537 家，排查各类安全隐患全部整改到位。执法检查符合法定程序、执法文书运用规范、执法检查档案符合规定；严格按照年度执法计划依法实施执法监管，全年度 4 次执法检查，执法处罚 20 卷，罚没款 22 万元；落实安全生产事故信息直报系统，直报率 100%；全年局执法大队共办接受理群众来信来电投诉举报、省市领导转批件 13 起，件件有回音、有结果，做到举报事项和来信来访案件处理率达到 100%。

【应急演练】2017 年 4 月 30 日，涡阳新五中疏散逃生应急演练；7 月 3 日，涡阳县海事处在彭渡口开展渡船落人遇险救援演练；8 月 21 日，安徽双轮酒业开展火灾应急救援演练活动；9 月 2 日，涡阳民乐烟花爆竹公司组织开展火灾应急救援演练；9 月 3 日，涡阳华山烟花爆竹公司组织开展火灾应急救援演练。全年，全县先后开展各类应急救援演练 500 余场（次），参演人员 8 万人（次），有效提高处理紧急事故的快速反映和处置能力。

【专项整治】2017 年，涡阳县开展“排问题、除隐患，喜迎党的十九大”和“百日除患铸安”大检查工作，对全县生产经营、交通、建筑、人员密集场所等开展安全隐患排查，共排查 836 家企事业单位生产经营单位，排查出隐患 2014 处，已整改 2007 处，整改率 98%；依法关闭取缔亳州中粮葡萄酒有限公司、秀丽网咖、燕金献粮油店等 6 家公司，停业整顿、联合惩戒安徽顶乐食品、涡阳和顺面粉、鹏发金属有限公司等 17 家公司，集中曝光七彩欢乐城建、紫金御景 2 家公司，依法严惩一批违法违规行为，拘留 3 人。

【重点行业领域安全监管工作】2017 年，涡阳县突出抓好道路交通和消防等重点行业领域安全管控工作，打好路面防控战，加强对重点路段、时段的管控，查处各类交通违法行为 2.9 万起，行政拘留

12人。投资150万元，对两处省、市督办的交通安全隐患（省道202线18座跨沟渠桥、6处临水路段和涡楚河桥窄桥宽路问题）实施隐患整改；投入7000万元建设消防培训基地，投入645万元配置城市主战车、农用消防车和消防装备器材。公安、安监、住建、商务联合执法，共检查燃气、工地、加油站点、养老院、寄宿制学校等各类场所1447家（次），发现整改火灾隐患1801处，下发责令改正通知书722份，行政处罚21家，责令“三停”14家，临时查封措施20家，约谈县直单位、乡镇负责人50余人。加强危险化学品安全综合治理工作，按照《关于印发涡阳县危险化学品安全综合治理实施方案的通知》和《涡阳县依法整治非法经营成品油行为专项行动实施方案的通知》要求，安监、商务、市场监管等部门联合执法，依法取缔非法加油站10家（水上非法加油站4家），非法流动加油车3辆，行政拘留1人；做好“烟花爆竹”百日整顿工作，按照《关于在全县集中开展烟花爆竹经营安全“百日整顿”活动的通知》，检查华山、民乐两家烟花爆竹批发公司，抽查烟花爆竹零售经营网点50家，发现隐患120余处，查扣非法经营、违规存储的烟花爆竹1.15万件，已依法销毁。同时依法取缔了胜利西路、西城大市场连片经营、无证经营的零售经营网点；抓好粉尘防爆、涉氨制冷、有限空间安全隐患排查整治工作，按照省市关于涉氨、粉尘、有限空间等专项整治文件要求，聘请淮北安徽雷鸣科技和安徽祥源科技有限公司安全专家对全县涉氨、粉尘、有限空间等重点行业企业开展全面排查、摸底、规范、整顿，最终登记建档粉尘防爆企业19家、涉氨企业7家、有限空间4家，排查企业安全隐患117处，全部完成整改，并代表亳州市通过了安徽省涉氨、粉尘、有限空间等专项整治安全专家验收工作；做好建筑施工安全隐患排查整治工作，对照《涡阳县建筑施工预防坍塌、高处坠落事故专项整治工作方案》分阶段、逐步推进，共排查问题施工企业9家，发现隐患32处，现场印发整改通知书4份，已整治到位；抓好非法经营成品油整治工作，按照《涡阳县依法整治非法经营成品油行为专项行动实施方案》，广泛宣传，认真摸排，自查整改非法加油站点112家、流动加油车6辆。截至11月12日，验收组两次验收，全县118家非法经营站全部合格；做好特种设备、敬老院等专项整改工作，县住建、市场监管、公安消防、教育、卫生、民宗等部门结合各自工作实际，分别开展各自领域的安全专项整治活动，严厉打击了一批违法违规行为，保持了全县安全生产形势持续稳定。

【省市挂牌隐患整改工作】2017年，涡阳县推进省、市挂牌38处及县政府挂牌26处安全隐患整改。

【机制建设】2017年，涡阳县不断探索安全生产“六项机制”建设，摸索制定《涡阳县构建“六项机制”强化安全生产风险管控工作实施方案》，梳理出建材、机械、纺织等重点行业风险点查找指导手册，并以义门镇人民政府作为先行工作试点，逐步向全县各镇（街道、经开区）及县直重点部门推广。6月15日，涡阳县代表亳州市接受省政府组织的“六项机制”专项督查调度工作。

【基础设施建设】2017年，涡阳县政府设立安全生产财政专项资金购买第三方安全专家服务。企业按规定提取和使用安全生产费用，并开展安全生产费用专项检查。全年，涡阳县继续实施安全生产责任险和安全生产标准化创建工作，以提高企业本质安全水平，参险人员2000多人，5家三级标准化创建企业已通过外评机构达标评审验收。加强科技创新，完善企业信息采集入库，建立健全安全监管信息化管理系统。落实烟花爆竹重点行业安全监管信息化管理，部署重大危险源、危化品在线监控系统建设，实施“机械化换人”工作。

【宣传培训】2017年，涡阳县在县电视台《涡阳新闻》开设了“安全生产第一责任人谈安全”专栏，分管副县长发表电视讲话，宣传安全生产典型经验，曝光典型案例。2017年第16个“安全生产月”和《职业病防治法》宣传周期间，策划组织了一系列主题鲜明、内容丰富的宣传活动。印发《关于深入开展安全文化“七进”活动的通知》，广泛开展安全文化进机关、进校园、进企业、进社区、进家庭、进农村、进公共场所，为全县25个镇（街道、经开区）免费发放各类安全知识宣传图册、宣传板近两万份，培育涡阳六中等多个安全文化示范点。组织实施全国安全生产应急知识竞赛活动和“安康杯”知识竞赛等一系列安全生产活动，共参加“安康杯”知识竞赛3017人。依托安全生产培训机构，8月16日，涡阳县安监局举办全县有限空间、涉尘涉爆、液氨制冷等企业负责人和安全管理人员专题培训班，培训人数近300人；10月12日，对社会加油站主要负责人和安全管理人员进行培训；10月27日，对全县建筑施工及燃气经营等负责人、安全管理人员及特种作业人员近200人的进行培训；11月28日，在政府大楼11楼对全县100多家生产经营单位负责人、安全管理人员300多人举办职业病防护安全知识培训。县安监局、住建委、交通局、农机局等部门先后举办了烟花爆竹、危化品、职业健康、粉尘涉爆和道路运输业、农机手等从业人员培训班，培训各类安全生产人员近万人，为全县安全生产形势的稳定奠定坚实基础。

（县安监局供稿）

农　业

概　述

【概况】涡阳县农业委员会是县委、县政府主管全县农业和农村经济工作的职能部门，正科级建制。内设办公室、人事干训室、农业产业化室、宣教信息室、政策法规室、生产室、综合室等7个职能科室，以及原县粮食局。现有干部职工19人。按照机构设置，县农委下属二级机构共有：县农业技术推广中心（农广校）、畜牧局、农科所（亳州市农科院）、种猪场、棉麦原种场、种鸡场、水产管理站、水产养殖场、园艺场、水产公司、农技服务公司、纺织厂等。农委的主要职责：贯彻执行国家、省、市农业和农村经济的方针政策，负责农业和农村经济政策调研；研究拟定农业和农村经济发展战略中长期发展规划和年度发展计划；贯彻执行农业产业政策，指导农业产业结构和农村经济结构调整；研究提出深化农村经济体制改革的意见；组织实施农业产业化经营，促进农业一体化发展；组织实施科技兴农战略；拟定农业各产业的地方标准及产品质量标准的申报工作；协调有关部门组织农业综合行政执法；负责农业生物物种资源和动植物新品种的保护管理工作；扎实做好美好乡村产业发展指导工作。

【农业经济总体情况】2017年，涡阳县农委牢固树立“五大发展理念”，紧紧围绕省、市确定的农业农村重点工作和主要考核指标，进一步明确思路、突出重点，强化措施、狠抓落实，全面促进农业农村经济的发展。优质品牌粮食绿色增产成效显著，全县共建设粮食绿色增产模式攻关示范片（村、家庭农场）16个，其中示范片6个（省级2个）、示范村4个（省级2个）、示范家庭农场6个（省级2个），建设总面积9.8万亩。全县全年实现粮食总产28.45亿斤。规模养殖不断发展，全县各类规模养殖场756个，规模养殖比重达82.45%，畜禽品种良种覆盖率98%；新创建省级标准化养殖示范场1个、市级标准化养殖场14个，累计创建省部级标准化养殖示范小区（场）7个、市级标准化养殖小区（场）62个。特色经济较快发展，全县种植中药材0.93万公顷，蔬菜面积2.88万公顷，水果面积0.2万公顷。农业产业化经营水平全面提升，全县培育产值亿元以上龙头企业25家；培育规模农产品加工企业127家；累计完成农产品加工产值149.03亿元，增幅11.3%。农村改革不断深入，全县土地确权数据成果通过省级和农业部质量检查，并开展抵押贷款3.7亿元。5个农村集体资产股份制改革试点村完成清产核资工作。全县土地流转总面积已达7.10万公顷。全县新增合作社696家、家庭农场607家。农业一、二、三产融合发展，全县新培育生态农业产业化示范主体8个。全县共组织6家企业，积极申报省级著名商标。成功获得涡阳大豆地理标志证明商标证书。全县休闲农业和乡村旅游示范点达到10个。全县围绕美丽乡村建设，建设“一村一品”9个。农业招商引资成效显著，全县注重农产品精深加工项目引进，在建的农业招商引资项目累计81个，总投资103.7亿元。其中新引进农业项目33个，总投资17.1亿元。生态循环农业不断发展，现代农业示范区核心区全部为高标准农田，农产品“三品一标”认证率达到70%以上。全县新建生态循环农业示范区（园、场、企业）两个。推广测土配方施肥技术21.33万公顷（次），推广应用配方施肥10.67万公顷。重点开展病虫害绿色防控面积达7.67万公顷。全县秸秆综合利用量达到139万吨左右，综合利用率达到89.7%以上。通过提高畜禽粪便资源化利用率，新完成减排达标规模养殖场22家。农产品质量安全成效显著，全县蔬菜检测合格率99.9%。，畜禽质量安全监测合格率100%，水产品质量安全监测合格率100%。农村居民可支配收入平稳增长，据初步统计，全县农村居民人均可支配收入达到1.09万元，同比增长10.1%。

【农产品质量安全监管】2017年，涡阳县农委下达了农产品质量安全监管工作意见、农产品质量安全专项整治工作方案，下达全县农产品正蓝旗诚信体系建设文件，出台《涡阳县国家级农产品质量安全县建设实施方案》。全县快检体系建设得到加强，在25个镇（街道、经开区）监管站增加了40套农残、畜牧、水产、特色农产品快检设备。加上原有设备，全县共有76套快检设备接入亳州农业智慧平台，并发挥应有的效果，农产品质量安全监管工作实现全覆盖。全县全年共检测3.13万个样品，蔬菜检测合格率99.9%。，畜禽质量安全监测合格率100%，水产品质量安全监测合格率100%。全县全年共完成20余个产品的“三品认证”工作。

【农业执法】2013年2月27日涡阳县农业综合执法大队成立，副科级全额拨款事业单位，隶属县农委，核定编制5人。主要职能是负责涉农相关法律法规的宣传、培训工作；承担全县化肥、农药、种子、兽药、饲料等农资市场管理；负责相关涉及政策的宣传、落实及技术推广服务；根据法律法规和农委授权委托，依法查处农资生产、经营中的违法行为。

【种子管理】涡阳县种子管理站成立于2011年。其主要职责是贯彻执行国家和省有关种子的法律、法规和方针政策；负责种子行政许可、行政处罚、行政管理；负责种子市场和种子质量的监督；负责农作物新品种引种、试验、审定、示范、推广和保护。

种植业

【概况】2017年，涡阳县农作物播种面积达到28.35万公顷，其中粮食作物25.58万公顷、经济作物2.77万公顷。在粮食作物中，以小麦、玉米、大豆为主，经过大力实施绿色增产模式攻关，全县粮食作物平均亩产达到350.9公斤，总产达到134.6万吨。其中小麦11.79万公顷，平均亩产512.2公斤，总产90.6万吨；玉米4.91万公顷，平均亩产351公斤，总产25.8万吨；大豆7.67万公顷，平均亩产81.2公斤，总产9.4万吨；在经济作物上，全县播种棉花373.33公顷，平均亩产84公斤，总产474吨；油料作物800公顷，平均亩产131公斤，总产0.15万吨；蔬菜2.11万公顷(含瓜果面积及复种面积)；中药材5200公顷。

【土肥工作】2017年，涡阳县制订主要农作物施肥大配方10个， 全年推广推广测土配方施肥技术22.53万公顷(次)，推广测土配方施肥技术22.53万公顷(次)，推广配方肥4.41万吨(折纯)，施用面积14万公顷亩，平均亩节本增效47.4元；全年推广种肥同播技术万亩，缓(控)失(释)肥等新型肥料1万公顷；全县建立墒情监测点10个，国家级地力监测点1个，省级及县级地力监测点9个，全年发布墒情监测信息30期；全年全县化肥使用量(折纯)7.59万吨，同比减少153吨，实现了零增长的目标。

【植保工作】2017年，涡阳县植保工作牢固树立“绿色植保”和“科学植保”的理念，积极推广农业防治、生物防治、物理防治等绿色防控技术；推广使用高效低毒低残留农药和大中型高效药械；推行精准科学施药，实施病虫害统防统治，提高防治效率，实现农药减量控害，保障了农业生产安全。全年通过县电视台发布视频病虫情报12期、发布纸质病虫情报15期，准确率93.3%；全县共建立日服务能力500亩以上的植保队67个，建立日服务能力1000亩以上的植保队46个；据县统计局统计，全年，全县农药使用量2153吨，比上年的2178吨减少25吨，实现了零增长目标。

畜牧业

【概况】2017年，涡阳县生猪存栏67万头，年出栏 99万头；肉牛存栏5.8万头，年出栏5.8万头；肉羊存栏73万只，年出栏109万只；家禽存栏700万羽，年出栏1000万羽；禽蛋产量3.9万吨，肉类总产11万吨。

【畜禽良种工程】涡阳县为国家生猪生产调出大县，也是国家生猪良种补贴示范县，年承担2.5万头能繁母猪人工授精任务。通过公开招标方式确定的“涡阳县金牧阳种猪站”为生猪良种补贴供精单位。该公猪站拥有来自省级以上种猪场的良种公猪40多头，品种有长白、大约克、杜洛克和地方黑猪。在全县设置16个人工授精点，配置人工输精员（家畜繁殖员）16人，人工授精点由所在镇（场、街道）畜牧兽医站负责监管，专人从事人工授精，每个点配有必要的设施设备，如显微镜、恒温箱、工作台等储存检测设备。通过项目实施，加快生猪改良步伐，减少生猪疫病传播，增加养猪效益。

【畜禽防疫】2017年，涡阳县共免疫猪瘟、猪口蹄疫、猪伪狂犬、猪圆环、猪蓝耳病疫苗各62万头（份），免疫密度占应免数的100%；免疫羊口蹄疫79.8万只，免疫羊小反刍兽疫35.2万只，占应免数的100%；免疫牛口蹄疫5.4万头，占应免数的100%；免疫家禽禽流感738万羽，免疫鸡新城疫738万羽，占应免数的100%。畜禽免疫建档率、家畜耳标植挂率、免疫证发放率均达到100%。全年共检测H7禽流感血清1850份，其中春季共检测1120份，均为阴性，秋季检测730分，抗体合格率78%；检测猪口蹄疫、猪蓝耳病、猪瘟870份，合格率都在70%以上；检测羊布病血清2100份，均为阴性，检测牛羊口蹄疫1920份，合格率在86%。全年涡阳县无一起重大动物疫病发生，动物防疫工作取得了阶段性成效。

【畜产品质量安全监管】2017年，涡阳县通过广泛宣传，提高群众安全意识，发放材料2万余份，让消费者关注，震慑违法经营行为；依法打击“瘦肉精”违法行为，切实维护畜产品质量安全，全年进行“瘦肉精”检测3600批（次），检测结果均为阴性；规范检疫，强化动物卫生监管，结合“扫雷行动”，严厉打击各类违法行为，全年共出动执法人员600余人（次），车辆150余台（次），对全县不合格的屠宰场（点）全部关闭，确保涡阳县肉食品安全；全年养殖环节无害化处理病死猪5678头，有效的杜绝了乱扔、乱抛和违法收购病死猪现象，切断了动物疫病的传播。

【畜产品市场】2017年，涡阳县现有官方兽医45人，动物协检员71人，全部建立电子档案，电子出证工作正常有序实施，动物检疫出证全面实施登入亳州网上办事大厅预约申报，受理审批后登入动物检疫票证电子化管理系统出证，2017年出证4174份，全年检疫动物：产地检疫生猪12万头，牛0.3万头，羊5万只，禽750万羽，检疫动物产品300万公斤。

（畜牧局供稿）

水产业

【概况】涡阳县水产管理站成立于1984年，是涡阳县农业委员会下属二级事业机构，原名称为涡阳县农牧渔业局水产站，于2004年6月更名为涡阳县水产管理站，于2012年2月加挂“涡阳县渔船检验站”牌子，具有渔业管理职能和水产技术推广服务职能。现有在职人员13人，均为县财政全额供给人员。

【特色养殖】2017年，涡阳县渔业生产以河道网箱养鱼、池塘精养、河沟鱼蟹混养等养殖方式为主，水产养殖总面积为约3395公顷，其中河沟面积为2260公顷，池塘面积为1135公顷，网箱面积为47万平方。水产品总产量为14230吨，鱼类产量为13982吨，甲壳类产量为245吨，贝类产量为3吨。除常规鱼类品种外，特色养殖品种有河蟹、小龙虾、黄鳝、泥鳅、鳜鱼、黄颡鱼等优质品种。

【水生生物资源养护】2017年，涡阳县把110万尾草鱼、鲢鱼、鳙鱼大片鱼种和50万尾青虾苗放流到涡阳县涡河段，涡阳县公证处人员现场进行公证，现场计数。在涡河上、中、下游设了3个监测点，经过监测发现涡河种群数量、品种数量也明显增多，渔获量也好于往年，渔业生态环境明显好转。通过增殖放流活动，改变涡阳县的水域生态环境，增加沿涡河渔民、农民的收益，社会效益、生态效益和经济效益都有明显改观。

【养殖大户选介】安徽省放鑫原生态农业发展有限公司位于牌坊镇张园行政村，从2016年开始进行水产养殖，于2017年成立有限公司。其本部有养殖水面100多亩，主要养殖品种为鲢鱼、鳙鱼、草鱼、鲤鱼、鲫鱼、金草鱼等，曾经年产量达到20

多万斤，年产值约200万元。该公司带动养殖户20余户。

特色种植业

【概况】苔干是涡阳县特色产业。2017年，涡阳县苔干实际种植面积0.53万公顷，其中春苔干0.23万公顷，秋苔干0.3万公顷，总产量0.8万吨，总产值2.8亿元，苔干在种植重点分布在义门、牌坊、陈大、涡北等镇(街道)。涡阳县委、县政府十分重视苔干产业化发展，重点扶持发展以安徽省义门苔干公司、安徽福顺食品有限公司等为龙头的加工企业，涡阳苔干系列产品先后获得省级名牌产品。2017年果菜(苔)办会同省农科院园艺所和安徽科技学院蔬菜专家继续做好对涡阳苔干品种选育和提纯复壮试验，并和上述单位合作对涡阳苔干太空育种进行实验，引进试种苔干新品种"皖苔1号""皖苔2号"，积极开展对涡阳苔干进行地理标志登记申请;积极引进、推广苔干削皮、打根机，试验苔干穴盘育苗3000盘，引进苔干移栽机一台，提高苔干机械化生产程度，同时也增加了苔农的种植积极性与经济收入。

农业产业化

【概况】2017年，涡阳县累计培育市级以上农业产业化龙头企业123家，其中省级龙头企业11家，市级龙头企业112家。培育农产品加工企业128家，完成农产品加工产值149.02亿元，新增绿色食品12个(4家企业)，新增无公害产品8个，目前涡阳县累计完成"三品"认证产品72个，其中有机食品2个，绿色产品35个，无公害产品34个。无公害基地认证34个，绿色小麦原料基地1个，有机基地2个，地理标志产品3个。

【龙头企业选介】安徽源和堂药业股份有限公司，该公司位于义门镇工业聚集区，成立于2003年2月，注册资本1.53亿元，占地面积近5.33公顷。是一家集地产中药材种植、中药饮片加工、中药提取、制剂生产、养生保健类花茶生产、销售为一体的全产业链中型企业。公司现有GMP标准化生产车间、仓储8000平米，提取制剂生产车间7000平米，高标准科研检测中心1500平米，污水处理中心1000平米。目前拥有普通饮片、动物类饮片、毒性饮片、精制饮片、克包装饮片、花草茶包装生产线共8条，其中全自动瓶装花草茶生产线2条、全自动克包装饮片生产线2条。

安徽正宇面粉有限公司，正宇面粉有限公司注册资本5000万元，现有职工766人，占地面积23.73公顷，拥有3条面粉生产线（通用粉、专用粉)、4条挂面生产线和两条面叶生产线，年产专用粉50万吨，年加工挂面15万吨，年加工面叶3万吨，原粮仓容22万吨，总资产已达3.8亿元。先后被评为"全国小麦粉加工50强企业""全国放心粮油示范加工企业""安徽省农业产业化省级重点龙头企业""安徽省粮食产业化行业排头兵""亳州市综合十强工业企业"和"亳州市上市重点培育企业"。其主导产品"豫隆""正宇""千家瑞""喜由季"牌面粉、挂面及杂粮面系列产品，先后获"放心面""中国知名品牌""安徽名牌产品""安徽省质量奖""绿色食品""安徽十佳粮油"等称号，并已通过ISO9000国际质量体系认证、ISO22000食品质量安全体系认证、ISO14000环境管理体系认证、GB/T28000职业健康安全管理体系认证、CMS测量管理体系认证、GSP标准化良好行为企业AAA级认证等六大体系认证。产品畅销全国各地，深受广大用户和消费者的垂爱。公司先后研发出"7+1营养面"、面包、饺子、烩面等6种专用粉和8种颇具特色的风味营养挂面，深受广大消费者的青睐。

【品牌培育情况】2017年，涡阳县实施农业品牌战略，强化品牌意识，开展品牌宣传，重视扶持培育，把农产品品牌建设作为增强农产品市场竞争力、提高农业综合生产能力的重要手段来抓，培育了一批具有一定规模和知名度的农产品品牌，取得了一定的成效。涡阳县6家企业开展了省著名商标申报，分别是爱家、正宇、源和堂、孙家蔬菜、秀芹蚂蚱、黑娃瓜子，目前已公示。新增地理标志证明商标一个（涡阳大豆），涡阳小麦、涡阳高公糖醋蒜、义门苔干正在筹备申报地理标志证明商标。

【农产品展示展销】2017年，涡阳县组织市级以上龙头企业参加合肥农业产业化交易会、农业产业化上海交易会、中国国际农产品交易会（北京）、2017中国·青海绿色发展投资贸易洽谈会等农产品展示展销会，共有14家龙头企业近百种产品参展。

农业科研

【概况】亳州市农业科学研究所坐落在涡阳县城东街道境内，承担着农业部《国家绿色粮食增产模式攻关》小麦抗性品种选育和国家黄淮海小麦品种筛选试验，国家及省级小麦品种比较试验、区域试验、生产试验；省级玉米、大豆比较试验、区域试验、生产试验，国家及省级小麦产业技术体系试验等科研试验课题14类、61项。

【科技研发成果】2017年，涡阳县在技术攻关上，分别与中科院合肥物质研究院、安农大、省农科院作物所、安徽科技学院建立了长期业务合作关系，加强对农业生产瓶颈技术进行联合攻关；在作物育种上，分别参加中国农科院组建的小麦产业联合体、黄淮海大豆育种协作网，建立了小麦育种苏皖联合鉴定协作组，为作物育种创造了良好的外部环境。在成果转化上，与大型种子企业合作，开展科技示范、"三圃"提纯、良种繁育、联合推广，初步形成了育繁推一体化。为加快农作物育种进程，分别在海南、青海建立小麦、玉米加代繁殖基地，首创"一年二代三地小麦加代繁殖育种技术"。其中在海南建立玉米育种基地1公顷、小麦加代繁殖基地0.2公顷、大豆育种基地0.13公顷，在青海建立小麦加代繁殖育种基地2公顷。"十二五"以来共培育小麦品种7个、大豆品种2个。2017年涡麦101通过省审，涡麦66已完成国家生产试验，待国审。涡麦1212已进入国家生产试验，涡麦103已进入省级生产试验。特别是2015年3月安徽省审定的涡麦9号属于强筋小麦新品种，具有综合抗性优良、产量表现突出，是皖麦38最理想的接班品种。

【品种保护】2017年，涡阳县共保护小麦品种8个、小麦新材料1个，大豆新品种2个，玉米品种1个。

【涡阳榆钱】涡阳种植榆树的历史悠久，距今已逾2000年。二十世纪六七十年代，物质极度贫乏的年代，因榆钱是"余钱"的谐音，有吃了榆钱可有"余钱"的说法，便有了采食榆钱，充饥救命的佳话。随着人们生活条件的改善，饮食文化和人文地理的变化，榆钱不再仅仅被用来充饥果腹，产量提升、烹饪方式更丰富、品质变优、口感变好，逐渐演变成当地的特色美食。

2010年，涡阳县林业企业组成的"优质乡土树种种质资源保存与研发小组"，开展速生榆树、速生刺槐、速生楸树、速生楝树等乡土树种选育、培育工作。2014年，成功选育高产、速生榆树"泓森榆"，并在全县5个乡镇12个行政村推广种植。截至年底，全县榆树种植面积已超2000公顷，树种保存量超过200万棵。当地林企向国家林业局递交"泓森榆"的植物新品种权申请，为发展涡阳榆钱产业奠定了基础。

涡阳本地种植"泓森榆"，两年生苗木可结实，3年进入丰产期，单棵榆树涡阳榆钱的产量可比其他地区同期种植多出1.5倍。其生长与发展，除"泓森榆"树种本身的优势外，更取决于涡阳县北纬33°27'至33°47'、东经115°53'至116°33'的地理优势。涡阳属南北气候过渡带，自然气候属暖温带半湿润季风气候，年平均气温15.1℃，年均日照时长2015.7h，年均降雨量851.6mm，无霜期218d，光、热、水资源丰富，尤其涡阳县大部分地区（70%以上）砂姜黑土的土质，具有较好的保水、保肥性能，更适合榆树结实、保果前期对于肥、水的需求。

此外，以本地自主研发、选育，不易生虫的豆科树种泓森槐，与泓森榆相间种植，泓森槐根瘤菌固氮肥土的作用，培肥了地力，土壤含氮量高，且使榆树免受病、虫侵害，长出来的榆钱产量更高，蛋白质含量多，营养更丰富。

【涡阳桑葚】涡阳县建制沿革过程中曾取名“山桑（今曹市集北）”，其种桑养蚕的历史有4000余年。伴随改革开放的大潮及工业化进程的深入，采桑养蚕已不再是主要农活。特别是上世纪八十年代末，“发财杨”在涡阳境内大面积推广，桑树等乡土树种遭到大面积砍伐，各村桑树保存量不足十数棵。

2010年，地方林业企业组成的“优质乡土树种种质资源保存与研发小组”，在全国范围内的15个桑种3个变种进行种质资源采集，引进鲁桑、白桑、广东桑、长果桑、黑桑、华桑、山桑、川桑、滇桑、鬼桑、大叶桑、垂枝桑等品种，通过杂交、分离、选育、试验等选种过程，以速生、高产、抗桑菌核病为选育目标，开展果、叶二用果桑新品种选育工作。2012年，成功选育出优质果桑品种“红颜”，并在全县3个乡镇5个行政村试验种植。2017年，全县榆树种植面积已超3万亩，树种保存量超过200万棵。

涡阳桑葚的产量更高、且发生桑菌核病的几率最低，桑葚颜色呈深紫色，经化验，其蛋白质、微量元素硒的含量分别高于其他产区桑葚果实的5%和7%。鉴于涡阳桑葚是一种营养更丰富、健康价值高的食品原料，目前，以涡阳桑葚加工的桑葚饼干、桑葚茶、桑葚汁、桑葚酒等桑葚加工食品已经面市，可以满足消费者对营养健康食品的需求。

农技推广

【技术推广】2017年，涡阳县重点推广种植业实用增产技术10项，应用面积116.4万公顷（次），技术到位率达98%以上，确保了粮食增产、农业增效、农民增收，有效地推动了农村经济的发展。推广秸秆还田技术15.73万公顷，带动全县秸秆综合利用率达89.7%；推广测土配方施肥技术22.53万公顷（次），推广配方肥4.41万吨（折纯），施用面积14万公顷，平均亩节本增效47.4元；推广农作物病虫害绿色防治技术17.67万公顷（次），减少农药使用次数1-2次；推广化学除草技术技术20.67万公顷（次），挽回粮食损失6000吨；推广强筋小麦绿色增产增效技术4.67万公顷，平均亩增效150元左右；推广小麦科学播种技术11.33万公顷，亩节省种子2.5-5公斤，节本10-20元；推广小麦赤霉病综合防控技术12.67万公顷（次），挽回损失1900吨；推广玉米种肥同播技术3.33万公顷，玉米增产5%以上，每亩减少施肥用工1.5-2个；推广玉米晚收增产技术3.8万公顷，玉米产量可提高10%左右；推广高蛋白大豆绿色增效技术4万公顷。农民习惯种植相比，亩提高产量10%左右，亩提质增效50元左右。

【新品种推广】2017年，涡阳县推广农业新品种30多个，使全县主要农作物良种覆盖率达100%，关键技术到位率达95%以上，确保了粮食增产、农业增效、农民增收，有效地推动了农村经济的发展。在品种上，小麦重点推广了涡麦9号（强筋）、新麦26（强筋）、涡麦99、涡麦182、鑫麦8号、谷神6号、良星99、淮麦22、烟农19、安农0711、山农20、百农207等；玉米重点推广了登海605、隆平206、登海618、农大372、裕丰303、中科玉505、苏玉29、鲁单9088等；大豆重点推广了涡豆5号、涡豆6号、荷豆15、荷豆19、徐豆16、皖豆28、德纯豆8号、齐黄34等。在技术上，重点推广了秸秆还田技术、测土配方施肥技术、科学整地播种技术、病虫害绿色防控技术、化学除草技术、化学调控技术、避灾减灾技术、小麦“一喷三防技术”、玉米延迟收获技术等。2017年在农作物生产的各关键阶段，都通过召开培训会、组织观摩会、印发明白纸、手机短信、进村入户等形式，将先进适用新品种、新技术、新科技及时传递给广大农户。据不完全统计，共举办电视专栏讲座20期，开展技术培训100多场次，发放各类技术明白纸100多万份，培训农民2多万人（次）。

果菜生产

【果树生产】2017年，涡阳县水果种植总面积

2126.67 公顷,新增水果种植面积 233.33 公顷,总产 3.3 万吨,总产值 1.89 亿。落实中药材种植 9420 公顷。为更好的落实种植任务,果菜办积极开展水果(葡萄、桃)种植调研,加大对水果种植技术宣传力度,指导各种植企业或合作社发展订单生产,扩大水果种植面积。

在安徽省第五届优质果品展评会上,涡阳县多家参展单位获奖,其中:葡萄组评选中,涡阳县童年葡萄种植家庭农场(丹城镇)选送的金手指葡萄荣获一等奖、美人指葡萄荣获三等奖、巨玫瑰葡萄、红富士葡萄荣获优秀奖;涡阳县孙传连果树种植专业合作社(石弓镇)选送的户太 8 号获优秀奖。在苹果组展评中:涡阳县永发农作物种植专业合作社(陈大镇)秦阳苹果荣获二等奖,皇家嘎啦荣获三等奖;美国八号荣获优秀奖。在综合组展评中:安徽安盛农业科技发展有限公司(西阳镇)选送的三冠王树莓、哈瑞太兹荣获优秀奖。此次参展喜获众多殊荣,较好的宣传了涡阳县水果产业丰硕成绩。

【蔬菜(苔干)生产】2017 年,涡阳县累计种植蔬菜总面积 3.06 万公顷。其中新增设施蔬菜新增 1333.33 公顷,苔干种植面积 5333.33 公顷,蔬菜累计产量 112 万吨(含苔干),蔬菜产品供应充足,蔬菜市场价格稳定,蔬菜总体产量较去年有大幅增长,菜农种植效益较去年同期增长 15% 左右。指导建成安盛农业、耀阳果蔬、兴旺家庭、鸿瑞公司、利民农作物种植专业合作社、新绿漾生态种植专业合作社 6 个果蔬种植标准园,有力带动了蔬菜产业发展。

农经管理

【概况】涡阳县农村经济经营管理办公室原是县政府直属事业单位,正科级单位,2015 年 12 月 4 日,涡阳县农村经济经营管理局更名为涡阳县农村经济经营管理办公室,同时加挂涡阳县土地流转服务办公室的牌子,为县农委下属事业单位,其他均不变。事业编制 6 名,其中主任 1 名,股级领导职数 3 名,现有在职人员 10 人。内设办公室、业务股、会统股 3 个股室。

【农民负担监管】2017 年,涡阳县农监办接待群众来访两批(次),办理信访 1 件,开展农民负担专项检查两次,检查发现问题 6 个,查处案件 2 件,查处违纪金额 8750 元,退还农民违纪金额 8750 万元。

【一事一议】2017 年,涡阳县批复一事一议财政奖补建设项目 254 个。其中:道路项目 217 个,植树造林项目 1 个,文化广场 2 个,安装路灯项目 27 个,下水道项目 6 个,小型农田水利项目 1 个。项目总概算 6640.34 万元。其中:财政奖补 5437.38 万元,群众筹资 1135.18 万元,社会捐资 67.78 万元,在奖补资金的分配上,加大对贫困村的投入和倾斜,当年项目全部完工,全县受益村民 120.5 万人。

【农村集体资产股份制改革】2017 年,涡阳县农经办在三镇、一街道分别确定一个村进行农村集体资产股份制改革试点工作(义门镇民族居委会、菜园村,陈大镇史韩村,花沟镇邓寨村,城东街道马寨居委会代庄村民组),四村一组耕地面积 754.22 公顷、3654 户、1.62 万人,资产总额 560.94 万元,可用于折股量化资金 60 万元,通过近一年的努力工作,试点工作已全面结束。

【土地流转】2017 年,涡阳县农村土地流转面积 7.1 万公顷,比上一年度增加 0.32 万公顷。认真贯彻落实中央确定的加强对工商资本租赁农地监管和风险防范的方针政策加强对工商资本长时间、大面积租赁农地的监管,切实保护农民的合法权益。农村土地承包经营权确权登记颁证数据通过省级和国家级验收。(农委供稿)

林　业

【概况】涡阳县林业局是县政府工作部门,为全县林业主管机构，下设办公室、营林站、森防站、资源站、森林公安局5个职能股(站、室)，辖林科所、苗圃、国有林场、园林处各1个，全县25个镇(场)、街道办、经开区农业综合服务站均配备1名林业技术人员。现有在职干部职工153人，其中高级工程师7名，工程师29名，初级职称技术人员19人，离退休人员118人。技术、管理力量雄厚，同时具有较强的服务林农、服务社会的基础。

【林业资源】2017年，涡阳县土地面积为21.10万公顷，林业用地4.09万公顷。涡阳县自然资源丰富，境内共有栽培木本植物202种，其中国家重点保护珍稀植物1种，古树名木资源12株。共有生物物种67种，国家重点保护野生动物42种。全县林业用地面积4.09万公顷，其中有林地面积3.59万公顷，占县林业用地面积87.6%；未成林地面积2670公顷，占县林业用地面积6.5%；灌木林地面积1378.40公顷，占县林业用地面积3.4%；苗圃地、宜林地、林业辅助用地共计1010公顷，占县林业用地面积2.5%。全年，全县活立木蓄积量3339.06万立方米，林木绿化率22.36%，全县林业生产总值17.03亿元。

【造林绿化】2017年，涡阳县共完成植树造林面积1820.37公顷，占省厅下达0.13万公顷的136.5%，占市下达0.15万公顷的121.3%。其中长防林346.67公顷，中央造林补贴1440.84公顷，其他造林29.27公顷。3.33公顷(含)以上小班落实主体100个，造林面积1402.02公顷，栽植林苗两用林385.93公顷。完成义务植树237万株，

义务植树

四旁植树261万株。全县完成“三线三边”绿化提升新建林带、线路绿化长度121.1公里，其中林带86.4公里，线路34.7公里。建设森林长廊示范路段27.2公里，折合面积254.67公顷。建设农田林网庇护面积1.72万公顷，其中新建0.37万公顷，提升1.35万公顷。建设森林城镇两个(花沟镇、公吉寺镇)，森林村庄9个(曹市镇辉山村、青疃镇大袁村、城东街道办事处蒙关社区、高炉镇赵沃村、花沟镇花沟居委会、西阳镇西阳居委会、花沟镇杨元村、高公镇高公居委会、陈大镇中心村)。在创建森林城镇、森林村庄活动中，主要栽植乡土树种及绿化苗木。

【林业产业】2017年，涡阳县生产木材18.72万立方米。主要林副产品产量1.8万吨。

【林业有害生物防治】2017年，亳州市林业局下达涡阳县林业有害生物防治目标管理“四率”为：成灾率3.74‰，无公害防治率85.0%，测报准确率86.0%，种苗产地检疫率97.0%。全年，全县林业有害生物发生面积6292.67公顷，预测发生面积为6313.33公顷，测报准确率为99.7%，比市局下达指标86%提高13.7个百分点；防治面积为6292.67公顷，现有林面积3.8万公顷，成灾面积为23.33公顷，成灾率为0.92‰，比市局下达指标3.74‰降低2.82个百分点。无公害防治面积6292.67公顷，无公害防治率为100%，比市局下达指标85.0%提高15个百分点。应实施种苗产地检疫面积240公顷，实施检疫面积233.33公顷，种苗产地检疫率97.2%，比市局下达指标97.0%提高0.2个百分点。全县共投入防治经费100.16万元，其中飞防经费85.92万元。

【林业法治】2017年，涡阳县森林公安局认真深入贯彻习近平系列重要讲话精神，积极开展“两学一做”学习教育活动，要求每位党员做到“四讲四有”，森林公安民警自7月10日起，分3批，到亳州市公安局人民警察培训中心参加全市公安系统“轮训轮值、战训合一”培训班。同时采取多种形式，在老子文化广场、繁华街道、乡村集镇开展“综治宣传月”“江淮普法行”“12·4”全国宪法日暨

全国法制宣传日系列宣传活动，广泛深入宣传林业法律法规。设立咨询台、摆放宣传图版、散发宣传材料，广泛宣传《森林法》《野生动物保护法》及涉林法律法规，提高全县广大干部群众林业法律法规及爱林护绿意识，收到良好普法效果。

【森林防火】2017年，涡阳县森林公安分局积极宣传森林防火的相关知识，在每年的重点防火季节，强化宣传秸秆禁烧相关政策，在各镇（场、街道办）秸秆燃烧区设置隔离带，保证树木不受秸秆燃烧的危害。加大做好防火知识和防火意识的宣传，使群众认识到火灾的危害，自觉注意防火。加大巡查力度，对于各地存在的火灾隐患做到早发现、早处置。强化防火监督预防机制，在各乡镇设立以乡镇林业站长为主要负责人的监督预防点，加大接处警力度，提高接处警速度，将损失降到最低。

【林权制度改革】2017年，涡阳县在完成集体林权制度主体改革后，探索新形势下的配套改革，建立林业要素市场平台，为林农和林企提供快捷、方便的服务。先后成立竹柳种植合作社、中涡1号杨种植合作社、恒洲黄金梨专业合作社、永发合作社、道源种植合作社、绿州葡萄种植合作社、兴芳水果合作社、中域生态循环专业合作社、雪枫水果种植专业合作社、新兴艳芳果树种植专业合作社、涡阳县永和家庭农场等十家林业专业合作社。林苗、林药种植大户及家庭农场有绿源苗圃、鸿瑞中药材、姜涛苗木农场、顺鑫果蔬公司、晓明黄金梨家庭农场、华林苗圃、兴南园林园艺基地等。通过招商引资，涡阳县已落户林业种植企业安盛农业科技公司、蚌铁园林绿化公司、锦源林景观公司、平顶山园林绿化公司、安徽义门堂农业科技有限公司、涡阳县乐亿林业有限责任公司、安徽国禾农业发展有限公司、涡阳县虞海园林绿化工程有限责任公司等。

2017年涡阳县4家龙头企业分别是：安徽中域农业生态循环生态专业合作社、安徽安盛农业科技发展有限公司、安徽泓森高科林业股份有限公司、涡阳县乐亿林业有限责任公司，被评定为省级林业产业化龙头企业。

【林业项目建设】2017年，涡阳县先后引进安徽义门堂农业科技有限公司、涡阳县乐亿林业有限责任公司、安徽国禾农业发展有限公司、涡阳县虞海园林绿化工程有限责任公司等多家造林绿化公司。建设义门堂山核桃基地533.33公顷，乐亿山核桃基地166.67公顷，虞海榉树基地146.67公顷，国禾园林绿化苗木基地120公顷等大型造林基地。

（县林业局供稿）

水　务

【概况】涡阳县水务局现有干部职工339人，其中机关公务员9人、事业编制人员330人，局属单位有水利工程管理所、涡河河道管理局、涡河枢纽管理所、水政监察大队、水资源管理所、水利工程队、抗旱服务队、农饮管理中心、水泥构件厂、涡河船闸管理所、乡镇供水公司、水质监测中心、防汛抗旱指挥部办公室及12个水利管理中心站。

【项目建设】2017年，涡阳县高效节水灌溉项目在义门镇实施，项目面积1400公顷耕地，通过新建水源、配套灌溉设施、疏浚排涝沟、配套桥涵等措施，进行集中治理，已建成1400公顷高标准农田示范区，解决了菜园贫困村的水利设施建设。完成工程总投资2500万元。

【农田水利建设】2017年，涡阳县农田水利基本建设，完成新建小型水闸3座，扩挖塘坝132面，清淤沟河125条的建设任务。完成工程总投资492万元。

【城区水系蓄水控制工程】该项目分为涡标河马腰闸、涡楚河董寨闸、西界洪河八里庄闸、老葛沟蒋庄涵、幸福河邢庄涵、万陈沟马庄涵、西界洪河提水泵站，工程总投资2270万元。通过治理，明显改善城区水质，使得水资源可持续利用，水生态体系更加完整，水生态环境更加优美。

【饮水安全工程】2017年，涡阳县农村饮水安全工程建设，共计建设工程 19 处，其中新建 1 处，改扩建 1 处，管网延伸 17 处，解决受益人口 2.79 万人，其中贫困人口 1.47 万人，完成工程总投资 1393.15 万元。

【水资源管理与保护】2017 年，涡阳县制定出台《涡阳县“十三五”水资源消耗总量和强度双控工作方案，严控水资源消耗强度，实行用水效率控制，实施全民节水行动计划，全面推进节水型社会建设，把节约用水贯穿于经济社会发展和生态文明建设全过程，以高效的水资源利用支撑经济社会可持续发展，并成立了以分管副县长为组长的涡阳县节约用水领导小组。全年用水总量控制在 2.48 亿立方米以内，其中农业用水控制在 1.46 亿立方米以内，工业用水控制在 0.46 亿立方米以内，生活用水控制在 0.47 亿立方米以内，生态环境补水控制在 0.0912 亿立方米以内；4 个水功能区（涡河、武家河、涡楚河、茨河）断面监测全部合格，达标率 100%。

【水政管理】2017 年，涡阳县水务局以科学发展观为统领，认真贯彻落实水资源可持续发展战略，充分利用“3·22 世界水日”、“中国水周”以及“水法宣传月”宣传活动，围绕“落实五大发展理念，推进最严格水资源管理”这一主题，面向社会坚持不懈地开展内容丰富、形式多样的水法规宣传教育。

【防汛抗旱】2017 年，涡阳县水务局坚持“以防为主”的工作方针，认真开展隐患排查。汛前，完善防汛预案，健全防汛调度、会商及信息发布机制，利用县财政划拨的防汛经费把面上 123 座涵闸全部检修一遍，提前做好防汛物资储备，进一步加强防汛抢险队伍和防洪工程建设，提高了应对突发险情的处理能力；汛中，严格实行行政首长负责制和 24 小时值班制度，密切关注雨情、汛情变化，采取科学应对措施，确保了度汛安全；汛后，做好年度防汛总结工作。

【河长制工作】2017 年，涡阳县完成市河长办下达的入河排污口整治任务、县级“一河一策”实施方案的编制县、镇二级河长制办公室的组建以及县、镇、村三级河长体系建设，把 298 条河道纳入了河长管理；在此基础上，完善制度体系，制定出台县级河长会议制度等 6 项制度及考核办法，逐步推进包河及武家河水污染整治工作，已经取得阶段性成效，并且圆满完成水利部中期评估。

涡河河道管理

【概况】涡阳县河道管理局成立于 2009 年 1 月，编制人数 10 人，现有工作人员 20 人，为全额事业单位。

【涵闸运行管理及维护工作】2017 年，涡阳县河道局始终把安全生产放在第一位，建立严格的防汛值班制度及防汛预案，制定并落实涵闸管理制度及涵闸操作规程。每年汛期来临之前组织专业技术人员对沿涡的所有涵闸进行拉网式检查，认真做好涵闸工程的检查、维护保养工作。对安全隐患部位做到及早排查，发现限时处理，做到涝能排、旱能蓄、提得起、关得住、关得严，将安全隐患控制在萌芽状态，确保防汛蓄水两不误，在水患来临时各司其职，有条不紊地做好防汛抢险工作。

【堤防及两岸之间河面滩地管理】2017 年，涡阳县河道局安排专人，实行定期与不定期巡查相结合的制度，对涡河两岸的堤防及滩地进行巡查，并认真做好巡查记录。全年共查处 3 起破坏堤防、乱取土行为。不定期对所辖堤防进行堤身农作物、杂树杂草清除工作，发现一处铲除一处，做到早发现、早制止、早处理，确保防汛道路畅通，有效的减少违法行为的发生，同时也维护水务合法权益，树立良好的水务形象。

【河道保洁工作】2017 年，涡河城区段河道保洁工作实行第三方服务，县河道局成立了河道保洁工作督查小组，落实了专职人员每天对河道保洁工作进行督促检查，确保河道水面清洁，无漂浮垃圾、杂草，城区河道无乱养殖现象。

（水务局供稿）

农业机械

【概况】涡阳县农业机械管理局为正科级事业单位，参公管理，内设两股一室（农机管理股、项目经营股、办公室），下属3个事业单位（农机监理站、农机推广站和农机化技术学校），系统内干部职工123人，其中专业技术人员近90%。各镇（街道）农业综合服务站设立专职农机服务管理员27名。

【农机推广与培训】2017年，涡阳县开展“购机补贴政策宣传、送教送科技、维修服务、安全监管”等系列农机科技下乡活动10余场次，密切了党群关系。开展培训新技术，举办各类农机化技术培训2092人／次，其中拖拉机、联合收割机驾驶培训24期1557人次、“民生工程”新型职业农民培训两期、410人（次）、农机职业技能培训12期、603人。大力推广新机具，“三夏”“三秋”期间，召开秸秆粉碎还田、秸秆打捆离田、土地深松、板茬直播玉米、机播大豆等各类现场会6期、600余人（次），发放技术资料8000份，推广各类新机具2200余台（套）。实施部级主要农作物（大豆）生产全程机械化示范项目。在丹城镇重南、岭孜、重兴3个行政村实施示范面积0.07万公顷，任务目标全部完成。2017年年底，农业部办公厅授予涡阳县为全国第二批率先基本实现主要农作物生产全程机械化示范县。

【农机购置补贴】2017年，安徽省财政厅、省农机局拨付涡阳县中央财政补贴资金4575万元。按照市、县政府安排，从省财政厅、省农机局拨付的中央财政农机购置补贴资金中，办理2017年1月1日到11月30日销售的敞开补贴机具2790万元，其中偿还2016年市财政兜底资金1611万元。剩余资金按照省文件精神，积极组织实施，做到应补尽补。

【农机服务体系建设】2017年，涡阳县注册农机专业合作社232家，其中国家级示范社2家、省级示范社12家，市级示范社17家。实施农业全程社会化服务试点资金扶持奖补政策，开展综合性农事服务中心（农机大院）建设，全县新建机库棚69家，年底通过竣工验收，对涡阳县守青农机专业合作社等20家农机服务组织奖补200万元；在12个农机专业合作社，实施农机深松整地作业补助项目，完成农机深松整地作业面积1.39万公顷。

【农业机械化】2017年“三夏”“三秋”期间，涡阳县围绕禁烧抓抢收，组织农机大会战，全程做好分包乡镇的农机调度应急服务，设立跨区机收接待站，组建农机维修服务队，帮助农民维修机具。截至年底，全县农机总动力已达231.2万千瓦，较上年增长1.2%；拥有拖拉机8.45万台，其中大中型拖拉机5.07万台，拖拉机配套作业机具14.46万台；联合收割机9412台（小麦联合收割机7806台，玉米联合收割机1606台），主要农作物耕种收综合机械化水平达到91%，小麦、玉米生产实现全程机械化。

【农机安全生产】2017年，涡阳县落实农机安全生产责任制，定期召开农机安全生产工作会议，定期开展农机安全检查；创建1个“平安农机”示范镇，3个“平安农机”示范村，47个“平安农机”示范户；依托公安农机联合执法中队，深入乡村道路、田间地头，开展隐患排查及路查执法，纠正农机违法作业104台（次）；年内受理网上办件4299件，无一件超时办结和群众不满意办件，新办农机驾驶证493台，注册登记拖拉机91台（次），联合收割机 298台（次），检验登记变型拖拉机92台；辖区内未发生重特大农机事故。

（农机局供稿）

气象事业

【概况】涡阳县气象局机构规格为正科级，分别设置两个管理机构和两个直属业务单位。管理机构分别为综合管理科（办公室）和防灾减灾科（人工影响天气办公室）。直属业务单位分别为涡阳县气象台(气象观测站)和涡阳县气象服务中心(防雷中心),机构规格为副科级。

【气象社会管理】2017年,涡阳县政策支持不断加大,把"农业气象信息服务""气象灾害预警信息传播服务"和"气象灾害监测设备、人员密集公共场所防雷设施维护"纳入涡阳县政府购买服务指导目录。将气象纳入《涡阳县综合防灾减灾规划(2016-2017)》。把"建设基于卫星遥感、农业气象、互联网等技术的涡阳精细化、农业气象数字化管理系统"列入《涡阳县"十三五"信息化发展规划》中。涡阳县编委正式成立涡阳县突发事件预警信息发布中心,该中心挂靠县气象台。大力推进依法行政工作。权责清单、公共服务清单和中介服务清单全部纳入政府清单目录。"气象信息员与志愿者队伍建设"等5项内容全部纳入乡镇公共服务清单。建立"双随机"监管、重大行政执法决定、合法性审查、重大决策法制化审核等制度。加强网上行政审批工作,1-12月网上审批项目51件,均按时办结,无投诉件。完成权力清单、公共服务清单调整。扎实推进防雷体制改革工作,县政府印发《关于进一步加强防雷安全监管的通知》,形成县直相关部门相互配合、相互支持,共同抓好防雷安全监管工作的新机制。建立涡阳县防雷安全监管工作联席会议制度,召开防雷监管联席会议,结合"百日除患铸安"行动,对涡阳县加油站、油库、气站、烟花炮竹等12家易燃易爆场所开展防雷安全专项检查,下达责令限期整改通知书7份,并开展"回头看",有效推动全县防雷安全监管工作。

【气象防灾减灾】2017年,涡阳县分别在公吉寺、楚店、涡南、新兴、标里、花沟、青疃升级建设7套气象灾害自动监测站,在公吉寺、马店集建设两套农田示范区土壤水分监测站;按照"五个一"要求,在丹城、义门完成建设两个气象防灾减灾标准化乡镇,在楚店宋徐村、义门周营村建设两个气象防灾减灾标准化示范村,在城关镇团结社区建设1个气象防灾标准化示范社区。逐步完善气象监测网络,全县建设33个自动气象站。多要素自动气象站乡镇覆盖率达100%。及时开展区域站维护维修工作,保障区域站正常运行。完成了高公、丹城、高炉、马店、义门、店集等6个乡镇区域站由四要素向六要素站升级工作。气象防灾减灾机制逐步健全,全县25个乡镇、街道办事,1个经开区,全部印发气象灾害应急预案,重新修订气象灾害防御领导小组,384个行政村制定了气象防灾减灾防御计划。

【气象服务】2017年,涡阳县以重要天气过程、重大节日、重大活动气象保障服务、农村气象灾害防御为重点,为政府及有关部门提供决策气象服务产品,为公众提供预报预警服务。大力开展农业、水利、交通运输、国土、电力、环保、海事、民政等气象灾害高影响行业的专项预警及服务。利用网络新媒体为专业合作社、家庭农场、种养植大户提供直通式气象服务。1-8月,制作发布各类天气服务材料108期。发布各类天气服务短信和预警信息等724条,每次服务4000-8000人(次)不等。开展专项气象服务,积极配合县秸秆禁烧办公室工作,在短信发布平台中把全县秸秆禁烧相关的几千个手机号码分成禁烧督查组、禁烧乡镇包保组、禁烧乡镇书记镇长、禁烧县直包保组长、禁烧县直包保组、禁烧四套班子以及农机手组,按组分别录入平台。秸秆禁烧期间,每天发布手机服务短信,短信内容最长的有时500多字,给政府指导秸秆禁烧工作及时提供良好的服务。丰富服务手段,除了通过服务短信外,还充分利用网络媒体、移动通讯等现代化工具开展气象服务,如微信、微博、QQ群、公众号、预警大喇叭、电子显示屏、手机APP等方式开展服务,其中微信公众号为当年刚开始启用的服务手段,每月制作4期服务材料通过公众号更新发布。

【人工影响天气】2017年,涡阳县大力推进全省人影标准化县创建和标准化作业点建设工作,按照"五个一"标准,分别在陈大、楚店、公吉寺、牌坊建成4个人影标准化作业点,购置配备4台火箭弹发射架和4个专用火箭弹储存柜。标准化作业点建设通过省人影检查组验收,6月,涡阳县正式被认定为全省人工影响天气标准化县。5月,组织开展所有作业点人员参加了全市人影能力培训,所有人影设备通过专家年检，合格率100%。

【气象宣传与科研】2017年，涡阳县开放气象科普馆，市民免费参观。利用“3·23”世界气象日、“5·12”防震减灾日等节日开展科普讲座和广场宣传，发放各类科普产品4000余份。开展全县中学生气象科普作品创作大赛活动，创作作品先后荣获省局三等奖，市局一等奖、二等奖。申报全省科普基地和全省气象教育科普基地。率先开展县级远程学习示范点建设，建成远程教育学习室，职工参加培训率达100%。承担的省局科研项目“综合业务辅助系统”通过验收。申报并立项2017年市级科研项目“亳州市综合预报服务系统”。

【党建工作】2017年，涡阳县气象局党支部作为优秀基层党支部被《安徽日报》、《中安在线》和《安徽先锋网》等多家媒体先后报道。认真开展“讲重作”专题警示教育，通过“三会一课”、办公会等形式开展学习近30次。严格落实党风廉政建设“两个责任”，加强作风建设，持之以恒落实中央八项规定精神。县文明办组织全县省级文明单位到气象局开展观摩培训。在9月份全市文明城区测评中荣获满分。全国文明单位顺利通过复核。

（县气象局供稿）

工　业

经济与信息工作

【工业经济运行情况】2017年，涡阳县规模工业总产值303.34亿元，同比增长20.19%；工业增加值79.86亿元，同比增长10.9%，增幅全市第二位；战略性新兴产业完成产值42.96亿元，同比增长33.65%，增幅居全市第二位；高新技术产业实现增加值12.82亿元，同比增长20.81%，增幅居全市第1位；完成工业固定资产投资98.48亿元，同比增长35.4%，总量和增幅分别居全市第1和第2位；完成工业技改投资31.60亿元，同比增长19.0%，总量和增幅分别居全市第2和第3位；规模工业实现税收5.03亿元，同比增长25.5%；工业用电量4.36亿千瓦时，同比下降38.82%，总量和增幅分别居全市第2和第4位。

【项目建设】2017年，涡阳县民营企业不断加大技术改造资金投入力度，企业投资意愿不断加强，工业项目数量有所增加，工业投资稳步推进。1-12月统计工业项目库项目96个，完成工业投资98.48亿元，同比增长35.4%，项目建设快速推进。

【工业平台建设】2017年，涡阳县围绕“一区六镇、统建统管、产业集聚、镇区共赢”的目标，在遵从区域分工的基础上，明范围、定产业、构体系、塑空间、筑路径，实施园区建设规划、土地利用规划、产业发展规划、环境保护规划等“多规合一”。按照“一带两轴，一主一副，六极联动，协同发展”的思路，加快6个乡镇产业园基础设施建设。

【产业集聚发展】2017年，涡阳县狠抓产业集聚不动摇，大力推进四大战略性新兴产业集聚区建设，加快CNC数控机床、申鑫光电、高端房车改装等项目建设，不断放大光机电产业集聚效应。以鸿路钢结构生产基地项目为龙头，积极引进一批配套企业，完善绿色生态建筑产业链条。

【服务企业工作】2017年，涡阳县坚持问题导向，结合“政企直通车”信息平台问题办理，完善“问题、措施、责任”3个清单，及时快捷地解决企业诉求，进一步提高服务效率，进一步优化发展环境。提升企业自主创新能力，鼓励现有企业围绕行业发展方向，广泛应用新技术、新工艺、新装备，促进企业快速转型升级。

【地矿事务】2017年，涡阳县签定规划区以内补偿标准的大协议；开展杨池、鲁庄搬迁安置工作；协调有关部门和乡镇开展信湖矿征地相关工作；协调曹市镇和袁二矿拆除过渡安置房，消除安全隐患；督促淮矿集团及时修复涡新路塌陷路段和兑现塌陷地青苗补偿款；建立地矿事务对接机制，积极推动煤矿涉地事务的开展。

（县经信委供稿）

电力供应

【概况】国网涡阳县供电公司为国网安徽省电力公司的分公司。机构设置有7个职能部室、2个支撑结构、14个供电所和7个配电队，现有长期职工417人，集体职工95人，农村专职电工496人。

供电区域内共有500千伏变电站1座，220千伏变电站2座，110千伏变电站6座；35千伏变电站18座，主变34台，总容量369.2兆伏安，容载比2.13，全部实现无人值守，可环网供电，运行方式灵活；35千伏输电线路29条，长度334.3千米；10千伏线路108条，长度3507千米，其中城区线路15条已实现拉手供电；10千伏公用配变4487台，容量1139.31兆伏安，低压居民户数48.6万户，户均容量2.344千伏安。公司获国家电网公司一流县供电企业、安徽省服务标准化试点项目单位、安徽省廉政文化进企业示范单位、安徽省第九届“诚信单位”、亳州市第六届文明单位、省电力公司新闻宣传先进单位、财务工作先进单位等称号。连续8年被县政府评为“绩效综合考评先进单位”。

全年，实现连续安全生产8256天。完成售电量12.19亿千瓦时，综合线损率7.2%。实现“三无三防”安全目标，全年未发生安全考核事故。公司实现了生产安全、队伍平安、企业健康稳定和谐发展。

【安全生产】2017年，国网涡阳县供电公司开展，现场安全监督303次，查纠存在问题的现场45处，查处严重违章16次，罚款3.75万元。严格落实公司年度安全培训计划。全年开展各类安全教育培训8期，培训人员1000余人(次)，在省公司《安规》调考中，平均成绩97.5分，超全省平均分1.5分。认真组织开展安全检查专项活动。组织开展配网设备质量“两排查一整治”专项行动、“安全生产问题清单专项梳理”活动，开展“查隐患、控风险、保供电”专项检查、“三查三强化”安全专项行动、春秋季安全大检查、“安全日”和缺陷隐患整治等安全活动，查出安全基础管理问题6项、安全隐患399项、设备缺陷4116项，并全面进行消缺，实现100%销号管理。加强农网升级工程安全管理，深入开展外委施工队伍整顿，有效提高外包施工现场安全管控能力。强化电网运行安全风险管控，开展电网大面积停电应急演练，成功应对持续高温和严重雪灾等挑战，圆满完成中共十九大、全国“两会”、迎峰度夏等各项重大保电任务。加强网络与信息安全保障，成功应对“勒索”病毒爆发事件。加强电力设施保护宣传，在全公司范围内组织开展6次“安全日”活动，57个班组945人参加，进一步提升公司各级作业人员安全意识。组织开展以“全面落实企业安全主体责任”为主题的“安全生产月”和“安全生产万里行”活动，发放安全用电宣传单和手册8000余份，解答市民安全用电咨询50多件，取得良好的社会效应。

【电网建设】2017年，国网涡阳县供电公司坚持规划引领，主动衔接政府能源规划，完成“十三五”电网规划滚动修编，供电专项规划通过地方规委会审核，并纳入到城市总体规划。协助省市公司，在涡阳境内新建500千伏超高压变电站一座，110千伏变电站两座。投资1508万元，完成全市第一座35千伏智能变电站临湖输变电工程建设；投资169万元，新建乐行至城西35千伏线路3.9千米，涡阳县城区35千伏及以上N-1通过率成功达到100%。保证工程进度的同时注重施工工艺，2015年新增农网升级项目“35千伏龙山变主变增容工程”被省公司评为“2017年度基建项目优质工程”。完成2017年光伏扶贫建设任务，建设村级光伏电站436项，总容量88.53兆瓦；投资3923.22万元，完成机井通电项目105个，其中城西尹塘机井通电工程，被评为省公司样板工程，涡南镇郭长营机井通电工程被评为市公司精品工程。投资286余万元，实施变电技改大修，检修35千伏主变3台，并对17座35千伏变电站有安全隐患及带病运行的开关和刀闸进行了维修更换，完成了石弓、丹城、城西变电站环境综合整治工作。结合重过载配变治理工作，调整或新增配变615台，有针对性的解决了台区重过载问题，配变烧损的数量同比降低80%。

【营销与服务】2017年，国网涡阳县供电公司规范业扩办理流程，严防业扩超时限。坚持业扩多层级回访，从根本上防控业扩办理超时限、违规收费等服务风险。积极拓展终端缴费渠道，新增“我家亳州”“95598网站”、电E宝、支付宝、微信等新型互联网缴费方式，实现收费渠道的多样化，最大程度的方便用电客户交费。积极服务光伏扶贫工程建设，及时兑现光伏扶贫购电款1407万元。严格服务投诉管控，加大供电服务质量奖惩力度，充分调动员工服务积极性，营造投诉“零容忍”工作氛围；落实投诉责任人员培训、约谈、视频例会通报制度，促使员工建立服务意识、理念，提升服务水平。完善保供电体系和工作流程，圆满完成了春节、中高考、涡阳县“两会”、拜祖大典暨道教学术研讨会、高职院校分类招生、高考、政风行风热线进基层等电力保障工作，得到县政府的充分认可。开展“表后线”专项整治工作，全年共治理724个台区，惠及4.79万名用电客户。

（供电公司供稿）

交通运输

交 通

【概述】涡阳县交通运输局是全县交通行政主管部门，正科级单位，具有行政执法和经济管理两种职能，担负着行业管理、经营管理和公路建设三大重任。2017 年，在县委、县政府的坚强领导和县人大、政协的监督支持下，涡阳县交通运输局党组一班人带领系统干部职工，始终坚定发展信心，理清发展思路，大力实施交通基础设施建设，狠抓运输市场管理，以重点难点问题的突破带动交通整体工作提升，较好地完成了年度各项目标任务。

【国省干线建设】2017 年，涡阳县交通运输局投资 6000 余万元，完成省道 307 西阳新建段 1.8 公里一级公路。累计投资近 4 亿元，完成省道 202 涡阳段路面改善 60 公里和城区新建道路 3 公里，加宽改造集镇段和城区段，完成绿化、排水、路灯、红绿灯等附属设施。省道 250 颜张路涡阳段完成施工图设计；省道 S308 西高路完成可研报告编制、专家评审和地址灾害评估，水土保持方案、环境影响评价、防洪评价已获批复，规划选址和土地预审待批复，已报送压矿评估报告；省道 245 涡新路可研报告编制完成并通过专家论证，初步设计中的地形测量、初勘、路基路面检测、外业勘察已完成，送审稿编制完成待进行评审；省道 238 涡阳绕城段一级公路工程（含涡河特大桥一座），正在编制可研报告，各项专题同步开展。国道 344 涡阳段已完成可研报告的编制和专家评审，各项专题同步开展；涡阳城区段按一级公路建设，其他路段按二级公路建设；省道 413 丹史路二级公路建设完成可研报告的编制、专家评审和地址灾害评估，水土保持方案已获批复，环境影响评价编制和规划选址已通过待批复，土地预审待批复。

省道 S307 西阳新建段工程

【国省干线养护】进一步加强国省干线桥梁、路面维修养护。省道 307 城东公跨铁立交桥和省道 202 涡河大桥完成维修加固工程，8 月中旬通车；完成 S307 穿城段 9.5 公里老路面养护中修。投资 280 余万元，完成国省干线“安全五小工程”建设，共设置道口桩 4294 根，标志牌 542 块，振荡标线 1.42 万平方米，凸透镜 14 块，爆闪灯 542 个。

【农村道路畅通工程建设】2017 年，涡阳县投资 5.88 亿元，完成农村畅通工程计划 952.46 公里，其中县级畅通工程 31.11 公里，乡级畅通工程 110.75 公里，贫困村道路硬化 125.38 公里，撤并村路面硬化 327.97 公里，窄路加宽 357.25 公里。完成上年续建项目 681.68 公里。投资 1653 万元，完成义门真源南路 1.46 公里及道路标识标线、雨污管网、绿化和照明等附属工程。

【工程质量监督】2017 年，涡阳县交通运输局日常质量巡查 100 余次，发出质量整改通知书 16 份，质量安全巡检通报 12 份，质量安全监管信息 12 份；办理质量监督手续 56 个项目；办理交竣工验收手续 74 个项目；因工程质量、安全管理工作问题，约谈工程主要关键人员 8 次。对施工企业项目经理及主要人员不能在岗履约，按照合同约定处罚施工企业和监理单位 160 次、罚款 310 余万元；对多次约谈、处罚，仍无实质性进展，工期严重滞后的 5 家施工企业，依法终止合同，纳入不良记录“黑名单”。

【农村道路养护】2017 年，涡阳县交通运输局总投资 394.11 万元，完成 12 条县道和 23 条乡道的县乡道路交叉口“安全五小工程”建设，完成警示桩 6816 根、标志牌 1096 套、振荡标线 1.57 万平方米、爆闪灯182个、停车让行线1976平方米;县道019宿涡路和乡道109青西路生命防护工程完成道口标柱504根、警示牌94套、波形护栏7000米。投资832.4万元,大中修县道41.25公里,县道安保72.6公里,新建或维修加固5座桥涵。投资293万元,完成6条村级生命安全防护工程42公里。投资253.72万元,完成2016-2017年农村公路危桥改造4座。投资222.95万元,完成2015-2017年省补综合养护经费村道危桥改造5座。投资342.06万元,进场开工2017年农村公路建设项目(刘小桥、小青龙沟桥及生命安全防护)以及县乡公路安全隐患整治工程项目。投资188.83万元,完成青阜铁路3个下穿道路面维修工程。投资400万元,封闭维修施工高炉涡河大桥。

【公路治超工作】2017年,涡阳县交通局进一步强化治超工作,以“一站五点”(S202治超站,王尧、高炉、涡阳与淮北交界处、涡新路、高公联合治超执法卡点)为依托,先后部署开展治超“突击月专项整治”“利剑行动”“边界行动”、打击短途超载、夜间偷运、非法驳载等专项行动十余次,严格落实“五个一律”综合治理措施,非法超限超载得到有效治理。强化科技治超水平,加快推进综合信息指挥中心建设,以六处动态检测卡点为依托,充分发掘公安、城管等享有信息资源,将流动治超稽查车、限高龙门架、重点货运源头企业等数据接入全县治超综合信息平台,实现对站点治超、源头企业装载、道路信息、超载车辆信息和执法现场等无缝衔接,并在农村公路设置5处治超限高龙门架,限制大型超限超载车辆绕行。同时为做好新旧治超政策的衔接,巩固全县治超成果,及时向县主要领导作书面汇报,结合治超新政制定联合治超方案,确保治超新政贯彻落实。全年,共查处超限车辆728辆,同比增长72.5%;卸载货物2.62万吨,同比增长178.4%;查处75吨以上或超100%的超限车辆196辆,同比增长122.7%;非法改装车辆33辆,同比下降70%;罚款1178万元,同比增长227.2%;吊销道路运输证51本,约谈运输企业3家(次);因阻碍公务行政拘留3人。

【出租车公交车行业管理】2017年,涡阳县新增新能源公交车20辆、校车45辆,优化公交线路3条,新增公交线路1条。共审验出租汽车492部,更新出租车辆36辆,抓好出租汽车标识统一管理,新注册审核驾驶员从业资格证131个,发放服务监督卡131个,注销审核125个,换发到期驾驶员服务监督卡728个。每周四召开出租、公交例会一次,对出租、公交行业稳定情况进行及时摸排。圆满完成出租企业2016年度质量信誉考核工作。其中涡阳出租公司和迅达公司均被评为AA级企业。采取错时执法、定点与不定点巡查相结合的方式,在重点时间、重点路段安排执法人员进行巡查,加大出租市场监管力度,共查处未取得出租汽车经营许可、擅自从事出租汽车经营的71起,出租车不打表不规范经营的14起。

【维修驾培行业管理】2017年,涡阳县进一步严把维修行业市场准入关,全年新办3类维修许可13起,延续经营许可15起。加强营运车辆技术管理,把好营运车辆技术状况。全年共审验车辆技术状况1.05万辆(次);车辆燃料消耗达标审验1743辆(次);客运车辆类型划分60辆(次)。积极配合市运管处开展全省2016年度维修企业质量信誉考核初评工作,全县7家二类维修企业参加考核,全部合格,其中AA级企业1家,A级企业6家。积极监督驾校的经营行为,加强监督检查,督促驾校提高教学质量和服务水平,认真开展了2016年度机动车驾驶员培训机构质量信誉考核初评工作,全县4家驾培企业参加考核,全部合格。全县驾培机构培训结业驾驶学员1.612万余人,驾驶从业资格培训结业3632人。

【客货运输管理】2017年,涡阳县投资260余万元,完成县铸安机动车检测有限公司两条检测线升级;县汽车站和富通公司配载客运站顺利搬迁至交通物流园区,投入经营。进一步加强全县客运车辆安全监管,全县4家客运公司(亳客集团涡阳有限公司、阜汽集团第六汽车队、涡阳县振通客运公司、涡阳县兴永客运公司)卫星北斗的安装率达到100%,长途客运车辆在线率达100%。全县拥有农村客车367辆,66条班线,全县20个乡镇班车通车率100%，387个建制村村中有366个已通达班车，建制村班车通车率为95%。全年，共许可普通道路运输经营公司28家；车辆道路运输证办理1.05万件；注（吊）销道路普通运输公司33家。同时按照亳州市大气污染防治领导小组办公室《关于下达2017年度黄标车淘汰任务的通知》和涡阳县人民政府办公室《关于加快推进黄标车淘汰工作的通知》的相关要求，运管所对职责范围内的11家运输企业167辆车车开展淘汰工作，至2017年5月31日，167辆黄标车全部淘汰。

【行业安全监管】2017年，涡阳县全面落实安全生产责任制，严格执行安全生产“党政同责、一岗双责”，认真开展安全生产督查检查和工作述职。春运期间，共投放客运车辆2.45万余台（次）（其中加班82台），完成客运量28.75万余人（次）；投放城市公交0.48万余台（次），完成客运量136.12万余人（次），圆满完成春运工作任务。开展交通系统安全管理人员培训、消防安全知识培训，分管乡镇长、渡工水上交通安全知识培训等教育培训，举行渡船、道路水毁、道路交通消防等各类应急演练；开展防汛和十九大60天应急值守工作，确保特殊时段安全生产和应急保障工作。同时扎实开展“平安交通”“安全生产月”“百日除患铸安”“危化品道路运输”等专项整治活动。联合县海事处对2016年西阳、殷庄两个渡口建设进行工程交竣工验收；完成2017年渡运提升工程杨小庄、吴沃两个渡口建设。全年，共组织安全检查组127个，检查人员452人（次），排查整改一般安全事故隐患173处，整治重大安全隐患4处。全年全县交通运输行业安全形势持续平稳，未发生一起安全生产责任事故。

春运安全宣传

【行政效能】2017年，涡阳县全面加强政府目标绩效管理，建立定期调度、督查和反馈机制，实施工作清单交办。大力开展网上办事大厅推广宣传活动，进一步梳理业务办理事项，简化网上办事流程，行政效率进一步提升。全年，网上办理事项5.92万件，其中驾驶员从业资格证申请4.87万件，车辆道路运输证办理1.05万件。共邮寄9856件，邮寄量及邮寄率居全县第一，实现零投诉，零超时办结件，零线下办理件。认真做好前置审批事项和行政审批中介服务事项的清理规范工作，取消道路货物运输、维修、驾培、站场经营等前置经营许可。推进“双随机一公开”工作，加强事中事后监管，建立县级交通系统“一单两库”，其中随机抽查47项、检查对象212家、执法检查人员201人。2017年完成招商引资项目3.76亿元，超额完成招商引资任务。自觉接受县人大法律监督、县政协民主监督，办结人大代表议案建议9件，政协委员提案5件，办结率100%，满意率100%。认真办理回复群众意见建议，办结市县长热线434件、网友留言72件，办结率100%，满意率99%以上。

（县交通运输局供稿）

公路建设与管理

【概况】2017年，亳州市公路管理局涡阳分局共有在职职工155人、退休职工86人。拥有工程、经济、财会、政工4个系列的专业技术人员28人。2017年该局被亳州市公路管理局授予“工会工作先进单位”“安全生产及资产管理工作先进单位”“办公室工作先进单位”。

【党建工作】2017年，涡阳分局全面加强党风廉政建设，加强对基层党组织的监管。全年召开专题会12次，督查6次。班子成员“两个责任”实行清单化管理。党费及时收缴。“两会一课”内业资料完善。“两学一做”常态化扎实推进，公路局党总支把扶贫工作纳入党建目标管理，紧跟全县脱贫攻坚步伐，按照涡阳县委县政府要求，33 名机关工作人员以“一对三”的方式，与高炉镇杨楼行政村 99 户贫困家庭建立结对帮扶。帮助贫困户选准帮扶项目，大力发展种植和特色养殖业，帮助实施光伏扶贫项目，协助村委会和有关职能部门有针对性地做好新农合、低保、养老保险、残疾人补贴、学习补助、高龄补贴等社会保障资金发放工作，帮助落实危房改造和用水用电优惠政策。全年（计算周期 2016 年 10 月 1 日至 2017 年 9 月 30 日）高炉镇杨楼行政村共有 51 户 170 人达到脱贫线（脱贫线：人均收入 4310 元），达到“两不愁三保障”的核心标准，符合脱贫条件。

【工程建设】2017 年，省道 202 涡阳涡河大桥、省道 307 涡阳公跨铁立交桥大中修工程情况：2016 年 12 月开工，2017 年 8 月中旬全部完成并通车。其中，省道 202 涡阳涡河大桥投资 856 万元，省道 307 涡阳公跨铁立交桥投资 1133 万元。省道 307 线涡阳至蒙城段一级公路改建工程（西阳新建段）：2016 年 10 月 1 日开工，2017 年 9 月通过交工验收。路线全长 1.89 千米，路基宽 24.5 米，主路面宽 21 米，设计时速每小时 80 千米，项目总投资 3815 万元。

【公路养护】2017 年 10 月 15 日，省道 307 涡阳穿城段老路面中修养护工程开工，同年 11 月 20 日完工。对老路面进行病害处理后加铺 4 厘米沥青砼。二级公路，全长 9.5 千米，路面宽 15 米，设计时速每小时 80 千米，共投资 1150 万元。国道 344（原县道 014、县道 019 线）生命安全防护工程：2017 年 11 月 5 日开工，同年 12 月 5 日完工。在临水、陡弯处安装波形梁护栏，增加标志标识及震荡标线，共处置安全隐患 7 千米，投资 135 万元。县道 014 线中修挖补工程，2017 年 10 月 20 日开工，同年 11 月 2 日完工。对路面病害进行挖补后换填水稳，最后加铺沥青砼并完善交通附属设施。共挖补加铺 8.5 千米，投资 223 万元。认真做好路面预防性养护和桥梁养护工作，对省道 202、省道 307 线两侧边坡杂草进行拔除和修剪，利用道路清扫车和水车对穿集镇路段重点清扫，保障路面清洁无污染。做好桥涵日常养护，修复损坏的伸缩缝 5 道 80 余米。

县总工会主办公路养护技能大赛

【路政管理】2017 年，涡阳分局加强路警联动，路政与交警部门联合行动，对省道占道经营、摆摊设点、打场晒粮等集中治理。对省道沿线标志标线、标牌、护栏、爆闪灯等公路安全设施集中核查并落实整改。大力开展各类专项治理行动。在强化公路建筑控制区管理中，拆除烟叶复烤厂在 S307 线城东立交桥 K192 + 600m 处公路建筑控制区擅自设置的违法建筑物 1000 平方米。在非公路标志专项治理行动中，拆除非公路标志 14 块。在“六场一站”（砂石料场、煤场、废品收购场、石材场、洗车场、砖窑场、搅拌站）路域环境专项治理中，清理 10 家洗车场。在打场晒粮专项治理行动中，清除打场晒粮 4600 平方米。截至年底，共清除非公路标志 560 块，清理堆积物 554 起，清除摊点 155 个，制止违法建筑 3 起，对照亳州市公路管理局检查图片整改 24 处，组织召开安全评价 2 起，办结涉路工程许可审批 2 起。

【公路治超】2017 年，省道 202 涡阳超限超载检测站以“政府主导、部门联动、综合治理、合力治超”为指导方针，积极开展路警联合治超。交警负责拦截、引导超限超载车辆进入治超检测站接受检查。治超站执法人员进行卸载、处罚、登记。治安民警维护治安秩序，依法打击威胁治超工作人员、恶意堵车、“车托”等违法犯罪行为。同时，适时调整增减执法力量和巡查密度，保证重点时段、重

“安全生产月”应急演练

点路段“见警车、见警灯、见执法人员”。全年共精检车辆6.58万辆，查处超限超载车辆359辆，卸载货物4831.53吨，罚款170.17万元。对查处的26辆75吨以上超限车辆，均依法处以3万元罚款。形成了对违法超限超载从业人员的有效震慑。

【安全生产和资产管理】2017年，涡阳分局在开展“安全生产月”活动和“百日除患铸安”活动中，新增和修复标志牌56块（处），新增和更换爆闪灯63个（处），更换波形护栏85块。在国省干线公路“安全五小工程”建设中，投入310余万元，安装道口桩4896根、标志牌705块、震荡线1.57万余平方米、凸透镜31块、爆闪灯475个。同时加强日常安全生产排查和隐患整改，全年共排查隐患74处，整改74处，整改率100%，落实隐患整改资金16.4万元。做好资产清查工作。在“亳州市行政事业单位资产管理系统”中，录入2016年度新增固定资产信息32条（件）。在全市公路系统开展的“公务车辆使用管理自查自纠行动”和“人、财、物专项清理整顿活动”中，共办理和完成23件机械设备的报废回收工作，其中注销16件。

内河航运与管理

【概况】2017年，涡阳县地方海事处深入贯彻落实省、市、县交通工作会议精神，以服务地方经济发展为主线，适应改革、履职尽责，全面超额完成了年初制定的各项工作目标任务，安全形势稳定，未发生水上交通安全监管责任事故。

【港航工程建设】2017年，涡阳县对县S202线涡河大桥维修工程施工安全监管工作。对涡阳县X021高炉大桥危桥改造（维修加固）工程施工安全监管工作。

【内河航运】2017年，涡阳县在水路运输管理中，坚持依法行政和微笑服务相结合，深入开展打击船舶运输违法违章行为，不断完善执法机制，从严规范水运市场。同时，为遵纪守法的运输船舶提供“一条龙”优质服务，水运市场在不断规范有序中健康发展。全年港口吞吐量共计完成296.84万吨，非税收入完成完成295.75万元。

【水上交通安全监管】2017年，涡阳县海事处牢固树立“安全第一、预防为主、依法管理”的工作理念，认真分析辖区安全形势，强化监督管理，集中力量整治打击违法违规行为，辖区通航水域船舶航行、停泊、作业安全有序畅通，客渡运安全形势稳定，港口码头，水运企业安全生产有条不紊安全态势平稳。全面加强“春运”“春节”“清明”“五一”“十一”“中秋”“庙会”“汛期”等重点时段、重点水域的水上安全监管工作。受涡阳涡河二桥施工方委托，于7月28日至8月4日派员对涡河二桥维修施工现场进行通航安全维护，采取限时通行等措施，顺利完成涡河二桥维修施工水域通航安全维护工作。加强日常水上交通安全监管工作，全年共出动海事执法车辆64余辆（次），海巡艇62艘（次），执法人员284人（次），组织各类检查组50个，检查渡船320艘（次），乡镇政府水上安全检查通报11期。组织召开乡管员例会11次完成辖区巡航22个航（次），保障了辖区水上交通安全。检查普货码头33家（次），检查航运企业12家（次），检查运输船舶1216艘（次），查处违章41艘（次），责令整改41艘（次）。现场整改41艘（次），开展行政处罚41例，合计处罚金额6.08万元。实施船舶安检62艘（次），纠正船舶缺陷335处。按照年初制定的《巡航计划》及处领导工作要求，涡阳处西阳、义门海事所对各自辖区进行每周不少于两次巡航并结合渡运安全检查。及时查处运输船舶违章行为，处理船舶拥堵问题等。认真落实渡船船员、乡管员安全培训工作，于3月10日举办“涡阳县2017年度分管乡镇长、乡管员水上安全知识培训会”，4月11日举办“2017年度涡阳县渡船船员安全知识培训班”。

【专项检查】2017年，涡阳县按照亳州市交通运输局《亳州市交通运输系统全面开展隐患排查治理实施方案》要求，组织相关科室、海事所人员对辖区港口码头、水运企业、渡口进行全面隐患排查，对排查出的隐患进行跟踪整治。顺利完成2016年度涡阳辖区两道渡口提升工程项目，目前工程已验收完毕。船舶配员专项检查工作正有条不紊进行中。

【船舶船员管理】2017年，涡阳县辖区共有3家航运企业，船舶192艘，运力163190吨。检查船舶32艘(次)，查处船舶配员不足2起，已现场整改。

【港口航道管理】2017年，涡阳县开展打击无证经营码头专项整治行动，共检查发现全县无证经营码头92座(含沙场)，全县各相关职能部门联合执法10次，出动执法人员130余人(次)，清理无证经营码头46座，其余46座已采取了停电、禁止船舶停靠作业，现把码头整治专项组人员分两组分别乘2艘海巡艇对涡阳县涡河辖区义门至西阳段进行全天候巡航，禁止营运船舶停靠无证经营码头作业，致使无证码头无法经营。开展港口、码头扬尘及大气污染防治工作，着重对省环保巡视组交办的环保案件加大管理力度，关停不符合环保要求的涡河二桥码头及铁路桥以下城东街道辖区的几家料场码头，并进行场地植树，对其他港口、码头督促经营人进行落实整改，现有码头一律停业整顿，清理场地货物，要求经营人做到场地有专人洒水，进出港口、码头车辆进行冲洗，覆盖货物，实施道路硬化等措施，海事处安排执法人员不定期进行检查，大气污染防治不合格单位6家，已全部整改结束。

(海事处供稿)

铁路运输

【概况】涡阳火车站于1969年12月动工始建，1970年10月建成，1970年11月至1973年由济南铁路局和部队临管，1973年至1977年属济南铁路局徐州分局管辖，1978年至1999年8月属于上海铁路局蚌埠分局阜阳车务段管辖，1999年9月划为上海铁路局淮北车务段管辖。涡阳站区有上海局淮北车务段涡阳站、上海局合肥电务段涡阳信号工区、上海局阜阳工务段涡阳车间，上海局阜阳工务段涡阳桥梁工区、上海局公安处涡阳派出所、上海局合肥供电段涡阳电力车间、上海局合肥供水段涡阳所、上海局蚌埠货运公司涡阳分公司组成。

火车站坐落在安徽省亳州市涡阳县，青阜线K71+612米，现隶属中国铁路上海局集团有限公司淮北车务段管辖，属三等中间站，办理客运、货运业务。

【机构设置】2017年，涡阳火车站现有干部职工80人，其中党员22人，分为行车、客运两大班组，行车班组负责日常接发列车，调车作业工作。客运班组负责日常售票、实名制验票、安检、旅客乘降组织工作。货运公司涡阳分公司现有25人，负责货运到达，发送组织工作。

候车室增扩后内貌

【业务发展】2017年，涡阳火车站在原有候车室向西增扩面积200平方左右，并增加两台三相高功率空调，并对候车室、售票厅进行总体装修，确保全年春运旅客候车的满足。增加自动售票机一台，现有两台自动取票机和1台自动售票机。全年客运全年共发送旅客71.76万人，到达旅客59.49万人，共计售票款2702.82万元。全年货运全年发送17.40万吨，到达450万吨，运费收入320万元。2017年被淮北车务段评为文明车站、先进集体、接发列车第一名。（涡阳火车站供稿）

自动售票机和取票机

信息业

邮　　政

【概况】涡阳县邮政分公司成立于1998年，现下设：综合办公室、市场营销部、金融业务部、渠道平台部、集邮与文化传媒部、运营管理部、包裹快递部等职能部门，29个支局、储蓄网点。自办邮路4条，投递路线68条，其中农村投递路线54条，农村投递单程路线总长2816条，农村通邮率百分之百。县城投递实现机动化、电动化，使用微型汽车2辆、电动三轮10辆；农村邮政投递实现摩托化，54辆摩托车覆盖全县农村所有投递区域，私车公助车辆25辆。

【邮政信息业建设】2017年，涡阳县电子化支局联网网点24个，生产信息和邮件处理实现联网共享24个网点，20个电子汇兑网点全国联网。积极推行绿色无纸化办公，开办爱心包裹业务，建立农村电商便民服务站465个，代办航空电子机票、代收电费和通讯费等便民业务，建立全县金库监控联网工程，大大的提升了安全防范能力。

【经营业务】2017年，涡阳邮政除提供传统的信函、包裹、汇兑、储蓄、报刊发行、集邮、特快专递等服务外，还顺应时代发展需要，依托网络优势，推出快包、商函广告、邮政礼仪以及绿卡消费、代发工资、养老金、代办保险、代办电信等深受用户欢迎的业务。

【社会服务】2017年，涡阳邮政还采取多种措施，不断扩大服务的深度和广度，构建了“11185”客户服务中心，向用户提供电话接入平台，只要拨打“11185”电话，邮政服务就送到家。同时，涡阳邮政以“三个代表”重要思想为指导，全面履行普遍服务的义务，致力于服务“三农”。邮政储蓄、汇兑、农资配送、邮政速递等已走进农民朋友们的日常生活，为广大农民致富奔小康提供细致周到的服务。全年，邮政业务总收入1.18亿元，增长率14.45%，收入规模居全省第4位。

【重要事项】2017年5月，涡阳邮政根据集团公司要求进行机构改革，原办公室、财务部、市场部改掉，重新设立综合办公室、市场营销部、金融业务部、渠道平台部、集邮与文化传媒部、运营管理部、包裹快递部等7个部门。　（县邮政公司供稿）

快递业

【概况】2017年，涡阳县有邮政快递企业14家，其中邮政企业1家、快递企业13家，涵盖邮政、顺丰、圆通、申通等14个品牌，邮政营业场所34处，快递营业场所42处，从业人员450人。

【经营业绩】2017年，涡阳县邮政和快递业务收入累计完成1.49亿元，同比增长18.54%；业务总量完成1.67亿元，同比增长28.62%。其中，快递业务出件218.29万件，同比增长43.3%；快递业务收入完成3200万元，同比增长39.09%。按每个快件平均支撑网购交易额150元的行业统计口径测算，涡阳县快递业支撑网购消费交易总额约为3.27亿元。　（交通局供稿）

电　　信

【概况】中国电信股份有限公司涡阳分公司于1998年8月26号成立，地址位于涡阳县城关街道工农路29号，现有合同制员工104人。公司下设综合管理部、销售部、政企客户部、网络部4个部门。

【业务发展】2017年，中国电信股份有限公司涡阳分公司整体发展情况良好，在保有存量用户的基础上，业务稳步发展，市场份额不断提升，公司竞争力进一步增强。全年公司一年以上移动用户成活率高于80%，一年以上移动用户保有率高于75%；宽带保有率高于85%。

【网络建设】2017年，中国电信涡阳分公司在有线通信网络方面，继续推进有线光缆网络建设，全年新敷设通信光缆11.5纤芯公里，实现全县98%自然村有线光纤网络覆盖，已经实现光纤覆盖的村庄100%实现100Mbit/s网速。截至年底，网络光端口达到10.95万，其中新增端口能力1.9万。全年涡阳分公司互联网出口带宽到达160Gbit/s，接入PON端口数到达4100个。在无线通信网络方面，截至年底，涡阳分公司运营基站设备3G计128个、4G-LTE基站192个，无线覆盖率98.6%。

（县电信分公司供稿）

移　　动

【概况】根据国务院和信息产业部的通信重组改革方案，1999年12月在电信资产重组的基础上，涡阳移动公司正式组建成立，后经集团公司海外上市，更名为中国移动通信集团安徽有限公司涡阳县分公司。主要经营移动通信业务（包括语音、数据、多媒体等）；出售出租移动电话终端、IP电话设备、互联网设备及其配件，并提供售后服务等。涡阳移动自成立以来，优质畅通的网络和诚信细致的服务赢得了广大客户认可，移动客户规模近50万，城乡上下服务点400多处，公司人力总数由起初的20多人发展到100多人。近年来，随着全业务运营发展，4G业务得到快速发展，服务业务种类丰富，客户通信质量持续提升。移动宽带在城区基本全覆盖基础上，2017年度加大了对农村通讯基础设施投入，截止年底，涡阳移动TD-LTE网络已完成全覆盖，宽带光缆完成了县城及乡镇的覆盖，同时美丽乡村覆盖率达86.6%。移动信息化在集团单位得到普及，年收入规模达3亿多元，为涡阳县智慧城市建设和经济发展做出了突出贡献。2017年，公司内部设立4个部门，分别是市场经营部、政企客户部、网络部和综合部，根据区域业务划分，为更好开展优质服务工作，城乡上下共计设立12个区域营销部。

【通信业务】2017年，涡阳移动公司重点解决城区深度及农村偏远区域弱覆盖，涉及到城乡、党政机关、学校等，共新建室分54处，保障好优质的移动通信网络。

【行业管理】2017年，涡阳县移动手机用户实名登记深入推进，作为涡阳移动，从规范通信管理，树立行业典范角度出发，以身作则，勇于担当，利用进厅业务、客户外呼、媒体宣传等多形式，多角度开展宣传办理，自我加压，克服困难，基本完成所有移动手机用户的实名登记工作，净化通信市场，维护客户权益。

【通信网络设施】2017年，涡阳移动中心配合向阳路等市政及道路施工，完成35处光缆杆路迁移工作，建设汇聚机房两处，并新选址5处。建设开通承载农村视频监控2292处点位，环保监控39处、守望者26处及10个乡镇派出所专线的接入。

（移动公司供稿）

联　　通

【概况】涡阳联通隶属中国联合网络通信有限公司。面对本地客户需求和全新竞争格局，涡阳联通全体干部员工在经营转型、市场营销、队伍建设、网络建设及服务水平等方面明显提升，公司各项业务实现较快发展。

【三家自有厅隆重开业】2017年，涡阳联通新增郭营营业厅、四方营业厅、旺角营业厅先后投入使用，采用现代化服务设施，采取全业务受理的综合服务模式，具备完善的服务体系，为广大客户营造了更为方便的消费环境，使用户享受到更为高效、快捷、完善的全方位服务。3家新增自有厅的投入使用提升了涡阳联通的服务形象和知名度，为涡阳联通更好的服务客户和促进涡阳本地信息化发展奠定了更好的基础。

【市场经营】2017年，涡阳联通深入推进营销模式转型，充分发挥4G网络优势、终端优势和资费优势，为涡阳客户提供更快、更好的通信服务，全力推动涡阳地区信息化进程，取得客户和收入继续保持高速增长的较好成果。同时涌现大批优秀营销人才，被授予“2017省级优秀渠道经理”“2017安徽联通营业员营业技能大赛个人二等奖”“2017安徽联通营业员营业技能大赛团队三等奖”“优秀基层单元”“2017年亳州联通政企线销售能手”等称号。

【网络维护】2017年，涡阳联通网络运行安全稳定，有力的保障涡阳县各类用户的通信服务需求。各项维护工作高标准、严要求，与高的标准作比较、找差距，对发现的不足之处立即整改，并在日常维护工作中将规范落实，确保网络维护的规范性和专业性，全年完成多次网络优化工作，有效保证网络安全运行。按实际情况完善2017年通信应急预案，在雨季加强网络巡查和网络安全检查工作，组织各专业做好设备的预检预修工作，加强对网络风险的诊断和预警。不断提升网络运行质量，确保网络通信畅通和网络信息安全。涡阳联通运维班组被授予“节能卫士”“安徽联通五佳业务助手”。

【网络建设】2017年，涡阳联通经过多年的信息基础设施建设，已实现县网络覆盖无通信盲点，通信光缆、电缆、移动信号覆盖城区及各乡镇，信息接入畅通；随着信息技术的发展，公司也不断对网络进行升级改造，其中全球领先、速度最快的4G网络已覆盖涡阳城区及各个乡镇，信号质量得到质的飞跃。全年4G基站增加至368个，实现城区、主要交通干线、重点行政村全覆盖；新建基站、小区宽带光缆600多公里，联通宽带进入到各个行政村。“宽带提速”工程全面提升50M、100M端口速率，全县实现光改，让涡阳联通为用户提供最优质的服务打下坚实的基础。与此同时，为提升国际漫游服务能力，中国联通与其它国家和地区的运营商签署双边漫游协议后，中国联通2G、3G、4G用户出国漫游到该运营商的网络中，可继续使用移动电话进行通信，同样也允许境外用户漫游到中国联通网络进行通信。借助这张遍布全球的庞大网络，联通用户无论漫游到世界任何角落，都可以通过联通的通信网络聆听世界的声音。

【提升服务】2017年，涡阳联通在厅台服务方面，全面提升服务质量，落实整改精神，解决实际问题，强化管理，有效的提升营业员综合服务水平。结合实际情况重新制定服务规范流程，完善考核办法，并对服务人员进行培训。加大检查力度，采用全面检查和定期抽查的方式，有效的提升客户满意度。创新服务机制，提升用户感知。加强对社区经理和装维人员管理，对社区经理职责进行明确分工。针对个人特点，在原来职责基础上增加渠道管理、活动开展、设备维护、客户维系和后台支撑等职责。对装维人员进行上门服务注意事项进行培训，降低由于服务时产生的用户投诉，提高装机效率和质量，增强用户感知度。推进细化服务维系工作，通过全渠道推进合约续约、单卡捆绑、换机、换网等系列工作，初步实现维系工作的提质、提效。在2017年第三方公司的明查暗访中，各营业厅的服务经受住考验，取得良好的成绩。马店自建厅、龙山自建厅被授予“优秀乡镇营业厅”。向阳南路营业厅、建设路营业厅被授予“2017年度优秀城区营业厅”，客户经理维系小组被授予“2017年度优秀维系团队”，员工个人被授予“2017亳州联通维系标兵”。为营造一个透明、放心、和谐的消费环境，在传统业务受理、咨询、投诉等人工热线服务和自助查缴费等电子服务基础上，涡阳联通为VIP客户配备专属服务经理，提供专家式、体验式、辅导式一对一专属服务，为用户提供智能手机辅导，数据应用辅导，让用户会玩、

马店扶贫

爱玩、多玩4G。涡阳联通开展外延性服务渠道建设，除部署自助服务终端外，不断精耕4G网络销售前沿阵地，包括网上营业厅www.10010.com、手机营业厅、短信营业厅、mini营业厅等，推出选靓号、自助缴费、自助查询、业务办理、网上商城等电子服务新举措，不断增强用户使用电子渠道和选购联通通信产品的便利性。

【安全生产】2017年，涡阳联通进一步强化安全管理，加大监督检查力度，增强全员消防意识、交通安全意识、安全生产意识。定期召开安全例会，在重点活动前、重大节假日前都召开安全生产动员会，提高员工的安全生产意识，通过OA等方式时刻提醒员工重视安全生产工作。定期在全公司范围内开展安全大检查，对发现的安全问题，责令整改，并进行复查，确保问题的解决。

【服务大局】2017年，涡阳联通在网络、服务、业务同步领先之时，也致力于回馈用户，关注民生，被授予"2017学习型组织"等称号。除不定期开展客户回馈活动外，涡阳联通积极响应县委、县政府号召，积极参与乡镇和困难家庭结对帮扶、秸秆禁烧、高考志愿服务、文明城市志愿服务、贫困家庭慰问等活动，为涡阳信息化建设和人民生活水平提升贡献力量，涡阳县分公司被授予"2017涡阳县爱心送考助考先进集体"。

（县联通分公司供稿）

城乡建设

城乡规划

【概况】涡阳县规划管理局是县机构编制委员会2011年批复成立的正科级财政全额拨款事业单位，编制14人，领导职数一正两副，内设5个职能股（室）。

【规划编制】2017年，涡阳县规划管理局在总体规划方面，按照省政府统一部署，完成涡阳县空间规划（多规合一）。在专项规划方面，完成县绿地系统专项规划、市政基础设施专项规划、县地下空间利用暨人防规划、县地下综合管线规划4项规划；完成县城市空间特色体系规划、县城乡统筹规划和县域环卫、农村污水处理专项规划。在区域规划方面，完成2017年10个省级镇政府驻地建成区整治规划。在镇村规划方面，完成2017年23个美丽乡村规划（10个省级，13个市县级）、楚店镇总体规划、正在编制涡阳县县域乡村建设规划。调整了西阳、高炉总体规划。

【规划管理】2017年，涡阳县规划管理局核发《建设项目选址意见书》9件，《建设用地规划许可证》42件，办理《建设工程规划许可证》89件。（县规划局供稿）

城市建设

【概况】1977年，涡阳县政府设置城建局，先后更名为基本建设局、城乡建设环境保护局等，2008年，更名为涡阳县住房和城乡建设委员会（简称住建委）。下设8个内设机构，包括：办公室、政策法规股、人事股、计划财务股、城市建设股、建筑建材管理股、村镇建设股和安全生产办公室，行政编制16名。下属二级机构3个，包括：排水公司、建筑公司、建设工程质量监督站，共有干部职工324人。

【机构改革】2017年10月12日，涡阳县政府批复涡阳县市政工程（有限）公司整体资产和人员划转到县建投公司；12月29日，县政府批复涡阳县自来水厂整体资产和人员划转到乐行城市建设集团有限公司。

【城市建设】2017年，涡阳县完成县医院急救中心家属院环境综合整治。完成雷古西路、淮中大道西段污水管网建设。完成黑臭水体PPP项目（含经开区污水处理厂）合同签订，合同价29.49亿元。涡阳县县城道路PPP项目（规划三路、东环南路、乐行大道及存量项目）及污水处理厂PPP项目（再生水厂、污泥处置中心、污水泵站、城东污水处理厂一期、高炉污水处理厂一期改造和总长度约110.34千米）进行前期运作。

【城市供水】2017年，涡阳县改造完成向阳路中段、淮中大道西段、老涡阜路、南关街、郝庄街的市政供水管道；完成老硝厂、化肥厂王滩小区、马家小院北巷、红旗中巷、魏胡同、郝十二巷、水上菜市街及三建公司等支管网改造，共改造支管道约3500米，受益用户约1600户。全年完成供水1283万吨，完成年度计划的107%；完成涡北第三水厂建设。

【减排工程】2017年，涡阳县城东污水处理厂目前处理系统运转正常稳定，出水水质经监测符合国家排放标准，现日处理污水4.6万吨，全年共处理污水1686.49万吨，COD削减量3477吨，NH3-N削减量458吨，污泥产生量7750吨。

【城市防汛】2017年，涡阳县及时处理下水道、雨水井堵塞、塌陷、缺失问题115起，疏通改造下水道354米；在易积水路段增设雨水井20座；修补损坏缺失的雨水井井盖153套；修补损坏的下水道检查井5172座；督促他方管网单位对其线井井盖及时修复48起。完成10处易涝点整治工作。

【危房改造】2017年，安徽省下达涡阳县农村危房改造任务两批共4250户。按照上级工作部署，结合涡阳县脱贫工作任务，要求建档立卡贫困户实施应改尽改。依据各乡镇上报危房改造需求数，共实施危房改造8223户，补助资金全部打卡发放完毕，共拨付1.90亿元。

【建筑市场管理】2017年，涡阳县审批并通过6家建筑业企业资质，其中新批4家(涡阳县亿能电力工程有限公司、涡阳县阳光电力维修工程有限责任公司输变电工程专业承包三级资质，安徽省源能电力工程有限公司电力工程施工总承包三级资质，安徽省政叡建设工程有限责任公司建筑工程施工总承包三级资质)，增项两家(安徽坤祥机电设备有限责任公司增项起重设备安装工程专业承包三级、模板脚手架专业承包不分等级资质，涡阳县市政工程(有限)公司增项建筑工程施工总承包三级、城市及道路照明工程专业承包三级资质)。2017年，共办理施工许可证51项，建筑面积合计374.58万平方米，合同价款共计45.01亿元。开展了4次全面监督检查工作，先后检查工程112项，下发停工整改通知书16份、隐患整改通知单5份，处罚未批先建项目16个，共计罚款130.8万元。共印发不良行为记录19份，对安徽省国元建工集团有限公司、涡阳县宏泰建筑工程有限公司等8家施工单位，涡阳县应急供水工程、涡阳县义门污水处理厂工程、涡阳县中农批道路工程等11个项目的项目经理分别印发不良行为记录，限制在亳参与投标。

【安全生产管理】2017年，涡阳县对36家燃气经营门店进行了全面排查整治，共查处非法倒装液化气事件两起，行政拘留两人，收缴50公斤钢瓶25只、15公斤钢瓶120只，充气枪5把。对境内一家天然气经营企业开展专项安全检查，查出海特燃气公司相关检查记录不规范等问题，及时印发限期整改通知书，并及时跟踪督促整改。开展燃气管网排查普测工作，对覆盖城区30平方公里的100.5公里中压管线、758台调压箱、340座阀井进行普测登记，结合数字城管的建成，使用数字化管理。针对查出城区燃气管网19处阀井部件损坏的问题，印发限期整改通知书，及时跟踪予以整改。大力推进安全生产应急管理机制和应急救援演练，六月份“安全生产月”期间，联合安监局、消防大队联合组织一次应急演练。制定施工扬尘污染防治方案，明确目标，强化责任，开展自查自纠。按照“全覆盖，重实效，零容忍”的原则进行拉网式的监督检查，共检查85家(次)，责令18家扬尘治理未落实的在建项目立即停工整改，约谈企业14家，经济处罚25万元。共计印发隐患整改通知书72份，责令16家单位停工整改，全县通报8家单位并要求该企业负责人接受约谈，立案处罚8家单位，罚款金额合计20万元。

(县住建委)

房地产业

【概况】2017年，涡阳县共有房地产开发企业56家，其中二级资质开发企业1家，三级资质开发企业15家，暂定资质开发企业40家，3.33公顷以上规模的在建和续建项目19个，其中6.67公顷以上规模的在建和续建项目12个。全县实现房地产开发投资56.08亿元，商品房施工面积264.5万平方米，新开工面积90万平方米。批准商品房预售面积114.76万平方米，其中住宅8372套，预售面积98.79万平方米，非住宅2314套，预售面积15.99万平方米。商品房销售1.13万套，销售面积122.37万平方米，其中住宅销售9265套，销售面积105.08万平方米，销售均价4758元/平方米，其中农村人口购房6365套，非住宅销售2083套，销售面积17.3万平方米，销售均价8195元/平方米。二手房成交1040套，成交面积11.87万平方米。截至年底全县商品房库存量43.95万平方米。其中商品住房26.79万平方米、商业用房17.16万平方米。

【住房保障】2017年，涡阳县符合城镇低收入家庭条件领取住房租赁补贴的394户、1117人，共发放住房租赁补贴资金92万余元。涡阳县保障房小区除部分公租房用于过渡安置免收房租之外，共收缴房租700余万元。乐行佳苑三期公租住房2568套，12月底完成配套结束，已于12月30日、31日两天开始分配1200余套；高炉镇312套已分配54套(渔民上岸分配)，青疃镇312套配套已基本结束，丹城镇300套其他配套已结束。牌坊镇324套公租房配套正在施工中，已完成预分配。为确保公租房分配廉洁高效，方便利民，9月份开通网上申请办理。7月份房产局对全县保障性住宅小区，开展保障房分配入住入户核查清理活动，清退30套保障房。全县2017年棚改新开工任务5222套(户)，基本建成任务6392套，8月底涡阳县上报棚改任务全部完成，新开工5263套(户)，完成率100.78%，基本建成任务6392套，完成6394套，完成率100.03%。新开工建设1863套，完成1969套：东方明珠安置小区1800套，实际完成1864套；乐行宾馆安置项目63套，实际开工105套。货币化安置任务3359户，共完成3294户。基本建成6392套，完成6394套，分别是货币化安置3294户、紫光小区基本建成952套、五里湾安置小区2148套。

【房屋征收与补偿安置】2017年，涡阳县房屋征收办制定出台《涡北街道采煤塌陷区杨池和鲁庄两村搬迁方案》《涡阳县人民政府关于征收城关街道旧城改造新城安置小区建设项目范围内国有土地上房屋的决定》公告和方案、《涡阳县城市老城区范围内危房收储实施办法》《涡阳县人民政府关于征收县急救中心南侧国有土地上房屋的决定》公告和方案、涡阳县引江济淮工程高公段房屋搬迁补偿标准，印制《涡阳县征迁安置文件汇编》正在制定《涡阳县曹市辉山红色旅游项目涉及房屋征迁实施方案》《涡阳县义门镇红色旅游项目涉及房屋征迁实施方案》和《涡阳县涡北街道办事处棚户区改造桑瓦房、林场两自然村房屋搬迁补偿安置标准》。

已完成房屋征收23个村庄和城关“顺河路”“急救中心南”“新城小区周边”等征收项目，房屋征迁111.8万平方米，共需安置3521户，1.18万人，应安置房屋面积68万平方米。其中实物安置7549人，安置面积45.2万平方米；货币（购房券）安置4299人，安置面积22.8万平方米。全年发放购房券金额6.88亿元。2016年以来涡阳县共发放购房券金额为22.13亿元（2016年发放15.25亿元;2017年发放6.88亿元），已报批财政局共计79批（次)，购房券已使用金额16.2亿元，待使用报批购房券金额为5.93亿元。

【文明创建】2017年，涡阳县房产局领导班子统一思想，高度重视，把文明创建工作摆在重要位置，以公民思想道德建设为主线，结合青年文明号、文明小区示范点、文明窗口创建活动等载体，同时继续推行政务公开，推出缩短办事时限方案，提高为民办事效率；在办事窗口开展“服务标兵”月评活动，为群众提供优质服务。（县房产局供稿）

城市管理

【概况】涡阳县城市管理行政执法局于2011年9月经省政府法制办批准同意，2012年2月2日正式挂牌成立，是由县政府直接领导、依法独立行使规定职权的行政执法部门，三定方案批准。城管执法局行政编制10名，内设4个股室：办公室、政策法规股、市容管理股、综合股。下设城建监察大队、市容监察大队和环卫处3个二级机构。主要行使市容管理、环卫保洁、城乡规划的一部分职权。其中，县市容大队主要负责城市市容市貌管理，依法履行摊点占道、店外经营、户外广告、“门前三包”等管理职责；县环卫处主要负责城区主干道路保洁、垃圾中转清运、公厕管理、垃圾填埋场运行，以及生活垃圾处理费用收取等工作；城建监察大队主要负责配合各街道做好拆违控违等工作。

【环境卫生管理】2017年，涡阳县城区自2017年3月1日起，全面实施环卫市场化，做到每天三机扫三降尘三冲洗，每天四清扫全天保洁，做到“三个一样”，即“快车道、慢车道、人行道清扫保洁标准一个样”。按照“水冲路面，机械清扫，人工保洁，洒水降尘”四位一体的保洁模式，机械化清扫率达到90%以上，做到保洁作业及时全面、垃圾清运及时到位，有力确保城区环境整洁卫生。完成生活垃圾处理场二期填埋池建设及生活垃圾渗滤液扩容项目建设，并新建一座日处理200吨的渗滤液处理站，已完成主体建设。城区10个垃圾中转站公厕联建项目机械采购已完成招标工作。全年，涡阳县城区人口27.97万人(含暂住人口)，按照亳州市人均垃圾产量标准每人每天0.9千克的标准计算，全年处理量应约为9.19万吨，2017年度实际处理量10万余吨(含周边乡镇生活垃圾约9000吨)，城区进场垃圾无害化处理率达99%以上。按照涡阳县农村垃圾分类处理改革方案的要求，涡阳县有毒有害垃圾分类回收于2017年6月份正式运营。全年共转运有毒有害垃圾305.43吨。

【拆违控违】2017年，涡阳县对城市规划区实行“全天候、全方位”立体巡查。坚持“日巡查、日上报”以及“特事特报”的信息上报制度，确保违法建设“第一时间发现，第一时间拆除”。2017年度共依法拆除突击搭建“简易房”及存量违法建设，合计4900平方米，配合城关、涡北、经开区整庄拆迁38.6万平方米。城区违法建设“零增长”的局面得到了进一步巩固。

对城区范围内所有营运和不符合环保规范要求的渣土运输车、混凝土搅拌车、砂石运输车进行全覆盖排查、全方位整治。从渣土运输公司着手，敦促所有渣土车加装GPS，实行轨迹管理。查处扣押违规渣土车辆 450辆(次)，对12家违规处置渣土的施工工地罚款35万元。协同县公安局交管大队加强动态监管，加大执法力度，有效确保了“三车”管理规范。监督施工企业冲洗平台正常运行，车辆净车上路，从源头上解决了无资质车辆违规运输、车辆污染路面、道路扬尘等问题。

【市容管理】2017年，涡阳县对城区主干道启动市容网格化管理，实现管理无缝对接、主干道全覆盖，重点加强对建设路、向阳路、胜利路、工农路等城区主干道的日常管理，将7条主干道分成39段进行网格化管理，努力实现薄弱环节有人重点监管、薄弱时段有人重点监管，全方位、多角度的保障城市面貌整洁有序。集中力量对一中、二中、四中、七小、急救中心周边摊点群进行规范管理。在整治活动中共清理全城主次干道店外经营3万余处、规范经营摊点8000余次、清理“牛皮癣”小广告2万余处，涂刷覆盖小广告1万余处。对城区油烟污染进行集中整治，取缔露天烧烤100余处，整改饭店、酒店油烟，安装油烟净化设备150余处。拆除楼顶广告2393平方米、墙体广告9600平方米、立柱广告牌20处、高杆广告牌67个、过街龙门架广告牌3处、落地灯箱广告66个、公交车站台68个、路名牌280个、绿化带广告120个、高炮18个。 (县城管执法局供稿)

住房公积金管理

【概况】涡阳县住房公积金管理部是2002年成立的直属于亳州市住房公积金管理中心不以盈利为目的的事业单位，现有在职职工6人。主要职责：负责住房公积金的归集、使用、保值增值等各项工作。

【重点工作】2017年，涡阳县共归集住房公积金4.41亿元，期末全县公积金累计余额14.34亿元。共有728个单位合计3.4万人建立了住房公积金制度，其中非公有单位60个;2017年新增公积金开户单位71个，职工人数合计1812人，住房公积金制度在涡阳县得到了全面有序地推进。全年共提取住房公积金1.09万人(次)，合计金额3.43亿元;发放公积金贷款585户，合计金额1.64亿元;提取和发放贷款合计5.07亿元，占全年归集总额的115%。全年共回收公积金贷款1.2亿元，实现增值收益658万元，为廉租房建设划拨补充资金580万元，为促进涡阳县的住房建设发展奠定了良好的物质基础。 (住房公积金管理办供稿)

重点工程建设管理

【概况】涡阳县重点工程建设管理局成立于2010年9月，是直属于县政府的正科级全额事业单位，现有职工20人，编制15人，局领导一正两副，内设办公室、财务室、工程一室、工程二室、工程三室。重点局主要负责县政府投资的基础设施项目、公益性社会事业项目（不包含行业项目专业设备购置及安装）和县政府指定的其他重点工程项目建设过程的组织、实施、协调、督查、督办等，并参与重点工程项目前期工作，会同行业主管部门或项目使用单位编制初步设计（含概算），并组织相关单位进行施工设计、审核和预算编制等工作。

【重点项目建设】2017 年，涡阳县重点局共承担各类政府投资新建、续建项目 70 个，其中续建项目 20 个，新建项目 50 个，项目投资概算 63.22 亿元。截至年底，完工项目 32 个，累计完成投资 36.58 亿元，其中，全年完成投资 20.45 亿元，较上年同期增长 4.45 亿元；支付工程款约 14 亿元，较上年同期增长 2.8 亿元。城区道路项目建设力度持续加大，全年修建市政道路 12 条，全长 36.4 公里，总投资约 6.4 亿元。园林景观及水环境治理项目加紧实施，公园、水系、景观绿化项目 7 个，水环境治理项目 11 个，总投资约 19.05 亿元。公益事业项目建设全面加快，全年实施公益事业建设项目 40 个，总投资约 37.77 亿元。重点工程的建设有利于改善涡阳的生态环境，提升涡阳的城市形象。

（县重点局供稿）

政府投资项目建设与管理

【概况】2015 成立大建设指挥部办公室，核定事业编制 6 名，领导职数 1 正 1 副。股级内设机构人员 4 名。县大建设指挥部办公室设两个内设机构：综合室、督查室。大建办主要职责：负责编制县大建设项目年度计划；负责县大建设项目总调度工作。协调各镇、街道，经开区，县直相关单位，对大建设项目从规划设计至交付使用等环节，进行全过程协调、交办、督办；负责统计、汇总大建设项目前期工作进展、建设进度、存在问题等信息，建立台账，定期报送县大建设指挥部；负责大建设指挥部日常工作及指挥部交办其他工作。

【项目建设】2017 年，涡阳县大建设政府投资项目共 151 个，总投资 260 亿元。完成投资 100 亿元，较上年增长 112%，开工率 83.4%，较上年提高 15.2%。新建改建城市道路 15 条、30 公里，锦绣大道、消防训练基地、城乡智慧城市等一批项目建成使用，德和公园、德和水系、外环水系等项目主体工程基本完工，农村畅通工程完成 2010 公里，占全年任务的 97.5%，南部新区石弓山路、顺河路、向福路、谷水路等 7 条道路、涡楚河等 11 条水系治理开工建设。

（大建办供稿）

美丽乡村建设

【概况】2017 年，涡阳县美丽乡村建设按照省、市部署要求，紧扣“生态宜居村庄美、兴业富民生活美、文明和谐乡风美”总体目标，狠抓规划引领，完善监管机制，紧盯项目实施，严肃工作纪律，美丽乡村建设工作发生了从散到聚、从多到精的根本性转变，实现了“靓点突出有特色、环境美化有成效、后势发展根基强”的良好局面。

【制度建设】2017 年，涡阳县制定出台《涡阳县美丽乡村建设督查考核工作方案》《涡阳县美丽乡村建设专项资金报账管理暂行办法》《涡阳县美丽集镇、美丽乡村规划建设管理若干规定》等制度，建立“一周一督查、两周一调度、一月一排名”的督查考核制度，定期召开美丽乡村“一办六组”工作会议，优化完善了美丽乡村建设工作机制。并对美丽乡村建设工作中履职不力的单位进行了责任追究，对石弓镇、高公镇的项目中标施工企业给予行政处罚，并纳入企业不良行为记录；对 3 家中标公司的项目经理进行了处罚，对 5 家中标企业罚款累计达 189.6 万元，形成了制度管理的震慑效应。

【项目建设】2017 年，涡阳县全面完成 2016 度 10 个镇政府驻地建成区整治、17 个市县级中心村建设，9 月份已经省美丽办验收；完成了 2017 年度的 10 个镇政府驻地建成区、8 个省级中心村和 15 个市县级中心村工程总量的 70%。同时，为提前做好项目筹备，正在实施2018年度16个省级中心村、16个市县自主建设中心村的建设规划编制并已对基建项目进行了初步摸排。PPP项目进展顺利，县财政局牵头实施美丽乡村建设PPP项目完成了项目评审、资产评估、招投标方案及合同编制等前期准备工作，县委、县政府多次召开会议听取汇报，研究解决存在问题，预计2018年初进入招投标程序。

【全域旅游工作】2017年，涡阳县全域旅游有序实施，结合美丽镇村建设，依托历史人文等旅游资源，着眼于“乡村振兴、涡阳增色”，规划实施义门、新兴、老城区保护、湿地公园、辉山中心村等5个“美丽涡阳全域旅游”项目。截至年底，曹市镇辉山村小学、幼儿园包装改造已完工，村标景观提升、烈士陵园景观提升、道路及县道016步行街区、博物馆塘坝景观等工程已经基本完成。新兴镇的拂晓南街、雪枫沟景观提升、大型停车场正在加快建设。义门镇真源南路示范段建筑改造、孙君院子改造工程，主要入口和核心区域部分工程有序推进；道源湿地公园的环湖路“135工程”已经开工。老城区保护正在进行方案优化设计。

【美丽乡村建设点】2017年，涡阳县美丽集镇建成

西阳镇美丽集镇立面整治情况

区整治点10个，分别是高炉镇、西阳镇、曹市镇、青疃镇、石弓镇、陈大镇、花沟镇、临湖镇、高公镇、公吉寺镇； 市县级自主建设中心村17个，分别是公吉寺镇龚老家、曹市镇小石、陈大镇杨楼、青疃镇西刘、高炉镇赵沃、临湖镇宗路口、花沟镇杨元、西阳镇太平、龙山镇梁庄、楚店镇路王、新兴镇曹庙、马店集镇大罗、店集镇镇东、标里镇唐大、涡南镇王塘、牌坊镇石庄、高炉镇美乐。

（县美丽办供稿）

农业综合开发工作

【概况】2017年，涡阳县全面推进国家农业综合开发2016年高标准农田建设项目、国家农业综合开发2016年第二批高标准农田建设项目、亚行贷款农业综合开发项目和产业化经营项目建设，努力改善农业基础设施，打造农业优势特色，提高农业效益，加强项目扶贫攻坚，为涡阳县经济社会发展、农业增产、农民增收作出积极贡献。

【高标准农田建设项目】2017年，涡阳县高标准农田建设项目区涉及涡阳县标里镇的标北、标里、柏华、肖庙行政村和临湖镇的三堂行政村。治理耕地面积1313.33公顷，总投资2555.0万元。主要建设任务有：新修混凝土道路17.46公里；新打机井295眼、机井配套295台套、半固定式喷灌10处1000亩、排水沟清淤104条，长41.22公里，土方41.05万方；新建桥梁182座；防护林1.23万株。该项目于2017年12月8日开工建设，目前已完成总工程量的35%。（财政局农发办供稿）

环境保护

环境保护

【概况】2017 年，涡阳县环保局位于县紫光大道西侧，现有干部职工 65 人，全部取得大专以上学历，其中获得中高级职称的 18 人。内设办公室、污染控制股、项目管理股、自然保护股、大气污染防治办公室、机动车尾气管理股，下设环境监测站、环境监察局两个二级机构和工业园区环保分局一个派出机构。

【问题整改工作】2017 年，中央环保督察反馈涡阳县在环境保护方面存在的问题有 20 个，“清理执行阻碍环境执法监管的土政策”“加油站油气回收治理”“饮用水源安全保障不到位”“生活垃圾无害化处理能力不足(城乡环卫一体化)”“群众身边环境问题解决不够有力”“可吸入颗粒物超标”“煤矸石制砖企业污染物直排”“思想认识不到位”“重点工作部署不到位”“工作导向有偏差”等 10 项工作已完成上报销号，“畜禽养殖污染整治不力”涉及的 2 项问题已完成组织材料，还有 8 项工作要求 2018-2020 年完成。

【环境监测工作】2017 年，涡阳县按照年初全市监测要点，完成全县 16 个地表水断面监测和年度地表水环境质量监测，监测结果由市站统一向社会公布。1 座省控空气自动监测自动站按要求上划实现全省联网；购置新型水质监测设备后，积极强化监测人员岗位练兵，水质监测能力从 6 项提高至 23 项，并于 8 月份完成了对县自来水厂一次水质监测 23 项分析。

【环保行政许可审批工作】2017 年，按照弱化审批、强化事中事后监管要求，国家将于年底取消竣工环保验收行政许可，对此，涡阳县及时组织开展集中学习培训，及时调整行政审批购置思路和做法，不断强化建设项目环境监管，同时，严格项目环评审批，全年共审批建设项目 46 个，否决不符合环保要求项目 13 个，全县排查出的 43 个违法建设项目全部按要求整改完毕。

【大气污染防治工作】2017 年，涡阳县大气污染防治工作共细化分解 8 类 69 个重点项目，分别是工业燃煤锅炉淘汰项目 7 个、重点行业清洁生产技术改造项目 1 个、工业烟粉尘治理项目 3 个、生活燃煤锅炉整治项目 8 个、砼搅拌站综合整治项目 7 个、码头堆场整治项目 2 个、餐饮业油烟治理项目 20 个、建筑施工扬尘整治项目 21 个。以上工作已于 11 月底提前 1 个月全部完成。涡阳县空气质量监测站从 3 月初与省市联网，根据监测情况，3-11 月，涡阳县 PM10 均值为 69 微克 / 每立方米，优于省市考核目标 73 微克 / 立方米。

【水污染防治工作】2017 年，亳州市政府下达涡阳

涡阳县环境监测站地表水监测结果统计表（2017 年度）

表

单位 :mg/L

采样日期	监测日期	监测地点	监测点位（断面）	分析结果　单位：mg/L（PH 除外）				
				CODcr	NH3-N	PH	DO	CODmn
2017/1/13	2017/1/13	涡河	涡河义门段	18.4	0.355	7.84	7.45	3.52
2017/1/13	2017/1/13	涡河	岳坊大桥断面	17.6	0.317	8.14	7.93	3.22
2017/6/6	2017/6/6	涡河	涡河义门段	16	1.11	7.89	3.97	4.62
2017/6/6	2017/6/6	涡河	岳坊大桥断面	16	0.759	8	5.35	3.76
2017/9/5	2017/9/5	涡河	义门断面	17	0.789	7.93	2.69	4.58
2017/9/5	2017/9/5	涡河	岳坊大桥断面	15	0.501	8.02	3.97	4.52
2017/12/6	2017/12/6	涡河	义门断面	19	1.419	8.14	8.48	5.38
2017/12/6	2017/12/6	涡河	岳坊大桥断面	14	0.647	8.18	8.29	3.81

县水污染防治23项工作任务，经细化分解为开工建设高公镇污水处理厂、10个问题村环境综合整治、分级监管饮用水源、公开“红牌”“黄牌”企业、启动备用水源建设、排查取缔“十小”企业等27项工作，已按照序时进度全部完成。

【土壤污染防治工作】2017年，涡阳县土壤污染防治主要是开展前期各项准备工作，县政府已出台《涡阳县土壤污染防治工作方案》，成立了土壤污染防治工作领导小组，完成了省市安排的污染地块信息系统点位标定工作。《编制印发了涡阳县土壤污染治理与修复规划》。

【污染减排工作】2017年，涡阳县工业污染减排项目有：双轮酒业锅炉脱硫脱硝项目已通过环保验收，35家砖瓦窑厂已将拆除34家，剩余1家作为县级文物保护对象。污水处理厂建设项目有：义门污水处理厂土建验收完成，机电设备安装完成100%，外管网建设完成80%，已具备进水条件；城东污水处理厂二期工程已进水调试，涡北污水处理厂提量工程正在推进。21家规模化养殖场减排项目：治污设施已建成投入使用。

【环境执法监管】2017年，亳州市“环保风暴”共交办涡阳县62件(次)投诉，目前已办结62件(次)，办结率100%；全县“环保风暴”共受理投诉423件(次)，目前已办结418件(次)，办结率99%以上；省长留言、市长热线、书记信箱等渠道转办环境信访投诉156件(次)，办结149件(次)；网上信访、政风行风热线等渠道转办环境信访投诉7件，办结7件；其他部门转办环境信访投诉8件(次)，办结8件(次)。使用新环保法配套办法(查封扣押、停产整治、移送公安、按日连续处罚)查办案件56件(2016年为3件)。其中，查封扣押案例51件，责令停产整治5件。共实施行政处罚20件，罚款112万元。

【危险废物与辐射环境管理】2017年，涡阳县完成年度辐射安全年度评估，并组织全县医疗机构赴合肥参加了辐射安全培训；全县在用8枚放射源和36家核技术利用单位，辐射防护安全规范。全县危废产生企业生产、运输、储存等各个环节管理规范。

（县环保局供稿）

国内贸易

商业管理

【概况】2008年6月，按照县政府机构改革方案，县政府将原县商务局、县外经局撤并，重新成立新的商务局。并将县经济贸易委员会的贸易职能，县发改委的农产品进出口权的审批职能划转给新的商务局。新商务局成为主管全县国内外贸易、国际经济合作的县政府组成部门。至2017年底，商务局现有行政编制13人，事业编制8人，内设办公室、内贸发展股、经济合作股、市场监察股（商务执法室）。

【三大指标完成情况】2017年，涡阳县社会消费品零售总额平稳增长，全年完成社会消费品零售总额126.07亿元，同比增长12%，完成亳州市下达同比增长12%的任务，在全市总量第二，增速第二；外贸进出口保持增长，2017年全年进出口总额完成1.16亿美元，增长0.54%，在全市总量第二，其中：进口总量第二，增速第二；利用外商投资有所回升。全年利用外商直接投资完成1.67亿美元，同比增长8%，

【市场运行调节】2017年，涡阳县实现社会消费品零售总额126.07亿元，生活必需品市场运行总体平稳，供应充足。完善市场运行监测网络体系，做好生活必需品、重点流通、重要生产资料、百县农村市场监测系统的旬报、月报、季报、年报工作，加强对生活必需品供应与价格监测，督促样本企业按规定按时限及时报送相关报表，认真撰写、发布监测信息。

【商贸服务管理】2017年，涡阳县在稳定限上企业消费品零售额指标上，采取措施加大新增限额以上商贸企业纳新工作。认真抓好限上企业培育工作，积极引导，抓好特色企业，努力培育龙头企业。县政府下达新增30家限上企业任务，落实培育60家达标企业。认真做好限上企业入统工作，整合资源，发挥各方力量收集资料，对收集资料质量进行仔细查看，对存在资料缺少、质量不高等问题及时提出，争取补充完善，对达到限上企业入统销售额、营业额要求，对发展潜力大的企业积极组织申报限上企业年度统计。强化企业指导，确保数据准确。通过加强统计业务知识培训、统计工作检查等措施，指导企业做好社零总数据的统计上报工作，做到不漏报、不瞒报。加大对限上企业统计奖补力度，每月发给限额以上企业统计员补助200元，调动企业上报积极性。

【电子商务工作】2017年，涡阳县重点抓“两中心一站点”建设。即：涡阳县电子商务公共服务中心在中农批市场内，面积约6600平方米，已进入运营阶段，承接农特展品展示中心、电商运营中心、电子商务培训中心三大功能，9月底已见成效。首批进入企业主要以地方特色农产品的生产型企业为主，已把徽酒集团的白酒、源和堂中药饮片制品、义门的苔干系列产品、张福顺的义门熏牛肉产品、朗硕食品的“小情调”休闲食品、黑小麦保健食品、黑娃炒货等名优产品作为展览展示产品，现已进入企业43家，重点提升入园企业线上销售额。涡阳县农村电子商务物流配送中心。在建设规模上。充分利用中农批9000多平方米作为县级物流配送中心，建立健全农村物流服务网络和设施的共享机制，物流配送功能齐全，9月底交付使用。在整合资源上，由县邮政公司作为主体，实行线上接单、货物储备、物流配送一条龙服务。积极引导县内物流、快递企业建立物流快递服务中心，选择深圳捷风、顺丰物流、东方物流、申通、圆通等物流、快递公司联合在西阳镇、高炉镇、临湖镇等建立20个物流快递综合服务中心，实现了资源共享。加快村级电子商务服务网点建设，按照省电子商务进农村全覆盖的要求，根据涡阳县实际情况，采取“两大兵团”作战，一是邮乐购建立起空白村的电子商务服务站点；二是淘实惠全力建立贫困村电子商务服务站点。全县383个行政村（含社区）实现了全覆盖，服务站点达到“五有”：即有专项经营场所、有电子商务屏、有规范的电商服务项目、有店面标识（门头）、有经营记录。全县已布点566个，其中：邮乐购465个，淘实惠101个，其中：贫困村78个全覆盖，8月底通过了市第三方督

查。另外，采取集中培训与分散培训相结合，理论培训与实际操作相结合，“走出去”与请进来相结合，多形式、多渠道、全方位的开展电子商务培训，完成电商实操培训 1956 人，完成率 195.6%。

【成品油市场管理】2017 年，涡阳县开展安全生产月活动，制定涡阳县商务系统 2017 年“安全生产月”活动方案，开展安全生产宣讲和安全生产应急救援演练活动，开展企业安全风险公告、隐患排查治理和生产安全事故警示教育活动。开展依法整治非法经营成品油行为专项行动，对无证无照、证照不符或超范围经营成品油的 6 种违法行为予以打击；取缔非法加油站点 167 个，加油车 3 个，拘留非法加油点人员 1 人。开展安全生产“百日除患铸安”大检查活动，对 70 家加油站(点)进行逐个排查，对危化品证件过期、禁烟标识不明显、灭火器配置少、油气回收装置不标准等加油站(点)下限期整改通知书 15 件。对 17 家大型超市进行安全隐患检查，对值班房值班人员不在岗、检查记录不全、安全通道不通畅、防火隔离门下堆放物品等存在的问题，进行限期整改到位。对全县 146 家限上企业安全生产进行摸排，灭火器有失效的、消防安全标识不明显、人员没有按期培训、消防措施不全等 18 家商贸企业要求立即整改。

【对外贸易】2017 年，涡阳县经过认真摸排，对照标准，已把安徽三鑫光电、爱家食品、锦生福记食品、福顺食品、长圣服饰等 10 家具有进出口潜力的企业纳入 2017 年孵化企业，全年新增 6 家外贸进出口实绩企业得到落实。加大培训力度，先后邀请阜阳市海关、亳州市进出口检验检疫办事处领导和业务骨干来涡阳县讲解有关政策和业务知识，全县的 22 家外贸企业专业人员参加培训。

【现代服务业】2017 年，涡阳县重点项目推进较快，城东中农批农产品电商物流园市场区总规划建设面积 16 万平方米，总投资 3 亿元。一期工程 8.2 万平方米 24 栋楼投资 1.5 亿元，完成工程进度 40%，工程建设已成雏形。市场经营规模扩大，重点推进美的汽摩大市场、尚居都家居市场、国强钢构大市场、金博商城四大专业市场规模经营，采取措施，促进小汽车、电动车、三轮车进入美的汽摩大市场，现已 100 余家知名商家入驻，活跃市场，销售额大幅度增长。促进商超企业规模经营，重点培育好又多、苏果超市、新华电等大型商超上规模，年底销售额达到亿元以上。

（县商务局供稿）

粮食贸易

【概况】2017 年，涡阳县粮食系统累计收购粮食 74 万吨，其中小麦 60 万吨。收购粮食政策性 20 万吨。年末库存粮食 42 万吨。其中小麦 41 万吨。政策性粮食库存 33 万吨。

【仓储建设】2017 年，涡阳县粮食系统新建高大平房仓 10 万吨，有效的缓解了涡阳县的仓容压力。

【主要工作】2017 年，涡阳县在全粮食系统开展了“查问题、治隐患、守底线、保平安、促党建”活动及“大排查、快整治、严执法”集中行动。并取得明显成效。进行了“智慧皖粮”建设、“放心粮油”工程，使粮食工作在管理和服务上都上了一个台阶。

（粮食局供稿）

供销合作

【概况】2017 年，涡阳县机构编制委员会批准设立涡阳县供销社理事会、监事会机构，理事会设主任 1 名、副主任 2 名；监事会设主任 1 名、副主任 1 名。核定县供销社机关编制 15 人。

【综合改革】2017 年，中共涡阳县委、涡阳县人民政府出台《关于深化供销合作社综合改革的实施意见》，明确到 2020 年，把县供销合作系统打造成为与农民联结更紧密，为农服务功能更完备，市场化运行更高效的合作经济组织体系，实现“农村经营服务网点、农业生产经营过程服务、农民生活服务功能”全覆盖，使供销社成为服务农民生产生活的生力军和综合平台，成为党和政府密切联系农民群众的桥梁纽带。《深化供销合作社综合改革的实施意见》的出台，为供销社的发展提供了坚强的政策支持。2017年，县供销社新建股份制基层社4家。

【脱贫攻坚】2017年，涡阳县供销社帮扶贫困村是涡阳县丹城镇常庄行政村，根据县委县政府统一安排，供销社积极组织单位人员深入帮扶村开展调研，详细了解贫困户家庭情况，定期走访慰问贫困户，帮助村里制定各项帮扶措施和发展脱贫计划，与村两委一道想法设法落实各项帮扶措施。通过努力，该村达到整村脱贫条件。

【项目建设】2017年，涡阳县供销社成功申报全国总社农业综合开发土地托管项目一个，争取上级财政支持420万元，新建为农服务中心一个。

（县供销社供稿）

烟草专卖

【概况】涡阳县局现有在职员工324人，下设综合办公室、专卖监督管理办公室、营销管理办公室、监察法规办公室、3个基层专卖管理所、1个稽查队，1个卷烟配送中转站。目前在网零售户3956户，商户率2.5‰。

【市场营销】2017年，涡阳县局(营销部)累计销售卷烟2.64万箱，同比增加703.7箱，增幅2.7%。上缴税收3913.5万元。

【市场稽查】2017年，涡阳县共查处涉烟案件727起，同比增加469起，增幅181.8%。其中假冒案件532起，无证经营案件111起，非法流入案件62起，走私案件22起;共查处各类非法卷烟8189条，同比增加2210.5条，增幅37%。其中假冒伪劣卷烟4402.5条，无证经营卷烟3260.2条，非法流入卷烟381.3条，走私卷烟145条;案值达195.72余万元，罚款9.12万元。破获国标网络案件2起、省标案件1起，其中两起被省厅督办，刑事拘留11人、逮捕6人、判刑9人。

【网络案件侦办】2017年，涡阳县“6·10”非法经营案件为国标案件，被安徽省公安厅、安徽省烟草专卖局卷烟联合打假领导小组列为联合督办，涉案案值147.69万元。4人被判有期徒刑，处罚金27.6万元，没收违法所得0.4万元。“2·09”非法经营案件为国标案件，共到案嫌疑人员7名，扣押运输假烟车辆一台，查获各类假冒卷烟500条，涉案案值108万元。3人被判有期徒刑，处罚金65万元。“10·26”销售假冒注册商标商品案为省标案件，10月24日涡阳县烟草专卖局接举报在公安部门人员的配合下先后查获579.4条卷烟，经安徽省烟草质量检测站鉴定，查获的卷烟均为假冒注册商标且伪劣卷烟，涉案金额27.32万元。目前刑事拘留1人，刑事逮捕1人，上网追逃一人，该案正在进一步侦办当中。

【零售许可管理】2017年，涡阳县局按地方党委政府要求开通了网上办理零售许可证业务，公布了办事流程图，印制各项宣传手册和办证指南手册，简化办证程序，全面提高了办事效率。全年共受理新办申请363份，其中不予行政许可129份，准予行政许可234份，停业34份，歇业73份，补办4份，延续1124份，均在法定期限内办结。

（县烟草专卖局供稿）

食盐专营

【概况】亳州市涡阳盐业有限公司(局)坐落于城关街道新城社区交通路34号，位于县城东靠近火车站，占地面积近1公顷，仓库45间，办公室12间，营业室门市部14间，1975年3月建成使用至今。亳州市涡阳盐业有限公司(局)是一个机构、两个牌子，是一个专门从事各类盐批发零售的国有企业。1950年春，成立盐业推销组(即盐业公司前身)，1955年成立涡阳县盐业公司，1992年经县人民政府同意成立涡阳县盐务管理局。截止2017年底，共有职工139人，其中上岗27人，内退和待岗28人，退休84人。公司内设盐政科、财务科、业务科和办公室4个职能部门，设立4个销售片区，负责全县销售。

【经营业绩】2017年元月，涡阳县盐改以来，公司销售下滑，全年共购进各类盐产品3336 吨，销售3136吨，全年营业收入 784万元，全年亏损92.6万元。全年共查处涉盐违法案件228起，其中外省违规盐产品178起，没收违规盐产品40余吨、非法盐产品18吨，罚没款2.85万元，净化了食盐市场，食盐安全得到保障。

【盐业体制改革】2017年，涡阳县按照《国务院关于印发盐业体制改革方案的通知》，自1月1日起，盐业体制改革正式实施。强化食盐专业化监管，完善食盐专营制度。取消食盐产销区域限制，改革食盐定价机制和工业盐管理，鼓励企业自主经营、产销一体。7至9月，根据安徽省盐业总公司《关于明确三项制度改革工作座谈会与会代表所提相关问题的通知》和《关于进一步明确职工与企业解除劳动关系自谋职业相关政策的通知》文件，按省公司文件批复两次共与39名职工解除劳动关系。共发放一次性经济补偿金340.55万元，独生子女补助费7.8万元，并为这39名同志办理了与公司解除劳动合同协议和解除劳动关系证明等手续。（盐务局供稿）

成品油经营

【概况】中石化销售有限公司安徽亳州涡阳石油分公司成立于1979年，现有在职职工88人，下辖大型规模加油站12座，主要分布在省道202、307线及主要乡镇，主要经营汽油、柴油、润滑油。

【成品油销售】2017年，涡阳县成品油品销售量为 3.2万吨，实现销售收入2.51亿元，上缴税收375万元。涡阳石油公司承担着涡阳区域工农业生产和交通运输业用油的主要任务。

【安全工作】2017年，中石化涡阳分公司本着牢固树立“安全重于泰山”“管生产必须管安全”“安全第一、预防为主”“隐患就是事故”的理念，层层落实安全责任制。坚持每周巡站检查安全，发现安全隐患及时上报整改，并适时对员工进行安全教育。每月对加油站实施“应急预案演练”，确保了公司安全无事故。（县石油公司供稿）

财政税务

财　政

【概况】涡阳县财政局主要职责是主管全县财政收支、财税政策及国有资产宏观调控等。现有干部职工共280人。内设股室16个：办公室、预算股（债务管理办公室）、国库股、公共支出股、经济建设股、企业股、农业股、社会保障股、政府采购办公室、会计股、人事教育股、国有资产管理办公室、财政信息中心、民生工程工作办公室、农村综合改革领导小组办公室、扶贫办公室；局属二级机构8个：国库支付中心、农村财政管理局、非税收入征收管理局、财政监督检查局、国有资产开发公司、会计服务中心、住房资金管理中心、农业综合开发办公室；下辖财政所24个。

2017年，县财政局各项财政指标稳定向好，财政收入突破20亿元大关。

【深化财税体制改革】2017年，涡阳县实行全口径预算管理，探索建立科学规范、公开透明的预算制度，积极开展预算公开评审和预算、决算及“三公”经费信息公开工作。优化整合财政资金，积极盘活财政存量，压缩一般性支出，加大重点支出保障力度，做到一般性支出和“三公经费”只降不增，扶贫民生领域投入只增不降。建立财政支出进度通报机制，深化国库集中支付制度改革，开展绩效评价，强化国有资产管理，落实公务卡制度，进一步提升财政管理标准化。加强非税收入管理，注重从票据源头控制，积极开展收支两条线检查。大力推进政府购买服务工作，完善政府购买服务体系。

【科学组织财政收支】2017年，涡阳县一般公共预算收入完成20.88亿元，同比增长15.7%，一般公共预算支出完成64.16亿元；政府性基金收入完成39.6亿元，其中土地出让金收入完成38.7亿元，政府性基金支出完成44.48亿元。

【强化国库管理】2017年，涡阳县严格执行预算，加强资金调度，确保基本支出预算按序时进度及时拨付，项目支出预算按各项专项投资计划和财政性投资项目建设计划以及项目进度及时拨付，及时落实到位各项工业扶持政策资金。加强支出进度分析，完善考核通报制度，实行月度支出进度分析，及时反映预算执行动态，完善县本级预算支出执行分析制度，落实财政部门内部支出股室预算支出执行分析工作职责。建立健全加强预算支出执行管理的长效机制，增强部门预算单位加强预算执行的责任意识，强化财政资金使用的追踪问效，提高财政资金的效益性和安全性。加强预算支出执行动态监控，全面跟踪财政资金支付流程，加强核查并通报违规情况，严防各种违规操作和年终“突击花钱”的行为，确保财政资金安全。编制政府综合财务报告，2016年度权责发生制政府综合财务报告试点编制范围覆盖到全县所有预算单位（含乡镇），县财政局汇总后编制2016年度全县政府综合财务报告，充分利用报表数据及附注信息，结合国民经济运行情况，全面梳理政府资产、负债事项，深入分析政府财务和运营状况，为领导宏观决策提供信息支持。

【国库集中支付电子化改革】2017年3月27日，涡阳县全部实现预算单位、代理银行、人民银行国库支付电子化上线运行。围绕国库支付电子化目标，以问题引导财政改革，完成了31项流程再造，先后出台了电子印章管理等9个文件，规范流程明确职责。建立了以专项资金为核心的财政资金监管系统，完善财政管理制度。

【行政财务管理】2017年，涡阳县财政局严肃财经纪律，努力提高经费使用效益，提高工作规范化水平。全年公共安全工作经费支出2.05亿元，教育工作经费支出10.9亿元，科技工作经费支出7126万元，文化工作经费支出3883万元。

【经济建设管理】2017年，涡阳县财政局按照《关于进一步规范财政专项资金支付管理的通知》的要求，发挥财政资金引导作用，对专项资金、专户资金及预算追加资金进行流程再造，充分发挥财政监督检查的职能，对各类专项资金开展不定期检查，提高资金运转效率，加快支出进度，充分发挥资金效益。积极筹措资金，大力推进2017年大建设项目建设。全年全县共计划实施建设项目111个，总投资187亿元。

【农业财政管理】2017年，涡阳县政策性农业保险工作按照规范操作的要求，创新工作机制，规范业务操作，扎实稳步推进。全年午季小麦完成承保面积11.95万公顷，秋季种植业承保面积12.67万公顷，其中：玉米3.8万公顷、大豆8.87万公顷。年度养殖业保险承保能繁母猪3.3万头全部完成。全县参保率达到90%以上。全年共理赔2497.04万元，其中小麦理赔8073.33公顷，理赔1205.03万元，大豆理赔8266.67公顷，理赔731.03万元，玉米4066.67公顷，理赔498.48万元，能繁母猪625头，理赔62.5万元。

【农村与乡镇财政管理】2017年，涡阳县共打卡发放惠农资金16项7.7亿元，受益农户达115.5万人(户)。将安徽惠农补贴发放信息查询平台系统与县财政局网站链接，方便群众查询，提升公开公示效果。建立健全乡镇财政资金监管机制建设，着力加强镇村基本支出、扶贫资金、补贴资金和项目资金监管，确保党和政府的惠农政策贯彻落实到位。进一步规范乡镇和村级财政财务管理工作，全县农村财政职能建设、制度建设、作风建设、能力建设等方面得到进一步加强，管理和服务水平获得进一步提升。

【农村综合管理】2017年，涡阳县投入5437.38万元实施一事一议财政奖补项目254个，147万群众受益。全年共审批项目253项，其中道路216项、下水道6项、路灯27项、植树造林1项、小型农田水利1项、文化广场2项。审批资金6640.34万元，其中：村民筹资1135.18万元、村民捐资67.78万元、财政奖补5437.38万元。

【社会保障财政管理】2017年，涡阳县累计实现社保基金收入19.81亿元，较上年15.89亿元增收3.92亿元，增幅为25%；累计支出17.58亿元，较上年14.96亿元增支2.62亿元，增幅为18%。就业资金收入2501万元，城乡最低生活保障资金收入8090万元，城乡医疗救助资金收入3015万元，供养五保人员8290人，全年拨付生活补助资金4179万元；供养孤儿770人，全年拨付生活费871万元；同时对生活无着落人员救助支出121万元。拨付基本公卫资金5126万元、重大公卫资金724万元、基层医改补助资金520万元、县级公立医院零差率补助资金592万元，使涡阳县城乡居民基本公共卫生服务和基本医疗服务需求得以保障。

【非税收入征管】2017年，涡阳县坚持以票管收，做到源头控收。进一步规范非税收入票据的保管、发放、购领、使用、核销等日常管理，严把票据使用核销关，坚持“分次限量、核旧领新、票款同步”的原则，特别对往来票据进行严格审核，做到以旧换新，及时纠正票据使用中的违规行为。开展财政票据年度检查工作，强化票据监督职能。抓好非税收入征收管理信息化平台建设，推进“非税收入征收管理系统软件”升级，使用电子化缴库，推行非税POS 机的推广使用。

【政府采购】2017年，涡阳县共完成招标采购类项目679个，预算金额31.23亿元，中标金额27.46亿元，节资金额37664.26万元，节资率12.06%。其中建设工程项目262个，预算金额13.02亿元，中标金额10.73亿元，节资金额2.29亿元，节资率17.58%；政府采购项目417个，预算金额18.20亿元，中标金额16.73亿元，节资金额1.48亿元，节资率8.11%。

【政府债务管理】2017年，涡阳县分二批承贷省发行置换债券2.69亿元，其中：定向发行债券1.12亿元，公开发行债券1.57亿元(一般债券0万元、专项债券1.57亿元)。按照文件规定，置换债券资金用于审计甄别确定的截至2014年12月31日地方政府负有偿还责任的当年到期、逾期债务本金。经县人民政府批准，截至2017年底已支付债券置换资金26867万元。新增债券情况。2017年涡阳县承贷省公开发行新增政府债务109896万元，其中新增一般债务17566万元、专项债务92332万元。政府债务限额情况。经省政府批准，省财政厅核定，县人大常委会同意，涡阳县2017

年政府债务限额717842万元,其中一般债务限额414847万元、专项债务限额302997万元。截至2017年末,涡阳县政府债务余额601461万元,未超过政府债务限额,涡阳县政府债务风险总体可控。政府性债务余额情况。2017年末,涡阳县地方政府性债务余额602803万元,其中:政府债券499881万元(一般债券334042万元、专项债券165839万元)、政府存量债务余额101580万元(一般债务35582万元、专项债务65998万元)、或有债务余额1342万元。债务风险控制情况。2017年涡阳县综合财力1046982万元,按照政府性债务考核办法计算,2017年涡阳县债务率57.47%,新增债务率6.34%,逾期债务率0。计算结果均未超出考核指标范围。

【财政监督检查】2017年,县财政局紧紧围绕财政监督检查工作重点,从健全制度、促进管理入手,切实加强财政监督工作,充分发挥财政监督职能,以维护财经秩序、规范财政管理、保障资金安全为目标,全年共开展财经纪律检查、政府采购检查、公务接待费专项检查、小金库及会计基础工作检查和财政扶贫资金检查等检查5次,上下联动检查2次,对财政所巡查12次,下发财政检查交办书50余份,下发次财政处罚决定书30余份,没收违规资金60万余元,纠正违规资金近300万元。完善了财政资金监管系统,对财政资金实行动态监管,实现实时动态监管、预警短信提醒、实时办公查询、报表数据统计四大功能。

【"小金库"专项整治检查工作】制定下发《关于全面构建"小金库"防治长效机制实施细则》,实行"小金库"治理承诺制度,与各乡镇及单位签订财经纪律执行目标责任书,进一步完善了"小金库"治理长效机制。7月下旬,成立8个检查组,对29家非税收入单位和25个乡镇(含经开区)进行小金库及会计基础工作检查。

【会计管理】加强对会计从业人员的管理,聘请省内知名专家对县直单位会计和全体财政干部400多名同志集中开展继续教育培训;加强会计代理记账机构管理,现已有12家机构取得了会计代理记账资格,促进了全县的会计代理记账规范化管理。

(财政局供稿)

财政扶贫

【概况】2017年,涡阳县财政局主动协调相关扶贫部门,积极筹措资金,为精准扶贫提供了强力的资金保障。同时,着力规范财政专项扶贫资金分配,强化资金的使用与管理,提高资金使用效益,有效保证了财政专项扶贫资金的安全性、规范性和有效性。

【组织保障】涡阳县财政局成立以局长为组长的财政扶贫工作领导小组,同时成立专门的财政扶贫办公室,独立办公,单独保障经费,从局内部和乡镇财政所选配三名业务精、责任心强的同志,充实人员力量。做到专人专岗,专职负责扶贫资金的预算编制、统计、分析和监督检查以及涉农资金的统筹整合等工作。

【县级专项扶贫资金预算】经人大批准2017年度预算中地方财政收入为120755万元,2016年决算中地方财政收入为119176万元,增量为1579万元。2017年涡阳县年初预算安排2500万元用于光伏扶贫项目,年中追加预算40.5万元用于技能脱贫项目,两项合计预算安排数为2540.5万元,较2016年预算安排2200万元增列340.5万元,占当年地方财政收入增量的21.6%,高于规定比例(20%)1.6个百分点。

【财政存量资金管理】按照省政府要求,县级财政存量资金可统筹部分50%以上用于脱贫攻坚。2017年,县收回财政存量资金中可统筹部分为1860万元,其中1350万元安排用于贫困户基础设施危房改造项目,占可统筹部分的73%,高于规定比例23个百分点。

【财政扶贫资金使用】财政专项扶贫资金。2017年全县安排使用各类财政扶贫专项资金28330.75

万元，较去年7822万元增加20508.75元，其中：中央资金4295万元、省级资金8190.7万元、市级13304.55万元、县级2540.5万元。主要为光伏扶贫8860万元、产业发展资金6623.3万元、农村道路畅通工程3857.9万元、村级临时救助经费1372万元、危房改造1286.4万元、健康脱贫1098.5万元、农村低保调标2340.65万元、五保供养提标769.5万元、扶贫小额信贷资金901万元、发展村集体经济资金390万元、教育扶贫资金224.5万元、技能脱贫资金94.5万元等。统筹整合涉农资金。纳入整合的资金规模为48344.15万元，计划整合48344.15万元，已整合48344.15万元，计划整合资金占资金规模的比例为100%，已整合资金占计划整合资金的比例为100%。

【财政扶贫资金管理】规范资金分配管理。上级各项财政专项扶贫资金到达县级后，依据县扶贫开发领导小组下达的资金分配计划，县财政局及时分部门下达预算指标，明确提出资金用途和使用要求。强化资金计划管理。按照《涡阳县财政扶贫资金管理办法》，在资金指标下达后，各主管部门一个月内制度项目实施方案和资金分配方案，报县分管领导签批后，报送县扶贫开发领导小组审定，有效确保了扶贫资金的精准使用，与脱贫成效相挂钩。严格执行国库集中支付。所有补贴类财政扶贫资金均通过打卡发放，工程类财政扶贫资金通过财政一体化平台，资金直达施工企业。加强资金支出调度。建立了扶贫资金支出调度制度、通报制度、警示制度，采取“周调度、月通报、不定期警示”的做法，进一步压实了业务主管部门的支出主体责任，推动了项目实施进度，加快了财政扶贫资金支出进度。强化扶贫资金监管。截止12月份，财政部门开展了四次财政扶贫资金监督检查，通过监督检查有效促进财政扶贫资金的规范使用。

（财政局供稿）

国家税收

【概述】涡阳县国税局现有干部职工162人，县局机关设有11个内设机构、1个直属机构、1个事业单位，下辖闸北、高炉、青町、楚店和义门五个分局。

【税收征管】国税局通过加大对组织收入工作的研究推进力度，深入剖析收入增减变动情况，积极查找存在的问题和征管潜力，制定完善挖潜增收、堵漏增收措施，确保收入目标高质量实现；强化对组织收入全过程的分析监控，密切掌握收入目标的完成情况，有效把握组织收入工作进度；及时发现实际征管中税收流失或虚收风险，积极采取有力措施对症下药，切实提高税收收入质量。全年，该局组织收入11.7亿元，同比增长50%，增收3.9亿元。

【依法征税】2017年国税局享受小微企业免征增值税优惠政策的小规模纳税人共计8236户，减免增值税额1383.17万元；办理资源综合利用退税600.27万元。全面落实出口退(免)税企业管理类别评定的管理和服务要求，评定一类出口企业1户，二类出口企业11户，三类出口企业19户，四类出口企业1户。按照《安徽省国家税务局进出口税收管理处关于积极推进出口退(免)税无纸化管理试点工作的通知》对符合条件的出口退税企业进行了无纸化管理备案，更加简化的企业申报出口退税所需的资料，加快了出口退税办理进度，在规定时限内完成审批，共计办理退税3373万元。通过加强出口函调管理和出口退税企业的日常管理，结合出口退税风险管理工作，加大发函核实力度，对新办出口企业的全部进项发函，发现异常业务1户，已经移交稽查。2017年度共回复核实函15件，没有逾期复函发生。

【服务工作】围绕涉税事项优化政策环境，积极落实各项税收优惠政策和便民措施，深化行政服务流程再造，加大公开办税力度，丰富公开内容，减少环节、提高效率，确保纳税人办理各种涉税事项的合法利益全面得以实现。围绕审批事项优化审批环境，严格执行行政审批事项《限时办结制》、《首问负责制》，畅通“绿色审批通道”，对涉及两个以上部门共同办理的事项，实行“一家受理、牵头办理、并联审批、限时办结”。围绕服务事项优化服务环境,把优质高效的服务贯穿于为企业办理涉税事宜始终,努力实现服务受理“零推诿”,服务方式“零接触”,服务时限“零懈怠”,以服务促和谐,以服务树形象,实现征纳双赢。

【信息化建设】国税局利用办税服务厅、纳税服务QQ群、12366短信平台、服务需求大走访等渠道进行了广泛宣传,重点宣传了网上办税平台的登陆方式、软硬件配置、操作实务、功能介绍等。对内,重点培训办税服务窗口操作人员,确保每一位前台人员熟悉平台的各项功能和业务流程等,能够做到熟练运用和准确解答。对外,依托实体和网络纳税人学堂等途径对纳税人开展办税流程操作培训,引导纳税人使用网上办税平台,逐步扩大网上办税覆盖面。收集、整理、分析、上报纳税人在使用网上办税平台过程中出现的问题及建议,及时加以解决,确保纳税人会用、爱用网上办税平台,拓展办税时间和空间。

【队伍建设】国税局党组一手抓外塑形象,一手抓内强素质,对内强化绩效管理,狠抓队伍管理。多层次开展谈心活动,真正了解制约涡阳国税发展的症结所在,集体研究,因症施策,化解困扰涡阳县多年的协税员上访、历史欠账等问题,其他历史遗留问题也正在逐一解决。始终把文明创建摆在重要的工作位置,开展了道德讲堂活动,唱道德歌曲、讲身边故事、诵道德经典、学文明礼仪;开展优质服务活动,加强职业精神、职业道德建设,开展“做人民满意公务员”活动,在办税服务大厅开展“诚信服务、礼貌待人”活动;大力开展志愿服务活动,建立学雷锋志愿服务队,组织扶危济困、助人为乐等活动;搞好我们的节日文化活动,组织参与祭祀先烈等传统节日民俗活动;积极参与帮扶共建的活动等。2017年国税局荣获第十一届安徽省文明单位荣誉称号,一人次获得省局表彰,两名同志被亳州市局评选为“最美亳州国税人”,三名同志被推荐为亳州市税务系统“杰出女税官”,两名同志获得全市岗位标兵。(县国税局供稿)

地方税收

【概况】2017年,涡阳县地税局在县委县政府的坚强领导下,深入践行“两学一做”,认真学习宣传贯彻十九大精神,以习近平新时代中国特色社会主义思想为指导,以绩效管理为抓手,紧紧围绕中心工作,认真贯彻总局、省市地税系统工作会议精神,圆满完成各项工作任务。

【地方税收】2017年共组织入库地方税费收入123990万元,同比增收10409万元,增长9.2%。其中,入库地方税费72208万元,同比减收2493万元,下降3.3%。(税收收入66022万元,减收3752万元,下降5.3%;总量全省排名34位,增速全省排名22位。剔除“营改增”因素,实际增长27.8%;专项收入6186万元,增收1259万元,增长25.6%);基金收入51782万元,同比增收12902万元,增长33.2%。财政口径税收入库69009万元,完成年度税收计划102.1%。

【荣誉榜】地税局被亳州市委评为“全市先进基层党组织”,先后荣获“第十一届安徽省文明单位”、“安徽省卫生先进单位”等称号,征管分局党支部和城关分局党支部荣获“全省地税系统示范党支部”称号。(县地税局供稿)

金融　担保　保险

金融管理

【概况】根据《关于涡阳县农村改革试验区办公室更名为县金融工作办公室的通知》(涡编[2010]27号)设立涡阳县金融工作办公室，隶属县委管理的有4名编制的正科级单位，其中主任1名，副主任1名，工作人员2名。截至2017年底，实有人员3名，其中主任1名，副主任1名，工作人员1名。主要职能：贯彻执行国家金融工作的方针、政策和相关法律、法规；研究本县金融发展相关问题，及时向县委、县政府提供决策参考；建立全县金融工作沟通协调机制，搭建政银企沟通合作平台；组织协调金融机构加强资金要素保障，支持实体经济发展；指导协调上市工作及直接融资工作；推进地方金融生态环境建设，防范和化解金融风险等。

【信贷投放】2017年，涡阳县全金融机构各项存款余额361亿元，比年初增加56亿元，年增长率18.48%；各项贷款余额165亿元，比年初增加43亿元，年增长率34.88%。存贷比45.78%，比2016年同期提高近6个百分点；新增存贷比75.9%，比2016年同期提高近26个百分点，金融服务经济实力增强。

【金融服务体系建设】2017年，积极引进国元证券在涡阳县设立紫光大道证券营业部，并于10月10日开业。积极引进阜阳市颍淮农商行在涡阳县设立分支机构，2017年已完成网点选址、备案登记和筹建事宜，目前正在进行网点装修，计划2018年上半年开业。已有银行业金融机构11家，小额贷款公司2家，融资性担保公司1家，证券机构2家，保险分支机构15家，金融主体形式多样、功能互补，基本形成了结构完整的现代金融组织体系，县域金融业步入较为成熟发展阶段。

【金融创新业务】"税融通"业务全年发放2.29亿元，服务51家企业；"4321"政银担业务全年新增7.21亿元，12月末在保业务140笔，在保余额6.86亿元；"532"小额贷款保证保险业务年末存量业务50笔，余额0.23亿元；续贷过桥资金年周转13.3次，共扶持小微企业332户，累计发生额6.77亿元；通过"我要贷款"平台累放贷款17.02亿元，有力地支持实体经济的发展。

【企业直接融资和挂牌工作】2017年，新三板挂牌企业源和堂药业通过股票融资到位资金2.6亿元，徽酒集团通过定向增发到位资金0.81亿元，全县股票融资额占全市的57%；乐行建投公司发行了7亿元企业债；2家企业在安徽省股权托管交易中心现代中医药及健康产业亳州专板挂牌，6家企业在安徽省股权托管交易中心专精特性板挂牌。

【改革工作】涡阳县于2015年12月27日获国务院批准为首批全国农村承包土地经营权抵押贷款试点县，金融办扎实开展农村承包土地的经营权抵押贷款试点工资，截至12月底，涡阳农商行已发放土地经营权抵押贷款7512笔，金额3.4亿元。安徽省"两权"抵押贷款试点工作指导小组办公室发布的试点工作中期评估相关情况的通报中，涡阳县以88.84分位于全省10个"两权"抵押试点县(区)的第一名。

【金融扶贫小额信贷工作】县农商行共发放扶贫小额贷款5475笔，金额27302.4万元。其中：扶贫贴息自主经营贷款20笔金额74.4万元，产业带动扶贫小额贷款68笔金额326万元，光伏扶贫小额贷款5387笔金额26902万元。提前超额完成了省人行合肥中支、省金融办、省扶贫办联合下发涡阳县18830万元全年小额扶贫信贷任务，完成占比高达144.99%。

【金融市场管理】对各类名称含有"交易中心、交易市场、交易有限责任公司"字样的交易场所进行排查；按照《安徽省P2P网络借贷风险专项整治清理整顿现场检查工作指引》，对全县2家网贷风险清理整顿对象进行了现场检查；对兴阳融资担保公司经营情况进行年度检查；对县内2家小贷公司经营情况进行年度检查；按照《亳州市开展涉嫌非法集资风险专项排查活动实施方案》，组织县处非成员单位对各自审批和监管的企业进行非法集资风险排查，共排查了涉及电子商务、民办教育培训机构、养老机构、房产中介、典当行、小贷公司、担保公司等企业88家。通过五次排查，全面、准确地掌握行业发展情况和存在的风险隐患，为下一步做好行业监管和发展工作奠定坚实基础。

（县金融办供稿）

人民银行

【概况】中国人民银行涡阳县支行机构内设“两部一室”即：金融管理部、金融服务部、纪检监察办公室。2017年末，正式在编员工18人，劳务派遣人员3人，离退休职工12人。

【货币政策执行情况】继续贯彻落实稳健中性的货币政策，不断改善对实体经济的金融支持。信贷总量实现合理适度增长，2017年12月末，涡阳县贷款余额165.03亿元，全年新增贷款42.68亿元，年增长率为34.88%。支农支小效果明显，不断加大“窗口指导”力度，引导金融机构加大对“三农”、城镇化建设、小微企业和新型农村经济体等薄弱环节的金融支持。截至12月底，全县涉农贷款余额113.65亿元，占全辖贷款规模的68.87%。地方法人信贷调控取得实效，按照宏观审慎评估的政策要求，合理调控法人金融机构信贷规模，将信贷投向更多更好地向实体经济投放，以促进当地经济发展。截止2017年12月末，涡阳县法人金融机构贷款余额74.6亿元，比年初增加12.93亿元，其中涉农贷款比年初增加10.67亿元。

【金融扶贫】支行党组高度重视金融扶贫工作，充分发挥央行政策工具的撬动作用，积极向上级行申请扶贫再贷款额度。截至12月末，涡阳县扶贫再贷款余额1亿元，自2016年以来累计发放扶贫再贷款2亿元，有效支持辖内建档立卡贫困户创业和企业带动建档立卡贫困户就业等，5806户建档立卡贫困户受益。继续落实主办行制度，金融机构切实担负起金融扶贫的责任。2017年涡阳县共发放金融精准扶贫贷款29.23亿元，比年初增加18.43亿元。推进扶贫小额信贷工作健康可持续发展，认真贯彻落实省、市、县扶贫小额信贷推进会精神，引导金融机构切实加大扶贫小额信贷工作力度，充分发挥扶贫小额信贷的政策优势，真正让贫困户获得实惠。截至12月末，涡阳县扶贫小额信贷余额2.75亿元，比年初新增2.70亿元，超额完成了人行合肥中支、省金融办、省扶贫办联合下发给涡阳县1.88亿扶贫小额信贷任务。

【“两权”抵押贷款试点工作】在涡阳县委县政府的大力支持下，涡阳县支行积极推动试点工作，指导辖内金额机构，完善相关制度，创新金融产品，切实提高试点参与水平，在已经实现业务突破的基础上，进一步完善流程和服务，扩大覆盖范围。2017年涡阳县5家试点银行农地经营权抵押贷款余额3.41亿元，惠及农户6207户，贷款余额比年初增加1.86亿元。

【金融监管与风险防控】加强日常金融机构的管理与监测，切实履行“两管理两综合”职能，做好新设银行业金融机构开业管理工作，严格按照制度规定要求，指导金融机构新设网点加入金融综合管理与服务体系，认真做好邮储银行新设网点开业管理，认真开展现场核查。不断完善综合评价制度，认真开展对辖内金融机构综合评价。结合辖区实际，认真开展对辖内9家银行业金融机构2017年综合评价工作，评选出A档机构2家，评价结果得到金融机构认可。严格执行重大事项报告制度，强化金融机构重大事项报告管理工作，建立完善重大事项报告台账，及时上报各类重大事项和重要信息，对辖内重大金融风险事件和隐患做到“早发现、早提示、早报告和早处置”，并有针对性地开展重大事项报告现场核查工作。截止到12月末，共收到金融机构重大事项报告18项，分别内容主要涉及金融机构网点设立、网点迁址、机构调整、高管变更等内容。严格开展执法检查工作，一年来，开展存款存款准备金现场执法检查2次，针对检查出的问题进行了严格规范的行政处罚，进一步加强了辖内法人金融机构存款准备金的管理,提高了法人金融机构存款准备金管理水平。

【服务发展】持续优化征信服务,在个人征信与企业征信查询量逐步扩大的情况下,认真做好个人征信和企业征信业务的查询工作。截止12月底,共提供个人征信查询25531人次,企业信用报告查询412笔,上缴征信查询费用18830元。大力推进惠农金融服务室建设工作,按照《中国人民银行合肥中心支行办公室关于惠农金融服务室建设村级全覆盖工作的实施意见》要求,以“统筹规划、因地制宜、协调推进、风险可控”为原则,扎实推进惠农金融服务室村级全覆盖建设工作,实现了村级惠农金融服务室全覆盖。国库会计基础核算水平不断提高,优化核算流程,严格审核和柜面监督,提高基础核算工作水平,使国库会计基础核算工作水平得到明显提高。2016年,共办理3726户银行结算账户行政许可。通过纸质或横向联网办理各类缴款书139683笔,办理预算支出1108378.59万元,办理各级预算收入退付388笔,金额16448.89万元,保证了国库资金的安全和各项业务的顺利开展。(县人行供稿)

工商银行

【概况】2017年,涡阳工行全体在职员工55人,支行内设综合部、市场部、客户直营团队三个部室,辖属营业网点3个,即支行营业部、向阳支行、东关支行;设立6个离行式自助网点,分别是站前路自助银行、地税局自助银行,老县医院自助银行,胜利西路自助银行、涡河东路自助银行、涡北自助银行。

【主要业绩】至2017年末,支行各项存款达成24.42亿元,较年初增长2.96亿元,各项贷款达成6.95亿元,实现拨备前利润4137万元。

【内部管理】支行始终坚持以党建为纲,从严治党、从严治行,党建工作、文明服务和制度建设逐步加强。支行被授予市行级、省行级和总行级先进基层党组织,涡阳支行营业部荣获“亳州市银行业文明服务窗口”先进单位光荣称号,支行被团市委命名为青年文明号等多项殊荣。

【服务发展】中国工商银行股份有限公司涡阳支行是工商银行在涡阳县分支机构,秉承“工于至诚、行以致远”经营理念,依托物理网点、自助银行、智能银行、电子银行、互联网金融等服务渠道,为全县居民及广大客户提供综合金融服务。

(县工行供稿)

农业银行

【概况】中国农业银行涡阳县支行成立于1980年,组建以来,历经了三十七年的艰辛创业之路。现有员工132人,内设机构为4个部(室),所辖10个营业网点,遍布涡阳县城区及主要乡镇。

【业务经营】截止2017年12月底,各项存款达成49.8亿元。其中对公存款余额5.34亿元,较年初净增1.15亿元,个人储蓄达成42亿元,较年初增长3.93亿元。各项贷款余额13.73亿元,较年初上升3.85亿元。其中公司类贷款4.64亿元,较年初上升1.93亿元;个人类贷款8.28亿元,较年初上升1.91亿元。银行卡及电子银行业务方面,惠农卡存量77663张,新增惠农卡13695张,激活率100%;惠农通星级服务点17个,开办农银e管家28户,POS机有效128户,信用卡新增有效户4829户;贵宾客户交叉销售达到3.06%;掌上银行有效新增客户9807户;新增对公结算有效账户120户;国际业务结算量110万元。开办现金分期、家装分期、汽车消费分期付款工作,目前介入的汽车销售公司有5家,分别为涡阳县宝盛、骏龙、五菱等3家汽车销售公司,2017年新增国瑞、铭源二家汽车销售公司,各类专项分期业务也取得不错的成绩。

【改革创新】坚持以市场为导向、以客户为中心、以效益为目标的管理体制逐步完善,在人事制度上实行干部聘任制和公开选拔制，活跃全行人力资源，并通过撤并机构和人员分流，使网点布局更趋合理，打造一批优质、高效的精品网点，员工逐步向年轻化、技术化方向迈进。支行在强化以人为本的经营管理的同时，不断创新工作机制，强化效益和风险管理，坚持一手抓业务拓展，一手抓基础管理，以改革创新总揽全局，各项业务经营取得了突破性进展。

【管理与服务】充分认识挑战背后的机遇，把开展优质服务工作作为推动全行各项业务发展的基础，制定并落实相应的激励约束机制。广泛接受社会监督，认真妥善处理客户投诉，切实提高客户的满意度，实现“优化环境、优化秩序、优化服务”的工作目标。紧紧抓住历史性机遇，有的放矢地拓展市场，进一步激发社会经济发展的潜力，为实现支行可持续发展提供极好的机遇和舞台。强化服务和产品创新，面对竞争，以人无我有、人有我先的理念指导和推进全行的服务和产品创新，真正建立以客户价值为核心的经营管理机制，贴近客户、贴近市场、贴近经营，切实提高核心竞争力和同业竞争力。（县农行供稿）

农发行

【概况】中国农业发展银行涡阳县支行成立于1996年12月，是涡阳县境内唯一一家农业政策性银行，坐落于涡阳县淮中大道南时代广场5号商办楼。机构设置为办公室、信贷业务部和会计结算部，在职员工24人。自成立以来，农发行坚决执行政府意志、服务“三农”需求、遵循银行规律。在我国经济增长由高速转向中高速的新常态下，积极落实稳增长、调结构、惠民生的政策，注重发挥政策性银行逆周期调节作用，在保护农民利益、改善农村生产生活条件以及引导资金回流农村等方面做出了积极贡献。

【经营状况】2017年底，支行各项贷款余额30.99亿元，全年累计投放各类贷款17.51亿元。年末各项存款余额22.68亿元。

【经营管理】配合宏观调控政策实施，有的放矢支持粮油收购，及时认定收购资格，对辖内可参与2017年收购的库点的仓库进行全面核查，严格做到空仓验库，从源头控制“转圈粮”；在预案启动前，涡阳县支行把工作做实、做细，全力促成预案顺利启动，积极与中储粮涡阳直属库和县粮食局对小麦最低收购价委托收储库点进行三方确认，做好随时启动小麦最低收购价预案的资金准备工作；为防止收购过程中出现意外，结合夏粮收购企业保险需求，涡阳县支行提前与粮食部门和收购库点座谈，认真做好保险宣传解释工作，取得参与收购的企业和库点的理解和认同，在收购开始后全部办理了现金保险和人身意外险，确保收购过称中收购人员多了一份保障，有效控制了收购风险。

【支持三农发展】加大农业开发和农村基础设施建设推进力度，2017年随着国家宏观政策的调整，农发行及时调整思路，连续出台了新型城镇化、改善农村人居环境、棚户区改造等一系列贷款品种，与现行三农发展紧密结合，通过与政府和城投公司对接，支行积极谋划并上报一批项目，涉及贷款金额20亿元。

【队伍建设】鼓励青年员工加强技能培训，强化学习，积极参加各类上岗资格考试、定期专业考核、业务竞赛。有效促进我行员工工作水平、我行经营和效益水平的提高，降低各类业务风险，打造一支高素质、业务强的专业人员队伍，为支行的持续、健康发展服务。（农发行供稿）

建设银行

【概况】中国建设银行股份有限公司涡阳支行是建设银行在涡阳县分支机构，坐落于涡阳县胜利东路1号。机构设置办公室、客户部、营业部和向阳路支行；县域物理网点5个，分别是：支行营业部、向阳路支行、团结路自助银行、华星自助银行、阜阳商厦自助银行，在职员工39人。支行营业部、向阳路支行划分为现金区、非现金区、自助服务区、理财室、电子银行演示操作区等，配有自动存、取款机、补登折自助终端，智慧柜员机。

【经营情况】涡阳建行具有功能齐全的营业网点和多元化、多渠道的金融产品及服务体系，在清算网络，房地产金融，银行卡，个人消费贷款，个人电子汇款，个人理财，网上银行，手机银行等产品和服务方面，形成了新的特色和优势。

涡阳支行实现一年“三跨越”。县支行年度综合考评从2016年度的全省第28名跃升至全省第15名，位次提升13位；在全省县域134个网点中，营业部排名20位，提升9位；向阳路排名44位，提升11位；在3季度综合考评中，曾经位列第9名；各项业务指标排名系统内前列。市场竞争力有了大幅提升，存贷款新增均实现进位，存贷款新增均为市场第二，对公存款新增第一。市场规模取得重大突破，存款余额与同业差距在逐步缩小，贷款余额连续超过工行、中行，位居四行第二；余额存贷比和新增存贷比均居四行第一。在县政府岗位责任目标考核中，暂居四行第二。

【存款业务】截至2017年末，一般性存款余额达到20.51亿元，市场占比17%，其中对公存款余额9.82亿元，暂居同业第二，占比32.67%，个人存款余额10.69亿元，居第四位；占比12.30%。

【贷款业务】截至2017年末，各类贷款余额9.8亿元，剔除资产证券化因素，实际余额10.24亿元，居于四行第二；占比25.06%。人行口径余额存贷比为47.77%，新增存贷比为123.6%，均为四大国有商业银行最高。存款增幅18.10%，贷款增幅65.7%，均为同业最高。有力地支持了地方经济发展，得到涡阳县政府充分肯定。

【办公楼改造】涡阳建行对办公楼装修改造，面貌焕然一新，提升建行的整体形象。

【服务地方发展】2017年1月6日，亳州市分行与涡阳县政府签订政银合作框架协议。涡阳建行紧盯政策导向、抢抓发展机遇，落实储备项目投放。2017年1月19日、2月9日分别向安徽乐行城市建设集团有限公司发放新城安置小区剩余固定资产贷款1000万元与进出口加工基地标准化厂房项目全额贷款9500万元，大中型客户信贷业务实现新突破。

积极配合完成鸿路钢构子公司涡阳县鸿纬翔宇新型建材科技有限公司光机电产业园区标准化厂房1亿元项目贷款（内部银团建行占比45%）；积极跟进政府PPP项目，积极参与到涡阳县黑臭水系治理PPP项目，目前涡阳支行正积极接洽涡阳县推进的其他PPP项目。目前入驻涡阳的房地产开发企业均在涡阳建行开展办理了住房贷款业务，例如碧桂园、绿城、名邦、邦泰、鸿路等房企。

（县建行供稿）

中国银行

【概况】涡阳中行成立于1988年，现有员工51人，内设综合管理部、业务发展部、营业部，下辖团结路支行和向阳中路支行。截止到2017年12月31日，实现利润收入3715万元，税收431万元。

【主要业务】负债业务稳步增长。截至2017年12月末，中国银行人民币各项存款余额283703.21万元，较年初新增8993.77万元，其中储蓄存款余额162958.84万元，较年初新增5586.19万元，对公存款余额120744.37万元，较年初新增8993.77万元。资产业务发展平稳。截至2017年12月末，中国银行人民币各项贷款余额94891.32万元，较年初新增18659.73万元。其中公司贷款新增3785万元，零售贷款新增14874.73万元。

【加强管理】强化意识，压实责任，严格落实“一岗双责”，明确党支部负主体责任，主要负责同志履行党风廉政建设第一责任人职责，其他人员各司其职、各负其责，并签订党风廉政建设责任书，自觉履行党内监督和被监督责任。把管事与管人、

党员活动日

抓业务工作与抓党风廉政建设有机结合起来，重点加强操作风险管理检查，以保证制度执行的严肃性。通过加强对网点管理、国内结算、贷后管理、安全保卫等的日常辅导检查，提高了管理质量和管理水平。加强基层机构管理，继续切实加强对基层网点的日常管理和指导，促进基层机构规范经营。通过辅导、监督、检查和整改，增强全行员工执行制度的自觉性，促进中国银行业务操作、账务处理和内部管理向规范化、制度化方向发展。加强信贷管理，单位始终把风险管理贯穿经营工作的全过程，密切关注一些因素给贷款风险管理工作带来的挑战，及时采取针对性的措施，完善监控体系，及早做好风险应对。同时密切监控关注类零售贷款余额的变动情况，深入研究利率上调、物价上涨、房价波动对零售贷款资产质量的影响，并采取措施进行了化解。

【服务能力建设】2017 年，中国银行加大文明优质服务工作力度，每月进行文明优质服务大检查，切实加强客户投诉处理和管理工作，实现和谐客户关系。积极推进网点转型工作，2017 年以来，网点转型工作取得实质性进展，全行网点全部配置了自助设备，大大改善服务环境。

【单位大事记】2017 年 2 月开展《中国银行安徽省分行创建“平安中行”》、《落实开展消防责任年》动员会，并成立了以行长为组长的领导小组。3 月省分行副行长刘清一行到涡阳支行进行调研。5 月组织开展金融知识服务月活动。6 月组织开展《营业场所突发事件处置预案》、《银行卡风险管理应急预案》演练，并组织开展了为期三个月的一线员工技能训练。7 月由市分行组织中层以上及员工代表到阜阳监狱参加警示教育。7 月吴强任涡阳支行副行长。10 月组织员工参加省分行达标技能竞赛。

（中行供稿）

农村商业银行

【概况】涡阳农商银行全 49 个营业机构，10 个离行式自助银行，163 个助农取款点，547 名在岗员工，为全县 25 个乡镇 160 万人提供金融服务，是一个综合实力较强的惠民金融机构。

【经营业绩】2017 年，资产总额 127.77 亿元，较年初增加 19.56 亿元；各项存款 107.59 亿元，较年初净增 10.92 亿元，位居县域金融机构第 1 位；各项贷款 71.66 亿元，各项贷款较年初净增 12.06 亿元，位居县域金融机构第 1 位。全年缴纳各项税款 6716.03 万元，完成县政府下达任务的 111.21%，较去年同期增加 1397.44 万元，增长 26.27%。

【创新产品】两权抵押贷款试点成效显著，保持全省第一。“金农信 e 付”业务推广在全省取得佳绩，其应用改变了客户的支付习惯，市场占有率不断攀升。“金农易贷”项目全面推广应用，获得广大客户青睐。围绕客户需求，推出“金农信 e 家”等平台，对接精准营销，提升电子化营销水平和贷款服务效率。

【农村金融服务】2017 年，计划新增网点 4 家。截止 2017 年底，已在义门周桥、青町周墓、楚店王桥、曹市太清、高公天庙新增了 5 家自助银行，完成计划任务的 125%，打通普惠金融最后一公里。

【“金土地”贷款】涡阳农商银行按照“突破常规、创新思维、稳妥开展、积极作为”的思路，积极利用改革试点的机会探索金融支农的新模式。深入基层支行和田间地头，了解分析“金土地”贷款业务发展的难点和客户需求，探索抵押担保组合贷款模式，提出“金土地+”的思路，有效盘活农村土地资源。截至12月底已累计发放“金土地”贷款7512笔，金额33983.13万元。在全省成为领头雁，受到各级政府、省联社的肯定和表扬，主流媒体密集进行采访，跟踪报道，成为2017年工作的一道靓丽的风景。

【脱贫攻坚】开展“进村入户”金融扶贫活动，全员放弃节假日休息时间，走村串户，宣传动员，调查摸排，加班加点开展精准扶贫工作，全行上下齐心协力，克服重重困难，为“扶贫攻坚”这一共同目标而奋力拼搏。行工会组织开展“帮扶贫困户 爱心捐捐款、捐衣物、捐家具等”活动，全辖职工踊跃投身社会公益事业。涡阳农商银行2014年结对帮扶新兴镇大潘村以来，取得良好成效。2014年初大潘村建档立卡贫困户总计94户、398人，当年脱贫20户83人，2015、2016年分别脱贫4户25人、8户38人，目前大潘村贫困户68户271人(含新识别贫困户6户19人)。鼓励全行党员干部积极带头投身扶贫事业，全行上下积极响应，用爱心诠释“扶贫济困”真谛。实行“一月一走访，两月一慰问”活动，帮扶慰问活动20余次，发放慰问物资10万余元(全行员工爱心捐款)，惠及所有建档立卡未脱贫困户。总行列出村级帮扶资金10万元，用于帮助大潘村发展村级基础设施建设，帮助特困户脱贫。争取“以工代赈”项目资金60万元，用于修建刁庄、刘庄、张庄三个自然村1.2公里的水泥路。帮助融资建设村级光伏扶贫发电站一座180KW，发电收益可帮扶60户贫困户，每年每户可获取稳定光伏收益3000元。积极协助落实产业扶贫，融资帮助建设标准化养殖场2座，每年可为村集体增加收益16万元。

【“532”项目信贷品种】推出“532”项目信贷品种，支持实体经济发展。“532”信贷品种即由县农委筛选辖内经营状况良好、社会信用良好、具有正常还款能力的小微企业、农民合作社、家庭农场或农村种养殖大户等经济主体后，将其推荐给农商银行、国元农业保险公司，三方通过实地调查，对符合贷款及保险条件的经营主体，由国元农业保险给予保证保险，由农商银行发放信贷资金给予金融支持的信贷品种。2017年共发放专项支持新型农业经济主体的“532”贷款168笔，金额5.36亿元，缓解了地方农业经济体资金压力。

（县农商行供稿）

徽商银行

【概况】徽商银行涡阳支行成立于2012年，现有员工18人。2017年涡阳支行在总分行正确领导下，在地方政府和监管部门大力支持下，立足“服务政府 服务企业 服务市民”的市场定位，紧紧围绕“稳增长 促转型 推改革”这根主线和全年经营目标，在全体员工的共同努力下，全面完成了年度经营指标。

【经营情况】2017年年末，徽商银行涡阳支行各项存款余额15.78亿元，较年初增加7.98亿元，增幅102.31%，各项贷款总额10.12亿元，较年初增加5.57亿元，增幅122.42%。存贷比64.12%，较年初下降107.4个百分点。

【内控管理】银行在发展业务的同时，对风险管控及内控管理高度重视，牢固树立风险防范及合规经营理念。多次开展信贷风险排查，及时发现和消除信贷风险隐患，夯实信贷资产质量；组织开展合规风险排查，进一步强化了合规业务管理，提升支行风险防范的水平和能力；加强员工行为管理，从源头上降低风险发生可能，通过定期对全体员工开展异常行为排查，将风险隐患消灭在萌芽状态；严格执行重要岗位轮岗和强制休假制度，将轮岗及强制休假工作形成制度化、常态化；加强操作风险管理，加强对各业务操作流程检查，特别是运营业务风险检查，同时强化员工技能培训，提升了员工业务技能水平，规范了操作流程提高了防控意识。

【机构建设】继续大力推进机构网点建设，2017年银行胜利路离行式自助银行已经相关部门批准，相关事宜正在积极推进中，将于2018年1月开业，会有效扩大、延伸该行的服务区域和范围。

【企业文化】徽商银行涡阳支行作为进驻涡阳的第一家区域性股份制商业银行，一直秉承诚信为核心的徽商精神，坚持以人为本、总行“建设一家好银行”的发展道路不动摇，立足于“创一流品质，建百年徽银”的愿景，遵循“与市场同行，与客户共赢”的经营理念，把“成就客户梦想，创造股东价值，促进员工发展，承担公民责任”作为光荣的历史使命，积极服务市民生活、服务城市企业、服务市政建设，竭诚为社会各界和广大客户提供亲和、高效、专业的服务。

（县徽商银行供稿）

邮政储蓄银行

【概况】2008年邮政储蓄银行涡阳县支行成立以来，积极落实党中央、国务院关于服务三农的总体要求，高举普惠金融大旗，立足地方经济社会发展实际，充分发挥和运用邮政金融独特的网络优势、品牌优势、信誉优势、服务优势，依托遍布城乡32个网点（5个自营网点+27个代理网点）和快速扩张的ATM自助终端体系，持续推进涉农金融业务快速发展。

【业务发展】2017年，贷款结余9.64亿元，各项贷款净增2.85亿元，完成年计划的98.27%；其中小额贷款净增2028万元，完成年计划的81.12%；非购房消费贷款净增5530万元，完成年计划的110.6%；住房按揭贷款净增18070万元，完成年计划的120.47%；个商贷款净增4140万元，完成年计划的118.29%。不良贷款结余132.79万，总体不良贷款率0.14%，低于全省平均水平，较2016年上升0.01%。

【改革创新】涡阳县支行深入开展市场调研，积极与涡阳县农经局沟通，了解土地经营权抵押贷款相关政策，寻求土地经营权抵押业务与我行业务制度的结合点。针对涡阳县小微企业融资难题的情况，邮政银行积极开展银企对接活动，每季、每月都制定了客户走访活动，主动送贷进厂、送贷进企，同时结合总行开展的“银帮企”活动，依托全国性商业银行全程全网的优势，积极开展帮客户营销活动，在客户有需要时，将客户的产品信息通过行内信息交换平台向全国各兄弟行进行发布，帮助该客户寻找合适的产品销路。与此同时，邮政银行还紧紧跟随当前国家“精准扶贫”的步伐，积极与人社局、财政局联系，主动承担再就业贷款义务，利用邮储银行点多面广的优势，全力服务再就业人员的创业、兴业。

【党建工作】涡阳县支行扎实开展“两学一做”学习教育活动，支部书记主动承担起做好单位干部职工的思想政治工作的责任，将“两学一做”的主体责任细化、实化、具体化。涡阳县支行针对青年党员群体采用党建微信号、QQ讨论组等现代化信息手段，实行“智能式”的教育，把党章党规、系列讲话发送至信息终端，让党的新政策、新理论、新思想能够以更快的速度、更广的覆盖面在全体党员内迅速普及。学习教育突出问题导向，狠抓整改落实。“两学一做”，基础在学，关键在做。坚持问题为导向，带着问题学，针对问题改，在解决问题中深化学习，检验实效。日常教育工作中以组织生活为基本形式，以落实党员日常教育管理制度为基本依托，把党的思想政治建设抓在日常、严在经常，将“两学一做”制度化，融入全面从严治党的战略部署。

【内控管理】2017年，邮储银行涡阳县支行坚持“强内控、促合规、防风险、提能力、保发展”的定位，坚持风险防范优先、注重经济效益和持续协调发展的原则，按照安徽省分行有关合规风险管理文件精神和部署，狠抓各项措施的制定和落实，努力营造“安全就是效益、违规就是风险、规范就是形象”浓厚氛围，为支行各项业务快速健康发展起到助推剂及保驾护航作用。

（县邮政银行供稿）

湖商村镇银行

【概况】安徽涡阳湖商村镇银行股份有限公司于2014年3月16日正式对外营业。是经中国银行业监督管理委员会批准成立的一家新型农村金融机构，注册资本8000万元。公司内设综合管理部、财务会计部、风险管理部、业务管理部四个职能部门，下设营业部、高炉支行、涡河支行三家营业网点，全行在职员工58人。

【业务经营】2017年末，湖商村镇银行各项存款余额41805万元，较年初新增8828万元；各项贷款余额29358万元，较年初新增8638万元；小额贷款余额14302万元，较年初新增5728万元。

【服务发展】安徽涡阳湖商村镇银行作为一家面向基层社区的区域性村镇银行，一直发挥贴近农村地区、贴近小微企业的地域优势，不断加大对三农经济、小微企业的金融支持，努力创新金融产品，提升服务水平，满足当地农村地区以及小微企业的金融服务需求，促进当地经济健康快速发展。立足三农，坚持“支农支小”的市场定位，2017年，湖商村镇银行致力于加大对涉农贷款、小微企业贷款的投放力度，有力提高其在金融市场的竞争能力和社会影响力；创新信贷业务产品支持实体经济，在信贷业务的办理过程中结合涡阳实际，及时创新信贷业务产品。目前湖商村镇银行已有中小企业流动资金循环贷款、业主抵押贷款、业务保证贷款、个人综合消费贷款、农村土地流转承包经营权抵押贷款、个人船舶贷款、创业担保贷款等产品；做强做精小额贷款业务，一直贯彻落实“小额、流动、分散”的原则，加大对30万元以下贷款的投放力度，一方面持续推进小额贷款产品，另一方面简化审批流程，提高小额贷款办贷速度。

【规范内控】加强法人治理，完善制度建设，2017年湖商村镇银行新制定修订65项管理制度，逐步形成了涵盖公司治理、信贷操作、会计核算、风险管理、临柜操作、安全保卫等全方位的内控管理体系；着力提升执行力，一方面定时开展学习培训，树立合规理念，每周二、周四由条线部门组织员工进行知识学习，提高员工合规意识，另一方面不定时开展制度执行力检查，及时发现风险隐患，有效规范业务操作，同时建立整改台账及时处理，及时整改。（县湖商村镇银行供稿）

人保财险

【概况】1949年10月20日，经国家政务院批准，中国人民保险公司成立。2003年经国务院同意、中国保监会批准，更名为中国人保控股公司（2007年 6月26日正式复名为“中国人民保险集团公司”），公司注册资本155亿元人民币，并发起设立中国人民财产保险股份有限公司（简称“中国人保财险”，下同），公司注册资本80亿元人民币，总资产600多亿人民币，继承了原中国人民保险公司的所有商业性保险业务。2003年11月6日，中国人保财险在香港成功上市，成为“民族保险第一股”和“内地金融机构海外上市第一股”。

人保财险涡阳支公司成立于1984年，是中国人民财产保险股份有限公司的县级公司，是涡阳县唯一一家国有性质的非寿险保险公司。人保财险涡阳支公司现有人员60名，下设综合管理部、出单中心、业务部及理赔分部，下辖乐行营销服务部及龙山营销服务部。开展各类车辆保险、企业财产保险、农业保险、个体工商户保险、农村治安保险等各类财产类保险，为客户提供完善的承保理赔服务。

【业务发展】2017年人保财险公司保费收入12457万元，上交税收1550万元，被总公司公司评为安徽省一类支公司，为全县经济建设作出积极贡献。

【获得榜】人保财险公司连续多年获得县委县政府先进单位、青年文明号、绩效综合考评贡献奖、特殊贡献奖等荣誉。（人保财险公司供稿）

人寿保险

【概况】中国人寿保险(集团)公司是国有特大型金融保险企业,总部设在北京,世界500强企业、中国品牌500强。公司前身是成立于1949年的原中国人民保险公司,1996年分设为中保人寿保险有限公司,1999年更名为中国人寿保险公司。2003年,经国务院同意、保监会批准,原中国人寿保险公司重组改制为中国人寿保险(集团)公司,业务范围全面涵盖寿险、财产险、养老保险(企业年金)、资产管理、另类投资、海外业务、电子商务等多个领域,并通过资本运作参股了多家银行、证券公司等其他金融和非金融机构。

中国人寿涡阳支公司下设五个部门,分别为:客户服务部、综合管理部、个险销售部、团体业务部、银行保险部。公司员工33人,保险从业人员1900多人。

【经营范围】公司业务范围包括:人寿保险、养老保险、分红投资理财保险、人身意外伤害保险和健康保险五大系列100多个保险险种。目前已形成门类齐全、配套全面、覆盖城乡和涵盖人的生、老、病、死、残等各方面的服务体系,完全能够满足社会各界和人民群众的寿险需求。

【工作业绩】公司秉承“成己为人、成人达己”的企业文化核心理念,遵循“诚信为本、稳健经营”的企业宗旨,恪守“创新、拼搏、务实、奉献”的企业精神,2017年保费收入再创新高,全年保费达到22311.15万元,受理理赔案件886件,赔款金额9197368.55元。年末保险从业人员达到1900人。2017年中国人寿涡阳支公司缴纳地方税费3378804.56元。　(人寿保险公司供稿)

人寿财险

【概况】中国人寿财产保险股份有限公司涡阳县支公司成立于2014年11月,下设“六部”:即互动部、重客银邮部、农险部、创新电子部、车商部、车队部。公司现有员工24人,拥有一支专业化车险、非车险、理赔服务团队,可以为客户提供全方位优质快捷的服务保障。

【经营范围】包括财产损失保险、责任保险、信用保险和保证保险、短期健康保险和意外伤害保险、上述业务的再保险业务、国家法律法规允许的保险资金运用业务、经中国保监会批准的其他业务。

【经营业绩】2017年中国人寿财险涡阳县支公司保费收入4200万,为涡阳经济社会稳定健康发展作出积极贡献。　(人寿财险公司供稿)

证　券

【概况】华安证券股份有限公司前身是1991年成立的安徽省证券公司,安徽省第一家专营证券机构。2001年,在整合原安徽省证券公司、安徽证券交易中心的证券类资产的基础上,成立了华安证券有限责任公司,是安徽省最早设立的综合类证券公司。2012年,公司整体变更为股份有限公司。2016　12月6日正式在上海证券交易所挂牌上市(股票代码:600909)。华安证券股份有限股份涡阳证券营业部2015年12月28日搬迁至时代广场,更名为华安证券股份有限公司涡阳时代广场证券营业部,营业部面积约500平方米,环境优雅,服务精良;另外设置了温馨的理财室和业务洽谈室。

【经营范围】证券经纪、证券投资咨询、证券投资基金代销、为期货公司提供中间介绍业务、融资融券业务、与证券交易、证券投资活动有关的财务顾问业务、代销金融产品、证券资产管理、证券承销与保荐。

【主要工作】长期开展打击非法证券宣传教育,向投资者介绍非法证券定义、主要表现形式、常用手段、非法证券活动对社会的危害以及从事非法证券活动会受到法律处罚；紧密结合市场热点，及时做好业务创新投资者教育工作，进行基础知识介绍、交易流程介绍、风险揭示等。及时协调各个部门进行业务创新和开展，2017 年度完成专精特新板和中医药板的上市工作。积极配合人行管理工作，加强反洗钱培训和知识普及，做好反洗钱客户身份识别、客户身份资料、交易记录保存管理以及客户风险等级划分，定期报送大额交易、可疑交易报告。营业部取得较好效果，未发生一例洗钱案件。积极参与争先创优活动。连续五年和团县委开展各项公益、爱心活动，社会反映良好。连续多年获得“青年文明号”，涡阳县委县政府“企业贡献奖”等各项荣誉。营业部李玉龙获得安徽省优秀证券从业人员称号，营业部被安徽省证券期货业协会授予“安徽省优质服务先进证券营业部”荣誉称号。

【服务发展】华安证券涡阳时代广场证券营业部积极参与涡阳企业三板、四板挂牌工作，目前已经完成安徽义门苔干有限公司、安徽丰华面业有限公司、涡阳顶康食品有限责任公司、安徽道源堂中药饮片有限公司、安徽来春堂大药房连锁有限公司在安徽省股权交易中心挂牌工作。

（华安证券供稿）

乐行城市建设公司

【概况】安徽乐行城市建设集团有限公司是在涡阳乐行城镇发展投资有限公司(简称：建投公司)基础上组建，成立于 2013 年 11 月 13 日，是经涡阳县人民政府批准成立的，系涡阳县财政局出资设立的国有独资有限公司，公司注册资本为 10 亿元；法人代表：李阳；注册地点：涡阳县团结路 19 号。乐行集团内设综合管理部、计划财务部、投资管理部、融资管理部、项目管理部 5 个职能部门。下属拥有全资子公司 22 家，控股公司 1 个(市政公司)，参股公司 3 家，员工 37 人，业务遍及城建开发、土地整理、公共服务、金融服务、股权投资等各个行业。

【经营范围】新型城镇化及美好乡村项目融资、建设及运营，产权投资及资产运营，房屋租赁、土地开发整理、新农村建设、保障性住房建设、标准化厂房建设等。

【融资情况】2017 年共申报融资项目 26 个，融资金额 97.99 亿元，已签订贷款合同的项目 7 个，融资金额为 28.14 亿元，累计提款 13.65 亿元；已审批未提款项目 12 个，融资金额为 28.5 亿元；已申报暂未审批项目 7 个，拟融资金额为 38.7 亿元。

【投资情况】在集团转型发展形势下，为拓宽经营性业务，实现多元化经营，2017 年共投资项目 6 个，投资金额 9745.37 万元。

【财务情况】乐行集团 2017 年总资产突破 200 亿元，门面房收入 1566 万元，2017 年归还贷款本金 7.21 亿元，归还贷款利息 5.35 亿元，2018 年应归还贷款本金 9.79 亿元，2018 年应归还贷款利息 6.92 亿元。

【转型发展】2017 年县委、县政府通过乐行集团转型发展方案，方案明确公司名称、公司宗旨、组织架构、成立党委、公司管理组织架构、业务发展板块和方向。建投公司严格按照转型发展方案，划转(成立)公司 17 家公司；完善公司管理架构招聘(引进)高级管理人才 2 名、中层管理人才 5 名、工作人员 7 名；拓宽经营性业务，新增房地产开发、市政工程建设、光伏发电等经营性业务。

【内部管理】按照国家有关劳动人事管理政策和公司相关规章制度，根据公司经营理念和管理模式的实际情况，进一步完善了《费用报销制度》《车辆管理办法》等相关内务制度。加强学习，定期组织工作人员接受专业技能的学习与培训，以切实提升职工的整体素质为目标。健全各类规章制度，以制度管人，促进工作作风的转变，针对纪律不严、约束不力、疏于管理等问题，严格绩效考核。

【服务发展】公司在不断发展的同时，需要根据涡阳县经济发展的形式和城镇化发展的方向，积极调整发展策略，在公司做大做强的基础上更好地服务于城市建设，做到发展和建设的有机结合。根据城市发展的实际需要，谋划创造项目、保障城市、服务城市建设。自成立初始，公司一直以“建设城市，发展城市”为理念，致力于为全县经济发展做出更大的贡献，在棚户区改造、水利设施、文化旅游、公共交通、城市基础设施等项目都有所贡献。为了以后更好的发展，公司将积极转变观念、尽快适应发展新环境，创新工作思路，冷静分析经济发展形势，拓宽融资渠道，加大与金融机构的对接力度，保障重点建设项目资金需求，各相关部门之间要相互沟通、协调配合、形成合力，共同推进，加快形成多元化的融资机制。

（安徽乐行城市建设集团有限公司供稿）

兴阳担保

【概况】2006年4月，为解决涡阳县中小企业“融资难、融资贵”问题，由县财政局牵头，成立了涡阳县兴阳融资担保有限公司。成立十年以来，担保公司累计为县内企业提供担保55亿元，解除担保47亿元，为支持县内经济发展做出了一定的贡献，特别是在企业融资管理方面，为企业不断壮大发展提供了必要的资金保障，累计支持企业千家。

公司注册资金34706万元，其中县财政局出资24306万元，占股70.03%，省担保集团注资8500万元，占股24.49%，亳州市融资担保有限公司出资1900，占股5.47%。2017年代偿总额2933万元，代偿率为3.69%，收回代偿款1777万元，截止2017年底取得担保业务收入1033万元，业务成本607万元，利润总额426万元，上交各项税金316万元。

公司下设4个部门，分别为风险部、财务部、业务部和办公室；在岗员工12人，员工分工明确，责任划分到位，且拥有一支富有经验的专业评审团队。公司的服务对象是在全县范围内依法设立、符合国家产业政策、发展前景良好的各类中小微企业以及规模以上工业企业等，以“一区五园”企业为主，同时围绕“三农”发展项目开展业务；对于生产工艺落后、盈利水平低及污染严重有不良记录的企业，坚决停止担保业务的开展。兴阳担保公司在县内公司具有“两强、两低、一高效”的优势。即：担保能力强，业务时效性强；担保费率低，银行综合收费率低；服务优质高效。2017年以来公司不定期走访在保企业，了解企业生产经营状况，并与企业一起分析制约生存发展的实际困难，在能力范围内给予支持和帮助。积极宣传“政银担4321”、“续贷过桥资金”等惠企政策，特别是重点帮助、扶持县经开区内企业。

【业务开展】2017年度兴阳担保公司共办理担保业务197笔，担保总额84535万元，其中“4321”新型政银担业务187笔，占担保笔数的94.92%，“4321”新型政银担担保额72145万元，占担保总额的85.71%，在保余额79994万元，担保放大倍数2.48倍。其中通过“我要贷款”平台担保贷款7.36亿元，超过县政府年度任务3.36亿元，三县排名第一。

【改革管理】2017年初，兴阳担保公司率先在省内与安徽隆泽丰投资有限公司开启战略合作，开展了存货、机械等动产三方监管质押的业务。通过三方介入的方式，为企业拓宽融资渠道，质押给担保公司的存货、机械设备等动产安全也拥有了保障。通过这种新的担保方式共为源和药业等高新技术及药材加工企业累计提供1.26亿元动产质押贷款。同时担保公司也积极向县法院递交开展诉讼保全担保业务的申请，力争通过加强反担保措施落实，完善内部制度，坚持使用“三权三证”、机械设备等作为反担保措施的同时，为了切实帮助企业解决融资难题，担保公司进一步拓宽抵押物的范围，年内担保公司采用三方监管的方式引进了存货质押担保贷款，既帮助企业解决燃眉之急又规避了自身的风险。与此同时担保公司严格把控准入，对于企业经营思路不明确、资金投向不符合国家产业政策支持导向、资金用途含糊、经营管理不善等因素未获得审批，有效控制因审查失误给担保公司带来的代偿风险。同时在国务院、省政府大力支持下出台了《融资性担保公司监管条例》、《融资性担保公司风险预警方案》等一些列强有力规范行业准则。在行业准则下2017年全年，担保公司业务均通过担保公司初审、县保审会审批双重审核方式审核，杜绝了内部操作。

（兴阳担保公司供稿）

教育　科技

教　育

【概况】根据中共亳州市委、亳州市人民政府办公室《关于印发〈涡阳县人民政府机构改革方案〉的通知》精神，设立涡阳县教育局，为县政府工作部门。县教育局设7个职能股(室)，分别为：办公室、组织干部人事股(教育人才管理中心)、计划财务审计股、基础教育股、职业与成人教育股(民办教育管理股)、学校安全监督管理股(体育卫生艺术教育股)、项目办公室。涡阳县教育局现有行政编制11人，其中局长1名，副局长2名，内设机构领导职数7名。

【学校设置】2017年，涡阳县共设置学区26个，县直学校14个，县直幼儿园2个，共有各级各类学校584所，在校学生260753人，专任教师13766人。中等职业教育学校共计6所，在校学生17262人，专任教师638人，其中：普通中专1所，专任教师309人；成人中专4所，在校学生12860人，专任教师271人；职业高中1所，在校学生4402人，专任教师58人。基础教育学校共计578所，在校学生243491人，专任教师13128人，其中：高中5所，在校学生19379人，专任教师1203人。初中90所，在校学生49625人，专任教师3517人；小学302所，在校学生123336人，专任教师6608人；幼儿园180所，在校学生50494人，专任教师1781人；特教学校1所，在校学生657人，专任教师19人。

【教育投入与支出】2017年，涡阳县各级各类学校教育经费收入总计166645万元，其中：国家财政性教育经费收入146690万元，事业收入19882万元，其他收入22万元。全年教育总支出为166723万元，其中：工资福利支出为78103万元，对个人家庭补助支出为33437万元，商品和服务支出为26679万元，其他资本性支出为28504万元。

【学生资助】2017年发放中职国家助学金54.4万元，受助学生434人；发放中职免学费445.38万元，受助学生4234人次；发放中职学校校内资助24.22万元，受助学生427人。发放普通高中国家助学金760.85万元，受助学生4836人；免除普通高中建档立卡等家庭经济困难学生学杂费153.23万元，受助学生1911人次；发放普通高中校内资助128.3万元，受助学生1336人。

【中高考成人考试】2017年涡阳县高考报名6417人(不包含职对口245人，科大少年班16人)，其中文科2454人、理科3963人。在今年3月份的全省高职院校分类考试中有1262人被确认录取。中考报名13671人。高考成绩优异，涡阳一中考生李飞强以总分659分获亳州市理科状元，涡阳四中考生曹思宇以总分622分荣获亳州市文科第二名。省市示范高中高考达线率均有提高。继2016年后，继续落实省示范高中计划内定向招生指标80%分解到校招生方案。

【教师队伍建设】实施多形式教师补充机制，2017年省统招新任教师273人，招聘特岗教师30人，引进县外在职在编优秀教师80人，除高中教师外其它全部补充到农村学校任教。落实安徽省教育厅等部门关于定向培养乡村学校教师的实施意见精神，为乡村小学定向培养本、专科层次全科型小学教师73名。丰富教师培训体系形式，认真组织涡阳县中小学、幼儿园教师“国培计划”、“省培计划”和“市级培训计划”。2017年度，完成小学教师继续教育专题培训、小学骨干班主任培训、小学音体美教师培训等12项培训工作，培训人次2.3万人次。完成中小学教育管理干部能力提升培训、德育工作者培训、小学校长任职资格提高培训等6项管理干部培训工作，参训1200人次。落实“国培、省培”计划工作，4500名教师参加培训，其中，参加国培计划教师团队培训91人。全面加强教学工作管理力度，开展网上平台晒课工作，共有一万三千余人次参加活动。完成9个名师工作室创建工作，共计100余人。8月下旬和9月6—20日，组织参加省厅举办的“两段三科”新教材使用现场培训和网络培训活动。积极组织学前教育、义务教育、高中阶段的学科研讨活动。组织七个学科的中考复习备考研讨会，1000余人参加活动。组织教研成果评选活动，推荐到省级参评作品一百余件（篇）。组织中小学语文、数学、英语等学科的优质课大赛（青年教师教学基本功大赛），多位教师在省级优质课大赛中获奖。建立表彰机制，积极营造尊师重教的的浓厚氛围，2017年教师节表彰一批先进单位和先进个人：涡阳县高中教育质量奖4个，涡阳县优秀校长30名，涡阳县师德标兵50名，涡阳县乡村好教师50名，涡阳县优秀教师200名。奖励先进单位265万元，先进个人每人奖励1000元，合计33万元。

【“无校籍”管理】教师流动机制得到进一步完善，2017年7月县政府出台《关于涡阳县中小学（幼儿园）教师无校籍管理改革工作实施方案的通知》文件和编制管理办法、岗位管理办法、教师和校长轮岗交流办法。成立教师管理服务中心，具体负责中小学（幼儿园）教师“无校籍”管理改革工作。2017年学区内轮岗交流人数301人，学区间教师交流调整161人，学校布局交流调整112人，农村教师选调190人，“三区”人才支教县城教师支援农村学校40人。占符合交流条件的教师的16.2%。2017年中小学（幼儿园）校（园）长75人轮岗任职。

【校园安全与教育法制建设】坚持“安全第一，预防在先”工作理念，构建校园安全立体防护体系。制定《关于加强2017年中小学生安全教育和管理工作的通知》，对校车、法制、防溺水等全面进行指导。元月起，开展接送学生车辆专项整治，并积极开展校车安全培训工作。暑期放假前，多途径开展防溺水宣传教育工作，下发文件和15万份“告学生家长一封信”，在上放学路段及学校周边的沟、塘、井、渠安排学校设置“警示标志”。秋季开学前及时指导新学期开学前做好安全排查、整改工作，开学后及时组织包点人员到各学区学校排查安全隐患。全年组织全县各学校开展消防、地震逃生演练100余场次，学校法制副校长到学校给师生上法制安全课300余场。

【体卫艺与国防教育】深入贯彻落实中共中央、国务院《关于加强青少年体育增强少年体质的意见》的文件精神，按照《中小学体育、卫生两个条例》《学校艺术教育工作规程》开展工作，全面提高学生素质。坚持以人为本的理念，继续以认真贯彻实施新课程为重点，突出“改革、发展、创新”的要求，积极推进体育、卫生、艺术教育课程和教学的改革。

各校认真落实中央七号文件精神，大力推进阳光体育运动的广泛深入和开展，保证学生每天锻炼一小时。大力推进第三套广播操推广工作，有效促进了涡阳县各校大课间及广播操的有秩序发展。积极组织个各校开展了形式多样的文体活动。进一步抓好新眼保健操、广播操和校园五禽戏的教学工作，组织广播操、校园五禽戏比赛。组织举办田径、篮球、足球、羽毛球等各类体育比赛。

强化校园卫生常规管理，加强对学生个人卫生、校园环境卫生的教育与管理，促使学生逐步养成良好的卫生习惯，营造清洁、卫生、美化、漂亮、安全健康的校园氛围。坚持预防为主，严格贯彻落实《学校食堂与学生集体用餐卫生管理规定》，完善学校食品卫生应急预案。建立联防联控机制，加强同卫计委、疾控中心联系。按照《传染病防治法》《突发公共卫生事件应急条例》等法律法规做好学校校传染病防控工作，特别是结核病防控工作。加强少年儿童的心里健康教育和心里咨询工作。

严格执行新课程标准，开齐开足，上好体、健、音、美课程，增强学生体质、心理、社会适应能力，提高学生音乐、美术素养。积极开展丰富多彩的艺术活动，推动青少年艺术的健康发展。认真贯彻《中华人民共和国国防教育法》和《学生军事训练规定》，积极开展高中学校新生军训工作，围绕国防教育的主题内容，组织开展多种形式的革命传统教育、国防知识教育。

【教育督导】春秋开学之初，教育局各部门对分包的学区和单位开学工作进行抽查；组织各股（室）圆满完成涡阳县2016年度党政领导干部履行教育职责督导考核工作；组成联合督导组，对全县“校园疏散通道、饮食卫生”工作专项督导检查；规范民办教育，联合公安、卫计委、督查中心等十余家单位对开展民办学校办学行为整治和非法办学机构清理整顿专项督查；会同相关责任部门开展防溺水、校园周边安全联合执法整治行动；对全县中小学领导班子履职尽责进行抽查。

【民办学校管理】民办教育资源进一步扩大，42所学校获准正式设立。进一步规范办学行为，对112所初中及以下阶段民办学校（含民办高中附设的初中、小学部）开展年检，2所被认定为不合格。加大对民办学校的督导检查力度，上半年结合民办学校年检，从学校常规管理、开学收费、校园安全等方面对全县的民办学校进行了检查整改。秋季开学及时召开会议，对民办学校开学工作、扶贫工作及安全管理工作等进行安排部署。

【教育信息化】为36个学校配套安装第三批教学点在线课堂项目，其中主讲教室项目学校14个，接收教室项目学校22个。截至2017年底，已全部投入使用。与此同时，2015年建设的6个教学点在线课堂主讲教室项目学校和16个教学点在线课堂接收教室项目学校，也已进入常态化教学阶段。全年，新购“班班通”设备314套、教师用计算机1397台，新建计算机教室20座（每座40台），新建录播室3个；新建智慧课堂2个。

基础教育

【学前教育】积极改善学前教育办学条件，提升学前三年毛入园率。2017年省提前下达涡阳县2017年中央财政支持学前教育扩大普惠性学前教育资金840万元，用于28所农村幼儿园的辅助设施建设。截至2017年底，28所幼儿园项目已全面完工。学前三年毛入园率达到92%，在园人数50494人。

【义务教育办学条件】加大项目建设力度，办学条件持续改善。全面改善校舍及运动场76946平方米，投入建设资金4703万元（其中县级配套289万元）；实施校舍维修改造项目197个，改造面积58965平方米，投入建设资金3616万元；投入省下达资金840万元，完成28所农村幼儿园的辅助设施建设任务。稳步推进2017年下达涡阳县教师周转宿舍为标里学区教师周转宿舍建设任务。实施职教中心新校区建设工程，一期工程2016年12月份开工，2017年年底完工，并已启动二期工程建设工作。

【义务教育经费保障机制改革】下拨义务教育阶段公用经费12740.03万元，占全年公用经费的101.61%，实现学校正常运转目标。其中，下达2017年义保机制中央资金10030.7万元；省级以上预拨义务教育公用经费2006.2万元，县级应配套501.8万元；县级生均公用经费201.33万元。

【普通高中教育】2017年，全县普通高中学校共5所，其中：省级示范高中三所，分别是涡阳一中、涡阳二中、涡阳四中，民办高中1所，为涡阳九中，县级高中1所，为涡阳三中。当年，高中阶段毛入学率93.5%，比上年度增加0.1个百分点；在校生19379人，比上年度增加929人。

职业教育

【概况】认真贯彻落实全国职业教育工作会议精神和《国务院关于加快发展现代职业教育的决定》文件精神，加快职业教育的发展步伐。实施技能型人才培养、农村劳动力转移培训、农村实用人才培训、城镇职工继续教育和再就业“四大工程”。目前，涡阳县具有全日制学历教育资质的中职学校共有3所，其中公办学校2所，分别是涡阳县职业教育中心、涡阳县成人中等职业学校；民办学校1所，即亳州市现代科技艺术学校。从事职业技能培训的职业教育机构有涡阳县农机化技术学校、涡阳卫生进修学校和涡阳县农业广播电视学校3个。

【中等职业学校招生】强化中职学校招生工作领导，实施“职教招生工作一把手”工程；中等职业学校招生实施“五个放开”，多次招生，春秋两季注册学籍。中职学校招生呈现逐年增加的态势。2017年招生6573人，占高中阶段招生比例47.23%；在校学生17262人，分别比上年增强520人、865人。

【中等职业教育基础建设】2017年，涡阳县3所全日制学校和3所非学历教育培训机构，总占地面积569790平方米，建筑面积344860平方米，生均占地面积33.01平方米，生均建筑面积20.09平方米。比2016年占地面积和建筑面积分别增加37500平方米、16000平方米。固定资产总值20777万元，生均15801.76元，其中，教学仪器设备资产值5233万元，生均3031.51元。拥有图书576820册，生均33.42册；实训实习工位数8092个。比2016年学校固定资产总值增长327万元，其中教学仪器设备资产值增长300万元，生均提高了23.51元。图书增加了84000册。实训实习工位数10001个，增加了1909个工位数。

【职教中心新区建设】面对经济社会发展新形势、新常态，基于当前职业教育机构的基本现状，涡阳县积极启动职教中心新区建设。在涡阳县委、县政府的支持下，涡阳南部新区划拨11.33公顷土地用于新校区建设。2016年12月份开始动工建设，2017年底，职教中心新区主教学楼实现封顶。

成人教育

【概况】涡阳县教育局深入贯彻落实《国家中长期教育改革和发展规划纲要（2010-2020年）》，积极统筹开展成人教育工作，推进全民学习、终身学习的学习型社会建设。通过加强成人文化技术学校建设，实施农村劳动力转移培训，开展在职教师继续教育培训，举办全民终身学习活动周多项举措，努力夯实学习型社会坚实基础，切实提升全民文化技术能力，推进全民终身学习、可持续发展。

【乡镇成人文化技术学校】涡阳县共有省级成人文化技术学校4所，各学校围绕乡镇经济社会发展需求，积极整合教育资源，改善办学条件，拓宽办学思路，拓展办学内容，丰富培训内容提升办学水平，积极引导和组织农村居民参加相关教育和培训。

【农村劳动力转移培训】积极开展农村劳动力转移培训工作，充分利用职业学校师资、实验实训设备和教材等优势，认真实施农村劳动力转移培训等工程项目。2017年，全县3所中职学校及28所乡镇成人文化技术学校开展了农村劳动力转移培训工作，累计培训17923余人次。

【在职教师继续教育培训工作】采取“走出去、请进来、接地气”及送教下乡等多种形式，组织实施中小学教师及教育管理干部培训工作。完成小学教师继续教育专题培训、小学骨干班主任培训、小学音体美教师培训等12项培训工作，培训2.3万人次。完成中小学教育管理干部能力提升培训、德育工作者培训、小学校长任职资格提高培训等6项管理干部培训工作，参训1200人次。落实“国培、省培”计划工作，参加国培计划教师团队培训91人，4500名教师参加培训。

特殊教育

【概况】涡阳县特殊教育学校创办于1992年，多年来，学校坚持正确的办学方向，按照“把学前康复教育办出特色，稳步提升九年义务教育质量，兼顾职业教育”的办学思路，积极探索，完善机制，优化管理，教育教学质量不断提高，办学条件逐渐改善，各项工作取得了长足发展。学校现有在编教师18人，在籍学生333人，其中送教下乡学生155人。学校分为两个校区，老校区是学前康复部，新校区是一所集学前康复、九年义务教育为一体的综合性特殊教育学校。

【办学条件】涡阳县特殊教育学校前期由涡阳县

宋丽三姐妹于1992年自费租房创办。1996年6月，在县委、县政府的支持下，由县政协牵头，社会各界捐资筹建了占地4.2亩的聋哑康复学校(仅有5个教室、1个办公室、1个小会议室)。2008年正式纳入公办学校，2012年争取中央改扩建特殊教育学校专项资金在涡阳电大西半部新建了一幢教学楼和一幢宿舍楼。2013年以后，学校办学条件进一步改善，学校先后购置了智障、语训、孤独症康复等教学器材，建设了智障感统教室、综合康复教室、测听室、班班通教室、多功能教室等资源教室，并为教职工配备了办公电脑。

【办学模式】学校确定了因材施教、多元化、特色化的办学模式，根据学生差异不同，年龄大的听障学生，在进行文化课教学的同时兼修职业教育，并在后期进行就业前的培训。对于智障学生采取程度不同，教育方法、方式有所不同，最终目的教师让他们学会生活，程度轻的能够自食其力。对0—10周岁的听障儿童采取早期康复、早期干预、早期治疗，积极为他们争取免费安装助听器和人工耳蜗。通过早期康复教育，很多孩子进入普校、普幼就读，有600余名残疾儿童在该校完成了九年义务教育，走上了各种工作岗位。

【师资队伍建设】学校现有在编教师18人，其中，本科学历14人，大专学历4人，拥有3名市级学科带头人、2名县级教坛新星。2013年以来，学校通过开展帮教活动、加强校本培训，强化师德师风建设三项举措不断促进教师能力、素质提升。2016年特教学校被评为“涡阳县教学质量先进单位”。2017年特教学校三位教师在市级优质课大赛中获得二等奖，四位教师在论文评选中分别获得省一等奖、省三等奖、市一等奖、市三等奖。

【控辍保学】为确保控辍保学工作落到实处，学校成立了以校长为组长的领导小组，学校与教师、教师与家长、家长与学生为一线，层层签订控辍保学责任书，并通过多种途径加大对义务教育法的宣传，转变群众接受义务教育的观念。针对家庭贫困学生做了以下三项工作：一是按规定认真做好对贫困生的“两免一补”工作；二是除生活费以外的其他所有费用免收，切实减轻学生家庭的经济负担；三是进一步建立健全贫困家庭学生资助体系和长效机制，加大对贫困学生的帮扶力度。

（县教育局供稿）

学校选介

【涡阳第一中学】安徽省示范高中——涡阳第一中学学校创建于1931年，成立之初校名为涡阳县立中学，先后六迁学校校址，2016年学校整体迁入新校区。1961年，学校被确立为阜阳地区重点中学，1972年更名为“安徽省涡阳第一中学”，2009年被评为“安徽省示范高中”。先后被评为国家级体育传统项目学校，全国教科研先进单位、安徽省教育系统先进单位、安徽省节约型公共机构示范单位。目前，学校教职工470人，教学班98个，在校学生6386人。

办学条件

2015年，涡阳一中新校区建成投入使用，高一高二两个年级搬迁入新区上课，2016年实现学校整体搬迁。新校区占地面积24.6万平方米，规划建筑面积20多万平方米，完成建筑面积17万平方米。学校现拥有2栋教学楼，1栋现代化的科教大楼，7栋设施齐全的学生公寓，1栋多功能学生综合服务大楼，1个标准化体育场等。

学校现有专任教师453人，其中：硕士研究生19，本科420人；高级教师155人，一级教师97人；国家级模范、优秀教师1人，省市级模范、优秀教师136人；省、市特级教师9人，市学科带头人14人，市骨干教师24人省，市教坛新星38人，县教坛新星46人。教师参与各类课题研究近200项，主编或参编书籍近百部，在报刊发表文章3000多篇，出版专著20余部，获得各种奖励1000多项。

办学成果

学校先后荣获“全国教科研先进单位”“全国读书育人特色学校”“国家级体育传统项目学校”等国家级荣誉称号16个，省级荣誉称号42个，市级荣誉称号50个，县级荣誉称号76个。

近年来，近千名学生考取985、211工程大学，其中涡阳一中在清华北大就读的学子有十几人；重点及本科上线人数、上线率逐年攀升，升学率一直稳居全市第二，全县第一；全国中学生奥赛，获得省奖118项、市级奖161项，位居全市三县一区省示范高中前列。中国工程院能源与矿业工程学部院士李建刚，于1974年—1978年在涡阳一中初中高中就读。

学校连续6年被评为市科技创新大赛优秀组织单位。作品17项获省奖，200多项获市奖；2009年杨雨琛、李湛两位同学荣获省级二等奖，该成绩打破全市此种奖项的零纪录。

2002年建手球队以来，已向高等院校输送体育特长生120余人，向省体校输送手球队员30多人，司艳、锁珊珊等四名队员入选国家手球队，成为国家手球队队员；杨卫东曾担任国家手球队教练。仅2015年在体育竞赛获奖17项。

【涡阳五中】涡阳五中的前身是涡阳一中初中部，2008年7月正式成立，寄居在原涡阳一中西操场内，占地不足3亩。在县委县政府的关心支持下，2014年启动新校区建设。2016年8月涡阳五中由老城区搬迁至城南经开区。现有教职员工166人，学生2967人。近几年多位毕业初中生在高考中获得亳州市文理科状元。

学校交通位置便利，校园环境优雅。规划占地面积81亩，总建筑面积3.9万平方米，投入资金8000万元，共9个单体建筑。教学设备及学生公寓等配套服务设施完善。

涡阳五中现有专业教师164人，其中高级教师51人，中级教师82人，学科带头人10人，骨干教师39人，全国优秀教师1人，省级优秀教师1人，市级优秀教师26人，市级教坛新星36人。

自2016年3月起，涡阳五中与合肥名校四十六中结成合作办学联盟，两校通过互派管理人员，互派专任教师进行观摩教学，实现“四统一”发展模式，共同推动两校的快速发展。

【曹市中学】涡阳县曹市中学始建于1958年，原名为曹市中学，建校初期是一所初中学校，1965年改为高中学校，1978年开始办初中班，1981年高中停止招生，1997年经省教育委员会和阜阳市教育委员会批准，恢复完中建制，定名为涡阳县曹市中学。2003年高中停止招生，目前是一所公办农村初中学校。

办学条件

学校现有21个教学班，在校学生1360人，教职工85人，专任教师80人，高级教师11人，一级教师22人。学校占地面积33106平方米，建筑面积7303平方米。学校拥有图书2.2万册，微机室一个，实验室3个，试验仪器和艺体器材达到国家均衡教育标准，各类功能室齐全，教师队伍爱岗敬业，素质良好，平均年龄39岁，本科学历占75%。

办学成果

学校本着“一切为了学生，为了学生一切”办学理念，教学管理从课堂入手，坚持“先学后教、以学定教、教学合一”的现代教学理念，改革教学模式，加大素质教育力度，培养学生全面发展，近年来学校教育教学质量稳定提高，连年中考捷报频传，学校多次被县政府和教育局评为《涡阳县教育教学质量成果奖》和《涡阳县教育质量管理先进单位》。

【育萃中学】学校创建于1993年，是一所经涡阳县教育局批准成立集小学、初中、高中及高三复读中心为一体的寄宿制、封闭式管理的民办学校。2015年10月顺利通过亳州市标准化办学验收。办学以来，先后荣获“教学先进单位”“花园式学校”“县级特色学校”“市级规范化学校”等称号。学校现有130多个教学班，教职工461人，一线专职教师326人，在校生8000余人。

办学条件

多年来，学校不断创新办学理念，坚持科学管理与人文关怀，严格按照国家规定实行双休日，开足开齐课程，并根据学生兴趣爱好，开设书法舞蹈等特色课程，对学生做到“爱而不溺，严而有度，宽而不纵”，努力追求特色办学之路。

坚持教学质量与素质教育常抓不懈，灵活务实。狠抓教师队伍建设，严把教师招聘关口。注重多样化教学方式，在严格要求的同时寓教于乐，最大限度地减轻学生的课业负担，提高学生学习成绩。学校还开设兴趣班并成立各类社团，通过开展“校园文化艺术节”、“红五月”歌咏比赛、“国学经典”诵读、演讲比赛、广播操比赛等各种活动，培养学生综合素质的发展。

办学成果

多年来，学校升学率等显性指标持续高攀，不断刷新着涡阳教育的辉煌：韩旭、李浩、谢继强等县、市级中考状元连年出现，综合排名连续15年遥居全县第一。2017年中考，全县前10名，育萃占9人，全县前30名，育萃占27人，89人进入全县前100名。

毕业于育萃中学的学子王礼坤、盛化龙、孙宵、赵福林等更是以令人骄傲的成绩考入清华、北大、中科大、浙大等全国重点名校。2017年育萃复读中心高考成绩喜人，“低进高出”本科达线率77.5%，位居全省同类学校前列。

【东风幼儿园】涡阳县东风幼儿园创建于1955年，占地面积约4000平方米。是一所历史悠久、环境优雅、管理规范、师资力量雄厚的市级一类幼儿园。学校多次受上级部门褒奖，多次荣获省“幼儿教育先进单位”、“民主管理先进单位”、“女职工先进单位”、“艺术教育先进单位”、市“三八红旗单位”、“花园式单位”、“教育教学工作先进单位”等奖项，并被国家妇联、教育部授予“全国示范家长学校”。

目前，在园学生近千人，教职工100余人，其中80%教师达到本科学历，多篇论文获得国家级、省级奖项。已结题的科研课题国家级一个、市级3个，3个课题研究正在开展。

学校现代化教学设施配套齐全，并精心构建安全性、教育性、艺术性、童趣性的育人环境。每班设有三位一体（活动室、午休室、卫生间）的教室，班班配有教学一体机、钢琴等，园内设有多媒体教室、档案室、图书资料室、科学室、音体室、保健室、校园广播等。

近年来，学校积极开展教育教学改革。在全面贯彻《幼儿园工作规程》和新《纲要》的同时，借鉴国内外先进的教育理念，注重幼儿综合素质的培养，并结合新课改要求，面向全体幼儿，发挥幼儿主动性，关注其动手、动脑等能力的发展。学校逐渐形成了自己的园本特色，多次开展了既传承民族文化又丰富幼儿在园生活的民间音乐游戏，有趣的亲子活动，幼儿自理能力比赛，庆祝六一系列活动，体操比赛及与社区结合开展的系列教育活动等。

在全体教职工的共同努力下，2017年，在县政府的支持下，涡阳县东风幼儿园迎来发展新契机，教育局谋划在原五小成立了东风幼儿园的分园——东风幼儿园艺术园。

科学技术

【概况】2017年，涡阳县科学技术局编制8人，实有9人，其中局长1人，副局长2人，党组成员2人，正科级干部1人，副科级干部1人，股长1人，机关工勤1人。内设机构4个：办公室、农村与社会发展股、科技成果与技术市场股、高新技术发展及产业化股。主要工作职责：贯彻执行党和国家的科技法规和政策，促进全县科技进步。组织拟订涡阳县科技政策措施，制定和组织实施科技发展规划。指导企业进行科技成果转化引导企业进行技术升级。管理全县知识产权工作。

【主要经济指标完成情况】知识产权工作，全县2017年专利申请910件，专利授权190件。其中，发明专利申请量为421件，发明专利授权47件。专利申请和授权均超额完成了市下达的任务指标。研发经费完成情况，2017年度任务净增研发经费2000万元。此指标考核上一年度数据，2016年规上工业研发经费投入1.23亿元，较2015年0.62亿元增加0.61亿元。高新技术企业。2017年两批申报高企6家，依次为三志制动器、远东机械、英杰精工、绿园肥业、晟丰建材、冠盛纺织，成功认定4家：三志制动器、远东机械、英杰精工、绿园肥业。全县拥有高新技术企业6家。高新技术产业产值及增加值增速。截止12月份，全县实现高新技术产业产值58.7亿元，增速40.9%；实现增加值12.8亿元，增速20.8%。

送政策

【科技宣传】强化政策宣传，开展送政策进企进园区活动，印制省、市科技创新政策文件汇编、明白纸，开展送政策进园进企活动，深入高新技术培育企业宣传解读政策。先后组织 40 余家企业参加市科技创新政策和高企专题培训会，企业技术和财务负责人 70 余人参加培训，让企业充分了解和掌握科技政策和高企申报工作。充分利用“涡阳高新微信群和 QQ 群”“涡阳政企直通车微信群”“知识产权宣传周”“科技活动周”和亳州市政务信息公开网等平台开展送政策活动，帮助企业及时掌握新政策，随时解答企业提出的问题。

【调研指导】按照高企培育计划，科技局深入企业积极帮助申报专利、健全财务制度，指导研发费用归集，对企业科技创新平台建设、研发投入财务核算体系、创新政策扶持等方面开展高新技术企业培育工作，推动高新技术产业加快发展。2017 年，涡阳县源和堂和财富康达分别获得市政府“事后奖补”新认定高新技术企业奖励 30 万元。

【知识产权保护】做好 2017 年专利资助和保护工作，发放省市专利资助和奖励资金 98.1815 万元，2017 年查处假冒专利 20 件。

【人才科技扶贫】认真做好“三区”人才选派及受培工作。选派安徽农业大学副教授丁建平等 15 人结对帮扶安徽安欣牧业发展有限公司等 15 家农业龙头企业；同时，选派程立峰等 4 名贫困村具有带动作用的专业合作社人员到安徽农业大学接受为期 90 天的种养殖培训。扎实申报科技扶贫项目。根据省市科技部门 2017 年科技创新资金安排，确定安徽安盛农业科技发展有限公司的“树莓（覆盆子）特色种植”、安徽绿园肥业有限公司的“烟叶末制备有机肥料的技术研究及应用”、安徽泓森高科林业股份有限公司的“泓森槐林业产业扶贫”等三个科技项目，并支持三个企业结对帮扶临湖王庄、城西街道赵瓦房、涡北街道徐广楼三个贫困村。科技扶贫项目扶贫资金 28.2 万元已打卡发放到贫困户个人帐户。

【科技创新】安徽安欣（涡阳）牧业发展有限公司的“高繁殖力肉用安徽白山羊新品系选育与应用”项目获安徽省科技进步奖一等奖。在 2015-2016 年度亳州市科学技术奖评审中，县农科所的“高产、广适型小麦新品种涡麦 99 的选育与推广”研究等 4 个项目分别获一、二、三等奖，共获奖金 70 万元。在第七届亳州市青年科技奖评选活动中，安徽泓森高科林业公司的侯金波、涡阳县第一中学的张运红获 2017 年度亳州市青年科技奖。双轮集团获国家级知识产权示范企业荣誉称号，源和堂药业获国家知识产权优势企业荣誉称号。双轮酒业、源和堂药业、冠盛纺织、顶康食品等 4 家企业获安徽省知识产权贯标企业荣誉称号。

【科技项目成果】安徽昭日农业有限公司、涡阳县振标家庭种植农场获得了省科技厅科技攻关计划立项，获得科技计划项目资金 60 万元补助。安徽安欣（涡阳）牧业发展有限公司与涡阳县顶康种植专业合作社，获安徽省 2017 年重点研究与开发计划专项资金 45 万元。安徽省同丰种业有限公司、安徽正宇面粉有限公司申请科技创新资金 60 万元。以上项目资金解决了企业发展提质增效和精深加工等问题，进一步提高了企业的生产技术水平。

【产学研合作】2017 年，科技局积极推动产、学、研对接，先后组织近 20 余家企业分别与江南大学、天津药物研究所、合工大智能制造研究院等院校进行产学研对接，部分企业达成深入合作意向。爱家食品与江南大学已签订产学研协议。

（县科技局供稿）

文体旅游与文物保护

概　述

【概况】根据中共亳州市委办公室、亳州市政府办公室《关于印发〈涡阳县人民政府机构改革方案〉的通知》精神，设立涡阳县文化体育旅游局(加挂县广播电影电视局、新闻出版局牌子)，为县政府工作部门。内设办公室、政策法规股、文化艺术股、新闻出版股、广播电影电视股、体育事业股、旅游发展股，下辖文化馆、图书馆、文物管理所、书画院、广电服务公司五个事业单位，另有和韵文化传媒有限公司、德道文化传媒有限公司两个企业单位。

2017年，涡阳共有公共文化馆、图书馆、博物馆、广播电视台各一个，建设25个综合文化站、480个农家书屋、25个乡镇公共电子阅览室和367个村级文化信息资源共享服务点。大力实施公共文化场馆免费开放、公共文化服务信息化、农村文化专项补助、广播村村通等文化民生工程，让全县人民乐享文化改革与发展的成果。文旅产业发展、文化市场管理、文艺作品创作、文化遗产保护、广电新闻出版等工作开展有条不紊。AAAA级旅游景区天静宫风光优美，老子文化生态园被列为全省十大文化产业园区之一，道源国家湿地公园被列为国家级湿地公园试点项目。全县共有省级民间文化艺术之乡1个，省级文化产业示范基地1个，市级文化产业示范基地7个；省级非物质文化遗产名录2个，市级非物质文化遗产名录4个;AA级以上景区9个，二星级以上酒店4个，三星级以上农家乐12个，省级优秀旅游乡镇3个，省级优秀旅游示范村5个，省级乡村旅游和休闲示范点2个。

【文化旅游年活动】2017年，文体旅局认真实施“2017涡阳文化旅游年总体活动方案”，全年40项形式多样、内容丰富、群众喜闻乐见的文化旅游活动即将全部举办完毕，其中包括“红红火火过大年”、“老子庙会”、“道祖圣诞拜祖大典”、“广场大舞台”、“树莓文化艺术节暨老子故里旅游形象大使选拔赛”、“纪念建党96周年、香港回归20周年、建军90周年文艺汇演”“迎国庆书画精品展”、“老子传说”非遗六进活动、拥军情广场文艺演出、涡阳原创文艺作品有奖征集活动、涡阳县天河金街杯少儿才艺海选大赛、喜迎十九大原创文艺作品有奖征集等系列活动都已经成功举办，特别是道祖圣诞拜祖大典的成功举办，吸引了周边省市县的大批游客，极大的提升了“老子故里．天下道源．生态福地．安徽涡阳”的知名度。2017年涡阳县各景区、景点接待国内旅游人次为181.16万，各景区、景点旅游收入(含门票、经营收入)为383.41万元，带动全县社会经济总收入为22亿元，增幅为22%。

【公共文化服务体系建设】2017年以来，文旅局积极宣传贯彻落实公共文化服务体系保障法，不断加大基层公共文化服务中心建设，结合文化扶贫工作，完成5个镇级综合文化服务中心和68个贫困村的村级综合文化服务中心的建设工程，完成县人大对涡阳县公共文化服务设施和公共体育设施进行调研的工作任务。完成文化民生工程“送戏下乡”和“送电影进村”的招投标工作，积极开展文化服务配送，公共文化场馆免费开放工作按序时进度正在进行，为县图书馆、各综合文化站藏书更新图书两万余册，两馆两中心已经开工建设，《涡阳县博物馆展陈大纲》顺利通过专家评审。全部完成全县389个行政村送戏进村文艺演出活动778场次，全部完成全年农村公益电影放映全年4668场，各项体育活动开展2987次。全县25个镇综合文化站的多功能厅、书刊阅览室、文化科技培训室等公共空间设施场地和480个农家书屋全年正常对当地群众免费开放。涡阳县被评为2013-2016年度全国群众体育先进县;涡阳县青年泗州戏剧团有限公司获得2017年度安徽省民营艺术院团“十大名团”称号;涡阳县青年泗州戏剧团有限公司创演的泗州戏《伯俞泣仗》获得2017年度安徽省民营艺术院团“十大名剧”称号;涡阳县实验青年豫剧团有限公司获得2017年度安徽省民营艺术院团“百佳院团”称号;涡阳县城关街道团结社区中老年艺术团获得安徽省文化优秀服务团队称号。还有诸多文艺节目代表涡阳县和亳州市参加上级文艺节目展演。

【文旅产业发展】2017年以来，立足道家文化、红色历史、生态养生、健康养生、山水平原风光等，科学编制全域旅游规划，扎实开展旅游争创活动，积极推动文旅产业发展，取得显著成效。义门镇、石弓镇被评为安徽省优秀旅游乡镇，丹城白果村、曹市辉山村被评为安徽省旅游示范村，涡南董楼莲花岛生态庄园、牌坊放鑫原生态农家乐被评为安徽省四星级农家乐，城东乡里乡亲农家乐、丹城五羊小院、高炉大呼农家女合作社被评为安徽省三星级农家乐。完成义门回民古镇、新兴红色小镇、曹市辉山红色村落、湿地公园、老城区保护开发等五个全域旅游示范项目的规划编制，目前新兴红色小镇、曹市辉山红色村落等项目已经开工建设。开展了旅游小镇、研学旅行基地、中医药健康旅游示范基地(项目)、旅游度假区等新业态创建；曹市辉山村申报了乡村旅游创客示范基地，曹市镇辉山村正在积极打造红色旅游村落；指导涡阳县新四军四师纪念馆申报红色旅游小镇，高炉工业旅游景区和天静宫申报研学旅行基地，源和堂药业申报安徽省中医药健康旅游示范基地。打造绿色生态农业旅游线、红色经典文化旅游线、道家紫色历史人文旅游线、白色醉美酒厂、中医药健康养生文化游、白酒文化体验之旅等文化旅游线路，并积极培育义门清真寺、道源湿地公园、天静宫、徽酒集团、乐翻天游乐场的一条精品乡村文化旅游线路，目前已经初见成效。不断加强文化旅游产业招商引资的针对性和计划性，充实完善了文旅项目库内容并积极推介，洽谈和落地了一批文体旅产业项目，乐翻天游乐园、碧桂园碧波酒店项目等项目，促进了区域经济发展。同时对一批有投资意向的项目，正在积极开展招商引资洽谈工作。

【脱贫攻坚工作】2017年，根据上级工作安排，组织员工多次深入所包贫困村——马店集镇前贾行政村开展走访帮扶慰问和信息核查工作，扎实开展好“单位包村，干部包户”工作。针对今年承担的全县文化扶贫和旅游扶贫的两项脱贫攻坚工作任务，制定了脱贫攻坚的工作职责、任务清单和行事历，进行了任务分解，强化了责任落实，组织班子成员划片分组不定期开展包保督查。出台和编制了《涡阳县乡村旅游精准扶贫实施方案》和《涡阳县文化精准扶贫实施方案》《涡阳县基层综合文化服务中心建设实施方案》《全县乡村旅游发展规划》《涡阳县乡村旅游扶贫重点村发展规划》《关于组织涉旅企业开展乡村旅游扶贫结对帮扶活动的通知》等文件政策和措施，并积极组织推进实施。重点帮扶国家级旅游扶贫重点村——城东街道黄庄行政村开展“8个1”工程建设任务，目前已经全部完成。通过组织涉旅企业通过利益联结机制与贫困户结对帮扶，已经帮助103户272名贫困户脱贫增收，超额完成省市下达的任务工作任务，支持鼓励有条件的贫困户创办农家小院，发展特色餐饮，已授牌28户。

【文化改革】经过调研，参照省市政策和涡阳县实际，制定出台《涡阳县十三五时期文化改革发展规划纲要》《涡阳县文化市场综合执法队改革实施方案》和《涡阳县加快构建现代公共文化服务体系的实施方案》等文件，截至2017年底，正在组织贯彻落实。进一步加大对“村村通”维修维护经费的投入，加强设备管护和督查，在宣传秸秆禁烧等方面取得较好效果。做好“广播村村通”设备管护，出台了《涡阳县广播村村通工程管理及经费保障办法》，村村通在农业农村工作中发挥了积极的作用。

【非遗申报与文物保护工作】扎实开展非物质文化遗产申报和文物保护工作，经过认真挖掘和整理，已成功申报2个省级和4个市级非物质文化遗产名录。积极争取省级文物保护专项经费，做好文物维修和保护工作，联系中国社会科学院对北平城遗址进行了文物调查、勘探和发掘，完成了第八批省级文物保护单位和第三批市级文物保护单位的遴选评审、上报汇总工作。充分发挥博物馆和纪念馆爱国主义教育基地、社科基地、理想教育基地的作用，开展各项活动。新编制《涡阳县博物馆文物征集方案》和征集公告。

（县文体旅局供稿）

老子道家文化研究

【概况】2017年，在涡阳县文化旅游暨老子道家文化建设指导委员会（简称旅指委）的领导下，在县委宣传部具体指导下，县旅指办和专家咨询委积极推动全县老子道家文化研究开发工作，取得丰硕成果。

【宣传工作】2017年组织开展"老子文化周末大讲堂"和老子文化"六进"活动近百场。县老年书画协会等常年举办老子文化书画创作和展出。县旅指办编辑出版《老子天地》内部期刊第11期、12期。涡阳天静宫老子文化研究学会编印第四期《道源》。由中国道教协会指导、安徽省道教协会主办、天静宫承办的"纪念道祖诞辰拜祖大典暨老子与道教文化学术研讨会"获得圆满成功，举办了"天静和韵"道教文化音乐会。天静宫开办第三期全国大学生道文化夏令营活动。县老子研究会发起学习《道德经》读书会活动，组织千人诵读《道德经》启动仪式，建立《道德经》读书基地，老子道家文化真正实现了"六进"。12月，涡阳县老子研究会组团赴香港参加"世界华人文化交流中国梦万里行"文艺演出，表演《老子故里涡阳颂》，向世界华人赠送《道德经》读本。

【传承保护工作】安徽道源国家湿地公园通过国家林业局验收。编制了《道源国家湿地公园景区开发规划》，启动道源国家湿地公园全域旅游示范项目建设。天静宫周边旅游环境进一步净化、美化。配合美丽乡村建设和老城区保护、改造工程，县旅指办启动"涡阳文化民间口述传承工程"。以千年古镇义门镇和曹市镇为重点，深入基层实地考察历史遗存，采访地方历史文化传说。结合全国第二次地名普查"寻找最美地名故事"，编写10万字的文史资料，为千年古镇保护和建设提供文化支撑。涡阳县义门镇、石弓镇被评为安徽省优秀旅游乡镇，涡阳县曹市镇辉山村和丹城镇白果村被评为安徽省旅游示范村。西阳镇范蠡村道商文化宣传效果显著，"范蠡西施文化园"项目规划建设获得新进展。

（县文化旅游暨老子道家文化建设指导委员会办公室供稿）

老子生态园

【概况】涡阳县老子文化生态园管理委员会是经市编委亳编〔2011〕56号、县编委涡编〔2012〕2号文件批准的正科级财政全额拨款事业单位，隶属县政府办公室。位于涡阳县涡北（天静宫）街道，总规划面积4平方公里，连续两年获批为"安徽省重点扶持文化产业示范园区（基地）"。园区的总体定位是依托道家文化旅游资源，利用涡河、武家河自然景观，结合塌陷区治理，将园区打造成集生态旅游、身心修养、会务度假、弘扬国学于一体的道家文化圣地。贯彻执行党的路线方针政策和国家法律、法规，研究制定景区总体规划和详细规划，并负责组织实施工作；负责景区基础和公共设施的建设、维护、管理及风景名胜资源与生态环境保护工作；负责景区旅游安全、市场秩序整治及景区环境卫生管理等工作；负责对景区内企业单位进行监督管理，开展对外形象策划宣传和旅游促销工作负责景区国有资产和财务管理工作；完成县委、县政府交办的其他事项。

【历史遗留问题化解】县老子文化生态园管委会按照县委、县政府的安排部署，对恩龙集团涡阳老子文化生态园项目进行盘点，制定工作方案，与恩龙集团进行多次对接、沟通，要求恩龙集团提供相关资料、证明，根据掌握的情况进行核实梳理，为县委县政府科学决策提供依据。

【助力老子庙会】协助天静宫办好老子庙会，3月8日至12日，2017年涡阳县天静宫传统老子庙会顺利举行，老子庙会以"说老子、讲民俗、谈乡风"为主题，举行了多项独具地方文化特色、丰富多彩的民俗文化活动和舞龙、广场高跷、竹马旱船等省市"非遗"演出。

【道德经读书活动】8月份，县老子文化生态园管委会组织发起“道德经读书会活动”，通过建立81个读书小组的方式在全县范围内开展一场轰轰烈烈的老子文化普及活动。活动得到县旅指委办公室、文体旅局、地税局等单位大力支持，县老子研究会积极承办。聘请九位辅导老师，成立地税局读书小组、涡阳中学读书小组、光明中学读书小组、城关艺术团读书小组、老子太极拳健身协会读书小组等二十余个读书小组。

【接待宣传工作】2017年，县老子文化生态园管委会共接待来涡阳天静宫考察的中央、省、市领导，专家学者、海内外参观团体等90余批。通过宣传，让更多人了解了老子文化，了解了涡阳，进一步提升涡阳老子道家文化影响力，受到各界好评。

（涡阳县老子文化生态园管委会供稿）

图书发行

【概况】涡阳县新华书店成立于1949年10月，目前更名为亳州新华书店有限公司涡阳分公司，公司设经理室、教育装备部、运营部、政企部、卖场管理中心等部门。营业综合楼4225平方米，仓储面积2000平方米，在职职工42人。

2017年是涡阳县新华书店稳扎稳打，稳中求进的一年。一年来，公司在集团公司和市公司的正确领导、大力支持下，在县委县政府和有关单位的帮助下，解放思想，更新观念，克服困难，以改革创新为动力，以绩效考核为导向，以强化企业各项基础工作为抓手，以做强主业提升多元为基础，全面提升经营管理水平，各项工作取得全方位提升。

【图书发行】涡阳县新华书店担负着全县中小学教材、教辅的发行。2017年，累计实现营业收入8418万元，同期下降1321万元，同比下降13.5%。完成全年预算的80%。实现利润总额726万元，同期下降79万元，同比下降10%。完成全年预算利润的83%，销售利润率8.6%，同比增长0.34%。

（新华书店供稿）

广播电视

【概况】涡阳县广播电视台2011年2月28日设立，为县委、县政府直属正科级事业单位，县广播电视台由县委宣传部领导，县文化体育旅游局实行行业管理，由原涡阳人民广播电台、涡阳县电视台合并组建。在编工作人员93人（其中，离岗创业4人，抽调到文化执法队5人），在编在岗人员84人；自聘人员26人，实习人员14人。涡阳县广播电视台下设：办公室、新闻一部、新闻二部、广告部、农村部、社教部、制作一部、制作二部、播音部、技术播出部、外宣部、总编室、《热线追踪》栏目组等部室。

【重大宣传报道】电视专题宣传质量提升，按照突出重点、打造精品的理念，全力打造专题纪实片30部，其中《大建设巡礼》展现近年来大建设体制机制改革和建设成效，《五大发展理念视频流》展现近年来涡阳经济发展、城乡建设、社会事业、民生改善等各方面的变化。2017年《政风行风热线》完成125期。4月19日在曹市镇淝河居委会举行“关注民生、脱贫攻坚”—涡阳县“政风行风”热线走基层大型户外直播活动；9月21日，“政风行风热线—县长有约”广播直播节目首期开播，县委常委、常务副县长刘梦汝带领11家县直部门和窗口单位主要负责人集体上线。12月25日，县委常委、副县长黄恺带领8家县直部门和窗口单位主要负责人集体上线，现场受理群众的咨询和投诉，答复解决群众的困难和问题，解释和宣传相关政策，收到较好的效果。《生活前沿》先后开办《道德力量善行涡阳》《学雷锋见行动》《涡阳警方》《暖新闻直通车》《有事你说话》子栏目6个，共拍摄节目54期，发稿200余篇，总时长近800分钟，对社会主义核心价值观、精准扶贫、美丽乡村建设、生态涡阳、道家文化推介等方面内容进行了深入报道，为涡阳县经济与社会发展提供强有力的舆论支持。此外，还积极践行党的群众路线，利用媒体的力量为民办实事、办好事，通过社会力量救助各类弱势群体20余人次,为群众寻回丢失现金、电瓶车、手机等总价值近3万元,证件100余份(张)。

【节目创优工作】着重推出精品力作,《以爱抗"艾"》《还给孩子应有的色彩、别让回忆里只有黑白》《涡阳新闻》《农民服务台》《把生命扎根在基层大地上》《为留守儿童搭建"心灵小屋"》《短歌行·对酒当歌》7件作品在全市广电作品评比中获一等奖,6件获得安徽广播电视奖新闻奖、文艺奖、播音主持奖。积极推进新媒体建设,充分发挥《涡阳之窗》微信平台作用,积极搭建"我家亳州"APP直播平台,涡阳新闻综合频道实现《涡阳之窗》微信平台和"我家亳州"APP在线直播,谋划《涡阳视听网》改版,着力打造广播、电视、微信、网站"四位一体"平台,积极构建线上线下、传统媒体与新兴媒体融合互动发展新模式。

【栏目建设】广播电视台自办栏目有《政风行风热线》《生活前沿》《雉河农家》《热线追踪》《涡阳普法》《彩虹心情》《雉河故事》《法律与生活》《农民服务台》等共21个。其中,《政风行风热线》通过热线与群众直接对话交流,53家上线单位轮流做客直播间,听取群众意见,为群众解疑释惑、排忧解难真正做到了"让百姓说话,替政府分忧",得到社会各界的好评,从而极大的提高广播的影响力及公信力。同时电视《热线追踪》栏目及时跟踪报道,督促办结、落实情况,使广播、电视栏目之间形成有机结合。《热线追踪》制作播出24期,发稿50余篇,总时长300余分钟,回复群众关心的热点问题近百条,帮助群众解决各类问题数十件。《涡阳普法》10期,发稿30余篇,总时长180余分钟。《雉河农家》围绕"走进农村天地、倾听农民呼声、倡导农业科技、架起致富金桥"的理念,进一步在"服务"上下功夫,把栏目办成与农民交流、为"三农"服务的平台,成为农民朋友的知心栏目。2017年共制播《雉河农家》52期,总时长780分钟,发布各类致富信息500多条。

【事业建设】完成中央广播电视节目无线数字覆盖工程,开播两套地面数字发射机,发射中央12套、省市县4套无线数字电视节目。广播电视发射塔、机房项目(项目用地约0.42公顷,投资1066万元,建设160米广播电视发射塔、1100平方米机房)7月份开工建设,目前发射塔主体基本完工。广电传媒中心项目(项目用地约1.33公顷;总建筑面积约14000平方米,其中地上10000平方米、地下4000平方米,计划总投资1.1亿元),目前已完成选址、立项、初步设计,考虑到南部新区整体规划效果,规划部门计划将广电中心建设和全民健身公园、体育馆整体布局同步设计,目前方案设计的招标文件已完成,等待招标。

【安全播出保障工作】严格贯彻执行各项安全播出管理规定,严格执行"三位一体"的机房值班制度、零报告制度、完善安全播出应急预案,加强设备日常的周检和月检以及重要播出保障期前的大检查,圆满完成全国"两会"等重要会议的宣传。为保障党的十九大安全播出,配备完善硬件设施,8月份邀请公安局防暴大队举办"排问题、除隐患,喜迎党的十九大"广电系统消防安全、反恐防暴演习,切实提升了从业人员应急处置能力,有力保障了十九大安全生产、安全播出。

【人才队伍建设】加大播音员、记者和技术人员等专业人才培养力度,加强新闻采编、技术人员等挂职锻炼、外出培训,提高业务能力和水平。邀请广电业界专家来台授课,开展新闻点评、专题竞赛等活动,形成全台比学赶帮超的浓厚氛围。科学设置内设部室,建立健全纪律、考勤、奖惩等各项制度,加强制度执行督促检查,奖勤罚懒、奖优罚劣,提升内部管理水平,激发干部职工干事创业热情。

【广告经营管理】立足转型发展,整合单位现有的人力资源、技术资源和受众资源,结合客户需求,积极举办活动,拓宽增收渠道。积极引进外部力量,开展电视购物、实体店经营,提高经营创收水平。

(县广播电视台供稿)

卫生　计生

概 述

【概况】涡阳县卫生计生委是涡阳县人民政府主管的卫生计生工作的职能部门。经过长期发展，涡阳县建立相对完备的卫生服务体系，全县有医疗卫生单位 489家，其中县级医疗卫生机构 7家，社区卫生服务机构30家，乡镇卫生院 23家(其中中心卫生院 7家)，村卫生室367家，民营医院 11家，综合门诊部4家，个体诊所50家，医务室2家。目前全县共有卫技3608人，其中执业医师(助理)1513人，注册护士 1683人，平均每千人口执业(助理)医师1.22人，千人口注册护士 1.36人；病床3378张，每千人拥有床位数2.72张。委机关行政编制27人，其中，主任1人，副主任3人，内设机构领导职数15名。在职32人，其中公务员22人、公务员待批3人，工勤7人。涡阳县卫生计生委下设直属事业单位县计生稽查队，编制10人，在职41人，其中管理人员23人，专业技术人员2人，技术工人14人，工勤人员2人。

医疗卫生

【药品集中采购】根据省医药集中采购平台数据，2017年度全县公立医疗机构共采购药品27583.13万元。其中，县级医疗机构共采购药品15215.23万元，安徽省基本药物采购金额13628.15万元，占采购总额89.57%；国家基本药物采购金额4502.91万元，占采购总额29.6%；质量类型一药物采购金额5316.34万元，占采购总额34.94%，基层医疗卫生机构共采购药品共计12367.9万元。安徽省基本药物采购金额12348.06万元，占采购总额99.84%；国家基本药物采购金额9655.08万元，占采购总额78.07%；质量类型一药物采购金额1084.05万元，占采购总额8.76%。

【药品采购监管】制定下发《关于进一步加强公立医疗机构药品采购“两票制”管理的通知》《关于2017年全县公立医疗机构第一季度重点监控药品采购情况的通报》《关于对2017年第一季度基层医疗机构药品网上采购情况的通报》《关于对2017年第二季度基层医疗机构药品网上采购情况的通报》《关于对2017年第三季度基层医疗机构药品网上采购情况的通报》《关于2017年全县公立医疗机构6月份重点监控药品采购情况的通报》《关于2017年全县公立医疗机构7月份重点监控药品采购情况的通报》《关于2017年全县公立医疗机构8月份重点监控药品采购情况的通报》等文件，加强公立医疗机构药品采购“两票制”，省重点监控药品及基层医疗机构网采工作的监管力度。

【医共体建设】成立理事会组织，出台规范性文件，为医共体规范化运行奠定了坚固的基础。组织调查摸底，对每个卫生院制定不同的帮扶措施，做到针对性帮扶，确保适宜医疗技术真正地下沉，提高基层医疗机构的服务能力。签署医共体协议书，培训基层人员，为乡镇卫生院推进医共体工作指明了方向。开展有针对性的培训，中医院培训人次305人，县医院培训290多人。加强宣传，编印宣传手册，为引导分级诊疗和宣传医共体知识提供了载体。组织医务人员初步开展了有目的地帮扶，其中中医院进行查房、带教8次，开展义诊1000多人次，开展手术12台。县医院开展手术4台，为1+1+1结对帮扶积累了一定的经验。由两家牵头医院医生和卫生院医生、村卫生室人员建立由上而下的1+1+1师徒帮带关系，通过微信开展帮扶指导，同时印发了帮扶日志，初步制定了结对帮扶奖惩措施及驻点医师管理办法。

【专业卫生技术人员培训工作】遴选6名主治以上执业医师参加城市医院全科医生转岗培训；全科医生转岗培训，遴选19名培训对象到市人民医院参加培训；对住院医师规范化培训，转发省卫计委《关于印发2017年安徽省住院医师规范化培训招收实施方案的通知》，在全县医疗卫生单位积极动员，广泛宣传，力争做到应培尽培。

301医院来涡义诊医疗服务

【分级诊疗新机制】按照“基层首诊、双向转诊、急慢分治、上下联动”要求，认真执行省卫生计生委下发的16个病种分级诊疗指南，高血压、糖尿病患者规范化诊疗和管理率已经达到了30%以上。针对全县各基层医疗机构的医疗服务能力，制定了（100+N或50+N）种疾病确保收治目录，对常见病、多发病诊疗规范进行了培训，并制定诊疗规范手册，对逐级转诊下发了文件，规范了转诊流程，基本实现常见病、多发病在基层首诊，双向转诊、急慢分治、上下联动格局正在逐步形成。

【临床路径和按病种付费工作】县医院开展临床路径171个病种，完成临床路径占出院患者比例达72%，第二季度全省74 家县级公立医院中名列第一。中医院实施临床路径的科室共15个，病种共96个，实施单病种的科室共14个，病种共82个。通过临床路径和按病种付费工作的开展，进一步优化了医疗流程，规范了医护人员的医疗行为，提高整体医疗质量，减少不合理的检查、治疗、用药，降低总体治疗费用，缩短平均住院时间（平均住院日为7.1天），病种同比总费用、住院天数均较未进入路径前大幅减少，工作效率明显提高。

【医疗质量管理】开展全县医疗机构上半年综合医疗质量督查，在督导中发现的问题及时进行了整改；大力开展“平安医院”创建活动，全年共发生医疗纠纷33起（较去年减少6起），同时进一步加强医德医风建设，弘扬救死扶伤精神，提高医务人员人文素质和职业素养。

【社会力量办医】2017年上半年竣工验收的涡阳北大医院，设置100张床位、投资1.6亿元，涡阳康复护理院设置50张床位，投资3000万元；正在建设的有涡阳阳光医院拟投资1.5亿元，增添200张床位，涡阳妇女儿童医院拟投资4000万元，设置100张床位；拟设置一所二级专科精神病专科医院，投资1亿元、床位100张。以上共吸引社会资金4.2亿元。涡阳现有3所医养结合机构（夕阳红老年公寓、永信托养机构、涡阳康复护理院），预投资9600万元，设立床位共计500张，以开展市场化养老服务产业试点为契机，推动涡阳县市场化养老服务业发展。

【卫计民生工程】健康脱贫兜底“351”及建档立卡贫困患者慢性病费用补充医疗保障“180”工程，是2017年新纳入的项目工程，由新农合代为实施，全年健康脱贫兜底“351”预算县级支出数为537.30万元，到年底已有3006人次受益，支出经费537.30万元，占全年经费的100%。建档立卡贫困患者慢性病费用补充医疗保障“180”工程，全年预算县级支出数为302万元，到年底已有59894人次受益，支出经费425.99万元，占全年经费的141.06%。新型农村合作医疗工作方面，2017年，涡阳县农业人口是138.63万人，参合人数137.29万人，市制定参合目标≥96%，实际完成99.03%。截至12月底，共补偿参合住院病人19.88万人次，门诊病人328.90万人次，支出80229.95万元，占全年资金的100%。在新农合大病保险方面，2017年城乡居民大病保险资金4158.9万元，到12月底大病保险受益人数17853人次，支付金额5235.83万元，占全年资金的125.89%。在医疗卫生人才能力提升工程方面，此项民生工程项目也是2017年新增项目，已完成省级财政拨付资金全科医生转岗培训15人，中央财政补助资金全科医师转岗培训10人；省级财政拨付资金全科医师培训6人和住院医师规范化培训19人，培训率100%。2017年完成城市医院全科医生转岗培训任务6人。从县级公立医院遴选6名主治以上执业医师到省、市参加培训，培训3个月已结束；2017年全科医学师资培训任务6人，培训2个月已结束；2017年省级财政补助全科医生转岗培训任务

9人，其中8名西医、1名中医，培训1年，2018年8月结束。2017年中央财政补助全科医生转岗培训任务数10人，其中9名西医、1名中医，培训1年，2018年8月结束。住院医师规范化培训19人，分别来自县级二家公立医院医师，已培训结束。

【基本公共卫生服务】2017年，完成城乡居民健康档案规范化电子建档人数达110.64万人，规范化电子建档率87.74%；适龄儿童免费接种第一类疫苗、儿童免疫规划疫苗接种率100.14%，建卡率99.24%；65岁以上老年人、高血压患者、II型糖尿病患者规范管理人数分别达88623人、12175人、39803人；登记在册的重性精神疾病患者规范管理率99.96%；传染病疫情、突发公共卫生事件信息报告率达100%；中医药健康管理服务目标人群覆盖率老年人和儿童分别为79.63%、94.87%；报告发现的结核病患者管理率100%。全年基本公共卫生服务预算资金5088.20万元，由中央和省级负担，目前已支付5088.20万元。

【妇幼健康】2017年上级下达涡阳县婚检任务13750对，截至12月底，全县共有14935.5对准婚对象享受了免费婚前健康检查服务，完成任务108.62%。农村孕产妇住院分娩孕补助任务13000人，截至到12月底，共为14701名农村住院分娩孕产妇提供医疗补助，完成年度任务的113.08%。计划免疫接种，涡阳县全年接种任务数是 35.90万针次，截至12月底，共接种35.07万针次，任务完成率 97.67%（因流动人口较多监管困难）。全年总预算327万元，12月底共支付补助资金619.57万元，完成年度任务的189.47%。

【计划生育家庭特别扶助】2017年特别扶助家庭对象共计192人，发放资金196.656万元，3 月份已完成全年目标任务。其中：伤残家庭对象33人，扶助资金13.464万元，死亡家庭扶助对象124人，扶助资金170.592万元，手术并发症35人，扶助资金12.6万元。

【重大传染病防控】及时召开全县人感染H7N9禽流感疫情防控工作会议，成立工作领导小组，印发《关于成立涡阳县卫计委人感染H7N9禽流感应急工作领导小组和应急队伍的通知》，并与市场监督管理局、农委、商务局、交通局等部门建立联防联控工作机制。在禽流感防控工作开展中卫计委先后组织技术人员对涡阳县发生人感染H 7 N 9禽流感风险进行评估；每周定期开展禽流感外环境监测工作；要求各医疗机构积极做好应急物资储备；对各医疗机构技术人员开展业务培训；在全县范围内开展人感染H7N9禽流感健康宣传教育工作。

【科教中医工作】积极开展民间中医药一技之长人员纳入乡村医生管理工作，培养基层中医药人才；积极推进基层中医药服务能力提升工程和开展中医药一体化管理试点工作。加强中医院、县医院中医专科、专病建设工作，中医院成立了治未病中心。在全县农村和社区开展中医适宜技术，全县100%的乡镇卫生院和100%的社区卫生服务中心中医临床科室集中设置，多种中医药方法和手段综合使用，建成中医药文化氛围浓郁并相对独立的中医药综合服务区，运用中药饮片开展常见病多发病基本医疗和预防保健服务；采取中医养生大讲堂、中医义诊、中医宣传册等多种形式宣传中医药知识，让中医药知识进乡村、进社区、进家庭，让更多人懂中医，用中医；按照省市相关文件精神，卫计委严格对照《全国基层中医药工作先进单位评审细则》，组织相关人员对全县乡镇（中心）卫生院、社区卫生服务中心进行考评，针对存在的问题，要求各单位对照《全国基层中医药工作先进单位评审细则》逐项落实完善，并签订《目标责任书》，全县6月份均已完成创建准备工作，并且已经过省级专家考评，顺利通过。12月份，国家级专家考评已经评审，评审结果等待通知。

【基层医疗卫生机构服务能力建设】开展群众满意乡镇卫生院创建工作，制定下发《涡阳县开展“群众满意的乡镇卫生院”创建工作的实施方案》；中心卫生院创建二级综合医院工作，制定下发了《涡阳县中心卫生院创建二级综合医院实施方案》，新兴中心卫生院首先开展创建二级综合医院工作，并通过市卫计委验收，批准设置涡阳县第五人民医院。石弓中心卫生院参加第二批创建工作，5 月份通过县级初审， 10 月份向市卫生计提交了医疗机构设置申请。

【健康扶贫工作】全面落实“351”政策(贫困人口在省内县、市、省级医疗机构就诊，个人年度自付封顶额分别为 0.3 万元、0.5 万元、1 万元)，截至 12 月底，“351”工程民政共计支付 2014.4 万元，政府兜底 801.6 万元。全面落实“180”(贫困慢性病患者 1 个年度内门诊医药费，经“三保障一兜底”补偿后，剩余合规费用由补充医保再报销 80%)，涡阳县于 2017 年 4 月 17 日全面改造升级启动报销，2017 年 4 月 18 日在全市率先实现 180“一站式”结算。截止目前 “180”项目资金共支出 426 万元。大病分类救治，大病分类救治任务数 695 人，已救治 683 人。针对贫困人口免费健康体检漏检、外出，及时开展补检工作，截至目前，全县 2017 年建档立卡贫困人口 76853 人，目前贫困人口免费体检 64768 人。持继开展慢病证办理工作，提高慢病办证率。全县建档立卡慢性病人 21658 人，前期办理 4353 人，实行“零材料”鉴定，已办理 17305 人，合计办理 21658 人。开展健康脱贫工作大排查。按照省、市卫计委统一安排部署，对涡阳县贫困人口进行健康脱贫全面摸底调查。开展健康脱贫信息系统培训。对涡阳县各乡镇，系统信息人员进行培训，要求信息人员对系统实时维护，及时更新，减少误差，错误。

【卫生项目建设】涡阳县中医院二期工程，2017 年 7 月中央投资健康扶贫项目资金已下达，总投资 1.2 亿元，其中中央投资 5000 万元，地方配套 7000 万元。已完成基础建设。

人口与计划生育

【计划生育目标管理】2017 统计年，全县人口出生率为 13.64‰，自然增长率为 9.07‰，完成年初人口控制目标；总性别比 111.14，与去年相比略有下降；综合避孕率 85.02%，达到省、市考评要求。2017 年，涡阳县人口和计划生育工作全面完成了省、市下达的人口控制目标任务。

【病残儿鉴定】2017 年，涡阳县共有 1 名病残儿鉴定对象参加由市病残儿医学鉴定小组鉴定，符合病残儿医学鉴定诊断标准，可以再生育。

【计划生育手术并发症鉴定】2017 年，县节育手术并发症专家鉴定小组对全县 5 名节育手术并发症患者进行初步鉴定(其中有 5 人符合)。

【流动人口服务管理】2017 年，安徽省流动人口业务管理信息系统登记涡阳县流出人口为 461580 人，其中流出已婚育龄妇女 168321 人；登记流入人口为 1731 人，其中流入已婚育龄妇女 678 人。涡阳县扎实开展流动人口关怀关爱、卫生计生均等化服务和留守儿童健康关爱工作；积极开展流动人口区域协作，为涡阳县流出人口提供优质服务，截至 2017 年年底，涡阳县已与 50 个市县签订《流动人口区域协作协议》，并分别在江苏省南通市、江苏省常州市、浙江省乐清市和海南省三亚市吉阳区成立市级流动人口区域协作联络站，进一步提高涡阳县流动人口服务管理水平。

【技术服务】以优生优育为主的宣传教育活动、以“三查一治”为主的妇科病筛查与治疗、以免费孕前优生健康检查为主的预防出生婴儿缺陷的筛查与干预工程、以避孕节育为主的四项手术。2017 年共开展免费孕前优生健康检查 7157 对、四项手术落实 126 例。深化省级计划生育优质服务县活动，不断提升计划生育优质服务水平，县站现有麻醉呼吸机、心电监护仪、6 通道心电图机、全自动生化分析仪、血球仪、血凝仪、酶标仪、尿分析仪、精子分析仪、彩色超声诊断仪、200mA 双床双管 X 光机、婴儿抢救床、胎心监护仪、利普刀、阴道镜、乳腺诊断治疗仪等大型特色医疗器械，先进仪器多数用于和装备在妇产科。

【药具管理】加强药管队伍建设，持证上岗，加强服务意识、工作作风和服务行为的培训，树立“全心全意为育龄群众服务”服务的意识。通过各种形式的宣传活动，提高药具管理工作的社会“知晓率”。进一步强化县级信息化管理平台建设，加强网络软件和报表系统的培训和学习，熟练掌握信息化管理手段，提高管理效率，做好药具调拔、仓管和发放登记工作。

【宣传教育】深入贯彻新修订的《安徽省计划生育条例》和国务院颁发的《流动人口计划生育工作条例》，参与市委宣传部组织的“三下乡”活动，以多种形式积极组织开展“5.29”会员日，“7.11”世界人口日、“9.25 公开信”等系列宣传活动。每年的12 月与全县多部门共同开展“12.1”世界艾滋病、“12.4”全国法制宣传日大型活动，取得良好宣传氛围和社会影响。

【计生协会】2017 年，全县共有计划生育协会组织418 个，会员小组 3589 个，会员总数 10.6 万人，理事 4291 人、其中女性 862 人、会员之家 420 个。各镇（场、街道）、村（居）委会计生协有宣传阵地、有制度、有活动。在组织参与计划生育工作、村民自治、扶贫工程、婚育新风活动中，充分发挥了各级计生协会的宣传、协调和推动作用。

【奖励扶助】2017 年，涡阳县把计划生育奖励扶助工作作为当前人口计生工作的一项重点任务，统筹兼顾，不断加大政策宣传力度，营造浓重氛围，使奖扶政策家喻户晓，公开接受社会监督，确保奖扶工作有序开展。与此同时，层层加强组织领导，实行终身追究制，谁调查，谁签字，谁负责，真正做到公开、公平、公正。各镇（场、街道）经过新增对象个人申报、村级评议、镇级审核后，上报县级复核。根据《亳州市卫生计生委 市财政局关于落实“提高计生特扶对象中失独家庭扶助标准”政策的通知》规定，从 2017 年 1 月开始，提高计生特扶对象中失独家庭扶助标准，在原有扶助金基础上每人每月增加 1000 元。涡阳县计划生育失独家庭 86 人，除享受国家奖励的每人每月 340 元扶助外，每人每月增加 1000 元；《亳州市卫生计生委关于印发亳州市卫生计生民生工程考核方案的通知》要求，计划生育子女伤残家庭 36 人，除享受国家奖励的每人每月 270 元扶助外，每人每月另增加 70 元。2016 年全县共确认计划生育特别扶助对象 171 人，发放资金 171.48 万元，资金于 3 月底全部打卡发放到人。

【队伍建设】对计生干部实施系统培训，依托县计生服务站、婚育学校等多种形式，对镇（场、街道）、村（居）计生干部进行经常性培训。积极开展岗位“大练兵”活动，营造了比学赶超、争先创优的浓厚氛围。

【政策法规贯彻】2017 年，严格执行《安徽省人口与计划生育条例》，落实行政执法责任制和责任追究制。采取集中培训、以会代训等形式，建立《计生干部岗位责任制》《首问负责制》等机制，推进计生干部队伍作风建设，提高干部队伍素质和依法行政水平。推进计划生育政务公开和规范计划生育合同管理，维护群众的知情权、监督权、参与权。通过村务政务公开、会议、活动宣传、媒介参与等多种形式，公开生育政策和优惠政策。依法行政，严格执行生育政策。建立健全计划生育执法监督制度，严格执行了人口计划生育工作群众工作纪律和人口计划生育检查工作纪律。建立计划生育有奖举报制度；完善社会抚养费征管机制，落实“收支两条线”；规范收费项目，取消一切押金和保证金；统一执法程序、规范执法文书，坚决禁止在计划生育工作中乱收费、乱罚款的行为；推行计划生育村民自治管理原则，开展诚信计生。2017 年全县无一例群众集体上访、重大侵权或恶性案件发生。（县卫计委供稿）

社会

民　政

【概况】2017年，涡阳县民政局公务员编制16人，实有工作人员22人，其中公务员16人，参公人员5人，机关工勤人员1人。副科级以上人员共8人，其中正科级4人。内设机构7个，分别为办公室、优抚安置股、社会事务和福利慈善事业促进股、社会救助股、救灾办公室、基层政权和区划地名股、双拥工作办公室；下属事业单位6个，编制共31人，实有人员73人，其中正科级1人，分别是县老龄工作委员会办公室、县殡葬管理所、县烈士陵园、县光荣院、县殡仪馆、县流浪乞讨人员救助站。

【基层政权和社区建设】2017年，制定下发《涡阳县2017年城乡社区建设实施方案》、《关于进一步加强城乡社区协商工作的通知》和《关于印发〈涡阳县社区减负工作实施方案〉的通知》等一系列文件，进一步开展社区减负工作，促进了城乡社区协商工作。为进一步规范城乡社区建设，创新管理和服务手段，促进城乡社区均衡发展，县民政局制定了相关社区信息化建设实施方案，投入10万元，给城关街道滨河社区和西阳镇范蠡社区各配备一台便民服务操作平台，通过试点，逐步展开，切实打造成以居民信息为基础、以社区为终端、以街道为纽带、以县为中心、以电子政务为支撑的全县社区管理综合服务信息平台。2017年，利用省市配套资金分别向丹城镇丹城社区和曹市镇顺河行政村投资10万，用于办公场所建设扩建和购买办公设备，改善基层为民服务办事条件。

【地名管理】2017年，涡阳县全国第二次地名普查工作已经取得阶段性成果，搜集整理将近7000条地理信息图表，经县、市两级地名专家审核，已通过省地名普查办公室审核。主要对1985年涡阳县第一次地名普查的纸质资料和1992年地名普查更新的资料进行电子化处理，以便作为与本次普查核对的依据和参考。同时对第一次地名普查以来的地名资料进行搜集整理。录入地名普查系统平台的预填地名表数据6427条。具体分类：行政区域26条，群众自治组织385条，居民点3093条，非行政区域11条，交通运输设施类782条，水利电力通信类845条，纪念地景点类63条，建筑物类21条，单位类1199条，陆地水系14条，陆地地形7条，地名标志2条。另有水系、建筑物、文物景点和消失地名等等1000余条有待核查录入，逐步完善。做好地理坐标图定位和照片拍摄工作。通过6月份集中外业采集，收集照片约10000张，地理坐标定位绝大部分已经完成，尚有部分有待实地核实。

【双拥工作】2017年，双拥办以争创省双拥模范县为目标，开展了节日走访慰问重点优抚对象和驻涡部队，整理双拥资料、营造创建宣传氛围、迎接省双拥考核验收等工作。2017年1月中旬联合县爱心者协会志愿者、人武部同志走访慰问涡阳县24位健在抗战老兵（含部分档案丢失的），为老兵们送去棉衣、棉被和食品，并发给每人2000元慰问金。从3月中旬到8月上旬，筹划2017年双拥创建工作。4月6日组织召开涡阳县争创省双拥模范县动员部署会，明确创建工作要求和各单位的任务。双拥办及时指导县直各单位的创建准备工作。5月中旬在县城主要道路上设置35块双拥宣传公益标语。5月28日，向省市上报争创双拥模范县申请材料。6月中上旬印制60本硬皮双拥宣传彩色画册。7月30日下午，协同县委宣传部在文化广场举办庆祝中国人民解放军建军90周年“拥军情”文艺演出。8月初，制作完成一部约10分钟的双拥宣传片，收集汇编成27本创建资料。8月中旬，在团结路上设置了双拥一条街（安装16个宣传牌），在检查沿线设置小型广告118块，高炮广告16个、宣传展板和制度板30个、标语条幅138条等双拥宣传外围环境设双拥公益广告。8月22日，双拥创建工作得到省考核组的高度评价。目前涡阳县已被省双拥工作委员会列入命名全省双拥模范县表彰名单，登报公示。

【优抚与安置】关于抚恤、定补工作，根据《军人抚恤优待条例》和省民政厅、财政厅有关文件精神，通过认真与各镇（场）、街道核实人数、款数，及时将资金统一打卡发放到户。2017年救助3114人，发放资金2891.1万元，其中三属人员100人，发放资金203.7万元；复员军人190人，发放资金244.6万元；残疾军人542人，发放资金1132.5万元；病退军人1742人，发放资金977.9万元；两参人员540人，发放资金332.4万元。关于优待工作。涡阳县优待2016年标准是8000元，2017年标准提高到9115元，且依据市政府办公室《关于调整义务兵家庭优待金发放标准的通知》要求，将大专以上义务兵家庭优待金调整为普通义务兵家庭优待金的1.3倍为11850元，2017年共发放2466户，发放资金1374万元。关于给部分农村籍退役士兵发放老年生活补助工作。根据民政部、财政部《关于给部分农村籍退役士兵发放老年生活补助的通知》和民政部办公厅（民办发〔2011〕11号）文件精神，2017年发放6516人，发放资金1143.7万元。关于部分烈士子女发放定期生活补助工作。根据民政部办公厅、财政部办公厅民办发〔2012〕3号文件及民政部、财政部《关于给部分烈士子女发放定期生活补助的通知》文件精神，2017年全年发放148人，发放资金62.2万元。

在退役士兵安置工作方面，2016年秋冬季全县共接收退役士兵543人，其中符合安置条件的14人（转业士官8人；义务兵6人），回农村的529人，共发放自谋职业补助金1209.27万元。在退役士兵培训工作方面，为适应新时期退役士兵安置工作，涡阳县积极开展退役士兵免费职业教育和技能培训工作，涡阳县定点培训机构闸北乐行驾校和诚杰职业技术学校，开设培训专业有：驾驶、电脑、电焊、叉车、汽车维修等。涡阳县共有384名退役士兵参加培训，参培率102.4%；已完成培训384人，完成率102.4%；培训合格384人，合格率100%。培训资金84.48万元已全部拨付到位。

【自然灾害】2017年涡阳县共发生过8.18风雹和10.12洪涝两次自然灾害，合计受灾人口105954人，直接经济损失3500.4万，均及时准确按要求上报灾情。

2017年8月18日15点30分涡阳县因受6-8级大风（风雹）影响，造成涡阳县陈大镇、牌坊镇基础设施受灾。涡阳县陈大镇辖区内杨楼村禾景现代农业园区，系国家级农业示范园区，占地面积约2700亩，共有现代化农业大棚211个。2017年8月18日15点30分因受8级大风（风雹）影响，造基础设施受灾，灾害发生后，涡阳县委、县政府主要领导十分重视，陈大镇民政办人员第一时间深入到禾景农业园区进行查灾、统计、上报灾情，并组织群众和企业开展生产自救，及时对基础设施采取针对性措施进行进行补救，使灾害程度降低到最低程度。接到电话后立民政局即分别奔赴陈大灾区、牌坊灾区对灾情进行了核查。经核查受此次灾害造成涡阳县陈大镇受灾人口20人，倒塌房屋0间，基础设施受损：禾景园区内共有16个现代农业大棚受到不同程度的损毁，其中中度损毁（指基柱倾斜有安全隐患需加固修缮）6个，每个修缮费用约4万元；轻度损坏（指顶棚薄膜破损）12个，每个修缮费用约1万元；现代农业大棚基础设施修缮费用约36万元。陈大镇禾景现代农业园区遭受此次灾害影响，共计损失约36万元；经核查受此次灾害造成涡阳县牌坊镇受灾人口3人，倒塌房屋0间，农业损失：杨树刮倒8棵，每棵约500元：基础设施受损：电线杆（含电线）损坏5根，每根约2000元，家庭损失：电线杆砸损一辆私家轿车，造成车辆严重损坏约4万。灾情发生后，涡阳县政府组织相关单位和群众进行生产自救，灾区群众情绪稳定，无人员伤亡。

自9月24日起，涡阳县一直处于连续降水天气，降雨天数达到15天，平均降水量达到230毫米，最高的乡镇（楚店）达到288毫米。持续的降雨，致使部分秋季作物受灾。连续降雨导致涡阳县农田被淹，25个镇（街道）均不同程度受灾。灾情发生后，涡阳县委、县政府高度重视，始终关注天气变化和汛情的发展，充分发挥县镇村三级党组织的作用，及时成立县防汛救灾指挥部，与县秸秆禁烧指挥部联合办公，全部县镇村包保人员均在岗在位，组织广大党员干部、群众立即开展防汛、救灾和排水、抢收工作。受灾群众情绪稳定，灾区秩序良好，无人员伤亡。此次连续降雨导致的洪涝灾害给涡阳县农户生产、生活带来了严重影响。灾情发生后，涡阳县要求各镇（街道）、经开区民政办与农综站立即对所辖区域进行摸排灾情，强化领导，层层落实责任，并经镇主要负责同志同意后，上报镇灾情报告，县民政局成立4个洪涝灾情核查组分赴各镇进行核灾；经核查统计：全县秋季受灾面积18709.5公顷，成灾面积11130.8公顷，绝收2914.4公顷，受灾人口105931人，据统计损失3459万元。

【救灾工作】加强业务能力培训，做好灾情信息报送工作。加强与相关职能部门的会商，做到纵横结合，使涡阳县灾害评估科学有据、信息报送准确及时。积极开展各镇民政办主任、灾害信息员开展业务知识培训，同时要求各乡镇对所辖行政村灾害信息员进行专项培训。依托国家自然灾害灾情管理系统，建立县、镇、村三级灾害信息网络，目前全县灾害信息员队伍达423人。在地质、气象等灾害来临前，能够及时把讯息传递给各社区（村）居民，灾害发生后及时将灾情报告上级，为快速抢险救灾提供依据。8.18风雹和10.12洪涝两次自然灾害，均及时准确按要求上报灾情。加强救灾物资监管，按照省民政厅《关于开展救灾政策落实和救灾应急准备工作综合检查通知》精神，对全县救灾物资使用情况开展检查，重点检查全县30%以上乡镇，每镇实地入户调查10户以上。对救灾资金的发放，严格按照户报、村评、镇审、县定的工作规程进行，在发放过程中，把救灾资金的发放列为村务公开的重点内容之一，做到政策公开、发放对象公开、发放金额公开，并及时在村镇两级进行同步公示，认真接受群众监督，坚决杜绝在救灾资金发放过程中搭车收费、吃拿卡要的违纪行为。做好抗大灾、防新灾准备工作。按照国务院《自然灾害救助条例》要求，进一步加大救灾物资储备力度。建立救灾物资应急采购机制。按省市要求，投资320万元，新建800平方米县级救灾物资储备库，全面提高救灾物资应急储备能力目前中央投资专项资金224万已落实，10月16日涡阳县救灾物资储备库项目开标，中标单位：安徽博艺建筑工程有限公司，经公示无异议，已于10月30日进场开工建设，预计2018年5月建成并投入使用。

【综合减灾示范社区建设】全力做好“综合减灾示范社区”创建工作，向上级推荐城关滨河，涡北马棚、临涡，西阳郭寨社区。按照《全国综合减灾示范社区创建管理办法》，严格按照创建标准，通过实地走访、查阅资料、听取汇报等形式，了解掌握社区创建工作开展情况，进行相关指导，抓住创建工作重点，注重创建特色，城关滨河、西阳郭寨社区已获民政部审批通过，成为亳州三县一区仅有的2个国家级综合减灾示范社区，涡北马棚、临涡成为省级省级综合减灾示范社区，得到市局领导表扬。制定涡阳县综合防灾减灾规划。为贯彻落实省委、省政府和市委、市政府关于加强防灾减灾救灾工作的决策部署，进一步提高“十三五”时期综合防灾减灾能力，最大限度保障人民群众生命财产安全，依据《安徽省自然灾害救助办法》《亳州市综合防灾减灾规划》，结合涡阳县实际制定涡阳县综合防灾减灾规划（2016-2020年）。

【民政应急管理工作】修订《涡阳县自然灾害救助应急预案》，完善县、乡、村三级救灾应急预案体系。调整县减灾救灾委员会成员，完善灾害应急救助协调机制。建立灾害信息报送平台，使灾害发生后，各级民政部门都能迅速反应，立即投入抢险救灾工作中。健全灾情会商机制。县应急办、民政、气象、水务、地震、农业、国土等部门加强合作，健全了灾情会商机制，一旦发生自然灾害，及时互通信息，对灾情进行会商，确保灾情信息的科学性和准确性。

【居民低保】在农村低保方面，2017年涡阳县农村低保标准为年人均4310元。12月份全县共有农村低保对象11105户21648人，发放农村低保金558.609万元。全年共发放农村低保金6792.638万元，累计人均月补差266.63元。在城市低保方面，2017年涡阳县城市低保标准为月人均528元。全县共有城市低保对象1285户1773人，发放城市低保金72.2852万元，全面共发放城市低保金1421.3121万元，累计人均月补差400.53元。

【农村五保供养】2017年，全县共有五保供养对象8200人，其中分散供养5757人，集中供养2443人。分散供养标准为4310元，集中供养标准为5310

元，敬老院管理费每人每年1500元，已发放全年五保供养资金4179.72万元。此外，下发《关于切实做好全县农村五保供养对象2017年度审核工作的通知》，通过年审，共退出不符合五保条件的178人，做到了精准识别、精准救助、应保尽保、应退尽退。2017年，全县共有五保失能半失能对象487人，其中分散供养191人，供养标准为200元／月／人，集中供养296人，半失能供养标准为200元／月／人，失能供养标准为300元／月／人。

【大病医疗救助】2017年3月，县民政局联合财政局、卫计委、人社局、扶贫办等单位出台《涡阳县城乡医疗救助实施办法》。2017年，全县共救助158761人次，发放医疗救助资金4300.349306万元。其中“一站式”重大疾病救助688人次77.064183万元；普通疾病救助1808人次122.237217万元；“非一站式”重大疾病救助68人次25.14967万元；贫困人口医保综合系统10%救助17409人次1603.766236万元，代缴扶贫户参合138788人2472.132万元。

【社会救济救助】2017年，涡阳县积极推行临时救助资金社会化发放，不断加大加大政策宣传力度，积极推进临时救助网上申办等，使得临时救助工作取得很大进展，全年全县共临时救助915人，发放临时救助资金269.7553万元。

【福利单位管理】2017年，涡阳县先后出台《涡阳县人民政府办公室关于加强农村敬老院管理的通知》《涡阳县人民政府办公室关于印发〈“涡阳县养老机构实施公建民营暂行办法”〉》《涡阳县“十二五”、“十三五”民政事业发展规划》《涡阳县民政局关于农村敬老院规范化管理暂行办法》《涡阳县民政局关于开展农村敬老院社会化服务的通知》《关于印发涡阳县农村五保供养及农村敬老院运行维护实施办法的通知》《涡阳县养老院服务质量建设2017年专项行动方案》等一系列政策规定。开展了涡阳县养老院服务质量建设2017年专项行动和社会福利机构星级评定等活动，促进了全县福利单位的健康、有序、扎实、顺利开展。全县现有各类养老服务机构53所，建设床位7411张。其中：公办养老机构41所，计有养老床位6428张(县公建民营养老示范中心200张、光荣院130张、福利院100张、敬老院38所5998张，其中公建民营6所，床位875张)供养农村五保对象8209名，其中集中供养2471名，分散供养5738名，全县集中供养能力达72%以上；社会办养老机构10所，计有养老床位935张(其中：夕阳红老年公寓200张、静心苑200张、永信托老所120张等)供养社会老人365名；社区办养老机构2所，计有养老床位48张(其中：恒信养老院28张，胜利社区养老服务站20张。)公办社会养老服务设施7处(其中：涡北、城东、城西、义门、临湖五个日间照料中心计有床位168张；高炉四零、城关孙楼2个养老服务站计有床位14张)年服务3000多人次。自2013年以来，新建农村敬老院4所，改扩建26所，新建日间照料中心3所，社区养老服务站6所。

【福利彩票发行与福利募捐】2017年，全县共销售福利彩票7278.198万元，完成全年任务的113.51%，再创历史新高，其中电脑票销售5248.7502万元，即开票销售267.003万元，中福在线视频彩票销售1762.4448万元，各项工作都超额完成考核任务，为涡阳县筹集公益金约801万元。位居三县一区第一。制定下发了《关于切实做好2017年度养老服务体系资金使用监管的通知》等文件，规范了资金使用的程序和监管责任。2017年度有效使用了福利资金685万元，有力促进全县社会福利事业的发展。

【民间组织管理】2017年，全年全县社会组织行政审批办结64件，其中民办非企业单位成立登记35件，变更登记8件；社会团体成立登记14件，变更登记6件，注销登记1件。截至2017年12月31日，全县共有社会组织319家，其中社会团体62家，民办非企业257家。认真开展社会组织年检工作，根据规定应参加年检的社会组织为236家，实际参加222家，参检率为94%；年检合格151家，基本合格68家，年检合格率为99%。同时，强力推进志愿者登记注册工作。截止到12月28日，全县已注册848家志愿团体，登记注册志愿者160612人，实名认证154424人，完成任务数的114%。全县社会组织已登记注册 2847 人，完成任务数的 569%。

【婚姻登记】截至到 2017 年 12 月 31 日，全县共办理婚姻收养登记共 27862 件（网上预约登记共 1252 对），其中结婚登记 20442 对，离婚登记 4317 对，补发婚姻证 3098 对。

【收养登记】严格按照法律法规依法办理，积极推行政务公开，促进收养登记程序合法化，档案管理规范化。不断加大与卫计、公安等部门的合作，从而在源头上加强对弃婴（儿童）的管理，维护了被收养人的合法权益。同时，加强窗口单位行风建设，健全和落实服务承诺制、限时办结制等制度，专门安排综合素质高、业务能力强的人员负责办理收养登记，为群众提供方便快捷的服务。2017 年，全县共办理收养登记 5 例，登记合格率达 100%。

【老年人情况】认真落实老年人优待政策，严格执行高龄津贴制度。2017 年共申报 23222 人，发放资金 385 万元，其中 80-84 周岁 12693 人，资金 126.93 万元，85-99 周岁 10379 人，资金 207.58 万元，100 岁以上的 150 人，资金 50.49 万元，已全部按程序打卡发放完毕。

【老年事业活动】2017 年，制定下发《关于推进银龄安康百村行动工程的通知》，进一步明确了工作要求和工作目标。根据省财综〔2016〕1996 号上级文件精神，经领导同意，给全县分散供养五保老人统一投保老年人意外伤害保险，保险每人每年 40 元，截至到 2017 年 12 月 31 日，全县参保人员共 7726 人，资金 309040 元，保期为一年时间，2017 年老年人参保完成全年的 70%。

【农村敬老院建设与管理】2017 年涡阳县新建社会办养老机构 4 家，床位 158 张（其中：社会办 1 所，床位 60 张；城市社区办 1 所，床位 20 张；农村社区办 2 所，床位 70 张），均已竣工验收并正式投入使用。强力推进医养结合养老机构建设，打造涡阳县夕阳红老年公寓、马店静心苑、涡南镇养老服务站、西阳镇范蠡社区康复养老院、涡阳康复护理院等 5 家医养结合养老机构，共发放社会办养老机构建设、运营补贴 74.96 万元。持续推进农村敬老院市场化改革，目前共有西阳镇养老服务中心、高炉镇养老服务中心、花沟第二敬老院、陈大第二敬老院、公吉寺第三敬老院、临湖第二敬老院、林场敬老院等 7 家敬老院实现了公办民营。全年共投资 684.9 万元对全县敬老院基础设施进行改造升级，进一步提升了管理服务水平。

【殡葬管理】2017 年全县预测死亡人数为 8732 人。全年共火化遗体 2371 具，完成全年死亡预测数的 27.15%，与去年同期相比下降 7%。同时，积极推进殡仪馆二期工程建设，项目于 10 月 2 日正式开工，工期为 7 个月，预计 2018 年 4 月竣工。

【殡仪馆项目改建】2017 年，县殡仪馆改建工程项目已完成综合服务楼二栋，完成建筑面积为 3989 平方米，主要有停车场、道路、排水、绿化、公厕、门卫室、围墙等配套设施，完成投资 940 万元，目前该工程建设已完成主体建设阶段，预计 2018 年 5 月底予以投入使用。（县民政局供稿）

扶　贫

【概况】涡阳县扶贫开发领导小组办公室成立于 2014 年 10 月，为县政府直属事业单位，正科级。主要职责是贯彻执行国家、省、市有关扶贫开发的方针、政策和法规，研究拟订全县扶贫开发的地方性政策、措施及全县扶贫开发中长期发展规划和年度计划，并组织实施；拟订全县扶贫开发资金的分配方案，监督、检查扶贫开发资金的使用情况；组织全县社会扶贫，督促、指导、协调对口包村扶贫工作等。内设综合科、项目科、督查管理科、信访科及信息中心。事业编制 16 名。财政全额拨款。

【高位谋划】2017 年，涡阳县委县政府始终把脱贫攻坚作为首要政治任务和第一民生工程来抓，牢牢扛起脱贫攻坚的主体责任。全县上下认真学习贯彻习近平总书记关于脱贫攻坚系列重要讲话精神，深入学习贯彻党的十九大精神，县委常委会每月至少听取一次脱贫攻坚工作汇报，县委、县政府召开各类专题会议63次，召开县扶贫开发领导小组会议12次，研究部署脱贫攻坚工作，加强对精准扶贫的组织领导、科学规划和精准设计，推动各项工作部署落地生根。严格落实单位包村、干部包户的要求，领导干部带头，率先垂范，做出表率。党的十九大召开后，县委理论学习中心组成员第一时间深入基层宣讲十九大精神，指导脱贫攻坚工作。

【责任落实工作】按照“县抓落实、工作到村、帮扶到户”的工作机制，进一步健全横向到边、纵贯到底的责任体系，坚持“书记抓，抓书记”的工作理念，坚持县镇村三级书记抓扶贫，建立党政同责、书记主抓、一级抓一级、“一把手”抓“一把手”的工作机制，切实把责任和压力传导到每个层级。制定出台《涡阳县脱贫攻坚责任追究办法》，明确县级、镇级、村级、县直(牵头)单位和驻村扶贫工作队特别是党政主要负责人、分管负责人以及相关负责人共计5类、34条责任，定责到岗、明责到人，建立起从县到镇到村到部门的密实“责任链条”。

【组织保障工作】在县级层面，强化力量配备，从县直单位选派1名正科级干部和2名副科级干部挂职任县扶贫办副主任，从乡镇和县直单位选派24名熟悉扶贫工作的干部到县扶贫办挂职锻炼并招聘社会辅助力量8人，目前，县扶贫办实有工作人员43人；在扶贫工作任务较重的县卫计委、农委、教育局、民政局、住建委和财政局分别成立了专门扶贫办公室。在镇级层面，建立完善党政同责、书记主抓、班子分工抓扶贫、站所对口抓扶贫、包村干部分村抓扶贫的工作机制。乡镇设立扶贫工作站，工作站配备6名专职工作人员，为全县镇街招募扶贫信息录入员48人。在村级层面，建立完善书记主抓、“两委”成员分工抓扶贫、包组干部分组抓扶贫的工作机制，为368个村招募400人的村级扶贫信息录入员。

【基层基础工作】围绕打造一支“不走的扶贫工作队”，坚持把建强支部作为重中之重，深入推进抓党建促脱贫攻坚工作，开展“争创先进基层党组织、争做模范党组织书记、争当优秀共产党员”活动，建设一批“有求必应、一呼百应”的标杆型基层党组织，锻造一批“三有三带”型(有理想信念和奉献精神能带来希望、有经济头脑和致富本领能带领发展、有良好品行和公道之心能带出和谐)的党组织书记队伍。加强贫困村两委建设，选好配强村两委班子，扎实推进“双超双配双治理”(化解超龄服役的村干部，化解超职数配备的村干部；努力实现每村配备一名优秀退伍军人，配备一名全日制大专以上毕业生；治理文化及能力水平低下的村干部，治理参与宗族势力和黑恶势力的村干部)工作，裁减768名不适宜担任村干部的人员，从致富能手、外出务工经商人员、退伍军人、高校毕业生等群体中选拔优秀人才充实村“两委”班子，其中已配备183名退伍军人(士官47名)，全日制大学专科及以上毕业生46名。

【工作机制】探索建立扶贫工作“1234”工作调度机制，“1”是县委县政府每月召开一次扶贫领导小组会议，“2”是县扶贫办每周召开一次乡镇工作例会、每月召开一次县直工作例会，“3”是实行乡镇、县直、督察组三方派单机制，“4”是扶贫任务落实、项目资金落实、排名追责落实、督查考核落实“四到位”。理顺项目管理机制，出台《关于扶贫项目实施归口管理的通知》，按照“资金归口、项目归口、谁实施、谁管理、谁负责”的原则，理清了承担脱贫攻坚任务的县直单位各自工作责任，理顺了扶贫项目工作推进机制，明确扶贫项目基本操作流程，为确保扶贫政策措施落实到位、资金使用规范到位、扶贫项目实施到位奠定了良好基础。建立资金整合机制，坚持“渠道不乱、集中财力、重点投放、合力推进”，把投向相近、目标一致、来源不同的涉农项目资金进行归并整合，实行“资金跟着扶贫项目走，项目瞄准贫困村、贫困户”，对整合的涉农项目资金，集中投放。

【工作作风】围绕学深学透扶贫政策、整治扶贫领域“懒政怠政、不作为慢作为”、做实帮扶工作、开展产业就业脱贫等方面，开展作风能力大提升6项系列工程，不断锤炼扶贫干部队伍，提升攻坚能力水平。同时，按照“扶贫事业发展需要什么就培训什么，干部成长缺什么就补什么”的原则，2017年，涡阳县举办各种培训班21次，有效提高干部特别是基层干部解决问题、推动工作的能力，实现干部能力“脱贫”。

【监督执纪】坚持问题导向，开展扶贫领域“懒政怠政、不作为慢作为”专项整治和扶贫领域突出问题治理，认真落实扶贫专项资金审计发现问题整改，先后对扶贫资金管理使用、扶贫领域违规收取贫困户储蓄手机短信提醒服务费、扶贫资金发放“一户多卡”、建档立卡贫困户危房改造、健康脱贫政策落实以及群众身边的腐败等方面存在问题开展专项治理，2017年扶贫领域“懒政怠政、不作为慢作为”专项整治共党政纪处分22人。

【产业发展】突出以产业发展带动扶贫，以扶贫工作推动产业发展，积极推行“四带一自”产业扶贫模式（园区带动、企业带动、农民合作社带动、种养大户带动和贫困户自主种养），建立扶贫产业项目库，实现产业到村、到户项目全覆盖。因村因户落实当前能脱贫、长期可致富的特色种养业，努力做到收益稳定、风险可控、发展持续。科学制定产业扶贫规划。制定产业精准扶贫规划及实施方案，明确产业扶贫按照“特色产业--龙头企业--产业扶贫支撑体系--贫困村增收、贫困农户脱贫致富”的发展路径。强化政府政策帮扶。总投资8.2亿元，开工建设总规模达117.48兆瓦的光伏电站，实现全县行政村和应享贫困户光伏扶贫项目全覆盖。目前，已拨付78个贫困村光伏收益390万元，17591户到户光伏收益5277.3万元，其中发放5341户小额信贷贫困户收益1602.3万元，“三无”贫困户12250户收益3675万元。突出龙头企业引领带动。利用省专用品牌粮食生产发展资金，调整种植结构，依托龙头企业在全县78个贫困村打造“专用品牌小麦+涡阳大豆”模式的专用品牌粮食生产基地，促进贫困村、贫困户增收，形成专用品牌粮食生产达标村66个，其中7个村达到品牌粮食生产“一村一品”专业村标准。依托正宇面粉有限公司和安徽同丰种业等龙头企业，打造“公司+基地+贫困户”专用品牌粮食生产产业扶贫模式，促进贫困村、贫困户调整种植结构，扩大规模，增加收益。因地制宜发展特色产业。温氏养殖扶贫模式：由政府统筹扶贫资金，与广东温氏集团合作共建，在78个贫困村建设156个养猪大棚，建设养殖容量为每批800头的标准猪舍（年可出栏两批），交给公司管理，政府资产年收益为建设猪舍养殖容量每头100元，即每栋猪舍年收益8万元，为每个贫困村年增加集体经济收益16万元。资产收益模式：完成500户特困户托管种植500亩藏红花药材，实现每户年均增收2500元以上。林业扶贫模式：按照全县9.4万亩的规模，按贫困户每人1亩标准，由贫困户自种或大户带动，政府出资向贫困人口每人每年发放生态补助1000元，目前正在积极推进。旅游基地模式：投资50万元，其中省拨付20万元，县拨付30万元，在城东街道黄庄行政村创设“莓香湾文创农业旅游扶贫基地”，通过采取建立利益联结机制，让贫困户入股，确保50户贫困户每年实现稳定收入2000元。特色品牌模式：充分利用“涡阳大豆”获批国家地理标志农产品优势，加大农作物结构调整，其中，2.26万户贫困户种植“涡阳大豆”9.96万亩，2017年由政府补贴贫困户每亩100元，促进了贫困家庭增收，央视新闻频道对此进行推广报道。

【就业扶持】认真落实就业扶贫措施，帮助贫困人口就地就近就业增收，充分利用涡阳县农民工返乡创业国家级试点的契机，吸纳周边扶贫对象在农民创业就业基地就业创业，带动贫困户发展产业、实现就业。大力实施就业脱贫技能培训，结合用工需求实际，开展符合贫困劳动者需求的培训，并推荐就业岗位，全县已完成就业培训1086人，培训后实现就业632人，组织开展贫困家庭人员汽车驾驶员培训320人，申报就业扶贫基地152家，安置贫困劳动者320人，全县开发辅助性岗位3866个，已安置3823人；建设扶贫驿站10个，扶贫工厂9家，安置贫困劳动者101人；率先在全省实行贫困村集体收入二次分配方式，主要将贫困村光伏、温氏养猪等村集体收入的80%用于贫困户就业扶贫。

【健康扶贫】认真落实健康脱贫“351”(贫困人口在省内县、市、省级医疗机构就诊,个人年度自付封顶额分别为 0.3 万元、0.5 万元、1 万元)兜底保障制度,全面落实“180”(贫困慢性病患者 1 个年度内门诊医药费,经“三保障一兜底”补偿后,剩余合规费用由补充医保再报销 80%)补充医疗保障政策,大幅减轻贫困群众就医负担。研究制定《涡阳县农村贫困人口综合医疗保障制度实施方案》,出台《涡阳县贫困人口慢性病特殊医疗保障实施方案(试行)》,使贫困人口基本医疗有保障。目前,全县贫困人口就诊 11.2 万人次,合计为贫困人口报销费用 2.19 亿元,其中“351”政府兜底支出 909.74 万元,“180”慢性病补偿支出 454.36 万元,贫困人口大病保险共计支出 1684.99 万元,实现了贫困患病人口有钱治病。

【教育扶贫】认真落实中央、省、市建档立卡贫困家庭学生资助政策,在此基础上,涡阳县对义务教育阶段贫困家庭就学子女扶助提高到 1000 元 / 生 / 年,高中阶段教育扶助提高到 2000 元 / 生 / 年,大学阶段的教育扶助增加 3000 元 / 生 / 年。目前,全县建档立卡贫困家庭学生 19109 人,发放建档立卡贫困家庭学生就学扶助金 3561.93 万元,资助建档立卡贫困家庭学生 19109 人,确保不使一个贫困家庭就学子女因无钱上学而辍学。

【金融扶贫】涡阳县按照省、市文件精神,及时出台《涡阳县扶贫小额贷款管理办法》,实施“精准扶贫小额信贷工程”,2017 年净增扶贫小额贷款 27032.5 万元,已完成省下达本年度任务 18830 万元的 143.56%,小额贷款贴息 5874 户 831.7 万元。

【生态保护扶贫】深入推进美丽乡村建设和农村垃圾污水厕所专项整治“三大革命”,建立了 1232 人的贫困户保洁员队伍。实施“春风行动”,动员帮扶单位为危房改造贫困户配备橱柜、衣柜等生活设施,开展“五净一规范”整治(卧室净、院内净、厨房净、厕所净、个人卫生净和院内摆放整洁规范),帮助贫困户清理庭院、整理居室、打理厨房、治理厕所等,不断促进贫困家庭面貌的改善和提升。大力开展森林城镇、森林村庄创建活动,全县

2017 年春风行动进行时

新建绿化面积 2.7 万亩。

【社保兜底扶贫】坚持应保尽保、托住底线,大力开展农村低保兜底、特困群体帮扶、医疗救助、临时救助等工作,实施“关爱工程”。农村低保标准由 2016 年的年人均 3150 元提高到 4310 元,全县共有农村低保对象 11105 户 21648 人,共发放农村低保金 6792.638 万元,累计人均月补差 266.63 元。已发放五保供养资金 4179.72 万元。医疗救助贫困人口 17409 人次 1603.77 万元,代缴贫困户参合 116043 人 2088.774 万元,重度残疾人护理补贴 8016 人 532.5 万元。

【基础设施建设扶贫】全县 78 个贫困村道路硬化工程 242.68 公里已全部完工。全县危房改造实际完工 5236 户,发放资金 1.21 亿元。大力实施农村饮水安全巩固提升计划,全县 78 个建档立卡贫困村农村安全饮水工程建设全部完成,贫困人口实现安全饮水全覆盖。全面实施贫困村农村电网升级改造工程,有效解决贫困村农村电网“卡脖子”、“低电压”等问题,提高贫困户供电服务水平。

【社会扶贫】大力开展“百企帮百村”活动,发挥企业人才、资金、技术等优势,支持和带动贫困村发展产业、帮助贫困村建设基础设施、帮助贫困家庭解决实际困难,积极动员有能力、有爱心的企业,聚焦全县 78 个贫困村建档立卡贫困户,开展结对帮扶活动,截至 2017 年底,已有 49 家企业与全县 47 个贫困村结对帮扶。大力开展“扶贫日”项目认领和募捐活动,募捐资金约 186.25 万元,彰

慰问贫困户

显了企业扶贫社会责任。希望工程“爱心成长圆梦·助力脱贫攻坚”爱心助学捐款293.2万元。

【政策落实】认真落实《中共中央国务院关于打赢脱贫攻坚战的决定》和省委、市委《决定》，中央和省市召开脱贫攻坚重要会议、作出决策部署后，涡阳县及时召开县委常委扩大会议、县党政联席扩大会议、县扶贫开发领导小组会议等会议，认真学习习近平总书记关于脱贫攻坚的一系列重要讲话及中央和省市脱贫攻坚会议精神和部署要求，进一步统一思想，提高认识，坚定信心，凝聚共识。

2017年4月20日，全省召开“重精准、补短板、促攻坚”专项整改行动动员部署会议，对全省脱贫攻坚工作进行了再动员、再安排、再部署。认真落实2016年度国务院对安徽省第三方评估反馈问题整改，按照全省统一安排，在全县范围内举一反三，全面排查整改，相继开展了“双考双查”集中整改、“再回头”“两册一审”“大排查”等各项活动，杜绝“两该两不该”问题，确保扶贫对象识别精准，退出精准；选派114名县直干部驻村帮扶，安排镇班子成员、包点人员对非贫困村进行帮扶，动员14411名机关事业单位干部职工对42640户贫困户进行包保，实现驻村帮扶、包保全覆盖；深入推进“扶贫周”活动，全力推进扶贫政策落实，有效提升了群众满意度，推动各项整改要求落地生根。

从5月9日起，在县委党校组织8期全封闭式培训，每期两天半，对3155名从事扶贫的镇班子成员、包点干部、村“两委”成员和驻村工作队进行专题培训。进一步研究制定《关于开展建档立卡贫困人口“再回头”核查工作的通知》文件，依据国办信息系统数据，找准突出问题，补齐产业、健康、教育、帮扶、小额信贷等九个方面的短板，确保取得实效。目前，省“重精准、补短板、促攻坚”专项整改文件所列18个方面问题已整改完成。

特别是针对涡阳贫困人口中存在一部分无户籍的现实，开展了解决无户口人员户口问题专项行动，出台《涡阳县人民政府办公室关于解决无户口人员登记户口问题的实施意见》，成立领导小组、细化政策措施，在涡阳县马店集镇开展无户口人员调查统计试点基础上，全县各乡镇成立工作专班，按照方案的要求和试点的经验，边宣传、边摸排、边分类解决无户口人员登记工作，推进农村无户口人员调查登记全覆盖，着力解决无户口人员登记户口问题，共办理贫困户无户口人员户口登记问题807人，更好地服务和保障民生、解决无户口人员当前问题和后顾之忧。

围绕省委针对国家督查巡查、省际交叉检查以及涉农资金整合专项督查中发现的问题开展的“七个不落、一个不少”大排查的工作要求（真贫不落一人，全面覆盖；资金不落一分，全面到位；政策不落一项，全面落实；产业扶贫不落一户，全面对接；健康扶贫不落一家，全面完善；易地搬迁不落一宅，全面安居；帮扶不落一方，全面聚力；基层基本公共服务、基础设施建设包括村集体经济发展一村不少)，坚持乡乡过、村村查、户户清、项项核原则，紧扣精准识别、精准退出、政策落实、资金使用、精准帮扶、工作推进与脱贫成效等方面的短板和薄弱环节，实行县级包保、以镇为主、村抓落实、分级负责的大排查机制，开展村级互查、镇级互查、县级互查，实现相互学习、相互借鉴、相互提高，大排查期间，共动员18739人，共排查发现问题 34922 个，已全部整改完毕。

【贫困人口精准识别把关】从精准识别、精准退出入手，全面开展“再回头”，对全县 2016 年已脱贫户和未脱贫贫困户重新进行认定，确保贫困对象识别精准。按照市里统一安排，2017 年 7 月 17 日以来，涡阳县大力开展“两册一审”（各村把全村的公安户籍名册和贫困户名册逐户对照进行评议，包括所有村民的家庭状况、住房情况、收入保障等情况让大家逐一评议，逐户查找是否还有未纳入扶贫对象的贫困户，以进一步做好精准扶贫，实现对贫困户的精准识别，把真正符合贫困户要求的贫困群众全部纳入国办扶贫系统）工作，核查“两该两不该”人员（该进的没进，该出的没出；不该进的进了，不该出的出了）。省动态调整文件出台后，根据中央和省关于动态调整“两公示一比对一公告”的工作要求，结合工作实际，建立“三看三议三公示一比对一公告”识别机制，确定户申请四邻签、组评议、组公示、县比对、村评议、村公示、镇审核、镇公告、村再评、县公告“十步”工作法，在比对结果运用上，强调不搞“一刀切”，将比对结果通过镇街交行政村进行入户核实和民主评议，对符合条件的坚持应纳尽纳，确保对象精准。在确保对象精准的基础上，召开全县“重精准、补短板、促攻坚”再动员工作万人大会，在涡阳剧院设立主会场，各乡镇、各县直单位共设立 117 个分会场通过涡阳新闻直播收看会议实况，动员全县镇村干部、驻村工作队、帮扶联系人等力量，依据贫困人口国办系统，按照贫困户信息采集表内容，进村入户对建档立卡贫困户进行信息采集和复核工作，确保建档立卡贫困户信息准确无误。

【防范返贫工作】开展产业带动帮扶，针对有劳动力且有发展意愿的脱贫户家庭，持续加大产业帮扶和涉农资金支持，实施技能提升培训活动，根据建卡贫困户自身内在动力，因户施策，因户施教，因户投入政策性资金，提升脱贫户产业发展的自身能力和必备条件。实施政策保障帮扶，对已经脱贫的贫困户，按照脱贫不脱政策要求，稳定帮扶政策，将确实有智障、残疾等无法帮助发展对象，把低保、医保等兜底政策贯彻实施到位。同时，适当加大临时救助措施，着力减小脱贫户遭遇自然灾害、意外伤亡的损失。构建返贫防范机制，研究制定《涡阳县返贫及新增贫困人口识别管理办法》，返贫贫困户按照户申请、村评议、公示、镇审核等公告程序报县备案，并充分发挥政策作用，符合低保条件的立即享受低保。

【重点要素支撑】对照年度减贫计划及脱贫攻坚“十大工程”目标任务，强化资金要素保障。建立财政专项扶贫资金增长机制。比照省做法，按照县级当年地方财政收入增量的 20% 以上，增列专项扶贫资金预算。2017 年县本级预算安排扶贫专项资金 2540.5 万元，专项用于扶贫项目保障，较去年增列 340.5 万元。全面落实配套资金和涉农整合资金，在财政预算扶贫资金方面，足额落实县级配套资金 6955.4 万元。在涉农整合资金安排方面，纳入整合的资金规模为 48344.15 万元，已整合 48344.15 万元，计划整合资金占资金规模的比例为 100%。多渠道筹措资金，除各级财政专项扶贫资金和统筹整合资金投入支持脱贫攻坚外，募集 13.4 亿元投入到扶贫项目建设，通过扶贫小额信贷 2.7 亿、企业融资 1.3 亿投入光伏扶贫 4 亿元；安排债券资金 1.4 亿元用于温氏养殖扶贫和农村危房改造项目；积极引导金融资本投入，通过国开行融资 8 亿元，用于农村道路畅通工程项目，改善了贫困区域交通出行状况。加强资金监管，进一步修订完善《涡阳县统筹整合财政涉农资金支持脱贫攻坚实施办法》《涡阳县统筹整合财政涉农资金支持脱贫攻坚实施方案》和《涡阳县财政扶贫资金管理办法》，各项目实施部门分别制定了项目资金管理办法，同时，规范完善支付流程，做到资金使用、项目操作双规范，确保了资金、人员双安全。五是用足用活土地政策。2017 年保障光伏、温氏养殖扶贫项目用地 3666 亩。积极推进城乡建设用地增减挂工作，加大奖补资金支持力度，加大农田治理力度，实现贫困村高标准农田建设全覆盖。

【舆论宣传引导】注重舆论引导，在抓好各项扶贫政策落实的同时，精心做好扶贫宣传工作，通过广播、电视、报纸、微博微信、网站等多种平台，采取新闻、文艺、访谈等多种形式，全方位、多角度宣传扶贫政策和在扶贫脱贫中涌现出的先进典型和事迹，向群众讲清楚扶贫先扶志，扶贫不扶懒，着力提高政策知晓率，大大激发贫困群众脱贫内生动力。2017 年以来，在县广播电视台、涡阳报、“涡阳之窗”政务微信、“涡阳发布”政务微博、涡阳政府网等媒体分别开辟“脱贫攻坚在行动”、“扶贫工作大家谈”、“精准扶贫，走近第一书记”等多个专栏，刊（播）发扶贫宣传稿件 1000 多篇（条），文艺扶贫宣传 78 场次。充分发挥村村通广播作用，开辟“脱贫攻坚”专栏，每次播放 20 分钟，每天播放四次，解读扶贫政策，宣传扶贫典型。中央电视台、新华网、人民网、经济日报、安徽日报、安徽电视台、中安在线等媒体均对涡阳县扶贫脱贫工作给予报道，全年在中央、省、市级以上媒体刊（播）发扶贫稿件 300 多篇（条）。同时采取进村入户、制作喷绘、粉刷壁字、公益广告等多种形式，广泛开展形式多样的扶贫宣传，营造了全民参与脱贫攻坚的浓厚氛围，奏响了脱贫攻坚最强音。倡导开展移风易俗，结合精准扶贫工作，出台《关于推动移风易俗树立文明乡风的实施意见》和《关于加强移风易俗文明节俭操办红白事的通知》，在全县贫困户中开展“抵制大操大办、倡导勤俭致富”的移风易俗倡议活动，大力倡导崇尚节俭、婚事新办，丧事简办，反对铺张、致力脱贫。针对贫困户人情随礼负担较重情况，各村（社区）成立红白理事会，倡导贫困户礼金不超过 20 元，坚决遏制贫困户人情交往支出大的问题。（县扶贫办供稿）

民　生

【概况】2017 年，涡阳县以实施省定民生工程及县政府民生实事项目为抓手，加快补齐民生短板，共实施 31 项民生工程，全年累计投入资金 29.56 亿元，圆满完成各项民生工程年度目标任务。

【扶贫工作】2017 年扶贫方面投入资金 5.85 亿元。农村道路畅通工程县级、乡级、乡村道路分别完成 31.11 公里、110.76 公里、463.433 公里。农村危房改造完成 2600 户。实施农村安全饮水项目，解决 2.78 万人的饮水安全问题。健康脱贫兜底“351”支付补助金额 500.73 万元；建档立卡贫困患者慢性病费用补充医疗保障“180”完成补助 302 万元。2.252 万人享受农村居民低保，累计发放低保资金 8029.93 万元。五保供养 8200 人，补助资金 4179.72 万元。孤儿基本生活保障 1536 人，救助生活无着人员 1592 人次。残疾人生活救助 17665 人次，7777 人享受重度残疾人护理补贴。完成 2018 件城乡困难群体法律援助案件，结案率 100%。

【三农工作】投资 1.93 亿元。10 个省级美丽乡村中心村完成建设和 8 个乡镇政府驻地建成区整治建设已完成开工任务。更新改造小型泵站 100 千瓦，加固新建小型水闸 4 座，扩挖塘坝 135 处，改造治理末级渠系 5 万亩。种植业政策性农业保险承保 369.3 万亩，养殖业承保 2090 头。财政支持提升农村基层党建与服务经费保障资金 8633.71 万元。

【创业就业】投资 983.98 万元。技工大省技能培训工程全面完成，共培训 6505 人，其中就业技能脱贫培训 976 人，新型农民培训 1250 人，企业新录用人员岗前培训 3180 人。就业扶持工程开发公益就业岗位 750 个，完成率 127%；就业见习岗位见习人员 800 人，完成率 320%。

【社会保障】投资 10.92 亿元。新农合参合人数 136.98 万人，投入资金近 7.9 亿元。城镇居民医保参保 7.8 万人，参保率达 100%，投入补偿资金 3550 万元。新农合大病保险补偿投入资金 4628.66 万元，城镇居民大病保险投入资金 234 万元。城乡居民基本养老保险当年缴费 55.22 万人，养老金发放投入资金 1.73 亿元。医疗卫生人才能力提升工程培训全面完成。基本公共卫生服务电子建档率、规范管理率全面达标。免费婚检 27660 例；农村孕产妇分娩补助 1300 例。计生特扶保障 191 人。医疗救助城乡困难群众 2.74 万人次，投入资金 1942.2 万元。完成低收入养老服务机构床位 60 张补助发放。

【教育文化】投资2.05亿元。义务教育经费全面保障，补助公用经费1.87亿元，为1.63万人免费提供教科书，补助6200名寄宿生生活费，校舍维修改造58965平方米，完成率100%。1500名学生享受高校、中职和普通高中家庭经济困难资助1197.61万元。实施农村文化建设专项补助，全县1个文化馆、1个图书馆、24个乡镇文化站免费开放。

【基础设施与公共服务】其他基础设施和公共服务方面，投资8.71亿元。秸秆综合利用提升工程秸秆还田220万亩，完成5个秸秆固化成型燃料生产点建设，生物质户用气化炉完成500套。新建40套乡镇农产品安全快检系统，农产品质量安全认证15家，完成5个乡镇食品检验室和8个大型批发市场食品快检室场地建设。棚户区改造开工5222套，开工率100%；基本建成6392套，完成率100%。完成1个老旧小区整治，2.4万平方米，完成率100%。（县财政局民生办供稿）

人力资源和社会保障

【概况】县人力资源和社会保障局主要承担全县就业再就业、社会保障、人事人才、工资福利、劳动监察等工作。内设9个职能股室：办公室、政策法规股（调解仲裁管理办公室）、就业促进和职业能力建设股（失业保险股）、工资福利股、事业单位人事管理股、养老保险股（农村社会保险股）、医疗保险股（工伤保险股）、公务员股（军官转业安置办公室）、社会保险基金监督股（计划财务审计股）。下设6个二级机构：就业人才服务局（筹）（2015年11月，劳动就业管理局与人才交流服务中心合并）、社会保险事业管理局、城镇职工基本医疗保险基金管理中心、劳动保障监察综合执法大队、城乡居民社会养老保险管理局、劳动人事争议仲裁院。

【公务员管理】公务员招录方面，2017年涡阳县计划招录公务员53名（其中乡镇机关20名，公安局2名，森林派出所1名，检察院2名，法院7名，县委办1名，人社局1名，国土局1名，教育局1名，市场局17名）。纳入全省四级联考49名。现已完成发布招考公告、报名审查、笔试、资格复审、体检、考察等工作，并已完成40名公务员招录工作。公务员登记方面，2017年涡阳县七类机关公务员及参照公务员管理单位工作人员共申报公务员登记及参公登记86人。公务员档案管理方面，按照干部管理权限，对该局管理的公务员档案进行专项审核，已完成组织部复审、移交工作。公务员培训方面，积极组织全省县域经济振兴发展专题培训班2期，共2人参训；组织参加全省依法行政专题培训班2期，共3人参训；组织参加全省公共服务能力提升专题培训班2期，共10人参训；组织参加全省脱贫攻坚能力提升专题培训班2期，共31人参训；组织参加全省新型城镇化建设专题培训班1期，1人参训；组织参加全省公务员录用面试考官培训班1期，共2人参加。

【事业单位人事管理】关于事业单位人员招聘工作，涡阳县2017年县级公立医院计划公开招聘人员211名（其中，县人民医院147名，县中医院64名），实际开考计划数167名，核减44名（免于笔试岗位核减16，其余岗位核减28）。招考工作按照发布公告、网络报名、笔试、资格复审、面试、考察和体检、公示和聘用等程序进行，最终确定聘用人员154人，其中人民医院124人，中医院30人，不纳入编制管理，已全部到岗。关于事业单位人员选调工作，2017年计划面向全县中小学校（不含县城学校）公开选调优秀教师200名，从事教学工作。其中初中教师70名，小学教师130名。选调工作按照发布公告、报名及资格审查、面试、考察、公示、选岗和聘用等程序进行，最终确定选调人员190名，全部到岗。关于三支一扶人员工作，会同县教育局、卫计委、农委、水务局相关人员赴服务单位，对15届23人进行考核。其中确定4人为优秀等次，2人为省级先进，其余均为合格等次。按照市三支一扶办安排，将考核情况在三支一扶系统进行更新，经省三支一扶办审核通过后，打印期满考核证书，证书已发放到位。关于学术技术带头人选拔推荐工作，积极组织相关申报工作，推荐高炉酒厂王化斌、泓森高科侯金波、龙山学区王辛辛、森防站郭复明参加“第六批安徽省学术和技术带头人及第十一批后备人选”评选活动；推荐梁岭小学范从杰、泓森高科侯金波、农技推广中心高秋华、刘加廷、戚从清参加第二届亳州市学术和技术带头人选拔推荐”评选活动。关于事业单位年度考核工作，制定《关于做好2016年度全县事业单位工作人员考核工作的通知》，部署事业单位考核相关事宜，督促主管部门指导所属单位做好事业单位考核工作。

【工资福利工作】在工资审核工作方面，确定试用期工资标准36人，工资定级386人，晋升薪级工资14318人，晋升学历工资32人，晋升岗位工资649人，晋升级别工资10人，晋升档次工资22人，职务职级并行11人，新增遗属补助11人，审核退休300人，提高退休费比例31人。在乡镇工作补贴工作方面，为符合乡镇工作补贴范围人员落实乡镇工作补贴，落实乡镇工作补贴101人；离开（退休）乡镇工作人员，取消乡镇工作补贴218人。在落实津（补）贴工作方面，落实县环保局事业单位工作人员环境监测津贴54人（一类环境保护监测津贴19人，二类环境保护监测津贴35人）。按照皖人社秘〔2017〕254号精神，落实人民警察值勤岗位津贴；按照皖人社秘〔2017〕255号精神，落实人民警察法定工作日之外加班补贴。在退休人员审批管理工作方面，机关事业单位批准退休300人（公务员13人、事业单位工作人员263人，国有林场改革24人）。在法官、检察官工资制度改革试点工作方面，完成法官、检察官工资制度改革试点234人（法官、检察官89人、司法辅助人员116人、司法行政人员29人）。在事业单位奖励性绩效工资总量审核工作方面，完成12022人，占全部人员的92.5%。

【专业技术人员管理】关于专业技术资格工作，转发市人社局下达的工程、农业、教育系列高、中级专业技术职务任职资格文件（工程系列高级人员12人、工程系列中级人员24人、农业系列中级2人、教育系列中级197人、教育系列高级55人）。下发工程、农业、教育系列初级专业技术资格文件（工程系列初级人员12人、农业系列初级人员1人、教育系列初级人员394人）。关于职务聘任工作，专业技术职务聘任工作和技术工聘任工作。截至目前，全县共聘用945人，其中专业技术职务：聘任正高职务2人，聘任副高职务159人，聘任中级职务287人，初级职务475人。技术工聘任：技师1人、高级工11人、中级工5人、初级工5人。

【人才服务保障】对企业用工招聘工作，按照县政府办公室《关于做好经开区2017年春季招工工作的通知》要求，春节期间共组织举办用工招聘会29场，招聘会现场签订初步就业意向人数2828人。经到企业实际调研，截止3月底共有1069人在企业到岗就业，有效解决了企业当前的用工需求。就业见习工作。高校毕业生就业见习岗位开发800个，完成完成目标任务250个的320%，落实就业见习人员321人；与2016年同期722个岗位相比，岗位开发增加78个，增长率为10.8%。对公益性岗位开发工作，公益性岗位开发947个，完成目标任务750个的126%；与2016年同期634个相比，岗位开发数增加313个，增长率为49%。对高校毕业生档案管理工作，2017年高校毕业生报到3050人，接收档案4130卷，就业跟踪592人，高校毕业生就业率达90%以上；与2016年同期报到2450人相比，高校毕业生比去年增加了600人，增长率为24.5%。

【引智工作】2017年涡阳县计划引进县外在编在职优秀教师120名。其中，高中教师15名、初中教师20名、小学教师50名、幼儿园教师35名。引进工作按照发布公告、报名及资格审查、面试、考察体检、公示、选岗、调动及聘用等程序进行，最终确定引进人员68人。目前已全部到岗。

【就业创业】在就业目标完成情况方面，城镇新增就业19480人（其中农民工进城就业5677人），与2016年同期9871人相比，城镇新增就业增加了9609人，增长率为97%；城镇登记失业1598人，实现就业1220人，失业人员再就业率76%，超过目标任务50%的26个百分点；与2016年同期2074人相比，失业登记减少476人，减少率为22.9%；

认定就业援助对象176人,实现就业176人,就业困难人员帮扶就业率达100%,超过目标任务60%的40个百分点;与2016年同期121人相比,就业援助对象认定增加55人,增长率为45%;城镇登记失业率2.9%,2016年城镇登记失业率3.82%,失业率均控制在省、市要求的4.5%以内。在创业担保贷款工作方面,创业担保贷款1.29亿,完成目标任务数8000万的161%;与2016年同期9334万元相比,贷款额度增加了3566万元,增长率为38%。在创业培训工作方面,2017年各类技能培训7752人。其中:就业脱贫培训1047人,完成目标任务450人的232.6%。企业新录用员工岗前培训3246人,完成目标任务2500人的129%;普通劳动者技能培训3960人,完成目标任务3250人的121.8%;创业培训960人,完成目标任务450人的213%;与2016年同期培训4474人相比,培训人数增加了4739人,增长率为73%;

【劳动关系】加强劳动人事争议仲裁工作,进一步建立健全用人单位内部预防和化解劳动人事争议的机制,妥善处理劳动纠纷,加强对基层调解组织的帮扶指导,加大仲裁法规进园区,推动裁审力度,落实仲裁信息化建设,启动全省网上办案系统。共受理劳动争议案件52件,已办理52件(含撤诉2件、不予作出裁决2件),调解26件,调解率占70%;裁决22件,(其中终局裁决2件,占比12%),按期结案率达95%,涉案金额达200多万元。十人以上集体案件 3件,接受来电、来访100人次。目前涡阳县仲裁院软硬件均达到标准化建设。积极做好农民工工资防欠治欠工作,按照“谁主管谁负责,谁建设谁负责,谁招商谁负责”和属地管理和归口管理的原则,做好解决拖欠农民工工资的牵头组织和协调督办工作,协调各成员单位按照职责分工履行好各自职责,积极开展“清欠倒计时百日行”行动,做好农民工工资拖欠处置工作。完善制度,全民落实农民工工资保证金和工资专户设置。推进实名制和工资打卡发放,建设信息化监管平台。没有因欠薪引发重大群体恶性事件,较好地维护了农民工合法权益,促进了社会稳定。共查处和化解拖欠农民工工资案件73起,涉及农民工11496人。以涉嫌拒不支付劳动报酬罪移交公安机关立案8起,刑事拘留7人,为6331名农民工解决工资7697.23万元。

【企业工资分配】调整机关事业单位退休人员养老金工作,机关事业单位退休人员调整待遇共涉及10136名退休人员,平均每人每月增加养老金约169元,调整后基本养老金人均达到3492元。

【社会保障】对全民参保工作,根据市人社局《关于印发亳州市全民参保登记计划工作实施方案的通知》《关于开展亳州市全民参保登记入户调查工作的通知》文件部署,正着手将比对出20多万人的情况进行入户调查,争取按时完成入户调查任务,为完善全民参保登记信息做好准备工作。对企业改制工作,按照县委、县政府安排,会同经信委、国企改革服务中心等部门共同拟定《涡阳县国有破产改制关停企业改革服务总体方案》,审查县物资局系统人员身份认证工作,逐人逐卷审核人员档案,确定职工身份,为解决物资系统人员遗留问题把好人员身份关。拟草《关于解决国有涡阳县轮窑厂职工基本养老保险的方案》,共同推进转窑厂的改制工作。对企业职工退休审批工作,共审批企业职工正常退休675人,上报市局特殊工种54人,批准41人;因病提前退休申报15人,批准15人;企业军转干部提前退休申报2人,批准2人。关于基金收支情况,2017年1-12月份,涡阳县企业职工基本养老保险参保人数50241人,全年征收任务数为23971万元,2017年1-12月养老保险基金征收27513万元;转移收入3835万元,利息收入15万元,总收入31363万元共完成全年任务的 114.78%。2017年1-12月份,离退休人数16841人,遗属补助人数782人。基本养老保险基金总支出44844万元。其中:养老金支出43499万元;丧葬抚恤补助支出535万元,遗属补助支出488万元,转移支出322万元。对机关事业单位养老保险工作,截至2017年12月办理参保征缴236个单位,在职人数16676人、退休人数9867人,发放退休费8924万元。对城乡居民社会养老保险工作,成立以县委常委、分管副县长为组长,县监察局、督查中心和人社局为成员的督查工作领导小组,不间断的对各乡镇的工作进展情况进行督促指导。并与各乡镇签订目标责任书，建立目标考核机制，纳入年终综合绩效考评。积极探索，不断改进，依托亳州市网上办事大厅和各村级信息代办员的平台，改革创新缴费模式，申办个人账户通过电脑版“亳州网上办事大厅” 自行缴纳；通过网上办事大厅村级代办点人员现金缴纳。严格考核、落实奖惩，2017 年度省市下达涡阳县城乡居民养老保险征缴任务数为 49.52 万人，2017 年涡阳县城乡居保缴费人数和数额有大幅度提升，分别达到 54.4929 万人和 6986.04 万元，超额完成省市下达民生工程任务的 110.04%。为 17.6552 万名 60 周岁以上符合待遇领取条件人员发放养老保险金 1535.5398 万元，累计发放 1.7485 亿元，发放率达 100%。截至 2017 年 12 月底，涡阳县被征地农民养老保障参保人数为 19364 人，其中符合待遇领取条件的人数为 5048 名(每月领取养老金金额为 220 元 -400 元不等)，12 月份发放养老保障金 113.1320 万元，累计发放 1330.448 万元。

【医疗保险工作】开展申报定点住院机构第三方评估，根据亳人社发〔2016〕69 号精神，对 7 家申报定点医疗机构的医院进行了第三方评估，给予综合得分 80 分以上的 3 家医院签订定点住院机构服务协议。开展定点零售药店和定点门诊机构审核协议管理，经对 48 家申报“两定”机构协议管理的医药机构进行综合评定，给予 31 家零售药店、5 家诊所、1 家社区卫生服务中心纳入定点服务管理。医疗保险待遇支付工作，按照跨省异地统一医保联网结算要求，涡阳县于 8 月底实现县域内县人民医院、中医院 2 家二级公立医院跨省异地结算信息上传测试工作，2017 年 9 月，涡阳县实现在上海第一人民医院的首例跨省异地结算，提前取得由人社部提出的惠及广大医保群众“百日会战”的胜利。通过局网站发布、印制宣传单等方式，宣传《涡阳县跨省与省内医疗保险转诊转院和异地安置退休人员就医审核办事指南》，新增登记办理跨省异地备案 46 人次。城镇职工医疗保险基金收入 14988 万元，支出 9401 万元；城镇居民医疗保险基金收入 4130 万元，支出 3550 万元。对劳动能力鉴定工作，共申请劳动鉴定 69 卷。其中，因工鉴定 38 卷，因病鉴定 31 卷。对失业保险工作，2017 年失业保险参保 37004 人，截至 12 月份征收失业保险费 998.13 万元，完成全年征缴计划 950 万元的 105%；为 2016 人次足额发放失业金 202 万元；为领金人员缴纳城镇职工医疗保险费 52.79 万元；求职补贴支出 8.96 万元。支付 3134 人稳岗补贴 102.88 万元。对工伤保险工作，工伤保险基金收入 851 万元，支出 401 万元；共收到工伤认定申请 56 卷，经市工伤认定委员会认定 49 卷，待认定 7 卷。对生育保险工作，完成基金收入 480 万元，基金支出 351 万元。

【就业扶贫工作】扎实开展就业技能脱贫培训，针对有就业意愿的贫困劳动者，按培训需求，分类组织开展种养殖、按摩、汽车驾驶和创业培训，完成技能脱贫培训 1047 人，完成 2017 年目标任务 450 人的 232.6%，其中驾驶员技能培训 281 人，创业培训 30 人，其他技能培训 736 人。累计拨付就业技能脱贫资金 124.221 万元，按序时进度，完成全年就业技能脱贫资金计划数的 92%。积极开发公共服务岗位，开发护林(路)、治安巡逻公共服务岗位 3866 个，其中护林(路)员 766 个，治安巡逻员 3100 个，安置贫困人员 3823 人，劳务待遇每人每月 200 元，实行按月打卡发放。积极做好就业扶贫基地和居家就业扶贫基地开发和安置工作，全县通过企业申请、乡镇审核、县级审批方式，认定就业扶贫基地和居家就业扶贫基地 152 家，提供岗位 7603 个，安置贫困劳动者 435 人。充分发挥中小企业、农村专业合作社、家庭农场等优势，引导贫困户就近就地就业。

加快推进就业扶贫驿站建设，结合涡阳县实际，统一规范建设标准，印发了涡阳县就业扶贫驿站建设实施方案、推进计划和运行管理办法。经县政府批准，首批建设曹市镇辉山村、陈大镇郑庄户村等 10 家，其中 9 家为政府投资建设，县政府按照每个驿站 10 万元标准给予建设补助，财政共拨付资金 90 万元，现已建成并挂牌 3 家，其余正以点带面全面铺开。2017 年 12 月，全市就业扶贫驿站建设现场观摩会在涡阳县顺利召开。加强信息系统动态化管理，县人社局与扶贫办联合下发《关于做好扶贫工作信息对接的通知》，由乡镇社保所和扶贫办定期进行数据比对，对出列、脱贫人员进行标注，新增人员及时录入就业信息系统，实行人员信息动态化管理。积极开展“三送一交心”活动。按照2017年初制定的活动方案，将“三送一交心”（送岗位、送技能、送温暖，与贫困劳动者交心）活动贯穿到送岗位信息、认定（居家）就业扶贫基地、开发辅助性就业岗位、就业技能培训等工作中。先后组织县镇两级共33场招聘会，提供各类就业岗位14080个；组织开展种养殖、按摩、汽车驾驶等培训共计1047人；通过“五净一规范”、“交心谈心”、扶贫月等活动和贫困劳动者进行谈心，通过政策宣讲、解答就业创业方面的疑惑，引导贫困劳动者充分利用现有条件和自身优势，实现就近灵活就业。（县人社局供稿）

人民生活

全年城乡居民人均可支配收入15122元，比上年增长9.8%。城镇常住居民人均可支配收入24257元，同比增长8.7%；农村常住居民人均可支配收入10850元，同比增长9.6%。

（县统计局供稿）

农村社会调查

【概况】国家统计局涡阳调查队是根据《国务院办公厅关于印发国家统计局直属调查队管理体制改革方案的通知》、中央编办《关于国家统计局各级调查队机构设置和人员编制的批复》和《国家统计局直属调查队管理体制改革实施方案》设立的国家统计局派出机构，为依照公务员管理的正科级单位，受国家统计局安徽调查总队直接管理，同时列入地方中直机关序列。既是政府统计调查机构，也是政府统计执法机构，依法独立行使统计调查、统计监督的职权，独立向国家统计局安徽调查总队上报调查结果，并对上报的调查资料的真实性负责。同时，承担地方政府委托的各项统计调查任务。常规抽样调查业务有农业调查、城乡一体化住户调查、主要畜禽监测调查、农产品价格调查、农产品中间消耗调查、农户固定资产投资调查、月度劳动力调查、农民工监测调查等。

【调查结果】2017年粮食产量抽样调查分县数据经国家统计局核定后，反馈结果是：全县粮食播种面积220.86千公顷，其中，小麦面积114.16千公顷，玉米面积36.29千公顷，大豆面积67.29千公顷。全县粮食总产量118.32万吨，其中，小麦产量85.33万吨，玉米21.07万吨，大豆7.97万吨。2017年全体居民人均可支配收入15122元，城镇常住居民人均可支配收入24257元，农村常住居民人均可支配收入10850元。（县农调队供稿）

经济开发区

概　述

【概况】涡阳经济开发区，前身是成立于2006年的涡阳县工业园区，2015年1月28日经安徽省人民政府批准更名为涡阳经济开发区（省级开发区），是安徽省“产城融合”实验区，托管11个社区，人口4万人，下设“两办五局”，即党政办、征迁安置办、社会事务局、经济发展局、规划建设局、招商局和财政局。开发区现有规模以上（限额以上）企业98家，其中规模工业企业69家，限上商贸企业11个，限上服务业16个，资质以内建筑业2个。自开发区成立以来，县委、县政府全力支持推进开发区发展，把开发区作为全县工业化的主战场、城镇化的突破口。2017年，涡阳开发区以县委县政府《关于加快涡阳经济开发区和产业集群专业镇建设发展的决定》文件为指导，逐步实现“一年打基础，两年上台阶，三年大变样”的发展目标，各项经济指标均实现40%以上的增幅。2017年度共完成招商引资完成160.33亿元，同比增长75.26；实现规模工业总产值72.23亿元，同比增长72.78%；完成固定资产投资135.97亿元，同比增长70.15%，其中工业固定资产投资55.61亿元，同比增长92.34%；财政收入6.04亿元，同比增长48.88%；新增规模工业企业17家。

【功能划分与定位】涡阳经济开发区包括城南新区和光机电产业聚集区、绿色装配式建筑产业聚集区、现代中药和绿色食品产业聚集区、循环经济科技产业园，规划面积37.1平方公里。

城南新区位于县城南侧，规划面积22.11平方公里，定位为涡阳城市新中心，是县城下一步发展的核心区域和涡阳城镇化发展的空间载体，以“环城水系与九宫格局”为空间框架，集城市文体科教中心、新兴商贸商务中心和生活居住等功能于一体，建设成为一座现代化生态新城。

四大产业集聚区规划面积14.99平方公里。循环经济科技产业园位于县城北部，规划面积5.89平方公里，产业定位化工新材料、新能源、精细化工、生命科学。光机电产业聚集区、绿色装配式建筑产业聚集区、现代中药和绿色食品产业聚集区位于县城西南部，规划面积9.10平方公里，产业定位为机械装备制造、电子设备、新能源新材料、绿色建材、农副产品加工等。

【基础和公共设施建设】2017年完成基础设施项目15个，分别是站前路绿化工程、华都大道绿化工程、育英河南延绿化工程、一中绿化工程、公交停保场、兴业路污水管网（淮中大道－站前路）、兴业路污水管网（紫光路－乐行路）、供电双回路、城市应急供水、向阳路改造工程（华都大道－南外环段）、德和路、一区六镇发展规划、光机电一期、光机电二期、标准化厂房三期等基础设施，2017项目基础项目的相继建成使用，使开发区基础配套更加完善，为开发区经济发展助力。此外开发区污水处理厂、南外环绿化、南外环辅道、南外环水系、德河水系、德和公园、规划二路、创业路、石弓山路、顺河路东段、发展要素中心、五馆二中心等12个基础设施启动建设，基础设施规模持续壮大。

【工程建设管理】在项目工程建设时期由区规划建设局统一协调服务、监督实施。施工环境由园区保障，凡进场施工企业，施工队伍不与当地村民发生直接接触。实行一次性告知和帮办制，一次性告知企业提供规划、施工等手续，并由帮办人员到业务部门代为办理。在工程施工期间，建设单位依照《入园协议》按周排出行事历，区规划建设局安排责任人实施全程跟踪服务和管理，开展日常巡查和定期督查，坚持每周调度，确保项目按照行事历完成建设进度。工程竣工后，区规划建设局牵头各单位对项目进行验收。

【拆迁安置工作】始终坚持围绕项目建设抓征迁，围绕区域平衡发展抓征迁，全面实施阳光征迁，做到真公平、真公正、真公开。坚持政策公平，制定了“三县一区”最优惠的征迁政策，征迁政策更加接地气，征迁流程更加规范，堵住原有的政策漏洞，最大程度减少自由裁量权。坚持操作公正，严格执行征迁政策，一把尺子量到底，一碗水端平，开通举报平台，违法违纪行为追究到人、到户。坚持过程公开，将政策公开化，把政策交给群众，严格落实“三榜公示、两级确认”，补偿安置结果全村公开，安置补偿协议书、评估报告单发放到户，主动接受群众监督补偿。2017 年启动先后启动 5 次整村拆迁行动，共启动征迁李庄等 14 个自然村及阳港园区 7 个村的整村征迁，征迁群众 3582 户，拆迁人口 9671 人，涉及房屋面积 111.25 万平方米。完成全部征迁协议的签订，群众房屋腾空搬家率 100% 以上。完成何大社区的窦庄、孟庄、五里窑进行了第一、二批安置扫尾工作，完成安置 327 户，1118 人，674 套，面积 73980 平方米，安置群众顺利的入住安置小区。启动何大社区的窦庄、孟庄、五里窑第三批安置工作。2017 年开发区棚户区改造货币化安置任务定 2080 户。货币化安置完成 2110 户、2614 人，发放购房券金额 548736000 元。

【环境保护】开发区高度重视环境保护工作， 成立开发区环境保护工作领导小组，制定 2017 年环境保护工作计划，与 11 个社区签订《2017 年涡阳开发区环境保护目标责任书》，印发《涡阳经济开发区突发环境事件应急预案》《涡阳经济开发区环境保护“一岗双责”责任制暂行办法》和《关于印发涡阳开发区环境保护网格化管理体系建设工作的通知》；完成省市政府交办的 7 个环保问题整改任务；对 12 家环保违法企业进行了整治，对违规生产的五星粮油三台锅炉进行了查封，对成骏家居进行了停电停产整顿；开发区污水处理厂开工建设，预计 2018 年 10 月份投入使用。

【城市管理】加强店外经营以及流动摊点的管理，加大广告标牌的整治，对依法拆除未经审批擅自设置或超过批准期限设置的各类户外广告全部调查登记，及时清理破损公益广告牌，更换破损画面。集中开展无主破损店招清理工作，清除有碍观瞻的破损杂物；全面清查建筑工地、建筑围挡、高架广告和政府出让经营权的广告位，及时更换破损广告画面；加强学校周边秩序混乱整治，清理校门外侧摆设摊点，占道经营，车辆乱停乱放，标牌乱贴乱挂等；城市外立面的管理，保持城市街道两侧的建筑物外型完好、整洁、美观。整治开发区范围内所有营运和不符合环保规范要求的渣土运输车、混凝土搅拌车、砂石运输车。重点做好开发区范围内 11 个社区的拆违控违工作，在工作上实行网格化管理，定人到村，采取车辆日巡查、人员徒步日巡查、无人机周巡查和接收举报的形式。并结合社区日报表进行全方位监控，继续拆违控违零报告制度，做到及时发现、及时报告、及时拆除，决不让违法建设过夜。

【一区六镇总体规划】按照“龙头企业引领，配套企业跟进，完善产业链，形成产业集群，打造产业基地”的发展思路，以园区为载体，以项目为抓手，以产业为支撑，努力将开发区和六个产业集群专业镇打造成推动涡阳新一轮创新发展的重要载体，承接产业转移集聚的基础平台，对外开放的形象窗口。坚持规划引领。按照“一带两轴、一主一副、五级联动、协同发展”的空间结构，高标准编制完成起步区规划面积 14.6 平方公里，2020 年规划 38.99 平方公里，2030 年规划 57.99 平方公里，远景规划 80.1 平方公里的“一区六镇”产业发展规划，优化“一区六镇”功能布局，实施建设规划、土地利用规划、产业发展规划、环境保护规划等“多规合一”。坚持特色发展。开发区重点发展光机电产业、绿色装配式建筑产业、现代中药和绿色食品产业、循环经济科技产业等四大产业基地；各专业镇围绕重点产业方向，走特色化、专业化发展道路。坚持联动开发。按照规划统编、设施统建、资金统筹、产业统谋、业务统管、人员统配的原则，推进“一区六镇”优化整合，建立区镇统建、资源共享的运行模式，不断优化“一区六镇”建设发展中土地、资金、技术、人才、政策等要素资源的配置；有序推动“一区六镇”联动开发、协调发展，在运行管理上，做到“1+6=1″；有力推动“一区六镇”产业集聚、错位发展，在发展成效上，做到“1+6>7”。

【西阳产业集群专业镇建设】西阳产业集群专业镇定位为涡阳发展副中心，依托济祁高速、省道 307 及涡河四级航道，打造以装备制造、新型建材、轻工纺织、现代物流为主导产业的产业主导型园区。起步区规划面积 4.4 平方公里，2020 年规划 10 平方公里，远景规划 21 平方公里。其中：装备制造板块，规划 3.2 平方公里，主要发展船舶制造、汽车零部件及附属专用设备、精密机械配件加工等产业；新型建材板块，规划 1.7 平方公里，主要发展水泥及其制品、建筑装饰装修材料、新型化学化工材料等产业；轻工纺织板块，规划面积 0.6 平方公里，主要发展轻纺、服装、鞋帽、包装等产业；现代物流板块，规划面积0.7 平方公里，借助港口发展物流产业，将运输、仓储、装卸、加工、整理、配送、信息等方面有机结合，形成完整的供应链。

【进出口和外经情况】2017年经开区实际利用外商直接投资14778万美元，同比增长79.43%；亿元以上项目实际到位省外境内资金80.76亿元，同比增长70.7%；现有10家进出口企业，实现进出口总额6011.3万美元，其中进口总额1214.3万美元，出口总额4797万美元。

【招工与用工】经开区积极做好与企业的沟通对接，摸底梳理企业用工需求，联合县人社局在各乡镇人流密集的集市、街道和县城分别举办了现场招聘会，32场，全年为企业招工2150人，建立外出务工人员信息库，收录返乡人员信息，搭建务工人员信息平台。

【招商引资】围绕构建光机电、现代中药及食品加工、绿色生态建筑产业、循环经济科技产业等四大集聚区精准招商，围绕传统产业链延伸招商，突出引进一批重点工业产业项目、外向型龙头产业项目和大型城市综合体。2017年，完成招商引资总额160亿元，签约项目39个，其中10亿元以上工业项目5个，总投资23.6亿元的安徽省道盛新能源有限公司太阳能组件及发电项目、总投资20亿元的安徽鸿路绿色装配式建筑产业园项目、总投资12.5亿元的安徽鸿路高新（阳港）产业园标准化厂房建设项目、总投资12亿元的北京晖丰新能源产业基地项目、总投资10亿元的成都成量精细化工项目。10亿元以上非工业项目4个，分别是投资25亿元的上海月星商业综合体项目、投资22亿元的涡阳和顺地产项目、投资20亿元的红星美凯龙项目、投资16亿元的名邦置业项目。5亿元以上工业项目7个，分别为总投资6.5亿元的安徽阳港港口联运有限公司多式联运项目、总投资6亿元的安徽申鑫光电科技有限公司太阳能光伏生产项目、总投资6亿元的安徽申杰智能电子科技有限公司CNC项目、总投资6亿元的欧吉尔金刚切片项目、总投资5亿元的泰山石膏新型建材生产项目、总投资5亿元的安徽春禾CNC项目、总投资5亿元的四季大通安全食品产业园项目；亿元以上项目11个，分别是：总投资3.65亿元的极耳生产项目、总投资3.24亿元的光大热电联产项目、总投资3亿元安徽神米科技接触式开关项目、总投资2.5亿元的安徽华商食品大豆加工项目、总投资2亿元的德运粮油项目、总投资2亿元的涡阳盛顺新型建材项目、总投资1.5亿元的安徽申源彩印包装有限公司高端印刷项目、总投资1.5亿元的润和食品项目、总投资1.5亿元的道远工艺品项目、总投资1.5亿元的手机摄像头和显示模组生产项目、总投资1.1亿元的迪盛织造项目等。

【项目建设】扎实推进项目建设，全面落实“四督四保”工作机制，对重点项目挂图作战、时间倒排、卡死节点。2017年完成共完成产业类项目建设11个，分别是：光机电一期、光机电二期、申源彩印、嘉驰房车、申鑫科技、申杰电子、金辉电子、迪盛织造、华鑫木业、浙江中继、蓝基自动化等项目；续建产业类16个，分别是：标准化厂房三期及A10综合楼、鸿路绿色生产基地、泰山石膏、道盛新能源、鑫佳机械、颐生堂饮片加工、德运粮油、润和油脂、极耳锂电池、创维手机、水联水务、谷神种业、亚辰光能、善德堂、美的酒店、国强建材城二期等项目。完成城市建设类项目3个，分别是：消防训练基地、五里湾安置小区、一中新建宿舍等项目；续建城市建设类项目17个，分别是：邻里中心、阳光医院、紫光小区、乐行佳苑、华都安置小区二期、新城安置小区二期、德顺安置小区、光明安置小区、李马安置小区、城市综合体、碧桂园龙城、职教中心楼、碧桂园凤凰酒店、绿城青牛广场、绿城蘭园、名邦学府、邦泰一号院等项目。

【社会事务管理】2017年组织政策内待孕育龄夫妇进行免费孕前优生健康检查202对，超额完成全年的工作任务。做好留守儿童的管理与服务工作，全区335名留守儿童全部建立健康档案；从精准识别、精准退出入手，开展了“重精准、补短板、促攻坚”、“双考双查”集中整改、“再回头”等专项活动，全年共有239户543人通过脱贫评估，实现稳定脱贫；调处化解各类矛盾纠纷115起，纠纷调处率和成功率均达100%。坚持定期排查整治治安秩序混乱地区和妥善解决突出的治安问题，适时开展征地、拆迁、安置专项整治活动；实施民生工程，享受城市居民最低生活保障的对象13户22人，享受农村低保的107户239人。加大城乡医疗救助和临时救助力度，做好临时应急救助工作；加强环境卫生管理，提升文明创建水平，协调、推进、监督全开发区环境卫生保洁网格化管理工作的落实，组织专题调研和工作督查。加强环卫工作的业务指导，制定环境卫生保洁实务操作工作流程，举办业务培训，推进全区环境卫生保洁工作标准化、规范化。

【财税工作】2017年1-12月，开发区实现财政收入6.04亿元，比2016年同期增长47.76%。其中，国税收入完成2.4亿元，同比增长100.85%；地税收入完成3.59亿元，同比增长16.55%，财政收入再次创出历史新高，突破6亿元，实现连跨三台阶。

（经开区管委会办公室供稿）

重点企业选介

【安徽申杰智能公司】安徽申杰智能电子科技有限公司由江苏申轩智能电子科技有限公司投资设立，于2017年3月入驻涡阳县经开区光机电产业园14号厂房，厂房面积1万平米，该项目总投资6亿元，其中固定资产投资4亿元。

公司设备主要包括法兰克机台、三菱系统CNC设备500台、海克斯康，二次元高精影像仪高倍数显微镜以及CCD检测设备20多台。主要生产以铝合金、钛合金及不锈钢为主的各种手机金属外壳及医疗件金属结构件。公司客户有富士康、绿点、长盈及东莞美景等，主要为华为、三星、苹果、OPPO、乐视、比亚迪、小米等通讯终端配套。另外公司产品还广泛应用于电脑、医疗器械、新能源汽车、数字视听、通讯主机、军工航天等领域。

目前，该项目已建成投产，达产后预计可年生产手机零部件1000万件，年产值超过10亿元，年纳税超过4000万元，同时可实现500多人就业。

【安徽申源彩印包装有限公司】安徽申源彩印包装有限公司由江苏布拉特实业有限公司投资设立，于2017年2月入驻涡阳经开区光机电产业园13号厂房，厂房面积5000平米，项目总投资1.5亿元，其中固定资产投资9000万元。公司引进了先进的12色全自动告诉凹版印刷机、高速干式复合机、分切机、制袋机等四条全新软包装生产线及齐备完善的检测仪器。目前，该项目已建成投产，年生产各类包装材料12000吨，年产值3亿元，年纳税额超过1000万元，同时可实现200多人就业。

公司主导产品以国家大力推广的环保包装新材料为主，具有绿色环保、安全卫生、易回收等特点，广泛应用于食品、药品、日化等行业。主要生产真空包装袋、多层复合铝箔拉链袋、吸嘴袋、多边封袋、自立拉链袋、高温蒸煮袋、自动包装机卷膜等各种彩印复合软塑产品。公司生产的产品销售全国各地，部分产品出口到东南亚、中东、欧美等国家。

公司主要服务于伊利、大宝、三只松鼠、良品铺子、盼盼、真心瓜子等国内外知名品牌，产品在质量、服务等方面赢得了客户的一致好评。随着产品市场的不断拓展扩大，安徽申源彩印必将发展成为安徽省及华东地区包装行业的一颗璀璨的明珠。

【安徽嘉驰房车销售有限公司】安徽嘉驰房车销售有限公司由上海嘉淼汽车销售有限公司投资设立，于2017年3月入驻涡阳经开区光机电产业园13号北厂房，厂房面积5000平方米。项目总投资5000万元，其中固定资产投资4000万元。目前该项目已建成投产，年生产、改装各类房车100多辆，年产值超过1亿元，年纳税超过500万元，同时可实现100多人就业。

公司主要生产改装高端商务房车、旅居房车，是一家集科技研发、技术引进及相关配套设备制造的专业公司。公司可根据不同行业的个性化需求，研发生产加长礼宾车、流动医疗车及公安、武警等特种车辆。

公司将依托涡阳道源国家湿地公园等优质休闲旅游资源，重点打造从生产、销售、租赁到房车露营地建设，一整套完整的房车产业链。同时，公司还成立了房车俱乐部，不定期组织客户到各地自驾游活动。

【安徽盛鸿科技有限公司】涡阳绿色装配式建筑生产基地由安徽鸿路钢结构（集团）股份有限公司投资建设，位于涡阳经济开发区繁华大道南侧、星园大道东侧。

安徽鸿路钢构（集团）有限公司是国内最大的钢

结构企业集团之一，拥有合肥、武汉两大生产基地，生产线160余条，年产能上百万吨，年产值达150亿元。

涡阳绿色装配式建筑生产基地项目总投资16亿元，固定资产投资10亿元，占地1057亩，建筑面积48.6万平方米，其中生产性建筑面积39万平方米、配套服务建筑面积10万平方米。项目采用智能化生产线，共建设37条绿色建筑钢结构生产线，主要生产装配式钢结构建筑的主体结构、墙板、楼梯及阳台等部品部件。

项目达产后，可实现年产值不低于20亿元，用工800余人。2017年鸿路基地安徽盛鸿科技有限公司实现产值610267万元，实现税收2700多万元。

【新诚达时装（安徽）有限公司】年产500万件（套）服装加工项目由新诚达时装有限公司投资建设，位于涡阳经济开发区标准化厂房A2、A3、A4。

公司总部位于浙江省平湖市，是全国知名大型服装加工企业。2015年，公司顺应国内服装产业由东部沿海向中西部大转移的趋势，响应安徽省接收吸纳产业转移的号召，一期投资1.5亿元，建设年产500万件（套）服装加工项目。

涡阳县为新城达公司量身打造总建筑面积2.8万平方米A3、A4两栋标准化厂房，于2016年11月28日竣工并投入使用。公司主要有两大客户：一是日本品牌优衣库，主要生产产品为轻薄羽绒服；二是法国品牌迪卡侬，主要生产户外运动服系列产品。产品销往世界各地，国内大中型城市均有其品牌专营店。企业现有员工300余人;2017年完成产值1.5亿元，纳税215万元。项目达产后，可实现年产值4亿元，年纳税800万元。

【安徽绿原新型环保材料有限公司】新型蜂窝式墙体材料生产项目由安徽绿原新型环保材料有限公司投资建设，项目位于涡阳经济开发区顺河路北侧、兴业路西侧。

项目总投资7000万元，固定总产投资4500万元，占地31亩，建筑面积2.1万平方米，其中生产车间及仓库面积1.85万平方米。公司致力于开发绿色、环保、节能的新型建筑材料，生产的绿原生态板具有环保节能、轻质坚固、隔热保温、经久耐用、施工便捷、可以重复利用等优点，综合成本低，施工周期短，有着传统建材面板所无可比拟的优势，是目前市场上性价比非常高的建筑材料。项目达产后，可实现年产值3亿元，年纳税近1000万元。

【安徽德运粮油有限公司】粮油加工生产项目由安徽德运粮油有限公司投资建设，位于涡阳经济开发区世纪大道南侧、创业路西侧。

2017年5月，涡阳县政府与安徽德运粮油有限公司达成投资协议，由安徽德运粮油有限公司投资2亿，对原闲置企业炬能粮油进行盘活。新项目占地140亩，建筑面积约4.8万平方米，新建中粮品牌植物油加工生产线一条，可年加工10万吨大豆、花生、芝麻植物油。项目生产所用大豆、花生、芝麻等原材料均来自涡阳当地种植的非转基因原料。项目达产后，可实现年产值不低于2亿元，年纳税不低于600万元。

【安徽阳继科技有限公司】安徽阳继科技有限公司电磁继电器生产项目由浙江中继科技有限公司投资建设，位于涡阳经济开发区标准化厂房B5、B7。

浙江中继科技有限公司创建于1991年，是温州地区继电器行业产销量最大企业，公司拥有全自动化生产线，生产和检测设备先进，专业从事100多个系列，1000多种规格继电器产品的研发、生产和销售。公司通过ISO9001国际质量管理体系认证，产品已获得欧盟CE认证、CCC强制认证，生产的产品已列入中国质量产品协会“21315”质量监控系统，并先后荣获“中国继电器行业十强企业”“中国继电器十佳名优品牌”。公司在全国设有多个销售分支机构，产品畅销国内30多个省、自治区并且远销东南亚、非洲、欧美等国家和地区，深受用户的赞誉。

项目总投资约3亿元，固定资产投资约2亿元，厂房面积约9200平方米，新建8条电磁继电器生产线。项目达产后，可实现年产值不少于3亿元，年纳税不低于4000万元。

【安徽申鑫光电科技有限公司】安徽申鑫光电科技有限公司光伏铸锭生产加工项目由江苏布拉特实业有限公司和江阴新灵机械有限公司投资建设，于2017年5月份入驻涡阳经济开发区光机电标准化广房3号。

项目总投资6亿元，固定资产投资4亿元，厂房面积约1.2万平方米。项目将购置铸锭炉120台，其中日本汉虹品牌单晶炉100台，美国通用品牌多晶炉20台。公司主要生产经营绿色可再生能源太阳能电池用单多晶硅材料，产品主要用于光伏制造业。项目达产后，可年产电池材料1000吨，实现年产值12亿元，年纳税2亿元。

【创维无线技术(深圳)有限公司】手机PCBA、显示模组、摄像头模组项目由创维无线技术(深圳)有限公司投资建设，于2017年12月份入驻涡阳经济开发区光机电标准化厂房12号。

项目总投资1.5亿元，固定资产投资1亿元，厂房面积约1.5万平方米，其中包括百级洁净厂房6000平方米，主要设备包括全新进口手机PCBA SMT贴片、显示模组、摄像头模组生产线各4条。项目达产后，可实现年产值不低于5亿元，年纳税不低于5000万元。

【安徽省道盛新能源有限公司】光伏组件、电池片生产及分布式光伏示范工程项目由无锡天贸智能装备有限公司投资建设，于2017年4月份入驻涡阳经济开发区光机电产业园标准化广房9号、11号。

项目总投资23.6亿元，项目分三期建成：一期总投资1.2亿元，建设500兆瓦的光伏组件全新设备自动化生产线项目；二期总投资1.4亿元，建设500兆瓦光伏组件全新设备自动化生产线及400兆瓦的离效光伏电池片全新设备自动生产线；三期投资21亿元，建设300兆瓦的分布式光伏示范工程。项目达产后，可实现年产值不少于5亿元，年纳税不低于1200万元。

【亳州市博科达新材料科技有限公司】年产1500万对电池极耳精制项目由亳州市博科达新材料科技有限公司投资建设，位于涡阳经济开发区标准化厂房三期A8栋4层。

项目总投资1.5亿元，固定资产投资1.3亿元，面积3656平方米，其中生产车间3000平方米、原料及产品仓库500平方米。生产设备主要有高倍率自动极耳机2台、金属带清洗线2台、高精度复卷机2台、动力极耳倒角机2台、动力极耳贴胶机2台、动力极耳热风机4台。项目达产后，可年实现销售收入1亿元，年纳税不低于400万元。

现代中药和绿色食品产业集聚区

涡阳县充分挖掘地方资源优势，在产业转型升级、企业科技创新上狠下功夫，对拥有历史传承的中药生产、食品加工产业，努力在现代和绿色上做文章，在涡阳经济开发区规划建设现代中药和绿色食品产业集聚区，重点引进现代中医药、绿色食品制造、农副产品加工、饮料白酒等项目。

现代中药和绿色食品产业集聚区北至淮中大道，西至兴业路，东至天静宫路及创业路，南至繁华大道；占地约3.3平方公里；其中工业用地为209公顷，共3135亩。现已入驻了修正健康饮品、德运粮油、润和食品、百禾堂等龙头企业。

光机电产业集聚区

2017年县委、县政府积极承接长三角、珠三角、京津冀等地区产业转移，光机电产业公司抓住一批光伏、电子产业企业落户涡阳的良好机遇，审时度势、做出大力发展光机电产业决定，高起点规划光机电产业集聚区，主动吹响了转型发展、创新发展的冲锋号。

光机电产业集聚区规划范围东至兴业路、南至将军大道、西至星园路、北至紫光大道，规划面积4.7平方公里。其中起步区占地480亩。重点引进机械装备制造、汽车零部件、光伏组件、通信设备、仪器仪表、计算机及其他电子设备制造等项目。16栋，总建筑面积19.8万平方米的标准化厂房于2017年7月份全部建成交付。

公司的目标：全县光机电产业“十三五”期间形成“龙头企业引领、骨干企业支撑、中小企业配套”的格局。其中重点企业将实现“5、10、20”目标，即培育超10亿元产值企业5家，培育超5亿元产值企业10家，培育超亿元产值企业20家，总产值达到200亿元，实现税收5亿元，带动就业6000人。

的积极性，将投资与收益的风险降到最低。

开发区标准化厂房

涡阳经济开发区标准化厂房项目座落在兴业路以西、顺河路以南、星园大道以东，总投资约3.7亿元，占地186亩，建筑面积17万平方米，包括16栋厂房、1栋综合服务楼、2栋宿舍楼。项目分两期建设，已全部建成，并入驻企业17家。项目由亳州市建投公司代建，亳州市建工集团进行施工。

项目采取三种模式建设：一是企业自建。企业可根据自身需要，在符合总体规划设计前提下自建厂房。既满足企业个性化需求，又有效节约了政府财政支出。二是政府代建。为企业量身打造所需厂房，既效减轻企业负担，同时有力提高了开发区对招商企业的吸引力和承载力。三是合作共建。政府和企业共建标准化厂房，不仅可以实现优势互补、资源互补，而且可最大限度调动企业的积极性，将投资与收益的风险降到最低。

工业邻里中心项目简介

工业邻里中心项目，由安徽鸿路钢结构（集团）股份有限公司投资建设，位于涡阳经济开发区在紫光大道与星园路交叉口。

项目总投资5.2亿元，占地面积117亩，全部总建筑面积约18万平方米，其中地上建筑面积约14.5万平方米，地下建筑面积约3.5万平方米，全部采用钢结构绿色建筑的方式建设，共设计公寓2388套。

工业邻里中心项目是光机电产业集聚区生活配套项目，建设工期15个月，预计2018年10月竣工。项目交付后，可满足5000名企业职工直接拎包入驻，提供“衣食住行闲”的“一站式”服务。

（经开区管委会办公室供稿）

已入园企业一览表

序号	企业名称	入园区时间	2017年底状态			投产时间	主要生产业务
			筹建	在建	生产		
1	鸿路绿色建筑生产基地	2016.11			√	2017.6	钢结构
2	财富康达	2009.3			√	2012.6	汽车制动器、车桥
3	三志制动器	2014.7			√	2014.9	汽车制动器
4	正龙健康饮品	2015.3			√	2017.3	饮料
5	道源堂饮片	2014.4			√	2017.2	中药饮片
6	黑娃科技	2014.8			√	2015.8	炒货
7	盛鸿集团	2016.11			√	2017.8	钢结构
8	国隆玻璃	2016.6			√	2016.9	玻璃、塑钢门窗
9	绿原新材料	2015.10			√	2017.2	蜂窝式墙体材料
10	万安塑料	2015.8			√	2015.12	防水排版
11	嘉驰房产	2017.1			√	2017.6	房车改造
12	申鑫光电	2017.4			√	2017.8	单晶硅
13	申杰智能电子装备	2017.1			√	2017.5	手机配件
14	申源彩印	2017.1			√	2017.5	高端印刷
15	三鑫光电	2015.12			√	2016.6	手机玻璃面板
16	新诚达服装	2015.5			√	2015.7	羽绒服、棉衣
17	恒明新材料	2015.3			√	2016.7	保鲜膜
18	修正健康饮品	2015.9			√	2017.1	功能性饮料

镇·街道概况

义门镇

【概况】义门镇位于涡阳县西北部，西邻谯城区城父镇，省道307省道、涡河穿境而过，是涡阳县的西大门。辖16个村委会，5个居委会，人口9万人，其中回民1.6万，镇区人口2.2万。义门镇历史悠久，人杰地灵，是千年历史古镇。据《颍州府志》记载："义门唐时为真源县"安史之乱后，改"真源"为"仪门"。同治二年（公元1863年），捻军领袖张乐行父子三人，在义门西周营殉难。同治三年（公元1864年）涡阳建县时，将"仪"改为"义"。

古时，镇上庙宇林立，名胜众多，四周城墙高一丈五尺，设城门九个，辖区范围内，有大小庙宇72座，故称"庙集"，至今仍能屈指可数的有千佛阁、玄帝庙、清真寺等十余座。每年庙会有农历四月八的香火会、十月初一的腾龙会，正月初八的孝道会，每逢庙会，召来外省市及周边地区的客商来义门参加物资交流，日客流量达到3万人次。镇西一里多的南窑村为东汉孝子韩伯俞故里，村后建有"泣杖祠"，风景秀丽，至今传为佳话。北关大街路西的清真寺建于元朝末，是伊斯兰教的活动场所，已成为千年古寺，至今游客仍络绎不绝。

2017年，义门镇继获批安徽省"千年古镇地名文化遗产"后，申报"安徽省优秀旅游示范镇"通过验收；获批成立"古镇文化研究会"，成立"老子书院义门分院"；成功举办"源和堂杯首届全国象棋公开赛"；新建团结村文体广场、民族小广场；文化遗产"棒鼓舞"、五禽戏等群众性活动有序开展，全镇新增配套农民体育健身器材9套，已达村村农民均可享用到健身器材的标准；开展民间口述文化传承记录，文化遗产"棒鼓舞"、五禽戏等群众性活动有序开展，协助省、市电视台制作特产介绍、旅游推介、特色餐饮、古建记录等专题节目，古镇义门的风土人情、历史人文正在逐步向世人展现。

清真寺

【经济工作】2017年，义门镇固定资产投资3.8亿元，较2016年同期增长9%；实现地区生产总值60.1亿元的目标，较2016年同期递增8.9%；财政收入1476.1万元，超序时进度9.1%；人均纯收入达到10800元，较2016年增长 8.9 %。义门镇政府着重加强产业规划引导，加大招商引资、园区建设和企业技术改造工作力度。2017年，义门镇规上工业总产值达18.5亿元，预计全年将突破19亿元，新引进义门堂农业有限公司，仅此一家就引资3.5亿元，实现工业总产值25亿元，规模工业增加值8.9亿元，分别较2016年增长15%和16%。

【项目建设】2017年完成145公里道路建设，直观计算长度约是义门镇到凤台县城的里程。义门镇畅通工程总长度39公里，已全面完工。一事一议项目14个，建成1个，其余13个在建工程，将在2018年春节前全部完工。义门镇建成区10个项目已完成整体设计，部分项目已开工建设；义门古镇建设核心区建设项目已完成设计规划，示范点建设已经开工；省道307线义门段项目升级改造工程、真源南路立面改造示范段、真源大道入口牌坊建设开工建设；义周路、义张路、义花路、义沙路约6公里综合改造正在逐步实施；真源南路水、路、电、气、信五网建设及主辅路面铺设已基本完工，绿化、美化、亮化三同步进入施工阶段；清真寺陈列馆工程已竣工验收；污水处理厂主体工程已竣工，配套管网正在施工。

【民生工作】2017年，义门镇开展两次扶贫对象动态调整，共整户新增346户856人，户内补录645人；整户清退375户770人，户内清退178人；返贫5户；2017年共计脱贫591户1452人，菜园、民族、李园三村达出列条件，村、户全部顺利通过省第三方评估。加快到村基础设施项目建设，投资农饮水工程、小农水工程、较大自然村畅通工程 95.1 万元、高标准农田治理、村级综合文化服务中心、贫困村发展集体经济专项资金等项目资金 8481.57 万元。大力发展村集体经济项目，民族发展资金投入 204 万元，在义门镇七里桥建设 28 座香菇大棚，2018 年初投产后，武举、陶赵、民族、赵屯每年集体收益 5 万元；投资 160 万元，分别在杨楼、武举建成两座温氏养猪舍，菜园等四个贫困村年集体收入 16 万元；投资 2961.9 万元，建成 4059.05 千瓦光伏电站，已并网发电，2018 年义门镇 20 个村均可得到 5 万元集体经济收益。发动社会力量助力扶贫，源和堂药业捐赠 49 万元，为菜园、武举村建设村集体光伏电站，年底两村已获收益 0.9 万元；源和堂药业种植藏红花分红 89 户贫困户共受益 22.25 万元。抓好到户项目，让贫困户应享尽享，"三保障"危房改造 331 户受益金额 726.8 万元；教育帮扶 1799 人次受益金额 194.4 万元；"351、180"健康医疗服务 7206 人次 808.2773 万元，基金支付 704.3547 万元，个人自付 103.9226 万元，自付药费仅为 12.8%；就业劳动技能培训 33 人享受培训补贴 3 万元，午季禁烧巡逻员约 440 人，报酬 13.2 万元。义门镇落实扶贫济困政策，2017 年落实五保供养 429 人；落实农村低保 699 户 1511 人，对建档立卡贫困户整户施保 129 户 406 人；落实城镇低保 305 户 374 人；落实残疾人护理补贴 396 户，残疾人生活补贴 1142 人，精神病人药费补贴 154 人。加强敬老院监管，确保安全。义门镇以市县"环保风暴"为契机，依法拆除非法加油站 5 个，取缔粘土轮窑厂 1 座，非法砂石场 6 处，搅拌站 3 处，非法塑料加工厂 2 处，同时及时查处环境举报投诉 10 起。改厕和"五净一规范"强力推进，义门镇域清洁卫生实行企业化管理，镇村环境卫生得到极大改善，受到社会各界的一致好评，极大改善群众生活居住环境。

（义门镇供稿）

高炉镇

【概况】高炉镇是千年古镇、皖北名镇、酿酒之乡，全国小城镇建设重点镇、安徽省优秀旅游乡镇。古镇高炉自古就以"酒乡"著称。解放前高炉集仍有大小糟坊 30 多家，其中较为有名的酒糟坊有"广和""会海""永源公"，至今仍流传着"汉三杰闻香下马，高炉酒十里飘香"的美丽传说。

2016 年行政区划调整后，单集林场所辖五个行政村合并至高炉镇行政区。合并后高炉镇辖 15 个村（居）委会，国土面积 120.7 平方公里，耕地面积 11.1 万亩，林地 1.6 万亩，人口 7.5 万人。

【现代农业】调整农业产业结构，大力发展现代农业。特色农产品如香菇、蔬菜、蛋鸡、蛋鸭、獭兔养殖，菊花种植规模均取得突破。农民专业合作社蓬勃发展，截至 2017 年，全镇共有规模养殖厂 43 家，各类专业合作社 84 家，省级 1 家，市级 6 家。农业基础设施建设得到提升，大呼、代集两村实施了高标准农田建设。修建大、中沟涵管桥 209 座，新打机井 100 眼，机电井房 100 座，固定喷灌 100 座，清淤沟渠 1.94 千米，水沟清淤 87.16 千米，新建拦水溢流坝 2 座，购置太阳能杀虫灯 100 盏，栽植田间林网 17000 株。抓好特色种养业和农业产业化经营扶贫工作，以农业产业帮扶为重点，促进贫困群众稳定增收。高炉镇安庆菇源食用菌有限公司和农家女兔肉专业合作社吸纳贫困户 60 余户，实施进厂参与，年终分红，每人不低于 6000 元。大力推进植树造林工作，全年完成植树造林任务 4075 亩，实现增彩、增绿、增果，修建水泥路 16.57 公里，完成植树造林 1.4 万株，开挖土方 12 万，项目实施后实现旱能浇、涝能排。农业机械化程度加快，以国家农机具补贴为契机，新购置大中型农业机械 127 台，喷灌机械 386 部。全镇共有大型联合收割机 412 台，大中型拖拉机 165 台，配套机具 420 台套，总动力达到 51450 千瓦。

【项目建设与招商引资】高炉镇按照打造皖北工业强镇的目标，加快推进工业化建设帮扶企业升级，徽酒集团、如一淀粉、宏伟印务、鑫聚源管业等几家企业实施了新的技改项目，提升市场竞争力。为本地的企业牵线搭桥引技术、引资金，利用本地白酒产业优势，积极开展和外地白酒企业的合作。通过招商引资和全民创业，目前高炉镇有规模工

徽酒集团

业14家，中微企业36家。完善园区配套设施建设，已建成高炉污水处理厂，日处理污水8千吨，提高工业废水的处理能力。2017年，引进道源工艺品有限公司工艺品加工等项目，总投资2000余万元，落户高炉工业园区。

【集镇建设】高炉镇坚持规划先行原则，挖掘“涡河文化”和“酒文化”，按照县委、县政府统一规划部署，突出特色，规划实施“1234”工程。通过大家的共同努力，顺利申报一个省级中心村，两个市县自主建设中心村，并推动美丽集镇建设，迎宾大道、高炉大桥改造升级，使街面、路网得到绿化、美化；拆除多处违法建设、私搭乱建，集镇面貌有很大改善。

【文明创建】2017年，高镇农村清洁工程推向市场化运作，提高农村清洁工作的效益、质量。落实农村垃圾分类措施，把农村生活垃圾分为有害垃圾和无害垃圾两大类别，无害垃圾进行卫生填埋处理；有害垃圾采取收集、有偿回收、转运的办法予以处理。建立三级有害垃圾分类处理设施，每自然村建立无害垃圾填埋坑，每行政村建立有害垃圾回收点，镇里依托原垃圾中转站建立有害垃圾中转站。每300人有一个保洁员，每村配一个有害垃圾回收员，镇配备两个有害垃圾收储员。建立“农户分类、保洁员收集、镇村转运、县处理”的垃圾回收转运机制及有害垃圾长效管理机制。全力推进农村垃圾污水厕所专项整治“三大革命”，积极开展陈年垃圾清理、垃圾分类处理、卫生改厕、生活污水治理专项工作。

【社会事业】大力实施各项民生工程，提高群众的生活质量，改善居民的生活环境。实施农村道路畅通工程，修建道路51.258公里，加宽道路9.46公里，极大地方便了群众的出行。加快自来水到户工程建设，赵沃自来水厂约铺设自来水管道33.1公里，覆盖四零居委会、赵沃、杨楼、杨大、杨瓦房、陆杨等村，解决了4837户、2万多人安全饮水问题。累计发放五保生活补助103.35万元、农村低保救助金142.25万元、残疾人救助资金58.33万元。同时教育、卫生、文化、体育、社会保障、安全生产、综治维稳等工作都取得了一定的成绩。

（高炉镇供稿）

青疃镇

【概况】青疃镇因地势低洼，积水成苔，史称“青苔”，历代口误演变为青疃，位于涡阳县东北部，距涡阳县城25公里，距省道S202线7公里。东与淮北市接壤，南与曹市镇相邻，西靠龙山镇、马店集镇，北临石弓镇。全镇总面积136.1平方公里，耕地15.1万亩，人口8.5万，是一个典型的农业大镇。全镇辖19个村委会、1个居委会，169个自然村，238个村民组，共17863户。1996年被列为安徽省综合改革试点镇、原阜阳市综合改革试点镇和小城镇建设示范镇，1999年被省政府列为省中心建制镇。整个镇区紧靠S202省道，徐阜铁路穿镇而过，青永、青芦铁路交汇于此，青疃火车站已成为国家二级编组站。

整个镇区已建成“井”字型框架式，镇区建设具有明显而独特的地方风格，形成了皖西北集生态旅游和贸易流通于一体的综合型现代化集镇。全镇沟、路、树、桥、井、涵科学配套，田成方、林成网、树成行，沟直路宽，交通便利。现已成为涡阳县东北部一方政治、经济、文化中心。

青疃镇政府所在地青疃集近年来市场繁荣，商贸发达，镇党委、政府大胆培育市场，发展集市贸易，建设了农民城、工业园、人民广场等基础设施，不断规范市场经济秩序，逐步形成以生产基地为依托，以专业商品市场、农贸市场等特色市场为营销网络的健全的市场体系。

青疃镇文化底蕴深厚，境内重点文物保护单位袁氏宗祠，即晚清山东巡抚袁大化故居。樊哙墓位于青南村寺东王庄，名曰“樊哙寺”，相传古墓为汉高祖大将樊哙之墓，该墓占地面积1200平方米。

【工业经济】2017年，财政收入867万元，其中地税收入83万元，国税收入642万元，社会抚养费159万元。2017年青疃镇完成规模以上工业产值3.3亿元，完成工业投资1.8亿元。招商引资到位资金2.8亿元，实现税收720万元，新增限上贸易服务业2家，规模以上企业2家。

【农业经济】2017年，粮食产量明显提高，全镇小麦总播面积14万亩，亩产650公斤，总产9.1万吨，增长15.5%。全镇大豆总播13万亩，亩产120公斤，总产1.56万吨，玉米总播1万多亩，亩产420公斤，总产0.42万吨。土地流转明显加快，新增土地流转1800余亩，新增农民专业合作社35个，家庭农场78个。推进小麦政策性农业保险工作，按照政府提倡、农户自愿的原则，为全镇20个行政村小麦生产系上“保险带”。全镇共入保小麦面积10万余亩。畜牧业存栏量明显增多，出栏肉猪1.8万头，生猪存栏0.6万头，山羊3.5万只，家禽10万只，全部进行防疫，防疫密度100% 。林业生产连年先进，通过镇政府统一购苗，绿化树种以栾树为主，辅以法国梧桐、樱花树等20余种树木，全镇植树36000多棵。春季成片造林2600多亩，集中在济祁高速两侧和海棠基地，栽植各类花木30万株。完成四旁植树13万株，青王路等路段补植造林130亩。

【美丽乡村建设】大袁省级美丽乡村完成建设并通过省级验收，村内道路3纵1横，面积7025平方米，新建公共设施6210平方米，雨水管网5958米，水体整治12420平米；建设幼儿园1座，广场1外，公厕3座，路灯安装113盏，绿化植树5000余棵。政府驻地建成区建设成市级美丽集镇。截止2017年12月31日正在建设省级美丽乡村冯圩村，新建冯圩村污水处理厂，雨污管网4821米，各项工程正在推进中。

【民生工程】2017年共实施29项民生工程。全镇参合率100%，为全镇8万多人建立健康档案。6.6公里的贫困村道路改造项目完成，24.5公里的撤并村道路改造项目已经完成，窄路加宽项目完成了39.6公里。“一事一议”项目涉及13个村13个项目，其中铺设水泥路13条10公里，下水道2公里，安装路灯500盏。水泥路和路灯全部完工，一事一议完工率为100%。创造公益性岗位，提供就业机会。全镇为村里提供了225个公益性岗位，全镇20个护塘员，每人每月500元；护林员、护路员、治安巡逻员全镇总计205人，每人每月200元，全部按月打卡发放。

【社会保障】加强基本医疗、防疫保健、健康教育等农村卫生服务体系建设，按照“五统一、两独立”的工作要求，大力开展农村卫生一体化建设，村卫生室的面貌焕然一新。狠抓农合社保，受益群众增加，全镇新农合完成100%；城镇居民社会养老保险完成98%以上，在全县处于领先地位。现实有低保户341户640人，五保户270人。计划生育月评比、月调度，位居全县前列。免费孕前健康检查完成409对；特扶9人，发放补助金112560元，手术并发症2人，发放补助金7200元，新增奖扶101人，发放补助金98400元；独生子女免农合3545人，二女户免农合663人，计63.12万元；独生子女领证户优惠政策兑现420户151200元，二女户优惠政策兑现128户76800元。

【脱贫攻坚】建成扶贫光伏电站17座，惠及全镇建档立卡贫困户；村级产业发展和临时救助资金143.37万，受益1306户；全镇光伏受益户996户；全镇共完成453户危房改造户，打卡发放1144.5万元；每个贫困村分别建立2个温室养猪场，每年增收16万元；全镇产业和企业59个，已带动96户贫困户就业，可再带动235户贫困户就业。按照“识别到人、帮扶到户、落实到位”的要求，对所有贫困户建立档案，做到户有表、村有册、镇有档案。同时，联系各帮扶单位，借助各单位优势，集中力量，将脱贫摘帽任务分解落实到每个人，对

2018年8月1日，省人大常委会副主任花建慧（左三）到青疃调研产业扶贫

全镇预脱贫农户实行全覆盖帮扶，2017年共脱贫630户1602人。

【三大革命】垃圾分类处理工作，全镇169个自然村都开挖无害垃圾填埋坑，20个行政村都建立垃圾分类处理工作站，全镇300个环卫工人每天负责环境清理、分类、运输、处理等工作。拆除并清理乱堆乱放、乱搭乱建75处，清理建筑垃圾和生活垃圾15000多平方米，拆除广告牌123处，清理牛皮癣569处。整镇推进改厕工作，2017年全镇村民改厕6500个，人居环境进一步提升。

【信访维稳】建立健全镇、村、村民组、户长“四级联防”、“四级调解”体系，一级抓一级，层层抓落实。抓好为民中心建设，打造一条龙的服务平台。抓好信访接待工作，落实领导干部接待制度，每天信访大厅都有两位副科级领导值班。积极开展矛盾纠纷排查调处工作。始终把矛盾排查作为维稳工作的重中之重来抓，立足于把矛盾纠纷化解在萌芽状态。2017年共受理各类来信来访问题23宗，办结23宗；调处矛盾纠纷156起（件），成功率达100%。

【文化教育】村级文化活动中心24家，各类图书室46个，有藏书31万册。有省级文物保护单位大袁古村落1处。农家书屋20家，送戏下乡、送电影下乡36场次，极大的丰富了群众的精神文化生活。现有幼儿园10所，在园幼儿1968人，专任教师52人；小学22所，在校学生4180人，专任教师309人，小学适龄儿童入学率100%；初中4所，在校学生820人，专任教师138人。

（青疃镇供稿）

龙山镇

【概况】龙山镇位于涡阳县城东北约12公里，南靠涡北街道、北接马店集镇、东连青疃镇、西邻新兴镇。镇政府设在龙南居委会。境内有三山，龙山居中，因山势蜿蜒起伏似龙形而得名，东西各有一小山丘，即东山、西山。辖区东西最大距离12.2千米，南北最大距离9.01千米，总面积109.8平方千米，其中山地4.6平方千米，水域面积9.4平方千米，陆地面积95.8平方千米。辖2个村居委会，18个村委会，108个自然庄，总人口87696人，其中男性占50.7%，女性占49.3%；人口出生率13.72‰，死亡率4.91‰，人口自然增长率8.81‰，人口密集度为每平方公里799人。龙山镇地处淮北平原，地势平坦，土壤黄土居多，黑土次之，有少量碱土。属暖温带湿润气候，四季分明，阳光充足，季节明显。境内河流属涡河水系，水资源比较丰富，农业灌溉条件较好。境内有丰富的山石、煤炭等资源。道路交通十分便利，省道202线、徐阜铁路跨境而过，济祁高速穿过龙山镇东北部，在龙山北部大何村设有高速出入口。龙山镇是涡阳的古镇、大镇，既有悠久的历史又有许多美丽的传说，古槐树、白云洞、奶奶庙、古庙会，加上杨二郎担山追日的传说，使龙山镇久负盛名、声名

济祁高速涡阳北出入口

远播。

【组织建设】2017年扩建小高、南三里两个村室，全镇共有村室20个，并全部完成“五小”建设。全镇现有中共党员1620名，其中，中共正式党员1591名，预备党员29名，党委2个，党总支部16个，党支部65个。

【工业建设】2017年，全镇社会生产总值完成20.89亿元，其中农业总产值6.39亿元，工业总产值14.5亿元，财政收入完成631万元；农民人均纯收入11396元。2017年全镇规模工业企业7个，规模工业从业人员406人，完成固定资产投资3.98亿元。

【农业发展】2017年全镇共有农业耕地面积7266.67公顷，人均0.083公顷，以种植小麦、大豆、玉米为主。主要粮食作物是小麦、玉米，2017年生产粮食72695吨，其中小麦52664吨，玉米20031吨。主要经济作物为大豆，2017 年大豆种植面积60507亩，产量7441 吨。畜牧业以猪、羊、家禽为主，呈现规模化发展趋势，2017年生猪出栏数2.77万头，年末存栏0.62万头；羊出栏数0.73万只，年末存栏0.56万只；家禽年饲养108万只。全镇新增规模养殖场8户，新增农民专业合作社11家，新增家庭农场17家，农业专业化进程进一步提升。

【社会事业】镇综合文化站配套完善、设施齐全，20个农家书屋坚持免费开放，群众文化活动丰富多彩；2017年全镇共有小学12所，初中2所，幼儿园9所，还有1所私立实验学校，在校学生8551人，专任教师389人；卫生事业稳步推进，全镇共有综合医疗卫生机构1个，拥有在职职工52人，有20个村级卫生服务室，新型农村合作医疗参合率达95%以上。

【基础设施建设】2017年，全镇共有水泥路面450多公里，砂石路面60多公里，柏油路面6公里。共有大中小桥涵800座。通过加大对基础设施的投入，实现了集镇建设三个全覆盖，即街道硬化全覆盖、绿化全覆盖、亮化全覆盖。

【工业功能区概况】龙山镇工业功能区分南区、北区，共占地3000亩，其中南区1000亩，北区2000亩。先后投入近千万元对功能区基础设施进行了完善，整修了道路，安装了路灯，架设了供电线路，达到了“三通一平”，并实现了绿化、亮化和美化。作为招商引资的重要平台，龙山工业功能区对龙山镇的招商引资起到不可替代、至关重要的作用。

（龙山镇供稿）

西阳镇

【概况】1992年3月，涡阳县撤区并乡，西阳乡、郭寨乡合并设立西阳镇，镇政府坐落在西阳集。西阳镇位于涡阳县城东20公里处，与蒙城县接壤，现辖9个村民委员会，2个居委会，2个社区，113个自然村，国土面积61.6平方公里，人口4.52万人，耕地面积5.86万亩。西阳镇为历史文化名镇，历史名人范蠡、西施合葬于此。省道307和涡河穿镇而过，济祁高速涡阳东出口距集镇仅2公里，

西施像

交通区位优势明显，素有涡阳东大门之称。2017年，实现地方财政收入1717.4万元，招商引资到位资金5.58亿元，完成固定资产投资5.86亿元，实现工业总产值6.91亿元。

【农业发展】西阳镇地势平坦，气候温和，土地肥沃，是传统农业大镇。主产小麦、玉米、大豆，是农业高产攻关生产基地。拥有万亩示范片面积0.15万公顷，自2008年国家现代农业生产示范项目落户西阳镇以来，示范区小麦单产保持550公斤左右。2017年小麦亩产达到545公斤；积极实施玉米振兴计划，2017年种植玉米0.19万公顷，玉米亩产468公斤。2017年，西阳镇深入实施农业产业结构调整，以安盛农业为依托，打造建设133公顷优质树莓基地，“企业+合作社+农户”产业体系日趋成熟，经济效益逐步扩大。依托农业开发、土地整理、小型水利等项目，打造900公顷高标准农田示范区，进一步提高农业综合生产能力。充分发挥土地流转优势，推行果树套种模式。大力实施农业生产全程社会化服务，推进农业全程机械化、规模化、集约化发展，改善农业生态环境，提高农业生产效率，增强农业综合生产能力，通过努力全镇新增加合作社13家，家庭农场3家。

【招商引资】2017年，通过全镇努力，总投资6亿元的中建材泰山石膏涡阳项目和总投资12.5亿元的鸿路钢结构标准化厂房项目先后落户西阳镇，有力推动经济社会转型发展。现有规模工业企业8家。

【集镇建设】2017年4月，县委、县政府审时度势启动西阳镇范蠡社区花行、王桥村前王等七个自然村的征迁工作，顺利完成涉及728户，1967人征迁工作；拆迁房屋总面积9.7万平方米，发放房屋及地面附属物补偿款7200余万元；征收土地面积269公顷。先后投入1307万元对镇北环路、东环路和背街小巷路面进行了整修和改造。争取“一事一议”项目资金兴修、改造村级道路33.5公里，累计投入195万元，镇内道路结构不断优化，交通设施建设网络日趋完善。大力开展美丽集镇建设，加快美丽乡村建设步伐，西阳美丽集镇、范蠡社区美丽乡村顺利通过省级验收。

【脱贫攻坚】2017年，西阳镇党委、政府坚持把脱贫攻坚作为最大的政治任务，集聚攻坚力量，强化扶贫举措，脱贫步伐不断加快。按照精准扶贫识别标准，通过户申请、组评议、村决议、镇审核，动态调整建档贫困户425户874人。对照审计反馈问题整改工作要求，完成问题整改，退回扶贫资金2.76万元。光伏找地工作顺利推进，完成找地110亩，并建成投入使用，为全镇767户贫困户建设分布式光伏发电站，其中200户贫困户纳入集成电站光伏入股，帮助贫困家庭每年增收3000元。扎实开展小额扶贫贷款工作，200户贫困户成功申请贷款共1000万元。落实产业扶贫政策，按照贫困人口每人1亩，每亩补助1000元的标准对2787人实施林业产业扶贫。使用村级扶贫专项资金89.23万元，为890户贫困户购买种子、化肥、猪、羊等生产资料。投入资金162万元发展贫困村集体经济，建设温氏养殖大棚2个，每年增加贫困村集体收益16万元。充分调动各方面力量，先后有2家合作社与78户贫困户签订帮扶协议，安盛树莓、冠盛纺织等多家企业主动对百余户贫困户开展帮扶，扶贫合力不断凝聚。通过努力，全镇454户1207人成功脱贫，贫困村王桥村顺利出列。

【民生工作】大力实施建设类民生工程，切实加强涉农资金监管。投入500余万元的郭寨水厂项目正式通水使用；投入20万元对原王楼村敬老院进行改造；投入500余万元对302户建档立卡贫困户实施危房改造；投入157万元实施一事一议财政奖补项目，农村基础设施逐步完善。严格规范补贴类民生工程资金发放，扎实开展城乡低保、五保供养、生产救灾以及社会救助工作，累计发放补贴、补助等各类资金257.9万元。组织开展农业技术培训2期59人次，劳动就业、治安保险、合作医疗等社会保障工作有序开展，社会发展和谐稳定。

【社会事业】大力整合教育资源，加大教育基建投入，稳步改善教育教学环境，教育教学质量稳步提高，2017年西阳中心校考取省级以上重点高中116人。推进文化大发展、大繁荣，打造建设了范蠡广场、西子广场，抓好公共文化场馆的开放工作，加强党务公开栏、宣传栏、党员活动室、村民文化活动中心等阵地建设。社会管理进一步加强，以创建“平安乡镇”为抓手，建立综合治理长效机制，健全基层维稳应急处置预案，成立13支应急处置志愿者队伍，全面提高维稳应急处理水平。严格落实安全生产责任制和追究制，深入开展安全生产培训和法律法规宣传教育，把安全生产工作纳入目标管理体系；联合镇派出所对全镇范围内的酒厂、纺织服装厂、面粉厂等近50家中小企业、公共娱乐场所、校园周边环境进行了全面的隐患排查治理。共检查娱乐场所4家、网吧5家，关停黑作坊2家。督促恒瑞面粉、冠盛纺织2家企业完成了市挂牌督办安全隐患问题整改。常态化开展领导干部接访、下访，调处化解矛盾纠纷21起，矛盾纠纷调解成功率达96%。全年共回复省市县人民网网友留言19件，回复市县长热线257件，发布政务公开信息394条；网上办事大厅功能进一步优化，“门难进、脸难看、事难办”的问题根本解决，共为群众办理各类事项22846件，群众满意率达99.9%以上。

【组织建设】2017年，西阳镇党委坚持民主集中制原则，严格执行党委会议、民主生活会等会议制度，召开涉及党建工作的党委会议和中心组理论学习会议19次。推行党建工作责任、任务、问题“三个清单”制度，研究制定镇党委抓基层党建工作“三个清单”，抓好镇党委及个人“三个清单”的落实，压实党建责任。扎实推进“两学一做”学习教育常态化制度化，研究制定学习教育方案，先后召开中心组理论学习研讨会议14次。通过边学边做、边查边改，查摆解决问题62个。认真学习基层党组织标准化建设内容，逐项研究梳理，制定推进方案，狠抓落地见效。为63名符合条件的的村干部办理了城镇职工养老保险；调整配备村党总支书记4人，新配村干部15人，其中大专以上学历6人，退伍军人4人，进一步增强了村级党组织的凝聚力和战斗力。认真做好党员教育管理工作，新发展预备党员16名。组织镇村干部走访慰问六类困难党员32名，走访贫困户4800余人次，解决贫困户生产生活实际困难200余件。在全镇13个村(居、社区)打造建设了高标准的村级“五小”平台；注重党委信息宣传工作，“万村网页”管理工作被市委组织部评为优秀乡镇先锋网；注重党支部和党员先锋模范作用的发挥，结合工作实际在秸秆禁烧和征地拆迁工作中，建立禁烧临时党支部和征迁临时党支部30余个。严格落实全面从严治党“两个责任”，注重廉政风险防控。全力支持纪委“三转”，加大扶贫、低保等涉农领域案件的查办力度，先后接待群众来信来访11件(次)，给予党政纪处分9人，推动全面从严治党落地生根。与此同时，民主政治建设成效明显，统战、党管武装、群团、老干部等各项工作取得新进展。

涡南镇

【概况】涡南镇原为双庙镇，位于涡阳县城南部，距县城7公里，镇政府坐落在双庙居委会，辖16个村(居)委会(双庙居委会、王塘村、王寅村、朱梨园村、董楼村、张郢村、胡碱村、丰集村、邵大村、前王村、郑庙村、史庙村、郭长营村、大于村、杨桥村、杨楼村)，人口 7.2万人，耕地面积0.61万公顷，以种植小麦、玉米、黄豆为主。濉阜铁路贯穿南北，涡双路、双胡路、西高路、双王路、双丰路纵横交错，交通便利。2017年农民人均纯收入10850元，财政收入579万元，企业实缴税金528万元，粮油棉产量109404吨，畜禽家禽共出栏19.4万只，农作物面积12482公顷，工业产值2.13亿元。

【社会事务】坚持民生为本，把改善和发展民生作为工作的重心，着力解决群众普遍关心的突出问题，扎实推进各项民生工程。文化建设共投资64.5万元，改造、新建镇村两级文化活动中心。卫生计生组织开展孕前优生健康检查，低生育水平保持稳定。道路实现新建畅通工程8.8公里、革命老区道路4.8公里、窄路加宽4.9公里、一事一议道路9.8公里、土地整治项目道路10公里，基本实现了所有自然村主干道通水泥路的目标。社会保障动态调整低保户210户，新办残疾证185

人，新建成1个社区养老机构，城乡居民养老保险已缴费人数23369人，60岁以上农民已有9024人领取养老保险金。

【新农村建设】常抓环卫保洁，垃圾、污水、厕所专项整治“三大革命”取得突破，农村环境状况明显改善；狠抓“三线三边”整治，开展落地广告牌专项清理，涡双路、幸福桥到道口、白膏沟到车站等线边亮点纷呈；狠抓“四大秩序”整顿，对双庙集镇和三个集市的经营秩序、环境秩序、交通秩序、建筑秩序进行全方位整顿，农村面貌明显改观。

【农业工作】规模种养发展迅速，全镇现有农业专业合作社126家，农机专业合作社18家，家庭农场48家。依托“合作社＋基地＋农户”发展模式，以万头养猪场为中心，打造畜牧养殖圈；以和谐种植合作社为中心，打造杨桥、前王绿色蔬菜种植基地；以润丰水产养殖公司为中心，打造史庙、大于水产养殖基地；以徐阜铁路绿色长廊为中心，打造绿色涡南，在大于、邵大、杨楼、董楼、胡碱、张郢等村新增植树造林1500余亩。机械化收种发展迅速，新增100马力以上大型农机具230台，全镇现共有小麦收割机320台、玉米收割机108台、大中型拖拉机450台、旋耕机播种机等760台，机械化水平提高农机托管率100%，深松土地2.6万亩，秸秆还田利用率达到98%以上。投资580万元，在胡碱、郭长营实施高标准农田建设项目6800亩，实现了高标准农田全镇全覆盖。积极争取多方资源，推广农业实用新技术，培养新型职业农民。举办各类农业技术培训8次，受训人员达276人次，培养科技示范户1800户、新型农民89人，农民科技素质逐步提升。

【集镇建设】2017年双庙集镇建成区整治项目完成施工前准备工作，王塘村美丽乡村建设取得新进展。制止违法用地建设行为为12起，拆除违法建设7000平方米。新增耕地组卷报批138亩，增减挂组卷实施120亩。加大环境保护力度，清理“六场一站”6处，取缔关闭禁养区养殖场5家，整改规模养殖场9家，初步建立河长制包保体系，人居环境进一步改善。

【组织建设】2017年，镇党委政府扎实开展“讲重作”专题警示教育，深入推进“两学一做”常态化制度化，认真学习贯彻十九大精神。一年来，召开民主生活会2次，组织集中学习10余次，上党课4次，组织专题活动3次；及时召开学习贯彻党的十九大精神动员部署会，采取集中学习与自主学习相结合，实现学习全覆盖。着力夯实基层党组织标准化建设。硬件方面对丰集、大于等16个村村部标识牌、为民服务大厅、党员活动室、党务村务公开栏、院落整治、主体等硬件设施进行升级。强化基层活动场所建设，对王寅村村级活动场所进行改扩建，镇党委分别给予5000-20000的资金支持。软件建设方面：各级党组织认真落实“三会一课”“四议两公开”制度，深入开展“一诺双述双评”、星级化管理等六大载体活动。同时，注重把现代化、信息化运用到组织生活中，涡南镇镇级万村网页获得全市镇级网页第二名的好成绩。村干部报酬方面，确保村正职报酬高于农村常住居民人均可支配收入2倍，2017年村正职收入4万元左右；村副职、一般干部按0.9、0.8系数确定。为60名村干部购买了城镇职工养老保险、新型农村合作医疗保险和人身意外伤害险；加强后备干部培养，全镇已储备村级后备干部32名。2017年新发展预备党员17名，调整5个村的书记、主任人选，在村级后备干部的基础上，结合脱贫攻坚，选拔4名年轻同志到村跟班学习，进一步优化村级干部队伍的年龄、知识结构，为换届做好准备。注重镇机关年轻干部的培养，安排12名年轻干部到扶贫办、安委办、大建办等一线重点岗位锻炼，采取双向选择的方式，选拔2名年轻同志参与联系村工作，在一线培养年轻干部。

【招商引资】2107年共完成内资1.25亿元，其中工业1483万元。新引进农业特色种养殖项目4个，分别是涡阳县乐青果蔬种植专业合作社53公顷优质果蔬基地种植项目、涡阳县钱伟果蔬种植专业合作社66.67公顷优质果蔬基地种植项目、涡阳县学燚农作物种植专业合作社联合社仓储建设项目和涡阳县宏阳牧业有限公司种植及养殖建设项目，投资规模分别为3900万元、4660万元、1570万元和1380万元。 （涡南镇供稿）

楚店镇

【概况】楚店镇位于涡阳县城南18公里处，历史悠久，相传2500年前春秋时期的楚灵王出师伐徐，在此地安营扎寨，建立行宫，“楚殿”因此而得名，后来“楚殿”二字演变成现在的“楚店”。全镇总面积77平方公里，辖1个居委会，13个村委会，总人口6.1万人，耕地面积6.95万亩，土地肥沃，气候四季分明、雨量多、气候温暖、日照长、霜期短。涡楚河、茨河横卧其中，南部与利辛接壤，省道S202线、涡利路穿境而过，交通便利，区位优势明显。

【招商引资】全年完成内资任务6.8亿元，新上项目3个，其中新上农业项目1个，涡阳县晓明瓜果种植农场，总投资4700万元。工业项目2个，分别是安徽省万佳苑家具有限公司投资项目，总投资4680万元，已投产；安徽佳利源农产品有限公司投资项目，总投资3200万元，已投产。

【农机事业】全镇拥有大型收割机263台套(其中：玉米收割机76台套)，90马力以上拖拉机114台，各种配套机械268台套，农机专业合作社16家，2017年新增农机合作社7家，新增农机维修网点3家。全镇现拥有资质农机手386人，通过新型农民培训农业专业技术人才逐年增加。新增专业技术人员116名。农机事业的发展推动秸秆禁烧工作零火点目标的实现。2017年楚店镇被评为省级农机安全示范镇。

【惠农补贴】2017年全镇合计发放各类涉农补贴资金2813.67万元。其中：五保户补贴86.99万元、农村抚恤优抚金118.89万元、农村低保资金及低保电费32.29万元、灾民救灾补助12.20万元、农村残疾人生活救助资金94.00万元、产业发展扶贫及种养殖业扶贫224.93万元、造林补偿资金37.93万元、计划生育家庭奖励扶助资金34.13万元、村干部工资和补贴109.98万元、政策性农业保险89.75万元、农村危房改造702.5万元、农业支持保护补贴607.38万元、农机具购置补贴299.79万元(支付16年补贴)、教育就学补助116.09万元、贫困户水费补贴1.92万元、农村困难群众生活救助资金146.61万元、民政优待资金64.17万元、贫困精神残疾人补助资金17.44万元、残联残疾人万人就业2.7万元、技能脱贫培训0.1万元、扶贫项目其他9.68万元、其他财政补助农民资金4.2万元。

【安全生产】全年共进行各类隐患情况检查9次，发放整改通知书35次，已全部整改到位。为确保全镇人民群众生命财产安全，全年镇政府组织各村(居)、部门1000多余人次每季度进行隐患排查，对全镇辖区内所属行业和企业分线分块，按照职责开展全方位的安全生产大排查，不留死角，不留盲区，共查出不安全隐患17起，隐患全部得到了有效整改。 实行“打非”三包责任制，开展宣传教育整治，全年开展“打非”工作专项整治2次。

【民政工作】全年农村低保新增139人，死亡、条件好转退出74人。五保死亡核对退出37人，新申请16人，多数申请入住敬老院，五保集中供养率逐渐提高。申报临时救助58人，春荒救灾541人，发放春荒救灾资金11.9万元。全年全镇共建档贫困户和低保户残疾人生活补贴745人，重度残疾人护理补贴新增36人，死亡退出17人。全年共发放优抚补助111人，978310元。全年残联工作狠抓落实，及时向县残联上报贫困精神病药费补助138人。

【文化工作】以“农家书屋”为阵地，组织开展“留守儿童与农家书屋阅读活动”、“妇女儿童健康卫生”专题阅读活动、“脱贫有门，致富有路”辅导学习活动，极大提高农家书屋服务社会的整体功能，全年参加活动人数达1万多人。加强对民间十字绣、摄影、剪纸等艺术人才的挖掘和保护，走廊小曲传唱老人、盲人10余人，整理地区民间小曲20多首。

【农业发展】按照“一村一品”农业产业发展要求推动全镇现代农业的发展。2017年全镇推广优质麦种植5.4万亩（包括黑小麦），杂粮、药材、蔬菜等2.3万亩，涡阳大豆4.3万亩，玉米3.2万亩，实现作物种植多样化，经济效益和社会效益同步发展。

【农村环境整治】镇政府出台《楚店集镇环境卫生管理办法》，成立集镇管理委员会，并组建三支专门队伍（执法人员队伍、基础设施维护队伍和保洁员队伍），加大对集镇环境、秩序的治理。围绕“硬化、亮化、绿化、文化、净化”做文章，对街道内道路进行硬化，集镇全部建设污水管网，提高绿化率，主干道全部亮化。出资28万元新购一台垃圾压缩转运车，做到垃圾日产日清，强力推进美丽乡村建设工作。全镇共配备镇级垃圾分类收储员2名、村级专职收储员14名，全镇共设置无害垃圾填埋点87处、有害垃圾回收点14处、有害垃圾中转站1处。全镇共有170名环卫工人开展清洁工作，新添置高标准垃圾桶600个。（楚店镇供稿）

高公镇

【概况】高公镇位于涡阳县西南部的西淝河畔，是由原高公乡和天庙乡于1992年合并而成，距县城40公里，是涡阳、利辛、太和、谯城三县一区的交界，国土面积60平方千米，其中耕地面积4195公顷，人口5.0101万人。高公镇向东临S202省道，向西接京九大动脉，交通便捷。秦朝末年，刘邦曾在这里征战，后立“高祖庙”又名“高公庙”，高公因此而得名至今。高公镇辖11个村（居）委会，97个自然村203个村民组。

【农业发展】2017年，高公镇围绕土地综合整治、高标准农田建设、畅通工程和“一事一议”等项目，整修井桥路涵。新修窄道加宽路6.423千米，畅通路9.31千米，高标准农田路28.309千米，打井112眼，修建机耕桥18座，平整土地5723平方米，清淤农沟2824立方米，完成黄祖庙、三兴、宗营村的半自动灌溉设施建设；完成林业育苗任务6.67公顷，绿化道路十六条，中沟3条，成片造林54.7公顷。加强经济作物种植和规模化养殖，扶持和指导具有特色种植的专业合作社，定向支持种植大户成立了一批家庭农场提升和扩大了农业专业化经营。全镇新增农民专业合作社14家，其中农机专业合作社7家，新增家庭农场9家，新增土地流转面积224公顷，其中新增53.3公顷以上流转大户两家。积极推进农机与农艺技术融合，努力提高全镇农业生产机械化程度，全镇现有小麦收割机153台，大中型拖拉机206台，玉米联合收割机50台，配套机械齐全，全力为秸秆禁烧工作保驾护航。

【工业经济】高公镇多次邀请在外创业成功人士和本地规上工业负责人座谈，扩大招商渠道。镇主要领导多次到江苏、河南考察招商、洽谈，选定项目，促成安徽张传生食品有限公司、王飞纺织品有限公司等项目落地。2017年，规模工业总产值完成2.26亿元，固定资产投资3.1亿元，招商引资实现3亿元，限上贸易1.3亿元。

【组织建设】完善党的组织设置，对全镇11个村党总支、镇直支部、非公企业支部进行了梳理，新成立高公镇任涛专业合作社党支部。抓好班子队伍建设。完成镇人大政府换届，配齐人大政府班子；宗营村、黄祖庙村、五里靳村新配党组织书记；选配138名村民小组长，培养村级后备干部48名。严格落实党员教育管理，2017年共发展党员20名，其中大专以上8名，35岁以下15名，女党员7名，非公企业2名；全年共集中培训村两委成员2期，以会代训42次；2017年共收缴党费3.6962万元；集中开展党员组织关系排查，分季度建立流动党员数据库；对全镇22名困难党员开展帮扶活动；全镇11个村级党组织都建立“微信党支部”。积极推进村级活动场所建设，完成镇北、宗营、三兴村的村室扩建，天庙村室扩建工程稳步建设，全面完成镇、村“五小”建设；全镇11个村级活动场所全部达到200平方米以上，党员活动室面积100平方米以上，为民服务全程代理大厅40平方米以上。

【脱贫攻坚】2017年8月动态调整共新识别贫困

户93户、223人,贫困户户内补录159户、305人,清退贫困户151户、299人,户内清退71户、108人。11月动态管理共新识别贫困户34户、98人,返贫2户、3人。截至2017年底,全镇完成354户,827人脱贫,贫困村姚楼村成功出列。继续为慕营村19户贫困户实施藏红花托管产业扶贫项目,每户每年收益约2500元;为937名贫困学生,打卡补助88.895万元;完成16座村级光伏发电站并网,每村每年获得村级收益5万元,388户贫困户成为光伏发电受益户,每户收益3000元。为11个村、171户种植、养殖贫困户,申报种养殖补贴141071元。在慕营、姚楼两个贫困村建设猪舍,共投资263万元,建成后租给温氏集团使用,每村年收益资金16万元。为200户贫困户实施了危房改造项目,共补助资金463.9万元。帮助188户申请了"免抵押、免担保"小额信贷940万元,投入光伏电站建设,每户每年收益3000元。投入3600万元在天庙、三兴、慕营、宗营、黄祖庙实施高标准农田建设项目建设。

【集镇建设】2017年高公镇全面启动美丽集镇建设工程,改善高公镇镇容镇貌。完成入口景观、文化广场、立面改造、弱电隐藏建设,道路硬化1千米,铺设雨水管网5千米,新建2座公厕,实施和平街中段、东段和高天路绿化,稳步推进河塘清淤、街道亮化和集贸市场建设。投资2700余万元的高公镇污水处理厂项目,正在顺利建设中。

(高公镇供稿)

高公镇文化广场

新兴镇

【概况】新兴镇位于安徽省亳州市涡阳县城北20公里处,东临丹城镇,西至牌坊镇,南濒龙山镇,北接河南省永城市。该镇系彭雪枫将军领导的新四军四师司令部所在地。辖2个居委会,18个村委会,139个自然庄,总人口85219人。

【经济建设】2017年,完成固定资产投资2.15亿元,比2016年同期增长22.5%;规模以上工业产值2.62亿元,较2016年同期增长21.47%;粮食产量86143吨,比2016年同期增长5%;限上商贸完成0.28亿元,较2016年同期增长28%。全年财政收入完成413万元;大力宣传财税法规,加强部门协调,规范操作程序,确保财税收入均衡入库,可用财力进一步增长。其中完成国税任务347万元,完成地税任务46万元,完成计划生育社会抚养费任务20万元。

【脱贫攻坚】突出精准、动态管理,夯实扶贫基础,杜绝"两该两不该"现象发生。2017年全镇共新增贫困户123户323人,户内补录贫困人口133户183人,清退整户91户259人,户内清退101户159人,返贫1户6人,因死亡、嫁出等原因自然减员230人。明确重点、理清思路,狠抓项目建设。实施水利工程改造提升项目4个,投资142.12万元;实施贫困村道路硬化项目5个,硬化道路8.019公里,投资400.95万元;实施镇北、东华村农饮水工程2个,投资147.8万元。光伏产业实现全覆盖,新建村级光伏电站28座,投资3652.107万元;实施温氏生猪养殖扶贫项目4个,投资313.4万元。落实到户光伏扶贫项目841户;扶持贫困户发展种养殖业2689户;补贴涡阳特色大豆种植1518户;积极推广两免小额信贷项目395户,提升贫困户"造血"能力。

【生态建设】加大环境治理力度,严厉打击违法排污行为,配合环保部查处一般性环境违法行为16

起。开展突出环境问题专项整治工作，共接收中央、省、市交办案件2件，在规定时间内予以办结并整改到位，通过中央、省两轮环保督查。建立镇级河长制，出台工作方案及相关制度，镇党政班子成员包保推进涡新河、五道沟、青龙沟等河沟新兴段治理工作。做好午季与秋季秸秆禁烧，实行网格化管理，加大补贴力度，鼓励群众购买打捆机等禁烧机械。落实禁烧控茬、打捆离田、秸秆粉碎还田等各项措施，实现卫星拍摄零火点。推进高标准基本农田建设项目，东华村等7个村高标准基本农田建设项目建设规模2.5万亩耕地，总投资3000万元，实现项目区内路、井、桥、涵、树、沟全覆盖。将全域环境整治、环境卫生整洁行动、美丽乡村建设和“三线三边”治理有机结合，加大环境综合整治工作力度。完成“六场一站”清理任务，对全镇范围废品收购站和搅拌站进行清理。推进“三大革命”，286名环卫工人开展清洁工作，新添置高标准垃圾桶1万个。探索建立“农户分类、有害回收、无害填埋”的垃圾分类处理体系，配备镇级垃圾分类收储员2名、村级专职收储员20名，设置垃圾填埋点133处、垃圾回收点20处、垃圾中转站1处。

【社会治理】推进公共法律服务体系建设，开展“综治宣传月”“反邪教警示教育宣传”“禁毒月”“打击传销”“精神障碍患者管控”“校园及周边环境整治”及“重点工程保平安”等活动，强化群防群治队伍建设，推进“红袖标”义务治安巡逻队工作。依托村（居）民法律服务平台建立“一乡镇一团队、一村居一顾问”机制，形成“城镇半小时、农村一小时公共法律服务圈”；20个村分别与彭线旗律师事务所签订“法律服务协议”。开展法律援助民生工程宣传，20个法律援助联络点和1个法律援助工作站全部落实到位。开展安全生产工作大检查，突出抓好道路交通、消防、烟花爆竹等重点行业领域的安全生产监管，对超市、学校、KTV等人员密集场所安全隐患进行排查，严防火灾和拥挤踩踏事故发生，确保群众出行和生活安全。做好禽流感防控工作。

【民生工作】网上为民办事正规化常态化，鼓励广大群众通过网上办事大厅办理各项业务，做到“村村有办件，天天有办件”，目前新农合信息更改、二代残疾证办理、低保申请、养老保险等事项已全部实现网上办理。完成新农合筹资和养老保险任务。开展民政工作，发放最低生活保障补贴280万元；发放分散五保供养资金74万元，集中供养金81万元；发放残疾人生活补助57.5万元和护理补助18.6万元；落实“关爱簿”政策，使未享受扶贫建档立卡的低保、五保户充分享受扶贫政策；发放农村籍60岁退役士兵优抚、优待等资金174.5万元。推进危房改造工作，完成改造470户，发放1019万元。申报“一事一议”项目16个，共集资66.3万元，上级奖补资金310万元，新修水泥路7.8公里，安装路灯122盏。推进计划生育工作，发布“新兴镇人口与计生服务平台”微信服务号，宣传计生政策、办事流程及工作动态。各项数据报表和流动人口建档工作不断完善；生殖保健服务证的登记证、生育证的审批等服务全部通过网上办事大厅办理，实施已婚育龄妇女健康检查381例。开展爱国卫生运动，完成省级卫生镇称号申报。完善抗旱、防震等应急工作预案和各项工作措施，对重点领域进行梳理和排查，对存在的隐患进行整改加固。国防动员、人民武装、双拥共建、老年教育、民族宗教、妇女儿童和未成年人保护工作也取得了新成绩。

【红色旅游项目建设】在县委县政府领导和支持下，新兴镇结合美丽集镇建设，启动了红色旅游小镇建设项目，该项目由县美办牵头，新兴镇负责，按照美丽乡村建设标准重新设计实施新四军四师红色旅游项目。设计工程由安徽承宏设计顾问有限公司中标，全国乡村建设设计第一人、三瓜公社设计总监孙君任设计总顾问。红色旅游小镇的开发以“静态”与“动态”结合，“静态”以纪念馆展示为主，动态以乡村旅游、集贸、集市、庙会和当地民俗为主。新兴镇以红色旅游为特色的旅游服务型小镇为定位，打造具有皖北地方深厚文化内涵，国内特色鲜明的红色旅游和美丽宜居的知名小镇。项目分五期，第一期为拂晓大街集贸市场立面改造，现已开工；第二期为雪枫路、人民路等立面改造工程，正在实施；第三期为雪枫公社旧址改建及

新兴镇核心景区项目改造中

包河风景

拆迁安置工作;第四期为核心景区改造工程;第五期软件及产业植入工程。总工程拟投资约9650万元,打造具有皖北特色,年接待能力达100万游客的4A级红色旅游景区。截至2017年底,雪枫沟治理工程治理长度193米,土方清淤开挖1.2万立方米;已完成人民路、向阳路路面改造提升工程,涉及改造路面总长度1216米,重新铺设自来水管并同步实施弱电下地工程,路面铺设沥青。

(新兴镇供稿)

石弓镇

【概况】石弓镇位于涡阳县东北30公里,是涡阳县的北大门。东接濉溪县临涣镇,南邻青疃镇,西连马店集镇,北靠丹城镇。全镇地势西北高、东南低,境内环抱石弓山,包河自西向东流过,依山傍水,钟灵毓秀,环境优雅,风景宜人。省道202线与青永铁路交织贯穿全境,济祁高速环绕而过。石弓镇历史文化悠久,文化底蕴深厚,名胜古迹颇多。遗履桥、嵇康墓、陈抟卧迹、万宝泉等名胜古迹千古传颂。石弓山法云寺已完成修复工作,正式对外开放,每天游人如织。石弓镇下辖一个居委会,13个村委会,78个自然庄,185个村民组。分别是:东关居委会、西关、耿楼、王浅、山后、于张、温庄、李楼、神桥、姚湖、石羊、大寺、大黄、高楼13个村委会。全镇总人口5.7万人,以汉族为主,少数民族较少。辖区总面积79.4平方公里,耕地8.4万亩。

【经济工作】2017年,完成财政税收515万元,其中:国税完成445万元,占全年任务的101%;地税完成66万元,占全年完成任务的135%。全年规模以上工业总产值完成5.45亿元;固定资产投资完成1.25亿元;人均纯收入11280元,同期增幅12%。综合实力不断提升。

【农业工作】2017年,石弓镇粮食总产量达53582吨,创历史新高。农业专业合作社、家庭农场新增12家,达102家,获得市级示范称号2家,县级示范社3家。依托专业合作社、农机大户,实现农机全程社会化服务托管。2017年,镇引资2400余万元,对高楼进行高标准农田治理,治理面积1.6万亩,新修水泥路10.3公里,新打机井120眼,治理中小沟4条,新建桥涵68座。春季植树造林完成1200亩,植树6万株;完成土地增减挂180亩,完成土地复垦170亩,完成工矿废弃地133亩。加强土地保护,拆除非法建筑5处,有效保护了基本农田。着力抓好秸秆禁烧工作,午秋两季投入禁烧资金500余万元,圆满完成了秸秆禁烧任务,得到了县委、县政府的充分肯定。

【民生工作】始终坚持民生工作不动摇,加大财政资金向民生工程的投入,着力完善社会保障体系建设,文化、体育、教育、计划生育等事业不断进步。基本建立了养老保险、医疗保险、社会救助全覆盖、可持续地社会保障体系。2017年外出务工劳动力和就业转移劳动力850人，城镇新增就业人员280人；城乡居民社会养老保险进展顺利，全镇参保人数达34953人，参保缴费完成率达90%以上；开发公共服务岗位143个，安置贫困劳动者143人。顺利完成14个村村级妇联改建工作，妇联工作得到县好评。大力发展教育、医疗卫生事业，重点抓好全镇中小学、幼儿园学校及周边环境综合治理工作，保障了教育工作顺利开展。扎实开展计划生育工作，全面落实人口计划生育惠民政策，着力提高计生服务水平，注重做好计生奖扶工作，群众满意度不断提高。2017年网上办事大厅共办理4370件。

【脱贫攻坚】紧紧围绕“四个精准”，认真开展脱贫攻坚工作，2017年完成各类贫困人口危房改造327户。进村入户摸排贫困户信息，做到“识别精准、施策精准、帮扶精准、脱贫精准”。2017年镇扶贫办累计发放村级产业扶贫专项资金111.96万元，1304贫困户受益；建设11个光伏电站，现已全面并网发电，发放光伏分红资金200.4万元，669贫困户受益；发放扶贫小额信贷820万元，发放安欣牧业养羊信贷25万元，50贫困户受益，让贫困户真正享受到国家扶贫政策带来的福利。

【招商引资工作】2017年共引进招商项目6个，新建项目1个，签约项目6个。招商引资按序时进度共完成投资31450万元，完成任务的100%。

【美丽集镇建设】引资1565万元进行美丽集镇建设，建设项目11个，分别是：道路硬化、雨水管网、清淤护坡、公厕修建、农贸市场、文化广场、入口景观、立面改造、弱电隐藏、集镇绿化、亮化工程。

【文明创建】对“六场一站”进行大排查，共排查30家，清理27家；新建无害垃圾填埋坑20个，从根本解决石弓镇垃圾处理难问题。开展“春风行动”，为427户贫困户粉刷房屋，为318户贫困户进行道路硬化，为612户贫困户进行了改厕，改善广大贫困户的生活居住环境。在于张小李庄开展人居环境试点治理工作，通过治理使硬件、环境、村容村貌得到大幅提升。2017年，该镇有2人分别被评为“中国好人”和“亳州好人”。

（石弓镇供稿）

曹市镇

【概况】曹市镇地处涡阳、蒙城、濉溪三县交界处，东距京沪铁路宿州站51公里，西南距阜阳飞机场120公里，西距京九铁路亳州站90公里，北距青阜铁路青疃站10公里，涡宿公路横贯境内。曹市镇现有17个村委会、2个居委会，146个自然村，总面积162平方公里，总人口7.5万人，耕地面积14.8万亩。是农业大镇、革命老区和历史文化名镇。2017曹市镇先后获安徽省森林城镇、省信访工作“三无”乡镇、亳州市卫生镇等荣誉称号，迎接了国家、省、市扶贫互查。

曹市镇自然条件优越，四季分明，气候温和，地势平坦，河流密布。北淝河东西横贯境内三十华里，凤凰沟南北与濉溪为界，长二十余华里，殷家河贯穿腹地，曹青河、渡江沟两大人工水系在境内垂直交叉，为农业生产提供了丰富的自然资源。曹市镇历史悠久，人杰地灵。曹市集原曹店子，三国魏武帝立祠于曹市北的红粟城，名曰“曹操祠”（市为祠的谐音），曹市因此而得名。境内的东太清宫、红粟城、石佛寺、柴村庙、侯氏孤堆等古迹久负盛名；牛氏宗祠是新四军游击支队第一次党代会胜利召开的地方；彭雪枫、张震等将军曾在这里留下英勇战斗的足迹；辉山革命烈士陵园安葬着三百多名光荣殉国烈士的英灵；1994年军委副主席张震同志故地重游，感慨万千。

【脱贫攻坚】2017年脱贫697户、2457人，3个贫困村（辉山、王槽坊、程楼）完成出列任务；顺利通过省第三方验收，完成年度脱贫攻坚减贫任务。通过光伏电站建设，投资4300万元，在渡江沟南岸建成占地180亩装机容量为5.4光伏电站一座，年发电量800万千瓦时，效益800多万元，可带动2000户贫困户增收，全镇19个村均建成村级电站，保障每村每年增收5万元以上。6个贫困村通过与温氏合作开展的温氏养殖项目，每村每年年

涡阳全域旅游改造后的辉山小学

可增收16万元;另一方面,强化“造血”能力,在全镇19个村打造专用品牌粮食生产基地,村级电子商务服务示范店建设实现全覆盖。

【民生工程】6个贫困村学前教育项目全面提升;投资约300万元,建成辉山忠烈小学,打造皖北红色教育基地;投资30万元,建成6个村综合文化服务中心,为贫困户代缴新农合4278人,教育扶贫资助2253人,利用各类资金新修道路78.7公里。危房改造215户,卫生院签约服务5969人。

【生态农业】投入700多万实现午秋两级禁烧零火点,投入1200多万完成1.5万亩高标准农田治理。全镇新增绿化面积9500亩,实现土地托管14.47万亩,深入推进辉山美丽乡村建设和农村垃圾污水厕所专项整治“三大革命”,投资1065万元,为710户贫困户进行改厕,总投资2400万元的日处理1000吨污水处理厂正在建设,建立了约300人的贫困户保洁队伍。大力开展森林城镇、森林村庄创建活动。

【社会综合治理】为19个村建设综治维稳工作站,严格执行镇干部接访和村干部值班制度,在集镇及农村主要路口安装了电子监控探头,使各类犯罪分子无所遁形,严厉打击各种刑事犯罪,全力维护社会稳定。适时开展爱国主义教育和公民道德教育,组织专家、学者、道德模范为广大群众做各类专题讲座。高度重视信访工作,把问题解决在基层,把矛盾化解在基层,全年没有出现越级上访、集体上访现象。

(曹市镇供稿)

临湖镇

【概况】临湖本名龙王铺,因坐落于一湖低洼之处,后改名临湖。1992年撤区并乡时设立为乡,1996年12月又撤乡设镇,地址设在临湖集。临湖镇位于涡阳县西南,距县城23公里处。共辖14个村委会,2个社区,2个居委会,168个自然村,土地面积104平方公里,耕地面积11.4万亩,总人口7.02万人。全镇全年税收入库635万元,完成全年任务的113.6%,其中完成国税任务585万元,完成地税任务41万元,完成计划生育社会抚养费任务9万元。临湖镇内设有临湖、孙店、郭营三个贸易集市,店标路、十临路、临扬路纵横穿境,交通便利,政通人和,环境优美,社会经济和谐快速发展,人民安居乐业。

【组织建设】全镇建立微信党支部26个,举办村干部培训班,组织全体党员学习十九大精神。全镇26个党总支(支部)共开展讲党课120余场。2017年全镇共新发展党员21名,转正党员16名;全镇1273名党员共上缴党费4.2万元,共新配备村书记2名,村委会负责人2名,配备两委成员9名。免职村干部3名。完成村室扩建1个。提拔事业单位所长2名,调整充实镇机关中层干部4名,调动了干部创业激情。

临湖入口处

【集镇建设】临湖集镇建成区总投资1700万。新建入口景观和店标路小游园，修建并提升新区文化广场，完善了道路及给排水设施，实现了路灯全覆盖，电力设施得到提升，有线电视宽带入户率100%，新建了一所并提升改造三座公厕，农贸市场进一步完善扩充，集镇绿化逐步覆盖，主干道路铺设及立面改造提升，道路标识标牌富有特色，规划260个停车位，主要道路和河道安装了隔离栏和护栏。拆除店标路大街两侧违规店外店29家、占地1650平方米；对背街小巷的脏乱差进行有效治理，已完成房前屋后保洁、村内道路修复、绿化亮化和文化墙建设；河道清淤2500米并进行护坡绿化。集镇整体实现“亮化、绿化、美化、硬化”四化同步发展局面。

【土地整治】2017年县政府下达临湖镇增减挂钩任务20公顷，全镇已实施城乡建设用地增减挂钩项目11个，项目区总面积25.33公顷，已施工结束10个，总面积20.67公顷，全部达到验收标准；正在实施项目1个。实施整村推进项目2个，项目区总面积91亩，共乔除房屋539间，已全部完成拆迁土地复垦工作；实施工矿废弃地复垦项目5个，项目区总面积340亩；实施土地复垦项目8个，新增耕地面积110亩，已全部施工结束。超额完成年度任务，位居全县前列。

【社会事务】全镇养老保险总任务是28737人，已上缴人数为26224人，完成比率达到91%。新农合筹资任务数为70630人，政府代缴8527人，任务数为62103人，完成农合筹资人数是55166人，完成比率达到88.8%。临湖、孙店两家养老院设施得到进一步完善，集中供养老人135人；积极开展低保户、困难户、残疾人家庭的救助二作，按时足额发放各类补助资金、优待金和救济金，2017年1到12月份，共发放低保救助金2080920元，发放五保救助金2281620元。大力实施林业产业扶贫工程，已落实2200亩的林业扶贫项目；对全镇348户贫困户实施危房改造，共补助资金849.1万元；在贫困户家中开展“春风行动”，全镇1910户扶贫户每户投入1500元，合计投入286.5万元。

【综治维稳】进一步健全工作机制，全年共调解矛盾纠纷25起；做好烟花爆竹零售经营户的安全监管工作，维护正常的烟花爆竹经营秩序；结合“安全生产月”，在全镇开展系列安全生产宣传活动。共悬挂横幅100余条，发放宣传单4000余份，在临湖、郭营、孙店等三个集市上进行大检查28次，组织检查人员160人次。加大“普法”宣传，镇综治办联系派出所、司法所等单位相继举办讲座20多场次，增强了群众的普法意识。

【新农村工作】实施农村垃圾分类工作。全镇共配备镇级垃圾分类收储员2名、村级专职收储员18名，全镇共设置无害垃圾填埋点178处、有害垃圾回收点18处、有害垃圾中转站1处；合同聘用保洁员，每300人聘1名，划定保洁员责任网格并督促保洁员做好日常保洁工作。全镇共有260余名环卫工人开展清洁工作，2017年新添置高标准垃圾桶5000多个。镇干部包保到村，村干部包保到庄。做到了每村都有专职人员，每庄都有环卫工人，每人都有环保意识，农村面貌大幅改善。

（临湖镇供稿）

丹城镇

【概况】丹城镇地处北纬33°45′，东经116°20′，位于（皖豫）两省，（涡阳、濉溪、永城）三县市交界处，距涡阳县城35公里。辖1个居委会、一个社区、14个村民委员会，111个自然村，197个村民组。总面积104.6平方公里，其中耕地面积约12万亩，总人口7.2万人。

【历史沿革】丹城镇因镇政府驻地丹城集而得名。据记载，周朝太子王子晋，尝炼丹于此，故名丹城。汉时为临涣郡辖县，因樊哙被封为“舞阳侯”时，在此建造关阁和“将崮堆”点将台，被封为“舞阳县”。三国时属蒙郡辖县，清洪化年间，黄水淤之，大失元气，抗日期间，炮击火焚，化为焦土，自此，丹城乃失往日之繁华。1948年为雪涡县丹城区，辖丹城、齐山、石弓、青疃、马店、重兴等15个乡，1958

年划归石弓公社，1969年为县辖丹城公社，1979年划归石弓区辖公社，1983年6月改设乡，归属未变，1992年2月撤乡设镇，原丹城乡、齐山乡、重兴乡合并为县辖丹城乡，1997年1月20日经安徽省民政厅批准，撤销丹城乡，设立丹城镇。

丹城镇境内名胜古迹颇多，现有关阁、四果寺、花山子与钓鱼台、泥堡府、鬼腚、九高十八洼、六棱碑与八棱碑、包河、齐山、新四沟等。目前，已恢复修建了五羊、二狮子、过街牌坊等。

【经济发展】截至2017年底，丹城镇社会生产总值高达3.95亿元，年增长10.58%；镇级财政收入完成361万元，占全年任务的72.7%，其中国税完成331万元，占全年任务的100.3%，地税完成43万元，占全年任务的139%；社会固定资产投资任务4.3亿元，丹城镇完成4.3093亿元，完成任务的102%，其中工业投资任务6000万元，完成6000万元，全面完成县下达的任务。工业总产值任务1.8亿元，完成1.8697亿元，完成任务的103.9%，完成产品销售率的100%。限上商贸企业任务1家，丹城镇完成2家，占任务的200%；限上企业销售额任务4600万元，完成4627万元，占任务的100.6%。招商引资2.55亿元，年增长21%；农民人均纯收入12135元，年增长20.79%。

【农业发展】丹城镇始终坚持以农业增效、农民增收为目的，坚持农业稳镇战略地位不动摇，现代农业持续发展，形成了白果村、齐东村、齐西村、徐楼村、常庄村蔬菜种植基地800亩、优质葡萄种植基地450亩、药材种植基地600亩、瓜果种植基地1500亩等示范基地，小麦、玉米单产、总产连年新高，粮食生产连续十一年喜获丰收，粮食总产量达80444吨，完成农业总产值2.5亿元，年均增长5.6%；畜牧业发展迅速，涌现陈老家村书英养殖场、红旗村星辉养殖场等42家规模养殖大户，畜牧业产值达8556万元，占农业总产值的34.23%；林业生产扎实有效，林业覆盖率达22.58%；农业产业化经营扎实推进，2017年度先后成立农村专业合作组织18家。

丹城特色产业葡萄

【脱贫攻坚】丹城镇2014年建档立卡4047人，截至2017年底脱贫3008人，其中2017年脱贫759人。2017年全镇重点实施了产业扶贫项目，总计投入资金111.37万元；实施各类教育扶贫补贴148.1735万元、健康扶贫补贴类资金34.1万元，种养殖补贴11.433万元；小额信贷688万元；落实户级光伏发电647户，藏红花托管种植45户，安欣牧业寄养羊21户；通过“重、补、促”“再回头”和“大排查”等工作推进，各村整改力度大，扶贫精准率高，各类扶贫资料齐全，各项扶贫工作务实、高效，扶贫工作位居全县前列。

【民生工作】在基层民主政治建设上，以加强人大职能的发挥为基础，利用代表视察、代表评议和群众满意度测评等有效形式，监督政府及各部门充分履职，加强党务公开、政务公开、村务公开工作，运用“一事一议”“四议两公开”等办法，组织农民群众广泛参政议政，办好社会公益事业，从而达到了深化民主政治，实现大家事大家议、大家办的良好效果。搞好受灾群众和冬春两季困难补助的发放工作，切实解决贫困人口温饱问题。在充分落实优抚、优待、五保、低保、救灾救济政策的同时，整合运用扶贫、计生帮扶、社会捐助等各类资金，让灾民、农村贫困人口、计划生育贫困户、贫困党员等普遍感受到党的恩情、政府的温暖，共享改革与发展的成果。狠抓医疗卫生工作，截至2017年12月全镇累计建立居民档案50960人，建档率达到99%，其中高血压管理5945人，糖尿病管理2288人，重性精神病管理206人，65周岁以上老年人管理3401人，孕产妇建档980人，儿童保健体检7971人/次，儿童接种疫苗773人/次。开展家庭医生签约7847人，贫困人口签约2254人全部进行免费签约并进行相应健康检查。失能五保老人14人已陆续入住卫生院，并组织技术人员携带B超、心电图、化验等设备，分别到16个村卫生室进行免费健康体检。中央项目资金投入150万元的综合医技大楼已建成进入使用阶段。落实计生家庭惠民补助85.9万元，积极开展避孕、生殖健康、家庭保健等科普知识和全面二孩宣传活动，2017年期内出生人口977人，政策符合率78.86%，人口自然增长率9.45‰，综合节育落实率98.5%，计划生育各项指标均得到了落实。全力做好文化惠民工作，各村建立了农家书屋，配备光碟机和投影机。全镇三家剧团、十八家唢呐班，经常到各村、居、中小学、敬老院进行文艺汇演，开展文化下乡活动，人民群众文化生活丰富多彩。丹城镇白果村被亳州市首批命名为“文化产业示范基地”、“群众文化示范点”，亳州市旅游乡村，白果村青年泗州戏剧团荣获“安徽省百佳院团”和市“群众文化辅导最佳服务团队”称号，白果村青年泗州戏剧团和孙雪力唢呐艺术团四代传人申报市级“非物质文化遗产”双双获得成功，分别为市级“非遗”保护单位。

【社会维稳】严打行动卓有成效，在镇村显要位置安装了摄像头、路灯、电铃等技防设施，有效地防止各类犯罪活动的发生，社会形势明显好转；镇设立办事大厅和网上办事大厅，深入开展开门接访和带案下访活动。各类群体性矛盾和信访积案得到有效化解。

【安全生产】丹城镇严格履责，经常进行安全生产检查，层层签订安全目标管理责任书，实行责任追究制。2017年全镇开展安全生产检查135次，下达整改通知书364份，消除安全隐患127处，无一例安全生产事故发生，安全隐患得到有效排除。

【新农村建设】利用“一事一议”财政奖补政策和土地整理项目共铺设畅通工程29.8公里，修建涵桥28座，全镇累计水泥路186.6公里，是率先在全县第一个完成“村村通、庄庄通”的乡镇；争取国家资金，新建重南村等农村安全饮水工程，解决辐射周边重兴等几个村的安全饮水问题。环境整治工作卓有成效，镇村面貌焕然一新，对“三线、三边”、镇村环境卫生综合整治工作，建立长效管理机制，常抓不懈，确保人居环境优美、洁净。丹城镇在推进新农村建设中，坚持规划先行、试点渐进、成熟一村、建设一村。白果省级美丽村建设已验收，常庄省级美丽村建设正在实施中，又先后确定了丹居、王各、相老家、董各等14个行政村为第二、三批县级新农村建设试点村，各试点村均按照编制的规划方案有序实施结合新农村建设。开展了土地复垦和置换工作。投资1500万元的包河大桥和东环路已通车。对丹城、齐山、重兴三集市进行了拆违改造工作，街面全部修铺了水泥路面、埋设了下水管道、安装了路灯；丹城集已争取2800万元的美丽集镇建设项目，按照规划编制，力争建设一个设施完善、秩序井然、文明和谐、环境优美的美丽集镇。

【自身建设】丹城镇坚持依法行政，落实政务公开、村务公开、民主决策、民主监督、民主集中制等制度，政府工作透明度进一步增强；自觉接受人大法律监督和社会舆论监督，加强廉洁从政，认真落实廉洁从政责任制。先后深入开展作风建设和反腐倡廉制度建设活动，严格执行厉行节约的来客招待、购物管理和用车管理等制度，政府工作人员自觉增强宗旨意识，牢固树立“亲民、为民、富民”的执政理念，真正做到“党性坚定、政风廉洁、依法行政、情系群众”，切实维护人民群众的利益，树立政府的好形象。（丹城镇供稿）

店集镇

【概况】店集镇原名“柘树店”，据镇志记载，此地古时路边有几间小店，店旁有大柘树数棵而得名。后来，逐步发展为集市，才由“柘树店”更名“店集”。位于涡阳县西南端25公里处，北抵临湖镇，南与利辛县的张村镇接壤，东西分别与楚店、高公两镇相邻，镇人民政府驻“店集”，距亳州市60公里，镇东南部紧靠省道S202线，西距京九线12公里，东南距合肥市280公里。

【政区沿革】境内相传建于2千多年前春秋时期的“柘王宫”遗址,西距镇政府300米处。上世纪六十年代设高公区在店集办公,一九七零年春撤区成立店集公社,后设店集区,一九九二年二月底撤区设店集乡,一九九九年撤乡设镇。2017年末辖店集、镇东、聂小庙、肖寨、姜庄、姚湾、宋牌坊等10个村(居)委会、90个自然村(组)。2017年末,辖区总人口42000人,其中乡村从业人员22793人,从事第二、三产业分别为6654人、8517人。辖区东西最大距离9.5千米,南北最大距离4千米,总面积53平方千米。其中陆地47平方千米,占88%;水域6平方千米。

【经济工作】2017年,实现国民生产总产值 4.92万元,农业总产值1.12亿元,工业总产值3.8亿元,财政收入649万元,人均可支配收入10849元。全镇农作物总播种面积6371公顷,其中粮食作物播种面积6102公顷,粮食产量 40968吨,肉、蛋总产量3226吨。辖区内企208家,其中工业企业19家,规模以上工业企业5家。企业从业人员3136人,其中工业企业从业人员568人,工业企业入库税金118万元。成立农民专业合作社7个,规模养殖场4家。

【工业发展】2017年,全镇完成总产值4.92亿元,其中规模以上工业企业5家,完成产值3.8亿元;申报固定资产投资项目8家,工业投资项目6家,农业养殖项目2家,总投资约2.39亿元,其中工业投资1.76亿元、农业投资0.53亿元。申报规模工业企业2家,分别为“安徽省正太纺织有限公司”“涡阳县乐瑞服装有限公司”。其中安徽省正太纺织有限公司通过国家批准,公司坐落在店集镇镇东村,主要生产销售纺织品、家纺产品。

【农业发展】不断调整农业产业结构,程小集村中药材种植面积在去年的基础上增加至1500亩,经济效益良好。新增专业合作社5个、家庭农场31个。午季小麦在诸多不利因素的影响下实现亩产1000斤目标。林业生产以经济为主,种植泡桐、女贞等树木约3万余棵。积极做好秸秆禁烧和综合利用工作,实现午季、秋季秸秆禁烧零火点,秸秆综合利用率达到92%以上。

【招商引资】不断改善基础设施条件,抓住春节、午收等外出人员返乡等有利时机,开展亲情招商、政策招商、产业招商,坚持招大招强。成功招商1个工业项目。安徽省雪凌麻将牌有限公司,已进驻镇农民工创业园区,完成投入生产,主要生产销售麻将牌、塑料、密胺制品,该项目产品出口,总投资0.38亿元,年产值0.6亿元。

【民生工程】抓好农村道路项目,2017店集镇道路畅通工程5.644公里、窄路加宽项目6.544公里、高标准农田治理12公里。抓好低保和危房改造项目,全镇共进行危房改造470户,发放危房改造金1106.5万元。通过信息核查,对各村低保户逐一进行核查,重点清除“关系户、人情户”。用查看低保资料、入户走访群众的方法,详细了解低保家庭的生活经济状况。切实做到“应保尽保、应退尽退”,让真正需要低保的群众享受到优惠政策。抓好文化教育卫生工作,投资30万建设镇“综合文化服务中心”1个,村级“综合文化服务中心”4个。全镇文化场所年免费开放时间300天以上,完成送戏下乡30场、电影放映120场、村级体育活动60场次。完成继续深化教育体制改革,巩固“两基”成果,全面推行义务教育,入学率、巩固率不断提高,做到责任明确,监管有力,落实到位。改善群众就医条件,村卫生室的功能逐渐完备;积极配合上级主管部门开展打击非法行医专项整治行动,净化了医疗市场和药品、食品市场;加强养老保险、新农合工作,深入宣传,提高群众的参保、参合意识,全镇养老保险完成率达91%以上,新农合完成率达99.8%以上。

【计生工作】加大政策宣传,开展各项奖励政策兑现活动,奖扶148人,特扶家庭4户,人口基金会助学成才3人,大病救助2人。为159户独生子女户、67户二女绝育户发放独生子女保健费、救助金等,同时对独生子女领证户、二女结扎户免缴农合、补助养老保险金等。

【综治维稳】加强矛盾纠纷排查调处工作,完善村级调解网络，认真摸排各种矛盾纠纷，及时进行调解，切实把矛盾化解在基层。群众生活安定，犯罪率减少。镇组织办、综治办、派出所等部门定期对宗教场所进行检查，建立健全相关制度，规范宗教场所管理，积极营造和谐镇村。

【安全生产】认真落实安全生产"一岗双责"制度，定期召开安全生产工作例会，分析和解决全镇安全生产工作中存在的困难和问题。通过给商铺安装独立式烟雾报警器、散发消防传单、张贴消防逃生知识等，开展群众性的消防教育宣传，多措并举提高全民安全意识，避免安全事故发生。

【改厕工作】镇政府建立一级抓一级、层层抓落实工作格局，通过宣传引导、抓点带面，大力推进改厕工作。通过各村自查、镇级督查、市级验收等方式促进工作均衡开展，对检查出的问题及时反馈，并提出整改措施，做到改厕质量与进度同步。对改厕的资料进行公示存档，镇安排专人录入改厕档案系统，确保改厕信息录入的速度和准确度，为2020年基本实现农村无害化卫生厕所全覆盖打下坚实基础。

【脱贫攻坚】强化组织领导，选派10名驻村工作队长和12名青年干部驻村担任扶贫工作指导员，选聘21名扶贫专干分布到10个村(居)，店集镇分配18名村级信息录入员，充实队伍建设。夯实帮扶责任，做到无缝对接，建立镇、村、组三级党员干部联系包保责任制。同时，围绕省委提出的"四项清单"和市委提出的"四个清单"，把成绩、问题、任务、责任等精准到位，强化平时督查、月度评估、季度奖惩、半年述职、年度考核等措施，压实扶贫责任，传导攻坚压力。培育产业，强化"造血"功能，店集镇把产业扶贫项目作为扶贫工作重要抓手，通过优势产业带动贫困人口增收致富。严把精准识别，找准脱贫方向，按照省扶贫开发领导小组文件的要求，对未脱贫及拟新增贫困户集中开展核查评议。核查中，严把农户申请关、入户调查关、民主评议关、公告公示关，确保该走的步骤一步不少，应有的环节一项不落。抽调镇包村干部组成审核组，进村入户对村级上报的贫困户按"再回头看"核查工作要求和标准进行逐户调查核实，在各自然庄、村部公开栏张贴贫困户名单进行公示，确保做到公开、公平、公正。

【党建工作】抓党委自身建设，积极开展"两学一做"学习教育，进一步强化思想政治教育，全镇党员干部的"四个意识"显著增强。严格规范党内政治生活，锤炼党性的"熔炉"作用进一步彰显。切实加强党内监督，不断健全监督体系，打"补丁"，堵"漏洞"。持续推进标准化建设，进一步加强基层党组织标准化建设，增强党员的归属感和认同感，严格按照党员活动室有场所、有标志、有党旗、有设施、有活动、有制度"六有"标准，按照因地制宜、突出特色、整合资源、合理布局、厉行节约、注重实效的原则，建好用好党员活动室，努力把党员和群众团结凝聚在党组织周围。开展好"党员活动日"活动，加强党的基层组织建设，抓党风廉政建设，严格落实党委"主体责任"，明确党政班子成员"一岗双责"任务，坚决纠正"四风"，营造了风清气正的政治生态，为店集镇经济社会健康发展提供坚强的纪律保障。（店集镇供稿）

陈大镇

【概况】陈大镇位于涡阳县城西16千米处，1992年2月撤区并乡，省政府批准把原城郊区的大王、王桥乡、义门区的邓楼乡合并为陈大镇。南与花沟镇接壤，西与义门镇、东与城西镇毗邻，北靠涡河，国土面积68.8平方千米，辖大王、郑寨、郑庄户、孙老家、张集、于楼、杨楼、中心、王桥、姜洼、尹庄、史韩、三徐、邓楼、黄庄15个村，146个自然村，251个村民小组，总户数14035户，总人口62574人，其中城镇常住人口856人。民族以汉族为主，还有少数回族。境内主要河流有涡河、龙凤沟、薛沟、姚子沟，土壤可分沙土、淤土两种类型，沿涡河两岸主要是具有保墒功能的沙土。

全镇耕地面积4288公顷，粮食作物以小麦、大豆、玉米为主，还有薯类和小杂粮等十几种。2017年生产粮食62540吨，主要经济作物以棉花、

农业发展

苔干、药材为主，还有花生、芝麻、油菜等二十多个品种，如白菜、黄瓜、豆角、番茄、西瓜、山药、萝卜等。2017年，陈大镇完成财政收入530万元，招商引资3亿元，固定资产投资1.6亿元，实现工业产值3.5亿元，各项经济指标稳中有进。

【农业发展】2017年小麦生产播种面积近4000公顷，收获30000吨；大豆种植面积976.7公顷，收获2190吨；玉米种植面积3040公顷，收获28000吨；蔬菜种植面积533.33公顷，药材种植面积666.67公顷，果树面积266.67公顷。建成省级绿色粮食增产示范片1个、示范村3个、示范家庭农场1个，省级粮食绿色增产模式攻关科技示范田0.13万公顷。完成70公顷植树任务，累计建成规模养殖场3个、家庭养殖农场75个，水蛭养殖场1个。

新增农用机械1100台，目前农机保有量571台，农业综合机械化率达到98%。新增土地流转面积1977.33公顷。截止2017年底，全镇有农民专业合作社80社，其中农机专业合作社9家，已登记建成家庭农场75家。其中县级以上示范合作社15家、县级以上示范家庭农场11家，国家级示范合作社4家，省级示范合作社3家。

【脱贫攻坚】2017年，陈大镇认真开展贫困户信息采集核对工作，确保贫困户基本信息准确、帮扶措施有针对性、帮扶措施落实到位。2017年脱贫631户1549人，贫困村出列2个；建设15个光伏发电站，653户贫困户落实光伏发电项目，户均收入3000元，总收益1959000元；513户贫困户落实种养殖补贴372071元；506户贫困户落实教育补贴1126000元；1229户贫困户落实产业补贴2267533元；与温氏集团共建养猪场8个，预计受益320户，64万元；376户贫困户落实危房改造资金8488000元，帮助51危改户配置生活用品51套，共计102000元；发放贫困户临时救助金654780元。截至2017年底，陈大镇还有1个贫困村没有出列，未脱贫人口363户，998人。

【精神文明建设】扎实推进“书香村居”活动，认真讲好“国学经典、道德模范、法律知识”三堂课。累计投入51.75万元，新建文化广场一个，完善15个村级活动场所，加强农家书屋、图书阅览室等阵地建设，丰富群众文化生活，构建和谐乡风。以“移风易俗树立文明乡风”专项整治活动为契机，各村成立移风易俗理事会，推行喜事新办丧事简办。开展扫黄打非专项行动6次，维护演出、文化市场健康规范。

【城镇建设】投资1111.8万元，建设陈大镇政府驻地王桥美丽集镇建成区，通过科学规划对王桥集地下、地面、地上进行立体式全方位整改提升，集镇面貌焕然一新。建设雨污管道4050米，新修道路2300米，地面硬化1.58万平方米，建设公厕1座，文化广场1个，设置道路指示牌45块，投放垃圾桶1138个，集中悬挂店面招牌1900平方米，绿化面积1.5万平方米。投资300余万元，建设陈大镇前于楼中心村，建设污水处理厂一座、公厕1座、中心广场1个，各户门前安装垃圾桶，顺利通过省级验收。

【环境保护】全力以赴做好环保整治工作，“环保风暴”期间，中央、省、市、县累计交办环保问题22件，其中中央交办1件、省交办3件、市交办1件、县交办17件。交办问题全部办结，共清理沙场码头11个，拆除塑料加工厂7个、养殖场2个、窑厂3个，4个临时搅拌站拆除或停工整改。全面推行“河长制”，境内13条主要河道设立镇级河长，村级设立河段长，严格落实包保责任，切实维护河道健康。

【民生工作】2017年全镇共实施民生工程项目33项，其中建设类民生工程7个。2017年累计新硬化道路31.364千米，加宽道路3.5千米，打井87眼，建设涵管桥60座，中小桥10座；清退低保311人，新纳入低保553人，扶贫人口纳入低保507人，享受五保供养376人，贫困残疾人及精神病人726人，重度残疾人169人，救助孤儿41人；发放低保救助款339.3415万元，五保供养金159.67万元，贫困残疾人生活补助及精神病人药费补贴55.28万元，残疾人护理补贴11.06万元，孤儿救助金44.28万元；全镇人口自然增长率为9.22‰，符合政策生育率达到10.4‰，累计发放计生奖励扶助资金336240余万元，办理二孩生育服务证115个；完成新型农村养老保险续保22507人，发放养老金551.9655万元；发动居民参加新型农村合作医疗57639人，参合率达到98.73%，2016年参合农民就医补偿828.86万元，引导群众外出就业900人/次。

【组织建设】择优配齐、配强基层村干部，按照统一标准，共为15个村配备村干部15名，其中党支部书记4名、党支部委员11名，培养村级后备干部56名，加强基层组织力量。严格党员发展程序，新发展农村党员12名，累计收缴党费28600元。落实主体责任制，党政班子成员、各站所负责人、各村主要负责人填写履职本，加强廉政约谈，全面促进从严治党。严肃查处党员干部违规违纪案件，其中县纪委转办24起，已办结15起，自办9起，累计处理干部12人次，党员17人。

【社会事务】积极引导群众学法、知法、懂法、守法，以理性合法的形式表达诉求、解决问题，努力把各类社会矛盾化解在基层、化解在萌芽状态，建立动态监管台账，落实镇、村、组、户“四帮一”监管体系，妥善处理群众合理诉求。扎实开展清洁工程和“三线三边”工作，确保垃圾日产日清，改善群众生活环境。全力推进农村垃圾污水厕所专项整治“三大革命”，积极开展陈年垃圾清理、垃圾分类处理、卫生改厕、生活污水治理专项工作。

【镇工业功能区建设】陈大工业功能区于2010年规划建设，沿S307线两侧打造一条长16千米的工业走廊，并在陈大中心地段建一个占地10平方千米的工业和农业综合示范园。园区现已入住企业8家，其中规模企业4家。陈大工业功能区围绕基础设施建设和招商引资两大核心工作两翼并进。功能区坚持服务企业的宗旨，成立配套服务机构，为落户企业提供咨询、信息、人才、金融等全面优质服务。制定招商引资优惠政策，营造宽松的外部环境引凤入巢，引导和鼓励企业在功能区投资创业。（陈大镇供稿）

马店集镇

【概况】马店集镇位于涡阳县北中部，地处东经116度17分，北纬38度38分，距县城25公里，省道S202线、济祁高速纵贯东部，中部涡永路（涡阳至永城）与县循环线（红色旅游路线）在镇政府所在地马店集交汇，镇政府距省道4公里，距济祁高速出入口约6公里，境内水泥路四通八达，村村通水泥路达162公里，交通便利。区域国土面积85平方公里，东邻青町，西接新兴，南依龙山，北靠石弓、丹城。马店历史悠久，渊源流长，相传道教鼻祖老子曾在此拴马住店，故而得名马店。全镇现有人口5.85万人，耕地9.1万亩，下辖12个村委会、3个居委会，96个自然村，154个村民组。2017年实现粮食总产量64800吨，农业总产值1.3亿元，工业产值17.5亿元，财政收入346万元，税金536万元，利润0.9亿元，农民人均纯收入12380元。马店集镇位于淮北平原。土壤构成以砂礓黑土为主，占全镇整个面积的85%；其次为红淤土，占耕地面积的8%；有少量盐碱土分布全镇。土地均为冲积平原，地势平坦，自西北向西南缓倾，海拔30.7米，端差2.03米，境内沟河均数涡河水系，主要有涡包河、白洋河、大寨沟、五道沟、岭子沟等，地下水资源丰富，水质较好，适于农田灌溉。农作物面积173000亩，粮油棉产量220吨，畜禽产量165吨，水产品产量538吨；企业数52个，职工数1362人。

【农业发展】马店集镇依托“龙马工业园”优势，以正宇面粉集团、爱家食品为龙头，带动发展600多公顷亩优质小麦和200公顷优质黄豆种植基地；积极对中片5个村实施综合治理，治理面积1300多公顷，疏通中小沟16.5公里，清淤小沟8条，新修桥涵241座，新打机井267眼，扩挖水塘5面，完成土方5万立方，确保治理片农业灌溉网络全覆盖。以涡包河、白洋河、岭子沟坝绿化为重点，对全镇所有缺棵路段及地段进行补植，统一部署，动员大户进行土地流转，提倡经济林栽植，栽植各类树木200公顷、35万棵。2017年，全镇共栽植各类树木50余万棵，不但绿化、美化了环境，还增加了农民的经济收入，为全镇农业、林业生产奠定了坚实的基础。

【工业发展】围绕马店集镇与龙山结合部高速公路及省道202线两侧13平方公里被县委县政府列为龙马工业园区的契机，着力打造工业强镇，以正宇面粉集团有限公司为龙头，带动全镇企业迅速发展。2017年全镇完成固定资产投资1.9亿元，规模以上工业产值17.5亿元，安徽正宇面粉集团公司年产值16亿元，为省级龙头企业；爱家调味品有限公司年产值1.0亿元；殿民电筛场年产值0.5亿元。

【第三产业发展】2017年，进一步加大对劳动力技能培训力度，扩大就业渠道和规模，引导发展第三产业。2017年从事第三产业行业389个，人数5600人，分布马店集镇内及全国各地，年创收2.3亿元，带动了马店集镇第三产业发展。

【招商引资】充分发挥工业主体区的作用，在龙头企业带动的基础上，以更优的投资环境更好的招商平台，引进人才、资金、技术，确保有发展前景企业在马店集镇落地生根。认真摸排在外成功人士积极宣传鼓励成功人士返乡创业，鼓励在外务工群众回家创业。投资五亿元的养猪项目和两亿元的风力发电项目经过洽谈有意向落地涡阳。

【城镇建设】按照“四大秩序”标准建设美丽集镇，截至2017年底，投资2300万元的美丽集镇建设提升工程正在有条不紊地实施中。不断提高治理和建设标准，保证整治和建设效果，巩固治理成果，给人民生产生活提供优质、舒心、和谐环境。

【新农村建设】积极争取建设项目，2016年申报的市级美丽乡村示范点大罗村，投资210万元，2017年整个建设工程已经按规划全面竣工。加强对农村清洁工程工作组织领导，强化保洁队伍建设。狠抓农村环境治理工作，扩大治理范围，做到全覆盖、无死角，推动全镇新农村建设健康发展。

【社会事务】切实加强社会各项事业和民生工作，按照年初制定的为民办好的10件实事，掷地有声，稳步推进，逐项全面落实。10件实事分别是龙马工业园区配合全县有关部门完成规划设计；按规划实施了大罗美丽乡村建设工程；全镇完成危房改造230户；加固改建农村险桥2座；全面实施农村安全饮水工程，计划新建的马店集镇水厂开始实施；根据集镇建设的统筹规划，在集镇人流量大的位置新建水冲式公厕两座，并顺利启动了美丽集镇建设提升工程；强化舆论宣传，维修畅通全镇村村通广播，15个村(居)，208只喇叭信号恢复正常，确保党和政府的心声及时传到千家万户；加大教育民生工程投入，全镇实施3所小学的改簿工程；实行以地招商，新建的涡北烟草物流中心大楼落成；注重公安阵地建设，无偿提供建设用地，马店派出所综合实用楼建成并投入使用。

【民主与法制】加大宣传教育力度，认真开展“七五”普法教育，不断增强公民的法制观念和道德观念。坚持依法行政，认真开展村务公开阳光工程，按照“四个民主”是要求，规范镇村两级工作，积极推进党务、政务公开，认真执行村级四议两公开制度。结合党风廉政教育，不断提升公民遵纪守法的自觉性。切实加强社会治安综合治理，加大对村级黑恶势力打击力度，注重站岗放哨，减少偷盗案件的发生。切实加强信访维稳工作，加大矛盾纠纷排查调处力度，杜绝了越级访、集体访和进京上访及大案要案积案发生，为全镇经济社会发展营造一个良好的社会环境。

【组织建设】高度重视党员干部的思想政治学习和教育工作，不断加强党的基层组织建设和管理，加强党风廉政建设，注重抓好班子、带好队伍，扎实开展基层党组织标准化建设。结合“两学一做”、“讲重作”等主题教育活动的开展，不断增强党员的政治意识、大局意识、核心意识、看齐意识；充分发挥党员的先锋模范作用，要求全体党员争做“四讲四有”的合格党员，不断提升广大党员的综合素质；加强村两委成员轮流坐班；严格程序、认真考察，扎实认真做好村级干部缺额配备工作，为村级两委换届打下一个坚实的基础。对党组和党员按照星级化标准管理，开展“双培双带”先锋工程，为民服务全程代理，无职党员设岗定责、流动党员“双向带动”、“一诺双述双评”，流动党员议事会和“四议两公开”等农村载体活动，通过“三会一课”及党员干部远程教育平台，加强对党员干部的教育和管理。同时按照发展党员要求，认真做好年度党员发展工作。对后进村级党组织进行了整顿。

【文明创建】大力度推进农村清洁工程，加大经费投入，加强环卫队伍管理和使用。加快基础设施建设，不断优化生态环境，努力建设美丽乡镇。全面开展沿线料场和废品收购站等乱堆乱放的专项整治活动，加强集镇管理。投资3800万元的美丽集镇建设有序进行。开展书香村居宣讲活动，在全镇掀起了向中国好人——全国道德模范贾西坡、张大虎先进事迹学习活动。完善村规民约内容，认真开展清洁示范村、移风易俗村、绿色小康村、治安模范村创建活动。结合农村清洁工程认真开展讲文明、树新风、讲科学、见行动以及“好媳妇、好婆婆”、“三八红旗手”评选活动，全镇评选出了6个文明村、4个文明单位及26名文明创建活动先进个人，全镇公民文明程度不断提高。

（马店镇供稿）

牌坊镇

【概况】牌坊镇位于涡阳县西北部，距县城约25公里，地处河南、安徽两省交界处。2009年经省政府批准，将耿皇乡、牌坊镇两乡镇合并设立牌坊镇。总面积170平方公里，人口10万余人，辖20个村(居)委会，178个自然村。镇政府所在地牌坊集为古老的农村集市，是本镇政治、经济、文化活动中心和本地区及周边乡镇农副产品集散地。截止2017年12月底，全镇实现财政收入608万元。

【农业发展】牌坊镇是农业大镇，是著名的苔干、西瓜、大蒜之乡。全镇利用土地面积较大的优势，实施“粮食规划”项目，推进小麦高产攻关，高标准建设1.4万亩小麦高产攻关张园核心示范区。农村专业合作社作用不断增强。2017年农村专业合作社达306个，在农产品价格制定、销售等方面发挥了积极作用。特色农业拉动效应凸显。2017年，全镇小麦面积14.8万亩，单产518公斤。张园万亩片和超高产示范区单产超600公斤；春秋两季苔干5万亩，产值超1亿元；中药材2万亩，产值6000万元。以丁集、耿皇、程楼、张桥、周桥等村为主的蔬菜栽培面积达2.5万亩，产值7000万元。以苔干、中药材为主的间作套种面积达5万亩。农业总产值不断提升。2017年，牌坊镇农作物面积167800亩，粮油面产量72400吨，畜禽水产品产量4500吨，农业总产值28500万元，农民人均纯收入13627元。

【工业发展】2017年，完成招商引资3亿元；完成固定资产投资3.6436亿元；新增规模工业企业1个，限上商贸流通企业2个，实现税金和利润1200万元，企业职工数526人。众人生物质能源科技有限公司、鲁皖木业有限公司、安徽皇园粉丝有限责任公司、贵人居门业等一批规模企业成为牌坊工业经济增长的亮点。

【组织建设】2017年，全镇共有党总支20个，党员2124人，2017年新发展党员23人。保证党员每周集体学习时间不少于8小时；每季度安排一场学习讨论会，查找存在问题。对村组干部采取以会代训、集中培训等形式，对党的基本路线、方针政策、新农村建设的主要内容等进行广泛的培训学习。

【基础设施建设】在全镇范围内打造农村交通网，2017年全镇公路总里程156.9公里，其中农村道路畅通工程及乡级畅通两个标段62公里，县乡道路畅通武士楼至程楼10公里，牌坊至沙土14公里，牌坊至观塘17公里，高标准农田建设道路29公里，贫困村道路15.7公里，一事一议道路8公里，以工代赈道路1.2公里。这些道路的建设极大的提升了牌坊镇交通水平，为群众出行、农业生产提供了完善的设施保障。安装路灯50盏，老年体育广场体育设施8套已完工，人民生活质量得到提升。

【新农村建设】在前期规划、设计基础上，全力推进石庄和燕小庄美丽新村建设，截至2017年年底，污水处理站、沟塘整治、文化广场等工程建设类项目正在紧张施工中。

【社会事务】张园、牌坊两家养老院设施得到进一步完善，集中供养老人110余人；积极开展低保户、困难户和残疾人家庭的救助工作，按时足额发放各类补助资金、优待金和救济金。2017年全镇完成危房改造任务309户。2017年，牌坊镇在民主法制、安全生产、信访维稳、党管武装、拆违控违、工会、共青团、妇联均取得一定成绩，为全镇经济社会健康发展发挥积极作用。（牌坊镇供稿）

花沟镇

【概况】花沟镇位于涡阳县西南部，距县城12公里，面积82.9平方公里，人口6.8万人，辖16个村委员会，147个村民小组。历史悠久、资源丰富、

花沟镇

地理环境优越，是一个煤炭资源大镇、工业强镇。

【经济发展】2017年花沟镇国税收入404.3万元，占全年任务的108%；地税收入71万元，占全年任务的209%；完成规模以上工业产值8.7亿元，占全年任务的115%；完成固定资产投资9亿元，占全年任务的100%；限额以上企业完成销售额3.5亿元，占全年任务的130%；招商引资完成4.7亿元，占全年任务的156%；新增个体工商户230家，占全年任务的110%，进一步促进了全镇经济快速健康发展。

【社会事业】2017年全镇新修村道35千米，16个村道路基本实现了村村畅通；对全镇贫困户住房安全情况进行全面排查，实施危房改造308户，发放危改补贴资金756万元；累计发放低保补助金355.27万元。发放救灾救济棉衣20件、棉被30条、面粉16吨、救灾款12万元。积极走访了重点困难户，给他们带去猪肉、米等生活必需品，及时解决他们的困难。2017年共为41人申请临时救助款29500元，为34人提供大病救助，发放医疗救助款236191元，解决患者的燃眉之急。

【脱贫攻坚】落实产业补助资金241万元。认真开展针对性帮扶措施，落实教育扶贫资金、小额信贷资金325.75万元。安排436名贫困人口到光伏看护、治安巡逻、村容保洁等岗位，帮助贫困户解决就业问题的同时也为经济社会发展创造了良好的治安环境。2017年，全镇423户贫困户1048人收入超过脱贫标准，1个贫困村全面脱贫。

【农业发展】2017年，全力做好小麦赤霉病防控及农药残留样本检测工作，及时报送监管信息，并做好检测记录，建立监管台账，保障农产品生产安全。秸秆禁烧期间，严格落实包保，大力宣传秸秆禁烧和综合利用工作的重要性，出动宣传车50辆，悬挂横幅700幅，制定禁烧实施方案，并大力宣传农机作业托管服务方式、途径、操作办法及意义，实现统收、统种、统管、统控茬、统秸秆处理，圆满完成夏、秋两季秸秆禁烧任务。

【组织建设】加强党员培训教育工作，认真落实党课制度，充分发挥党员远程教育平台和手机微信功能，增强党员教育培训的吸引力和影响力；2017年各党组织累计讲党课190余次，6次主持召开专题班子会，开办廉政宣传专栏12期，开办廉政教育警示课12次；进一步加强基层标准化建设，对全镇共计62个基层党组织进行逐一排查，对未达标的党组织，制定整改方案，确保如期全部达标；坚持党组织生活制度，认真落实"三会一课"，充分发挥党组织作用；创建网上党支部群、在外建立流动党支部等，确保党员日常管理全覆盖。

【环境整治】狠抓农村污染治理和农村环境整治，全面推广"垃圾分类回收"，全镇范围内设立垃圾分类回收点17个，并沿主要道路两边等村增添购置垃圾箱，实现垃圾集中回收、集中清运、集中处理。严格落实"河长制"工作，根据实际情况划分责任片区，设立河长37名，覆盖全镇所有河道，镇党政主要领导带头担任河长、履河长之职、尽河长之责，提高全镇对河道保护工作的责任意识和参与意识；利用挖机对河道清淤拓宽，聘用河道保洁员9名，负责河道日常保洁和巡查工作，确保河长制各项工作取得成效。成立花沟环境执法队，严格集镇秩序环境及车辆和摊贩管理，集镇及农村环境卫生情况较以前可谓是"旧貌换新颜"。

【安全生产】按照"党政同责、一岗双责"的要求，通过召开培训会、发放宣传资料等方式，加强对安全生产法律法规宣传，增强生产经营单位和从业人员的法律责任和自律意识，进一步提高群众的安全意识和防范能力，防止各类生产安全事故发生。根据实际情况，联合安监办、派出所、市场监督管理所和卫生院，定期对危险化学品、烟花爆竹、工贸企业等存在安全隐患的行业进行全面大检查，对检查中发现的问题要求限期整改。认真落实县"百日除患铸安"、烟花爆竹、非法危化品经营等专项整治工作，保障经济社会的健康、稳定发展。

（花沟镇供稿）

公吉寺镇

【概况】公吉寺镇位于涡阳县西南12千米处，总面积56.7平方千米，耕地6.5万亩，辖14个村（居）委会，126个自然村，总人口5.7897万人。据传春秋时，楚灵王（公元前540-526年）北征，曾于今楚店集至公吉寺一带广建行宫，后又建立了很多庙宇，取名宫记寺。后人因其地形如鸡、"宫记"与"公鸡"音谐，又渐名为公鸡寺，解放后改为公吉寺。

【经济工作】2017年完成财政税收493.1万元，其中国税完成438万元，地税完成46.7万元，社会抚养费完成8.4万元。新增规模企业2家，工业总产值完成28000余万元，完成固定资产投资27810万元，招商引资完成4.96亿元，经济发展动力持续增强。

【农业工作】全镇规模标准化养殖场（户）126户，其中养猪户81家，养鸡户32家，养羊户13家。农村土地确权颁证工作全面完成，累计流转土地0.21万公顷，2017年新增流转土地0.05万公顷。累计培育家庭农场42家，其中2017年新增5家；培育农民专业合作社92家，2017年新增9家。农业结构明显优化，特色农业发展迅猛，全镇蔬菜种植213.33公顷，经果林栽植171.33公顷，中药材种植200公顷。

【基础设施建设】投资1109万元，对公吉寺集镇道路、街道立面、绿化、河道治理、雨污水管网等进行全面改造提升，镇容集貌显著提升。规划实施道路畅通工程撤并村项目20.545公里，贫困村道路10.43公里。申报“一事一议”财政奖补项目11个，其中道路硬化项目8个，新建道路近5公里，下水道项目2个近1000米，路灯项目一个，为11个行政村改善基础设施。投入资金40余万元实施贫困村电网改造工程和贫困户表后线改造工程，提升农村用电保障能力。投入资金148.42万元实施程大村、西刘村农饮改造及水利改造工程。投资560余万元，实施西刘村高标准农田建设工程，提高农田灌溉和抗旱保障能力，促进贫困村农业发展。

县委书记胡明文(前右二)，县委常委、副县长黄恺(前左一)到公吉寺镇西刘村指导扶贫工作

【社会治理】加大信访遗留问题解决力度，在全国“两会”和重大节日期间，公吉寺镇未出现进京访、越级访和非访现象。2017年，公吉寺镇综治维稳信访工作代表市、县顺利通过省、市检查验收，取得突出的成绩。深入开展安全生产“百日除患铸安”大检查活动、非法加油站点拆除、烟花爆竹专项整治专项行动，依法取缔非法加油站点2个，依法查收非法存放烟花爆竹228箱。2017年，公吉寺镇未发生一起安全生产事故。

【环境保护】严格执行“河长制”和环境保护网格化监管机制，公吉寺镇污水处理厂、污水管网等一批环保基础工程正在建设。午秋两季秸秆禁烧期间，镇党委与各村党组织签订责任书，层层压实责任，严格落实“网格化”包保责任制，广泛推广党员示范岗、应急指挥部、红袖章看管员网格化管理，实现午秋两季秸秆禁烧“零火点”。2017年，公吉寺镇顺利通过全省美丽集镇验收和森林乡镇验收，获得“安徽省生态乡镇”荣誉称号，王大楼居委会获得“安徽省生态村”荣誉称号。

【脱贫攻坚】2014年建档立卡1767户3284人，当年贫困发生率5.67%，共有西刘和程大2个贫困村，其中程大村2017年已出列。在2017年动态调整之后，国办建档立卡系统中贫困户有1445户、3253人，其中2014年脱贫199户443人，2015年脱贫231户497人，2016年脱贫158户308人，2017年脱贫460户1079人，未脱贫贫困户397户926人，现在贫困发生率1.60%。积极推行“四带一自”为重点的产业扶贫模式，与温氏集团合作为两个贫困村共建4个养猪大棚，18座光伏扶贫电站并网发电，实现产业到村、项目到户全覆盖，全面消除了集体经济“空壳村”。深化教育扶贫、健康脱贫“351”“180”政策落细落实。金融扶贫实现评级授信“全覆盖”。注重扶贫同扶志、扶智相结合，全镇投入资金23.656万元，对180名有技能需求的贫困人口实施脱贫技能培训，贫困劳动力就业能力明显提升；通过提供145个公益性岗位(其中护林员14个、护路员14个、治安巡逻员117个)，帮扶145名贫困劳动力实现就业。落实“春风行动”计划，帮助贫困户做好家庭基本生活用具的配置。在县委县政府的正确领导、县直有关单位大支持下，通过镇村干部连夜奋战，西刘村顺利通过国务院扶贫办建档立卡动态调整交叉检查。

【民生工作】开展低保清理整治专项行动，清退低保165人，新增低保257人，发放低保金305万余元。通过认真排查梳理，新增五保户52人，发放集中供养五保户补贴53万余元，分散供养补贴101万余元。发放冬春救灾款19.4万元。为14个贫困孤儿发放基本生活保障13.77万元为227名贫困家庭重度残疾人发放护理补贴16.644万元，为489名贫困残疾人发放残疾人生活救助32.76万元，为118户瘫痪卧床、精神疾病贫困户发放护理补贴11.8万元。

(公吉寺镇供稿)

标里镇

【概况】标里镇位于涡阳县城西部，距离涡阳县城20公里，西与谯城区立德镇相邻，北与谯城区的城父镇、涡阳县陈大镇交界，东与花沟镇相毗邻，南与临湖镇接壤。全镇总面积98.3平方千米，耕地面积9096公顷，总人口68288人，均为汉族。标里镇辖1个居委会，15个村委会，135个自然庄。标里集建国以来一直是区、社、乡、镇政府所在地，是标里地区6万8千人民政治、经济、文化、信息的中心。

标里镇土地肥沃，自然条件优越。安宁沟、干溪沟贯穿南北腹地，雪沟、涡标河、花沟三条中沟横贯镇内。两纵三横五条沟形成交叉水系，总流域面积达80平方千米。明河、张义沟贯穿标里镇西北部五个行政村，总流域面积达15平方千米左右。标里镇优越的水利资源，为标里镇的农业生产提供了丰富的自然资源。标里镇交通便捷，公路四通八达，曹淝路贯穿标里镇东西，全长15千米，系柏油路面，义花路、标孙路、标王路、标新路、标高路、红魏路系混凝土路面（其中：标王路、红魏路、新高路在原有基础上加宽一米）。镇通各村的道路均系混凝土结构，村与村道路均已硬化，标里镇纵横交错，四通八达的公路网，为标里镇的经济发展提供了交通保障。

【经济工作】2017年标里镇拥有1个骨干企业，涡阳县庆发面粉有限公司，年产值达1100万元。2017年标里镇社会商品零售额达12200万元。2017年全镇种植小麦面积5514公顷，平均亩单产550千克，总产值454.6万千克。全年全镇粮食总产量达9.3万吨。2017年全镇种植红薯67公顷，中药材种植254公顷，蔬菜种植89公顷。李大、团结、王井、新桥四个行政村的养殖已初具规模。2017年全镇财政收入434.6万元，其中：国税收入357.5万元，地税收入62.7万元，社会抚养费收入14.4万元。

【社会事业】2017年度，全镇应参加保险缴费人数24840人，已缴保费人数22137人，年缴保费率达89.12%，为实行农村养老保险政策以来参保缴费率最高比率。2017年度，全镇已享受社会养老保险待遇人数6993人，国家共发放养老保险资金655万元。

【脱贫攻坚】标里镇建立完善党政问责、书记与镇长主抓，党政班子成员分工抓扶贫、站所对口抓扶贫、包村干部分村抓扶贫的工作机制，把脱贫攻坚工作纳入党委政府压倒一切的中心工作常抓不懈。2017年标里镇按照贫困户申请，村组评议，镇村审核、公示报县备案的程序，共落实扶贫项目八项。其中产业扶贫四项补助资金277.5925万元；教育扶贫五项，补助资金216.5万元，受益学生1244人；小额贷款项目二项，贷款资金1853万元（户贷企用），涉及贫困户371户，危房改造项目，总投资530万元，受益农户231户；就业扶贫项目4项，总开发公益性岗位625个，工资发放总额75.28万元；民政政策项目1项，涉及农户913户，（低保634户，五保户279户），共发放资金353.84万元，涉及各类残疾、大病患者，孤儿救助计1097人，补助资金104.742万元；到村项目4项（光伏项目、温氏养猪棚项目，贫困村道路硬化，贫困村涡阳农饮工程），总投资3348.62万元，贫困户受益296.3万元；其他类措施三项，（技能培训，贫困户电费补贴，建档立卡贫困户水费补贴），总投入资金16.72万元。2017年，标里镇贫困村出列2个（李大、团结），脱贫659户，1619人。截止2017年10月全镇新增贫困户41户，731人，清退贫困户326户846人。成员自然减少贫困户290人。

【一事一议项目】2017年，全镇共投入资金243.9万元，为团结、李大、王井、标北、前李、新华、汪庄、刘竹八个行政村铺设水泥路2.25万平方米；投资67.4万元，在新桥、柏华两个行政村各安装太阳能路灯112盏。极大改善上述几个村的交通与生活环境。

【计划生育工作】2017年，标里镇政府认真落实国家计生奖抚政策，全镇2017年共享受国家计生奖抚政策人员248人，共计打卡发放各类奖扶资金39.648万元，其中：新增50人打卡发放资金4.92万元，助学成才1人，打卡发放资金0.3万元，贫困母亲17人，打卡发放资金1.02万元，贫困家庭16户，打卡发放资金1.6万元，大病救助3人，打卡发放资金0.9万元，独生子女298户，发放健康保险费10.63万元，不满50周岁二女户51户，发放资金3.06万元，孕前体检304对，发放体检资金3.04万元。

【民政工作】2017年，全镇共有享受最低保障570户，1051人，享受国家补助资金325.4万元。全镇共有五保老人392人，其中：集中供养105人，分散供养287人，共发放分散供养五保老人资金127.428万元，集中供养老人74.97万元。重点优抚对象107人，发放优抚补助资金69.45万元；重度残疾人护理补助375人，补助资金26.32万元；残疾救助719人，发放救助资金46.44万元；精神病药物补助112人，发放补助资金11.2万元；60周岁以上退役士兵补助232人，发放补助金38.47万元；发放冬令春荒救助补助20万元(含衣物)。

【社会事业】在卫生工作方面，标里镇卫生院现有在职职工34人，其中管理人员3人，专业技术人员28人，工勤人员3人，编制病床40张，卫生院内设有内、外、妇、儿、中医、康复理疗科及检验，影像、心电、预防接种、妇保、儿保等科室。2017年，免费为全镇65岁以上3593位老人、3901位贫困人员进行健康体检，春秋两季为552名留守儿童进行义诊。在教育工作方面，2017年标里学区中心校教师周转房开工建设，投入280万元，设计四层40套教师公寓；投资200余万元建设学生宿舍楼；投入280余万元为吕庄小学新建三层教学楼；投入40余万元，建设新德中学占地300平方米中学食堂；投入60余万元，建设刘竹小学、高楼小学、标里二小三所小学食堂。

【环境治理】2017年，标里镇把环境治理工作摆上党委政府的重要议事日程，全镇的环卫工作由保洁公司统一承包，全镇共有保洁员248名，环卫车辆3辆，洒水车1辆，配备人力三轮车50辆，电动三轮30辆，标里镇的环卫工作在2017年的10月、11月两个月受到县政府表彰，获奖金两万元。在抓好大环境治理的同时，标里镇加大改厕工作力度，全镇投资54万余元，为全镇679户贫困户把旱厕改为水冲式厕所，唐大村美丽乡村建设公厕2座。标里镇认真开展“春风行动”，投资120余万元为855贫困户的墙壁进行粉刷，道路进行硬化，彻底改善了贫困人群的生活居住环境。

【土地综合整治】2017年标里镇共实施土地综合整治项目三个，整治土地31.7公顷，其中：土地增减挂项目实施16.33公顷；工矿废弃地项目实施5.33公顷，新增耕地项目实施10公顷，较好地完成了县局下达的各项目标任务。

【高标准基本农田建设】2017年，标里镇重点对团结、王井、新桥、李大四个行政村进行高标准基本农田建设，上述四村共铺修15千米道路，系混凝土结构，修板桥34座，涵桥120座，打农机井180眼，打水塘2处，半自动灌溉设施11套。通过高标准基本农田设施配套，使项目区实现了田成方、林成网、路相通、沟相连、旱能浇、涝能排的目标。项目区建设的配套，极大地改善项目区村民的生活及生产环境，促进了项目区经济的发展。

【社会治安综合治理】标里镇是一个距涡阳县城20千米的偏远乡镇，社会治安综合治理工作形势严峻。镇党委政府强化组织领导，由镇党委副书记程飞主抓社会治安综合治理工作。全镇16个村(居)配备综治维稳信访信息员，负责辖区内治安防控及信访信息收集上报，同时开展了综治维稳信访工作中心站规范化建设，全镇16个村(居)均建设综治维稳信访工作站，在全镇范围内开展“四无”创建工作、平安志愿者队伍建设。镇政府在抓队伍建设的同时，加大硬件设施建设力度，2017年投资90余万元建成了三层554平方米的派出所综合办公大楼，为派出所配备电脑10台，每位民警配备一套单警设备，即一个伸缩警棍、一把警用强光手电、一副手铐、一支催泪喷射器及一副防割手套，并在全镇范围内各交通要道安装近400个监控摄像头，有效震慑了犯罪。2017年综治办共排查矛盾纠纷 149 件，调处 147 件，调处率达 98%，镇派出所共接警 389 起，立案 23 起，刑事拘留 3 人，批捕 3 人，起诉 5 人，受理治安事件 100 起，全部办结，抓获吸毒人员 1 人，抓获各类逃犯 8 人，调解各类矛盾纠纷 264 起。

（标里镇供稿）

城关街道

【概况】涡阳县城关街道办事处位于涡河南岸，东经 116°12.5′，北纬 33°32′。是全县政治、经济、文化、交通、金融、科技、信息中心，全国重点建设小城镇，安徽省文明县城。辖区面积 17.68 平方千米，总人口 13.6 万人，党工委下设 4 个党总支，25 个基层党组织，15 个社区居委会，党员 1296 人。城关街道办事处历史悠久，有着丰厚的文化积淀。境内有捻军会盟旧址、凤凰亭、华祖庙、英公祠、城隍庙、马玉坤帅府、马玉坤公馆、天主堂等省、市、县级重点文物保护单位多处，旅游资源极为丰富，地理位置十分优越，是著名的皖西北历史文化名城。

【财政税收】城关街道坚持开源与节流并重，在加强资金支出合理的同时，狠抓税源梳理，2017 年共完成财税收入 1.63 亿元，超额完成序时进度。

【招商引资】城关街道始终把招商引资作为经济发展的主抓手，共接待外地客商 20 批次 45 人次。其中机动车配件厂投资 0.8 亿元，佳宏挂车厂投资 0.36 亿元，已经发改委、经信委审批落地；和风涡阳包河与武家河风电场项目（总投资 10 亿元）已经发改委审查。

【重点项目建设】都市花园、天鹅湾、百合苑三个城建遗留项目涉及千家万户，社会关注度高。2017 年以来，街道协调国土局、规划局等有关部门，推进和完善用地、规划、施工等相关手续，督促施工方加快项目建设。截至 2017 年 12 月底，天鹅湾主体工程已全部完工，用地方面的“四证合一”已经完成，工程规划许可正在办理；都市花园规划审批设计的面积测绘工作已经完成，国土部门正在对其超容积率部分进行土地评估；百合苑小区已经完成综合验收，近期即可交房，小区外接强电正在施工。

城关街道办事处主任邓卜锋（左一）接待信访来访人员

新建项目建设正在积极推进，一是顺河路征迁高标准、高质量完成，共计征地 9.55 公顷，采伐树木 2 万余棵、迁移坟墓 136 座，征迁房屋一万五千平方米。二是向阳路拓宽项目，已完成征地 1.29 公顷，迁移坟墓 135 座，骨灰盒 87 个，总计发放补偿款 230 万元，向阳路老城区段正在进行拓宽施工。三是新城安置小区已经完成木材市场搬迁，加油站搬迁工作正在有序进行，共征收集体土地 0.89 公顷，收储国有土地 2.67 余亩。四是乐行宾馆安置房建设已经开工建设。五是“六闸一站”征地项目，已完成土地征收、地面附属物清缴，施工正在有序进行。六是大社区服务中心建设已经完成钻探工作，正在进行深度设计。

【民计民生】困难人群生活得到基本保障，完成城乡居民临时救助 50 余人次，城乡低保医疗救助 90 余人次。同时，共发放重度残疾人护理补贴 372 人，7 万余元；农村低保每月打卡发放 7950 元；优抚对象（参战参试人员）112 人，共计发放 70 余万元。城乡低保得到全面清理整顿，按照省民政厅文件要求，市、县民政局工作安排，对城关街道所有在册享受城乡低保人员进行全面复查核对，经核查清退城市低保 987 余户、1351 人，该街道共有农村低保 16 户、24 人；城市低保 471 户、672 人。

三是网上办事效果明显，积极主动帮助群众办理日常事务5060件，极大地方便了群众日常工作生活。

【武装工作】组织兵役登记，按照军分区和县武装部要求，圆满完成兵役登记任务。调整编组民兵组织，按照上级精编人员机构的要求，调整任命民兵干部6人，民兵组织由439人缩减至201人，其中，成立应急分队30人，专业力量防化救援分队74人，铁路装备维修分队20人，情报信息网27人，县抽组应急排50人。完成了征兵任务，按照县武装部要求，进站体检任务114人，实际进站118人，双合格47人，征兵任务40人，实际入伍43人。

【信访维稳】接待来信来访365件，排查矛盾纠纷189件，重点信访案件65件，涉及人员近万人，采取一案一个包保组织、一案一策进行分析研判，有效化解信访积案22件，引导信访诉讼维权4人，砂轮厂、猪毛厂、都市花园等企业项目遗留问题处理有序推进，确保十九大期间零进京访和维稳安保零事故，城关街道被安徽省授予信访维稳工作先进集体荣誉称号。

【文明创建】加大对违法建筑的监控力度，拆除突击建设的违法建筑2200平方米，实现了违建零增长目标。对青年路、郝庄菜市、康宁路、三里庄菜市、卫生巷等街道加大了清理力度，确保无店外经营和流动摊点，搭台演出整治工作步入正轨，环境整治工作得到了市县领导表扬和人民群众的认可，清洁工程检查、文明指数测评名列前茅，“三线三边”检查在全县排名第一。

【党的十九大精神宣讲】制定宣讲教育活动实施方案，成立十九大精神宣讲团，利用道德讲堂、市民学校、“三会一课”、微党课等宣传教育平台，多层次、全方位地开展十九大精神宣讲活动，让党的惠民政策深入人心。副科级以上干部定期到社区进行宣讲，建立了督查工作机制，确保党的十九大精神得到全面贯彻落实。（城关街道供稿）

涡北街道

【概况】涡北街道位于北纬33°30′10″—33°30′16″，东经116°15′20″—116°15′39″。地处涡阳县中心地带，东与高炉镇、龙山镇接壤，东南与城东街道为邻，南连城关、城西街道，西邻义门镇、牌坊镇，北接新兴镇。1992年3月撤区并乡，由原本闸北、凡桥、河套三个乡合并，设闸北镇；2009年5月，把原张老家乡的张老家、鲁庄、桑楼、大田、赵庄五村并入闸北镇，撤销闸北镇设涡北街道办事处。境内有徐阜铁路、煤矿铁路货运专线、省道S202线、涡新路县道和闸北路、东环北路、雷古路、圣母路等主要道路。涡河四季通航。2017年年末，辖涡北、刘楼、临涡、马棚、郑店、涡东、席楼、徐广楼、凡桥、皇店、涡光、张老家12个居委会，鲁庄、桑楼、牛庙、水牛羊、李楼、卢庄、洼张、赵庄、大田9个村委会，总人口8.8万人。境内大部为平原，地势略为西北高东南低，地面高程一般在海拔29—30米。辖区东西最大距离38.365千米，南北最大距离15.28千米。辖区总面积103.17平方千米，其中陆地98.75平方千米，占95.69%；水域4.66平方千米，占4.5%。人口密度为每平方千米852人。境内属涡河水系，主要河流有涡河、武家河、白洋河、涡新河、五道沟、洪沟等。辖区耕地面积99825亩，人均1.13亩，全部为水浇地。

【经济发展】2017年涡北街道固定资产投资完成28030万元，其中工业投资完成9810万元。征缴国税1293万元，地税256.7万元，社会抚养费119.4万元。招商引资的实际利用内资9.7亿元，新引进符合项目标准的工业项目1个（与义门镇联合引资）、农业项目2个，完成全年目标任务。2017年现有规上工业企业7家，较2016年度增加2家，总产值497510万元；限上商贸流通企业7家，较2016年增加2家，销售收入16530万元。

【基础设施】2017年，涡北街道共投入资金5229.7万元用于基础设施建设。其中道路修建

76.17公里，重修桥涵342座，清淤3.663公里，机井58眼。涡北街道采煤塌陷区杨池、鲁庄两村整体搬迁于2017年4月20日正式启动，并于5月底组织村民全部搬出。同时，涡北街道以地理位置、优势资源为依托，构建未来发展蓝图，联系合肥设计院对涡北街道进行总体规划，街道、社区（村）全体干部投入到大建设中去，S202线两侧、环湖路等多个项目正在加快推进，为涡北下步发展奠定基础。

【社会事务】涡北街道投入民生保障资金1477万元，覆盖2930户，其中办理五保户共428户、438人，发放资金200万元；办理低保户531户、1023人，发放资金313万元；办理重度残疾护理补贴539户、539人，发放资金38万元；办理残疾人困难生活补贴910户、910人，发放资金57万元；办理困难精神病人158户、159人，发放资金16万元；危房改造364户，发放资金853万元；进行三次残疾人鉴定，开办三期残疾人培训班；共录入留守儿童2380人、60岁以上退役士兵680人。推行网上办事制度，让“群众跑腿”变成“数据跑腿”。2017年，涡北街道利用网上办事大厅办理城乡居民社会养老保险登记表7869人，80岁以上老年人高龄津贴办结1290人，城乡居民社会养老保险生存认证7857人，城居民养老保险（新农保）网上缴费35730人，2018年新农合（城乡居民合作医疗）参保缴费75668人。

【党建工作】街道党工委把作风建设作为一项严肃的政治任务，以开展“两学一做”教育活动常态化、制度化和“讲重作”专题教育、专题警示教育和学习党的十九大精神为契机，以加强教育、集中整治、完善制度、加强监督、严明纪律为抓手，动真格、求实效，持之以恒抓、咬牙做下去，着力解决党员干部作风方面存在的突出问题，为推动科学发展提供有力的作风保证。街道党工委现有中共党员1956名，党支部52个。街道党工委完善工作机制，发挥党工委领导核心作用，落实抓基层党建工作责任制，完善责任、督查、保障机制，确保党建工作落到实处。

（涡北街道供稿）

城东街道

【概况】城东街道是1992年2月撤区并乡时由蒙关乡和马寨乡合并而成，始名马寨镇，1994年9月更名城东镇，2010年11月命名为城东街道。城东街道位于县城东城乡结合部，地处县城规划区内，东与西阳镇毗邻，南接涡南镇，西联城关街道和城西街道，北靠涡北街道和高炉镇。该街道地理位置优越，西倚火车站，S307线横穿东西，徐阜铁路纵贯南北，涡河流经北境，水陆交通便捷。国土面积40平方公里，辖马寨、杨王、蒙关3个（居、社区）委员会和田小庙、黄庄、刘旮旯、盛庄4个村委会，69个自然村，101个村民小组，人口28000余人，耕地3.61万亩。农业以皖麦38种植为主，辅以黄豆、玉米种植。沿S307线现代农业示范区规模进一步扩大，对城东街道农业产业结构调整起到良好的示范引路作用。矿产资源丰富，东部已探明的煤炭储藏量达8千余万吨，且煤质优良。城东街道坚持“以工促农，农、工、商、贸并举”的发展思路，加快经济社会发展步伐。农业产业化进程加快，工业发展逐步提升，各项社会事业全面进步。

【综合实力】2017年生产总值达23757万元，比2016年增长10%。财政税收考核任务1458万元，实际完成税收1487.5万元。其中：国税考核任务1111万元，实际完成税收1134.8万元；地税考核任务347万元，实际完成税收352.7万元。农村常住居民人均可支配收入达10950元。农作物面积4.6万亩，粮食生产达3万吨，农业产值787万元，比上年增长9%；规模工业企业21家，工业产值12.3万元，比上年增长9.8%。

2017年，固定资产投资完成6.6亿元，其中工业固定资产投资完成3.6亿元；新增规模工业2家，新增个体工商户210个。辖区内共有大小企业78家，职工人数3260余人。

【农业发展】城东街道东部是原外资治理区和黄

淮海项目区，现在是标准粮田示范区和现代农业项目区，农业基础较好。盛庄、刘旮旯等村是标准粮田示范和小麦高产示范区。主要农作物是小麦、黄豆和玉米。沿S307线现代农业示范区主要示范品种有草莓、葡萄、食用菌、药材、竹柳等。2017年城东街道继续加大农业种植结构调整，通过土地流转，在蒙关社区经济作物药牡丹种植410亩，白菊花种植190亩，黄庄村扶贫旅游观光项目莓香湾草莓采摘基地草莓种植500亩，在刘旮旯村梨园种植460亩。截至2017年底，城东街道已有百亩以上土地流转大户16家，500亩以上1000亩以下大户1家，1000亩以上大户2家。

【第三产业发展】第三产业的零售业、餐饮业等发展迅速，2017年辖区内有超市72个，零售批发点116个，餐馆86家。

【招商引资】2017年超额完成县下达9.6亿元的招商引资任务，其中有投资近4900万的同富瓦业、投资4800万奥德利彩钢瓦厂，投资3.4亿中农批电商物流城项目，投资6.6亿元城东城市森林公园项目和投资1.4亿元的黄庄莓香湾旅游扶贫项目。

【城乡建设】2017年，配合县有关部门做好对S307线城东段入新307线入口征地绿化工作，征地工作全部完成，确保了S307线入口绿化工作顺利竣工；配合县有关部门完成了中农批市场建设，现已竣工投入运营；杨王新村一期工程已全面竣工。

【社会事业】2017年，城东街道开展了低保清理整顿行动，做到应吃尽吃、应保尽保；优抚金、救助金、低保五保等全面足额发放；巩固和发展农村新型合作医疗，群众参保率达到100%；落实城乡居民养老保险政策，居民养老保险参保率达到97%，养老金发放率达到100%；2017年脱贫295户594人，扶贫项目受益群众达867户2022人，合计1110.38万元。2017年实施扶贫项目有：产业扶贫、温氏养殖建猪舍项目、村级扶贫专项资金、健康扶贫、光伏发电项目、教育扶贫、种植养殖补贴、危

县委书记胡明文（右一）到城东街道田小庙村慰问贫困户

房改造、产业扶贫九大类。2017产业扶贫补助资金81.22万元收益户616户，其中包括田小庙村60户特色种植泓森槐收益12万元；温氏养殖建猪舍项目。在贫困村田小庙、黄庄共建4个养猪舍，中标价240.921万元，实际到账158.98万元，目前已建成投入使用。每年一个猪舍村集体收益8万元，合计32万元；村级扶贫专项资金53.91万元。用于384户贫困户购买生产资料、家畜家禽45.993万元，因病因学打卡发放7.9170万元；健康脱贫政策落实情况。2016年已脱贫178户367人，2017年脱贫295户594人，2018年未脱贫132户335人，共计1296人享受健康扶贫政策；光伏项目顺利实施，城东街道七个村（居、社区），每村都建一至二个光伏电站，共12个项目点，总装机容量2.38兆瓦，已全部并网发电。2017年扶贫小额贷款90户，450万元，投入建投公司用于建光伏，每户收益3000元，已落实3000元；狠抓教育扶贫工作，458人受益，已补贴资金48.1380万元；落实住房安全保障政策，改造危房268户。其中重建251户627.5万元，修缮17户10.2万元，合计637.7万元；落实技能脱贫培训政策29户，投入资金5.6万元；享受光伏发电项目贫困户共273户，其中小额贷款90户450万元，分红资金27万元；183户光伏收益户54.8万元。

【组织建设】街道设党工委1个，下设党总支（支部）35个，共有党员851名。扎实开展了“三级联创”、争创“五个好”党支部活动，为民服务全程代理、无职党员设岗定责、流动党员“双向带动”、党

组织和党员“双向承诺”等五大载体建设得到了进一步的加强。2017年，街道4个村、3个居委会（社区）的村级活动场所建设达到了规范化的要求，成为集党员活动、村民议事、代理服务、教育培训、文化娱乐等为一体的综合性阵地。

【精神文明建设】围绕营造和谐的社会环境、倡导良好的社会风尚、提倡高尚的道德情操，在马寨居委会、刘旮旯村、代庄自然村、黄庄村开展了清洁示范村、文明生态村、绿色小康村、移风易俗村创建示范活动。街道加大了文明创建、农村清洁工程工作的投入，2017年共投入100余万元，对街容街貌、农村卫生环境、改水改厕等进行综合整治，文明创建工作良性循环发展。（城东街道供稿）

城西街道

【概况】1969年10月设立城郊人民公社，1979年8月改为城郊区，1992年2月撤区设镇，2009年10月改为城西街道办事处。城西街道地处涡阳县城西大门，典型的城乡结合部。位于北纬33°27′至33°47′，东经115°53′至116°33′之间。东与城东街道为邻，南与涡南镇、楚店镇、公吉寺镇、花沟镇接壤，西连陈大镇，北靠城关街道，中间是涡阳县经济开发区，整体呈东南至西北向，辖区总面积34.2平方千米。其中耕地面积2267.8公顷。城西街道境内S307、S202省道交叉穿过，同时还有涡双路、涡标路分布东西，距亳州市飞机场10千米，距涡阳东高速出入口15千米，交通十分便利；北依涡河、内有界洪河、涡楚河、狐沟，自然资源丰富，土地肥沃，生产生活条件良好。下辖潘寨、俞庄、尹沟3个社区和史寨、陈李、焦尧、赵瓦房4个村委会，61个自然村114个村民组，常住人口30995人。

赵瓦房新建村室

【主要指标】2017年实现社会生产总值（GDP）1.78亿元，其中：一产7411万元，占41.63%；二产6015万元，占33.79%；三产4374万元，占24.57%。农业生产总值中，农业4246万元，占57.29%；林业341万元，占4.6%；牧业2348万元，占31.68%；渔业154万元，占2.08%；服务业322万元，占4.34%。农作物面积3943.13公顷，其中粮食总产2.18万吨，油料4吨，水产品产量806吨。2017年财政收入1881万元，占计划任务107.4%。农民人均纯收入9850元。

【工业经济】2017年固定资产总投资47685万元，占任务的6.2%，其中工业投资40799万元；规模工业企业产值22068万元；限上商贸企业产值71491万元。

【招商引资】2017年完成招商引资项目10个，总投资12亿元，总到位资金2.01亿元；其中新建项目3个，投资3.01亿元，资金到位1.60亿元；续建项目7个，投资8.99亿元，资金到位1200万元。

【项目建设】2017年9月完成贫困村高标准农田治理和非贫困村千亿斤增粮项目，工程总投资2600万元，治理面积2万公顷，并通过验收。完成涡河景观带沿河路项目用地征收1.67公顷，项目建设进展顺利。完成赵瓦房中心村建设和老村庄拆迁，并成功申报省级示范村。完成潘寨社区新增墓地征收2公顷，为县项目建设提供保障。完成焦尧水厂提升工程项目征地0.2公顷。完成土地综合整治3.45公顷。同时完成城西街道田园综合体项目的规划设计、天然气管线拆迁、伯阳输电站输电线路建设。

【现代农业】通过高标准农田改造和田间提升工程，新建各类桥涵281座，修建田间生产路34.08千米，机井328眼，机电井57眼，机井房57间，安装变压器16台，架设高压线6.8千米，低压地埋电缆18.34千米，铺设喷灌管网11.4千米，中小沟清淤31.7千米，大大提升生产能力。2017年新增土地流转面积346.67公顷，其中林业产业扶贫面积146.67公顷；新增专业合作社6家，家庭农场5家，2017年获得省级优秀专业合作社1家、市级优秀合作社2家、县级优秀合作社3家；农机装备总动力2.68万千瓦，农业生产全部实现机械化。

【扶贫工作】按照“重精准、补短板、促攻坚”总体工作要求，通过“明确工作目标、建立包保责任制、坚持分类指导、严格落实扶贫政策、坚守法纪底线”等保障措施，认真开展扶贫对象信息核查、动态管理、规范操作流程、落实扶贫项目等工作，保障扶贫工作成效。2014年建档立卡贫困人口共计1214户2624人，贫困发生率 9%。2014年脱贫233户559人，2015年脱贫197户389人，2016年脱贫 213户456人，到2016年底贫困发生率下降到4.3 %；2017年脱贫 363户805人，2017年底未脱贫户172户434人，贫困发生率下降到1.5%；3个贫困村中有2个成功出列。

【环境综合整治】秸秆禁烧实现连续6年零火点目标，受到市县两级督查组的好评。对6.1千米长的涡河流域及沿岸进行集中整治，清除网箱网具375个，清理住家船10条，拆除养殖场2个，清理河岸养殖户9家。农村清洁工程，通过加大投入、落实网格化责任制，建立长效工作机制，改善了人居环境，在全市第三方暗访中，8次获得前6名好成绩。

【精神文明建设】开展书香村居建设，各社区村每月上好4堂课(法律讲堂、国学经典、道德讲堂、政策讲堂)，受教育群众达19870人次，全面提升居民素质。定期组织联合执法，坚决杜绝店外经营、占道经营，全力改善市场秩序；配合交警部门，加强交通秩序整治，在部分主干道两侧划定停车线，克服乱停乱放现象。在全市第三方城市文明指数测评中，3月份获全县第二名。

【社会事业】民政工作。截至2017年年底，享受农村低保家庭124户344人，人户比达到2.77；分散供养五保户120人，标准达到4310元/年/人，集中供养89人，标准达到5310元/年/人；向特困户、低保户、五保户、困难残疾人等困难群众发放救灾款6万元，救济面粉100袋，大衣15件，棉被15件；城乡医疗临时救助58人；配合县民政局对城西街道116名农村退役士兵和57名重点优抚对象按时足额发放抚恤补助金；共排查出留守儿童577人；保障老年人权益，截至2017年年底共为277名80-84岁老人(100元/人/年)和204名85-99岁老人(200元/人/年)办理高龄补贴，为930名50-90岁以上老人办理了银龄安康保险，对120名重度残疾人发放护理补贴(60元/人/月)。计划生育。2017年有已婚育龄妇女6462人，人口出生430人，其中男218人、女212人，出生婴儿性别比102.83%，政策外多孩出生比例为1.13‰，流出人口6193人，其中已婚育龄妇女2051人。征收社会抚养费54.5万元。新型农村合作医疗。2017年参加新农合2.88万人，参保率100%，在全县处于领先。政策性农业保险。2017年投保小麦面积1395.69公顷，上缴保费69149.23元，理赔面积93公顷，理赔金额138231.89元；投保大豆面积1204.15公顷，上缴保费36847.04元，理赔面积70.6公顷，理赔金额81013.5元，保护了群众生产利益。财政一事一议奖补项目。2017年村级公益事业建设一事一议财政奖补项目完成水泥路修建2条、太阳能路灯项目4个，总投资1609129.5元。社会保障。2017年城乡居民养老保险缴费位居全县第一，完成率达106.69%；为参加养老保险9623人建立统计档案；领取待遇人员认证审批和统计上报工作在全县率先完成；城镇医保缴费工作，完成达100%；完成农村劳动力转移982人，新增就业423人；完成春秋两季企业招工46人；培育扶持返乡青年创业56人；办理城乡居民公租房申请，解决122户住房需求。

【网上办事】2017年共办件46624件，其中非证明类35794件，万人办件率位居全县第一。在办结件中，网上缴费5283件，一站式中小学报名252

件，行政审批338件，便民服务40296件，预约455件，办结率100%，评价16310件，满意率100%。真正实现变群众跑腿为数据跑腿，真正方便群众、服务群众。

【文化建设】全年共开展文体活动105次；为7个社区村安装健身器材6套，送文化下乡放电影75次、文艺演出10次；加强村村通广播维护，每天群众都能收听广播；开展培训讲座20次，资源共享工程播放90次，电子阅览室达3000人次，信息报送市级发表50篇、省级发表10篇。

【社会管理】综治信访维稳。2017年以“平安城西”创建为基础、以“发案少、秩序好、社会稳定、群众满意”为目标，着力抓好综治信访维稳措施的落实，共排查矛盾纠纷89起，同比下降36%，调查处理89起，调解率100%。今年刑事案件立案39起，同比下降87.18%；查处治安案件18起，同比下降45.45%；两抢一盗案件4起，同比下降50%，社会发展环境不断向好。安全生产。按照“一岗双责、党政同责”原则，实施安全生产、消防安全、食品药品安全协同作战，齐抓共管，严格落实企业安全主体责任，建立长效机制，结合安全生产排查、百日除患铸安行动、整治非法成品油、黑木耳专项治理等活动，制作各类安全生产宣传单5000份，书写墙壁安全宣传标语、悬挂条幅共计100幅，开展安全排查18次、集中检查6次，累计发现安全生产隐患17处，整改到位率100%；对非法加工黑木耳继续进行清理整治，消除食品安全隐患；加强农村商铺（作坊）的安全排查，全部安装烟感报警器，确保全年无安全事故。河长制。成立河长制办公室，建立河长制网格化管理机制，层层压实责任，严格落实管理任务，在市县检查中获得好评。规范建房秩序。严格落实城市规划区范围内农民建房先批后建原则，对村庄所有违建和沿街的私搭乱建一律拆除。2017年度共拆除农村违建6处3000平方米，拆除沿街私搭乱建21处。

【组织建设】政治建设。继续开展“两学一做”和“讲政治、重规矩、做表率”主题教育活动，巩固教育成果；认真开展学习贯彻十九大精神，组织2次红色教育、2次廉政基地参观、12次主题党课和每月1次“党员日”活动，提高党员干部“四个意识”“八种能力”，使党员干部不忘初心，牢记使命，自觉砥砺前行。党建工作。2017年是党组织标准化建设年。完成5个村室达标建设，党的阵地建设得以保障；完善各党组织工作制度，坚持三会一课制度，落实民主生活会和组织生活会，组织工作得以正常开展；党员信息录入、党费收缴、党员干部管理得以规范；配强村级两委班子，建立后备干部库，缴纳村干部保险，提升村级组织战斗力；新发展12名党员，为党组织不断输送新鲜血液。使党建工作成为主要抓手，推动了党建工作提升。廉政建设。坚持每月对两个主体责任责任落实情况进行公开，确保廉政建设提质增效。争先创优。建立周一例会制度、微信群晾晒工作制度和按月奖惩考核制度，极大地鼓舞了社区村两委干部的干劲，确保工作实效，取得2017年度全县综合排名第一的好成绩。（城西街道供稿）

人员名录

人员名录

（截至2017年12月31日）
中共涡阳县委员会

书　记：胡明文
副书记：熊国洪　陈长安
常　委：韩　龙　黄　恺　刘梦汝
　　　　郑　虹　丰霄寒　丁　博
　　　　杜世峰　乔　健　马　勇

中共涡阳县纪律检查委员会
涡阳县监察委员会

书　记、主　任：韩　龙
副书记、副主任：张　凯　崔华锋

县委工作部门

办公室
主　任：丰霄寒
政研室
主　任：梁云超
美丽办
负责人：侯晓明
组织部
部　长：丰霄寒
宣传部
部　长：郑　虹
讲师组
组　长：李　涛
统战部
部　长：丰霄寒
政法委
书　记：丁　博
综治办
主　任：张　洋
维稳办、防邪办
主　任：代　雷
县直机关工委
书　记：张继红
老干部局
局　长：贾惜东
编　办
主　任：李　岩
文明办
副主任：李永（主持工作）
机关事务局
副局长：马长春
督查中心
副主任：马　涛
信访局
局　长：程　军
党史办
主　任：孙兴旺
档案局
局　长：丰霄寒
县委党校
校　长：陈长安
广播电视台
台　长：李良书
金融办
主　任：赵晓蕾

涡阳县十七届人大常委会

党组书记、主　任：刘　峰
副主任：刘红岩　李　雷　燕　坤　周俊杰

县人大常委会工作部门

办公室
主　任：周俊杰
教科文卫工委
主　任：李永进
农业农村工委
主　任：蔡　扬
内务司法工委
主　任：张　雷
城建环资工委
主　任：马燕霖
财政经济工委
主　任：纪本良

人事选举工委

主　任:汪　澄

专职委员

马晓东　蒋建英　王海洋

涡阳县人民政府

县　长:熊国洪

常务副县长:刘梦汝

副县长:黄　恺　杜世峰　乔　健
马　勇　万洪超　牛　光
苏志杰　赵　凯　刘　峰

县政府工作部门

办公室

主　任:李良忠

民宗局

局　长:牛　剑

扶贫办

主　任:程　翔

重点局

局　长:郭建华

地方志办

主　任:杨　健

信息局

局　长:孙　伟

发改委

主　任:孙晋生

项目办

主　任:孙晋生

安监局

局　长:孙　启

教育局

局　长:苗　彧

科技局

局　长:赵书义

公安局

局　长:丁　博

民政局

局　长:许　峰

老龄办

主　任:席理军

司法局

局　长:陈　涛

审计局

局　长:许复礼

财政局

局　长:赵　良

人社局

局　长:徐　敬

国土局

局　长:苏廷全

住建委

党组书记:徐峰

主　任:盛亚民

房产局

局　长:徐　峰

城管执法局

副局长:邓昌盛(主持工作)

规划局

局　长:盛亚民

交通局

局　长:祝　礼

农　委

主　任:王昌元

畜牧局

副局长:杨文虎(主持工作)

农经办

主　任:盛家文

菜篮子办

主　任:李秀龄

水务局

局　长:黄　恺

林业局

局　长:王昌元

农机局

局　长:赵劲涛

经信委

主　任:燕化军

国企改革服务中心

主　任:赵凯

商务局

局　长:邓书先

文体旅局

局　长:刘　斌

老子生态园管委会

主　任:刘　斌

卫计委

主　任:刘化云

环保局

局　长:张新文

统计局

局　长:邱家义

市场局

局　长:邓　华

政务服务中心

负责人:贾　松（主持工作）

公管局

局　长:李　伟

招商局

副局长:李仓玉

县供销社

主　任:李　刚

政协涡阳县第十届委员会

党组书记:刘　峰

副主席:方　侠　赵太民　王登峰
赵晓蕾　盛亚民

县政协工作部门

办公室

主　任:王登峰

经济科技委

主　任:武　霞

文教卫体与文史委

副主任:李　密

学习与法制委

主　任:于继江

祖国统一与民族宗教委

主　任:杜　宁

提案委

负责人:朱晓晨

涡阳县人民法院

院　长:雷　晨

涡阳县人民检察院

检察长:信清彬

涡阳县人民武装部

部　长 陈建成

政　委 汤向阳

人民团体和群众团体、民主党派和工商联

县总工会

主　席:郑　虹

共青团涡阳县委

书　记:李　真

县妇女联合会

主　席:袁红侠

县文学艺术界联合会

主　席:潘学峰

县科学技术协会

主　席:董华良

县残疾人联合会

理事长:沈祥成

县工商业联合会

主　席:刘红岩

部分驻涡机构

县国税局

局　长:蔡鹏程

县地税局

局　长:李红伟

县气象局

局　长:郑立归

县供电公司

总经理:杨东旭

县住房公积金管理中心

主　任:刘　炜

县海事处

处　长:王保生

县公路分局

局　长:史广金

镇、街道、经开区

经开区

党工委书记:郅玉洁

管委会主任:牛　光

义门镇

党委书记:赵云超

镇　　长:崔　伟

高炉镇

党委书记:李向前

镇　　长:廉　锋

青疃镇

党委书记:刘兴连

镇　　长:李文权

龙山镇

党委书记:何　峰

镇　　长:陶　宇

西阳镇

党委书记:栗　克

镇　　长:牛华山

涡南镇

党委书记:陆春晓

镇　　长:孙亚玲

楚店镇

党委书记:赵　耀

镇　　长:岳　云

高公镇

党委书记:翟保明

镇　　长:张心乾

新兴镇

党委书记:宋崇民

镇　　长:魏文涛

石弓镇

镇　　长:栗怀忍

曹市镇

党委书记:冯　飞

镇　　长:刘　超

临湖镇

党委书记:李　飞

镇　　长:纪　永

丹城镇

党委书记:张作飞

镇　　长:王振仁

店集镇

党委书记:蒋真源

镇　　长:张　涛

陈大镇

党委书记:栗广飞

镇　　长:于灿泓

马店集镇

党委书记:高　峰

镇　　长:徐　斌

牌坊镇

党委书记:张　一

镇　　长:司准忠

花沟镇

党委书记:岳祥金

镇　　长:郑红杰

公吉寺镇

党委书记:李　锐

镇　　长:陈　旭

标里镇

党委书记:张振中

镇　　长:蔡　畦

城关街道

党工委书记:万洪超

办事处主任:邓卜锋

涡北街道

党工委书记:高　杨

办事处主任:陈志刚

城东街道

办事处主任:董金平

城西街道

办事处主任:董金平

附　录

2017年度县委文件目录

通知类

1. 中共涡阳县委关于转发《涡阳县人民代表大会常务委员会2017年工作要点》的通知

涡发〔2017〕1号

2. 中共涡阳县委涡阳县人民政府转发《中共涡阳县委宣传部、县司法局关于在全县公民中开展法治宣传教育的第七个五年规划（2016-2020年）》的通知

涡发〔2017〕2号

3. 中共涡阳县委关于印发《中共涡阳县委常委会2017年工作要点》的通知

涡发〔2017〕3号

4. 中共涡阳县委涡阳县人民政府关于进一步做好2017年度招商引资工作的通知涡发〔2017〕4号

5. 中共涡阳县委关于转发《政协涡阳县委员会2017年工作要点》的通知

涡发〔2017〕6号

6. 中共涡阳县委关于印发《深入学习贯彻习近平总书记系列重要讲话精神若干规定》的通知

涡发〔2017〕7号

7. 中共涡阳县委涡阳县人民政府关于印发《关于深入推进城市执法体制改革改进城市管理工作实施方案》的通知

涡发〔2017〕9号

8. 中共涡阳县委涡阳县人民政府关于印发《贯彻〈法治政府建设实施纲要（2015-2020年）〉实施方案》的通知

涡发〔2017〕10号

9. 中共涡阳县委关于认真学习贯彻习近平总书记在瞻仰中共一大会址时重要讲话精神的通知

涡发〔2017〕12号

10. 中共涡阳县委涡阳县人民政府印发《关于贯彻落实〈中共安徽省委 安徽省人民政府关于深入贯彻习近平总书记视察安徽重要讲话精神进一步加强环境保护工作的实施意见〉的工作方案》的通知

涡发〔2017〕13号

11. 中共涡阳县委关于认真学习《习近平谈治国理政》第二卷的通知

涡发〔2017〕14号

12. 中共涡阳县委关于义门镇人大、政府换届各项候选人提名的通知

涡〔2017〕5号

13. 中共涡阳县委关于西阳镇人大、政府换届各项候选人提名的通知

涡〔2017〕6号

14. 中共涡阳县委关于新兴镇人大、政府换届各项候选人提名的通知

涡〔2017〕7号

15. 中共涡阳县委关于公吉寺镇人大、政府换届各项候选人提名的通知

涡〔2017〕8号

16. 中共涡阳县委关于高炉镇人大、政府换届各项候选人提名的通知

涡〔2017〕9号

17. 中共涡阳县委关于高公镇人大、政府换届各项候选人提名的通知

涡〔2017〕10号

18. 中共涡阳县委关于丹城镇人大、政府换届各项候选人提名的通知

涡〔2017〕11号

19. 中共涡阳县委关于楚店镇人大、政府换届各项候选人提名的通知

涡〔2017〕12号

20. 中共涡阳县委关于陈大镇人大、政府换届

各项候选人提名的通知

涡〔2017〕13 号

21. 中共涡阳县委关于曹市镇人大、政府换届各项候选人提名的通知

涡〔2017〕14 号

22. 中共涡阳县委关于标里镇人大、政府换届各项候选人提名的通知

涡〔2017〕15 号

23. 中共涡阳县委关于石弓镇人大、政府换届各项候选人提名的通知

涡〔2017〕16 号

24. 中共涡阳县委关于店集镇人大、政府换届各项候选人提名的通知

涡〔2017〕17 号

25. 中共涡阳县委关于牌坊镇人大、政府换届各项候选人提名的通知

涡〔2017〕18 号

26. 中共涡阳县委关于马店集镇人大、政府换届各项候选人提名的通知

涡〔2017〕19 号

27. 中共涡阳县委关于龙山镇人大、政府换届各项候选人提名的通知

涡〔2017〕20 号

28. 中共涡阳县委关于临湖镇人大、政府换届各项候选人提名的通知

涡〔2017〕21 号

29. 中共涡阳县委关于花沟镇人大、政府换届各项候选人提名的通知

涡〔2017〕22 号

30. 中共涡阳县委关于青町镇人大、政府换届各项候选人提名的通知

涡〔2017〕23 号

31. 中共涡阳县委关于涡南镇人大、政府换届各项候选人提名的通知

涡〔2017〕24 号

32. 中共涡阳县委关于成立涡阳县脱贫攻坚督导委员会的通知

涡〔2017〕25 号

33. 中共涡阳县委关于印发《中共涡阳中共涡阳县委常委会 2016 年度民主生活会整改方案》的通知

涡〔2017〕29 号

34. 中共涡阳县委关于郑虹同志工作职务的通知

涡〔2017〕30 号

35. 关于李小雨等同志工作职务的通知

涡〔2017〕31 号

36. 关于李波通知工作职务的通知

涡〔2017〕32 号

37. 关于李小雨等同志工作职务的通知

涡〔2017〕33 号

38. 关于雷晨等同志工作职务的通知

涡〔2017〕34 号

39. 关于赵凯同志工作职务的请示

涡〔2017〕35 号

40. 关于徐子勤同志职务任免的通知

涡〔2017〕36 号

41. 关于徐子勤同志工作职务的通知

涡〔2017〕37 号

42. 关于赵凯、郑虹同志职务任免的通知

涡〔2017〕39 号

43. 关于刘传华同志工作职务的通知

涡〔2017〕40 号

44. 关于周俊杰等同志工作职务的通知

涡〔2017〕41 号

45. 关于郑虹等同志职务任免的通知

涡〔2017〕42 号

46. 关于郑虹、雅浩海同志职务任免的通知

涡〔2017〕43 号

47. 关于赵凯、郑虹同志职务任免的通知

涡〔2017〕44 号

48. 关于刘梦汝等同志职务任免的通知

涡〔2017〕45 号

49. 中共涡阳县委关于调整县委“两学一做”学习教育协调小组的通知涡〔2017〕48 号

50. 关于赵冲等同志职务任免的通知

涡〔2017〕49 号

51. 关于徐杰等同志职务任免的通知

涡〔2017〕50 号

52. 关于陈长安等同志职务任免的通知

涡〔2017〕52 号

53. 中共涡阳县委关于调整县委网络安全和

信息化领导小组的通知

涡〔2017〕53 号

54. 中共涡阳县委关于选派孙峰等 102 名同志到贫困村任职的通知涡〔2017〕55 号

55. 关于李仓玉等同志职务任免的通知

涡〔2017〕56 号

56. 中共涡阳县委关于印发《县委常委会及其成员职责清单》的通知

涡〔2017〕57 号

57. 中共涡阳县委关于调整县委常委工作分工的通知

涡〔2017〕58 号

58. 关于史晓云同志职务任免的通知

涡〔2017〕60 号

59. 关于燕化军等同志职务任免的通知

涡〔2017〕61 号

60. 关于胡维峰等同志职务任免的通知

涡〔2017〕62 号

61. 中共涡阳县委关于成立县委巡察工作领导小组的通知

涡〔2017〕64 号

62. 关于郭建华等同志职务任免的通知

涡〔2017〕70 号

63. 关于高杨等同志职务任免的通知

涡〔2017〕71 号

64. 关于吴浩等同志职务任免的通知

涡〔2017〕73 号

65. 关于廉峰等同志职务任免的通知

涡〔2017〕74 号

66. 关于宋占义同志工作职务的通知

涡〔2017〕75 号

67. 关于丰霄寒、刘春笋同志职务任免的通知

涡〔2017〕79 号

68. 关于郭永廷等同志挂职的通知

涡〔2017〕80 号

69. 中共涡阳县委涡阳县人民政府关于印发《涡阳县 2017 年度计划生育工作目标管理考评办法》的通知

涡〔2017〕82 号

70. 关于李良忠等同志职务任免的通知

涡〔2017〕83 号

71. 关于贾瑞杰等同志职务任免的通知

涡〔2017〕84 号

72. 关于李良忠等同志职务任免的通知

涡〔2017〕85 号

73. 关于赵太民等同志职务任免的通知

涡〔2017〕87 号

74. 关于王俊胜、韩修记同志挂职的通知

涡〔2017〕88 号

75. 关于马勇同志挂职的通知

涡〔2017〕89 号

76. 关于储峰等同志职务任免的通知

涡〔2017〕91 号

77. 关于周广健同志工作职务的通知

涡〔2017〕92 号

78. 关于尚军同志工作职务的通知

涡〔2017〕93 号

79. 关于马勇、张尔庆同志职务任免的通知

涡〔2017〕94 号

80. 关于何峰等同志职务任免的通知

涡〔2017〕95 号

81. 关于张景富等同志职务任免的通知

涡〔2017〕96 号

82. 关于张素勤同志工作职务的通知

涡〔2017〕100 号

83. 关于谢伟等同志职务任免的通知

涡〔2017〕101 号

84. 关于充学玲等同志职务任免的通知

涡〔2017〕102 号

85. 关于周立兴同志任职的通知

涡〔2017〕103 号

86. 中共涡阳县委涡阳县人民政府关于成立县人事招录招聘工作领导小组的通知

涡〔2017〕107 号

87. 关于贾瑞杰同志工作职务的通知

涡〔2017〕109 号

88. 关于贾瑞杰同志工作职务的通知

涡〔2017〕110 号

89. 关于王保华等同志职务任免的通知

涡〔2017〕111 号

90. 关于贾子彪等同志职务任免的通知

涡〔2017〕112 号

91. 关于李密同志工作职务的通知

涡〔2017〕113 号

92. 关于李伟、张梅同志职务任免的通知

涡〔2017〕114 号

93. 关于李真、肖枫同志任职的通知

涡〔2017〕115 号

94. 关于刘峰同志任职的通知

涡〔2017〕120 号

95. 关于刘峰同志工作职务的通知

涡〔2017〕121 号

96. 关于刘峰、韩龙同志任职的通知

涡〔2017〕122 号

97. 关于栗祥等同志挂职的通知

涡〔2017〕123 号

98. 关于邓晓雷等同志职务任免的通知

涡〔2017〕124 号

99. 关于李伟等同志职务任免的通知

涡〔2017〕125 号

100. 关于曹萍、张伟同志挂职的通知

涡〔2017〕126 号

101. 关于刘峰同志任职的通知

涡〔2017〕127 号

102. 关于刘峰同志任职的通知

涡〔2017〕128 号

103. 中共涡阳县委关于成立涡阳县第十七届人民代表大会第二次会议临时党委的通知

涡〔2017〕131 号

104. 中共涡阳县委关于成立涡阳县第十七届人民代表大会第二次会议各代表团临时党支部的通知

涡〔2017〕132 号

105. 关于张凯、崔华锋同志任职的通知

涡〔2017〕133 号

106. 关于李春华等同志任职的通知

涡〔2017〕134 号

107. 关于党组设置调整的通知

涡〔2017〕135 号

108. 中共涡阳县委关于转发《中共亳州市委关于深刻汲取“陈、杨、周”和“杨、程、杨”等案件教训加强党内政治生活政治文化政治生态建设的实施意见》的通知

涡〔2017〕139 号

109. 关于智坤、王亚勇同志任职的通知

涡〔2017〕140 号

110. 关于李大海等同志职务任免的通知

涡〔2017〕141 号

111. 中共涡阳县委涡阳县人民政府关于印发涡阳县 2017 年度党建工作和经济社会发展目标管理与考核奖惩办法的通知

涡〔2017〕142 号

112. 中共涡阳县委办公室涡阳县人民政府办公室印发《关于全面构建“小金库”防治长效机制实施细则》的通知

涡办发〔2017〕1 号

113. 中共涡阳县委办公室涡阳县人民政府办公室关于印发《涡阳县全面推进政务公开工作实施意见》的通知

涡办发〔2017〕2 号

114. 中共涡阳县委办公室涡阳县人民政府办公室关于印发《涡阳县脱贫攻坚责任追究办法》的通知

涡办发〔2017〕3 号

115. 中共涡阳县委办公室关于印发《中共涡阳县委文件和重大决策合法合规性审查办法》的通知

涡办发〔2017〕4 号

116. 中共涡阳县委办公室涡阳县人民政府办公室转发《省委办省政办关于认真贯彻〈保护司法人员依法履行法定职责规定〉的通知》

涡办发〔2017〕5 号

117. 中共涡阳县委办公室关于印发《中共涡阳县委党的建设领导小组 2017 年工作要点》的通知

涡办发〔2017〕6 号

118. 中共涡阳县委办公室关于印发《涡阳县 2017 年全面深化改革工作要点》的通知

涡办发〔2017〕7 号

119. 中共涡阳县委办公室涡阳县人民政府办公室关于印发《一体化推进农村垃圾污水厕所专项整治“三大革命实施方案》的通知

涡办发〔2017〕8 号

120. 中共涡阳县委办公室关于转发《省委贯

彻〈中国共产党党委（党组）理论学习中心组学习规划〉实施办法》的通知

涡办发〔2017〕9 号

121. 中共涡阳县委办公室涡阳县人民政府办公室印发《关于加快推进失信被执行人信用监督、警示和惩戒机制建设的实施意见》的通知

涡办发〔2017〕10 号

122. 中共涡阳县委办公室关于印发《关于贯彻〈推进领导干部能上能下若干规定（试行）〉实施细则》的通知

涡办发〔2017〕11 号

123. 中共涡阳县委办公室关于印发《县管领导班子和领导干部“三案”精准管理办法（试行）》的通知

涡办发〔2017〕12 号

124. 中共涡阳县委办公室涡阳县人民政府办公室关于印发《涡阳县关于进一步做好招商引资和产业扶持工作的若干政策》的通知

涡办发〔2017〕13 号

125. 中共涡阳县委办公室涡阳县人民政府办公室印发《关于加快构建现代公共文化服务体系的实施方案》的通知

涡办发〔2017〕14 号

126. 中共涡阳县委办公室涡阳县人民政府办公室印发《关于改革社会组织管理制度促进社会组织健康有序发展的实施意见》的通知

涡办发〔2017〕15 号

127. 中共涡阳县委办公室印发《关于加强县纪委监委派驻机构建设的意见》的通知

涡办发〔2017〕17 号

128. 中共涡阳县委办公室涡阳县人民政府办公室关于印发《涡阳县“十三五”时期文化发展改革规划纲要》的通知

涡办发〔2017〕18 号

129. 中共涡阳县委办公室关于调整县四大班子负责同志联系包保帮扶工作的通知

涡办〔2017〕3 号

130. 中共涡阳县委办公室涡阳县人民政府办公室关于印发涡阳县双创驱动发展工程实施方案的通知

涡办〔2017〕4 号

131. 中共涡阳县委办公室关于做好党内规范性文件备案工作的通知

涡办〔2017〕5 号

132. 中共涡阳县委办公室涡阳县人民政府办公室关于印发《涡阳县依法清理规范“六场一站”专项行动工作实施方案》的通知

涡办〔2017〕6 号

133. 中共涡阳县委办公室涡阳县人民政府办公室关于调整涡阳县机关效能建设工作领导小组及工作机制的通知

涡办〔2017〕7 号

134. 中共涡阳县委办公室关于全面落实党风廉政建设“两个责任”清单的通知

涡办〔2017〕8 号

135. 中共涡阳县委办公室涡阳县人民政府办公室关于印发涡阳县严厉打击黑木耳非法添加行为专项整治工作实施方案的通知

涡办〔2017〕11 号

136. 中共涡阳县委办公室关于加强党委（党组）中心组学习外请报告工作管理的通知

涡办〔2017〕12 号

137. 中共涡阳县委办公室关于成立省电子公文安全可靠应用试点涡阳县节点安全保密管理领导小组的通知

涡办〔2017〕13 号

138. 中共涡阳县委办公室涡阳县人民政府办公室关于印发《涡阳县关于开展先进劳动者、先进工作者和先进集体评选表彰活动的方案》的通知

涡办〔2017〕15 号

139. 中共涡阳县委办公室涡阳县人民政府办公室关于印发《涡阳县 2017 年项目建设推进年活动方案》的通知

涡办〔2017〕16 号

140. 中共涡阳县委办公室转发《县政协党组关于做好主席、副主席领衔协商督办重点提案工作的意见》的通知

涡办〔2017〕17 号

141. 中共涡阳县委办公室涡阳县人民政府办公室关于成立涡阳县环境保护委员会的通知

涡办〔2017〕19 号

142. 中共涡阳县委办公室涡阳县人民政府办公室

公室关于印发《涡阳县“全民参与．环保风暴”行动方案》的通知

涡办〔2017〕20 号

143. 中共涡阳县委办公室涡阳县人民政府办公室关于成立涡阳县环保问题整改指挥部的通知

涡办〔2017〕21 号

144. 中共涡阳县委办公室印发《关于推进“两学一做”学习教育常态化制度化的实施方案》和《关于在推进“两学一做”学习教育常态化制度化中开展“讲政治、重规矩、作表率”专题教育的方案》的通知

涡办〔2017〕22 号

145. 中共涡阳县委办公室关于印发《中共涡阳中共涡阳县委理论学习中心组 2017 年度理论学习计划》的通知

涡办〔2017〕23 号

146. 中共涡阳县委办公室涡阳县人民政府办公室关于认真学习贯彻《党政主要负责人履行推进法治建设第一责任人职责规定》的通知

涡办〔2017〕24 号

147. 中共涡阳县委办公室涡阳县人民政府办公室关于印发《县级领导包保突出环境问题整改工作制度》的通知

涡办〔2017〕25 号

148. 中共涡阳县委办公室关于在推进“两学一做”学习教育常态化制度化中开展“讲政治、重规矩、作表率”专题教育的通知

涡办〔2017〕26 号

149. 中共涡阳县委办公室关于推进“两学一做”学习教育常态化制度化的通知

涡办〔2017〕27 号

150. 中共涡阳县委办公室中共涡阳县委组织部关于组织乡镇文字综合及信息工作人员到中共涡阳县委办公室跟班学习的通知

涡办〔2017〕28 号

151. 关于明确中共涡阳县委办公室公室保密要害部位的通知

涡办〔2017〕29 号

152. 中共涡阳县委办公室关于印发《涡阳县关工委 2017 年工作要点》、《涡阳县老年大学 2017 年工作要点》的通知

涡办〔2017〕30 号

153. 中共涡阳县委办公室涡阳县人民政府办公室关于印发《涡阳县 2017 年夏季秸秆禁烧和综合利用工作实施方案》的通知

涡办〔2017〕31 号

154. 关于确定中共涡阳县委办公室公室电子政务内网系统管理员、安全保密管理员和安全审计员的通知

涡办〔2017〕32 号

155. 中共涡阳县委办公室关于调整中共涡阳县委党的建设工作领导小组及其办公室组成人员的通知

涡办〔2017〕33 号

156. 中共涡阳县委办公室关于印发《中共涡阳中共涡阳县委反腐败协调小组工作规则》的通知

涡办〔2017〕34 号

157. 中共涡阳县委办公室关于印发《涡阳县 2017 年度巡察工作实施方案》的通知

涡办〔2017〕35 号

158. 中共涡阳县委办公室涡阳县人民政府办公室关于印发《涡阳县信访工作责任目标考核奖惩办法》的通知

涡办〔2017〕36 号

159. 中共涡阳县委办公室涡阳县人民政府办公室关于印发《涡阳县全面推行河长制工作方案》的通知

涡办〔2017〕37 号

160. 中共涡阳县委办公室涡阳县人民政府办公室关于印发《2017 年涡阳文化旅游年总体活动方案》的通知

涡办〔2017〕40 号

161. 中共涡阳县委办公室关于严格执行简报（期刊）编发管理制度的通知

涡办〔2017〕41 号

162. 中共涡阳县委办公室涡阳县人民政府办公室关于成立涡阳县全面推行河长制工作领导小组的通知

涡办〔2017〕42 号

163. 中共涡阳县委办公室涡阳县人民政府办公室关于成立涡阳县进京访专项治理“百日攻坚

行动”指挥部的通知

涡办〔2017〕43 号

164. 中共涡阳县委办公室关于印发《关于在全县党员干部中开展“讲政治、重规矩、作表率”专题警示教育的实施方案》的通知

涡办〔2017〕44 号

165. 中共涡阳县委办公室涡阳县人民政府办公室关于印发《贯彻实施 < 涡阳县五大发展行动计划 > 任务分工方案》的通知

涡办〔2017〕45 号

166. 中共涡阳县委办公室涡阳县人民政府办公室关于成立涡阳县扶贫领域“懒政怠政、不作为慢作为”专项整治行动领导小组的通知

涡办〔2017〕46 号

167. 中共涡阳县委办公室关于印发《2017 年度党委部门岗位责任目标》的通知

涡办〔2017〕47 号

168. 中共涡阳县委办公室关于规范“中共涡阳中共涡阳县委全面深化改革领导小组会议议题”申报程序的通知

涡办〔2017〕48 号

169. 中共涡阳县委办公室关于印发《中共涡阳十一届中共涡阳县委巡察全覆盖工作方案》的通知

涡办〔2017〕49 号

170. 中共涡阳县委办公室关于印发《2017 年全面推进依法治县工作要点》的通知

涡办〔2017〕50 号

171. 中共涡阳县委办公室涡阳县人民政府办公室关于印发《涡阳县健全落实社会治安综合治理领导责任制实施细则》的通知

涡办〔2017〕51 号

172. 中共涡阳县委办公室涡阳县人民政府办公室关于成立县生态文明建设工作领导小组的通知

涡办〔2017〕52 号

173. 中共涡阳县委办公室涡阳县人民政府办公室关于转发《省委办省政办关于印发 < 关于完善包保机制加强定点帮扶工作的实施意见 > 的通知》

涡办〔2017〕53 号

174. 中共涡阳县委办公室印发《关于加强对科级党政“一把手”监督的实施意见（试行）》的通知

涡办〔2017〕54 号

175. 中共涡阳县委办公室涡阳县人民政府办公室关于成立中央环境保护督察涡阳县整改工作领导小组的通知

涡办〔2017〕55 号

176. 中共涡阳县委办公室涡阳县人民政府办公室关于印发《涡阳县 2017 年秋季秸秆禁烧和综合利用工作实施方案》的通知

涡办〔2017〕56 号

177. 中共涡阳县委办公室涡阳县人民政府办公室转发《中共涡阳中共涡阳县委反腐败协调小组关于开展严厉打击“村霸”和宗教恶势力专项行动工作方案》的通知

涡办〔2017〕57 号

178. 中共涡阳县委办公室关于印发《涡阳县党委系统信息报送工作质量评价办法》的通知

涡办〔2017〕58 号

179. 中共涡阳县委办公室涡阳县人民政府办公室关于进一步加强信息报送和改进信息工作的通知

涡办〔2017〕59 号

180. 中共涡阳县委办公室关于印发《涡阳县脱贫攻坚“单位包村、个人包户”定点帮扶工作机制》的通知

涡办〔2017〕61 号

181. 中共涡阳县委办公室涡阳县人民政府办公室印发《关于推行法律顾问制度和公职律师公司律师制度的实施方案》的通知

涡办〔2017〕63 号

182. 中共涡阳县委办公室涡阳县人民政府办公室关于印发《涡阳县在职村干部参加城镇职工基本养老保险、城乡居民医疗保险实施办法（试行）》的通知

涡办〔2017〕64 号

183. 中共涡阳县委办公室转发《县人大常委会党组关于完善审计查出问题整改情况向县人大常委会报告机制的意见》的通知

涡办〔2017〕65 号

184. 中共涡阳县委办公室关于成立中共涡阳县委意识形态工作领导小组的通知

涡办〔2017〕67 号

185. 中共涡阳县委办公室涡阳县人民政府办公室关于印发《涡阳县新闻外宣奖励办法（试行）》的通知

涡办〔2017〕68 号

186. 中共涡阳县委办公室印发《关于学习宣传贯彻〈中国共产党工作机关条例（试行）〉工作方案》的通知

涡办〔2017〕69 号

187. 中共涡阳县委办公室涡阳县人民政府办公室关于印发《涡阳县县镇两级残联换届工作实施方案》的通知

涡办〔2017〕70 号

188. 中共涡阳县委办公室关于成立县深化监察体制改革试点工作小组的通知

涡办〔2017〕72 号

189. 中共涡阳县委办公室涡阳县人民政府办公室关于成立涡阳县创建全省平安县工作领导小组的通知

涡办〔2017〕73 号

190. 中共涡阳县委办公室关于成立涡阳县第十七届人民代表大会第二次会议筹备秘书处的通知

涡办〔2017〕74 号

191. 中共涡阳县委办公室关于成立县政协十届二次会议筹备秘书处的通知

涡办〔2017〕75 号

192. 中共涡阳县委办公室关于印发《涡阳县总工会综合改革方案》等 5 个方案的通知

涡办〔2017〕76 号

193. 中共涡阳县委办公室关于印发《涡阳县深化国家监察体制改革试点工作实施方案》的通知

涡办〔2017〕77 号

194. 中共涡阳县委办公室涡阳县人民政府办公室关于印发《涡阳县进一步深化文化市场综合执法改革实施方案》的通知

涡办〔2017〕78 号

195. 中共涡阳县委办公室涡阳县人民政府办公室关于印发《涡阳县整治传统“盗抢骗”犯罪工作方案》的通知

涡办〔2017〕79 号

196. 中共涡阳县委办公室关于印发《涡阳县深化国家监察体制改革试点工作机构调整设置方案》的通知

涡办〔2017〕80 号

197. 中共涡阳县委办公室涡阳县人民政府办公室关于印发《涡阳县“两治三改”三年专项行动实施方案》的通知

涡办〔2017〕81 号

198. 中共涡阳县委办公室涡阳县人民政府办公室关于印发《涡阳县加强文化领域行业组织建设实施方案》的通知

涡办〔2017〕82 号

199. 中共涡阳县委办公室涡阳县人民政府办公室关于成立站前路遗留问题处理领导小组的通知

涡办〔2017〕83 号

200. 中共涡阳县委办公室关于印发《中共涡阳县委理论学习中心组学法用法制度》的通知

涡办〔2017〕84 号

201. 中共涡阳县委办公室涡阳县人民政府办公室关于印发《涡阳县司法所建设规范提升工程实施方案》的通知

涡办〔2017〕85 号

意见类

1. 中共涡阳县委涡阳县人民政府关于鼓励和促进民间投资的实施意见

涡发〔2017〕8 号

2. 中共涡阳县委关于全面落实中央《决定》精神扎实推进党的十九大精神学习宣传贯彻工作的意见

涡发〔2017〕11 号

3. 中共涡阳县委涡阳县人民政府关于进一步加强和改进卫生与健康工作的实施意见

涡发〔2017〕15 号

4. 中共涡阳县委涡阳县人民政府关于推进价格机制改革的实施意见

涡发〔2017〕16 号

5. 中共涡阳县委涡阳县人民政府关于深化供销合作社综合改革的实施意见

涡发〔2017〕17 号

6. 中共涡阳县委关于进一步加强人才工作的实施意见

涡（2017）27 号

7. 中共涡阳县委办公室涡阳县人民政府办公室关于完善法律援助制度的实施意见

涡办发〔2017〕16 号

8. 中共涡阳县委办公室涡阳县人民政府办公室持续推进机关效能建设工作的意见

涡办〔2017〕39 号

9. 中共涡阳县委办公室涡阳县人民政府办公室关于进一步做好新闻发布工作的意见

涡办〔2017〕62 号

通报类

1. 中共涡阳县委涡阳县人民政府关于 2016 年度全县人口和计划生育工作目标管理考评结果的通报

涡（2017）81 号

2. 中共涡阳县委关于县委常委会“讲政治、重规矩、作表率”专题警示教育专题民主生活会召开情况的通报

涡（2017）98 号

3. 中共涡阳县委办公室关于落实党风廉政建设“两个责任”抽查情况的通报

涡办〔2017〕9 号

4. 中共涡阳县委办公室涡阳县人民政府办公室关于表扬 2011—2015 年全县法治宣传教育先进集体和先进个人的通报

涡办〔2017〕10 号

5. 中共涡阳县委办公室关于落实党风廉政建设“两个责任”抽查情况的通报

涡办〔2017〕14 号

6. 中共涡阳县委办公室关于第一季度检查考核“两个责任”落实情况的通报

涡办〔2017〕18 号

7. 中共涡阳县委办公室关于全县“管党治党宽松软问题”专项治理工作第一轮专题督查情况的通报

涡办〔2017〕60 号

8. 中共涡阳县委办公室涡阳县人民政府办公室关于表彰党的十九大维稳安保先进集体和先进个人的通报

涡办〔2017〕71 号

报告类

1. 中共涡阳县委关于涡阳县第十七届人民代表大会第一次会议和政协十届涡阳．中共涡阳县委员会第一次会议选举结果的报告

涡〔2017〕1 号

2. 中共涡阳县委涡阳县人民政府关于涡阳县 2016 年度脱贫攻坚工作成效考核自评报告

涡〔2017〕2 号

3. 中共涡阳县委关于涡阳县推荐我省出席中国共产党第十九次代表大会代表候选人推荐人选情况的报告

涡〔2017〕3 号

4. 中共涡阳县委关于报送涡阳县 2016 年度党的建设工作总结的报告

涡〔2017〕4 号

5 关于．中共涡阳．中共涡阳县委常委会 2016 年度民主生活会召开情况的报告

涡〔2017〕26 号

6. 中共涡阳县委关于传达学习贯彻全市扶贫工作会议精神情况的报告

涡〔2017〕51 号

7. 关于涡阳县采煤塌陷区村庄搬迁情况的报告

涡〔2017〕59 号

8. 中共涡阳县委关于推荐受市表彰先进集体和优秀个人情况的报告

涡〔2017〕66 号

9. 中共涡阳县委涡阳县人民政府关于对 6 月 19 日卫星监测通报我县一处火点调查和处理结果的报告

涡〔2017〕67 号

10. 中共涡阳县委关于贯彻落实全市庆祝

中国共产党成立96周年暨表彰大会精神情况的报告

涡〔2017〕69号

11. 关于2017年上半年意识形态工作责任制落实情况的报告

涡〔2017〕72号

12. 中共涡阳县委关于对市委常委会“讲政治、重规矩、作表率”专题警示教育专题民主生活会征求意见的报告

涡〔2017〕78号

13. 中共涡阳县委关于中共国阳中共涡阳县委常委会“讲政治、重规矩、作表率”专题警示教育专题民主生活会召开情况的报告

涡〔2017〕90号

14. 关于终止高洪大市四次党代会代表资格的建议报告

涡〔2017〕99号

15. 关于推荐党外后备干部和中长期培养对象初步人选的报告

涡〔2017〕104号

16. 关于涡阳一中副校长赵坦有关问题核查结果的报告

涡〔2017〕106号

17. 中共涡阳县委关于书记专题会议听取十一届中共涡阳县委首轮巡察及前期试点巡察综合汇报情况的报告

涡〔2017〕108号

18. 中共涡阳县委关于推荐省人大代表、政协委员候选人初步人选的报告

涡〔2017〕137号

19. 中共涡阳县委关于意识形态工作责任制落实情况的报告

涡〔2017〕138号

20. 中共涡阳县委办公室关于张庭榕、翟鑫晨、黄桂美等三位同志公务员登记情况的报告

涡办〔2017〕1号

21. 中共涡阳县委办公室关于全省党政机关电子公文系统安全可靠应用试点工作情况的报告

涡办〔2017〕38号

决定类

1. 中共涡阳县委涡阳县人民政府关于加快涡阳经济开发区和产业集群专业镇建设发展的决定

涡发〔2017〕5号

2. 中共涡阳县委涡阳县人民政府关于2016年度全县党建工作和经济社会发展目标管理考核奖惩的决定

涡〔2017〕28号

3. 中共涡阳县委涡阳县人民政府关于表彰2016年度招商引资工作先进单位和先进个人的决定

涡〔2017〕46号

4. 中共涡阳县委涡阳县人民政府关于表彰2016年度全县大建设工作先进单位和先进个人的决定

涡〔2017〕47号

5. 中共涡阳县委涡阳县人民政府关于表彰先进劳动者、先进工作者和先进集体的决定

涡〔2017〕54号

6. 中共涡阳县委关于表彰全县先进基层党组织和优秀共产党员、优秀党务工作者的决定

涡〔2017〕68号

7. 中共涡阳县委涡阳县人民政府关于表彰2016-2017年度全县教育系统先进单位和先进个人的决定

涡〔2017〕86号

其他

1. 关于赵凯同志工作职务的请示

涡〔2017〕35号

2. 关于推荐安徽双轮酒业为2017年先进集体有关情况的说明

涡〔2017〕38号

3. 中共涡阳县委涡阳县人民政府关于申报命名省级双拥模范县的请示

涡〔2017〕63号

4. 中共涡阳县委关于推荐全市先进基层党组织、优秀共产党员、优秀党务工作者和优秀乡镇

(街道)党(工)委书记、优秀村(社区)党组织书记、优秀选派第一书记(驻村扶贫工作队长)的情况说明

涡〔2017〕65 号

5. 关于陈长安等同志晋升工资的请示

涡〔2017〕76 号

6. 关于刘峰等同志晋升工资的请示

涡〔2017〕77 号

7. 中共涡阳县委关于赵坦、尹新同志工作职务的请示

涡〔2017〕105 号

8. 关于刘峰同志工作职务的请示

涡〔2017〕116 号

9. 关于韩龙同志工作职务的请示

涡〔2017〕117 号

10. 关于韩龙等同志工作职务的请示

涡〔2017〕118 号

11. 关于张凯、崔华锋同志工作职务的请示

涡〔2017〕119 号

12. 中共涡阳县委关于涡阳县第十七届人大常委会委员候选人的推荐书

涡〔2017〕129 号

13. 中共涡阳县委关于涡阳县第十七届人大常委会主任、监察委员会主任候选人的推荐书

涡〔2017〕130 号

14. 关于县残联第七届主席团委员、主席、副主席、名誉主席、副主席等批复

涡〔2017〕136 号

15. 关于申请建立中共涡阳县委办公室工会组织的请示

涡办〔2017〕2 号

16. 关于选调张庭榕同志为中共涡阳县委机要局机要员的请示

涡办〔2017〕66 号

（县委办供稿）

2017年度县政府文件目录

县政府文件

1. 涡阳县人民政府关于给予李锦钧等 57 名同志记个人三等功及李良书等 376 名同志嘉奖的决定

涡政〔2017〕1 号

2. 涡阳县人民政府关于印发《涡阳县全民健身实施计划(2016-2020 年)》的通知

涡政〔2017〕2 号

3. 涡阳县人民政府关于申请借款的请示

涡政〔2017〕3 号

4. 涡阳县人民政府关于 2017 年实施 31 项民生工程的通知

涡政〔2017〕4 号

5. 涡阳县人民政府关于 2016 年地方政府置换债券资金整改情况的报告

涡政〔2017〕5 号

6. 涡阳县人民政府关于请求批准涡阳县西阳镇、楚店镇土地利用总体规划调整方案的请示

涡政〔2017〕6 号

7. 涡阳县人民政府关于解决亳州市医疗垃圾处置中心建设费用的请示

涡政〔2017〕8 号

8. 涡阳县人民政府关于征收城关街道旧城改造新城安置小区建设项目范围内国有土地上房屋的决定

涡政〔2017〕9 号

9. 涡阳县人民政府关于印发涡阳县中小学(幼儿园)教师无校籍管理改革工作实施方案的通知

涡政〔2017〕11 号

10. 涡阳县人民政府关于在市场体系建设中建立公平竞争审查制度的实施意见

涡政〔2017〕12 号

11. 涡阳县人民政府涡阳县人民武装部关于2017 年征兵的命令

涡政〔2017〕13 号

12. 涡阳县人民政府关于申请涡阳县列入农业部 2017 年主要农作物生产全程机械化示范县的报告

涡政〔2017〕14 号

13. 涡阳县人民政府关于大力发展以农作物秸秆资源利用为基础的现代环保产业的实施意见

涡政〔2017〕15 号

14. 涡阳县人民政府蒙城县人民政府关于涡阳县蒙城县行政区域界线联合检查情况的报告

涡政〔2017〕16 号

15. 涡阳县人民政府关于报送《涡阳县国有林场改革自查评估报告》的报告

涡政〔2017〕17 号

16. 涡阳县人民政府关于印发《涡阳县服务业发展“十三五”规划》的通知

涡政〔2017〕18 号

17. 涡阳县人民政府关于印发《涡阳县“十三五”科技发展规划》的通知

涡政〔2017〕19 号

18. 涡阳县人民政府关于印发《涡阳县“十三五”综合交通发展规划》的通知

涡政〔2017〕20 号

19. 涡阳县人民政府关于印发《涡阳县工业与信息化发展“十三五”规划》的通知

涡政〔2017〕21 号

20. 涡阳县人民政府关于印发涡阳县文化和旅游业发展“十三五”规划的通知

涡政〔2017〕22 号

21. 涡阳县人民政府关于印发《涡阳县“十三五”加快残疾人小康进程规划》的通知

涡政〔2017〕23 号

22. 涡阳县人民政府关于印发《涡阳县人民政府重大决策风险评估办法》的通知

涡政〔2017〕24 号

县政办文件

1. 涡阳县人民政府办公室关于印发 2017 年县政府工作报告主要目标任务分解表的通知

涡政办〔2017〕1 号

2. 涡阳县人民政府办公室关于印发《涡阳县2017 年度民生工程考核奖惩办法》的通知

涡政办〔2017〕2 号

3. 涡阳县人民政府办公室关于印发《涡阳县大项目招商引资导则》的通知

涡政办〔2017〕3 号

4. 涡阳县人民政府办公室关于印发《涡阳县创建国家农产品质量安全县实施方案》的通知

涡政办〔2017〕4 号

5. 涡阳县人民政府办公室关于印发 2017 年度县直部门和经开区岗位责任目标重点任务的通知

涡政办〔2017〕7 号

6. 涡阳县人民政府办公室关于印发涡阳县2017 年义务教育阶段招生方案的通知

涡政办〔2017〕8 号

7. 涡阳县人民政府办公室关于印发《涡阳县贫困劳动者劳务就业岗位开发实施方案》的通知

涡政办〔2017〕9 号

8. 涡阳县人民政府办公室关于进一步规范办文办会办事程序的通知

涡政办〔2017〕10 号

9. 涡阳县人民政府办公室关于印发《涡阳县2017 年农村土地综合整治工作实施方案》的通知

涡政办〔2017〕11 号

10. 涡阳县人民政府办公室关于印发《涡阳县国有林场改革职工安置方案》的通知

涡政办〔2017〕12 号

11. 涡阳县人民政府办公室关于印发《涡阳县专利资助和奖励资金管理暂行办法》的通知

涡政办〔2017〕13 号

12. 涡阳县人民政府办公室关于印发涡阳县电子商务发展规划（2016—2020）的通知

涡政办〔2017〕14 号

13. 涡阳县人民政府办公室关于印发《涡阳

县财政扶贫资金管理办法》的通知

涡政办〔2017〕15 号

14. 涡阳县人民政府办公室关于印发《涡阳县统筹整合财政涉农资金支持脱贫攻坚实施办法（试行）》的通知

涡政办〔2017〕16 号

15. 涡阳县人民政府办公室关于印发《涡阳县城镇居民医疗保险与新型农村合作医疗整合实施方案》的通知

涡政办〔2017〕17 号

16. 涡阳县人民政府办公室关于印发《涡阳县产业扶贫特色种植养殖财政补贴实施办法》的通知

涡政办〔2017〕20 号

17. 涡阳县人民政府办公室关于印发《涡阳县小型建设工程项目招标管理办法（试行）》的通知

涡政办〔2017〕21 号

18. 涡阳县人民政府办公室关于印发涡阳县农村集体土地所有权确权登记发证实施方案的通知

涡政办〔2017〕22 号

19. 涡阳县人民政府办公室关于公布涡阳县镇（街道）权责清单目录（2017 年本）的通知

涡政办〔2017〕23 号

20. 涡阳县人民政府办公室关于公布涡阳县县乡两级公共服务清单目录（2017 年本）的通知

涡政办〔2017〕24 号

21. 涡阳县人民政府办公室关于公布涡阳县县级政府权责清单目录（2017 年本）的通知县政办

涡政办〔2017〕25 号

22. 涡阳县人民政府办公室关于印发《涡阳县人力资源和社会保障事业“十三五”规划》的通知

涡政办〔2017〕26 号

23. 涡阳县人民政府办公室关于印发涡阳县教育事业“十三五”发展规划（2016-2020 年）的通知

涡政办〔2017〕27 号

24. 涡阳县人民政府办公室关于印发涡阳县教育事业“十三五”发展规划（2016-2020 年）的通知

涡政办〔2017〕28 号

25. 涡阳县人民政府办公室关于印发涡阳县安全生产“十三五”规划的通知

涡政办〔2017〕29 号

26. 涡阳县人民政府办公室关于印发涡阳县遏制与防治艾滋病“十三五”行动计划的通知

涡政办〔2017〕30 号

27. 涡阳县人民政府办公室关于加强和改进新时期残疾人体育工作的实施意见

涡政办〔2017〕31 号

28. 涡阳县人民政府办公室关于全面推进县域医疗共同体建设的实施意见涡

政办〔2017〕32 号

29. 涡阳县人民政府办公室关于印发涡阳县“十三五”信息化发展规划的通知

涡政办〔2017〕33 号

30. 涡阳县人民政府办公室于印发《涡阳县全面推进政务公开工作实施细则》的通

知涡政办〔2017〕34 号

31. 涡阳县人民政府办公室于印发涡阳县“十三五”食品药品安全工作实施方案的通知

涡政办〔2017〕35 号

32. 涡阳县人民政府办公室于印发涡阳县鼓励企业上市挂牌及直接融资奖励暂行办法的通知

涡政办〔2017〕36 号

（县政办文书室供稿）

2017年度好人榜

2017年度“中国好人”

序号	姓名	入选年月	类型	性别	民族	出生年月	联系地址	联系电话	备注
1	王爱民	2017.04	敬业奉献中国好人	男	汉	1946.04	涡阳县石弓镇西关村	18709892675	石弓镇
2	赵亮亮	2017.07	见义勇为中国好人	男	汉	1981.07	涡阳县西阳镇圩北自然村	15656853592	西阳镇
3	宁亮	2017.10	诚实守信中国好人	男	汉	1979.08	涡阳县临湖镇宁庙行政村宁庄	15055998585	临湖镇

2017年度“安徽好人”

序号	姓名	入选年月	类型	性别	民族	出生年月	联系地址	联系电话	备注
4	王爱民	2017.01	敬业奉献安徽好人	男	汉	1946.4	涡阳县石弓镇西关村	18709892675	石弓镇
5	赵亮亮	2017.03	见义勇为安徽好人	男	汉	1981.07	涡阳县西阳镇圩北自然村	15656853592	西阳镇
6	宁亮	2017.08	诚实守信安徽好人	男	汉	1979.08	涡阳县临湖镇宁庙行政村宁庄	15055998585	临湖镇
7	李兰英	2017.1	诚实守信亳州好人	女	汉	1952.04	安徽省涡阳县城西镇八里桥行政村八里桥自然村	7211501	城西
8	梅建	2017.12	敬业奉献安徽好人	男	汉	1978.09	涡阳县北环路烈士陵园西	15855873555（妻子王培培）	城关

2017年度“亳州好人”

序号	姓名	入选年月	类型	性别	民族	出生年月	联系地址	联系电话	备注
9	张凯	2017.01	敬业奉献亳州好人	男	汉	1965.01	涡阳县城关街道建设路金三角新村	13856773578	城关
10	孙朋生	2017.02	助人为乐亳州好人	男	汉	1966.02	涡阳县陈大镇姜洼行政村洼李自然村	15256389503	陈大镇
11	赵亮亮	2017.03	见义勇为亳州好人	男	汉	1981.07	涡阳县西阳镇圩北自然村	15656853592	西阳镇
12	王金才	2017.04	孝老爱亲亳州好人	男	汉	1948.06	涡阳县标里镇刘竹行政村后崔楼自然村	13696580958	标里镇
13	李广	2017.05	见义勇为亳州好人	男	汉	1986.12	涡阳县龙山镇大高村	13502037784	龙山镇
14	张文英	2017.05	孝老爱亲亳州好人	女	汉	1948.06	青疃镇刘村行政村吴楼	13805671948/13731836548	青疃镇
15	张飞	2017.06	见义勇为亳州好人	男	汉	1992.04	涡阳县新兴镇武小寨	15556719290	新兴镇
16	王素侠	2017.06	孝老爱亲亳州好人	女	汉	1967.09	涡阳县丹城镇白果行政村白果村	13075045007	丹城镇
17	马红连	2017.07	诚实守信亳州好人	男	汉	1955.09	涡阳县城关街道向阳社区	15255959771	城关
18	宁亮	2017.08	诚实守信亳州好人	男	汉	1979.08	涡阳县临湖镇宁庙行政村宁庄	15055998585	临湖镇

续表

序号	姓名	入选年月	类型	性别	民族	出生年月	联系地址	联系电话	备注
19	韩涛	2017.09	孝老爱亲亳州好人	男	汉	1952.09	涡阳县新兴镇兴南村韩庄	13856857726	新兴镇
20	李守向	2017.10	见义勇为亳州好人	男	汉	1977.02	安徽省亳州市涡阳县城西街道李寨自然村	13731837248	城西
21	李兰英	2017.10	诚实守信亳州好人	女	汉	1952.04	安徽省涡阳县城西镇八里桥行政村八里桥自然村	18324769989	城西
22	李文焕	2017.11	敬业奉献亳州好人	女	汉	1934.06	涡阳县老县委院内	13856880504	城关
23	王显敬	2017.11	孝老爱亲亳州好人	男	汉	1937.03	涡阳县公吉寺镇王准村赵桥自然村	15551530319	公吉寺
24	刘书萍	2017.12	孝老爱亲亳州好人	女	汉	1952.08	涡阳县高炉镇天齐行政村庙西自然村	13856857236	高炉镇

（县文明办供稿）

2017年度安徽省劳动模范名单

马　伟　安徽国隆玻璃科技有限公司车间主任
刘　震　涡阳县新兴镇寺后村党支部书记
孟士轩　涡阳县石弓镇姚湖村党支部书记
张文占　安徽正宇面粉有限公司检验员
蒯从伦　涡阳县盛鸿科技有限公司住宅事业部经理
黄杰伟　中国联合网络通信有限公司涡阳分公司职员

（县总工会供稿）

2017年度共青团系统表彰的先进单位和先进个人（市级及以上表彰）

获地厅级及以上表彰的先进集体

单位名称	荣誉称号	授奖单位	授奖时间
城关第二小学五（4）少先队中队	安徽省优秀少先队集体	共青团安徽省委员会、安徽省教育厅、少先队安徽省工作委员会	2017年5月
共青团涡阳县委	第十一届安徽省青年志愿者优秀组织	共青团安徽省委员会	2017年11月
涡阳县爱心者协会	第十一届安徽省青年志愿者优秀组织	共青团安徽省委员会	2017年11月
武警涡阳县消防大队团委	2016年度“安徽省五四红旗团（工）委”	共青团安徽省委	2017年5月
中国联通亳州分公司涡阳县淮中大道营业厅团总支	2016年度“安徽省五四红旗团（总）支部”	共青团安徽省委	2017年5月

续表

单位名称	荣誉称号	授奖单位	授奖时间
陈大镇团委	2016年度全市十佳乡镇团委	共青团亳州市委员会	2017年4月
龙山镇团委	2016年度全市十佳乡镇团委	共青团亳州市委员会	2017年4月
楚店镇团委	2016年度全市十佳乡镇团委	共青团亳州市委员会	2017年4月
涡阳中学	共青团规范化建设“十佳学校”	共青团亳州市委员会、亳州市教育局	2017年11月
涡阳县第一中学	共青团规范化建设“十佳学校”	共青团亳州市委员会、亳州市教育局	2017年11月
涡阳育萃中学	共青团规范化建设“十佳学校”	共青团亳州市委员会、亳州市教育局	2017年11月
三三学校	亳州市红领巾示范学校	共青团亳州市委员会、亳州市教育局	2017年11月
城关第五小学	亳州市红领巾示范学校	共青团亳州市委员会、亳州市教育局	2017年11月
司法局店集司法所	亳州市青少年维权岗	团市委、市综治办、市中级人民法院、市人民检察院、市教育局、市公安局、市民政局、市司法局、市人社局、市文旅局、市工商行政管理局、市质量技术监督局、市综治委预防青少年违法犯罪专项组办公室	2017年11月
公安局陈大派出所	亳州市青少年维权岗	团市委、市综治办、市中级人民法院、市人民检察院、市教育局、市公安局、市民政局、市司法局、市人社局、市文旅局、市工商行政管理局、市质量技术监督局、市综治委预防青少年违法犯罪专项组办公室	2017年11月
育萃初级中学	亳州市青少年维权岗	团市委、市综治办、市中级人民法院、市人民检察院、市教育局、市公安局、市民政局、市司法局、市人社局、市文旅局、市工商行政管理局、市质量技术监督局、市综治委预防青少年违法犯罪专项组办公室	2017年11月
司法局牌坊司法所	亳州市青少年维权岗	团市委、市综治办、市中级人民法院、市人民检察院、市教育局、市公安局、市民政局、市司法局、市人社局、市文旅局、市工商行政管理局、市质量技术监督局、市综治委预防青少年违法犯罪专项组办公室	2017年11月
第三中学团委	亳州市青少年维权岗	团市委、市综治办、市中级人民法院、市人民检察院、市教育局、市公安局、市民政局、市司法局、市人社局、市文旅局、市工商行政管理局、市质量技术监督局、市综治委预防青少年违法犯罪专项组办公室	2017年11月
人民法院牌坊人民法庭	亳州市青少年维权岗	团市委、市综治办、市中级人民法院、市人民检察院、市教育局、市公安局、市民政局、市司法局、市人社局、市文旅局、市工商行政管理局、市质量技术监督局、市综治委预防青少年违法犯罪专项组办公室	2017年11月
公安局南关派出所	亳州市青少年维权岗	团市委、市综治办、市中级人民法院、市人民检察院、市教育局、市公安局、市民政局、市司法局、市人社局、市文旅局、市工商行政管理局、市质量技术监督局、市综治委预防青少年违法犯罪专项组办公室	2017年11月
梁玲小学	亳州市青少年维权岗	团市委、市综治办、市中级人民法院、市人民检察院、市教育局、市公安局、市民政局、市司法局、市人社局、市文旅局、市工商行政管理局、市质量技术监督局、市综治委预防青少年违法犯罪专项组办公室	2017年11月

续表

单位名称	荣誉称号	授奖单位	授奖时间
涡阳县团委	2016年度亳州市“金鸡纳福”生肖邮票设计大赛优秀组织奖	团市委、市教育局、市邮政集团、市集邮协会	2017年3月
涡阳县教育局	2016年度亳州市“金鸡纳福”生肖邮票设计大赛优秀组织奖	团市委、市教育局、市邮政集团、市集邮协会	2017年3月
陈大镇团委	2016年度亳州市五四红旗团（工）委	共青团亳州市委员会	2017年4月
涡北街道团工委	2016年度亳州市五四红旗团（工）委	共青团亳州市委员会	2017年4月
交通运输局	2016年度亳州市五四红旗团（工）委	共青团亳州市委员会	2017年4月
育萃中学	2016年度亳州市五四红旗团（工）委	共青团亳州市委员会	2017年4月
实验中学	2016年度亳州市五四红旗团（工）委	共青团亳州市委员会	2017年4月
高炉学区中心校团委	2016年度亳州市五四红旗团（工）委	共青团亳州市委员会	2017年4月
涡阳县财政局团支部	2016年度亳州市五四红旗团（总）支部	共青团亳州市委员会	2017年4月
涡阳县丹城镇计生办团支部	2016年度亳州市五四红旗团（总）支部	共青团亳州市委员会	2017年4月
涡阳县时代广场联通公司团支部	2016年度亳州市五四红旗团（总）支部	共青团亳州市委员会	2017年4月
涡阳县城关街道团委	亳州市基层团组织特色项目奖	共青团亳州市委员会	2017年10月
涡阳县高炉镇团委	亳州市基层团组织特色项目奖	共青团亳州市委员会	2017年10月
涡阳中学团委	亳州市基层团组织特色项目奖	共青团亳州市委员会	2017年10月
涡阳雪枫中学团委	亳州市基层团组织特色项目奖	共青团亳州市委员会	2017年10月
涡阳三中团委	亳州市基层团组织特色项目奖	共青团亳州市委员会	2017年10月

获地厅级及以上表彰的先进个人

姓名	单位	荣誉称号	授奖单位	授奖时间
翟子墨	城关中心学校	安徽省优秀少先队员	共青团安徽省委员会、安徽省教育厅、少先队安徽省工作委员会	2017年5月
曹颖	涡阳县第五中学	安徽省优秀少先队辅导员	共青团安徽省委员会、安徽省教育厅、少先队安徽省工作委员会	2017年5月
尹冬冬	爱心者协会	安徽省“向上向善好青年”	共青团安徽省委员会	2017年2月
刘廷杰	疾控中心	安徽省“向上向善好青年”提名奖	共青团安徽省委员会	2017年2月
王中霖	安徽华阳食品冷链物流有限公司	安徽省“向上向善好青年”提名奖	共青团安徽省委员会	2017年2月
邓晓雨	曹市镇政府	2016年度“安徽省优秀共青团员”	共青团安徽省委	2017年5月
刘潇	涡阳第四中学高二16班学生	2016年度“安徽省优秀共青团员”	共青团安徽省委	2017年5月
贾瑞杰	团涡阳县委	2016年度“安徽省优秀共青团干部”	共青团安徽省委	2017年5月

续表

姓名	单位	荣誉称号	授奖单位	授奖时间
李明	团涡阳县委	第十一届安徽省青年志愿者优秀个人	共青团安徽省委	2017 年 11 月
李真	团涡阳县委	第十一届安徽省青年志愿者优秀个人	共青团安徽省委	2017 年 11 月
李茂云	陈大镇团委	第十一届安徽省青年志愿者优秀个人	共青团安徽省委	2017 年 11 月
辛楠楠	涡阳一中团委	第十一届安徽省青年志愿者优秀个人	共青团安徽省委	2017 年 11 月
李要	涡阳荣耀服饰有限公司	首届亳州市优秀返乡创业人才	亳州市请您回家助您创业办公室、亳州市人才办、亳州市发改委、亳州市经济和信息化委员会、亳州市人社局、亳州市科技局、团市委、亳州市广播电视台、亳州晚报	2017 年 11 月
郭从金	安徽国隆玻璃科级有限公司	首届亳州市优秀返乡创业人才	亳州市请您回家助您创业办公室、亳州市人才办、亳州市发改委、亳州市经济和信息化委员会、亳州市人社局、亳州市科技局、团市委、亳州市广播电视台、亳州晚报	2017 年 11 月
申赛男	中医院	2017 年度全市青年岗位能手	共青团亳州市委员会	2017 年 8 月
徐磊	县医院	2017 年度全市青年岗位能手	共青团亳州市委员会	2017 年 8 月
孔大稳	公安局	2017 年度全市青年岗位能手	共青团亳州市委员会	2017 年 8 月
陆志强	地税局	2017 年度全市青年岗位能手	共青团亳州市委员会	2017 年 8 月
秦琼	工商银行	2017 年度全市青年岗位能手	共青团亳州市委员会	2017 年 8 月
范婕	检察院	2017 年度全市青年岗位能手	共青团亳州市委员会	2017 年 8 月
姜珍珍	联通公司	2017 年度全市青年岗位能手	共青团亳州市委员会	2017 年 8 月
赵雅芝	涡南镇团委	2017 年度全市青年岗位能手	共青团亳州市委员会	2017 年 8 月
徐继成	曹市镇徐楼小学	2017 年度全市青年岗位能手	共青团亳州市委员会	2017 年 8 月
王清	涡阳三中	2017 年度亳州市青年志愿者优秀个人	共青团亳州市委员会	2017 年 5 月
孙英才	县人社局	2017 年度亳州市青年志愿者优秀个人	共青团亳州市委员会	2017 年 5 月
张平	中医院	2017 年度亳州市青年志愿者优秀个人	共青团亳州市委员会	2017 年 5 月
张艳环	县医院	2017 年度亳州市青年志愿者优秀个人	共青团亳州市委员会	2017 年 5 月
张理想	检察院	2017 年度亳州市青年志愿者优秀个人	共青团亳州市委员会	2017 年 5 月
郑瑞琪	城关街道	2017 年度亳州市青年志愿者优秀个人	共青团亳州市委员会	2017 年 5 月
侯刚	安徽省界阜蚌高速涡阳北收费站	2017 年度亳州市青年志愿者优秀个人	共青团亳州市委员会	2017 年 5 月
栗祥	涡阳县店集镇店集派出所	2017 年度亳州市青年志愿者优秀个人	共青团亳州市委员会	2017 年 5 月

续表

姓名	单位	荣誉称号	授奖单位	授奖时间
夏飞标	涡阳一中	2017 年度亳州市青年志愿者优秀个人	共青团亳州市委员会	2017 年 5 月
曹雪峰	涡阳县审计局	2017 年度亳州市青年志愿者优秀个人	共青团亳州市委员会	2017 年 5 月
胡毓璐	地税局工业园区分局	2016 年度亳州市优秀共青团员	共青团亳州市委员会	2017 年 4 月
康铭国	育萃中学	2016 年度亳州市优秀共青团员	共青团亳州市委员会	2017 年 4 月
木佳怡	育萃中学	2016 年度亳州市优秀共青团员	共青团亳州市委员会	2017 年 4 月
郑子昂	涡阳一中	2016 年度亳州市优秀共青团员	共青团亳州市委员会	2017 年 4 月
张皖京	涡阳二中	2016 年度亳州市优秀共青团员	共青团亳州市委员会	2017 年 4 月
魏东升	涡阳四中	2016 年度亳州市优秀共青团员	共青团亳州市委员会	2017 年 4 月
袁泉	涡阳五中	2016 年度亳州市优秀共青团员	共青团亳州市委员会	2017 年 4 月
于磊	曹市镇团委	2016 年度亳州市优秀共青团干部	共青团亳州市委员会	2017 年 4 月
杨静雯	龙山镇团委	2016 年度亳州市优秀共青团干部	共青团亳州市委员会	2017 年 4 月
苏醒	涡阳四中	2016 年度亳州市优秀共青团干部	共青团亳州市委员会	2017 年 4 月
侯小峰	公安局	2016 年度亳州市优秀共青团干部	共青团亳州市委员会	2017 年 4 月
郭从金	国隆玻璃科级有限公司	亳州市“创业之星”三等奖	中共亳州市委办公室、亳州市人民政府办公室	2017 年 5 月
尹秀芹	涡阳县秀芹养殖专业合作社理事长	亳州市“农村青年致富带头人”一等奖	中共亳州市委办公室、亳州市人民政府办公室	2017 年 5 月
张勤	涡阳县荣耀中药材种植家庭农场场主	亳州市“农村青年致富带头人”提名奖	中共亳州市委办公室、亳州市人民政府办公室	2017 年 5 月

（团县委供稿）

2017 年度妇联系统表彰的先进单位和先进个人（市级及以上表彰）

单位名称	荣誉称号	授奖单位	授奖时间
涡阳县人民医院妇产科	安徽省“巾帼文明岗”	省妇联	2017 年 6 月
涡阳县民政局婚姻登记处	安徽省“巾帼文明岗”	省妇联	2017 年 6 月
界蚌埠高速公路有限责任公司涡阳东收费站	亳州市“巾帼文明岗”	市妇联	2017 年 11 月
涡阳县公共交通有限公司	亳州市“巾帼文明岗”	市妇联	2017 年 11 月
涡阳县审计局投审中心	亳州市“巾帼文明岗”	市妇联	2017 年 11 月

获地厅级及以上表彰的先进个人

表

姓名	单位	荣誉称号	授奖单位	授奖时间
张芳春	乐行律师事务所	全国“三八”红旗手	全国妇联	2017 年 3 月
杨春秋	春秋商贸有限公司	安徽省“三八”红旗手	省妇联	2017 年 3 月
陈永红	涡阳县审计局	安徽省“三八”红旗手	省妇联	2017 年 3 月
李倩	涡阳县高公镇政府	实施妇女儿童发展规划先进个人	安徽省妇儿工委	2017 年 3 月
王岩	涡阳县三三学校	实施妇女儿童发展规划先进个人	亳州市妇女儿童工作委员会	2017 年 11 月
李祥	涡阳县民政局	实施妇女儿童发展规划先进个人	亳州市妇女儿童工作委员会	2017 年 11 月
刘彩琴	涡阳县第五中学	实施妇女儿童发展规划先进个人	亳州市妇女儿童工作委员会	2017 年 11 月
王红	涡阳县人社局	实施妇女儿童发展规划先进个人	亳州市妇女儿童工作委员会	2017 年 11 月
杨静	涡阳县卫计委	实施妇女儿童发展规划先进个人	亳州市妇女儿童工作委员会	2017 年 11 月
程真	涡阳县高炉镇妇联	实施妇女儿童发展规划先进个人	亳州市妇女儿童工作委员会	2017 年 11 月
杨勇	涡阳县公安局	实施妇女儿童发展规划先进个人	亳州市妇女儿童工作委员会	2017 年 11 月

获地厅级及以上表彰的先进个人

表

姓名	单位	荣誉称号	授奖单位	授奖时间
蔡媚妮	阜阳市红旗中学教师	亳州市最美军嫂	市妇联	2017 年 7 月
田俊梅	河南省洛阳市中心院	亳州市最美军嫂	市妇联	2017 年 7 月
白明媚	无	亳州市最美军嫂	市妇联	2017 年 7 月
梁秀琴	城关街道办事处	亳州市最美军嫂	市妇联	2017 年 7 月
徐丽	紫光养正学堂	最美家庭	省妇联	2017 年 7 月
陈伟	安徽川味印象餐饮管理有限公司	最美家庭	省妇联	2017 年 7 月
孟士轩	亳州市涡阳县石弓镇姚湖村	最美家庭	省妇联	2017 年 7 月
刘振丰	安徽省亳州市涡阳县旮旯村	最美家庭	省妇联	2017 年 7 月
张永计	涡阳县丹城镇丹城中心校	最美家庭	市妇联	2017 年 9 月
尹东东	涡阳县爱心协会	最美家庭	市妇联	2017 年 9 月
杨红霞	涡阳县高炉镇普九学校	最美家庭	市妇联	2017 年 9 月

（县妇联供稿）

2017 年精神文明建设地厅级及以上表彰

表

单位名称	荣誉称号	授奖单位	授奖时间
高炉镇单集中心村	第五届全国文明村镇	中央精神文明建设指导委员会	2017 年 11 月
涡阳县气象局	第四届全国文明单位复核确认保留	中央精神文明建设指导委员会	2017 年 11 月
涡阳县	第四届安徽省文明县城	安徽省精神文明建设指导委员会	2017 年 6 月

续表

单位名称	荣誉称号	授奖单位	授奖时间
涡阳县	第三届安徽省未成年人思想道德建设工作先进县	安徽省精神文明建设指导委员会	2017年6月
曹市镇	第四届安徽省文明村镇	安徽省精神文明建设指导委员会	2017年6月
高炉镇	第四届安徽省文明村镇	安徽省精神文明建设指导委员会	2017年6月
单集林场单集中心村	第四届安徽省文明村镇	安徽省精神文明建设指导委员会	2017年6月
楚店镇三里赵村	第四届安徽省文明村镇	安徽省精神文明建设指导委员会	2017年6月
城关街道道源社区	第五届安徽省文明社区	安徽省精神文明建设指导委员会	2017年6月
城关街道红旗社区	第五届安徽省文明社区	安徽省精神文明建设指导委员会	2017年6月
城关街道新安社区	第五届安徽省文明社区	安徽省精神文明建设指导委员会	2017年6月
涡阳县气象局	第十一届安徽省文明单位	安徽省精神文明建设指导委员会	2017年6月
涡阳县烟草专卖局	第十一届安徽省文明单位	安徽省精神文明建设指导委员会	2017年6月
涡阳县人民医院	第十一届安徽省文明单位	安徽省精神文明建设指导委员会	2017年6月
涡阳县地方税务局	第十一届安徽省文明单位	安徽省精神文明建设指导委员会	2017年6月
涡阳县人民检察院	第十一届安徽省文明单位	安徽省精神文明建设指导委员会	2017年6月
涡阳县国家税务局	第十一届安徽省文明单位	安徽省精神文明建设指导委员会	2017年6月
涡阳第四中学	第十一届安徽省文明单位	安徽省精神文明建设指导委员会	2017年6月
中国移动通信集团安徽有限公司涡阳县分公司	第十一届安徽省文明单位	安徽省精神文明建设指导委员会	2017年6月
亳州市（阜汽集团）汽车运输有限公司涡阳汽车站	第十一届安徽省文明单位	安徽省精神文明建设指导委员会	2017年6月
国网安徽省电力公司涡阳县供电公司	第十一届安徽省文明单位	安徽省精神文明建设指导委员会	2017年6月
中国人民武装警察部队涡阳县消防大队	第八届亳州市文明单位	亳州市精神文明建设指导委员会	2017年12月
涡阳县地方税务局城关分局	第八届亳州市文明单位	亳州市精神文明建设指导委员会	2017年12月
涡阳县交通运输局	第八届亳州市文明单位	亳州市精神文明建设指导委员会	2017年12月
华环国际烟草有限公司涡阳烟叶复烤厂	第八届亳州市文明单位	亳州市精神文明建设指导委员会	2017年12月
涡阳县人民法院	第八届亳州市文明单位	亳州市精神文明建设指导委员会	2017年12月
涡阳县市场监督管理局	第八届亳州市文明单位	亳州市精神文明建设指导委员会	2017年12月
涡阳县邮政局	第八届亳州市文明单位	亳州市精神文明建设指导委员会	2017年12月
涡阳县人力资源和社会保障局	第八届亳州市文明单位	亳州市精神文明建设指导委员会	2017年12月
涡阳县地方税务局稽查局	第八届亳州市文明单位	亳州市精神文明建设指导委员会	2017年12月
涡阳县城市管理行政执法局	第八届亳州市文明单位	亳州市精神文明建设指导委员会	2017年12月
涡阳县公路局	第八届亳州市文明单位	亳州市精神文明建设指导委员会	2017年12月
涡阳县财政局	第八届亳州市文明单位	亳州市精神文明建设指导委员会	2017年12月
涡阳农村商业银行股份有限公司	第八届亳州市文明单位	亳州市精神文明建设指导委员会	2017年12月
涡阳县教育局	第八届亳州市文明单位	亳州市精神文明建设指导委员会	2017年12月
涡阳县档案局	第八届亳州市文明单位	亳州市精神文明建设指导委员会	2017年12月
涡阳县委党校	第八届亳州市文明单位	亳州市精神文明建设指导委员会	2017年12月
涡阳县中医院	第八届亳州市文明单位	亳州市精神文明建设指导委员会	2017年12月

续表

单位名称	荣誉称号	授奖单位	授奖时间
涡阳县公安局	第八届亳州市文明单位	亳州市精神文明建设指导委员会	2017 年 12 月
涡阳县重点工程建设管理局	第八届亳州市文明单位	亳州市精神文明建设指导委员会	2017 年 12 月
涡阳县经济开发区管理委员会	第八届亳州市文明单位	亳州市精神文明建设指导委员会	2017 年 12 月

（县文明办供稿）

涡阳县现有有效农产品驰名、著名、知名商标

（说明：截至 2017 年 12 月，涡阳县现有在有效期限内农产品驰名商标 2 件；著名商标 29 件；知名商标 13 件。）

中国驰名商标（2 件）

序号	商标名称	核定商品	注 册 人
1	高炉家	白酒	安徽双轮酒业有限责任公司
2	高 炉	白酒	安徽双轮酒业有限责任公司

安徽省著名商标（29 件）

序号	商标名称	核定商品	注 册 人
1	双轮池	白酒	安徽双轮酒业有限责任公司
2	高炉家	酒	安徽双轮酒业有限责任公司
3	徽及图	白酒	安徽双轮酒业有限责任公司
4	高炉及图	白酒	安徽双轮酒业有限责任公司
5	双轮	白酒	安徽双轮酒业有限责任公司
6	老高炉	白酒	安徽双轮酒业有限责任公司
7	和谐及图	白酒	安徽双轮酒业有限责任公司
8	三香	白酒	安徽皖家酒业有限公司
9	义门	苔干	安徽省义门苔干有限公司
10	张福顺	酱腌菜、脱水菜	安徽福顺食品有限公司
11	正宇	面粉	安徽正宇面粉有限公司
12	到家及图	面粉、挂面	安徽省到家营养食品有限公司
13	东悦及图	食用面粉	涡阳县天禾面粉有限责任公司
14	现代谷神及图	植物种子	安徽谷神种业有限公司
15	丰华源	面粉	涡阳县丰华面业有限公司

续表

序号	商标名称	核定商品	注 册 人
16	张士奎及图	糖醋蒜	安徽张士奎食品有限公司
17	源和堂及图	药用根块植物、药用草药茶	安徽源和堂药业股份有限公司
18	于氏德霖	挂面，鸡蛋面	安徽于氏德霖食品科技有限公司
19	力师傅	谷类制品	涡阳县孙一明小麦种植专业合作社
20	中涡同丰	植物种子	安徽省同丰种业有限公司
21	豫隆及图	食用面粉、面粉	安徽正宇面粉有限公司
22	老师傅	面粉制品、谷类制品	安徽顶康食品有限公司
23	家	白酒	安徽双轮酒业有限公司
24	图形	布	安徽省冠盛纺织科技有限公司
25	我爱我家	调味品，调味酱油。	安徽爱家食品有限公司
26	津到园	面粉	安徽正宇面粉有限公司
27	雉河农家	新鲜水果，新鲜蔬菜。	涡阳县孙家蔬菜种植专业合作社
28	冬娜	肉冻、肉干（蚂蚱）	涡阳秀芹养殖专业合作社
29	黑娃	加工过的花生、瓜子。	安徽黑娃食品科技有限公司

亳州市知名商标（13 件）

序号	商标名称	核定商品	注 册 人
1	皇贡宴	味精、调味品	涡阳县明珠调味品有限责任公司
2	皖玉及图	食用油脂；芝麻油	涡阳县华玉芝麻有限公司
3	镇园	鲜水果；植物种子	安徽省镇园人参果娃生态科技有限公司
4	雉河农家	新鲜水果，蔬菜	涡阳县孙家蔬菜种植专业合作社
5	雲鑫	谷种，植物种子	亳州市云鑫麦豆研究所
6	ZFS 及图	蔬菜汁（饮料）；水果（饮料）	安徽福顺食品有限公司
7	恒洲及图	桃；梨	涡阳县恒洲果树种植专业合作社
8	冬娜及图	肉冻；肉干	涡阳县秀芹养殖专业合作社
9	华顺田园	粉丝；食用淀粉	涡阳新兴华顺粉丝厂
10	姜洼	苹果；桃	涡阳县永发农作物种植专业合作社
11	力师傅	谷类制品、挂面	涡阳县孙一明小麦种植专业合作社
12	中涡同丰	植物种子	安徽省同丰种业有限公司
13	老师傅及拼音	面粉制品、谷类制品	安徽顶康食品有限公司

（市场局供稿）

涡阳县2017年度百岁老人统计表

序号	姓名	性别	出生年月	镇 名	备注
1	朱王氏	女	1912.02	城关镇	
2	刘王氏	女	1914.07	城关镇	
3	裴玉振	男	1915.06	城关镇	
4	杨登山	男	1915.06	城关镇	2017年5月11日去世
5	宋周氏	女	1906.06	楚店镇	
6	赵徐氏	女	1914.02	楚店镇	
7	何李氏	女	1908.10	楚店镇	
8	张王氏	女	1908.02	楚店镇	
9	孙王氏	女	1915.07	楚店镇	
10	王高氏	女	1915.02	楚店镇	
11	常怀英	女	1909.06	楚店镇	
12	徐兰俊	男	1909.02	楚店镇	
13	鲍张氏	女	1917.03	楚店镇	新增
14	彭王氏	女	1912.05	涡北街道	
15	尹张氏	女	1915.03	涡北街道	
16	许王氏	女	1915.10	涡北街道	
17	陈申氏	女	1915.04	涡北街道	
18	蔡袁氏	女	1915.08	涡北街道	
19	李广德	男	1914.10	涡北街道	
20	赵敏英	女	1914.05	涡北街道	
21	张李氏	女	1916.03	涡北街道	
22	张马氏	女	1917.06	涡北街道	新增
23	王黄氏	女	1917.03	涡北街道	新增
24	席张氏	女	1917.05	涡北街道	新增
25	陈杨氏	女	1916.09	涡北街道	新增
26	魏盛氏	女	1913.06	西阳镇	
27	郑李氏	女	1910.03	西阳镇	
28	李勤加	男	1915.04	西阳镇	
29	史恃	女	1914.08	西阳镇	
30	邓朱氏	女	1910.02	标里镇	
31	邓孙氏	女	1912.03	标里镇	
32	张李氏	女	1912.03	丹城镇	
33	曹陈氏	女	1911.05	丹城镇	

续表

序号	姓名	性别	出生年月	镇 名	备注
34	董郭氏	女	1911.04	丹城镇	
35	梁魁英	女	1913.8	丹城镇	
36	谢李氏	女	1915.06	丹城镇	
37	李耿氏	女	1914.06	丹城镇	新增
38	高段氏	女	1912.02	龙山镇	
39	王刘氏	女	1912.02	龙山镇	
40	邹德仁	男	1912.10	龙山镇	
41	陈杨氏	女	1914.05	龙山镇	
42	武芝兰	女	1914.09	龙山镇	
43	邓殷氏	女	1917.02	龙山镇	新增
44	郭任氏	女	1913.06	涡南镇	
45	赵孙氏	女	1914.03	涡南镇	
46	杨张氏	女	1914.03	涡南镇	
47	魏立荣	女	1915.08	曹市镇	
48	侯勤英	男	1915.09	曹市镇	
49	王叶氏	女	1914.06	店集镇	
50	宋王氏	女	1907.03	店集镇	
51	姚永英	女	1913.01	店集镇	
52	鲍齐氏	女	1913.04	店集镇	
53	李王氏	女	1912.03	店集镇	
54	孟孙氏	女	1912.06	店集镇	
55	王程氏	女	1915.03	店集镇	
56	王桂海	男	1913.07	店集镇	
57	崔友兰	女	1911.01	店集镇	新增
58	张董氏	女	1916.01	店集镇	新增
59	罗吴氏	女	1912.01	马店集镇	
60	尹张氏	女	1915.03	马店集镇	
61	尹武氏	女	1917.08	马店集镇	新增
62	吴王氏	女	1917.06	马店集镇	新增
63	马张氏	女	1911.02	新兴镇	
64	赵董氏	女	1909.10	新兴镇	
65	曹耿氏	女	1915.04	新兴镇	
66	宋刘氏	女	1915.01	新兴镇	新增
67	侯氏	女	1917.04	新兴镇	新增
68	周程氏	女	1916.09	新兴镇	新增
69	侯余氏	女	1916.10	新兴镇	新增
70	孙尤氏	女	1916.02	陈大镇	

续表

序号	姓名	性别	出生年月	镇 名	备注
71	李尹氏	女	1914.02	陈大镇	
72	程王氏	女	1914.06	陈大镇	
73	孙于氏	女	1916.1	陈大镇	新增
74	赵朱氏	女	1907.08	高公镇	
75	高张氏	女	1908.05	高公镇	
76	张木氏	女	1911.10	高公镇	
77	孙宗氏	女	1915.02	高公镇	
78	王李氏	女	1915.01	高公镇	
79	徐任氏	女	1915.09	高公镇	
80	王程氏	女	1917.01	高公镇	新增
81	王秦氏	女	1913.04	牌坊镇	
82	周继苹	女	1912.02	牌坊镇	
83	陈刘氏	女	1913.02	牌坊镇	
84	程氏	女	1915.1	牌坊镇	
85	刘韩氏	女	1916.5	牌坊镇	
86	燕胡氏	女	1916.3	牌坊镇	
87	于张氏	女	1916.6	牌坊镇	
88	燕保和	男	1917.05	牌坊镇	新增
89	燕氏	女	1917.06	牌坊镇	新增
90	方夏氏	女	1907.11	义门镇	
91	陈周氏	女	1909.02	义门镇	
92	吴学彬	男	1911.07	义门镇	
93	张效连	女	1909.02	义门镇	
94	李胡氏	女	1911.05	义门镇	
95	朱黄氏	女	1912.06	义门镇	
96	刘张氏	女	1912.08	义门镇	
97	韩刘氏	女	1914.06	义门镇	
98	刘邓氏	女	1915.03	义门镇	
99	魏连氏	女	1913.06	义门镇	
100	郭赵氏	女	1916.03	义门镇	
101	李文英	女	1912.06	义门镇	新增
102	张刘氏	女	1913.05	义门镇	新增
103	刘李氏	女	1917.02	义门镇	新增
104	李刘氏	女	1916.10	义门镇	新增
105	王玉英	女	1912.04	公吉寺镇	
106	胡心兰	女	1912.02	公吉寺镇	
107	刘金侠	女	1908.08	公吉寺镇	

续表

序号	姓名	性别	出生年月	镇 名	备注
108	胡长山	男	1909.03	公吉寺镇	
109	龚素英	女	1910.01	公吉寺镇	
110	孙海英	女	1912.01	公吉寺镇	
111	孙兰英	女	1912.01	公吉寺镇	
112	周兰英	女	1912.01	公吉寺镇	
113	龚文英	女	1912.01	公吉寺镇	
114	王桂兰	女	1910.02	公吉寺镇	
115	王兰英	女	1914.03	公吉寺镇	
116	王朝英	女	1916.05	公吉寺镇	
117	柴侠	女	1915.09	公吉寺镇	
118	邹志广	男	1915.07	公吉寺镇	
119	李秀云	女	1917.01	公吉寺镇	新增
120	孙化春	女	1910.03	青町镇	
121	王史氏	女	1910.06	青町镇	
122	周张氏	女	1910.03	青町镇	
123	周李氏	女	1916.06	青町镇	
124	杨史氏	女	1916.04	青町镇	
125	张王氏	女	1913.01	高炉镇	
126	韩桂芝	女	1916.02	高炉镇	
127	董马氏	女	1914.06	城西街道	
128	马兰英	女	1909.08	花沟镇	
129	张爱邦	男	1914.07	花沟镇	
130	李桂兰	女	1916.09	花沟镇	新增
131	华英	女	1917.03	花沟镇	新增
132	王蒋氏	女	1912.06	石弓镇	
133	刘郭氏	女	1903.06	石弓镇	
134	孙罗氏	女	1911.10	石弓镇	
135	刘佃坤	男	1910.08	石弓镇	
136	刘秋氏	女	1911.07	石弓镇	
137	梁凤英	女	1915.02	石弓镇	
138	冯陈氏	女	1916.7	石弓镇	
139	李刘氏	女	1916.08	石弓镇	
140	张乙氏	女	1917.03	石弓镇	新增
141	邓姜氏	女	1914.04	临湖镇	
142	程广玉	男	1912.05	临湖镇	
143	王桂英	女	1912.08	临湖镇	
144	姚沈氏	女	1915.11	临湖镇	

续表

序号	姓名	性别	出生年月	镇 名	备注
145	杨王氏	女	1916.08	临湖镇	
146	庞程氏	女	1916.08	临湖镇	
147	冯牛氏	女	1916.08	单集林场	
148	马景春	女	1910.01	经济开发区	
149	马耿氏	女	1909.03	经济开发区	
150	何席氏	女	1916.04	经济开发区	

（县民政局供稿）

涡阳县民办非企业单位登记表

序号	民非名称	主管部门	负责人	地址	登记日期
1	涡阳县华侨医院	卫生局	张 莉	涡亳路	2005 年 10 月 20 日
2	涡阳县阳光医院	卫计委	高 萍	淮中大道	2006 年 7 月 20 日
3	涡阳县爱民医院	卫生局	张伟丽	高炉镇	2008 年 10 月 30 日
4	涡阳县东方老子书画研究院	文化局	徐继兴	县地税直属分局	2009 年 1 月 12 日
5	涡阳县城关镇光明初级中学	教育局	陈华山	城关镇工业园	2009 年 4 月 20 日
6	涡阳县城关镇新桥初级中学	教育局	孙文光	涡河新桥南	2009 年 4 月 20 日
7	涡阳县城关镇西苑学校	教育局	李 影	涡亳路南侧	2009 年 4 月 20 日
8	涡阳县石弓镇隆中学校	教育局	田利云	石弓镇五里张村	2009 年 4 月 20 日
9	涡阳县高公镇韶山小学	教育局	张 玉	高公镇高公集	2009 年 4 月 23 日
10	涡阳县石弓镇共方学校	教育局	于洪涛	石弓镇东关村	2009 年 4 月 23 日
11	涡阳县临湖镇关爱学校	教育局	王 伟	临湖镇段郢村	2009 年 5 月 5 日
12	涡阳县城西镇乐乐幼儿园	教育局	张兆玲	畜牧局园内	2009 年 5 月 5 日
13	涡阳县陈大镇万欣幼儿园	教育局	袁万欣	陈大镇大王集	2009 年 5 月 5 日
14	涡阳县临湖镇孙店明星小学	教育局	李文彦	临湖镇孙店	2009 年 5 月 6 日
15	涡阳县六联中学	教育局	陈化贤	城关镇立交桥东	2009 年 5 月 6 日
16	涡阳县店集镇善纪小学	教育局	程 化	店集街	2009 年 5 月 6 日
17	涡阳县临湖镇湖光中学	教育局	赵继祥	临湖镇南头	2009 年 5 月 7 日
18	涡阳县城西镇新华初级中学	教育局	王登标	城西镇芍香路	2009 年 5 月 15 日
19	涡阳县陈大镇燕庄小学	教育局	燕 丽	陈大镇燕庄	2009 年 5 月 18 日
20	涡阳县高炉镇普九学校	教育局	杨文荣	高炉镇街	2009 年 5 月 18 日
21	涡阳县老龄事业发展中心	老龄办	杨 程	老县委大院	2009 年 5 月 19 日
22	涡阳县公吉寺镇思源学校	教育局	龚杰宏	公吉寺镇龚新集	2009 年 6 月 11 日
23	涡阳县陈侠电脑学校	劳动局	陈 侠	城关镇紫光大道	2009 年 7 月 10 日

续表

序号	民非名称	主管部门	负责人	地址	登记日期
24	涡阳县浪潮电脑培训学校	劳动局	夏学亮	航运公司	2009年7月10日
25	涡阳县诚杰职业培训学校	劳动局	茹军	城西镇涡亳路	2009年7月10日
26	涡阳县城关镇育萃初级中学	教育局	孙秀芳	东环南路	2009年7月12日
27	涡阳县花沟镇晨曦小学	教育局	张祥坤	花沟镇街	2009年7月10日
28	涡阳县城关镇李更写字学校	教育局	李　更	广场南路15号	2009年11月1日
29	涡阳县城关镇雉河小学	教育局	秦　超	郝庄南段路西	2009年11月1日
30	涡阳县城关镇金秋幼儿园	教育局	谢　勇	城关镇大坝街	2010年7月26日
31	涡阳县新兴医院	卫生局	李　岩	新兴镇新兴街	2010年12月22日
32	涡阳县城关镇李氏中医骨伤诊所	卫生局	李晓羲	石狮子街口	2010年12月28日
33	涡阳县老子文化养生院	文化局	李玉成	胜利西路东2巷	2010年12月28日
34	涡阳县城关镇董保山中医内科诊所	卫生局	董保山	涡阳县一中大门西	2011年3月8日
35	涡阳县城关镇徐金光儿科诊所	卫生局	徐金光	涡阳县广场南路18号	2011年3月8日
36	涡阳县城关镇团结社区卫生服务站	卫生局	张继承	涡阳县卫生巷2号	2011年3月8日
37	涡阳县曙光中学	教育局	张照人	涡阳县向阳南路	2011年3月29日
38	涡阳县私立育才初级中学	教育局	张照人	涡阳县向阳南路	2011年3月29日
39	涡阳县城关镇新苑初级中学	教育局	王　伟	城关镇物资局院内	2011日4日1日
40	涡阳县城关镇金秋学校	教育局	谢　勇	城关大坝街124号	2011年5月10日
41	涡阳县城关镇革新学校	教育局	王　柳	城关镇胜利路	2011年5月10日
42	涡阳县第九中学	教育局	丁　华	东环路360-6户	2011年5月10日
43	涡阳县临湖镇黎明学校	教育局	王秀丽	临湖镇	2011年5月11日
44	涡阳县龙山镇实验学校	教育局	相运杰	龙山镇龙南居委会	2011年5月11日
45	涡阳县城关镇红星学校	教育局	罗　影	红星商城南端	2011年5月30日
46	涡阳县城关镇育红小学	教育局	周开山	郝十巷27号	2011年5月30日
47	涡阳县城关镇培元初级中学	教育局	罗　影	涡阳县红星商城南端	2011年5月30日
48	涡阳县城关镇九九小学	教育局	李金鼎	老木器社院内	2011年5月30日
49	涡阳县三三学校	教育局	马洪霞	郝东路16号	2011年5月30日
50	涡阳县城关镇倚翠苑幼儿园	教育局	马　玉	康宁路倚翠苑小区南	2011年5月30日
51	安徽省三星化工职工医院	卫生局	段　明	涡阳县淮中大道南侧	2011年6月9日
52	涡阳县犇鑫职业学校	教育局	王犇鑫	涡阳县淮中大道52号	2011年7月5日
53	涡阳县耿皇乡育英学校	教育局	苏永祥	涡阳县耿皇乡耿皇集	2011年7月19日
54	涡阳县城关镇心欣幼儿园	教育局	刘　燕	城关镇新城街道干沟村	2011年7月20日
55	涡阳县城关镇剑桥幼儿园	教育局	冯　敏	城关镇青年路北端	2011年8月16日
56	涡阳县公吉寺镇福星初级中学	教育局	赵　锋	公吉寺镇大赵庄	2011年8月17日
57	涡阳县石弓镇王元初级中学	教育局	庄　华	石弓镇王元村	2011年11月22日
58	涡阳县天平羽毛球俱乐部	法　院	王　雷	紫光大道	2011年12月29日
59	涡阳县谷水画院	文　联	姚友苹	胜利东路南8号楼2-401室	2012年1月5日
60	涡阳县城关镇杨重英妇科诊所	卫生局	杨重英	东环南路	2012年2月16日

续表

序号	民非名称	主管部门	负责人	地址	登记日期
61	涡阳县夕阳红老年公寓	民政局	高　萍	闸北镇工业区	2012 年 3 月 14 日
62	涡阳县城关镇锁成华盲人医疗按摩所	卫生局	锁成华	青年路建新二项西门	2012 年 4 月 9 日
63	涡阳县人民法院天平书画摄影俱乐部	文　联	牛　阵	紫光大道中段	2012 年 8 月 20 日
64	涡阳县育才妇产医院	亳州市生局	刘淮生	育才路	2012 年 9 月 20 日
65	涡阳县梦圆残疾人综合服务部	残　联	宋孝芳	淮中大道西路北侧	2013 年 2 月 6 日
66	涡阳县曹市镇矿工幼儿园	教育局	张德霞	曹市镇高长营村	2013 年 4 月 28 日
67	涡阳县丹城镇启航幼儿园	教育局	姚志伟	丹城镇陈老家村	2013 年 4 月 28 日
68	亳州现代科技艺术学校	教育局	丁华	闸北路东 500 米	2013 年 5 月 14 日
69	涡阳县高公镇金色童年幼儿园	教育局	潘　磊	高公镇高公集	2013 年 6 月 5 日
70	涡阳县安全生产技术培训中心	安监局	马兴华	向阳大道 188 号	2013 年 6 月 6 日
71	涡阳县曹市镇启航幼儿园	教育局	刘志伟	曹市镇高长营村	2013 年 6 月 9 日
72	涡阳县城关街道万象城红星幼儿园	教育局	罗　影	向阳路万象城小区院内	2013 年 6 月 14 日
73	涡阳县义门镇大风车幼儿园	教育局	张　霞	义门镇义周路	2013 年 6 月 28 日
74	涡阳县义门镇龙兴幼儿园	教育局	邓淑玲	义门镇龙兴路	2013 年 6 月 28 日
75	涡阳县曹市镇高长营和谐幼儿园	教育局	张晓红	曹市镇高长营和谐新村	2013 年 7 月 2 日
76	涡阳县城关街道新桥幼儿园	教育局	孙文光	长青居委会 S202 线东	2013 年 7 月 23 日
77	涡阳县城东街道满天星幼儿园	教育局	祝学琛	城东开发区	2013 年 8 月 7 日
78	涡阳县牌坊镇好孩子幼儿园	教育局	张　建	牌坊镇周桥南头	2013 年 8 月 22 日
79	涡阳县永信社区托老所	民政局	邓　瑞	九龙桥小区 1 栋 2 单元 402 室	2013 年 9 月 9 日
80	涡阳县舞者青少年体育舞蹈俱乐部	体育事业发展中心	于桐振	胜利东路	2013 年 9 月 17 日
81	涡阳县城关镇潘士美内科诊所	卫生局	潘士美	郝庄路中段路西	2013 年 10 月 12 日
82	涡阳县城关街道中老年文体合唱团	城关街道办事处	董桂芳	城关综合文化站	2013 年 12 月 16 日
83	涡阳县团结社区中老年艺术团	城关街道办事处	翟金英	团结社区文化馆三楼	2013 年 12 月 20 日
84	涡阳县酿酒研究所	科技局	张金修	高炉镇杨大村张新庄 054 号	2014 年 1 月 14 日
85	涡阳铁路综合门诊部	卫生局	卜庆付	涡阳县火车站	2014 年 1 月 24 日
86	涡阳县义门镇三桥口幼儿园	教育局	燕俊芝	胜利居委会西顺河路 100 号	2014 年 2 月 24 日
87	涡阳县城关镇宁杰口腔诊所	卫生局	宁杰	青年路 58 号	2014 年 2 月 25 日
88	涡阳县城关镇栗磊中医诊所	卫生局	栗磊	南关街中间	2014 年 2 月 25 日
89	涡阳县城关办事处段伟内科诊所	卫生局	段伟	城西金博商城内	2014 年 2 月 25 日
90	涡阳城关办事处杨振明内科诊所	卫生局	杨振明	站前西路 232 号	2014 年 2 月 25 日
91	涡阳县曹市镇七色光幼儿园	教育局	王付军	曹市镇淝河居委会	2014 年 2 月 25 日
92	涡阳县林场汇文初级中学	教育局	刘亚飞	单集汇文路	2014 年 3 月 3 日
93	涡阳县高公镇希望小学	教育局	穆朝林	高公集	2014 年 3 月 6 日
94	涡阳县西阳镇启蒙幼儿园	教育局	刘艳杰	瓦房村葛六自然村 26 号	2014 年 3 月 7 日
95	涡阳县塑道跆拳道专业培训中心	文体局	张虎	文化广场南侧外贸办 3 楼	2014 年 3 月 7 日
96	涡阳县城关街道新村小学	教育局	魏鹏	三里新村院内	2014 年 3 月 20 日
97	涡阳县新兴镇未来星幼儿园	教育局	何彪	新兴镇新华村	2014 年 3 月 21 日

续表

序号	民非名称	主管部门	负责人	地址	登记日期
98	涡阳县城关镇老子精武学校	教育局	刘成志	涡蒙路立交桥西	2014年3月24日
99	涡阳县牌坊镇周桥阳光幼儿园	教育局	程英	牌坊镇周桥村28号	2014年3月24日
100	涡阳县丹城镇育蕾幼儿园	教育局	马慧娟	牌坊镇白果村	2014年4月8日
101	涡阳县福彩管理服务站	民政局	张伟	东环路360-6户	2014年7月1日
102	涡阳县联盟电子竞技俱乐部	文体局	武艳丽	涡阳建新三巷76号	2014年7月22日
103	涡阳县涡南镇艾迪儿幼儿园	教育局	王侠	涡南镇涡北头	2014年10月22日
104	涡阳县奇手恒康残疾人社区康复综合服务部	残联	侯怀奇	城关镇郝庄菜市街南段路东	2014年11月10日
105	马店集镇第二养老服务中心	马店镇人民政府	王清民	马店居委会	2014年11月19日
106	马店集镇第一养老服务中心	马店镇人民政府	王怀钦	马店镇刘店村	2014年11月19日
107	丹城镇第二养老服务中心	丹城镇人民政府	陈钦领	丹城镇陈老家村	2014年11月19日
108	丹城镇第一养老服务中心	丹城镇人民政府	董建	丹城镇丹城居委会梁庄	2014年11月19日
109	城西街道第一养老服务中心	城西街道办事处	李良春	城西街道史寨村李桥	2014年11月19日
110	城西街道第二养老服务中心	城西街道办事处	殷广海	乐行路人社局后	2014年11月19日
111	涡北第一养老服务中心	涡北街道办事处	张洪标	涡北街道张老家张土楼	2014年11月19日
112	涡北第二养老服务中心	涡北街道办事处	宋德坤	涡北街道涡光社区宋牌坊	2014年11月19日
113	涡北第三养老服务中心	涡北街道办事处	罗平英	涡北街道凡桥社区春树园	2014年11月19日
114	新兴镇第一养老服务中心	新兴镇人民政府	左登付	新兴镇新兴居委会	2014年11月19日
115	新兴镇第二养老服务中心	新兴镇人民政府	董金平	新兴镇左楼行政村	2014年11月19日
116	高公镇第二养老服务中心	高公镇人民政府	吕魁	高公镇木营村	2014年11月19日
117	高公镇第一养老服务中心	高公镇人民政府	宋振亮	高公镇宗营村	2014年11月19日
118	单集林场养老服务中心	单集林场人民府	王干文	单集林场政府东100米	2014年11月19日
119	楚店镇养老服务中心	楚店镇人民政府	栗茹	楚店镇三里赵赵老龙窝	2014年11月19日
120	店集镇养老服务中心	店集镇人民政府	郝成云	店集镇宋牌坊村鲍庄	2014年11月19日
121	义门镇养老服务中心	义门镇人民政府	周继刚	义门镇东姬村	2014年11月19日
122	石弓镇第一养老服务中心	石弓镇人民政府	陈玲	石弓镇耿楼村	2014年11月19日
123	石弓镇第二养老服务中心	石弓镇人民政府	曹桂兰	石弓镇石羊村	2014年11月19日
124	花沟镇第一养老服务中心	花沟镇人民政府	张绍凯	花沟镇邓寨村	2014年11月19日
125	花沟镇养老服务中心	花沟镇人民政府	史学钦	花沟镇花沟居委会	2014年11月19日
126	城东街道养老服务中心	城东街道办事处	刘影	城东街道杨王社区	2014年11月19日
127	高炉镇养老服务中心	高炉镇人民政府	张武	高炉镇四零居委会	2014年11月19日
128	龙山镇第一养老服务中心	龙山镇人民政府	张灵云	龙山镇西山邵楼	2014年11月19日
129	龙山镇第二养老服务中心	龙山镇人民政府	武思超	龙山镇东山村	2014年11月19日
130	标里镇养老服务中心	标里镇人民政府	高庆连	标里镇后李村	2014年11月19日
131	青疃镇养老服务中心	青疃镇人民政府	周玉侠	青疃二中东侧	2014年11月19日
132	涡南镇养老服务中心	涡南镇人民政府	孙亚玲	涡南镇胡俭集	2014年11月19日
133	曹市镇养老服务中心	曹市镇人民政府	刘长城	曹市镇淝河居委会	2014年11月19日

续表

序号	民非名称	主管部门	负责人	地址	登记日期
134	西阳镇养老服务中心	西阳镇人民政府	郑良	西阳镇郭寨居委会	2014年11月19日
135	陈大镇第一养老服务中心	陈大镇人民政府	吴建标	陈大镇中心村	2014年11月19日
136	公吉寺镇第一养老服务中心	公吉寺镇人民政	李闯	公吉寺镇犁耙村东李桥	2014年11月19日
137	陈大镇第二养老服务中心	陈大镇人民政府	王朝政	陈大镇于楼村	2014年11月19日
138	公吉寺镇第二养老服务中心	公吉寺镇人民政	王全伟	公吉寺镇王大楼居委会	2014年11月19日
139	公吉寺镇养老服务中心	公吉寺镇人民政	张磊	公吉寺镇公吉寺居委会	2014年11月19日
140	牌坊镇第一养老服务中心	牌坊镇镇人民政	张怀保	牌坊镇张元村肖庄	2014年11月19日
141	牌坊镇第二养老服务中心	牌坊镇镇人民政	燕化坤	牌坊镇牌坊居委会	2014年11月19日
142	临湖镇养老服务中心	临湖镇人民政府	李献民	临湖镇宗圩村	2014年11月19日
143	涡阳中山综合门诊部	卫生局	时燕	涡阳县涡河东路	2015年1月13日
144	安徽九鼎体育俱乐部	体育局	宋飞	团结路轻工总会四	2015年1月19日
145	涡阳县城关街道时代广场幼儿园	教育局	叶侠	涡阳县城关街道时代广场小区内	2015年1月28日
146	涡阳县城关街道中老年秧歌演艺团	城关街道办事处	王显忠	涡阳县城关街道南关街50号	2015年1月28日
147	涡阳县涡南镇新蕾幼儿园	教育局	王培培	涡南镇胡俭村	2015年3月3日
148	涡阳县龙山镇西山幼儿园	教育局	马红涛	龙山镇西山行政村	2015年3月3日
149	涡阳县高炉镇春雨幼儿园	教育局	杨春雨	高炉镇杨楼村	2015年3月3日
150	涡阳县高公镇欢乐娃幼儿园	教育局	杨翠丽	高公镇镇北洪河路	2015年3月12日
151	涡阳县城关街道金贝幼儿园	教育局	杨亚强	城关街道向阳路实中学北	2015年3月12日
152	涡阳县义门镇金色阳光幼儿园	教育局	王成	涡阳县义门镇大梅村	2015年3月12日
153	涡阳县丹城镇阳光幼儿园	教育局	张敏	涡阳县丹城镇重兴	2015年3月12日
154	涡阳县城东街道快乐天使普惠幼儿园	教育局	刘桂华	城东街道刘旮旯村	2015年3月12日
155	涡阳县丹城镇谢庙幼儿园	教育局	谢永	丹城镇谢庙行政村	2015年3月12日
156	涡阳县涡北街道今阳幼儿园	教育局	李洪涛	涡北街道刘楼社区	2015年3月16日
157	涡阳县标里镇小博士幼儿园	教育局	王素芳	涡阳县标里镇新德	2015年3月16日
158	涡阳县义门镇星光幼儿园	教育局	锁必超	涡阳县义门镇苔乡路26号	2015年3月30日
159	涡阳县义门镇旭日幼儿园	教育局	代丽	涡阳县义门镇李元	2015年3月30日
160	涡阳县城关街道远洋幼儿园	教育局	彭洪波	涡阳县城关街道北环路八中北100米路东	2015年3月30日
161	涡阳县长江中西医结合医院	卫生局	马桂真	涡阳县紫光大道西路南	2015年4月9日
162	涡阳县高炉镇东方红幼儿园	教育局	杨莉荣	涡阳县高炉镇高炉西	2015年5月5日
163	涡阳县城关街道办事处红旗社区卫生服务站	卫计委	陈龙勤	涡阳县红星商城中段西侧	2015年5月20日
164	涡阳县城关街道办事处胜利社区卫生服务站	卫计委	马士彦	涡阳县北环西路6号	2015年5月20日
165	涡阳县城关街道办事处南关社区卫生服务站	卫计委	彭文强	涡阳县南关街85号	2015年5月20日
166	涡阳县城关街道办事处交通社区卫生服务站	卫计委	王廷林	涡阳县交通社区王滩小区	2015年5月20日

续表

序号	民非名称	主管部门	负责人	地址	登记日期
167	涡阳县城关张金海内科诊所	卫计委	张金海	涡阳县富民路路东	2015 年 5 月 20 日
168	涡阳县城关张建内科诊所	卫计委	张建	涡阳县明珠广场对面路北	2015 年 5 月 20 日
169	涡阳县城关孙登山内科诊所	卫计委	孙登山	涡阳县老子牛像东 100 米路北	2015 年 5 月 20 日
170	涡阳县城关石冬莲妇科诊所	卫计委	石冬莲	涡阳县倚翠园小区东段路北	2015 年 5 月 20 日
171	涡阳县城西新城西聃社区卫生服务站	卫计委	刘文宾	涡阳县城西彭庄路 161 号	2015 年 5 月 20 日
172	涡阳县城关街道办事处新城社区卫生服务站	卫计委	姚勇	涡阳县三星化工对面巷内	2015 年 6 月 1 日
173	涡阳县城关镇街道办事处王土楼社区卫生服务站	卫计委	王显云	涡阳县王土楼 12 号	2015 年 6 月 1 日
174	涡阳县城关街道办事处水上社区卫生服务站	卫计委	段体芳	涡阳县东环路建新巷	2015 年 6 月 1 日
175	涡阳县城关西园社区卫生服务站	卫计委	孙益民	涡阳县西关街 356 号	2015 年 6 月 15 日
176	涡阳县启航家政职业培训学校	人力资源和社会保障局	刘新	涡阳县站前路	2015 年 6 月 15 日
177	涡阳县城关韩德超中医诊所	卫计委	韩德超	涡阳县北环路水利局东 100 米路南	2015 年 8 月 20 日
178	涡阳县牌坊镇博雅幼儿园	教育局	梁静	牌坊镇大梁行政村大梁村	2015 年 8 月 20 日
179	涡阳县城关街道办事处向阳社区卫生服务站	卫计委	于昌	涡阳县西环北路	2015 年 8 月 28 日
180	涡阳县城关街道办事处官路口社区卫生服务站	卫计委	于继武	涡阳县站前路东段北	2015 年 8 月 28 日
181	涡阳县城关于宏祥内科诊所	卫计委	于宏祥	涡阳县紫光公园对巷内 100 米路东	2015 年 8 月 28 日
182	涡阳县城关街道办事处光明社区卫生服务站	卫计委	李峰	涡阳县郝九巷 39 号	2015 年 9 月 11 日
183	涡阳县城关街道办事处滨河社区卫生服务站	卫计委	郭秀侠	涡阳县青年路建新一巷	2015 年 9 月 11 日
184	涡阳县城关街道办事处三里黄社区生服务站	卫计委	郑茹	涡阳县育才路大街	2015 年 9 月 11 日
185	涡阳县城关街道办事处紫光社区卫生服务站	卫计委	代建华	涡阳县紫光社区朱楼	2015 年 9 月 11 日
186	涡阳县城关街道办事处道源社区卫生服务站	卫计委	王伟	紫光大道南村西巷	2015 年 9 月 11 日
187	舞语伦比青少年体育舞蹈俱乐部	体育事业发展中心	薛咏侠	涡阳县站前路海韵大楼 601	2015 年 12 月 2 日
188	涡阳协和医院	卫计委	于振	涡阳县紫光大道中段	2016 年 8 月 16 日
189	涡阳县牌坊镇腾飞幼儿园	教育局	燕庆飞	涡阳县牌坊镇牌坊村腾飞路 78 号	2016 年 10 月 8 日
190	涡阳县西阳镇晨风幼儿园	教育局	宋晓娟	涡阳县西阳镇三里居委会	2016 年 10 月 8 日
191	涡阳县高炉镇赛尔号幼儿园	教育局	呼山峻	涡阳县高炉镇大呼自然村	2016 年 10 月 12 日
192	涡阳县丹城镇智慧星幼儿园	教育局	李彪	丹城镇重南村	2016 年 10 月 12 日
193	涡阳县城关街道新建幼儿园	教育局	王静	涡阳县城关街道刘桥村	2016 年 10 月 12 日
194	涡阳县大爱社工服务中心	直接登记	范永强	涡阳县城关镇向阳路和平巷一号	2016 年 10 月 14 日

续表

序号	民非名称	主管部门	负责人	地址	登记日期
195	涡阳县义门镇民族幼儿园	教育局	刘志强	义门镇光明北路45号	2016年10月17日
196	涡阳县石弓镇共方幼儿园	教育局	于洪涛	涡阳县石弓镇东关社区	2016年10月17日
197	涡阳县青町镇七彩阳光幼儿园	教育局	邱波	涡阳县青町镇朝阳小区	2016年10月18日
198	涡阳县城关街道九龙桥幼儿园	教育局	江洪奎	涡阳县九龙桥东300米站前路南	2016年10月19日
199	涡阳县高炉镇富瑞幼儿园	教育局	李蕾	涡阳县高炉镇杨大村	2016年10月19日
200	涡阳县城关街道小树苗幼儿园	教育局	李文秀	涡阳县二桥南路西	2016年10月19日
201	涡阳县城西街道蓬圆幼儿园	教育局	彭阳阳	城西街道芍香北路	2016年10月21日
202	涡阳县安康养老服务站	民政局	胡勇	涡阳县东环路王滩小区	2016年10月21日
203	涡阳县城关街道办事处东风社区卫生服务站	卫计委	郭建	涡阳县城关镇北环路326号	2016年10月25日
204	涡阳县城关街道朗朗幼儿园	教育局	梁维一	涡阳县城关街道滨河社区建新一巷6号	2016年10月25日
205	涡阳县城关街道办事处长青社区卫生服务站	卫计委	汪东亮	涡阳县城关镇长青社区西关街西段	2016年10月25日
206	涡阳县城关街道童心幼儿园	教育局	刘冬梅	涡阳县紫光大道东侧三里黄居委会	2016年10月26日
207	涡阳县城关街道南关幼儿园	教育局	圣化贞	涡阳县向阳南路西侧	2016年10月26日
208	涡阳县城关街道小红帆幼儿园	教育局	王生	涡阳县城关街道紫光大道与富民路交叉口	2016年10月27日
209	涡阳县西阳镇小红花幼儿园	教育局	李磊	涡阳县西阳中心街北头	2016年10月28日
210	涡阳县城关街道办事处孙楼社区卫生服务站	卫计委	洪传家	涡阳县孙楼居委会	2016年10月28日
211	涡阳县城关街道办事处新安社区卫生服务站	卫计委	陈龙修	涡阳县郝庄路新安巷	2016年10月28日
212	涡阳县曹市镇明星幼儿园	教育局	张书玉	曹市镇太清村	2016年11月1日
213	涡阳县城关街道金太阳幼儿园	教育局	牛敬梅	城关街道西园社区55号	2016年11月2日
214	涡阳县涡北街道闸北幼儿园	教育局	葛新月	涡阳县涡北街道涡北社区56号	2016年11月4日
215	涡阳县牌坊镇阳光幼儿园	教育局	马旭	涡阳县牌坊镇丁集	2016年11月7日
216	涡阳县城关街道佳佳乐幼儿园	教育局	王柳	涡阳县淮中大道与西环路交叉口北100米	2016年11月7日
217	涡阳县诚信养老服务站	民政局	孙梅	涡阳县站前路	2016年11月10日
218	涡阳县高炉镇马东晓内科诊所	卫计委	马东晓	涡阳县高炉镇菜市北头路东	2016年11月14日
219	涡阳县牌坊镇智慧岛幼儿园	教育局	王小艳	涡阳县牌坊镇腾飞路南	2016年11月16日
220	涡阳县高炉镇桥北幼儿园	教育局	王影	涡阳县高炉镇四零居委会迎宾路	2016年11月22日
221	涡阳县城关街道博爱幼儿园	教育局	王显海	涡阳县胜利西路三八岗亭西	2016年12月27日
222	涡阳舞者文化艺术培训中心	体育事业发展中心	张兰	涡阳县体委二楼	2016年12月28日
223	涡阳友好医院	卫计委	刘侠	涡阳县城关镇胜利西路	2017年1月13日
224	涡阳县马店集镇晨阳幼儿园	教育局	尹红梅	涡阳县马店集镇吴府村	2017年3月8日
225	涡阳县曹市老年公寓	民政局	牛诚俊	涡阳县曹市镇曹市集	2017年4月13日

续表

序号	民非名称	主管部门	负责人	地址	登记日期
226	涡阳县雄风武术俱乐部	文体局	龚素丽	涡阳县三里新村北头	2017年4月13日
227	涡阳县近视斜视弱视研究所	科技局	王清	涡阳县向阳大道西21号	2017年4月13日
228	涡阳县青町镇红太阳幼儿园	教育局	段晓慧	涡阳县青町镇段寨村	2017年4月18日
229	涡阳康复护理院	卫计委	王心冰	涡阳县闸北街道闸北路	2017年4月26日
230	涡阳县城关袁兴民内科诊所	卫计委	袁兴民	涡阳县城关镇西关街南一巷14号	2017年5月10日
231	涡阳县涡南养老服务站	民政局	王振	涡南镇双庙菜市街南头	2017年6月9日
232	涡阳县城西街道家有儿女幼儿园	教育局	吴纯影	涡阳县巨人印象小区内	2017年6月13日
233	涡阳同济医院	卫生局	秦岭	涡阳县站前西路北侧	2017年6月15日
234	涡阳县西阳镇范蠡社区康复养老院	民政局	柴书勤	涡阳县西阳镇范蠡社区	2017年6月16日
235	涡阳侯怀奇盲人医疗按摩所	卫计委	侯怀奇	涡阳县城关镇工农南路104号	2017年7月13日
236	涡阳县西阳镇恒信养老院	民政局	韩洪飞	涡阳县西阳镇王楼村	2017年7月14日
237	涡阳县城西街道小天使幼儿园	教育局	王天云	涡阳县城西街道五里湾社区	2017年7月28日
238	涡阳县公益救援中心	文明办	张永军	涡阳县涡阜路128号	2017年9月13日
239	涡阳县大蒜产业发展中心	农委	张文	涡阳县高公镇镇直商业60号	2017年9月19日
240	涡阳县高炉镇普九幼儿园	教育局	池柳	涡阳县高公镇	2017年10月24日
241	涡阳县城关街道哈津幼儿园	教育局	顾磊	涡阳县县城工农路	2017年10月24日
242	涡阳县城关镇张俊恒内科诊所	卫计委	张俊恒	涡阳县城关镇谷水路	2017年11月14日
243	涡阳县涡北街道东阳红养老服务站	民政局	王敏	涡阳县涡北街道夏黄村	2017年11月14日
244	涡阳县锦绣搏击体育俱乐部	文体旅游局	张玉锋	涡阳县涡河路（老供销社）四楼	2017年11月14日
245	涡阳县苔干产业发展中心	农委	左林	涡阳县义门镇工业园区	2017年11月15日
246	涡阳县秧歌舞演艺团	文体旅游局	邱云	涡阳县城关镇马庄新村29号	2017年11月17日
247	涡阳县楚店镇良策幼儿园	教育局	梁峰	涡阳县楚店镇楚南一队3号	2017年12月12日
248	涡阳县高炉镇米奇幼儿园	教育局	周倩楠	涡阳县高炉镇杨瓦房村	2017年12月13日
249	涡阳县曹市镇诺贝尔未来之星幼儿园	教育局	徐新苹	涡阳县曹市镇高长营和谐新村东头	2017年12月14日
250	涡阳县标里镇老街幼儿园	教育局	陈培培	涡阳县标里标表里居委会老街	2017年12月14日
251	涡阳县义门镇馨艺幼儿园	教育局	肖蕾	涡阳县义门镇赵屯居委会	2017年12月15日
252	涡阳县公吉寺镇123幼儿园	教育局	巩琳	涡阳县公吉寺镇新开发区	2017年12月18日
253	涡阳县义门镇启蒙幼儿园	教育局	邓倩倩	涡阳县义门镇真源南路法院对面	2017年12月18日
254	涡阳县涡南镇金星幼儿园	教育局	张薇薇	涡阳县涡南镇钱小庄菜市街南200米	2017年12月19日
255	涡阳县龙山镇小精灵幼儿园	教育局	吴雪	涡阳县龙山镇白洋河南段	2017年12月19日
256	涡阳县城关街道红杉幼儿园	教育局	陈侠	涡阳县城关街道站前东路（火车站西800米）	2017年12月29日
257	涡阳县城关街道天乐幼儿园	教育局	徐志堂	涡阳县城关街道紫光大道中段	2017年12月29日

（县民政局供稿）

"十三五"规划执行情况

截止2017年末，涡阳县"十三五"规划已经执行两年。两年来，紧紧围绕县委"勇当皖北振兴排头兵"目标要求，以供给侧结构性改革为主线，以"调转促"为抓手，围绕"五化"协同发展，大力实施"1358"战略，着力抓重点、攻难点、补短板，夯实了基础，经济稳步增长，实现"十三五"经济社会发展开局平稳。到2017年末，涡阳县实现地区生产总值242.7亿元，增长8.6%；三次产业比例为18.9∶42.1∶39。财政收入完成18.04亿元，增长8%；规上工业增加值完成69亿元，增长9.6%；固定资产投资完成179.1亿元，增长25%；社会消费品零售总额完成112.6亿元，增长12.8%；实际利用外商直接投资1.54亿美元，增长10%；实际利用内资300亿元，增长17.5%；城镇居民人均可支配收入达到22500元，增长10%；农村居民人均可支配收入达到10026元，增长11%；城乡居民人均可支配收入达到13902元，增长9.5%；城镇调查失业率控制在4.2%以内；规模工业总产值267亿元，增长19.7%；规上工业增加值69亿元，增长9.6%；工业产品销售率99.6%；规上工业企业实现税收4.28亿元，增长19%；工业用电量6.3亿千瓦时，下降10.5%；战略性新兴产业实现产值23.2亿元，高新技术企业实现产值26.5亿元，分别增长45%、9.5%。新增规模工业企业67家，新增个体工商户7074户，新增中小企业1903家。农业总产值89.55亿元，增长4.1%；市级以上农业产业化龙头企业123家，农产品加工业产值140亿元，增长22%，新增农民专业合作社550家，新增家庭农场450家，规模养殖比重达到81%，全年农业综合机械化率达90%以上。新增限额以上商贸流通企业30家；社会消费品零售总额112.6亿元，增长12.8%。全年完成房地产投资42.6亿元，增长20%；商品房销售面积71.7万平方米，增长39.4%；碧桂园、绿城等一批房地产知名企业入驻涡阳。全县金融机构各项存款余额311亿元，增长20.7%；各金融机构贷款余额123亿元，增长28.5%；政府投资三年滚动项目库337个，总投资511.2亿元；调转促项目库649个，总投资2513.78亿元；PPP项目库68个，总投资772.5亿元；争取上级资金项目库205个，总投资704.02亿元；外贸进出口总额11000万美元，增长10%；新增外贸进出口企业4家，外贸进出口企业累计达到26家；32项民生工程累计投入33.35亿元；城镇新增就业人员9733人。城镇登记失业率控制在4.2%以内；城乡居民参加养老保险 80.6万人，城镇职工参加基本养老保险4.02万人，城镇职工基本医疗保险4.4万人；138.1万农民参加了新农合，参合率达到102%；农村低保、五保供养标准提高10%以上，五保集中供养能力达72%以上。

涡阳县2017年国民经济和社会发展统计公报

2017年，在县委、县政府的带领下，全县上下认真贯彻落实党的十八大和十八届三中、四中、五中、六中、七中全会精神，深入学习贯彻党的十九大精神，紧紧围绕县第十一次党代会确定的"1358"总体发展思路，深入践行五大发展行动计

近五年全县生产总值及增长

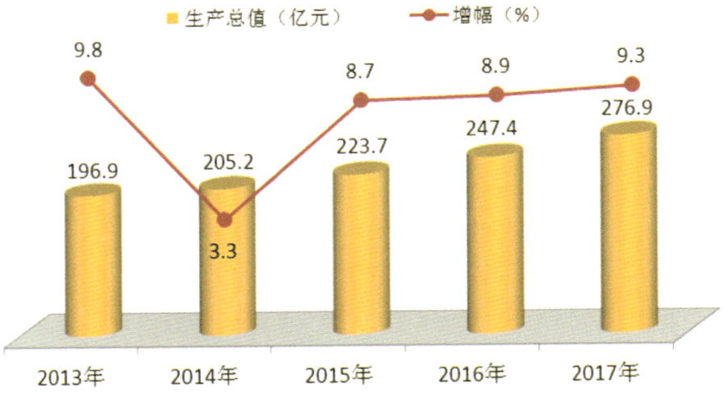

近五年三次产业增加值占GDP比重

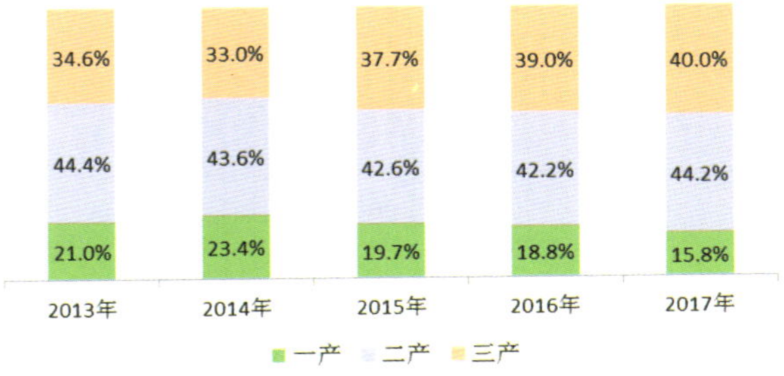

划，坚持以提高发展质量和效益为中心，以供给侧结构性改革为主线，扎实做好各项工作，全县经济社会保持平稳健康发展。

一、综合

初步核算，2017 年我县地区生产总值（GDP）276.9 亿元，按可比价格计算，同比增长 9.3%，较上年同期提升 0.4 个百分点，增速与谯城区并列居全市第 1 位。分产业看，第一产业增加值 43.7 亿元，增长 4.5%；第二产业增加值 122.4 亿元，增长 10.0%；第三产业增加值 110.7 亿元，增长 10.7%。三次产业比例由上年的 18.8 :42.2 :39.0 变化为 15.8 :44.2 :40.0，其中工业增加值占 GDP 的比重为 37.0%，比上年提高 1.7 个百分点，占比居全市第 1 位。2017 年，我县人均 GDP 达到 16521 元，比上年增长 10.6%。

二、农业

全年粮食作物播种面积 255.77 千公顷，比上年扩大 5.81 千公顷，同比增长 2.33%。其中，夏粮面积 124.3 千公顷，同比下降 0.45%；秋季粮食播种面积 131.5 千公顷，同比增长 5.1%。全年小麦种植面积 117.98 千公顷，同比增长 0.65%；大豆种植面积 76.69 千公顷，同比增长 6.55%；玉米种植面积 49.04 千公顷，同比增长 3.61%；油料种植面积 0.8 千公顷，同比增长 0.25%；棉花种植面积 0.37 千公顷，增速与去年持平；蔬菜种植面积 19.99 千公顷，同比增长 5.5%；药材种植面积 5.22 千公顷，同比增长 0.1%。

近五年全县粮食产量及增幅

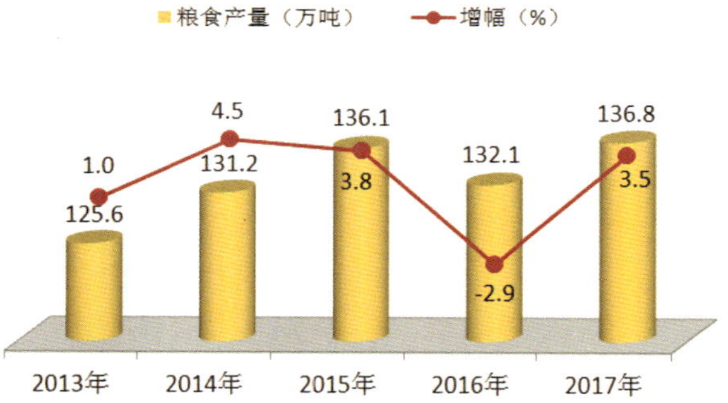

2017 年全县主要农产品产量

产品名称	绝对数（吨）	比上年增长（%）
粮食	1368170	3.54
油料	1561	1.17
# 花生	624	0.81
油菜籽	162	0.62
棉花	474	0.21
药材	29204	0.34
蔬菜	524454	5.74
水果	56021	0.58

2017 年，午秋两季经多方协力、抢收及时，粮食产量重获丰收，全年粮食产量 136.82 万吨，比上年增加 4.68 万吨，增长 3.54%。其中，夏粮总产 95.45 万吨，同比增长 0.79%；秋季粮

食总产 41.37 万吨，同比增长 10.46%。小麦产量 90.64 万吨，同比增长 2.06%；大豆产量 9.35 万吨，同比增长 8.41%；玉米产量 28 万吨，同比增长 12.63%；油料产量 0.16 万吨，同比增长 1.17%；棉花产量 0.05 万吨，同比增长 0.21%；蔬菜产量 52.45 万吨，同比增长 5.74%；药材产量 2.92 万吨，同比增长 0.34%。

全年共完成育苗面积 0.58 万亩，四旁植树 261 万株，人工造林面积 2.73 万亩，林木绿化率达 22.9%。

牲畜存出栏量较快增长：年末生猪存栏 32.26 万头，比上年增长 5.33%；全年生猪出栏 67.14 万头，增长 1.89%。肉类总产量 6.98 万吨，同比增长 1.8%，其中猪牛羊肉产量 6.34 万吨，增长 1.85%。禽蛋产量 1.65 万吨，增长 2.51%。渔业生产稳定发展：水产品产量 1.47 万吨，同比增长 3.98%。

全年化肥施用量（折纯）7.59 万吨，同比下降 0.2%。农村用电量 2.61 万千瓦时，增长 0.2%。有效灌溉面积 129.79 千公顷，新增 4.13 千公顷；新增节水灌溉面积 1.47 千公顷。

三、工业和建筑业

近五年全县规模以上工业增加值及增幅

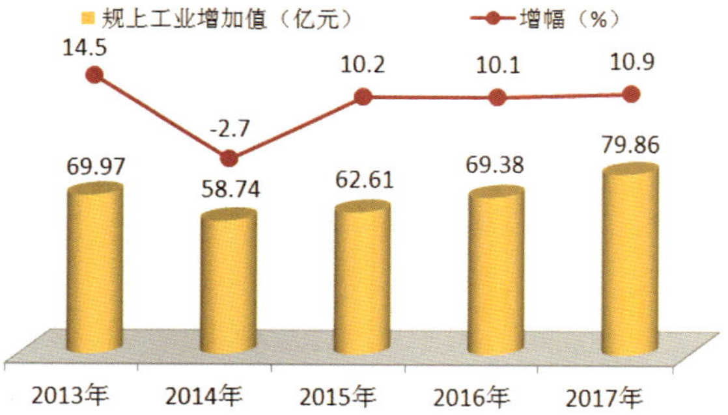

2017 年全县规模以上工业增加值

指　标	绝对数（亿元）	比上年增长（%）
规模以上工业	79.86	10.9
其中：轻工业	31.36	9.6
重工业	48.50	11.9
其中：股份制企业	76.01	12.2
其他企业	3.85	-7.9
其中：国有控股企业	28.51	9.8
其中：新建企业	5.61	1410.2
其中：大中型工业企业	35.91	12.2

全年规模以上工业增加值 79.86 亿元，比上年增长 10.9%，在规模以上工业中，分经济类型看，国有控股企业、股份制企业、大中型工业企业等增速平稳，同比分别增长 9.8%、12.2%、12.2%；而新建企业则增长较快，增幅比规模工业高了 1399.3 个百分点。分门类看，采矿业增长 60.8 %，制造业增长 13.8%，电力、热力生产和供应业增长 243.7%。

2017 年全县主要工业产品产量及其增长速度

产品名称	单位	绝对数	比上年增长 %
小麦粉	吨	1020453	3.3
饲料	吨	20393	-36.47
精制食用植物油	吨	48478	14.33
鲜、冷藏肉	吨	2669	-27.41
饮料酒	千升	14720	-6.11
其中：白酒	千升	14720	-6.11
布	万米	5320	55.28
其中：化学纤维短纤布	万米	5320	55.28
活性炭	吨	6100	6.83
塑料制品	吨	37114	268.49
水泥	吨	1269394	-9.71
商品混凝土	立方米	504782	-0.02
砖	万块	116908	-66.15
粉末冶金零件	吨	642	23.94
民用钢质船舶	载重吨	27000	-59.15
其中：钢质机动货船	载重吨	27000	-59.15

全县 29 个工业行业大类中，21 个行业产值实现增长，其中农副食品加工业、食品制造业和酒、饮料和精制茶制造业等传统产业增长比较平稳，分别增长 5.5% 、14.4% 和增长 16.5%，而新兴的一些产业则增长较快，如医药制造业增长 32.7%，废弃资源综合利用业增长 57.9%，计算机、通信和其他电子设备制造业增长 135.5%。另外 8 个行业产值有所下降，其中非金属矿物制品业下降 15.6%，木材加工和木、竹、藤、棕、草制品业下降 24.8%，化学原料和化学制品制造业下降 40.4%，烟草制品业下降 55.6%。

全县规模以上工业经济效益综合指数 382.04%，比上年提高 80.22 个百分点。企业主营业务收入 223.65 亿元，增长 11.1%；利税 22.07 亿元，增长 41.8%，其中利润 16.78 亿元，增长 53.5%。

2017 年全县建筑业总产值 86906 万元，比上年增长 68.9%。全年房屋建筑施工面积 403248 平方米，比上年增加 24979 平方米；房屋竣工面积 348328 平方米，比上年增加 9523 平方米。

近五年全县建筑业总产值总量及增速

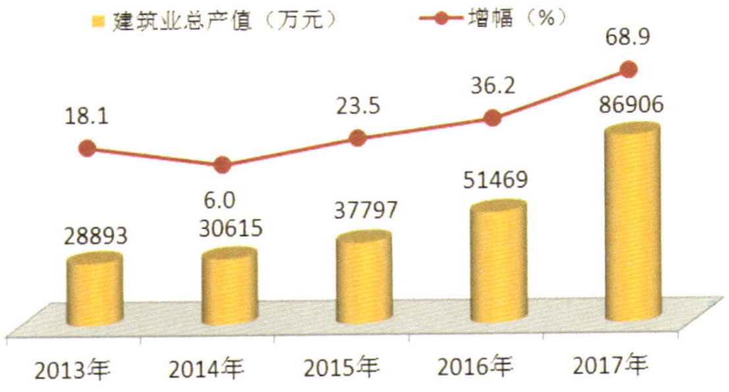

四、固定资产投资

全年 500 万元以上项目和房地产开发完成投资 218.8 亿元，比上年增长 24.8%。其中，城镇投资 162.7 亿元，增长 23.4%。

从产业看，第一产业投资下降 68.6%，第二产业增长 35.4%，其中工业投资增长 35.4%，第三产业增长 24.9%。全年房地产开发投资 56.1 亿元，比上年增长 29.2%。商品房销售面积 76.85 万平方米，增长 85.1%；商品房销售额 42.95 亿元，增长 169.42%。

近五年全县固定资产投资总量及增幅

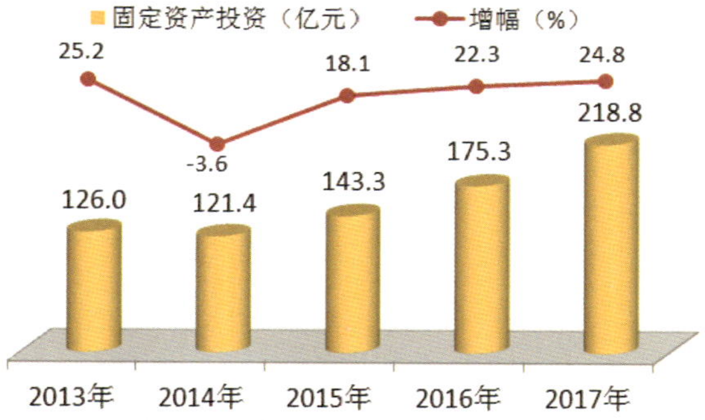

五、国内贸易

全年社会消费品零售总额126.07亿元，比上年增长12.0%。按经营单位所在地分，城镇消费品零售额88.82亿元，增长11.9%；乡村消费品零售额37.25元，增长12.2%。按消费形态分，商品零售15.00亿元，增长12.5%；餐饮收入111.07亿元，增长11.9%。按企业规模分，限额以上企业零售额43.83亿元，增长16.9%；限额以下企业零售额82.24亿元，增长8.7%。

近五年全县社会消费品零售总额及增长

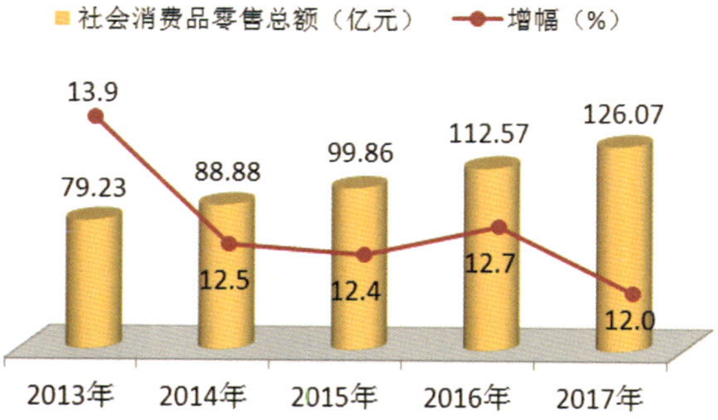

从限额以上企业（单位）商品零售类值看，吃、穿、用商品零售额比上年分别增长4.2%、25.5%和14.7%。其中，粮油类增长15.9%，服装类增长37.7%，化妆品类增长27.8%，金银珠宝类增长20.9%，文化办公用品类增长1.8%，家用电器和音像器材类增长14.4%，汽车类增长23.4%。

六、对外经济和旅游

全年进出口总额11592万美元，比上年增长0.5%。其中，出口10300万美元，下降0.04%；进口1292万美元，增长5.4%。贸易顺差9009万美元，比上年减少70万美元。

当年新增外资项目9个，合同利用外商直接投资28081万美元，同比增长70.2%；实际利用外商直接投资16665万美元，增长8.0%。

近五年全县进出口总额及增长

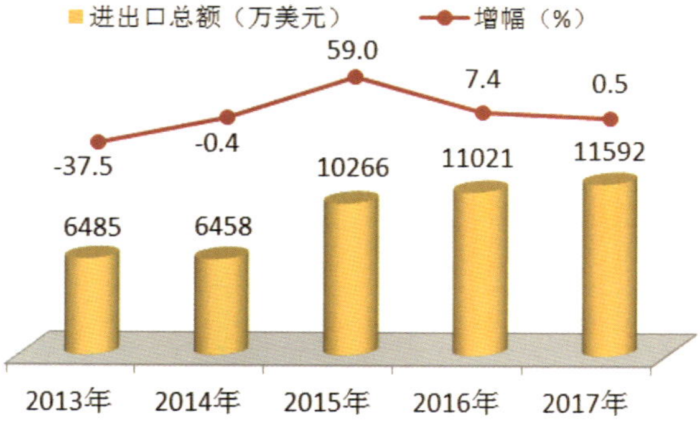

2017年全县出口主要分类（商务局）

单位：万美元

指　标	绝对数	比上年增长%
出口额	10300	−0.04
其中：一般贸易	9760	1.2
加工贸易	540	−18.4

全年入境旅游人数4218人次，比上年增长19%；国内游客352.7万人次，同比增长72%。旅游总收入22亿元，同比增长103.7%。年末全县共有A级旅游景点（区）9处，星级酒店4个，旅行社8家。

七、交通

全年交通运输、仓储和邮政业增加值11.02亿元，比上年增长3.8%。

全年公路旅客运输量为1408万人，同比减少21.6%；公路货物运输量6511.5万吨，增长12.0%；公路旅客运输周转量9.1亿人公里，同比减少19.4%；公路货物运输周转量259.6亿吨公里，同比增长1.7%。

年末全县民用汽车拥有量8.63万辆，比上年增长22.75%，其中私人汽车7.96万辆，同比增长21.89%。民用轿车拥有量3.17万辆，同比增长25.29%，其中私人轿车3.14万辆，同比增长25.2%。

八、财政和金融

全年完成财政收入20.9亿元，同比增长15.7%，其中地方财政收入12.7亿元，同比增长6.7%。在全部财政收入中，增值税同比增长

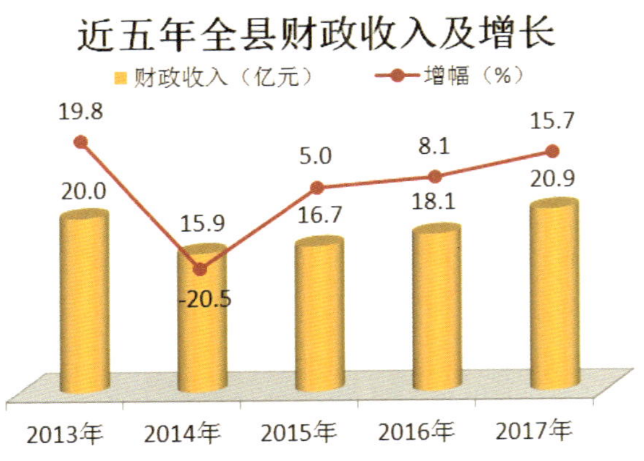

53.07%，营业税同比下降96.93%，企业所得税同比增长42.98%。财政支出64.17亿元，同比增长16.2%，其中，城乡社区支出同比增长133.2%，科学技术支出同比增长737.4%，社会保障与就业支出同比增长6.1%，一般公共服务支出同比增长16.3%，文化体育与传媒支出同比增长18.7%，教育支出同比增长5.7%。全年31项民生工程累计投入30.71亿元（其中：中央、省、市财政分别投入资金12.29亿元、4.95亿元和0.80亿元，县财政配套2.30亿元，群众筹资10.37亿元）。

年末全县金融机构各项存款余额（人民币口径，下同）360.51亿元，比上年末增加56.23亿元，增长18.5%。其中，住户存款余额256.29亿元，增长12.0%。金融机构各项贷款余额165.03亿元，比上年末增加42.68亿元，增长34.9%。其中，短期贷款69.84亿元，同比增长8.5%；中长期贷款95.20亿元，增长64.4%。

九、教育和科学技术

年末全县共有各类中等职业教育（不含技工学校）在校生26.07万人。普通高中5所，在校生1.94万人，高中阶段毛入学率93.5%，比上年上升0.1个百分点。普通初中90所，在校生4.96万人，

2017年全县各类教育发展情况

单位：人

指 标	招生数	在校生数	毕业生数
中等职业教育	6573	17262	7623
普通高中	7344	19379	6620
普通初中	17146	49625	14274
小学	20065	123336	17246
特殊教育	64	657	17

初中阶段适龄人口入学率100%。小学302所，在校生12.33万人，小学学龄儿童入学率100%。全面实施免费义务教育，受益学生17.36万人。

年末全县共有各类专业技术人员1.28万人，比上年减少2.89%。科研机构48个，其中大中型工业企业办机构39个。全年受理专利申请910件，比上年增加21.66%；授权专利190件，比上年减少50%。

年末全县共有产品质量检验机构4个，其中系统内1个，有法定计量技术机构1个，全年强制检定计量器具10272台（件），其中贸易结算类8135台（件），安全防护类1660台（件），医疗卫生类439台（件），环境监测类38台（件）；年末全县有国家地理标志产品2个，安徽名牌产品10个。

十、文化、卫生和体育

年末全县共有文化馆1个，公共图书馆25个，剧场、影剧院4个，博物馆1个，乡镇综合文化站25个，市级以上非物质文化遗产名录35项。广播电台1座，广播人口覆盖率100%。电视台1座，有线电视用户3.48万户，电视人口覆盖率100%。有档案馆1个，馆藏档案资料5.24万卷（件、册），库馆总建筑面积0.69万平方米。

年末全县共有卫生机构499个，其中医院15个、卫生院23个，社区卫生服务中心（站）29个，妇幼保健院（所、站）1个，疾病预防控制中心1个。卫生技术人员6438人，其中执业（助理）医师1682人，注册护士2374人。医院、卫生院床位5174张。全年诊疗394万人次。村卫生室368个，乡村医生和卫生员1579人，农村有医疗点的村占总村数的100%。参加新型农村合作医疗的农业人口139万人，参合率99.03%。

2017年，在国内的各类比赛中，我县运动健儿共获得21枚金牌、21枚银牌和12枚铜牌。“全民健身”系列主题活动蓬勃开展，全年共举办百人以上群众体育活动20次，现代体育项目群众活动30次，民间传统体育群众活动10次。在输送优秀运动员方面，多次受到省、市领导和有关部门的表扬。

十一、城镇和新农村建设

城区年末公交营运车辆120辆，出租车营运车辆589辆。城市日供水综合能力9.5万吨，自

来水普及率达97.98%。液化气年家庭用量0.2万吨，用气人口15.4万人，燃气普及率达96.53%。年末园林绿地面积1147.38公顷，建成区绿化覆盖率为39.47%，人均公共绿地面积11.35平方米。

全年完成10个镇政府驻地建成区整治规划，23个美丽乡村建设，规划面积约421万平方米。规划区内新铺装道路329公里，新修排水管道646公里。

全年中心镇完成建设总投入3.8亿元。新增道路面积和住宅面积分别为1.2和14.2万平方米，新增排水管道9.8公里，新铺供水管道3.6万米，供水普及率为88%。新增公共绿地面积 56万平方米。

全年完成土地开发复垦整理项目93个，新增耕地面积2536亩，完成土地增减挂钩项目拆迁复垦3026亩，为我县城镇建设发展提供建新用地指标3000亩。

十二、人民生活和社会保障

全年城乡居民人均可支配收入15122元，比上年增长9.8%。城镇居民人均可支配收入24257元，同比增长8.7%，农村居民人均可支配收入10850元，同比增长9.6 %。

全年城镇新增就业1.39万人，下岗失业人员再就业0.13万人，年末城镇登记失业3.82%，与上年持平。年末全县参加城镇职工基本养老、医疗保险人数分别为5.02万人和4.87万人。城镇居民医疗保险人数为8.02万人。参加失业保险人数为3.7万人，全年为0.34万名失业人员发放了不同期限的失业保险金。全县参加工伤、生育保险人数分别为4.78万人和3.48万人。年末被征地农民参保人数1.93万人，覆盖率100%。城乡居民养老保险工作稳步推进，参保人数87.52万人。农村低保年末保障人数21648人，全年发放低保金0.68亿元；城市低保年末保障人数1773人。

年末全县有各种社会福利收养性单位100个，有各类收养性社会福利院床位8055张，收养各类人员3778人。全年销售社会福利彩票0.73亿元，筹集公益金0.08亿元。

2017年末全县公安户籍人口168.19万人，户数为33.35万户；2017年，全县出生人口3.35万人，人口出生率为19.99‰；死亡人口2.15万人，死亡率为12.82‰；人口自然增长率为7.16‰。

十三、资源、环境和安全生产

年末全县共有环境监测站1个。城区空气质量达到二级标准。境内无国家级生态示范区建设试点。省、市监控的涡河涡阳段义门大桥、岳坊大桥水质情况为：入境义门大桥以CODcr单因子评价为Ⅳ类，出境岳坊大桥以CODcr单因子评价为Ⅳ类；境内西淝河水质为Ⅳ类，水质较去年有所改善。

全年共发生各类生产安全事故29起，同比减少32.56%，死亡22人，同比增加4.76%，伤21人，同比减少60.38%，造成直接经济损失10.25万元，同比减少33.91%。其中，发生道路交通事故27起，同比减少30.77%，死亡20人，同比增加17.65%，伤21人，同比减少60.38%，造成直接经济损失10.25万元，同比减少33.91%。发生非矿事故1起，同比减少75%，死亡1人，同比减少75%。无火灾事故发生。

注：

1、本公报数据为初步预计统计数。

2、全县生产总值及各产业增加值绝对数按现价计算，增长速度按可比价格计算。

3、规模以上工业是指年主营业务收入2000万元及以上的工业企业；主要工业产品产量增速按可比口径计算。

索　引

0－9

A

B

C

D

E

F

G

H

J

K

L

M

N

P

Q

R

S

T

W

X

Y

Z